JN176076

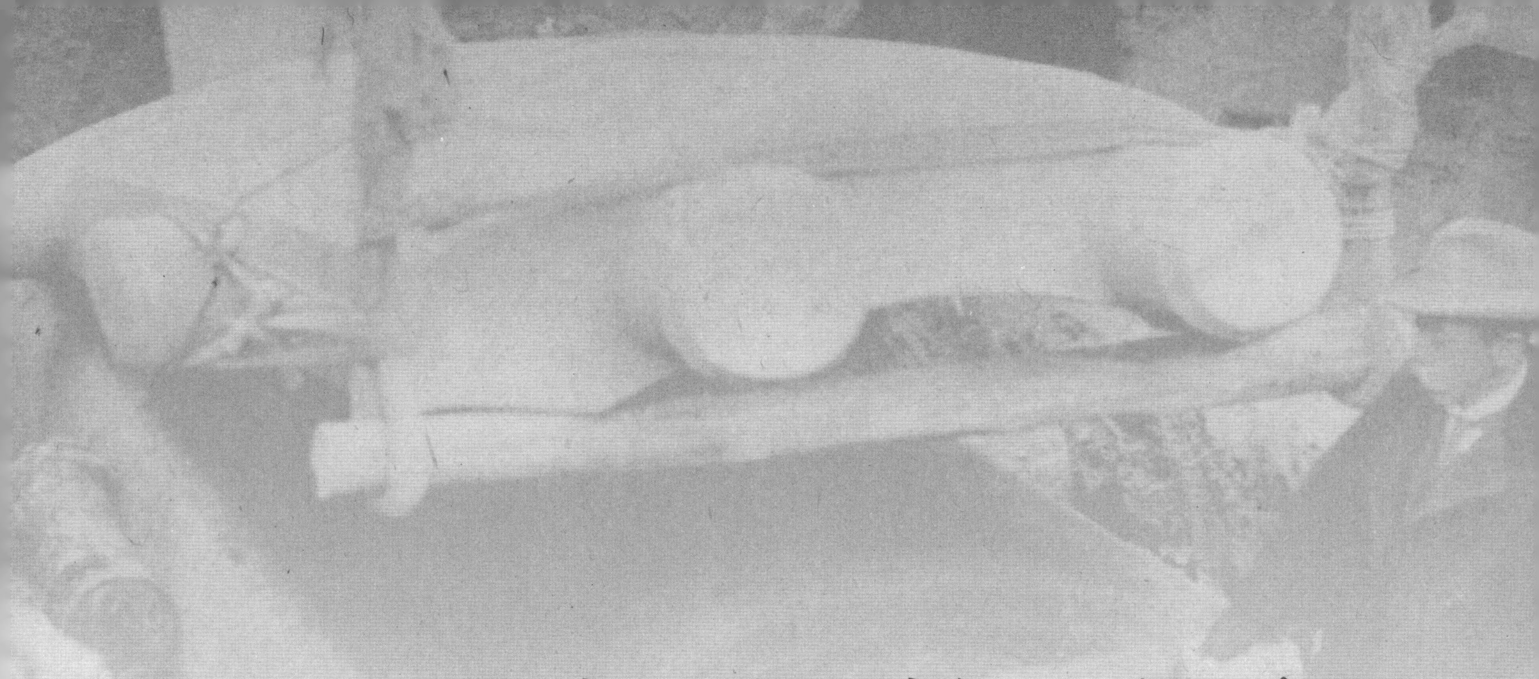

日本考古学百景

戦前の絵葉書にみる遺跡と遺物

平田 健編

吉川弘文館

巻頭口絵一　研究者の自筆絵葉書

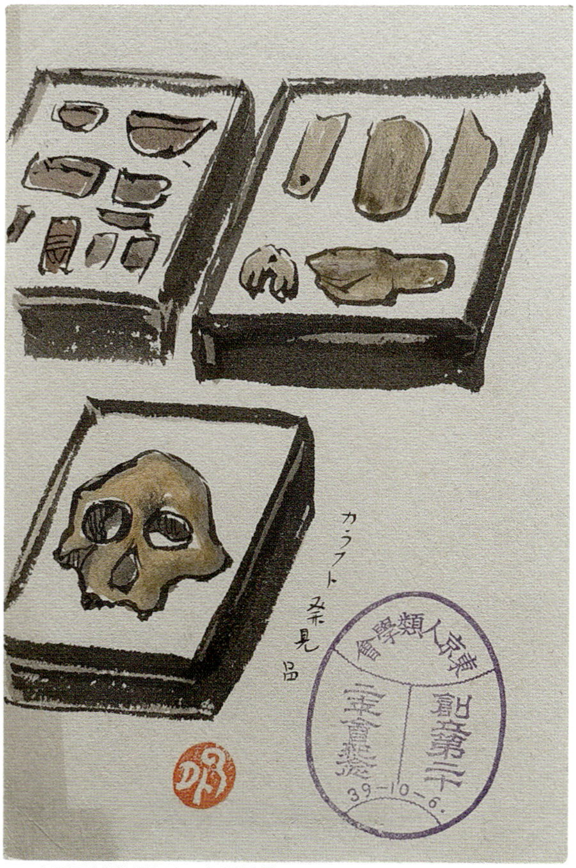

1　大野雲外筆「カラフト発見品」

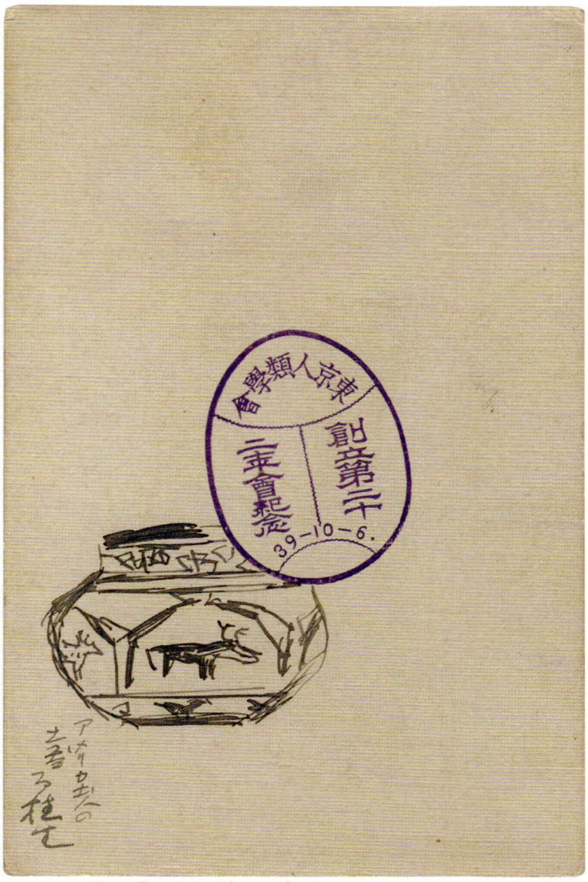

2　平福百穂筆「アメリカ土人の土器」

1は大野雲外筆の「カラフト発見品」、2は平福百穂（明治38年東京人類学会入会）筆の「アメリカ土人の土器」で、明治39年（1906）東京人類学会第22年会の懇親会場に陳列された収集品を即興で描いた肉筆絵葉書である。総会では坪井正五郎自筆絵葉書100葉が壁面に飾られ、抽籤で参加者に配布された。

「勇者の中に或は鬼の頭でも取つたかの如き態度もて、場内仮設のスタンプ局に集り、紀念スタンプ捺印の請求に気を苛立て居るもの、或は知名の士に染筆の労を乞はむため忙殺され居るもの、或は絵に対する趣味の如何んによりて互に交換を試むるもの」という会場の熱気は、一世紀の時を経てもなお色褪せていない。

巻頭口絵二　研究資料としての考古学絵葉書

3　銅　　鐸

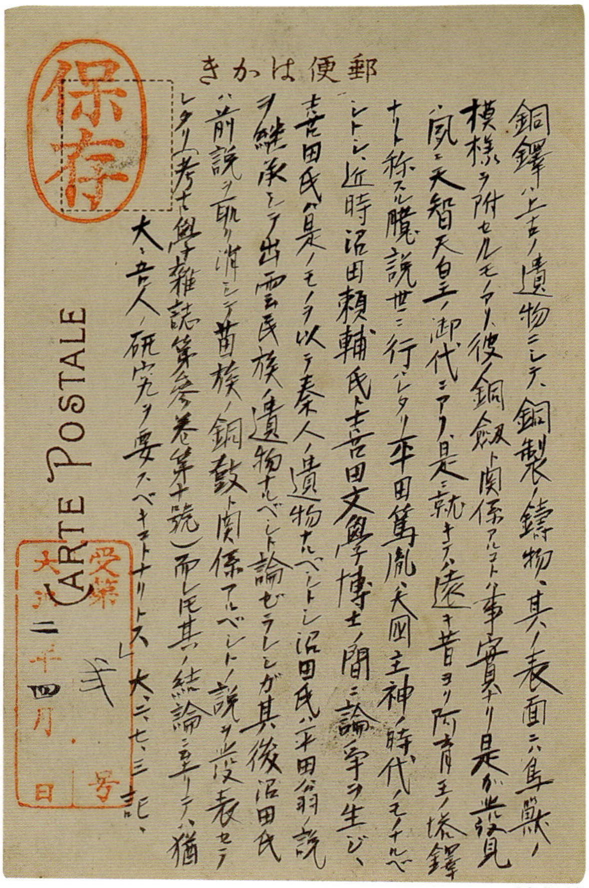

（宛名面）

樋口清之収集の絵葉書アルバムに収められていた、明治41年（1908）頃発行『人類学絵はがき』第2輯（人類学絵葉書発行所）のうちの1葉である。絵画面は明治13年に静岡県引佐郡中川村で出土した銅鐸の2色刷、宛名面には大正2年（1913）当時の銅鐸に関する研究メモと、「保存」「受第弐号／大正二年四月 日」の捺印がある。絵葉書の受領年から墨書は樋口清之の筆ではなく、それ以前の所有者のものと思われる。

研究メモの最後は、「而レドモ其ノ結論ニ至リテハ猶大ニ吾人ノ研究ヲ要スベキコトナリトス」という所見で締めくくられている。銅鐸の概要や研究史、そして自身の見解を宛名面に整理した絵葉書は、写真入りの情報カードであり、それらが複数葉「保存」されることでカード型データベースが構築されたのである。

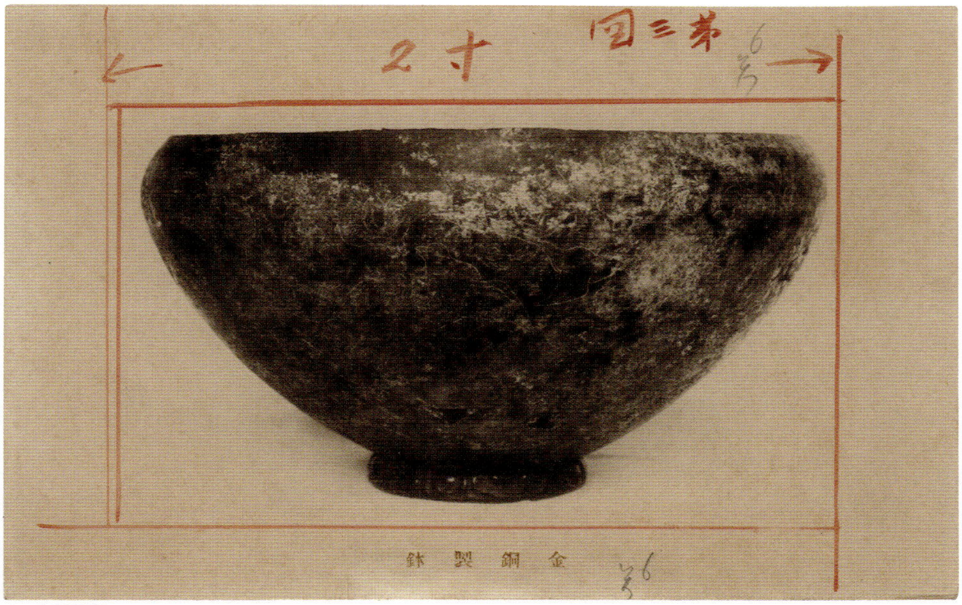

4　金銅製鉢

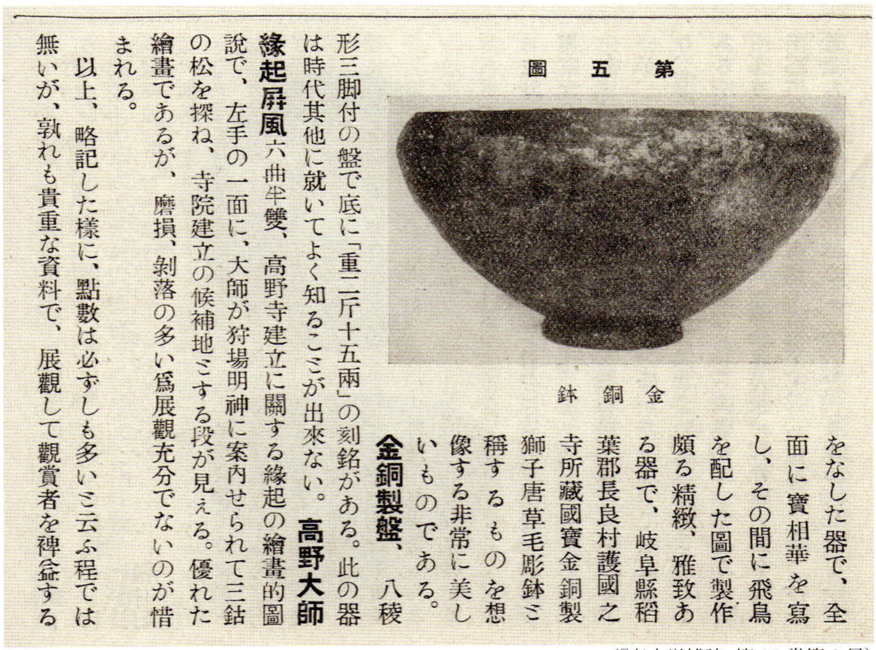

第五圖

金銅鉢

をなした器で、全面に寶相華を寫し、その間に飛鳥を配した圖で製作頗る精緻、雅致ある器で、岐阜縣稻葉郡長良村護國之寺所藏國寶金銅製獅子唐草毛彫鉢と稱するものを想像する非常に美しいものである。**金銅製盤**、八稜形三脚付の盤で底に「重二斤十五兩」の刻銘がある。此の器は時代其他に就いてよく知ることが出來ない。**高野大師縁起屏風**六曲半雙、高野寺建立に關する縁起の繪畫的圖說で、左手の一面に、大師が狩場明神に案内せられて三鈷の松を探ね、寺院建立の候補地とする段が見える。優れた繪畫であるが、磨損、剝落の多い爲展觀充分でないのが惜まれる。

以上、略記した様に、點數は必ずしも多いと云ふ程では無いが、孰れも貴重な資料で、展觀して觀賞者を裨益する

（『考古学雑誌』第20巻第6号）

4は、昭和5年（1930）考古学会第35回総会で配付された記念絵葉書（205頁Ⅱ-519～523）の1葉で、矢島恭介が旧蔵していたものである。金銅製鉢の四周を朱線で囲み、上部に「第三図／二寸」の朱書き、さらに上下に鉛筆で「6号」と書き込みがされている。宛名面「益田男展観記事」の朱書きから、『考古学雑誌』第20巻第6号の「品川町御殿山益田男爵家所蔵品展観の記」に帰着した。4下は、該当記事58頁の一部を原寸大で掲載したものであるが、図版の横幅は6.06cmで「二寸」という指示書きと一致する。また、「第五圖」「金銅鉢」というキャプションは、号数角字で6号である。以上の点から、『考古学雑誌』の網目版は4のコロタイプ版絵葉書を原版としていたことがわかる。
考古学絵葉書が、論文などの写真原図に使用されていたことを示す好例である。

巻頭口絵四　通信手段としての考古学絵葉書

5　相模国鎌倉采女塚発見 埴輪土偶

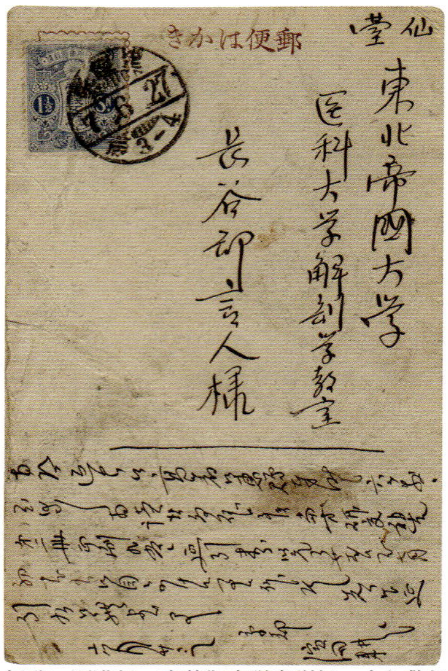

拜啓、返進候、高著御恵贈奉謝候、六ケ敷候へど、万々拝読仕度存候、当方研究報告第二冊印刷ハ尚々延引未ダ完了せす候、尤七月初までは御目にかけ候事ニ存居候、先ツ乍延引右御礼申候、早々

6　支那発見東晋建武□年神獣鏡

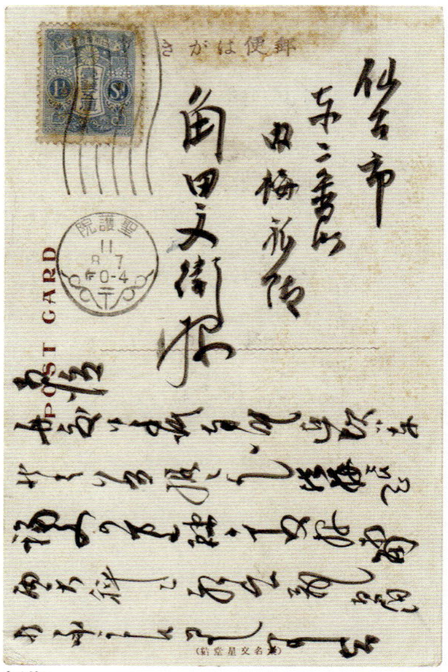

拝復
毎度御手紙奉謝候、近頃ハ東北ニ御出掛之よし結構ニ候、へど論文の方も疎かにせぬ様、折角両天秤ニ願上候、万々拝眉之折、承可申候、早々

翻刻は丸山美季氏〈学習院大学史料館〉による

何れも濱田耕作筆で、5は大正7年（1918）頃発行『考古学標本絵葉書』第2輯で長谷部言人宛て、6は昭和7年（1932）〜13年発行『考古学教室標本絵葉書』第14輯で角田文衛宛ての絵葉書である。絵葉書は発行後間もなく送信されたと思われ、論文恵与の御礼や調査地からの手紙の返礼など軽易な内容である。

考古学絵葉書の多くは研究機関や学会などで販売されていたため、流通範囲は極めて限定的であった。また、絵画面の図柄を鑑みると、受信者はおおよそ研究者に限られるため、考古学絵葉書が研究者同士の簡易な通信に用いられたことは容易に想像される。

巻頭口絵五　絵葉書作成に携わった考古学者

（第二案写真 中央は高橋健自）

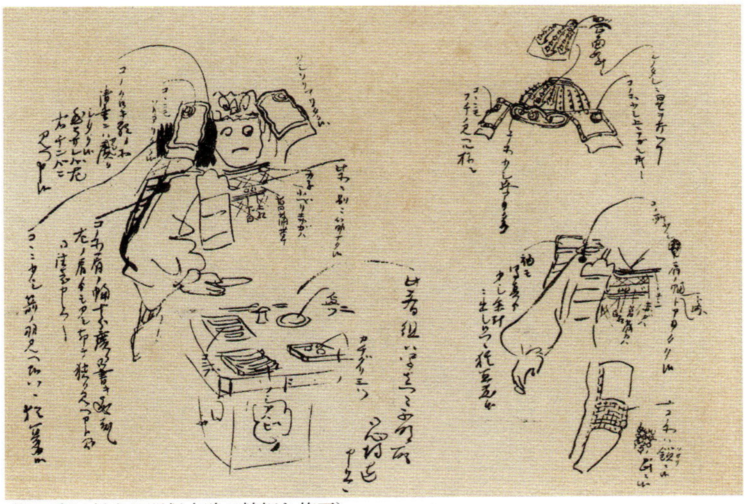

（第三案に対する関保之助の精細な修正）

7　中古に於ける凱旋式図

逓信省の絵葉書図案主任であった樋畑雪湖は、『明治三十七八年戦役陸軍凱旋観兵式記念絵葉書』（乙）「中古に於ける凱旋式図」（7）の図案作成にあたり、高橋健自、関保之助らに時代考証を依頼。上段は『後三年絵巻』から起こした第一案をもとに撮影された写真（第二案）で、中央の主将は高橋健自自らが務めている。第二案から第三案が描き直され、これに関保之助が精細な修正（中段）を加え、石版20刷という手の込んだ絵葉書が完成した。7は石田収蔵旧蔵資料であり、「かちて／うちて／よろこぶといふも／ことはりや／好き参謀の／かたはらに見由／笑語老」は、坪井正五郎の染筆である。

巻頭口絵六　絵葉書で再現された考古遺物の色彩

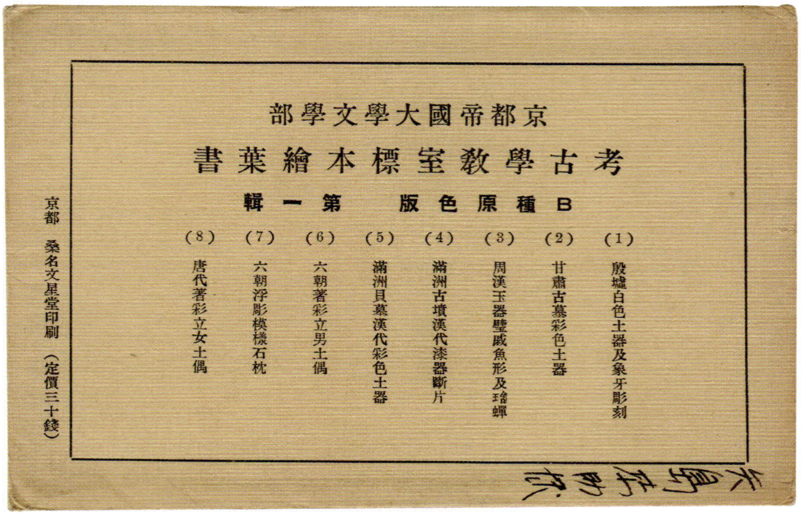

（外　袋）

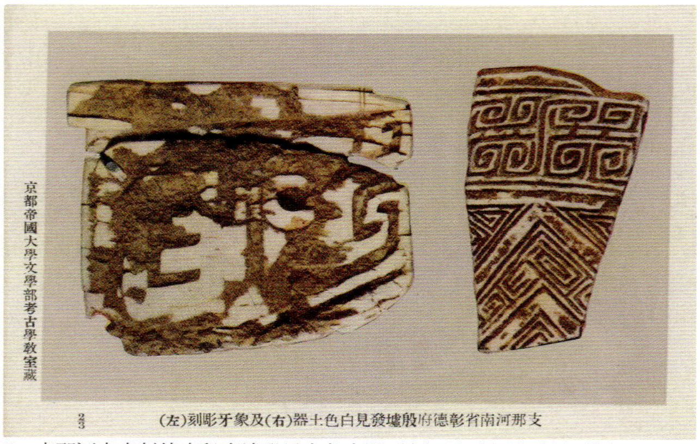

8　支那河南省彰徳府殷廃墟発見白色土器（右）及び象牙彫刻（左）

9　中国甘粛発見彩絵土器

10　中国周漢玉器　（右、璧戚）（左上、魚形）（左下、琀蝉）の絵葉書

京都帝国大学文科大学（文学部）発行『考古学（教室）絵葉書』は単色版（口絵５及び口絵６）であるが、Ⅲ期（大正７年～昭和７年）には『考古学教室標本絵葉書』Ｂ種原色版も発行された。濱田耕作は大正７年（1918）刊行『京都帝国大学文科大学考古学研究報告』第２冊において、恩智発見弥生土器の二色コロタイプ版を桑名文星堂に調製させるなど、京都において出版業が発展するよう尽力している。本絵葉書は、こうした濱田耕作の思いに呼応する形で、桑名文星堂が挑んだ結果といえよう。

「確か大正十年に伺つた時頂いた絵葉書も蔵つてある。その中の (8) が先生の大好きな唐代著彩立女土偶である。『通論考古学』『百済観音』等に採録してあつても写真版で色がないから、これは絵葉書としても珍物であらう」とは、安成三郎（機関誌『写真芸術』編集者で、安成貞雄の実弟）から濱田耕作への追悼文の一節である。

11　滿洲旅順営城子牧城駅古墳発見漢代漆器断片

14　支那六朝石製枕

12　滿洲蘆家屯貝墓発見漢代彩色土器

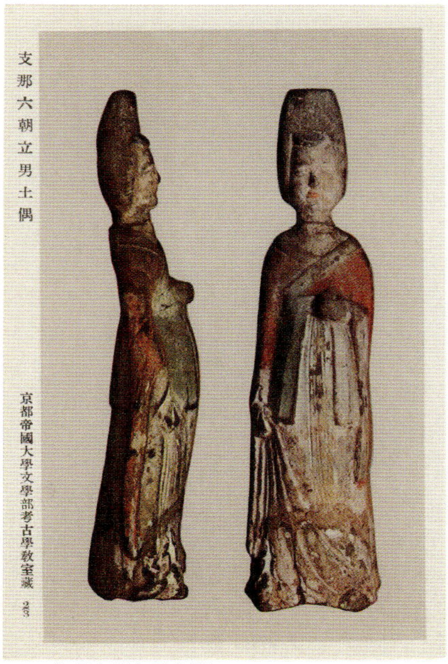

13　支那六朝立男土偶

15　支那唐代立女土偶

巻頭口絵七　絵葉書で復元された考古遺物と色彩

16　衣褌をつけた上古男子

17　短甲冑をつけた男子

18　衣裳をつけた上古女子

19　上古時代の餝馬

工芸図案家の杉山寿栄男が出土埴輪資料をもとに描いた復原図を絵葉書にしたもので、16 はⅡ−105、17 はⅡ−118（123）、18 はⅡ−129 がモデルとなっている。復元図は、16 ～ 18 が縦約 96cm、横約 61cm、19 が縦約 65cm、横約 96cm の紙本著色で、昭和 5 年（1930）帝室博物館で開催された『埴輪特別展覧会』の第 4 室で展示され、同年博物館が購入している。展覧会に併せて発行された絵葉書は甲・乙の 2 種類（190 頁Ⅱ−392 ～ 401）あるが、本絵葉書については光村原色版印刷所発行ということ以外、刊行目的などは不明である。

復元図の作成にあたっては、『埴輪特別展覧会』の企画者で、高橋健自から服飾史や有職故実の薫陶を受けた後藤守一の指示があったと考えられる。それは、『日本文化史大系』第 1 巻（昭和 13 年、誠文堂新光社）所収の後藤守一の論稿に、16 と 18 の復元図が引用されていることからも明らかである。

目　　次

例　　言

1　本書は、平成20年（2008）以来、編者が蒐集、資料調査等で閲覧してきた考古学絵葉書を題材としたもので、平成20年度科学研究費補助金（若手研究（B））「出版物・雑誌に基く　太平洋戦争下の日本考古学史の基礎的研究」（課題番号20720209）及び2011年度大久保忠和考古学振興基金研究奨励「絵葉書による日本考古学史の構築に関する基礎的研究」による研究成果の一部である。

2　解題及び年表については、旧字表記とした。また、旧植民地名や現在では差別的な用語については、歴史的事象としてそのまま掲載した。

3　掲載した絵葉書は、外袋、「Ⅱ 博物館・大学編」（Ⅱ-186～195を除く）及び「コラム」は38%、「巻頭口絵」、「Ⅰ 地 域 編」は95～55%に縮小した（下記挿図参照）。なお、付属する解説文の縮尺は任意である。

4　絵葉書の題名が『　』で括られているものはタトウ紙や外袋に題名の記載があるもの、「　」のものは絵葉書自体に記載があるもの、何もない題名は筆者が適宜付けたものである。また、題名を〔　〕で括ったものは雑誌などの新刊案内に掲載された題名を転記したものである。

5　絵葉書の添書は原則そのまま転記し、長文のものは適宜編集した。出土遺跡名などに誤りがあるものについては、修正は行わずそのまま掲載した。

6　一組の絵葉書の掲載順は、絵葉書に番号が印字されているものはそれを踏襲し、記載がないものについては、埋蔵文化財調査報告書の写真図版の構成（遠景、遺跡、遺構、遺物）に準じた。

7　一組の絵葉書の葉数は、タトウ紙や外袋に「□枚組」などの記載があるものや、同一の絵葉書を複数組確認したものを除き、実見した数を記載している。したがって、葉数やセット内容については、今後の調査で変更する可能性がある。

8　それぞれの図版には、「巻頭口絵」「Ⅰ地 域 編」「Ⅱ 博物館・大学編」「コラム」に分けて通し番号を付した。

9　本書編集にあたり、以下の博物館及び研究機関所蔵絵葉書を転載した（五十音順）。資料調査並びに掲載に際して御高配を賜りましたこと、深く御礼申し上げます。

板橋区立郷土資料館（口絵１・７、Ⅰ-357～364、コラム10～14）、京都大学大学院文学研究科考古学研究室（Ⅰ-646～650、Ⅱ-438・439・511・512）、京都府立図書館（Ⅰ-526～530、外袋）、高知県立図書館（Ⅰ-554～560、外袋）、高知県立歴史民俗資料館（Ⅰ-263・531、192頁③）、國學院大學博物館（口絵３、Ⅰ-228・229、Ⅱ-419・596～

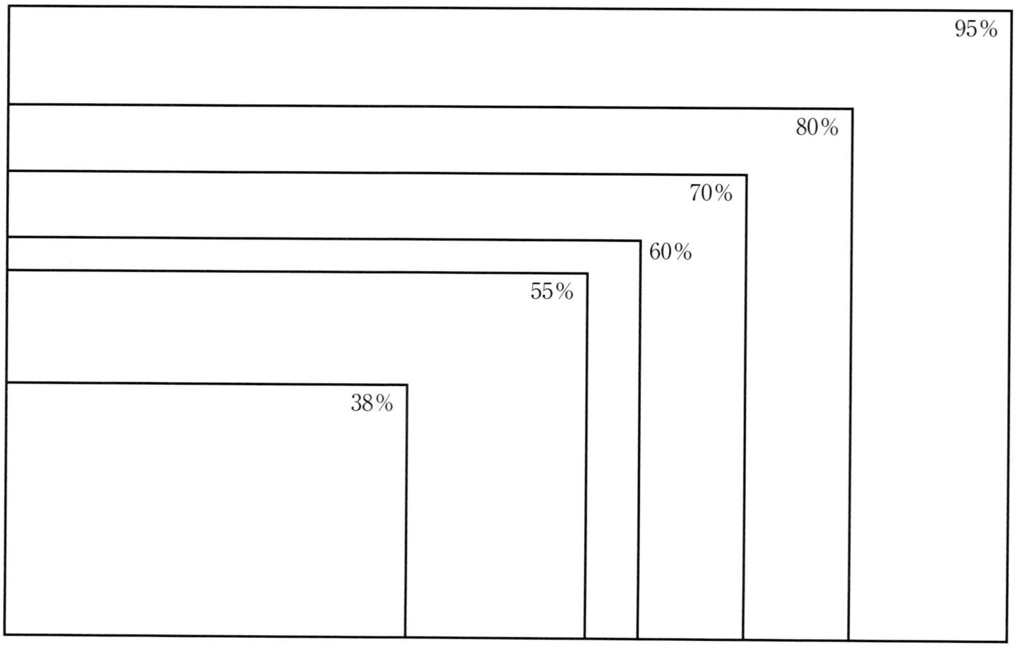

挿図　絵葉書縮小チャート
（90 × 140mm の場合）

605、外袋)、東京大学大学院情報学環（Ⅰ-257〜262・264〜269、外袋、310〜312、外袋、挿図１、コラム15〜17、外袋)、富山県立図書館（Ⅰ-286〜289・291、外袋、解説)、名古屋市博物館（Ⅰ-299・300・302・331・332・487・492〜494、Ⅱ-220〜222・266・270・306・326・350・352・373、16輯を除く外袋、79頁外袋、150頁小栗鉄次郎絵葉書帳)。

絵葉書研究序説

1　研究略史

明治33年（1900）に私製葉書の発行が許可され、日露戦争の戦役紀念絵葉書を契機として大流行をみた絵葉書（向後　2003）は、個人を瞬時に捕捉する通信手段が発達した今日において、再び注目されている。もちろん、それは通信という実用性ではなく、過去の写真記録としてである。毎年、各地の博物館では絵葉書を題材とした特別展が開催され、「写真集や論文が必ず刊行されている」といっても過言ではない。

絵葉書の研究について佐藤健二は、関連文献から次の三期に区分している（佐藤　1994）。

第一期：日本における絵葉書文化誕生と同時代で、『ハガキ文学』（日本葉書会）などを舞台とした時代（1905～10年代）

第二期：回顧的に絵葉書が言及された時期で、特に逓信行政に関わった樋畑正太郎（雪湖）の『日本絵葉書史潮』（樋畑　1936）を代表とする時代（1930年代）

第三期：収集家のコレクションを編集し、出版するなかから生まれた考察と、写真グラフィズム史からの解読の時代（1980年代以降）

絵葉書に関する出版物を通覧すると、1990年代以降は絵葉書を写真記録として捕らえ、個々の絵葉書をテキストとして解釈し、それらを累積することで、ある時代、地域、事象、特定の主題を描出しているものが目立つ。また、絵葉書コレクションについて、その形成過程や旧蔵者の嗜好、通信手段という側面から家族や交友関係を復元したものも散見される。こうした研究が、歴史学や地理学だけでなく、文化人類学、建築学、土木工学など様々な分野から試みられていることも、絵葉書の持つ多様性と可能性を示唆している。

しかしながら、近年の傾向は、寄贈や寄託された絵葉書をどの様に登録し、保管し、評価し、活用するか、という博物館や研究機関の実務的な作業に依拠している観は否めない。一葉の絵葉書から如何に多くの情報を引き出して叙述できるか、ということは見方の問題であり、そこには絵葉書を史資料として扱う基本的な姿勢と、何を叙述するかという明確な目的が必要となる。佐藤健二や西向宏介が指摘しているように、絵葉書に関する基礎研究、方法論が確立されていないのが現状である（佐藤　1992・西向　2013）。

2　絵葉書の特性

絵葉書から何を叙述するか、という課題は研究者個々人が設定するものであるが、それらが作られ、使われた背景については多少を問わず包含されるべきである。なぜなら、この背景が欠如した場合、絵葉書は単なる写真や絵画としての価値しか持たないからである。

ここでは、絵葉書に対峙する基本的姿勢、換言すれば絵葉書の特性について概述しておきたい。

絵葉書の特性については、大量に流布した複製芸術（橋爪　2006）や、手軽に高画質の写真を手に入れるための格別なメディア（細馬　2006）などの主張がある。佐藤健二は、コミュニケーションの特質としての郵便文化、量的な拡大を可能にした印刷技術、詳細な視覚を描出した写真文化という要素の交点に絵葉書を位置付け、その誕生を社会学的に把握することが資料論の原点であると述べている（佐藤　1992）。これまでの先行研究を踏まえると、絵葉書の特性は以下の点に集約できる。

⑴　絵葉書は通信手段であること

文字の伝達量からすると封書が最も多く、葉書が次ぎ、絵葉書は最も少ない。明治33年（1900）の私製葉書許可時には、文字は絵画面にしか記載できなかったが、40年には宛名面の下三分の一に、大正７年（1918）には宛名面の下二分の一に通信欄が設けられた。それでも葉書に比べて記載できる文字量は限られている。また、封書のように機密性を担保するものでない点は、葉書と同様である。

なお、明治33年から39年に発行された絵葉書は、通信欄を確保するため絵画面に余白を設けているものが多い。このことは、絵画面の構図に一定の規範があったことを意味する（喜多川　1980）。

⑵　絵葉書の絵画面は定型であること

絵葉書は、当初90×140ミリメートルというサイズに定められていた。この規格は、宛名面左上部にPost Card／Carte Postaleという表記が加わったことで、100～110×150～180ミリメートルへと大型化する（齊藤　2011）。同じサイズであることが収集の前提にあったことは既に指摘されている（佐藤　1992）。そして、絵画面の定型化は被写体の構図を規定した。

⑶　絵葉書は絵または写真情報を印刷し、伝達する手段であること

肉筆絵葉書を除き、絵葉書はコロタイプ印刷や平板オフセット印刷などの技術革新により、大量に画像を印刷することが可能となった。そして、それらが郵便局や絵葉書店、土産物屋、博物館など様々な場所で購入することができたことも、メディアとして絵葉書を捕らえる点で重要である。

⑷　絵葉書は原則複数葉一組で販売されていること

絵葉書が流行した明治時代から大正初期にかけて、絵葉書店での販売形態は一葉ごとであり、店側で複数葉一組のセットが作られていたようである（石井　1913）。現在でも、博物館や特別展などで販売されている絵葉書は一葉が最小単位である。しかし、土産物店や紀念絵葉書として発行されたものは複数葉一組のものが殆どで、それらは外袋やタトウ紙に入れられていた。

この複数葉一組という内容構成について、「土浦名所絵葉書」を分析した萩谷良太は、名所と郷土に対する視点が、時代により変化していることを明らかにしている（萩谷　2009）。複数葉一組というセット関係は、製作者や販売者の意図が反映されたものであり、絵葉書の時代的背景を探る最小単位となる。

絵葉書を写真記録として援用するのではなく、それ自身を歴史叙述の史資料へと昇華させるためには、以上の４点を最低限踏まえる必要があろう。

3　絵葉書の分類

絵葉書の分類は、明治38年（1905）発行の『絵葉書大観』おいて、形式上は肉筆絵葉書と印刷絵葉書（写真版／コロタイプ版／三色・原色版／石版／木版）に、内容別には風景／歴史／風俗／花鳥／宗教／戦争／諷刺（ポンチ）／図案の８種類が提示されている。この分類は絵画面に即したものであり、コレクターや販売元の視点での分類である。

近年では、絵葉書を情報伝達の手段として注目した場合、戦役記念・プロパガンダ／震災・災害／天皇／広告（田邊　2002）という区分や、それ以外の絵葉書について被写体に注目し、風俗／人物／名所／博物館資料／記念／スナップ（浦川　2004）などの分類案が提示されている。

分類の項目は、絵葉書から何を明らかにするかという目的と直結している。編者は以下の７項目を複合的に組み合わせることで分類項目を作成すべきと考える。

イ）　絵画面の印刷方法

ロ）　絵画面の内容

ハ） 複数葉一組のセット関係の内容

ニ） 発行の動機

ホ） 発行母体（助言者または協力者の存在）

ヘ） 印刷・出版会社及び販売元

ト） 発行年または流通・販売年

4 絵葉書の年代

絵葉書の年代には、①発行年、②流通・販売年、③使用年という３段階が想定される。

①発行年は、絵葉書が出版された年で、それは絵葉書自体や外袋などに印字される。また、何かの行事を記念したものであれば、そこから発行年を類推することが可能である。

②流通・販売年は、絵葉書が郵便局や絵葉書店、土産物屋や博物館などで販売されていた年代で、発行年に比べて時間幅を有する。いつまで取り扱っていたか、という流通・販売年の下限を見極めることは難しいが、絵葉書宛名面上部の「郵便はかき」という記載方法や、宛名と通信欄を仕切る横線の位置から、Ⅰ期（明治33年〈1900〉～39年）、Ⅱ期（明治40年～大正６年〈1917〉）、Ⅲ期（大正７年～昭和７年〈1932〉）、Ⅳ期（昭和８年～20年）という相対年代を比定することは可能である[※]。

③使用年は、絵葉書が通信手段として送付された結果であり、消印や切手、絵葉書に記された年記から比定できる。しかしながら、例えば明治33年に発行された絵葉書を現在使用することも可能であるから、使用年は発行年から現在までを包括している。

絵葉書が出版された時代的背景を明らかにするためには、発行年が第一義的な年代となり、それが判明しないものについては、４期の相対年代を援用することで年代幅を絞り込むこととした。

なお、絵葉書の絵画面に印刷された写真は、上述の絵葉書の年代が撮影年代とは必ずしも限らない。これは、写真原版を何度も使用した痕跡が確認されていることや、過去に出版した絵葉書自体を原版にして印刷している例があるためである。したがって、写真の年代同定には、絵葉書の年代とともに、写真に写し込まれた様々な要素を複合的に検討する必要がある（樋口　2009・2011）。

※　正確には、宛名面下三分の一に通信欄が認められた（本文Ⅱ期に該当）のは明治40年４月１日から大正７年２月28日まで、通信欄が二分の一に拡大された（本文Ⅲ期に該当）のは大正７年３月１日から昭和８年２月14日まで、通信欄上部の「きかは便郵」が「きがは便郵」となった（本文Ⅳ期に該当）のは昭和８年２月15日以降である（横山編著　2011）。大正７年と昭和８年に相対年代の重複期間があるが、絵葉書自体から年代を推定し、時代的特性を抽出するため、便宜的にⅡ期を大正６年まで、Ⅲ期を昭和７年までとした。

5 絵葉書に関わる人々

絵葉書には、製作者・購入者・送信者・受信者・収集家という人間の関与が考えられる。製作者は、国の機関（逓信省）、絵葉書店や出版社、博物館、個人などである。このうち、絵葉書店を例に挙げれば、撮影者・印刷所・着色者・仲介業者を経て絵葉書店に商品が届く仕組みになっている（浦川　2004）。また、被写体の構図などに専門家や研究者の意見を取り入れる場合もある。

購入者は上述の販売店で絵葉書を求めることになるが、その目的は通信手段と収集という２つである。どちらにしても、不特定多数の人間に絵画面情報が伝達されることから、絵葉書はメディアとして位置付けられる（田邊　2002）。

収集を目的とした場合、絵葉書は購入者から先への拡散を期待できない。しかし、そこに文字情報が記載され、第三者（＝受信者）へと伝達されれば、通信媒体となる。この場合、送信者と受信者は一対一の関係であるから、それはメディアではなく、アーカイブスとして評価できる（西向　2013）。絵葉書と受信者は、偶然通信手段として絵葉書が採用されたか、若しくは受信者が絵葉書収集家であり、送信者がそのことを配慮して絵葉書を選択した可能性がある。

現在博物館などに寄贈されている絵葉書コレクションの多くは、購入者が収集家の場合がほとんどである。この場合、明治時代後期の絵葉書流行に乗じて手あたり次第絵葉書を集めたコレクターを除けば、資料群には例えば絵画面の内容など一貫した主題が観取される。また、その絵葉書の年代は、購入者が収集活動を開始した時期が上限で、収集活動をやめた段階が下限となる。なお、この年代には、骨董的な絵葉書をコレクターが収集するという点は考慮されていない。

次に、受信者が収集家である場合、それは手紙としての性格が強く、友人が旅行先から送ってきた絵葉書をスクラップして保存していた場合など、資料群に統一性は見にくい。ただし、受信者の趣味にあった絵葉書を送信者が選択する、という行為が介在すれば、絵葉書群にも受信者の嗜好が反映される。この場合、収集絵葉書の年代は受信者が情報を送受信できた時期に限定される。

ここまで、編者の絵葉書に対する基本的な考え方を整理した。なお、参考文献については、『日本考古学百景』解題に併せて掲載した。

Ⅰ 地 域 編

支那唐代著彩女子土偶
1923『京都帝国大学文学部陳列館 考古図録』
京都帝国大学より引用（反転掲載）

明治39年（1906）頃、大野雲外筆『石器時代紋様絵端書』が如山堂書店から発売されて以降、帝室博物館や東京人類学会により、収蔵資料を用いた絵葉書集が発行されるようになる。そして、時を同じくして広島尚古会から『尚古絵葉書』が出版、広島県の郷土史上重要な史資料の中には、備後国府及び国分寺址出土の古瓦片（515）も含まれている。
以後、新渡戸稲造らが提唱した地方学や、学校教育における郷土研究の志向により郷土史が知覚され、また名所旧跡の観光地化により、考古遺物や遺跡に関する絵葉書が多く出版されることとなる。
本章では、明治39年から昭和20年（1945）に出版された考古学絵葉書について、都道府県ごとに代表的な遺跡や遺物、考古学史上重要な史料となるものを選定し、それらの年代順に配列した。史跡指定により公園化されている遺跡の発掘当時の姿や、現在ではその旧態を留めない古墳、戦火で焼失した考古遺物など、1葉の絵葉書に記録される情報量は膨大であり、それを丁寧に読み解くことが絵葉書研究の醍醐味である。そして、これら絵葉書の製作や販売に携わった考古学者、郷土史家らの意識や着眼点にも思いを馳せて頂きたい。

北海道

『北海道原始文化展覧会記念』

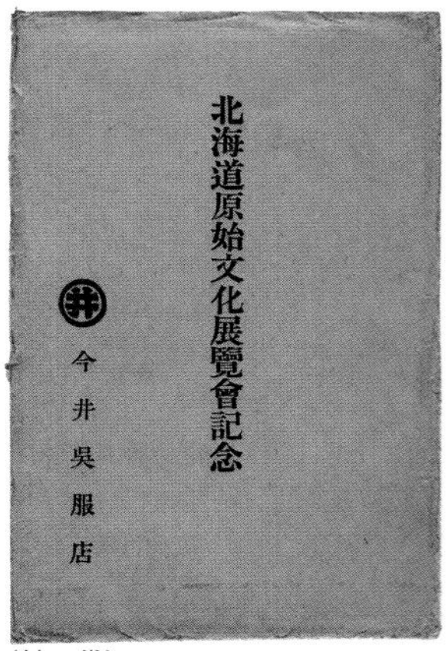

（外　袋）

001　北海道原始文化展覧会

北海道原始文化展覧会は犀川会と北海道庁の主催で、今井呉服店を会場に考古遺物やアイヌ関係資料が展示された。展示資料は、北海道帝国大学付属博物館や後藤寿一ら道内の研究者の所蔵品だけでなく、東京帝国大学人類学教室や大山史前学研究所からも出陳されている。展覧会のパンフレット『北海道原始文化要覧』（昭和８年、犀川会）や、展示資料を集めた図録『北海道原始文化聚英』（昭和８年、犀川会）も展覧会にあわせて刊行された。何れも杉山寿栄男が主宰していた民族工芸研究会からの発行であり、杉山自身の所蔵品も多く出陳されていることから、展覧会に杉山寿栄男が深く関わっていたことがわかる。

001は展覧会ポスター、004左と005右はポスターのモデルとなった遺物であり、002及び003は会場に展示された額面図を絵葉書に仕立てたものである。

002　石器時代 聚落

003　上古時代 墳墓築造

004　札幌市外平岸村出土 石狩江別出土

005　室蘭出土 後志国余市出土

『北見乃遺物』

（外　袋）

006　網走町出土．放射状文土器ほか

007　網走町出土．薄手縄文土器ほか

北見郷土研究会は大正６年（1917）に結成された網走史辿会を祖とし、昭和３年（1928）に設立された。会の業務を一手に引き受けたのは、モヨロ貝塚の調査と保護に尽力した米村喜男衛である。米村喜男衛らが収集した管内の考古資料は、自宅兼職場の米村理髪店内にあった『郷土室』で保管・展示されていた。これら絵葉書に収められた出土遺物もまた、『郷土室』の一隅を飾っていたのであろう。

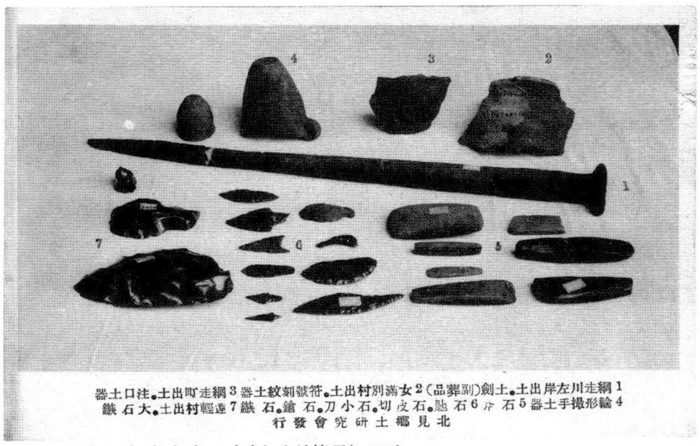

008　網走川左岸出土．土剣（副葬品）ほか

『根室地方石器時代遺物』

（外　袋）

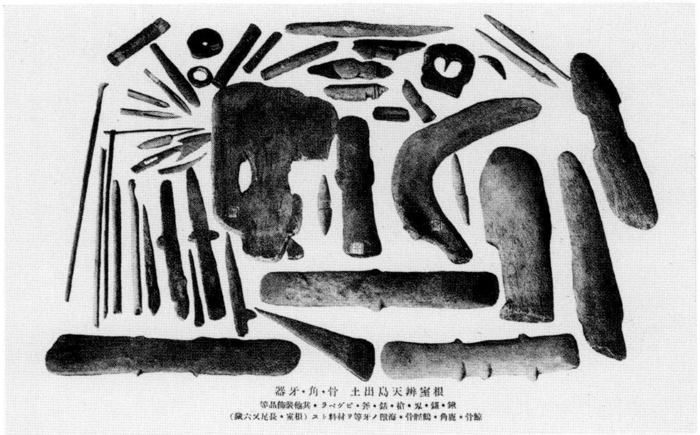

009　根室弁天島出土 骨・角・牙器ほか

010　千島諸島・根室ヨリ出土ノ土器

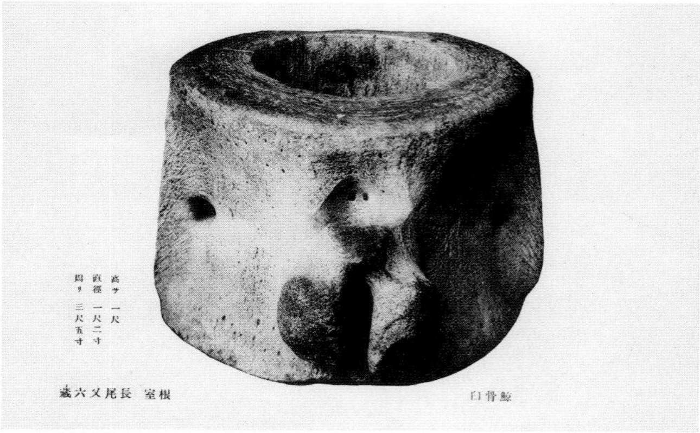

011　鯨骨臼

012　千島諸島並ニ根室弁天島ヨリ出土石器

『根室地方石器時代遺物』第二輯

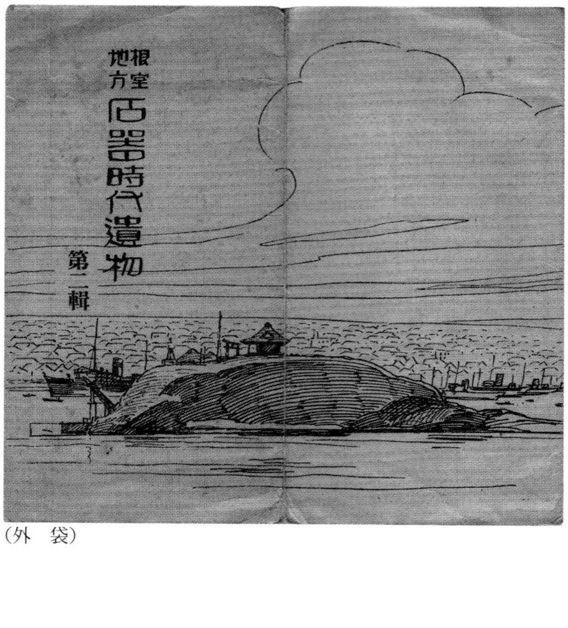

（外　袋）

前掲の北海道原始文化展覧会には、佐竹渓谷、長尾又六らの所蔵資料も数多く出品された。『北海道原始文化要覧』には、同一原版と考えられる011鯨骨臼の写真や、018の鯨骨製品とほぼ同じレイアウトの写真があることから、本絵葉書は北海道原始文化展覧会を契機に編集されたと思われる。

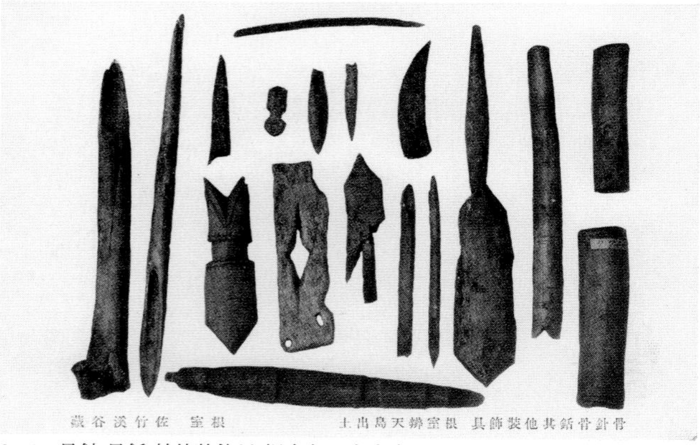

015　骨針 骨銛 其他装飾具 根室弁天島出土

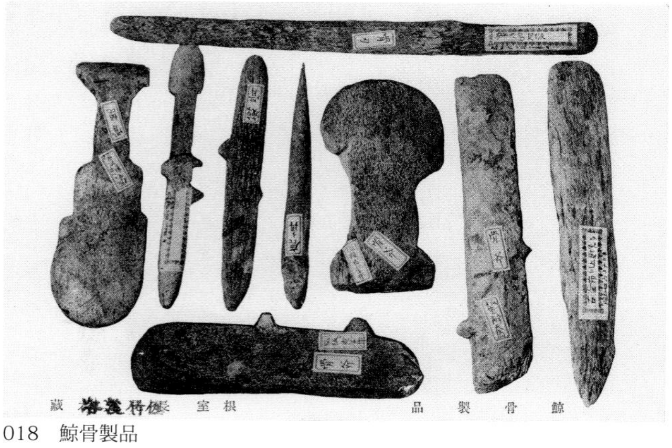

018　鯨骨製品

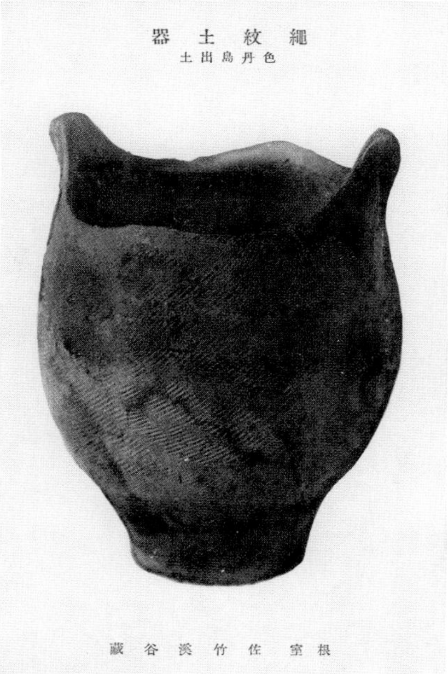

013 縄文土器 色丹島出土

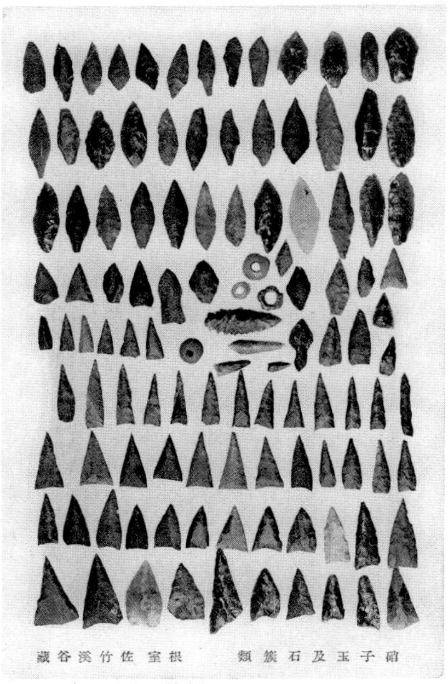

014 硝子玉及石簇類

016 中央石製カンテラ及砥石

017 打製石斧 磨製石斧類

019 縄文土器 千島及根室地方出土

020 縄文土器 千島択捉島出土

021 石斧 石垂類

022 石斧 石匙 石錘 石簇

『日本史蹟　手宮古代文字』

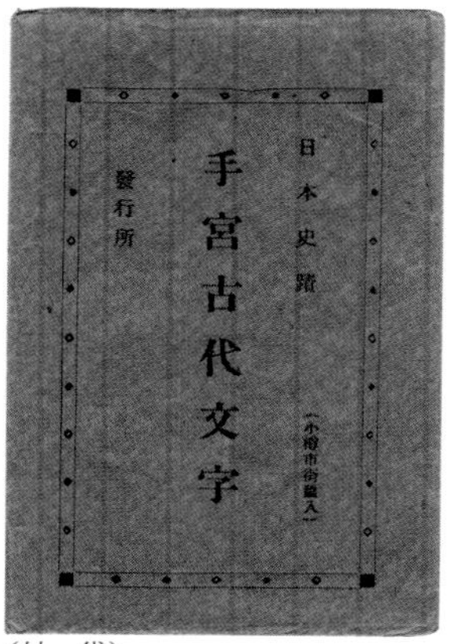

（外　袋）

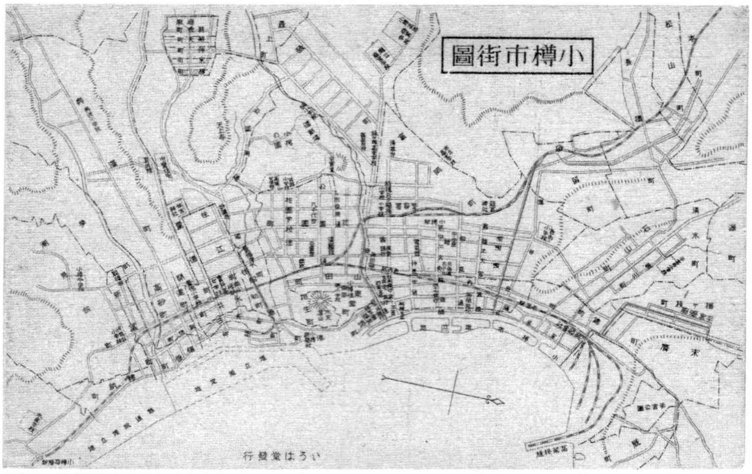

023　小樽市街図

025　手宮古代文字の近状

024　手宮古代文字付近の風景

027　手宮石室壁上彫刻アイヌ古代文字

026　摂政宮殿下台覧の手宮古代文字

青森県

『青森県是川村 石器時代遺物絵葉書』（一）

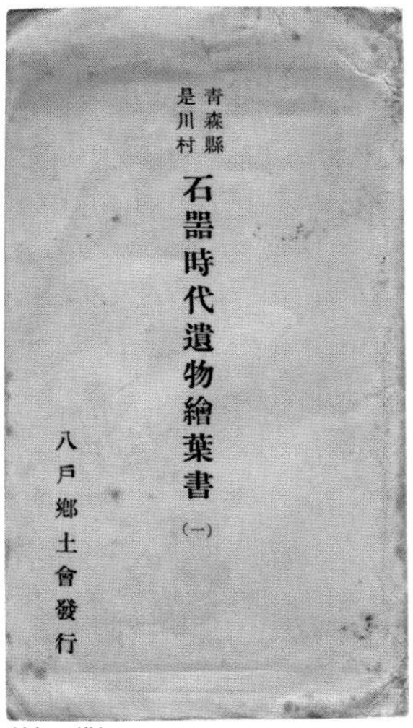

（外　袋）

028　石器時代遺跡の全景 青森県三戸郡是川村字中居

029　是川遺跡炉跡

030　是川中居遺跡 遺物包含状態

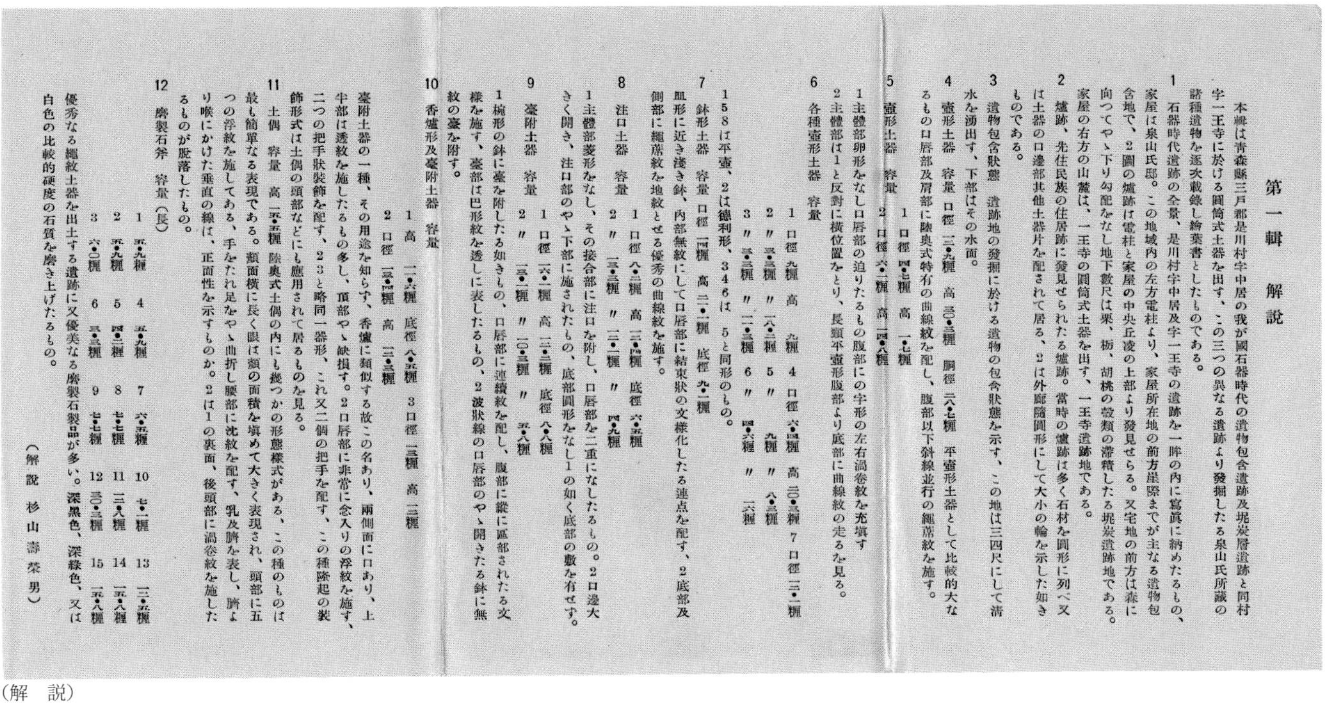

第一輯　解說

本冊は青森縣三戸郡是川村字中居の我が國石器時代の遺物包含遺跡及埿炭層遺跡と同村字一王寺に於ける圓筒式土器を出す、この三つの異なる遺跡より發掘したる泉山氏所藏の諸種遺物を逐次載錄し繪葉書としたものである。

1　石器時代遺跡の全景、是川村字中居及字一王寺の遺跡を一眸の內に寫眞に納めたるもの、家屋は泉山氏邸。この地域內の左方電柱より、家屋所在地の前方崖際までが主なる遺物包含地で、2圖の爐跡は電柱と家屋の中央丘淩の上部より發見せらる。又宅地の前方は森に向つてやゝ下り勾配をなし地下數尺は栗、栃、胡桃の殼類の滯積したる埿炭遺跡地である。家屋の右方の山麓は、一王寺の圓筒式土器を出す、一王寺遺跡地である。

2　爐跡、先住民族の住居跡に發見せられたる爐跡。當時の爐跡は多く石材を圓形に列べ又は土器の口邊部其他土器片を配されて居る、2は外廓隨圓形にして大小の輪を示した如きものである。

3　遺物包含狀態　遺跡地の發掘に於ける遺物の包含狀態を示す、この地は三四尺にして清水を湧出す、下部はその水面。

4　壺形土器　容量　口徑 一三•九糎　高 三〇•三糎　胴徑 二六•七糎　平壺形土器として比較的大なるもの口唇部及肩部に陸奥式特有の曲線紋を配し、腹部以下斜線並行の繩蓆紋を施す。

5　壺形土器　容量
1　口徑 四•七糎　高 一•七糎
2　口徑 六•一糎　高 一四•八糎
1主體部卵形をなし口唇部の迫りたるもの腹部にの字形の左右渦卷紋を充塡す
2主體部は1と反對に横位置をとり、長頸平壺形腹部より底部に曲線紋の走るを見る。

6　各種壺形土器　容量
1　口徑 九糎　高 九糎　4　口徑 六•四糎　高 二〇•三糎　7　口徑 一三•一糎
2　〃 三•三糎　〃 一八•二糎　5　〃 九糎　〃 八•三糎
3　〃 三•三糎　〃 一一•三糎　6　〃 四•六糎　〃 一六糎
158は平壺、2は德利形、346は　5と同形のもの。

7　鉢形土器　容量　口徑 一四糎　高 二一•一糎　底徑 九•一糎
皿形に近き淺き鉢、內部無紋にして口唇部に結束狀の文樣化したる連点を配す、2底部及側部に繩蓆紋を地紋とせる優秀の曲線紋を施す。

8　注口土器　容量
1　口徑 八•二糎　高 一三•四糎　底徑 六•五糎
2　〃 一三•三糎　〃 一三•一糎　〃 四•九糎
1主體部菱形をなし、その接合部に注口を附し、口唇部を二重になしたるもの。2口邊大きく開き、注口部のやゝ下部に施されたもの、底部圓形をなし1の如く底部の數を有せず。

9　臺附土器　容量
1　口徑 一六•一糎　高 一三•二糎　底徑 八•八糎
2　〃 一三•一糎　〃 一〇•三糎　〃 五•八糎
1椀形の鉢に臺を附したる如きもの、口唇部に連續紋を配し、腹部に縱に區部されたる文樣を施す、臺部は巴形紋を透しに表したるもの、2波狀線の口唇部のやゝ開きたる鉢に無紋の臺を附す。

10　香爐形及臺附土器　容量
1　高 一一•六糎　底徑 八•五糎　3　口徑 一三糎　高 一三糎
2　口徑 一三•四糎　高 一三•三糎
臺附土器の一種、その用途を知らず、香爐に類似する故この名あり、兩側面に口あり、上半部は透紋を施したるもの多し、頂部やゝ缺損す。2口唇部に非常に念入りの浮紋を施す、二つの把手狀裝飾を配す、23と略同一器形、これ又二個の把手を配す、この種隆起の裝飾形式は土偶の頭部などにも應用されて居るものを見る。

11　土偶　容量　高 一五•五糎　陸奥式土偶の內にも幾つかの形態樣式がある、この種のものは最も簡單なる表現である。顏面横に長く眼は顏の面積を塡めて大きく表現され、頭部に五つの浮紋を施してある、手をたれ足をやゝ曲折し腰部に沈紋を配す、乳及臍を表し、臍より喉にかけた垂直の線は、正面性を示すものか。2は1の裏面、後頭部に渦卷紋を施したるものが脫落したもの。

12　磨製石斧　容量（長）
1　五•九糎　4　五•九糎　7　六•五糎　10　七•一糎　13　一三•五糎
2　五•九糎　5　四•二糎　8　七•七糎　11　一三•八糎　14　一五•八糎
3　六•〇糎　6　三•三糎　9　七•七糎　12　三〇•三糎　15　一五•八糎
優秀なる繩紋土器を出土する遺跡に又優美なる磨製石製品が多い。深黑色、深綠色、又は白色の比較的硬度の石質を磨き上げたるもの。

（解說　杉山壽榮男）

（解　説）

031　壺形土器

032　壺形土器

明治時代にはすでに知られていた是川中居遺跡であるが、本格的な発掘は大正９年（1920）遺跡一帯の土地所有者で、八戸郷土会会長の泉山岩次郎と、義弟斐次郎によって行われた。以後、日本各地から研究者が訪れ、発掘調査を行っている。030は泉山岩次郎調査による遺物出土状況の写真、028は杉山寿栄男の斡旋で昭和４年（1929）に大山史前学研究所が実施した調査写真の絵葉書である。喜田貞吉と杉山寿栄男は、泥炭層から出土した木製品を中心に、『日本石器時代植物性遺物図録』（昭和７年、刀江書院）を編纂。033の各種壺形土器をはじめ、絵葉書が本図録と同じ写真原版であることから、絵葉書の編集は解説の起草者である杉山寿栄男によるものと思われる。

033　各種壺形土器

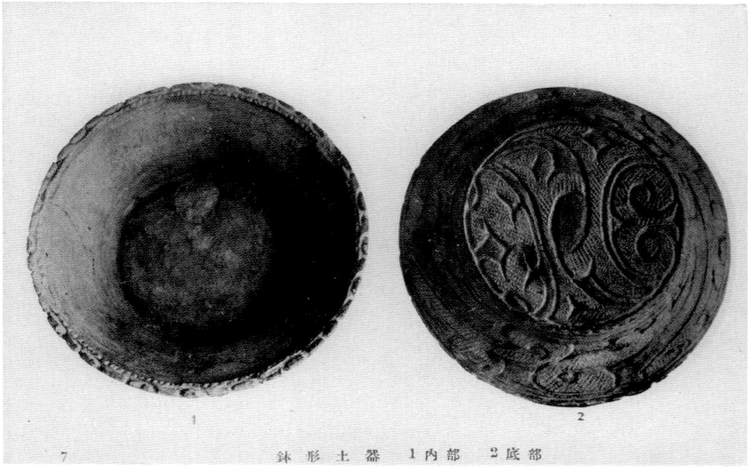

034　鉢形土器

035　注口土器

036　台付土器

037　香爐形 台付土器

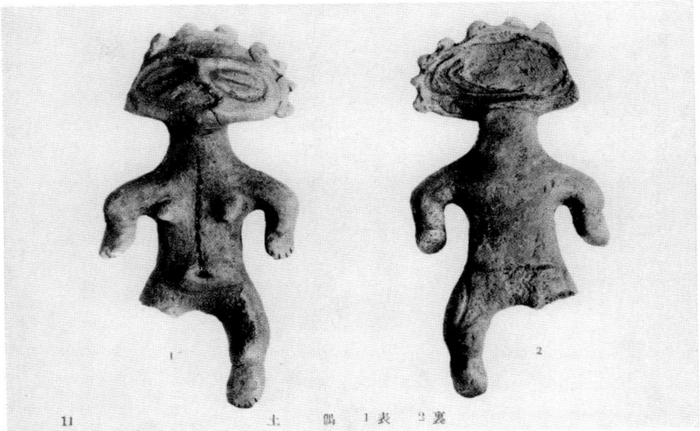

038　土　偶

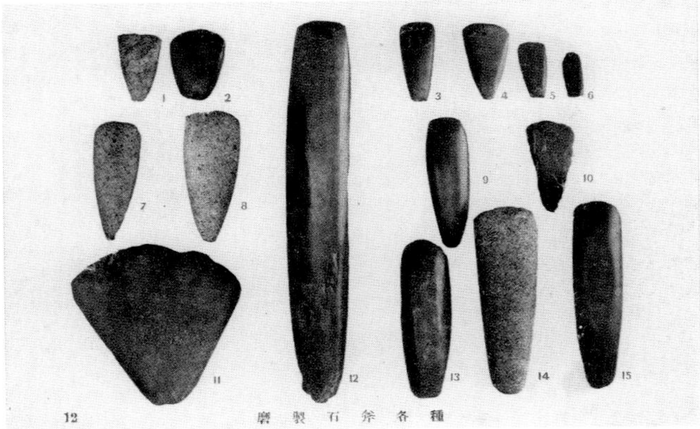

039　磨製石斧各種

岩手県

「岩手県水沢町　青木禎次郎所蔵」

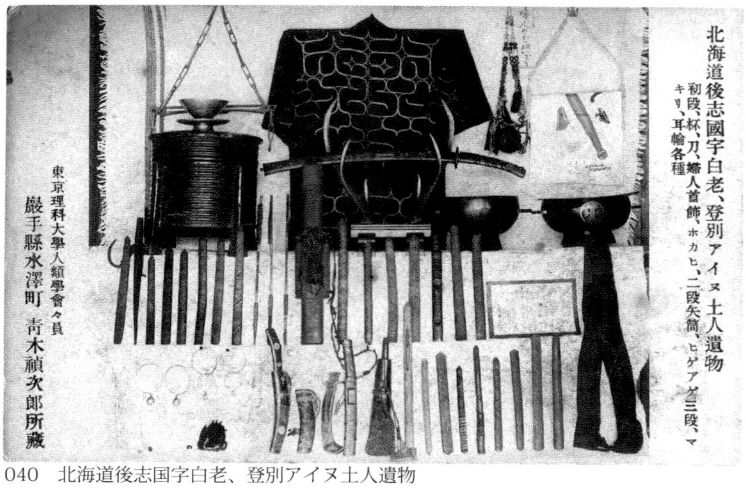

040　北海道後志国字白老、登別アイヌ土人遺物

東京人類学会会員であった青木禎次郎は、岩手県水沢町（現、奥州市）内の遺跡踏査や遺物採集をはじめ、磨製石斧や縄文土器の復元製作を試みるなど、明治時代末から昭和初期にかけて活躍した在野の考古学者である。絵葉書にある膨大な石器時代及びアイヌに関するコレクションは、没後、水沢町に寄贈された。

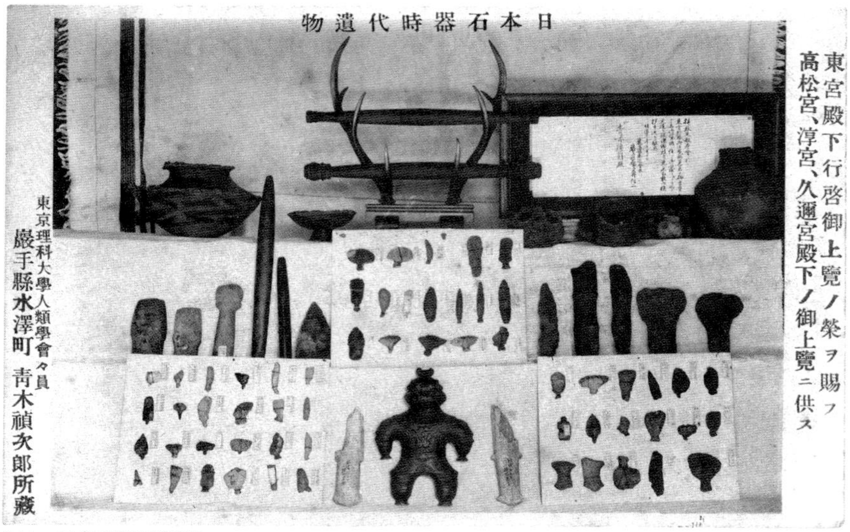

041　日本石器時代遺物

042　日本石器時代土偶

胆沢城址

043　鉄道線路ヨリ胆沢城趾ヲ隔テ鎮守府八幡神社ヲ望ム

宮城県

〔『石器時代遺物絵葉書』第一輯〕

044　深鉢形土器

045　壺形土器

046　壺形土器

本絵葉書を発行した奥羽史料調査部は、東北帝国大学法文学部国史研究室内に設置された研究組織で、大正 14 年（1925）、喜田貞吉、古田良一、中村善太郎が財団法人齋藤報恩会から研究助成費を受けて創設された。初代調査主任となった喜田貞吉は、東北地方の石器時代資料の収集、機関誌『東北文化研究』の刊行に尽力。石器時代資料の収集は、喜田貞吉自身による採集、財団法人齋藤報恩会の研究費による購入、篤志家の寄付などで、昭和 8 年（1933）には奥羽史料調査部に完形土器約 600 点、撮影した写真の原板約 1000 枚以上が収蔵されている。

044 から 046 は、石巻市在住の在野の考古学者、毛利総七郎と遠藤源七所蔵の縄文・弥生土器を絵葉書にしたもので、全てを確認できていないが、第 1 輯は、毛利・遠藤コレクションで構成されていたと考えられる。

046 の壺形土器は「宮城県仙台市七郷藤田出土」土器の誤りで、山内清男「下野国河内郡国本村野沢の土器」『史前学雑誌』第 4 巻第 1 号（昭和 7 年、史前学会）の挿図に同一原版の写真が掲載されている。絵葉書に添付された解説に、「縄文があるが純粋の縄文式ではなく、縄文式土器が弥生式土器と融合して出来た新らしい型式で桝形式と呼ばれてゐる」とあることから、編集に山内清男が関わっていたのかもしれない。

なお、喜田貞吉は、昭和 2 年（1927）3 月 21 日に毛利・遠藤コレクションの撮影を行っている。奥羽史料調査部に写真原版が収蔵されていることから、これら絵葉書はこの時撮影された原版を使用した可能性もある。

『陸前 多賀城古瓦』

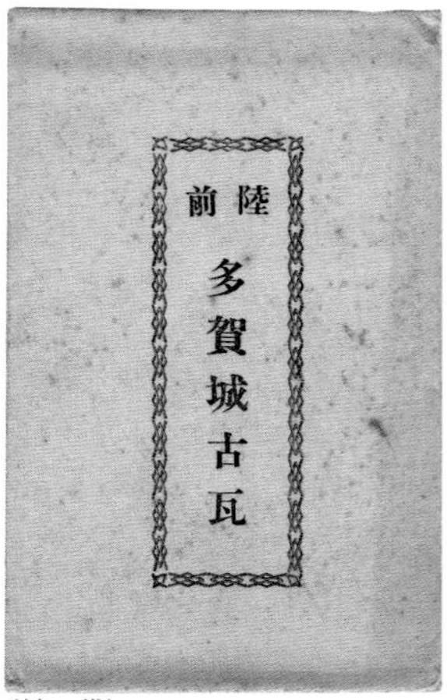

（外　袋）

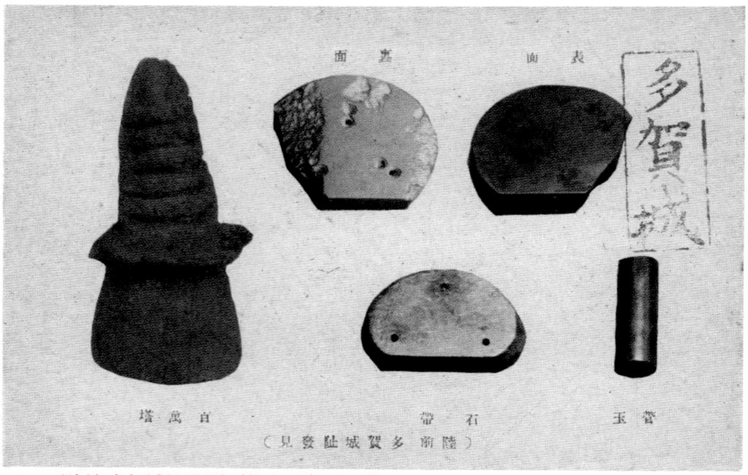

051　（陸前 多賀城阯発見）管玉 石帯 百万塔

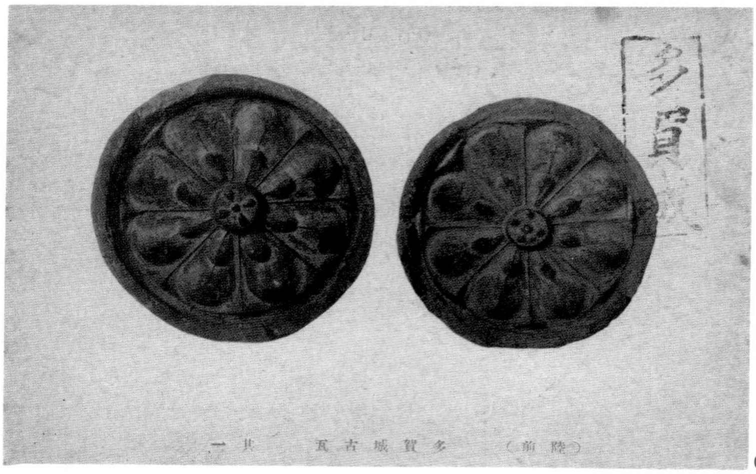

047　多賀城古瓦 其一

049　多賀城古瓦 其三

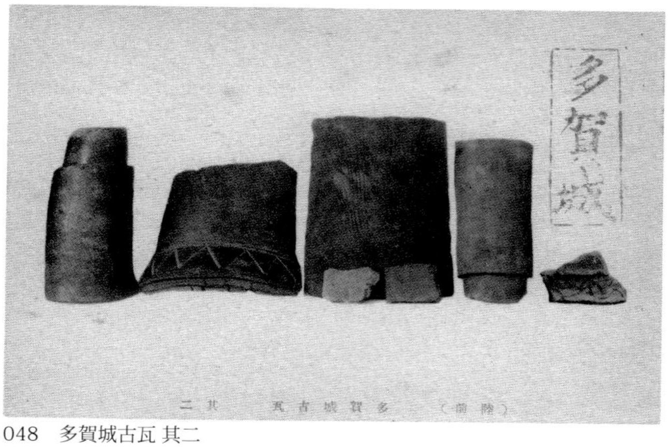

048　多賀城古瓦 其二

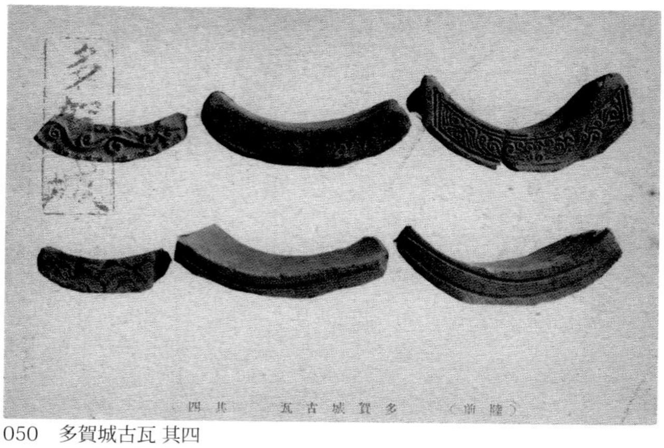

050　多賀城古瓦 其四

秋田県

『秋田県六郷町石名館　遺跡発掘物絵はがき』

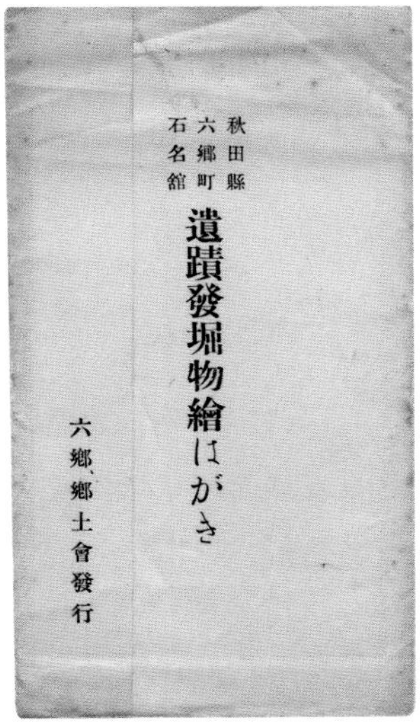

（外　袋）

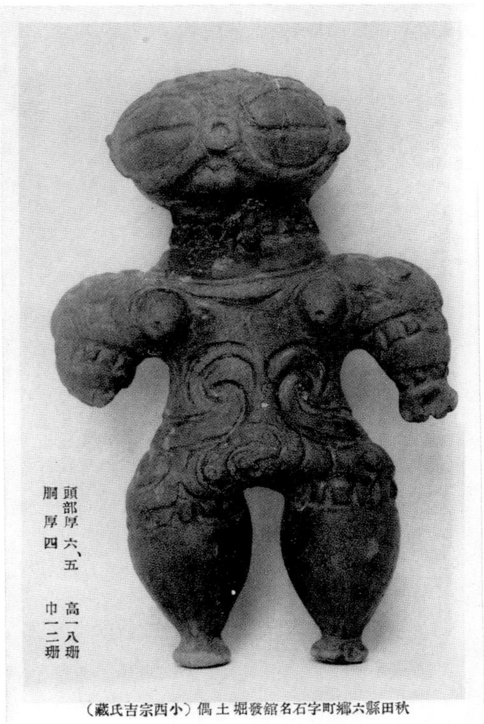

052　土　　偶

052は、秋田考古会会員の小西宗吉が、昭和５年(1930)に石名館で発掘した土偶である。本土偶と岩版（059 上段右及び右から３番目）は、昭和12年（1937）に帝室博物館で開催された石器時代土偶土版展覧会にも出陳された(186頁Ⅱ-349、Ⅱ-348)。

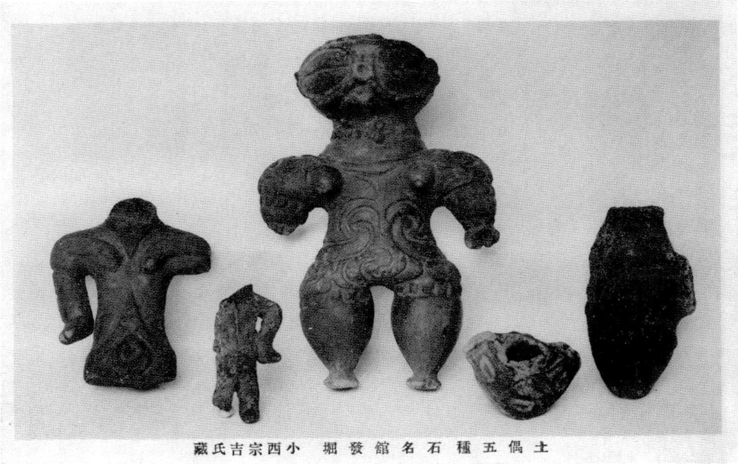

053　土偶五種

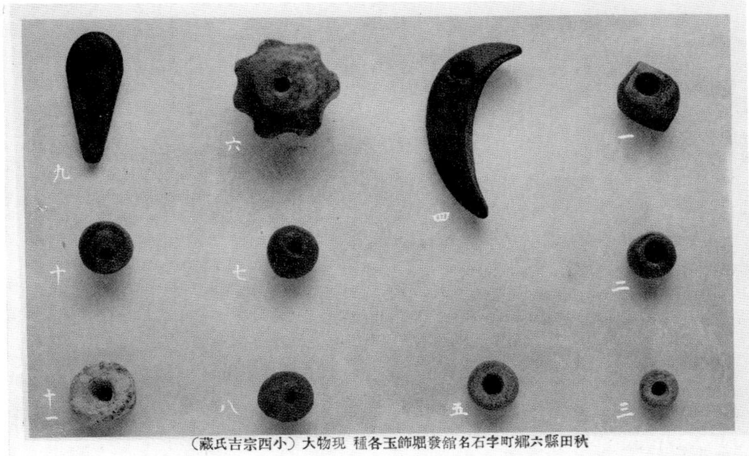

054　飾玉各種

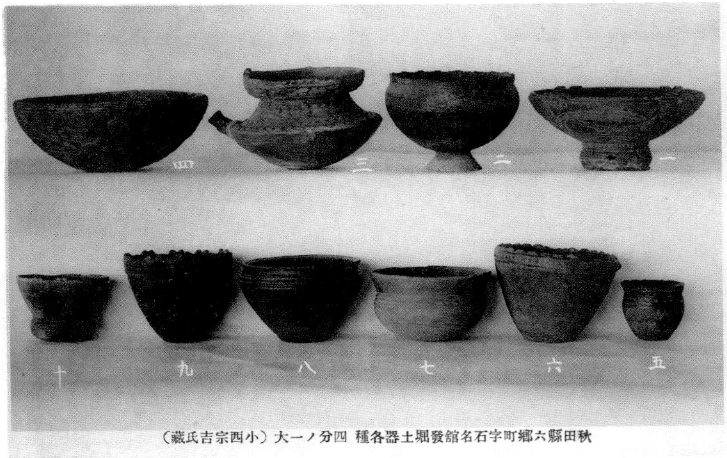

055　土器各種

056　香爐型土器他四種

057　壺 各 種

058　土版及小瓶

059　土版．岩版．馬齒（川上石名館）魚版（小出）

『史料第一輯　払田柵址絵ハガキ』

（外　袋）

062　眞山より丸子川〔昔の荒川〕を越えて南東の展望

060　南面よりの全景 其ノ一

061　南面よりの全景 其ノ二

063　東北隅より見たる眞山城址

065　長森の塁石

066　外柵南門柱十二本の配列

067　内柵の門柱門址前面脇間と単立柵との連絡

068　内柵（通称三重柵）の復立

069　内柵（通称三重柵）門柱の残根

本絵葉書は、主に昭和５年（1930）文部省嘱託の上田三平（069 右）による発掘調査時の写真で構成される。遺構に関する絵葉書のうち、063、066、067、070 は、昭和 13 年（1938）刊行『史蹟精査報告』第３（文部省）掲載図版と同一原版と考えられることから、それ以外については、高梨村史蹟保存会の蔵版であると思われる。

払田柵址は昭和６年（1931）３月に史蹟指定され、同時期、高梨村による払田古柵址遺物陳列所（072）が開設。６月には高梨村史蹟保存会が設立され、本絵葉書や『指定史蹟 払田柵阯』（上田三平、昭和６年）が出版されるなど、村全体で史蹟の保護に尽力した。

070　柵列発掘実景

071　西方門柱発掘実景

072　発掘の門柱及び柵木

064　眞山の姥杉と酒のみ石

073　出 土 品

山形県

清野簡易博物館

074　はにわ人形

075　石鏃ほか

山形県史蹟名勝天然紀念物調査員などを歴任した清野鉄臣が、大正元年（1912）に自宅二階に開設した簡易博物館の陳列品である。博物館は、土製品（074）や石器（075）などの歴史標本をはじめ、化石や貝類などの博物標本、地理歴史理科絵葉書を備えた郷土博物館であった。

史蹟　城輪柵址

076　千二百二十余年ヲ地下ニ経過セシ柵木及門柱ノてい部

077　西側柵列ノ一部（最初発見ノ所）

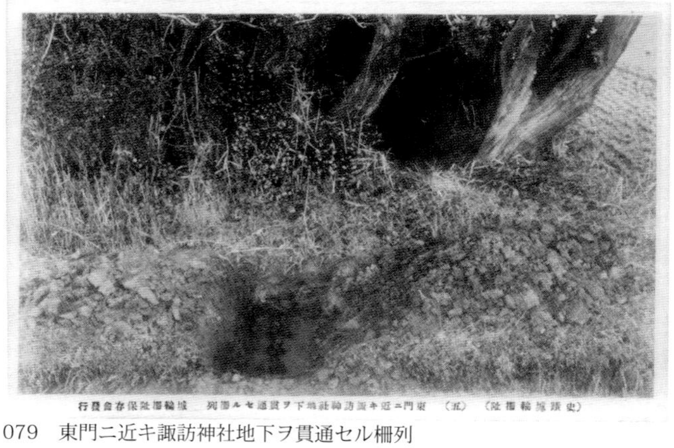

079　東門ニ近キ諏訪神社地下ヲ貫通セル柵列

078　西北隅ヨリ南へ第一号地柵列

081　北側柵列ノ一部（柵列ノ喰違）

080　南側柵列上ニ後世排水用材ヲ打チタル状

083　西方ヨリ見タル東門阯

084　南門残柱

085　北方ヨリ見タル北門阯

大正 12 年（1923）阿部正巳により出羽国分寺址及び国府関連址に推定された当該地は、秋田県高梨村における払田柵址の発見、上田三平の現地視察により調査の機運が高まり、昭和 6 年（1931）5 月に本楯村柵阯調査会（後に山形県出羽柵阯調査会に改称）が組織された。山形県郷土研究会との協同調査で、同月には（077）の角柱が発見されたことから、稲の収穫が終わる 10 月から上田三平による本調査が実施され、東西南北の門址、柵列の検出に至った。

（078）～（080）、（082）～（089）は、上田三平『史蹟精査報告』第 3（昭和 13 年、文部省）掲載図版と同一で 10 月の本調査時、（076）、（077）、（081）は本楯村柵阯調査会による 5 月の調査時に撮影された写真を絵葉書に仕立てたと考えられる。

城輪柵址は昭和 7 年（1932）4 月に史蹟指定されており、城輪柵阯保存会は同年 7 月に『指定史蹟 城輪柵阯』を刊行している。本絵葉書も史蹟指定に併せて発行されたものであろう。

082　西方ヨリ見タル西門阯

082は昭和7年（1932）の考古学会第37回総会で坪井九馬三が寄贈した絵葉書（207頁Ⅱ-538）と同一原版、081は撮影方向の異なる写真で絵葉書を作製している（Ⅱ-539）。総会に出席した研究者は、報告書刊行前にその概要を知ることができたのである。

086　南方ヨリ見タル柵東南隅ノ残阯

087　東南隅阯ノ一部（東端ヨリ八尺余ノ所）

088　北方ヨリ見タル西北隅楼門阯

089　南方ヨリ見タル東北隅楼門阯

090　県社城輪神社ト鳥海山遠望

『山形県飽海郡本楯村 出羽柵阯ヱハガキ』

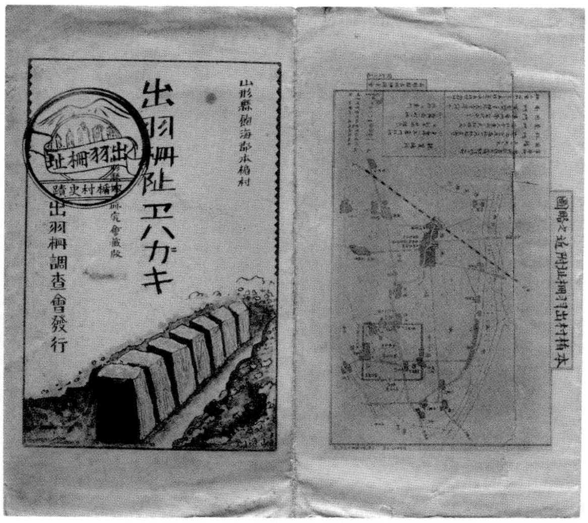

（外　袋）

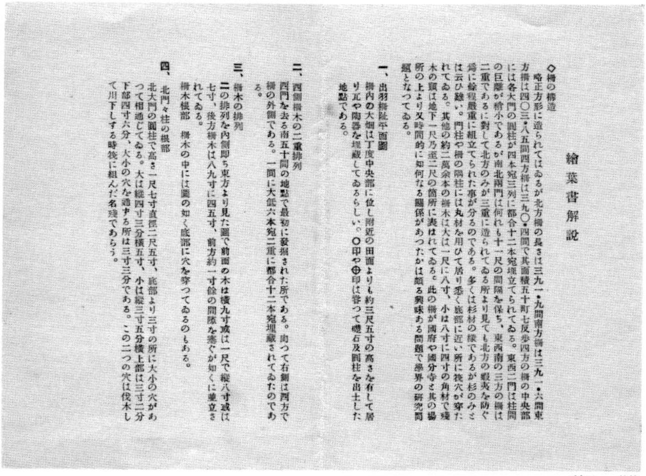

繪葉書解説

◇柵の構造

略正方形に造られてはゐるが北方柵の長さは三九一・九間南方柵は三九一・六間東方柵は四〇三・八五間西方柵は三九〇・四間で其面積五十町七反歩四方の柵の中央部には各大門の圓柱が四本宛三列に都合十二本宛埋立てられてゐる。東西二門は柱間の巨離が稍小であるが南北兩門は何れも十一尺の間隔を保ち、東西南の三方の柵は二重であるに對して北方のみが三重に造られてゐる所より見ても北方の蝦夷を防ぐ爲に餘程嚴重に組立てられた事が分るのである。多くは杉材の樣であるが杉のみとは云ひ難い。門柱や柵の隅柱には丸材を用ひて居り悉く底部に近い所に筏穴が穿たれてゐる。其他の約二萬余本の柵木は大は一尺に八寸、小は八寸に四寸の角材で殘木の頭は地下一尺乃至二尺の箇所に表はれてゐる。此の柵が國府や國分寺と其の場所の上より又時間的に如何なる關係があつたかは頗る興味ある問題で學界の研究問題となつてゐる。

一、出羽柵阯平面圖
柵内の大畑は丁度中央部に位し附近の田面よりも約三尺五寸の高さを有して居り瓦や陶器を埋蔵してゐるらしい。〇印や⊕印は嘗つて礎石及圓柱を出土した地點である。

二、西側柵木の二重排列
西門を去る南五十間の地點で最初に發掘された所である。向つて右側は西方で柵の外側である。一間に大低六本宛二重に都合十二本宛埋藏されてゐたのである。

三、柵木の排列
二の排列を内側即ち東方より見た圖で前面の木は横九寸或は一尺で縦八寸或は七寸、後方柵木は八九寸に四五寸、前方約一寸餘の間隙を塞ぐが如くに竪立されてゐる。
柵木根部　柵木の中には圖の如く底部に穴を穿つてゐるのもある。

四、北門々柱の根部
北大門の圓柱で高さ一尺七寸直徑二尺五寸、底部より三寸の所に大小の穴があつて相通じてゐる。大は縦四寸三分横五寸、小は縦三寸五分横上部は三寸二分下部四寸六分、大小の穴を通ずる所は三寸三分である。この二つの穴は伐木して川下しする時筏に組んだ名殘であらう。

（解　説）

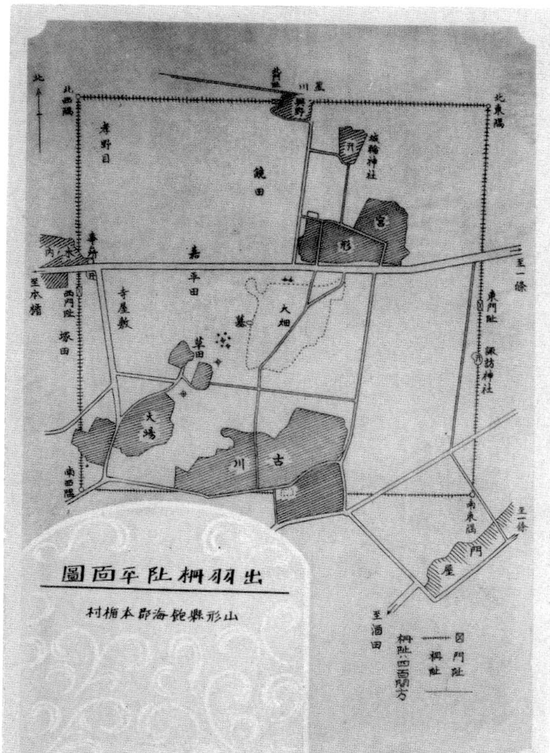

091　出羽柵阯平面図

092　西側柵木ノ二重排列

093　柵木ノ排列 柵木根部

094　柵木根部 二重式柵列

『本楯史蹟名勝絵葉書 国分寺瓦及陶器』第二輯

（外　袋）　　（表）

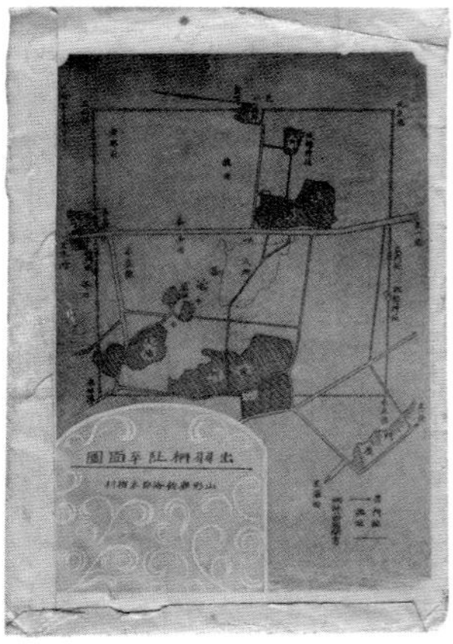
（裏）

097　柵内出土祝部皿類

098　祝部陶器

096　唐草瓦布目樋瓦ノ表裏

095　蓮華瓦及文字瓦

『出羽国分寺瓦』

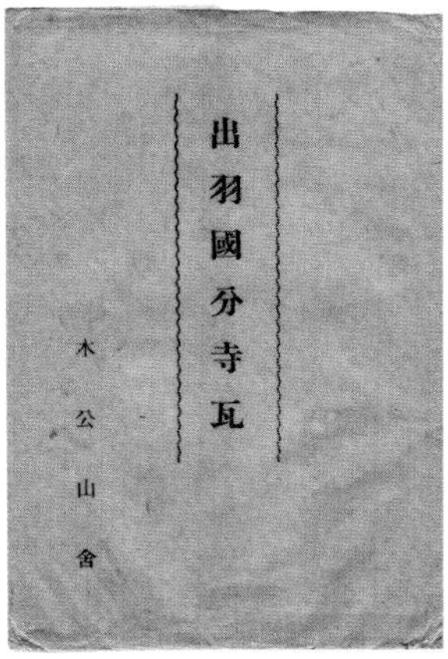

(外　袋)

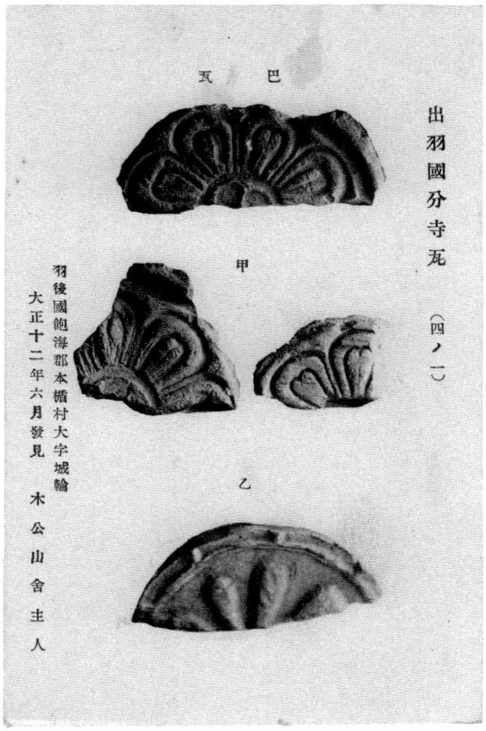

099　巴　瓦

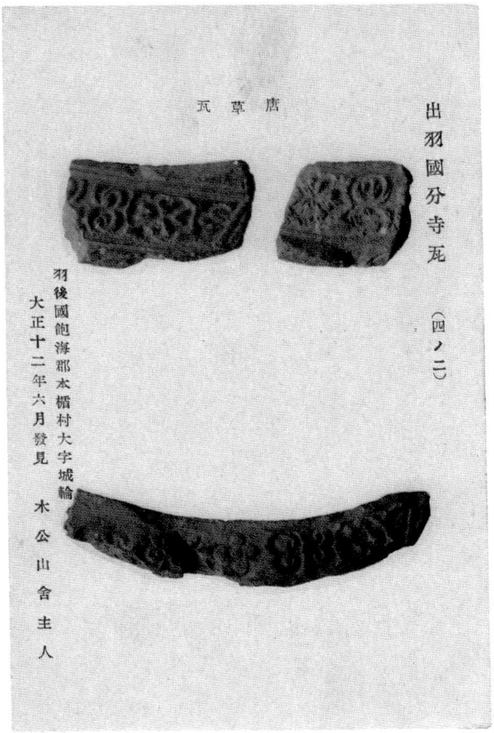

100　唐 草 瓦

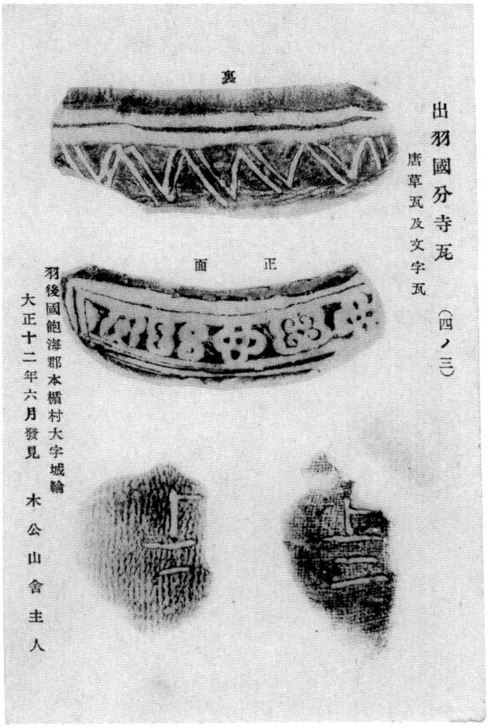

101　唐草瓦及文字瓦

102　柱　根

城輪柵跡の発見者、阿部正己（号は木公山舎）が製作した絵葉書である。大正12年（1923）6月、旧本楯村大字城輪字草田で蓮華文を有する軒丸瓦（099、091）や軒平瓦（100、101、092）を採集した阿部正己は、同年12月に『出羽国分寺遺址調査 附出羽国府位置』を著し、出羽国分寺址などの位置を推定した。

福島県

『史蹟　泉崎横穴絵はがき』

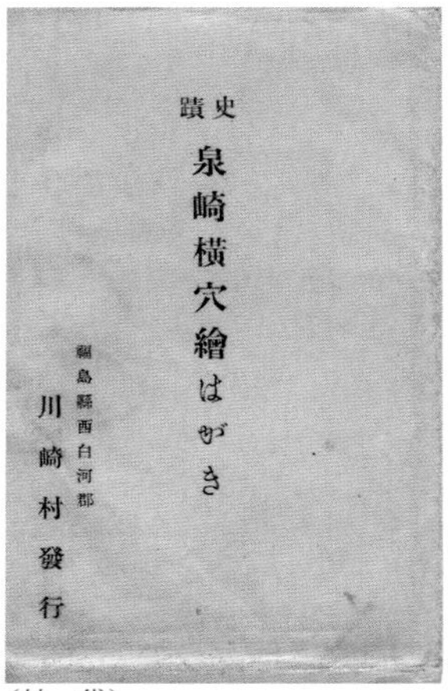

（外　袋）

103　泉崎横穴の遠景

104　泉崎横穴は福島県西白河郡川崎村大字泉崎にあり

105　発掘当時の泉崎横穴

106　制　　札

昭和８年（1933）12月に県道拡幅工事で発見された泉崎横穴は、内部に壁画が描かれていたことから地方新聞に報道され、郷土史家の岩越二郎、佐久間男留らが写真撮影などの現地調査を行った。その後、上田三平の調査を経て、翌９年史蹟に指定されている。103、105、107、109～112は、上田三平「泉崎横穴」『考古学雑誌』第24巻第６号（昭和９年、考古学会）掲載図版と同一原版で、発見直後に岩越二郎らが撮影した可能性もある。昭和10年、天井崩落を防ぐ目的でコンクリート防護壁が設置され（104）、標柱や制札（106）が整備された。本絵葉書は、これを記念して発行されたと考えられる。

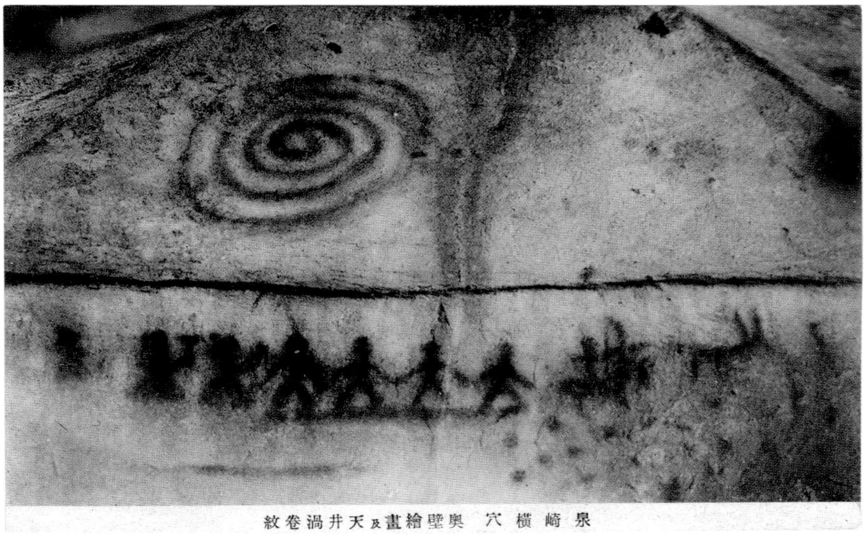

107　奥壁絵画及天井渦巻紋

108　北側壁の絵画（人物・馬）

109　南側壁の絵画（人物・馬）

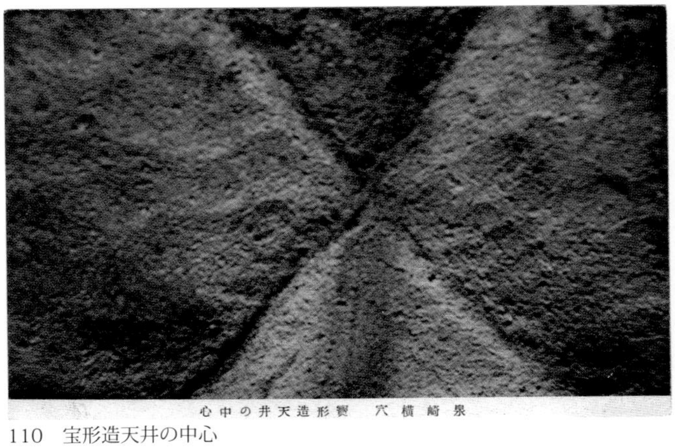

110　宝形造天井の中心

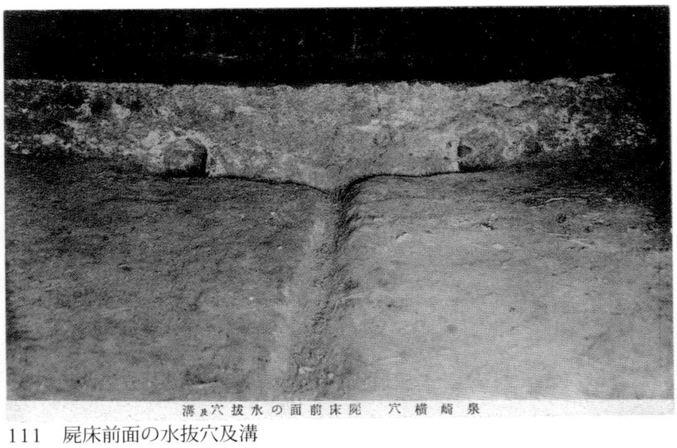

111　屍床前面の水抜穴及溝

112　指定横穴及付近横穴郡発見遺物

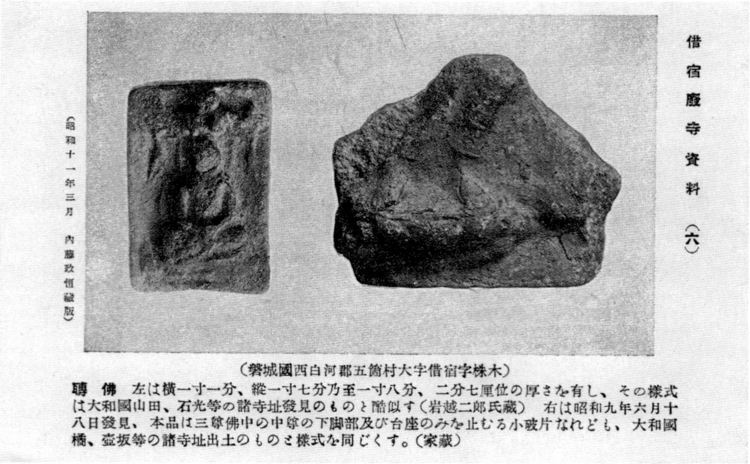

118　磚　　仏

113　借宿廃寺の遺跡

117　宇　　瓦

114　礎石（一）

115　礎石（二）

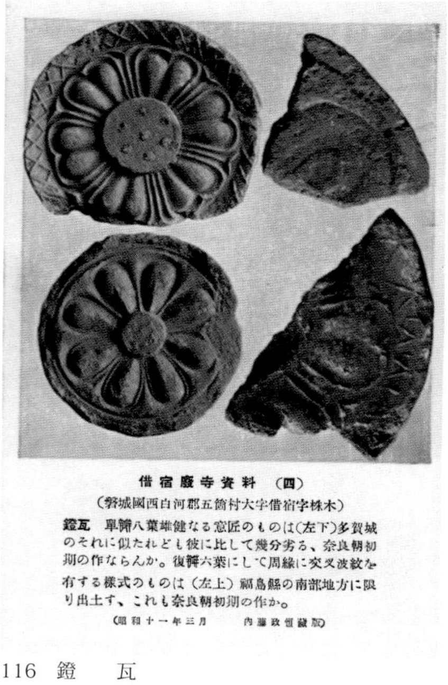

116　鐙　　瓦

『白河風土記』の記述により、文化年間には遺構の存在が知られていた仮宿廃寺は、昭和８年（1933）内藤政恒により踏査と出土瓦の調査が行われ、翌年６月と11月に再度、現地調査が実施されている。礎石の配置や瓦当文様、塼仏（118）の存在などから、同地を講堂址と推定した報告は、「磐城国西白河郡五箇村仮宿の遺蹟遺物に就いて」『考古学雑誌』第25巻第11号（昭和10年、考古学会）に掲載された。本絵葉書は上記報告所収の写真と同一原版であることから、調査結果の普及を目的として、内藤政恒により製作されたものと思われる。

茨城県

『茨城古瓦集』

（外　袋）

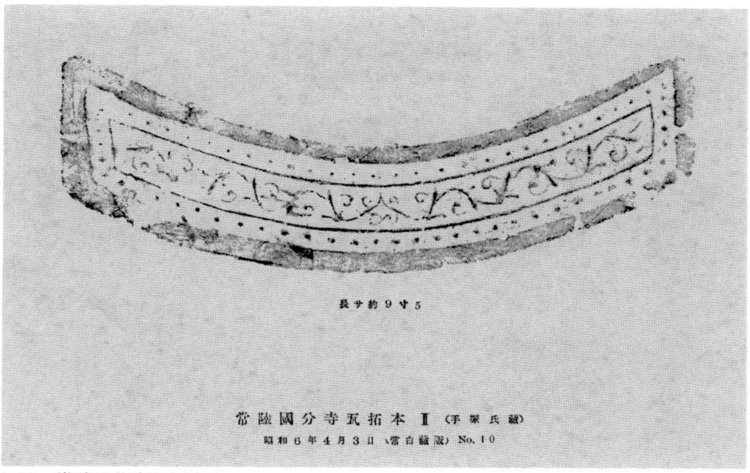

120　常陸国分寺瓦拓本Ⅱ

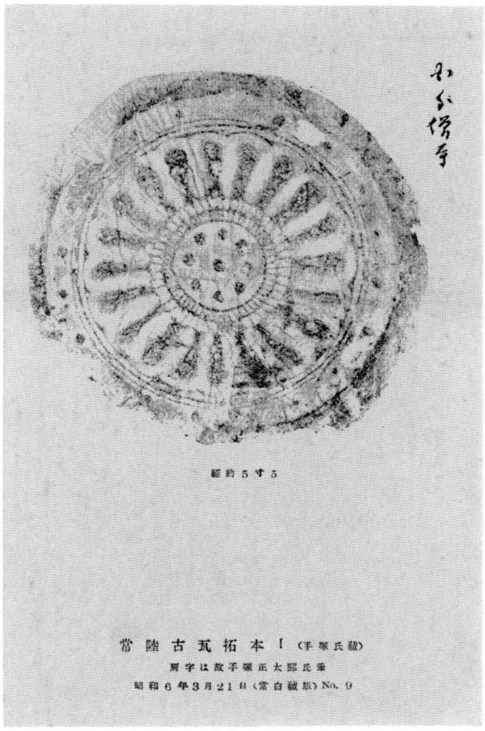

119　常陸古瓦拓本Ⅰ

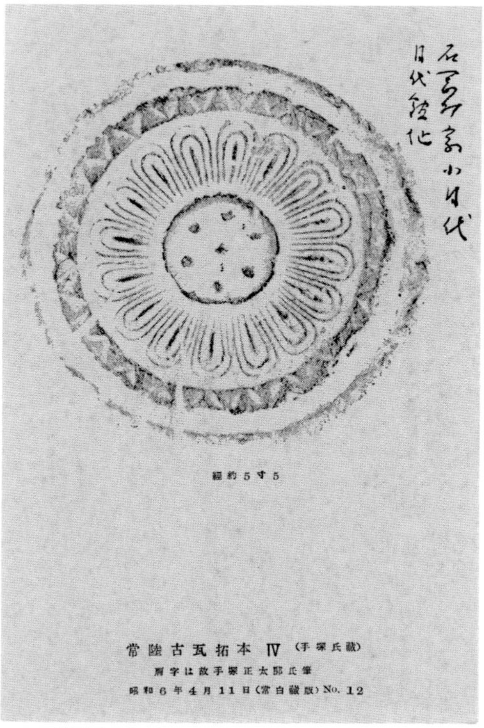

121　常陸古瓦拓本Ⅳ

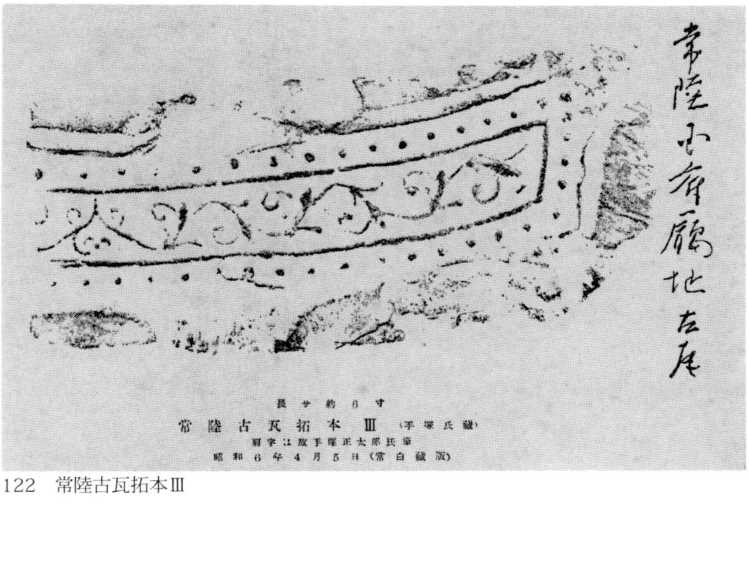

122　常陸古瓦拓本Ⅲ

『常陸考古資料絵葉書』二輯

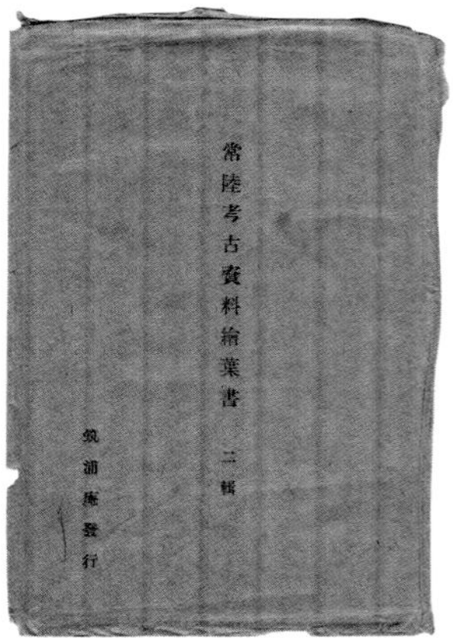

（外　袋）

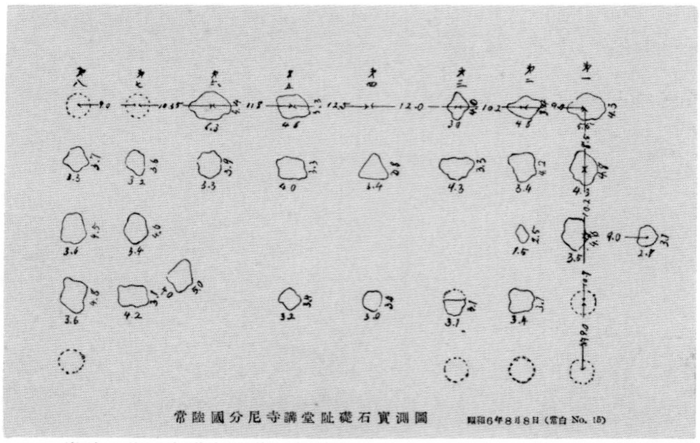

125　常陸国分尼寺講堂阯礎石実測図

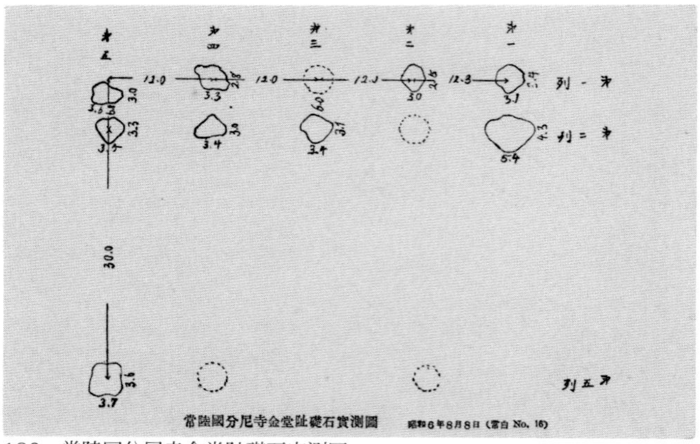

126　常陸国分尼寺金堂阯礎石実測図

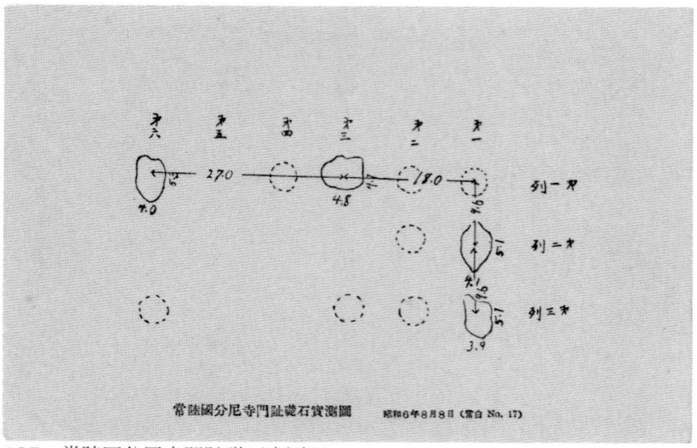

127　常陸国分尼寺門阯礎石実測図

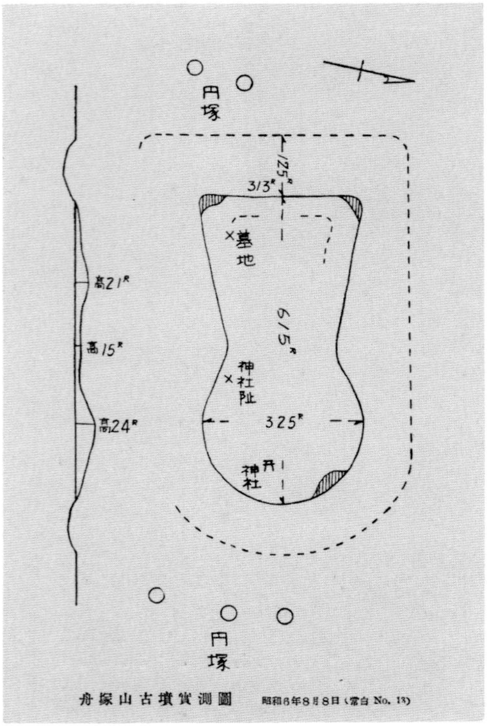

123　舟塚山古墳実測図

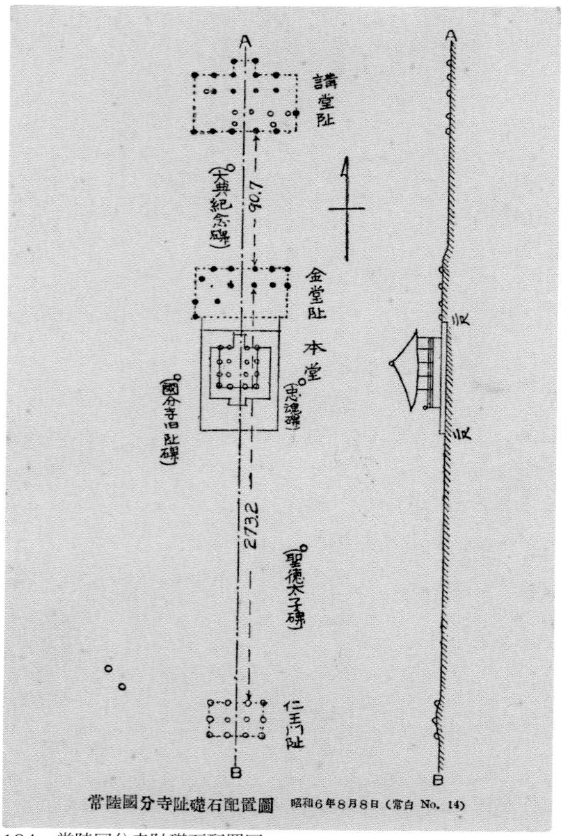

124　常陸国分寺阯礎石配置図

舟塚山古墳（大正10年）、常陸国分寺及び常陸国分尼寺（同11年）は、柴田常恵の調査を経て史蹟に指定されたもので、『埼玉茨城群馬三県下に於ける指定史蹟』（昭和２年、内務省）に報告が掲載されている。筑浦庵発行の本絵葉書は、何れも本報告書図版を転載したもので、このうち124～127は石岡町役場による測量図に柴田常恵が加筆したものである。

栃木県

『高橋健自撰　下野考古資料』

（外　函）

128　石　鏃・石　錘

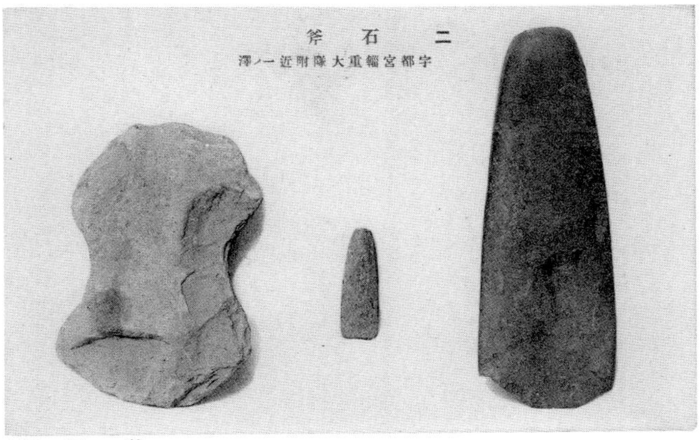

129　石　　斧

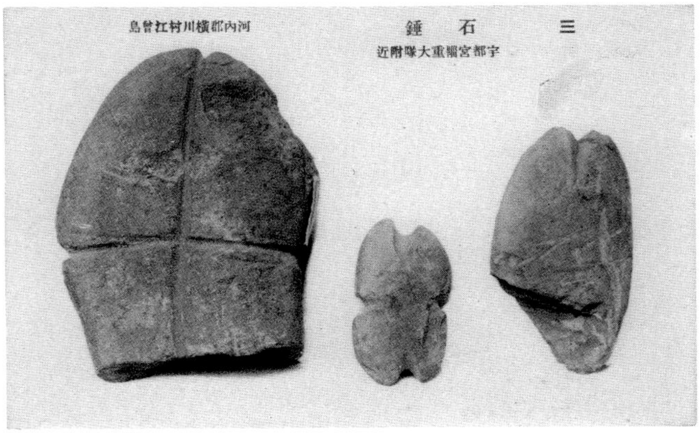

130　石　　錘

131　古　　墳

132　銅　　鋺

133　八 獣 鏡

134　四神四獣鏡

135　五 鈴 鏡

136　四 鈴 鏡

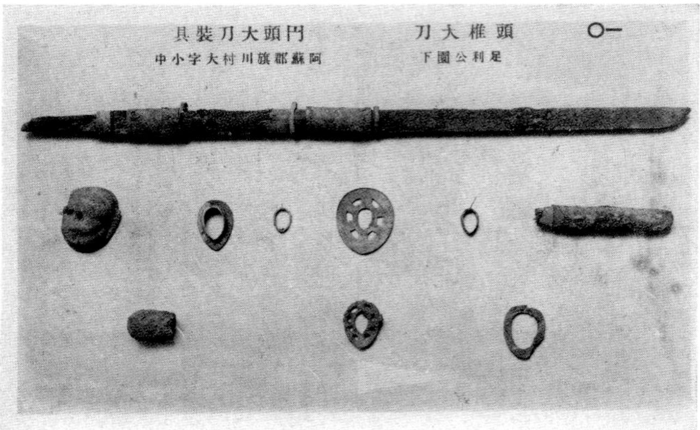

137　頭椎大刀 円頭大刀装具

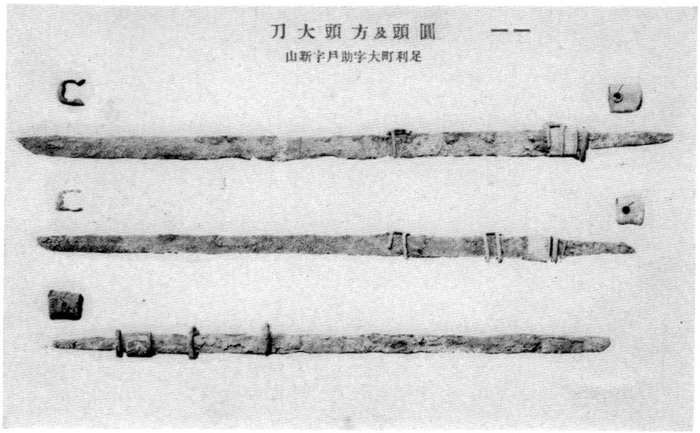

138　円頭及方頭大刀

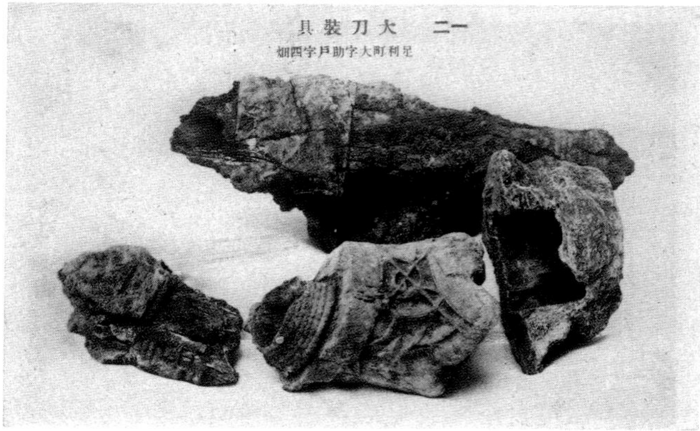

139　大刀装具

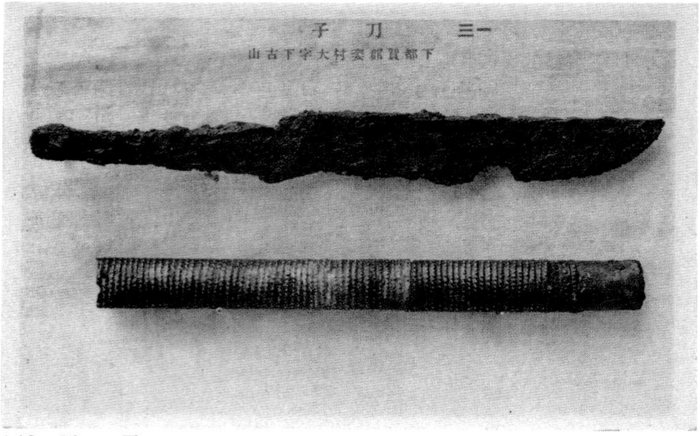

140　刀　　子

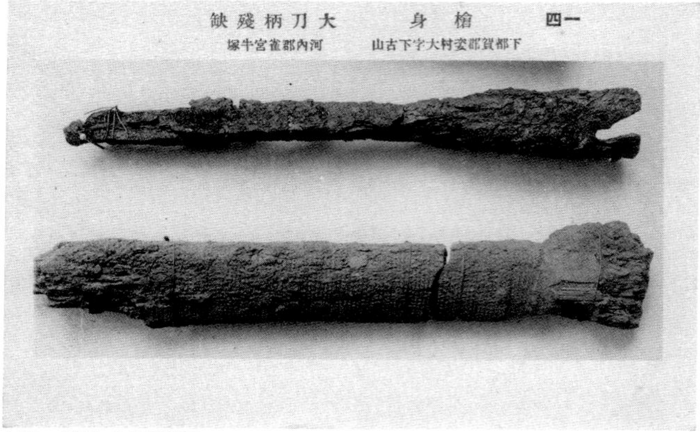

141　槍身 大刀柄残欠

142　兜

143 鞍 金 具

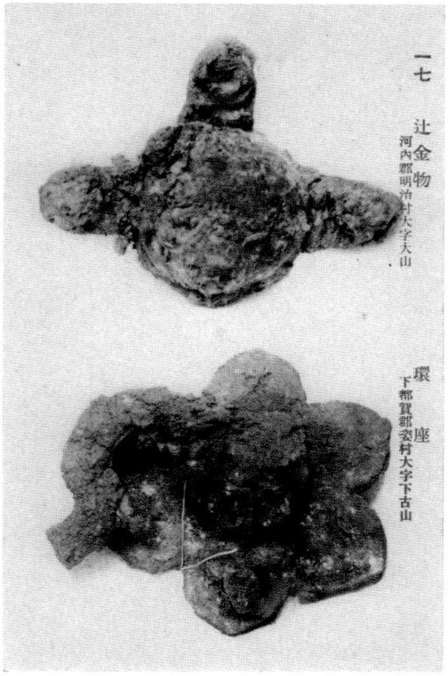

144 辻金物 環座

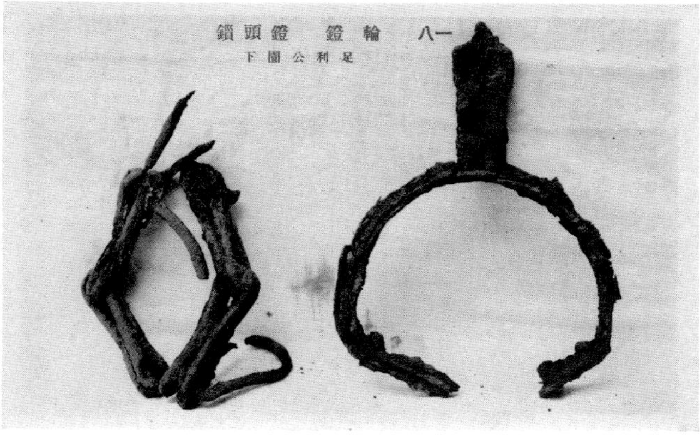

145 輪鐙 鐙頭鎖

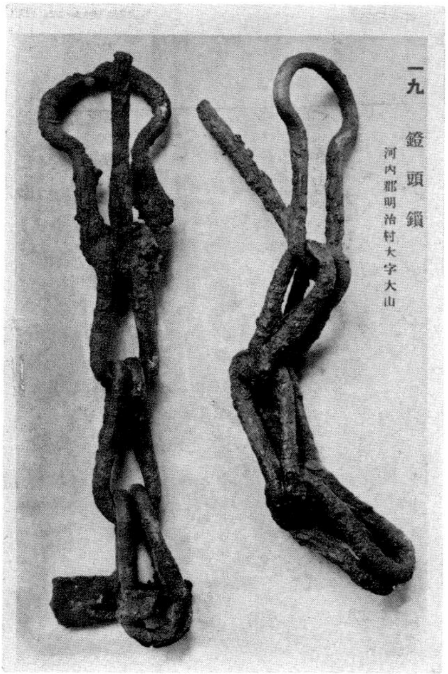

146 鐙頭鎖

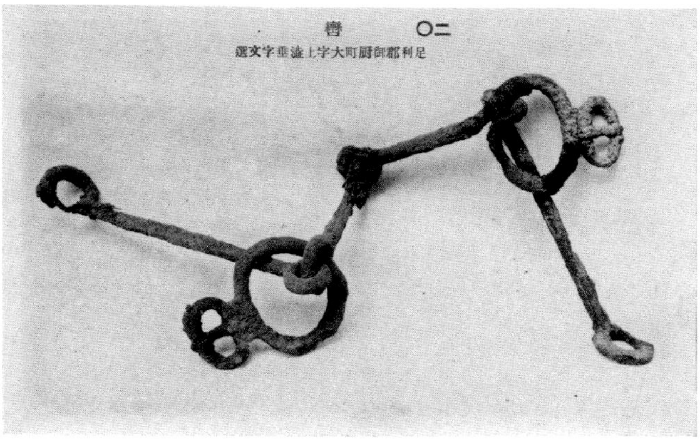

147 轡

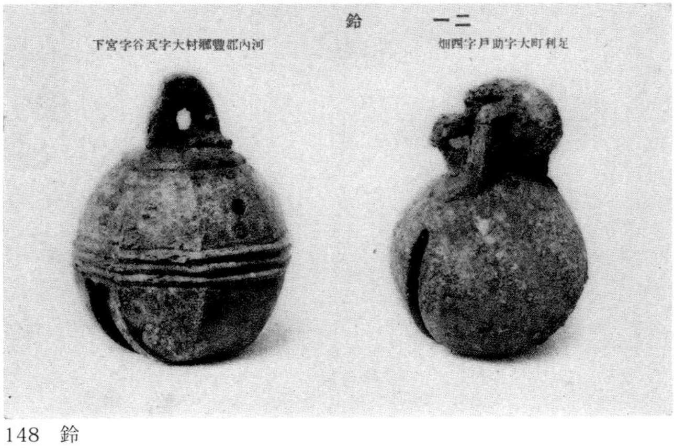

148 鈴

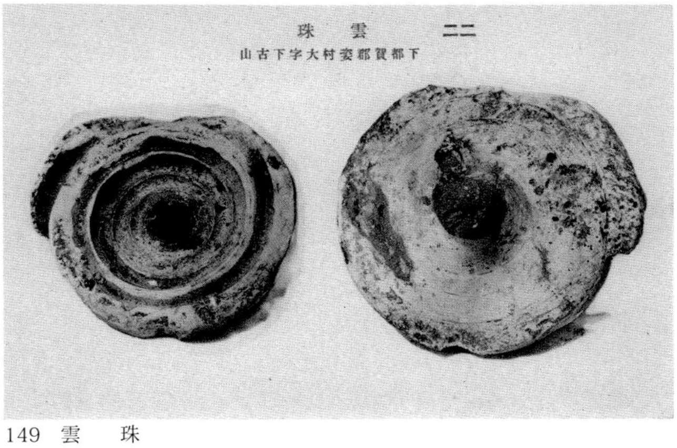

149 雲　珠

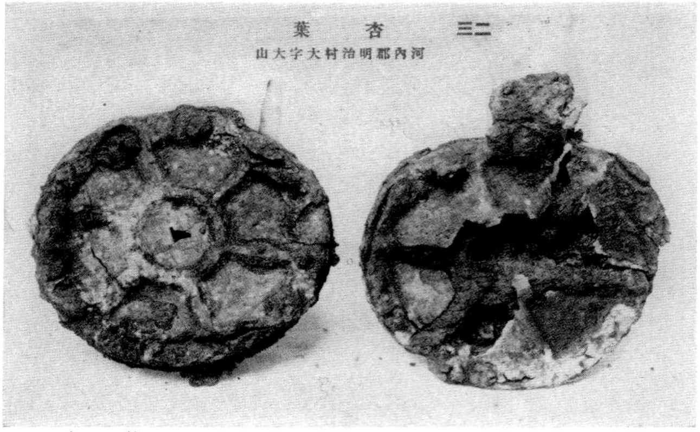

150 杏　葉

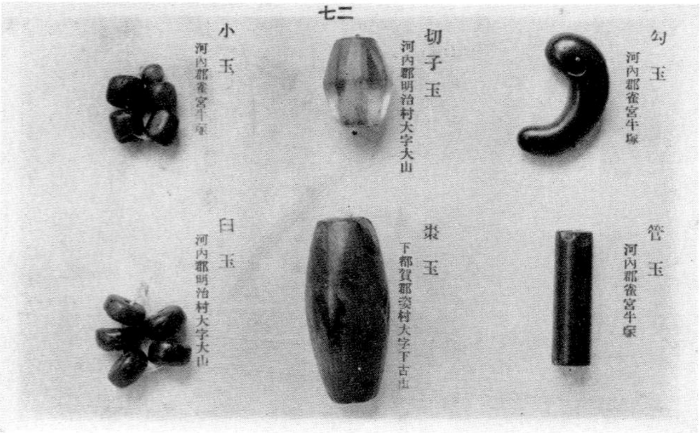

154 勾玉 切子玉 小玉 管玉 棗玉 臼玉

151 鈴杏葉

152 鈴杏葉

153 環　鈴

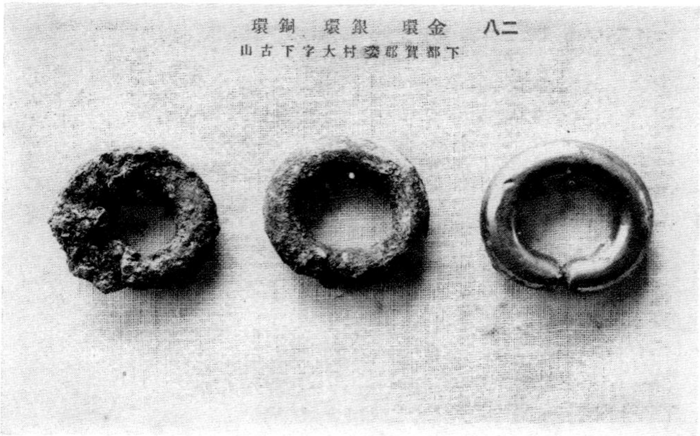

155 金環 銀環 銅環

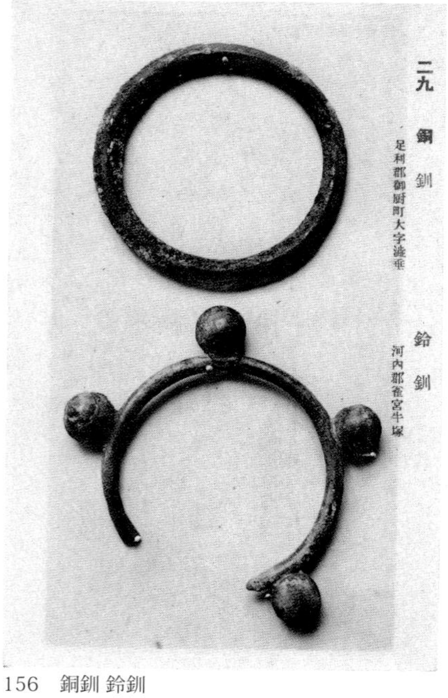

156 銅釧 鈴釧

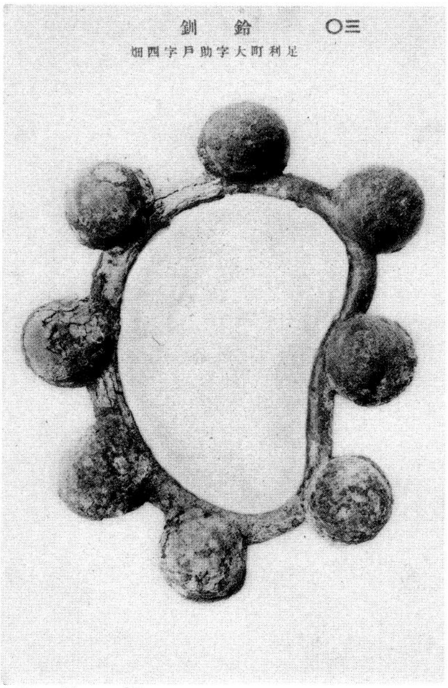

157 鈴　釧

160 石 製 盾

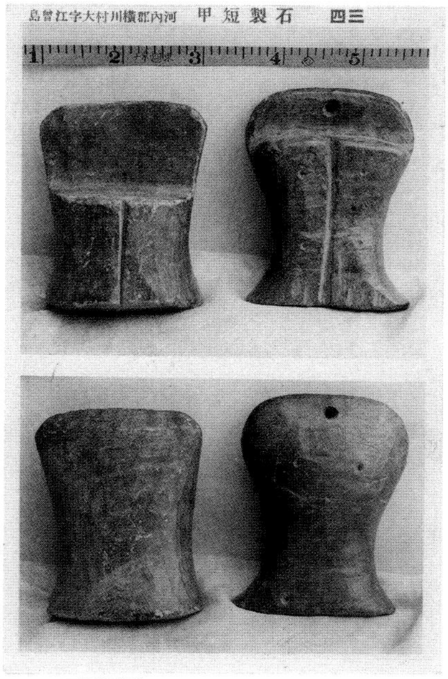

161 石製短甲

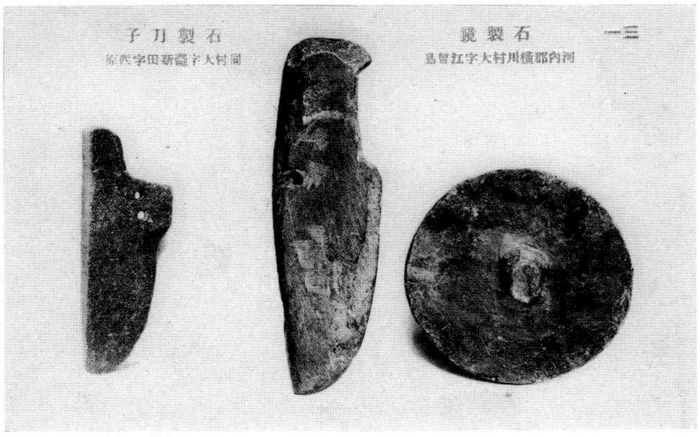

158 石製鏡 石製刀子

159 石 製 斧

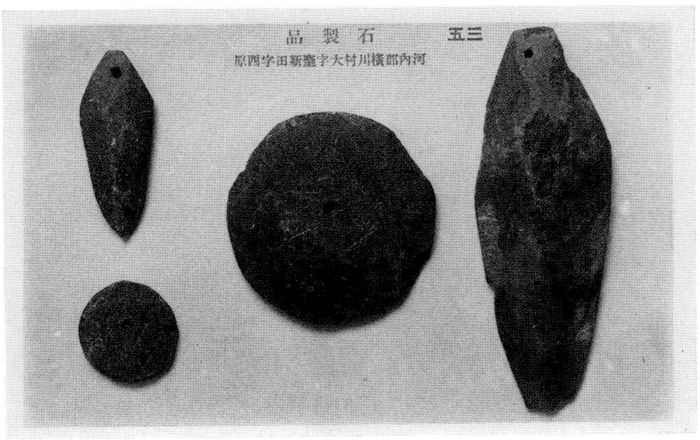

162 石 製 品

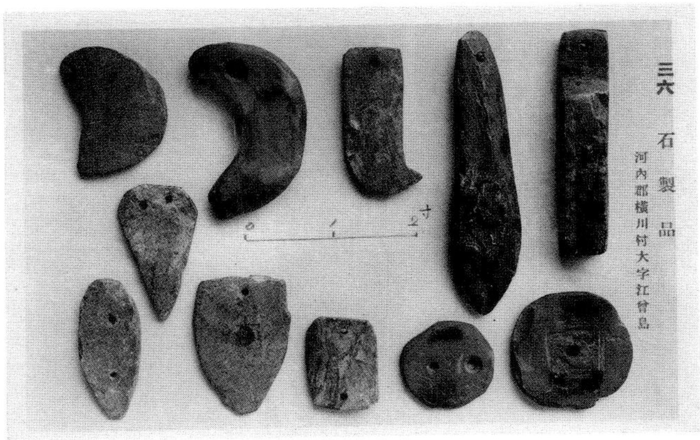

163 石 製 品

本絵葉書集は、大正８年（1919）８月21日から25日まで、下野史談会主催による考古学講習会の参考資料である。講師は考古学会に委嘱され、三宅米吉、関保之助、高橋健自、沼田頼輔、山中笑らが講義を行った。高橋健自が選定した『下野考古資料』絵葉書は、栃木県内の遺跡や出土遺物に関するもので、168（東京帝国大学人類学教室所蔵）、158右、159右、160、161、163、167、175（和田千吉所蔵）を除き全て東京帝室博物館所蔵である。考古学概論を担当した高橋健自は、本絵葉書集と持参した写真を用いて日本石器時代の遺跡や遺物の概要を講じた。

164　埴輪土偶

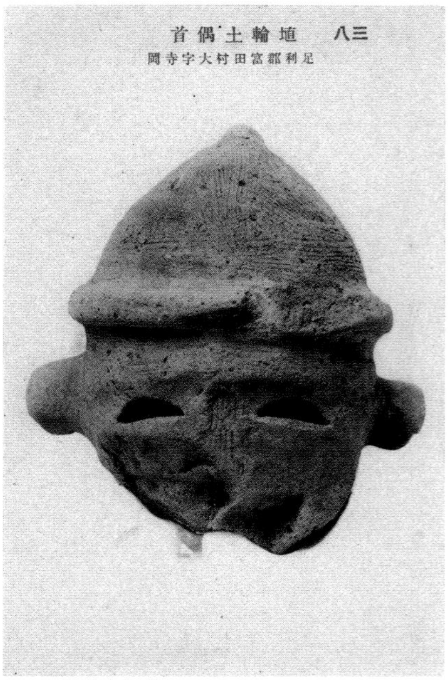

165　埴輪土偶首

167　埴輪土偶

166　埴輪被物

170　埴輪土偶残欠

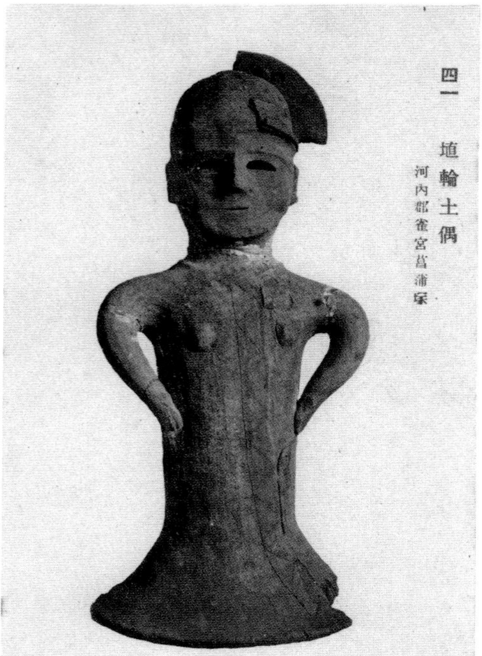

168　埴輪土偶

169　埴輪土偶

171　埴輪土偶残欠

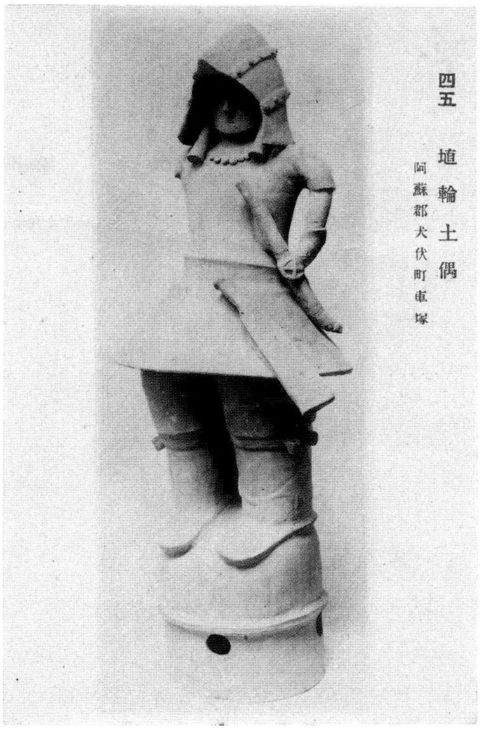

172　埴輪土偶

175　埴輪土偶腕

173　埴輪土偶首

174　埴輪土偶腕

176　埴輪靭

177　埴輪馬首

『足利古代瓦絵葉書』

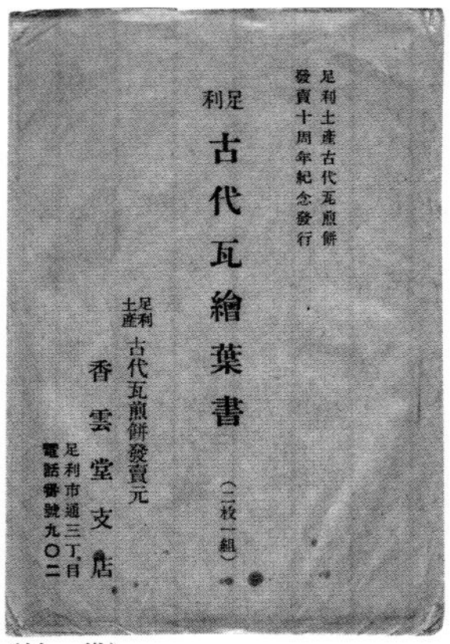

（外　袋）

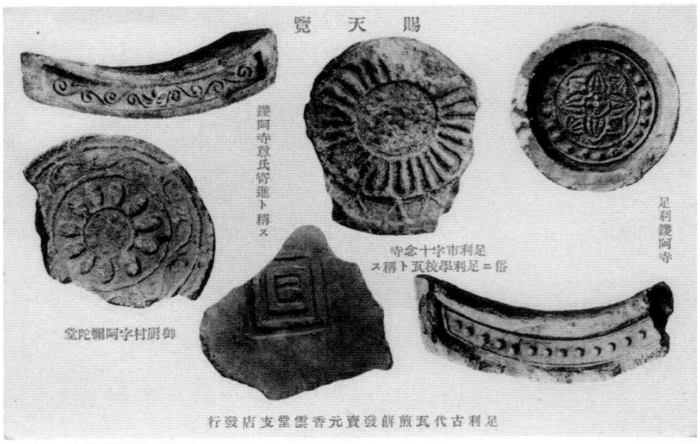

178　足利鑁阿寺ほか

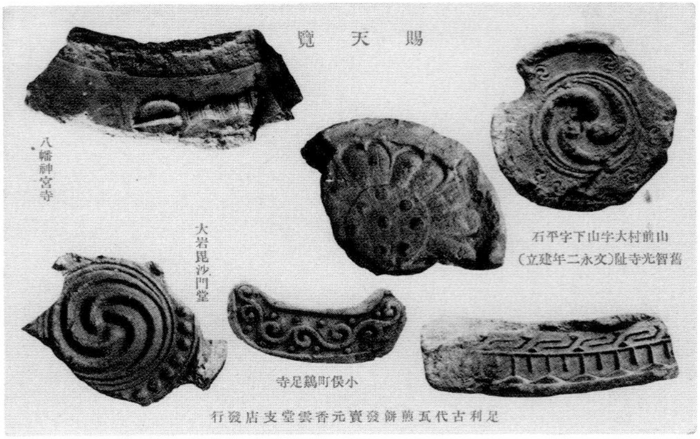

179　旧智光寺阯ほか

CARTE POSTALE

端書夜話　－名所旧跡の記念スタンプ（1）吉見百穴－

現在、博物館や観光地などで見かける記念スタンプ。ノートやリーフレットなどに押印され、記念に持ち帰られることが一般的だが、戦前期の絵葉書にはスタンプ帳替わりに用いられたものも散見される。ここでは、名所旧跡として古くから周知されていた吉見百穴と大宰府都府楼（125 頁参照）の記念スタンプを見ていくこととしよう。

明治 20 年（1887）坪井正五郎による発掘調査の結果、約 230 基の横穴が開口した吉見百穴は、ただちに大総代名主で考古家の根岸武香、吉見村の素封家で発掘調査を全面的に支援した大澤藤助らにより事務所と外柵が建設され、保存が図られた。吉見百穴絵葉書のうち、Ⅲ期以降（大正 7 年以降）のものは、百穴事務所と百穴売店（百穴亭）が発行したものである。また、Ⅱ期（明治 40 年～大正 6 年）の絵葉書は主に松盛堂の発行であるが、これは百穴事務所に卸され、販売されていたと思われる。

①及び②はⅡ期の絵葉書に押印された記念スタンプである。①は中央に「百穴」、その周囲に「旧跡／埼玉県西吉見村」と印字され、外周を鋸歯文で囲む。②も中央に「百穴」、その周囲に「埼玉県比企郡／西吉見村」とあるが、外区に軒丸瓦の珠文のような文様が見られる。何れも遺跡名と所在地のみを明示した、簡素な印象を受ける。

これに対し、③及び④はⅢ期の百穴売店（百穴亭）発行絵葉書に押印されたものである。③は中央円に吉見百穴全景と「紀念」の白文、外周に「武州松山名勝／百穴来観」と朱文で印字される。④は全面を使って吉見百穴全景と事務所を描き、中央に「武蔵」「7.11.20」（昭和 7 年 11 月 20 日）、左下に「百穴」を印字する。

Ⅲ期以降の絵葉書は複数葉一組が原則で、セピア色などの単色版、原色版、写真の周囲に大きく余白を取るものなどが刊行されている。史跡の観光地化と、それによる土産物の開発という、製作・販売者の意識の変化を記念スタンプのデザイン化から読み解こうとするのはやや早計であろうか。

①

②

③

④

CARTE POSTALE

群馬県

「多野郡埴輪の碑」

180　多野郡埴輪の碑

明治35年（1902）、柴田常恵の踏査で発見された埴輪窯跡である。土師神社の境内地やその周辺に広がる窯跡は、柴田常恵と土師神社氏子により本碑が建てられ、現地保存が図られた。180はⅡ期（明治40年〜大正6年）の絵葉書であるが、Ⅲ期（大正7年〜昭和7年）発行の絵葉書も確認している。

本窯跡は昭和18年（1943）から翌年にかけて尾崎喜左雄により発掘調査が行われ、昭和19年11月、本郷埴輪窯跡として史蹟に指定された。

『史蹟上芝古墳図版』

181　全　景

182　埴輪人形武装及平装ノ男子

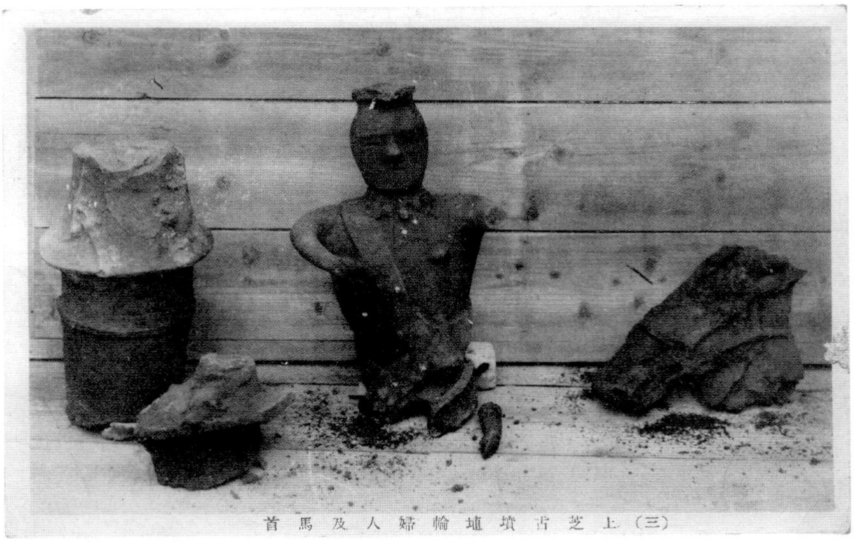

183　埴輪婦人及馬首

184　内部土留石塁

185　前方部土留石塁

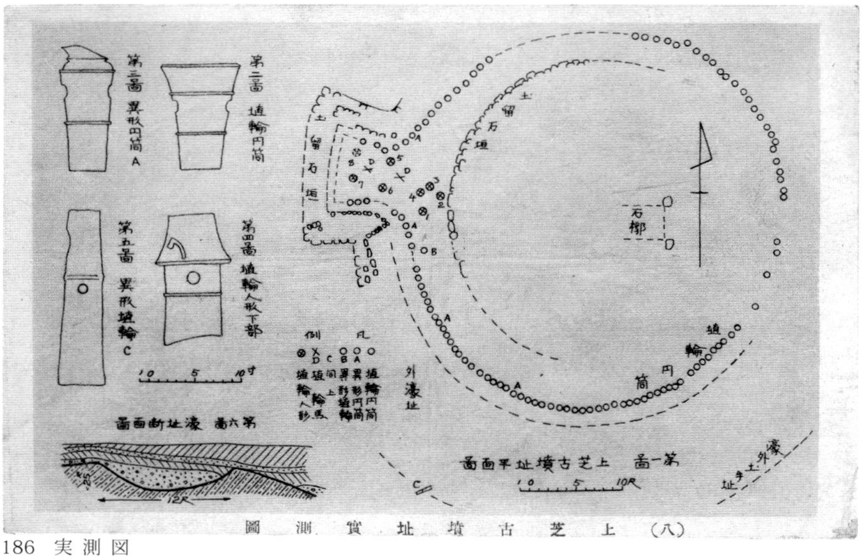

186　実 測 図

上芝古墳は、昭和４年(1929)地主の増田銀次郎が鶏舎建築のため開墾していた際、葺石と円筒埴輪が出土したことで発見された。この一報を受けた箕輪史蹟保存会は、群馬県史蹟名勝天然紀念物調査会臨時委員の福島武雄と協議し、約２週間の発掘調査を実施。柴田常恵から現地指導を受けながら調査を進めた結果、本古墳が周溝をもつ帆立貝式古墳であり、火山砕屑物に覆われていたことで円筒埴輪や形象埴輪の原位置を確認するに至った。武装男子埴輪（164 頁Ⅱ–125）と女子埴輪（165 頁Ⅱ–132）は帝室博物館で復元されたが、182、183 は出土直後の埴輪の状態を伝える記録である。

本古墳の調査概報は発掘終了の翌月、福島武雄「箕輪町上芝古墳の遺跡発掘概報」『上毛及上毛人』第 144 号（昭和４年、上毛郷土史研究会）として発表された。また、本報告の編集も福島武雄により進められていたが、その最中に早世したため、岩澤正作、相川龍雄らにより昭和７年『群馬県史蹟名勝天然紀念物調査報告』第２輯として刊行された。

調査終了後も研究者らの訪問が多かったことから、地主の増田銀次郎が箕輪町役場と箕輪史蹟保存会に諮って作製したのが、本絵葉書である。従って、調査全景（181）や遺構写真（184、185）は『群馬県史蹟名勝天然紀念物調査報告』第２輯と同一原版、古墳実測図（186）は『上毛及上毛人』第 144 号所収図を再編集したものが用いられている。

『群馬県考古学資料集』第一集

（外　袋）

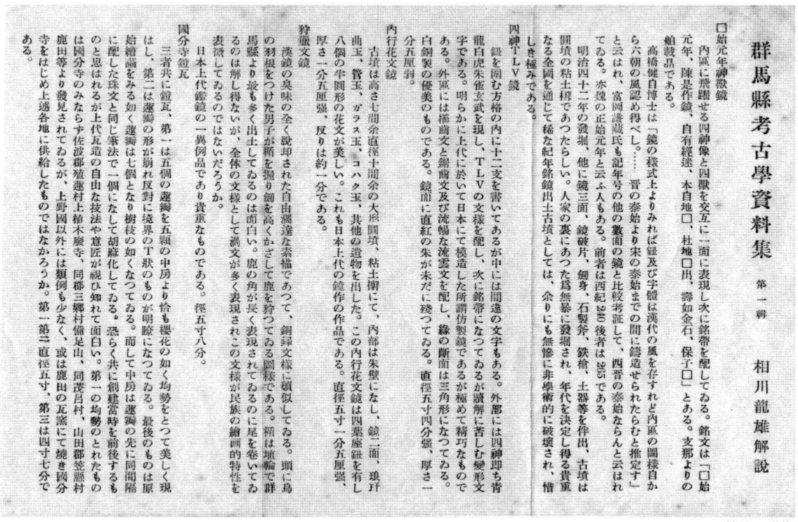

群馬縣考古學資料集　第一輯　相川龍雄解説

□始元年神獸鏡

内區に飛躍せる四神像と四獸を交互に一面に表現し次に銘帶を配してゐる。銘文は「□始元年、陳是作鏡、自有經迷、本自地□、杜地□出、壽如金石、保子□」とある。支那よりの舶載品である。

高橋健自博士は「鏡の樣式上よりみれば鈕及び字體は漢代の風を存すれど内區の圖樣自から六朝の風認め得べし。……晋の泰始より宋の泰始までの間に鑄造せられたらむと推定す」と云はれ、富岡謙藏氏も記年号の他の數面の鏡と比較考証して、西晋の泰始ならんと云はれてゐる。亦魏の正始元年と云ふ人もある。前者は西紀240後者は265である。

明治四十二年の發掘、他に鏡三面、鏡破片、劍身、石製斧、鉄槍、土器等を伴出、古墳は圓墳の粘土槨であつたらしい。人家の裏にあつた爲無暴に發掘され、年代を決定し得る貴重なる全國を通じて稀な紀年銘鏡出土古墳としては、余りにも無慘に非學術的に破壞され、惜しき極みである。

四神ＴＬＶ鏡

鈕を圍む方格の内に十二支を書いてあるが中には間違の文字もある。外部には四神即ち青龍白虎朱雀玄武を現し、ＴＬＶの文樣を配し、次に銘帶になつてゐるが讀解に苦しむ變形文字である。明らかに上代に於いて日本にて模造した所謂仿製鏡であるが極めて精巧なものである。外區には櫛歯文と鋸歯文及び流暢な流雲文を配し、緣の斷面は三角形になつてゐる。白銅製の優美のものである。鏡面に直紅の朱が未だに殘つてゐる。直徑五寸四分强、厚さ一分五厘弱。

內行花文鏡

古墳は高さ七間余直徑十間余の大形圓墳、粘土槨にて、内部は朱壁になし、鏡二面、琅玕曲玉、管玉、ガラス玉、コハク玉、其他の遺物を出した。この內行花文鏡は四葉座鈕を有し八個の半圓形の花文が美しい。これも日本上代の鏡作の作品である。直徑五寸一分五厘强、厚さ一分五厘强、反りは約一分である。

狩獵文鏡

漢鏡の臭味の全く脫却された自由濶達な素描であつて、銅鐸文樣に類似してゐる。頭に鳥の羽根をつけた男子が楯を握り劍を高くかざして鹿を狩つてゐる圖樣である。楯は埴輪で群馬縣より最も多く出土してゐるのは面白い。鹿の角が長く表現されてゐるのに尾を巻いてゐるのは解し得ないが、全体の文樣として渦文が多く表現されこの文樣が民族の繪畫的特性を表徵してゐるのではないだろうか。

日本上代鑑鏡の一異例品であり貴重なものである。徑五寸八分。

國分寺鐙瓦

三者共に鐙瓦、第一は五個の蓮瓣を五顆の中房より恰も櫻花の如く均勢をとつて美しく現はし、第二は蓮瓣の形が崩れ反對に境界のＴ狀のものが明瞭になつてゐる。最後のものは原始繪畵をみる如く蓮瓣は七個となり樹枝の如くなつてゐる。而して中房は蓮瓣の先に同間隔に配した珠文と同じ筆法で一個になして胡麻化してゐる。恐らく共に創建當時を前後するものと思はれるが上代瓦造の自由な技法や意匠が覗ひ知れて面白い。第一の均勢のとれたものは國分寺のみならず佐波郡殖蓮村上植木廢寺、同郡三鄕村備足山、同茂呂村、山田郡笠懸村鹿田等より發見されてゐるが、上野國以外には類例も少なく、或は鹿田の瓦窯にて燒き國分寺をはじめ上遠各地に供給したものではなかろうか。第一第二直徑五寸、第三は四寸七分である。

（解　説）

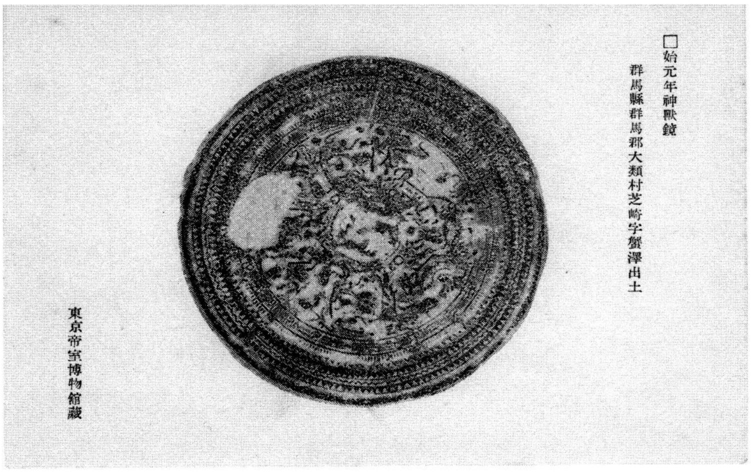

187　□始元年神獣鏡

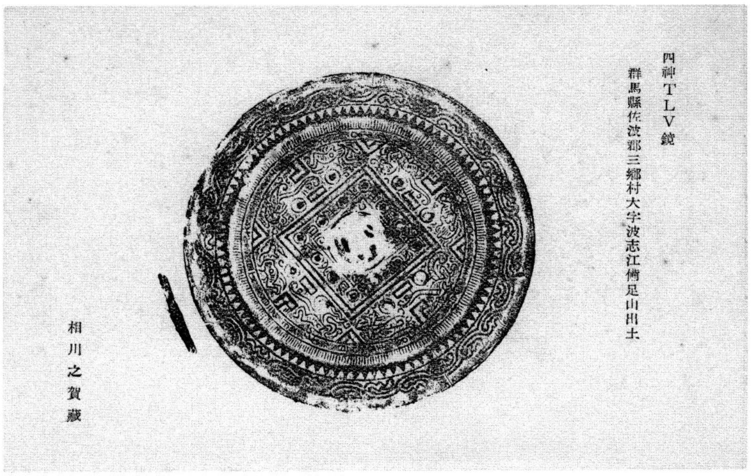

188　四神 TLV 鏡

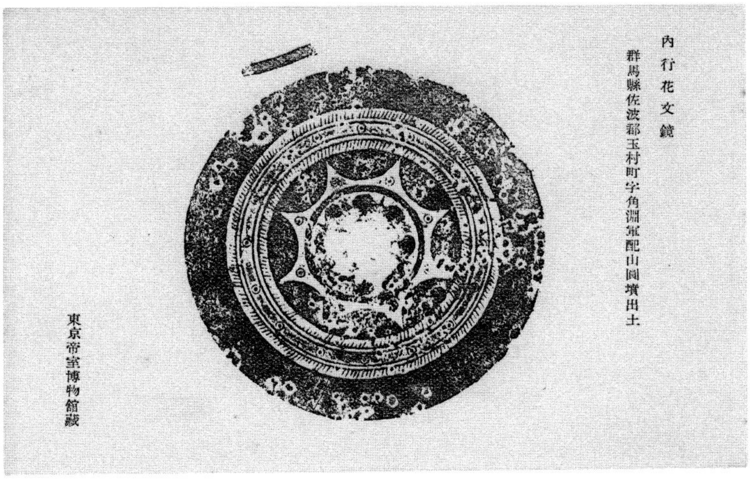

189　内行花文鏡

190 狩猟文鏡

191 狩猟文鏡細部（実大）

192 鐙　瓦

193 鐙　瓦

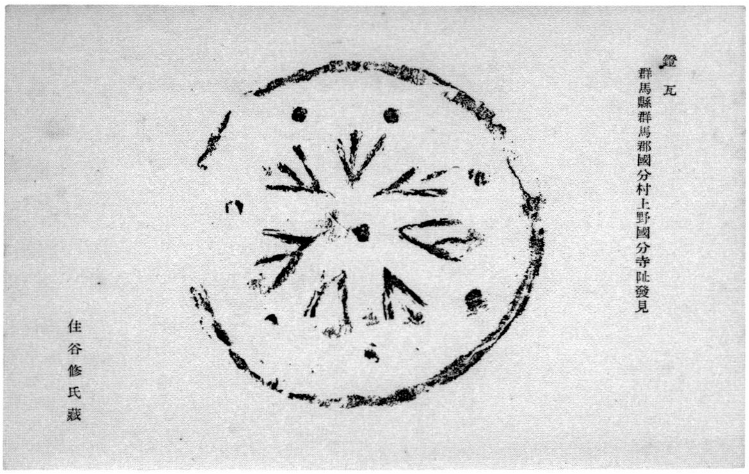

194 鐙　瓦

埼玉県

「埼玉県旧跡吉見百穴」

195　埼玉県旧跡吉見百穴

江戸時代にはすでに何基かの横穴が開口していた吉見百穴は、根岸武香らによる黒岩横穴の発掘に関連して、明治10年代に注目を集め、明治20年（1887）坪井正五郎による発掘調査で約230基の横穴が明らかにされた。「武州松山之百穴」という表題の手彩色絵葉書には明治42年8月1日の消印があり（林丈二『閑古堂の絵葉書散歩』東編、平成11年、小学館）、考古学絵葉書の中では初期の段階から主題として取り上げられていたことがわかる。

「吉見百穴」（其二）

196　吉見百穴

「百穴の土器」

197　百穴の土器

195～197はⅡ期（明治40年～大正6年）の絵葉書であるが、当該期には横穴内に自生するヒカリゴケ、吉見百穴に近接して明治37年（1904）以来開削が続けられた「岩窟ホテル高壮館」の絵葉書も刊行されている。

『内務省指定　百穴絵葉書』

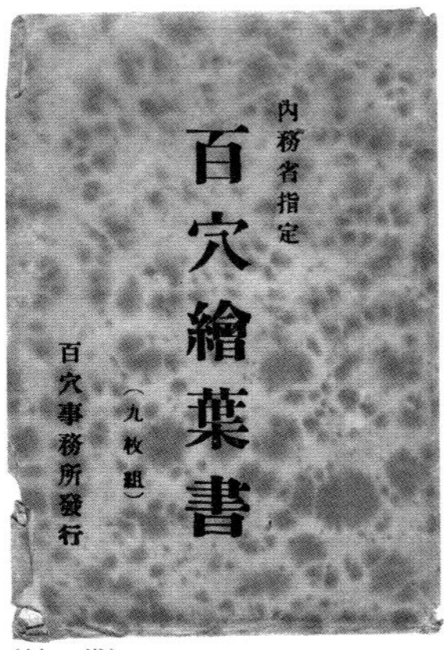

（外　袋）

199　正　　門

198　全　　景

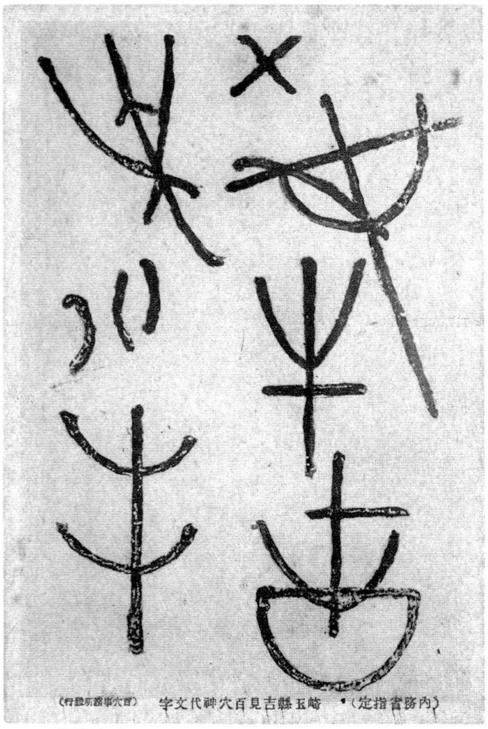

200　神代文字

202　石器土器

『百穴絵葉書』はⅢ期（大正７年～昭和７年）の絵葉書であるが、表題に「内務省指定」とあり、199には史蹟標柱と説明版が見られることから、史蹟に指定された大正12年（1923）３月以降に撮影、発行されたものである。前掲Ⅱ期の絵葉書（195～197）に加え、大刀や鉄鏃などの鉄製品（203）や坪井正五郎によって発見された横穴壁面の線刻（200）、また、松山城跡（204）や安楽寺（205）など百穴周辺の史跡で構成されている。なお、202の出土土器石器絵葉書は、原版の裏焼きである。吉見百穴の絵葉書には、前期（例えばⅢ期であればⅡ期）の絵葉書をそのまま原版として用いたものも散見される。

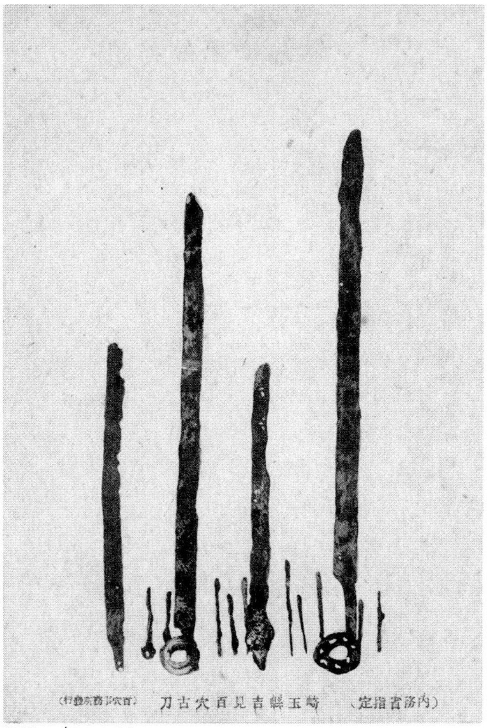

203　古　　刀

201　光　　蘚

204　武州松山城趾

205　吉見岩屋観世音

206　吉見巖窟ホテル

『内務省指定　埼玉県史蹟　吉見百穴絵葉書』

（外　袋）

207　全　　景

208　吉見松山城跡

209　百穴の一部

210　光　　鱗

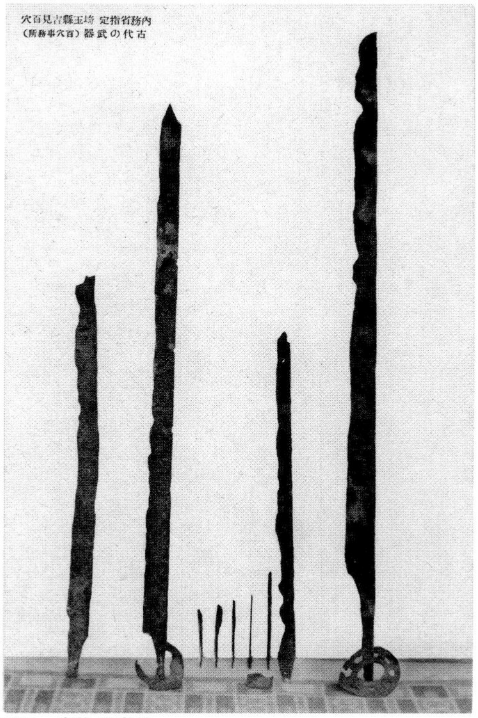

212　古代の武器

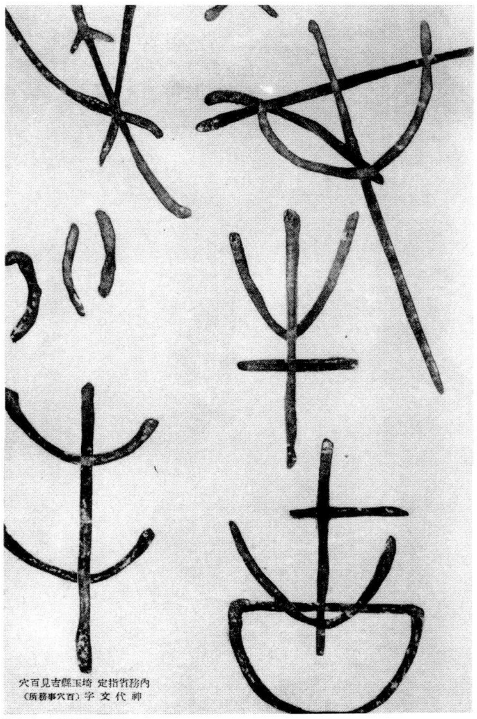

214　神代文字

211　土器と石器

213　シーボルトの自署

213は『考古説略』(明治12年)などの著作で知られるハインリヒ・フォン・シーボルト（*Heinrich von Siebold*）が、明治11年（1878）に現地踏査を行い、人骨を採集した横穴の壁面に刻んだ署名「Siebold 1878」である。ハインリヒは明治21年、宮内省に吉見百穴の所領地を献納し、皇室御陵として保存することを出願しており、これは史蹟保存の先駆けとして評価されている。

『埼玉県東児玉村　沼上古代瓦窯絵はかき』

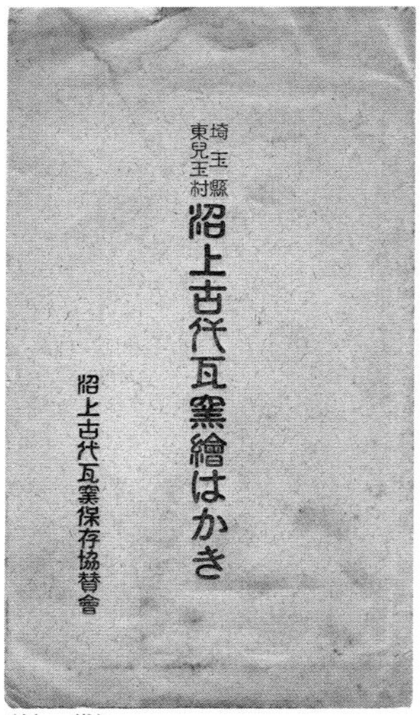

（外　袋）

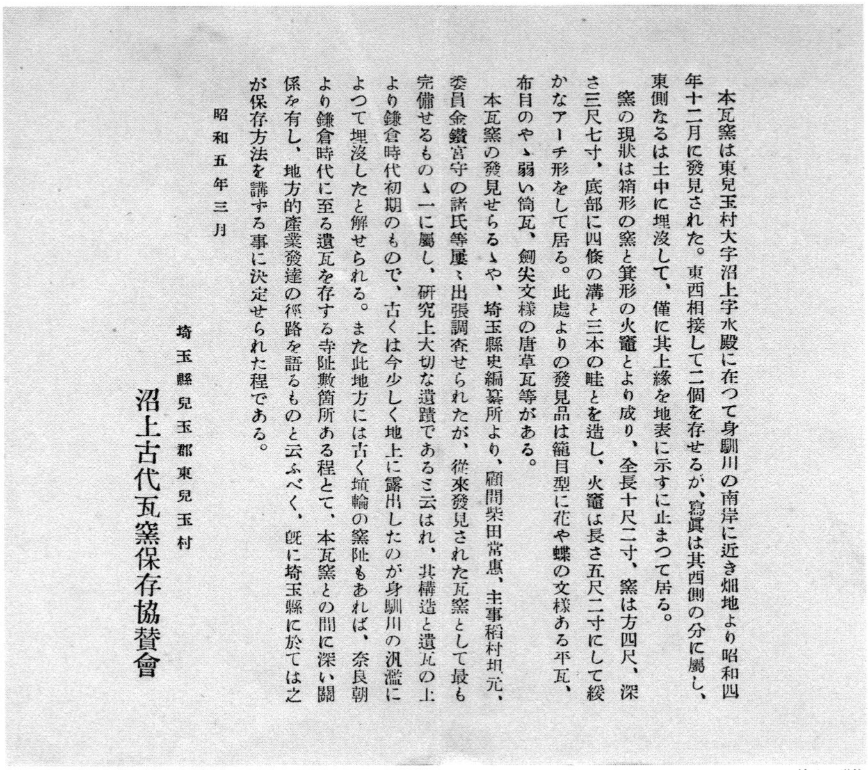

本瓦窯は東兒玉村大字沼上字水殿に在つて身馴川の南岸に近き畑地より昭和四年十二月に發見された。東西相接して二個を存せるが、寫眞は其西側の分に屬し、東側なるは土中に埋沒して、僅に其上緣を地表に示すに止まつて居る。

窯の現狀は箱形の窯と箕形の火竈とより成り、全長十尺二寸、窯は方四尺、深さ三尺七寸、底部に四條の溝と三本の畦とを造し、火竈は長さ五尺二寸にして緩かなアーチ形をして居る。此處よりの發見品は籠目型に花や蝶の文樣ある平瓦、布目のやゝ弱い筒瓦、劍尖文樣の唐草瓦等がある。

本瓦窯の發見せらるゝや、埼玉縣史編纂所より、顧問柴田常惠、主事稲村坦元、委員金鑽宮守の諸氏等屢〻出張調査せられたが、從來發見された瓦窯として最も完備せるものゝ一に屬し、研究上大切な遺蹟であると云はれ、其構造と遺瓦の上より鎌倉時代初期のもので、古くは今少しく地上に露出したのが身馴川の汎濫によつて埋沒したと解せられる。また此地方には古く埴輪の窯阯もあれば、奈良朝より鎌倉時代に至る遺瓦を存する寺阯數箇所ある程とて、本瓦窯との間に深い關係を有し、地方的産業發達の徑路を語るものと云ふべく、既に埼玉縣に於ては之が保存方法を講ずる事に決定せられた程である。

昭和五年三月

埼玉縣兒玉郡東兒玉村

沼上古代瓦窯保存協贊會

（解　説）

215　古代瓦窯全景

216　古代瓦窯

217　古代瓦窯底部

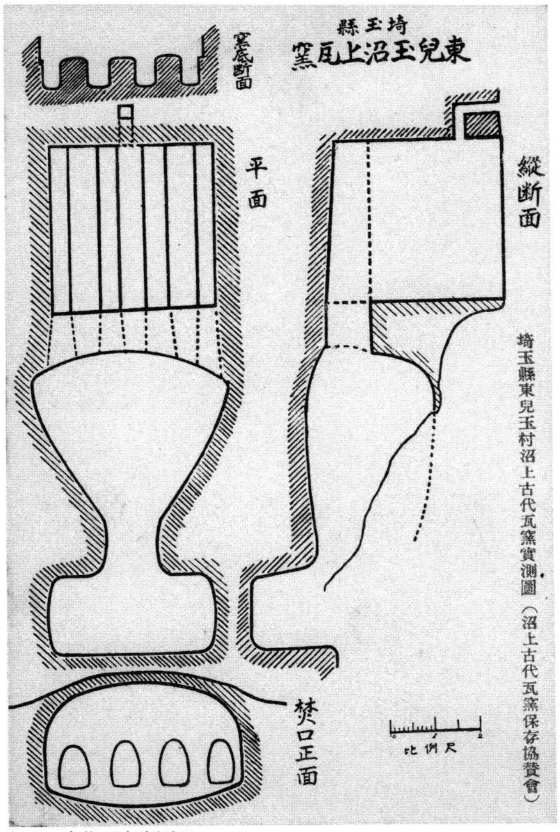

218　古代瓦窯実測図

219　古代瓦窯発見の遺瓦

沼上古代瓦窯（水殿瓦窯跡）は、昭和４年（1929）12月に地主が偶然発見したもので、柴田常恵や稲村坦元らによる現地調査で、鎌倉時代の瓦窯跡と確認された。昭和５年１月発行の『埼玉史談』第１巻第３号に短報が、次号（５月発行）には215と同一原版の巻頭写真が掲載された。本絵葉書が３月発行であることから、調査概報的な役割を担っていたことがわかる。

なお、解説文は「既に埼玉県に於ては之が保存方法を講ずる事に決定せられた程である。」という一文で締めくくられているが、昭和６年11月、『史蹟名勝天然紀念物保存法』に基き史蹟に指定された。

千葉県

『文部省指定保存地　史蹟絵はがき　千葉県香取郡良文村貝塚』

（外　袋）

220　郷社豊玉姫神社

221　文部省指定保存地ノ一部

223　文部省指定保存地 第一断面層

222　史蹟地発掘ノ光景 中央大山公爵

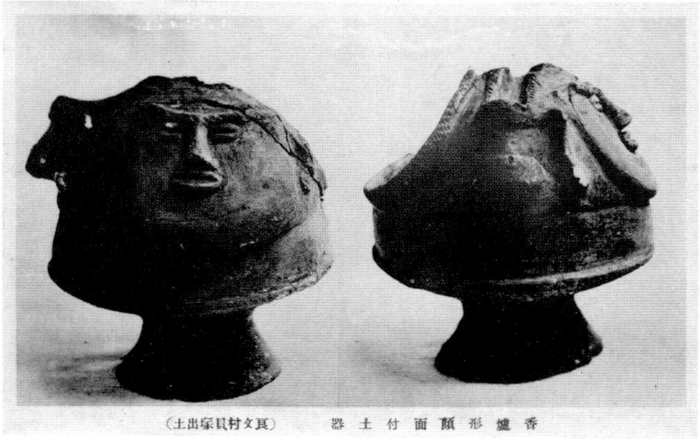

224　香爐形顔面付土器

225　各種土器

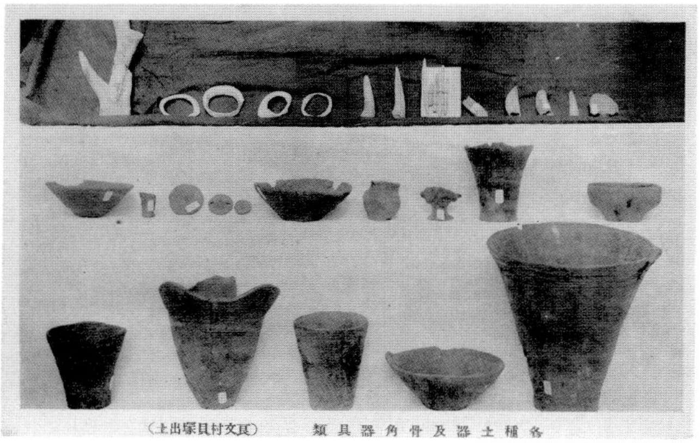

226　各種土器及骨角器具類

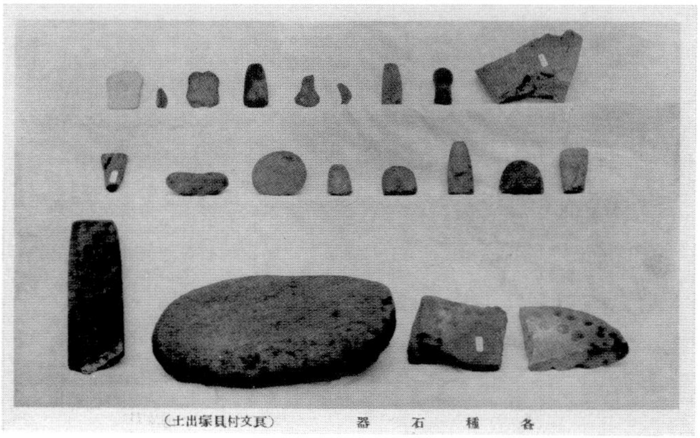

227　各種石器

「安房西岬村鉈切神社宝物」

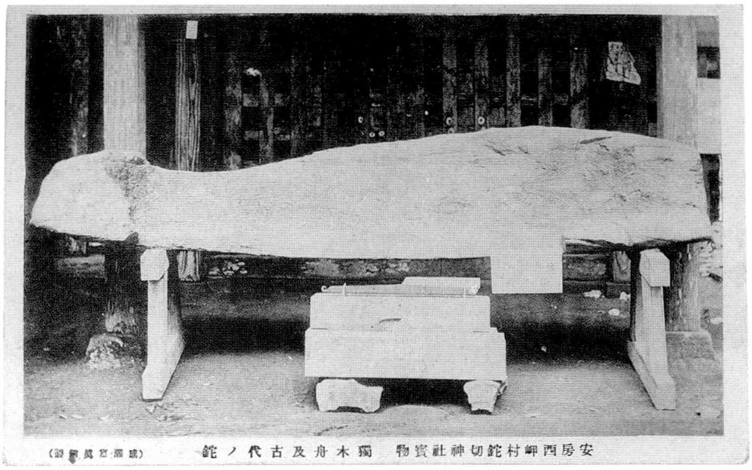

228　独木舟及古代之鉈

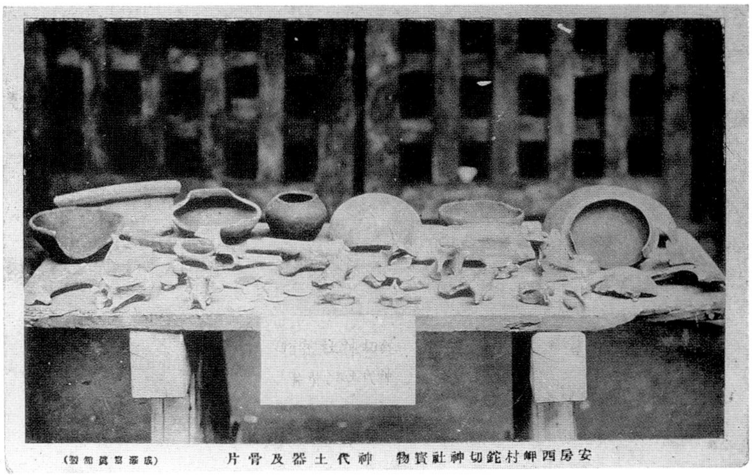

229　神代土器及骨片

東京都

「大島野増村龍の口石器時代ノ遺物」

230　大島野増村龍の口石器時代ノ遺物

溶岩流下の遺跡として考古学や地質学界の関心を集めた龍の口遺跡は、明治 34 年（1901）、大島在住の濱中米吉が坪井正五郎に縄文土器や黒曜石片を送付したことが発見の発端となった。同年 11 月には鳥居龍蔵が現地調査を行い、崖面から土器や石鏃、動物遺存体、人骨などを採集した。230 はⅡ期（明治 40 年〜大正 6 年）の絵葉書であるが、Ⅲ期（大正 7 年〜昭和 7 年）発行の名所旧跡絵葉書にも本遺跡は含まれている。

「大森貝塚記念碑」

231　大森貝塚記念碑

本碑は大阪毎日新聞社社長の本山彦一の提案により、E.S. モールスの業績を顕彰するため大森貝塚に建てられた。中央上部に出土土器を冠したデザインは、杉山寿栄男によるもので、題字は本山彦一、青銅版に刻まれた欧文は石川千代松による。昭和 4 年（1929）11 月 3 日に除幕式が行われており、231 はその際記念に配られたものであろうか。

「石神井村古蹟発掘石土器」

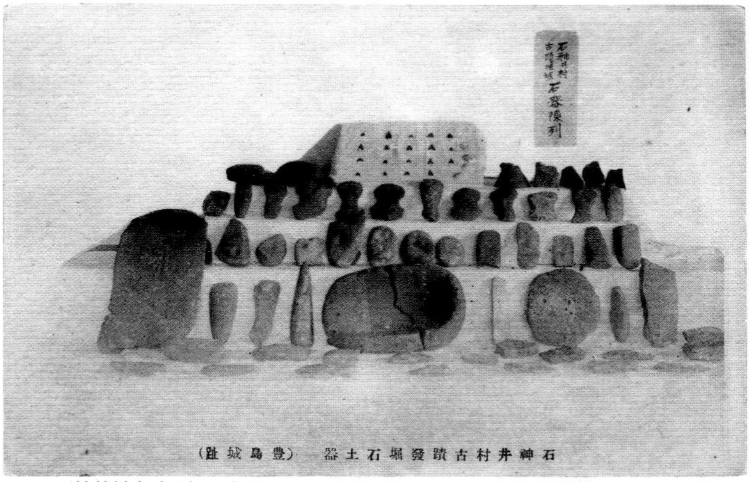

232　石神井村古蹟発掘石土器

『武蔵小金井　石器時代住居阯絵葉書』

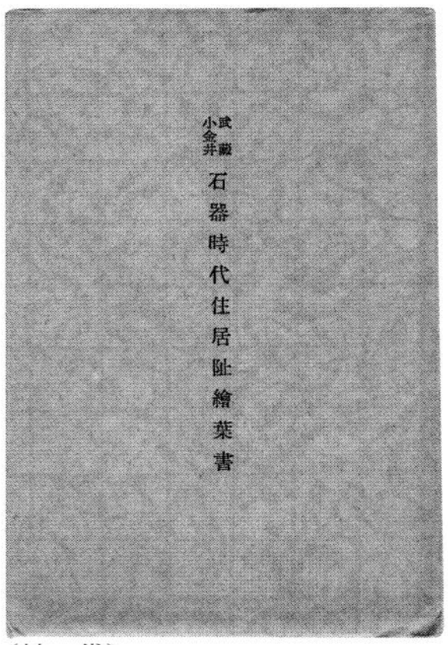

（外　袋）

234　竪穴発掘の現状

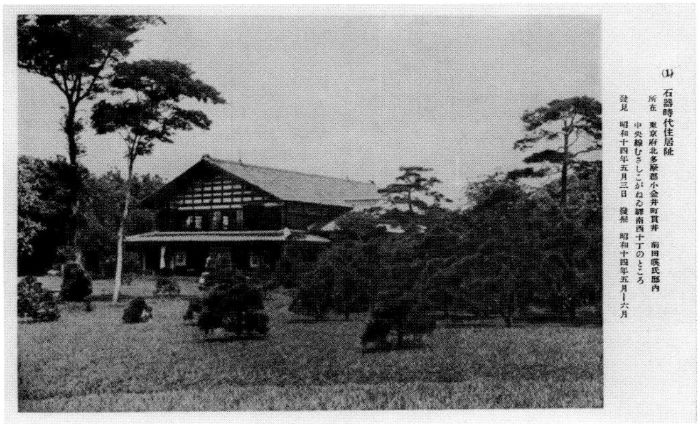

233　石器時代住居阯

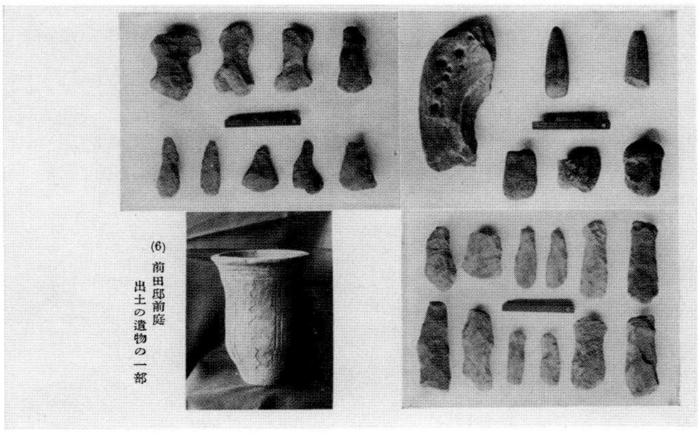

238　前田邸前庭出土の遺物の一部

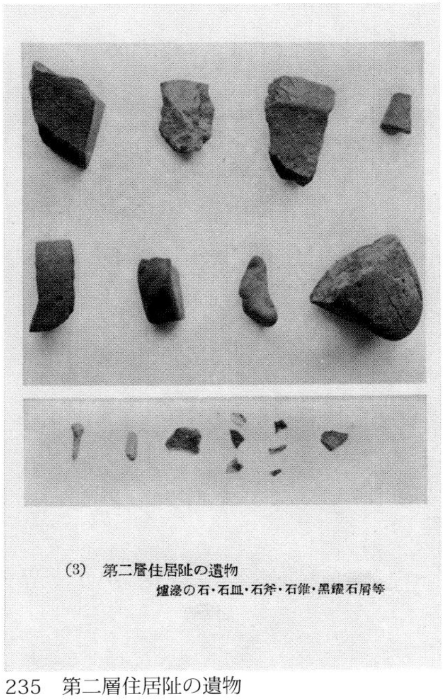

235　第二層住居阯の遺物

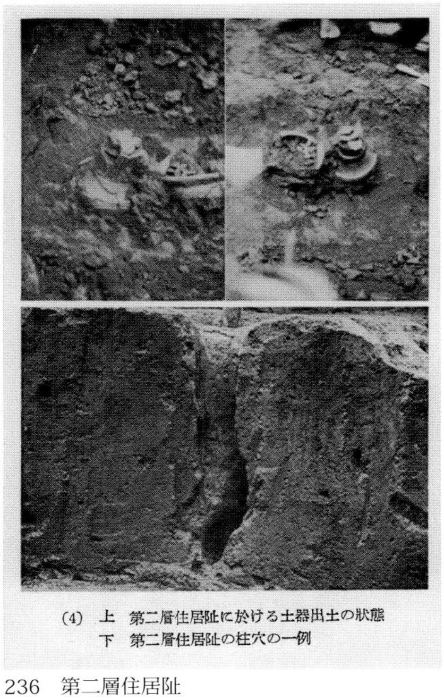

236　第二層住居阯

237　第一層住居阯

「無邪思 ぬのめ瓦」

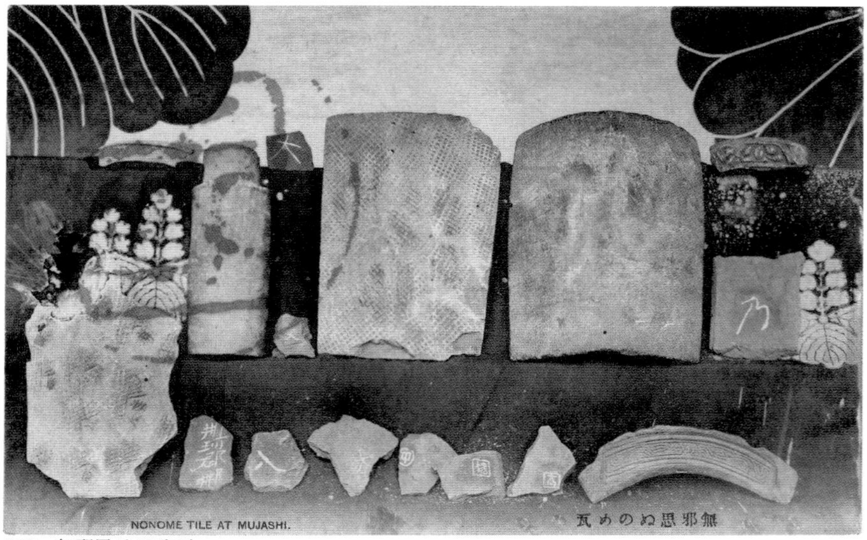

239　無邪思 ぬのめ瓦

239はⅡ期（明治40年～大正6年）に発行された武蔵国分寺出土平瓦の絵葉書で、特に郡名瓦が中心に集められている。印刻部分に白墨粉などを充填することで、文字を鮮明にしている。下段左から２番目の「那珂郡」が連ねられている郡名瓦は、『東京府史蹟勝地調査報告書』第１冊（大正12年、東京府）にも掲載されている。

『武蔵国分寺 絵葉書』

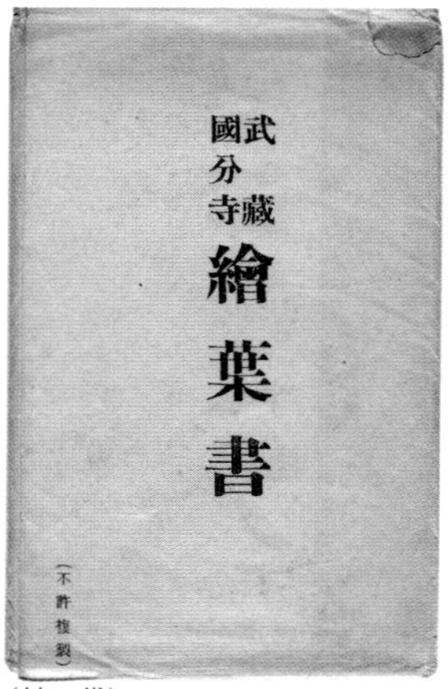

（外　袋）

249　寺宝古瓦

240　本坊全景

241　本　　坊

242　仁 王 門

243　本堂薬師堂

244 旧　　址

『武蔵名所図会』（植田孟縉、文政6年）や『江戸名所図会』（斎藤月岑、天保3年）など、江戸時代後期の地誌類に散見される武蔵国分寺跡は、明治36年（1903）の重田定一と柴田常恵による現地踏査や、大正年間の住田正一による出土瓦の研究を経て、大正11年（1922）に史蹟指定された。245は南東方向から金堂跡を撮影したもの。244は七重塔址で、明治25年に礎石の上に建てられた宝篋印塔には、明治期に当地を開墾した事跡が刻まれている。宝篋印塔左奥には史蹟の説明版が見られることから、絵葉書の写真は大正11年以降に撮影されたことがわかる。

245 旧　　址

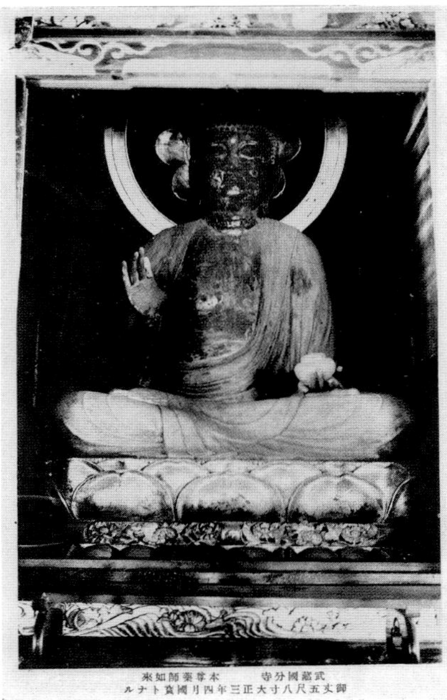

246 本尊薬師如來

247 寺額 武蔵府中国分寺碑

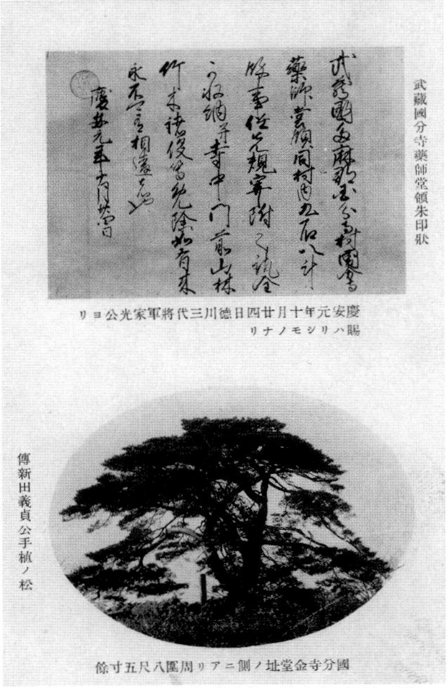

248 薬師堂領朱印状 伝新田義貞公手植ノ松

神奈川県

『三田史学会資料絵葉書』第一輯　白山古墳

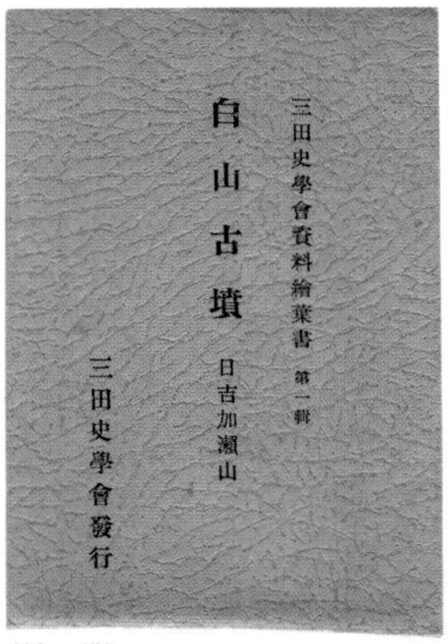

（外　袋）

250　木炭槨

昭和12年（1937）、温泉旅館建設に伴い発掘調査が実施された白山古墳と第六天古墳の『報告書』絵葉書である。調査は柴田常恵が責任者となり、慶應義塾大学の三田史学会によって行われた。前方後円墳の白山古墳後円部からは、2基の粘土槨（251）が並列し、その下から木炭槨（250）を検出、木炭槨内には三角縁神獣鏡と内行花文鏡をはじめ（252）、大刀などの鉄製品が豊富に出土した。

調査成果は、戦後『日吉加瀬古墳－白山古墳・第六天古墳調査報告－』（昭和28年、三田史学会）により公刊されたが、252は報告書に採録されておらず、2面の銅鏡の出土状況を知る上で重要な記録である。

252　木炭槨内ノ銅鏡

253　粘土槨ニ印セル網代型

251　粘土槨（南側）

『三田史学会資料絵葉書』第二輯　第六天古墳

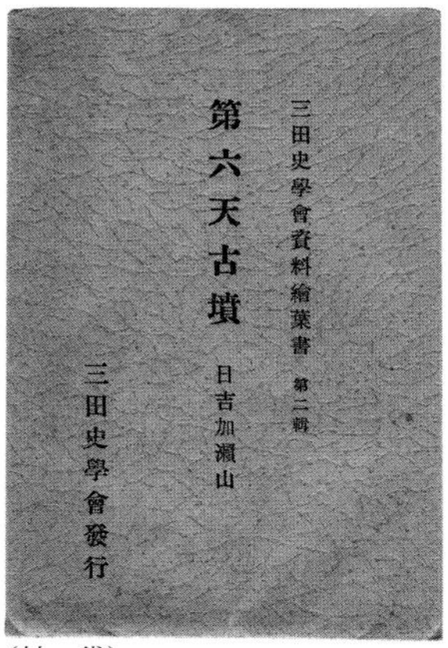

（外　袋）

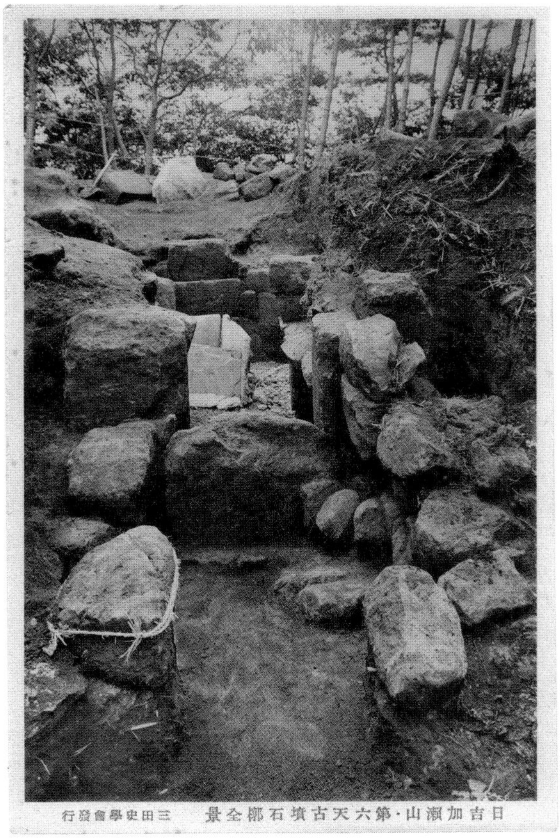

254　石槨全景

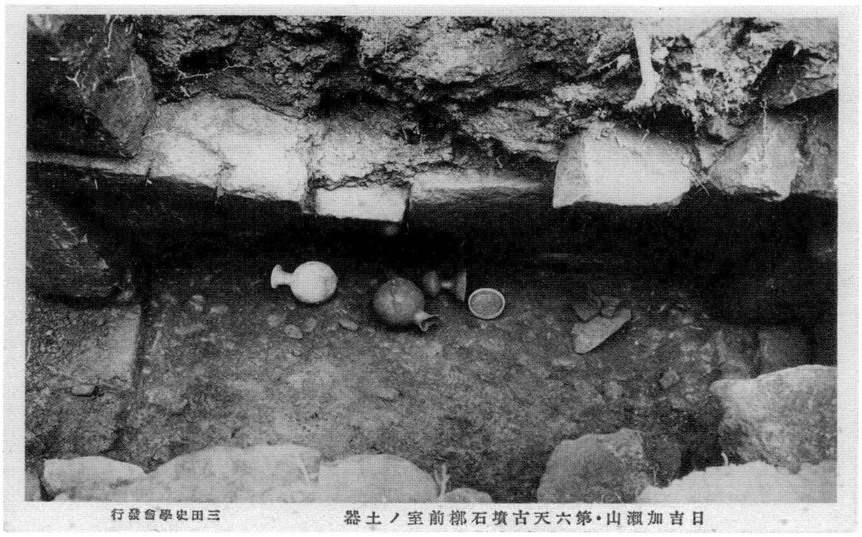

255　石槨前室ノ土器

256　石棺内部

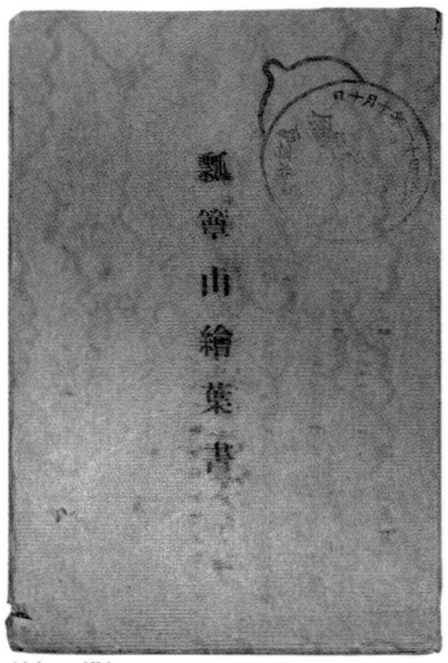

（外　袋）

258　瓢箪山第一横穴ノ景

257　瓢箪山全景

259　瓢箪山第二横穴ノ景

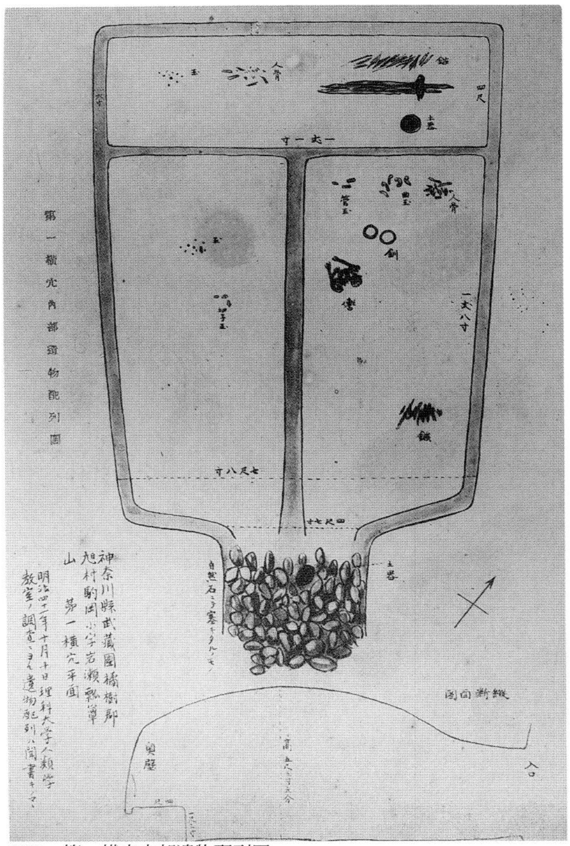

260　第一横穴内部遺物配列図

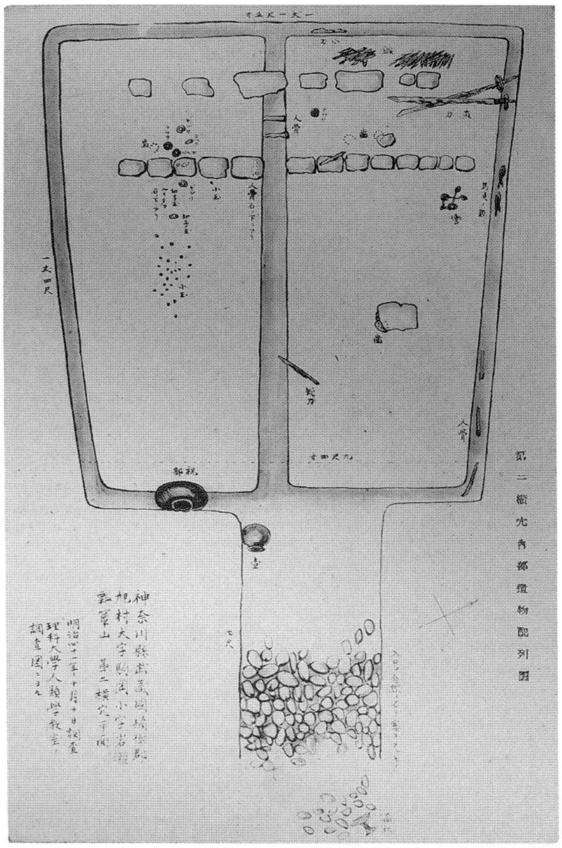

261　第二横穴内部遺物配列図

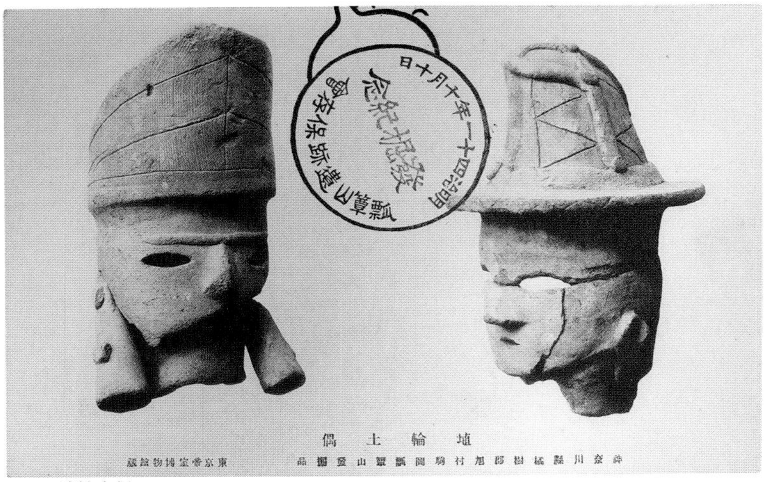

262　埴輪土偶

263　東京橘樹郡旭村 俗称御穴様 古墳埴輪土偶

263は瓢箪山横穴（岩瀬山横穴）の丘陵上にあった駒岡山古墳（岩瀬山古墳）から採集された人物埴輪頭部の絵葉書である。絵葉書右の埴輪頭部を262と比較すると、262では美豆良が接合されている。明治40年（1907）に発見された横穴出土品や人物埴輪は、翌年4月に東京帝室博物館に寄贈、10月の坪井正五郎による発掘調査でも人物埴輪片が出土していることから、262は博物館での整理作業中に接合したものを撮影したと考えられる。

人物埴輪頭部の絵葉書は、この他に写真原版を裏焼きしたものなど数種類を確認しており、山道に軒を連ねた茶屋で土産物として頒布されていた様子が伺える。

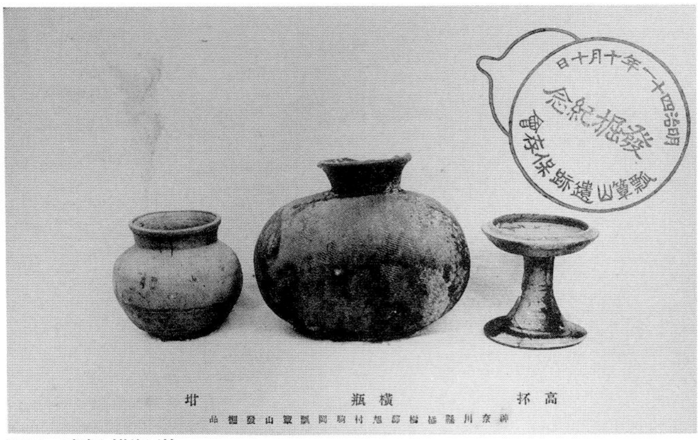

264　高抔 横瓶 坩

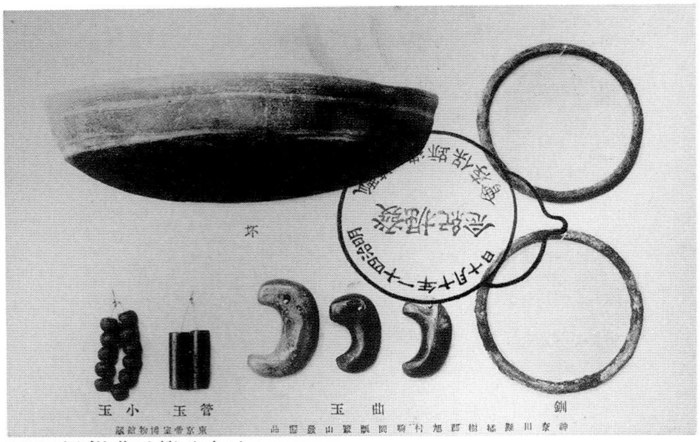

265　坏 釧 曲玉 管玉 小玉

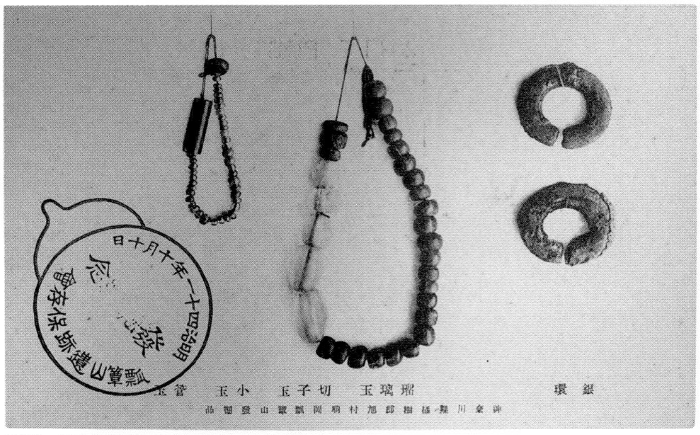

266　銀環 瑠璃玉 切子玉 小玉 管玉

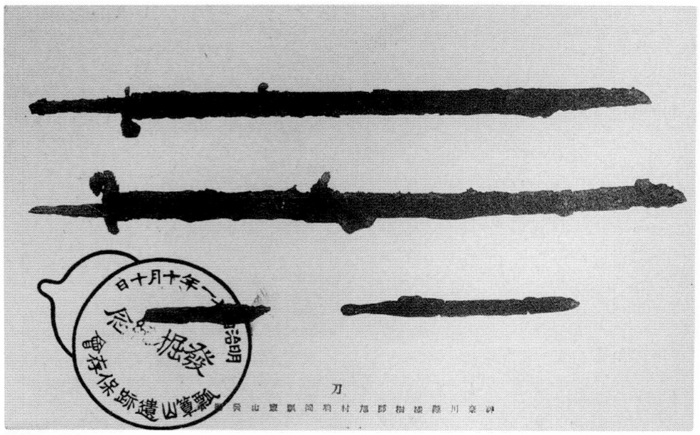

267　刀

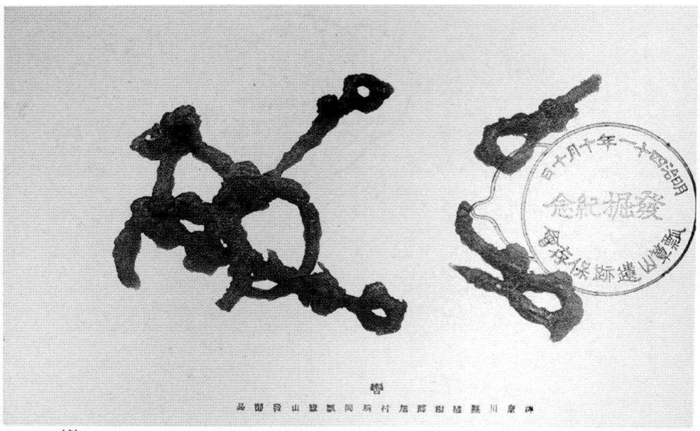

268　轡

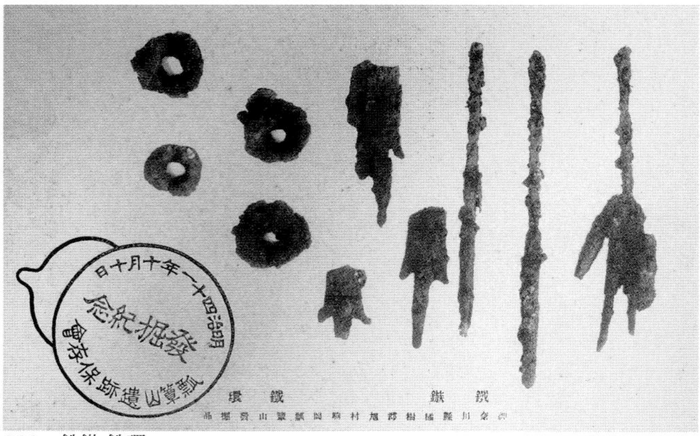

269　鉄鏃 鉄環

瓢箪山横穴（岩瀬山横穴）は、明治40年（1907）4月、埋立工事のための土取りをしていた際に発見された。横穴内から大刀や鉄族などの鉄製品、勾玉などの玉類、土師器坏（265）が出土し、その付近からは人物埴輪の頭部2体（262、263）なども採集された。この発見を契機に横穴は『お穴様』や『岩窟神社』として庶民の信仰を集め（258、259）、横穴に続く山道には茶店や売店が軒を連ねるなど、参道の様相を呈するようになる（257）。

横穴が『神社』として信仰の対象となっていることや、風紀上の問題、さらには地主や村民の希望もあって、坪井正五郎に学術調査が委嘱された。坪井正五郎は明治41年（1908）9月に現地調査を行い、10月7日から11日まで発掘調査を実施。東京帝国大学人類学教室から石田収蔵、大野雲外、野中完一、東京帝室博物館からは高橋健自、平子鐸嶺、和田千吉、紀淑雄、考古家で新聞記者の水谷幻花、江見水蔭が調査に携わっている。

調査の結果、未開口の横穴が確認され、大刀（267）、馬具、耳輪や玉類（266）、須恵器（264）が人骨とともに発見された。坪井正五郎は調査最終日に講演を行い、横穴内部の図を掲げてこれが古墳や横穴であることを説明、遺構の現地保存を主張している。

『考古界』や『東京人類学会雑誌』などで調査概要が報じられ、江見水蔭によるルポルタージュ「怪窟の大発掘」『探検世界』第6巻第6号（明治41年）に調査の状況や横穴平面図が掲載されたが、正式な報告は刊行されていない。260及び261の平面図は坪井正五郎が講演の際に示した図を絵葉書にしたものと考えられるが、横穴の平面形態と遺物の出土状態が詳細にわかる唯一の公刊物である。

なお、『瓢箪山絵葉書』を発行した瓢箪山遺跡保存会からは、ほぼ同時期に『神奈川県武蔵国橘樹郡旭村大字駒岡小字岩瀬瓢箪山第一横穴発見遺物』と『神奈川県武蔵国橘樹郡旭村大字駒岡小字岩瀬瓢箪山第二横穴発見遺物』の一枚刷りが発行されている。絵葉書では出土遺物が内容毎に一括されているが、これら一枚刷りにより各横穴の出土遺物がわかる。

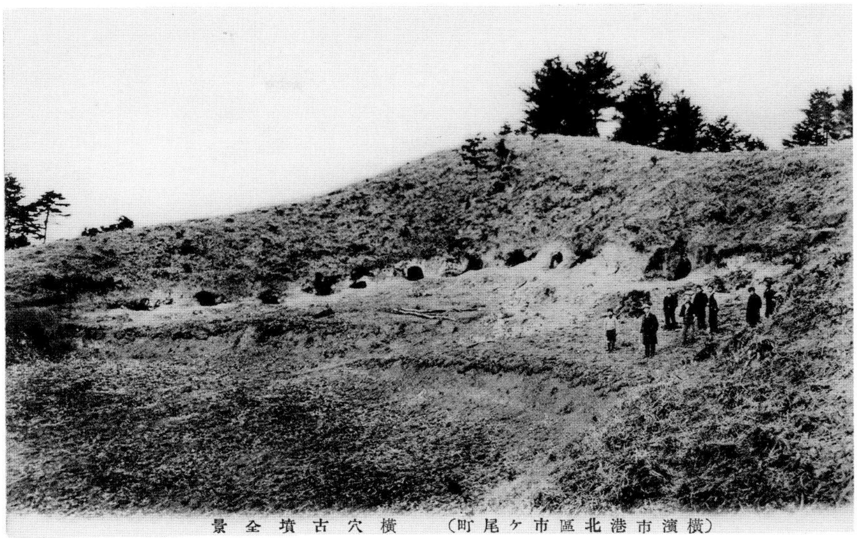

270　横穴古墳全景

271　第六号横穴古墳玄室の構造

272　第七号横穴古墳玄室の天井

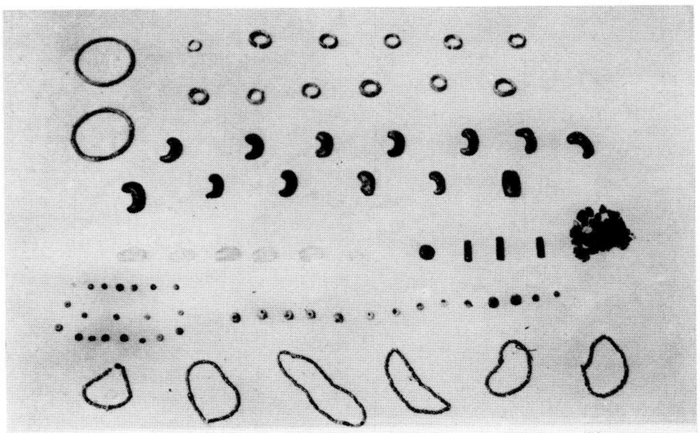

273　横穴古墳群出土遺物（其一）

274　横穴古墳群出土遺物（其二）

新潟県

「古代斎瓮式陶器及国分寺瓦焼製窯趾」

275　古代斎瓮式陶器及国分寺瓦焼製窯趾

佐渡島南西の海岸段丘上に広がる小泊窯址（小泊須恵器窯跡）は、大正11年（1922）9月、松田與吉と岡崎盛一の踏査で確認された奈良時代の須恵器や瓦窯跡である。松田與吉はその後も踏査や史資料調査を続け、本窯址が佐渡国分寺に瓦を供給していたという見解を『考古学雑誌』第15巻第4号、同巻第10号に発表した。

絵葉書の写真は、大正13年11月に撮影されたもので、窯址断面をステッキで指しているのが松田與吉である。本絵葉書は、「傳説ノ鎌倉時代ノ古建築」などとともに、西三川村の史跡で構成された資料集絵葉書の1葉と考えられる。

『佐渡国分寺古瓦絵葉書』

285　佐渡国分寺七重塔礎石 同寺所蔵古瓦

284　佐渡国分寺古瓦

佐渡国分寺は、昭和2年（1927）新潟県史蹟名勝天然紀念物調査員であった山本半蔵らの現地調査で発見された。『佐渡国分寺古瓦絵葉書』は、275の小泊窯址など、佐渡国分寺に関する考古学的発見が相次いだことから、真野村教育会が選定したもので、10葉一組で解説が付されていた。古瓦の多くは山本半蔵所蔵のもので、276～278、281の軒丸瓦は、「佐渡国分寺阯」『新潟県史蹟名勝天然紀念物調査報告』第1輯（昭和5年、新潟県）にも掲載されている。

松田與吉は、大正13年（1924）岡崎盛一が小泊で採集した古瓦と山本半蔵所蔵の佐渡国分寺出土古瓦を比較した結果、小泊窯址が佐渡国分寺の瓦の供給元であるとの確信を得るに至っている。この時山本半蔵宅に持参した古瓦は完形品でないことから、284は岡崎盛一がその後採集した軒丸瓦と軒平瓦であると思われる。

276　佐渡国分寺古瓦

277　佐渡国分寺古瓦

278　佐渡国分寺古瓦

279　佐渡国分寺古瓦

280　佐渡国分寺古瓦

281　佐渡国分寺古瓦

282　佐渡国分寺古瓦

283　佐渡国分寺古瓦

富山県

『指定史跡朝日貝塚絵はがき』

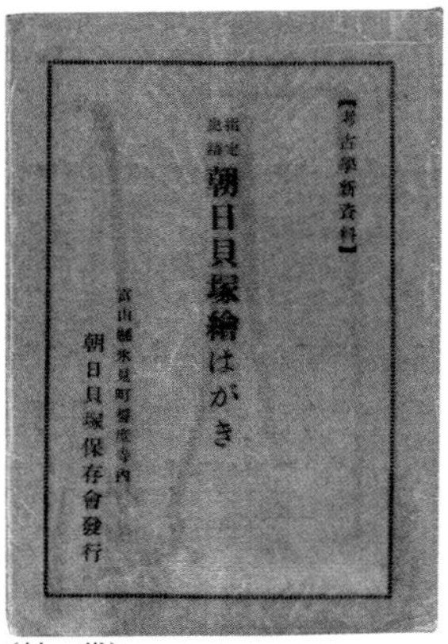

（外　袋）

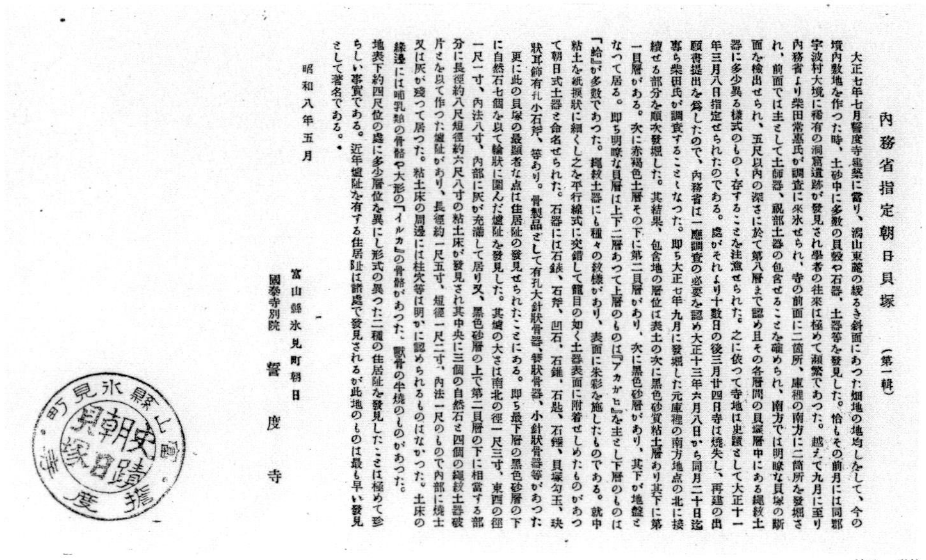

内務省指定朝日貝塚　（第一輯）

大正七年七月誓度寺建築に當り、湯山東麓の緩るき斜面にあつた畑地の地均しをなして、今の境内敷地を作つた時、土砂中に多數の貝殻や石器、土器等を發見した。恰もその前月には同郡宇波村大境に稀有の洞窟遺跡が發見され學者の往來は極めて頻繁であつた。越えて九月に至り内務省より柴田常惠氏が調査に來氷せられ、寺の前面に二箇所、庫裡の南方に二箇所を發掘され、前面では主として土師器、祝部土器の包含せることを確められ、南方では明瞭な貝塚の斷面を檢出せられ、五尺以内の深さに於て第八層まで認め且その各層間の貝塚層中にある繩紋土器に多少異る樣式のもの〻存することを注意せられた。之に依つて寺地は史蹟として大正十一年三月八日指定せられたのである。處がそれより十數日の後三月廿四日寺は燒失し、再建の出願書提出を爲したので、内務省は一應調査の必要を認め大正十三年六月八日から同月二十日迄專ら柴田氏が調査することゝなつた。即ち大正七年九月に發掘した元庫裡の南方地點の北に接續せる部分を順次發掘した。其結果、包含地の層位は表土の次に黒色砂質粘土層あり其下に第一貝層がある。次に赤褐色土層その下に第二貝層があり、次に黒色砂層があり、其下が地盤となつて居る。即ち明瞭な貝層は上下二層あつて上層のものは『アカガヒ』を主とし下層のものは『蛤』が多數であつた。繩紋土器にも種々の紋樣があり、表面に朱彩を施したものである。就中粘土を紙撚狀に細くし之を平行線式に交錯して籠目の如く土器表面に附着せしめたものがあつて朝日式土器と命名せられた。石器には石鏃、石斧、凹石、石錐、石匙、石錘、貝塚勾玉、玦狀耳飾有孔小石斧、等あり。骨製品として有孔大針狀骨器、簪狀骨器、小針狀骨器等があつた。

更に此の貝塚の最顯著な點は住居阯の發見せられたことにある。即ち最下層の黒色砂層の下に自然石七個を以て輪狀に圍んだ爐阯を發見した。其爐の大さは南北の徑一尺三寸、東西の徑一尺一寸、内法八寸、内部に灰が充滿して居り又、黒色砂層の上で第二貝層の下に相當する部分に長徑約八尺短徑約六尺八寸の粘土床が發見され其中央に三個の自然石と四個の繩紋土器破片とを以て作つた爐阯があり、長徑約一尺五寸、短徑一尺二寸、内法一尺のもので内部に燒土又は灰が殘つて居つた。粘土床の周邊には柱穴等は明かに認められるものはなかつた。土床の緣邊には哺乳類の骨骼や大形の『イルカ』の骨骼があつた。獸骨の半燒のものがあつた。地表下約四尺位の處に多少層位を異にし形式の異つた二種の住居阯を發見したことは極めて珍らしい事實である。近年爐阯を有する住居阯は諸處で發見されるが此地のものは最も早い發見として著名である。

昭和八年五月

富山縣氷見町朝日
國泰寺別院　誓度寺

（解　説）

286　発掘状況（大正十三年六月）

287　包含層及粘土床の爐阯

289　下層の爐阯

288　住居阯の粘土床及爐阯

290　遺物（イヌの骨格）

291　遺物（イルカの骨格）

「桜谷古墳群中第一号（柄鏡型古墳）発掘品」

292　桜谷古墳群中第一号 発掘品

石川県

『狐山古墳絵はがき』

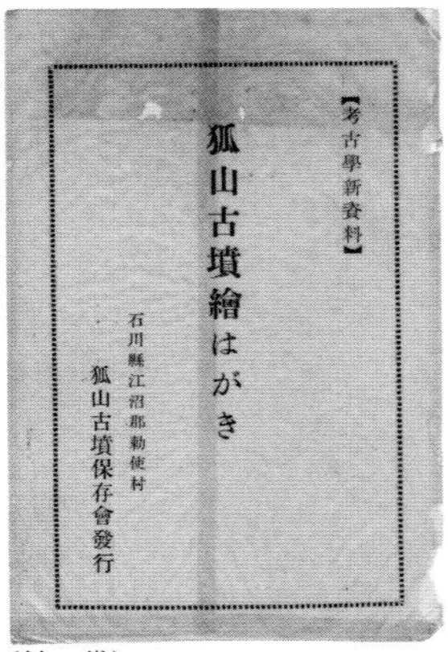

（外　袋）

293　狐山古墳北側全景ほか

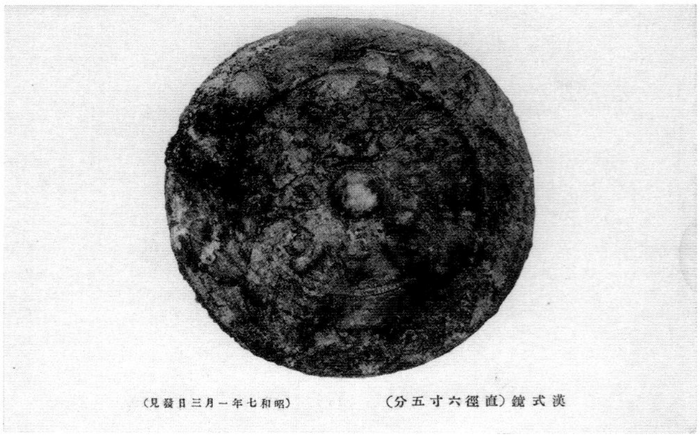

294　漢式鏡

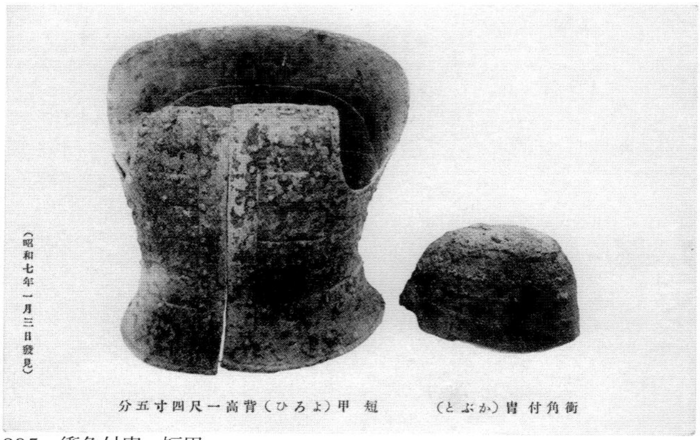

295　衝角付冑・短甲

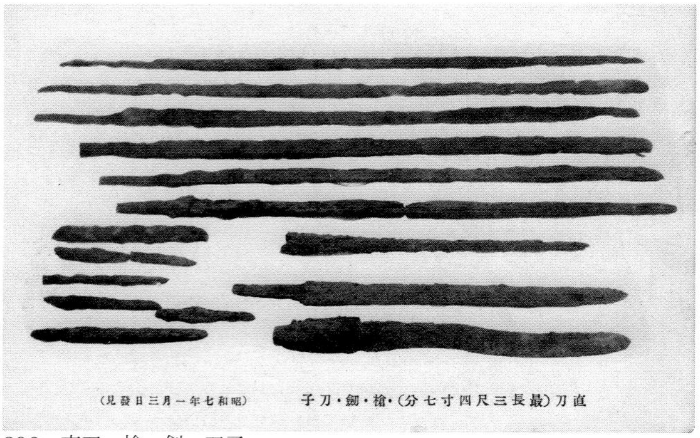

296　直刀・槍・剣・刀子

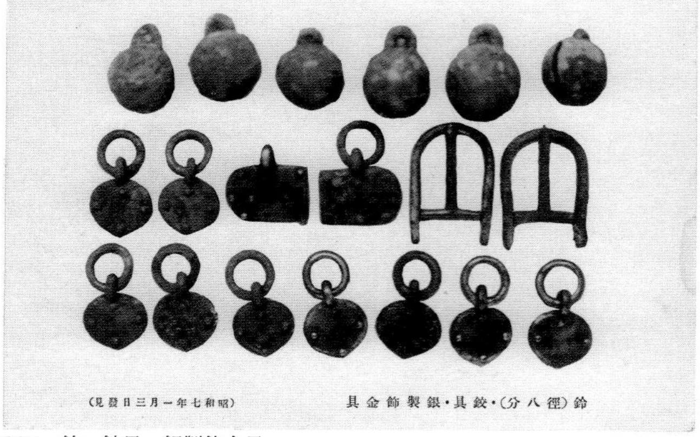

297　鈴・鉸具・銀製飾金具

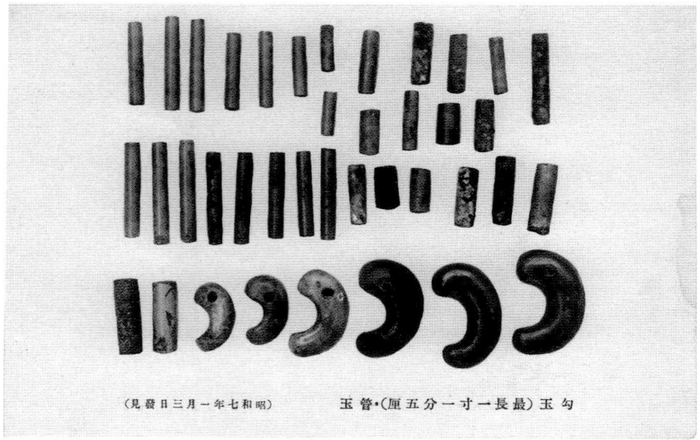

298　勾玉・管玉

299　全　　景

300　外　　面

301　第二号横穴玄室の対入口部

302　第九号Ｂ玄室奥壁

303　発掘物土器

福井県

『若越史料絵葉書』第一輯

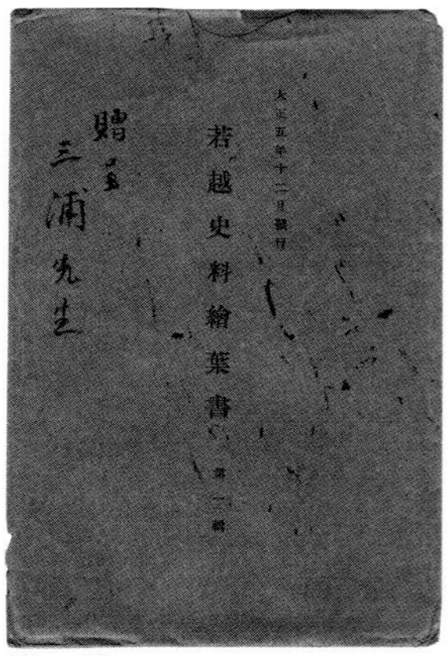

（外　袋）

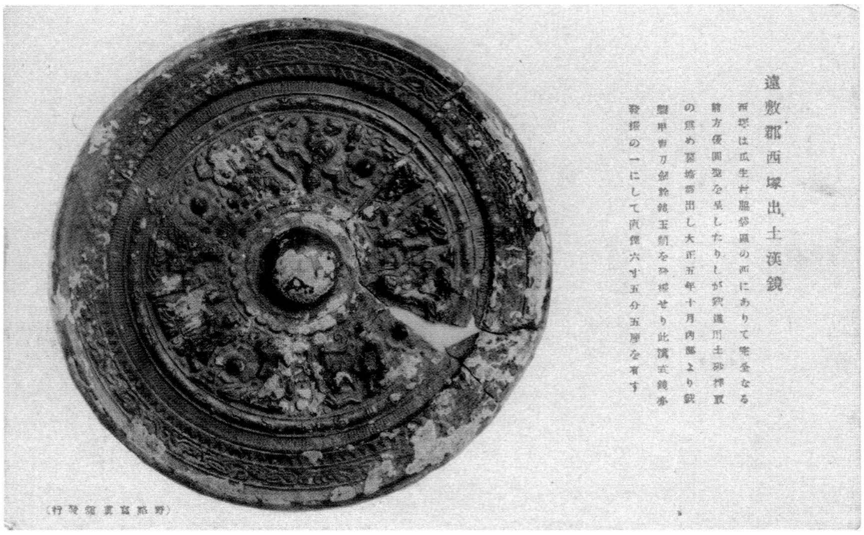

304　遠敷郡西塚出土漢鏡

305　坂井郡井ノ向出土銅鐸

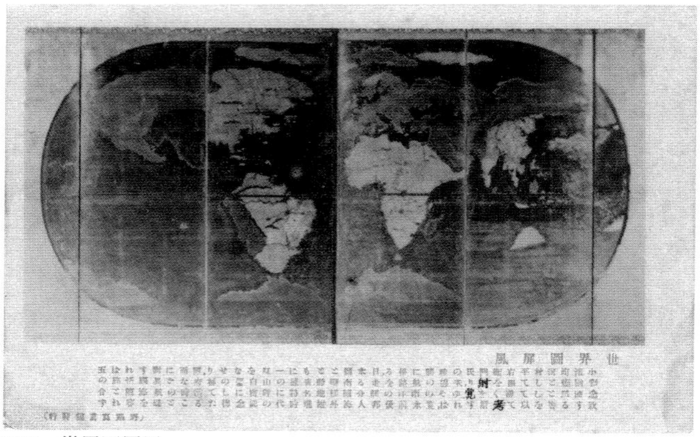

306　世界図屏風

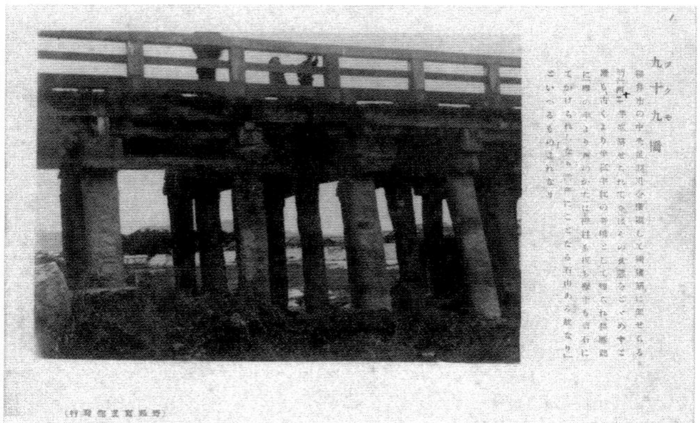

307　九十九橋

308　グリフィス及びルシイ氏邸宅

長野県

「坪井博士諏訪湖ニ於テそね石器時代遺物調査ノ光景」

309　坪井博士諏訪湖に於テそね石器時代遺物調査ノ光景

『坪井博士諏訪石器時代遺跡調査絵葉書』

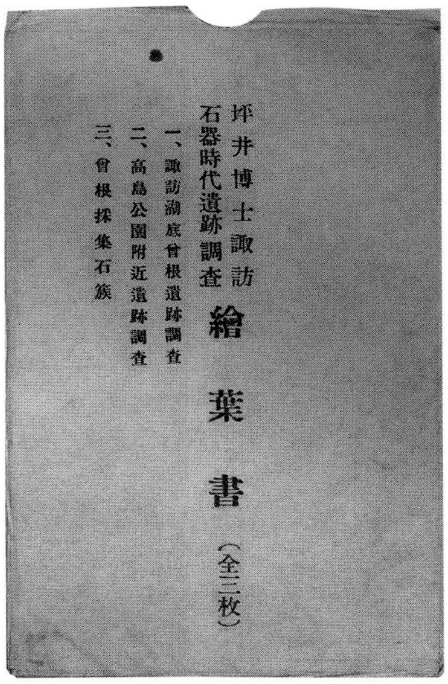

（外　袋）

310　坪井博士諏訪湖そね石器時代遺物調査の光景

諏訪湖底曽根遺跡は明治 41 年（1908）10 月、湖底地質調査を行っていた橋本福松が、石鏃 2 個や剥片などを採集したことにより発見された。調査を委嘱していた田中阿歌麿から一報を受けた坪井正五郎は、石鏃を取り寄せるとともに、翌 42 年（1909）年 5 月 17 日に松村瞭を同行して調査に向かい、18 日の午前、3 艘の船上から鋤簾を用いて湖底を浚い、石鏃百数十個、土器片などを採集した。この調査を踏まえ、坪井正五郎は海外の事例から曽根遺跡を杭上住居の跡と推測、神保小虎の地滑り説や橋本福松らの断層陥没説など、地質学者と論争が繰り広げられた。

310 ～ 312 は、同年 7 月 21 日から 24 日に行われた、坪井正五郎 2 度目の調査記録を絵葉書にしたものである。3 葉一組で、310 は 22 日午前に行われた諏訪湖底調査、手前の船右が坪井正五郎、中央で鋤簾から遺物を取り出しているのが両角新治である。

この写真は、田中阿歌麿『湖沼学上より見たる諏訪湖の研究』下巻（大正 7 年、岩波書店）や、藤森栄一『旧石器の狩人』（昭和 40 年、学生社）に掲載されている有名な調査写真であるが、これと前後して撮影された写真を絵葉書に仕立てたものが 309 である。錨を下ろしているため、坪井正五郎らが乗船している船の位置に変化はなく、後方の船が寄せられているもので、本船中央で直立しているのが橋本福松である。この構図の写真は、管見の限り本絵葉書でしか確認されていない。309、310 ～ 312 とも出版元は日進堂書店であるが、309 が複数葉一組か、1 葉で販売されていたかは不明である。

この調査で採集された遺物は、石鏃 30 個、動物の骨や歯約 10 個、土器片約 20 個などであり、312 は 30 個の石鏃から選定されたものと思われる。また、311 は 23 日に高島城址付近で行った発掘調査の風景写真を絵葉書にしたもので、坪井正五郎は 5 月 18 日の午後にも同地を訪れている。調査では大量の土器片が出土した。

同年 10 月 9 日に開催された東京人類学会年会の席上で坪井正五郎が本絵葉書の紹介を行っていることから、『坪井博士諏訪石器時代遺跡調査絵葉書』は、調査後間もなく発行されたと考えられる。

311　坪井博士諏訪高島城址付近石器時代遺物発掘の光景

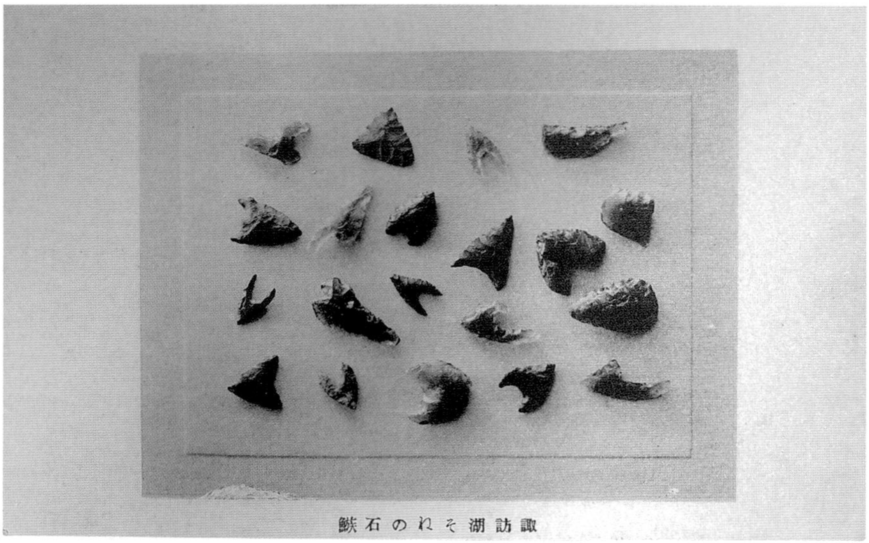

312　諏訪湖そねの石鏃

挿図 1

本写真は312と同一原版の紙焼き写真である。坪井正五郎が旧蔵していたもので、本書編集のため東京大学大学院情報学環の『坪井家関係資料』を調査中に発見した。312と天地を揃えているが、台紙の下方に『上諏訪古田写真館』と明記されており、諏訪で撮影・焼き付けが行われたことがわかる。また、ランダムに置かれた石鏃の下は、写真用の台紙厚紙を転用したものであろう。

岐阜県

「土器　昭和八年若林紡績工場建設の際発掘せしもの」

313　土器 昭和八年若林紡績工場建設の際発掘せしもの

『飛驒国　国分寺』

（外　袋）

314　全　　景

315　本　　堂

316　三 重 塔

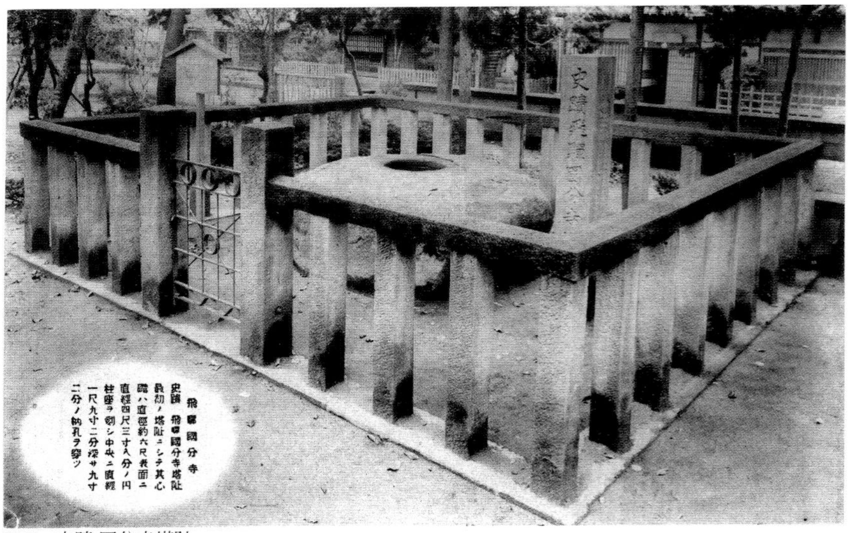

317　史蹟 国分寺塔阯

318　国宝聖観世音菩薩木立像

319　国宝本尊薬師如來

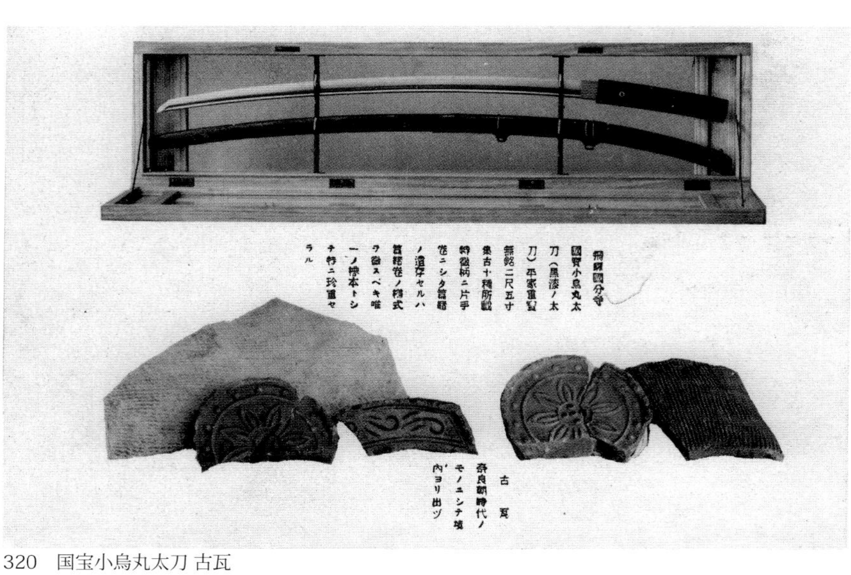

320　国宝小烏丸太刀 古瓦

静岡県

『伊豆長岡温泉旅館 小まつ屋』

321　伊豆長岡古代ノ石棺

長岡の石棺（白石の石棺）は、坪井正五郎の調査日記をもとに大野雲外が現地調査を行い、明治35年（1902）『東京人類学会雑誌』第18巻第200号に図入りで報告した刳り抜き式石棺である。321は温泉旅館小まつ屋がⅡ期（明治40年〜大正6年）に製作した絵葉書のうちの一葉で、「大黒堂の松」「高天ヶ原より望む富士山」などとともに、長岡の名所として紹介された。

「畑毛温泉付近 柏谷百穴」

322　柏谷百穴

『遠州北部出土 石器時代遺蹟遺物絵葉書』二版

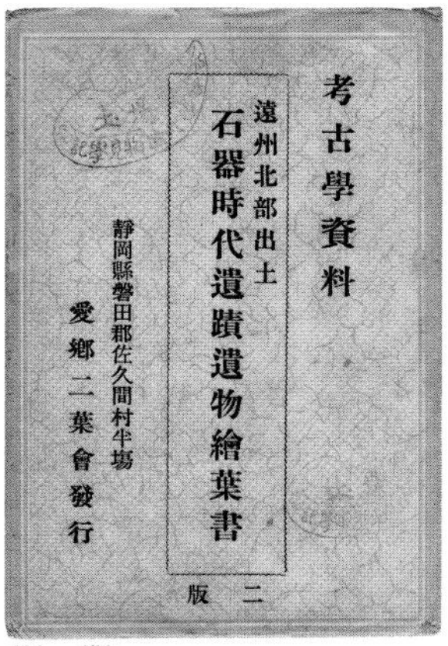

（外　袋）

323　石器時代出土遺物其一

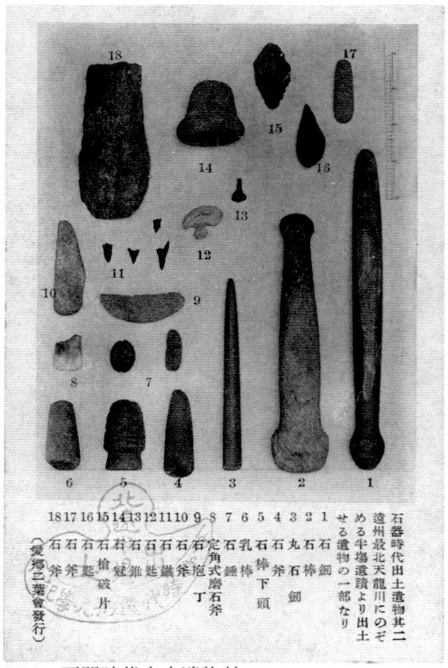

324　石器時代出土遺物其二

325　石器時代出土遺物其三

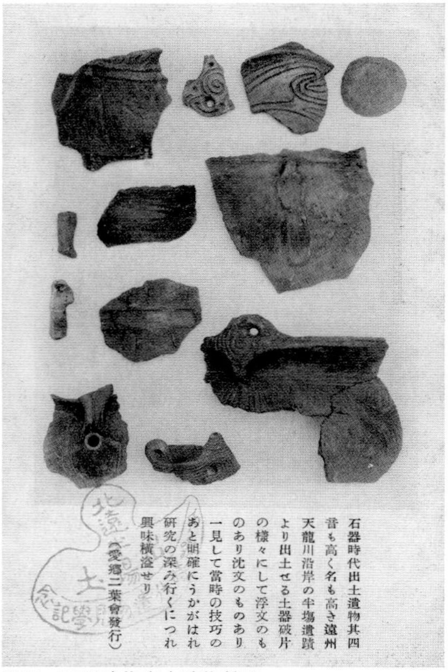

326　石器時代出土遺物其四

327　石器時代出土遺物其五

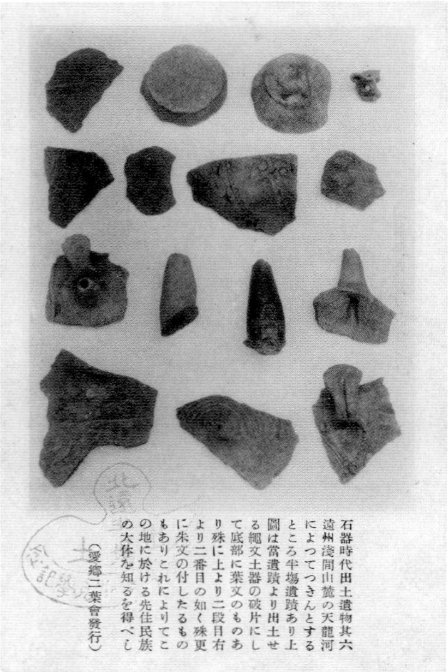

328　石器時代出土遺物其六

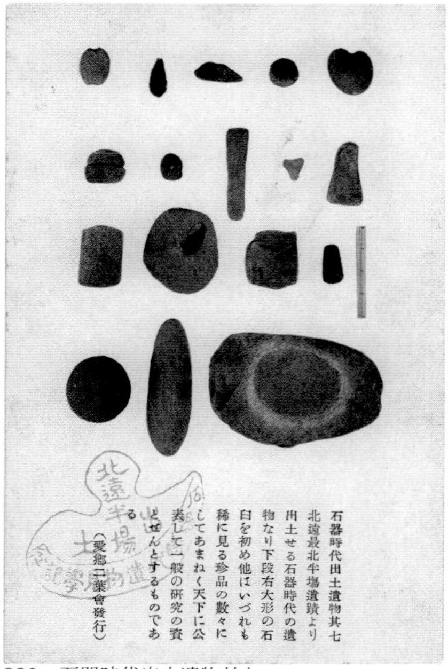

329　石器時代出土遺物其七

330　石器時代出土遺物其八

愛知県

小栗鉄次郎所蔵資料

331　石器ノ一種

332　推古式銅造観世音像

『鳴海町 元始時代 研究資料絵葉書』

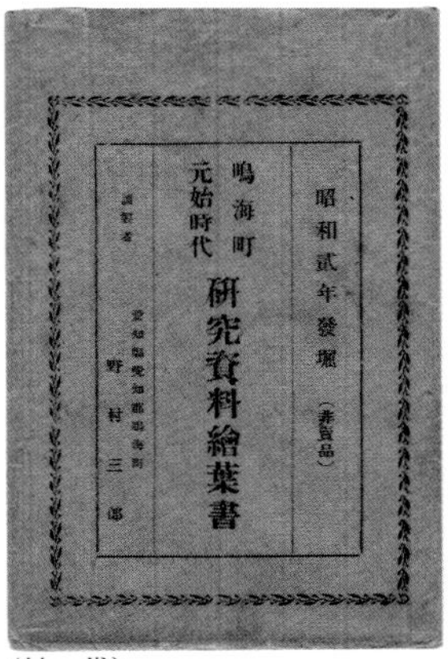

（外　袋）

333　矢切（小字名）地内ニ在ル貝塚

雷貝塚は、昭和２年（1927）鳴海球場建設に伴う第15号道路敷設中に、土器や石器、貝類が出土したことが発見の契機となった。これら出土品を収集し、絵葉書にして公刊したのが、鳴海町町長の野村三郎（333中央）である。絵葉書は遺物の内容別に整理され、キャプションが付されている。表題に『研究資料絵葉書』とあることからも、調査概報として作製されたと考えられる。

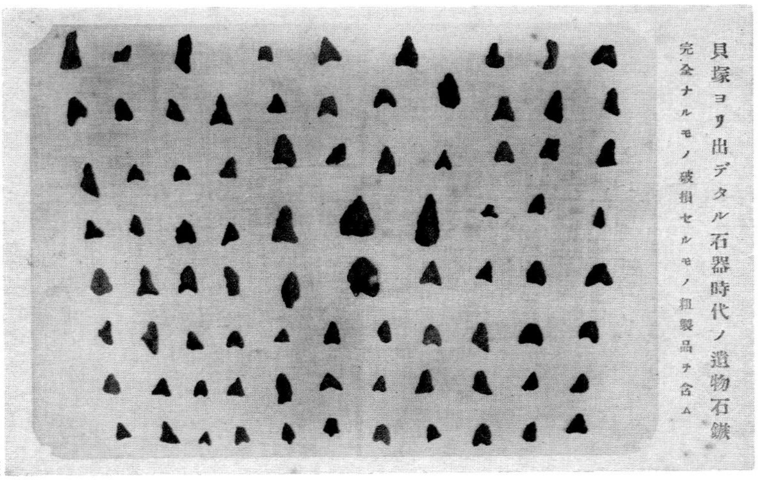

334　貝塚ヨリ出デタル石器時代ノ遺物石鏃

貝塚ヨリ出デタル石器時代ノ遺物
左方第一列ノ上ノ二個ハ陶丸ニテ其下ノ一個
ハ石錘ナリ他ノ十個ハ破損セル石斧
335　貝塚ヨリ出デタル石器時代ノ遺物

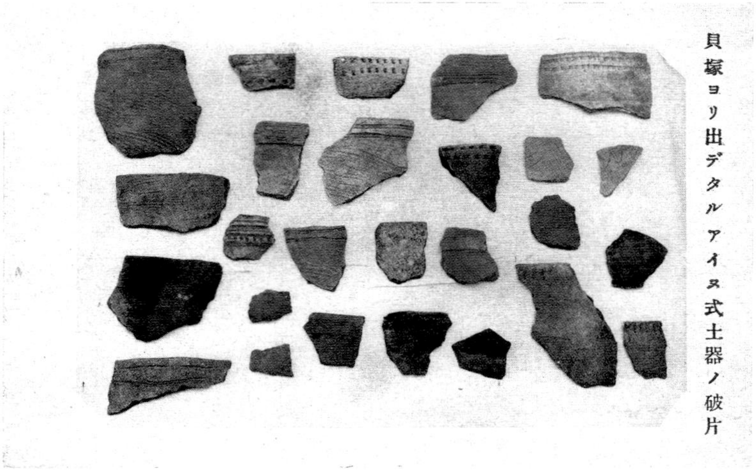
貝塚ヨリ出デタルアイヌ式土器ノ破片
336　貝塚ヨリ出デタルアイヌ式土器ノ破片

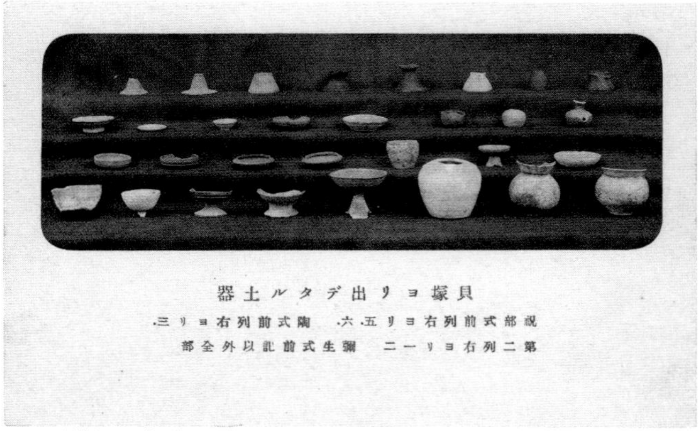
貝塚ヨリ出デタル土器
祝部式前列右ヨリ五.六.　陶式前列右ヨリ三.
第二列右ヨリ一二　彌生式前記以外全部
337　貝塚ヨリ出デタル土器

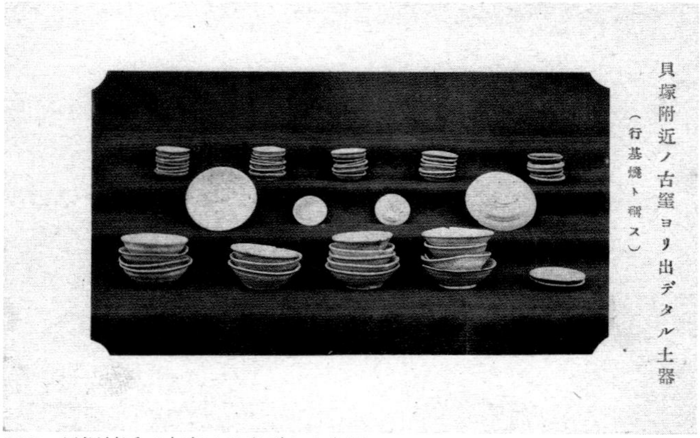
貝塚附近ノ古窰ヨリ出デタル土器
（行基燒ト稱ス）
338　貝塚付近ノ古窒ヨリ出デタル土器

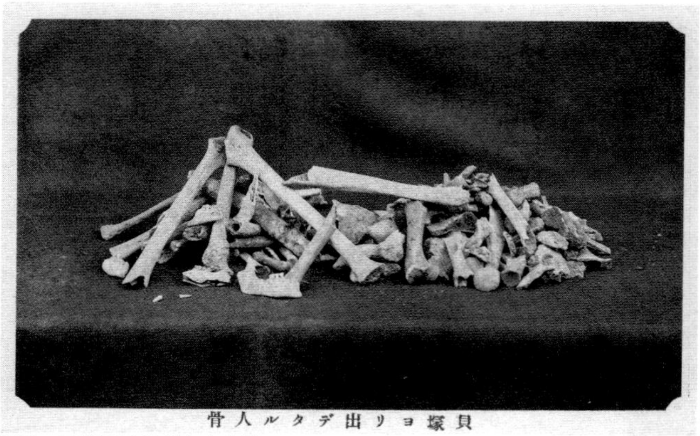
貝塚ヨリ出デタル人骨
339　貝塚ヨリ出デタル人骨

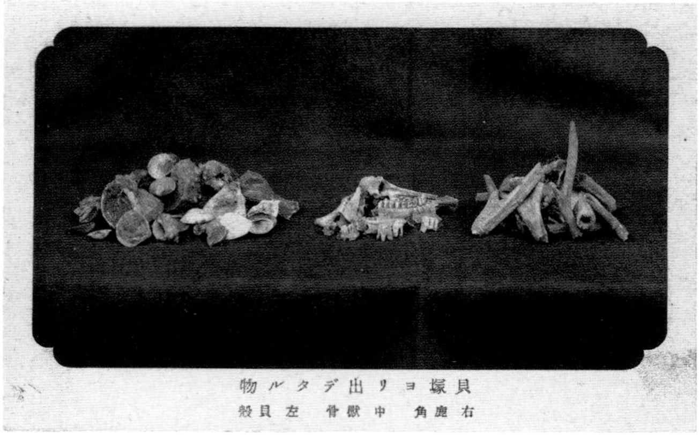
貝塚ヨリ出デタル物
右鹿角　中獣骨　左貝殻
340　貝塚ヨリ出デタル物 右 鹿角 中 獣骨 左 貝殻

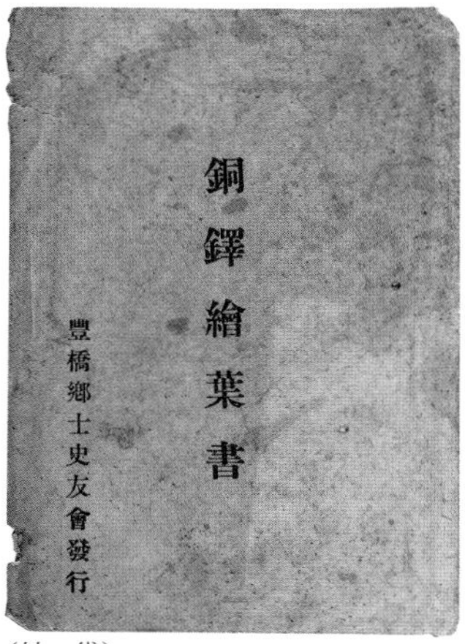

（外　袋）

341　（銅鐸出土状況）

伊那銅鐸は、大正13年（1924）12月22日に土取り工事中に発見されたもので、341は翌14年1月15日の喜田貞吉による現地調査の際、発見場所に掘り出した銅鐸を据え置いた復元写真の絵葉書である。蹲踞した人物は、1月26日に現地を訪れた梅原末治によると、発見者の横里豊平である。

出土状態が明らかな銅鐸として、喜田貞吉、梅原末治、後藤守一・森本六爾により調査報告が矢継ぎ早に発表された。342及び343は、これら報告書の巻頭や挿図を飾った写真の絵葉書である。発行元は、銅鐸発見の一報を各地の研究者に送った豊田伊三美（珍彦）らが大正10年に結成した豊橋郷土史友会である。写真は、豊橋郷土史友会撮影に係るものと思われるが、342及び343は裏焼きである。

342　銅　　鐸

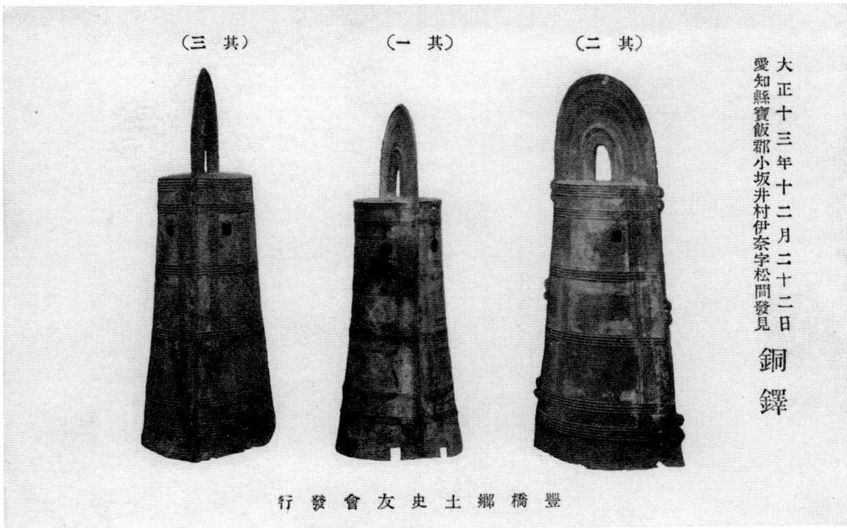

343　銅　　鐸

コラム

Column

帰朝報告は絵葉書で
―梅原末治『楽浪遺品』『欧州遺跡行脚』―

明治から昭和初期にかけて、国外の考古学研究や学界動向を知るには、洋書や雑誌などの文献が窓口になっていた。渡航して遺跡に立ち、最新の研究成果を肌で感じることができたのは、官学に席を置くなどごく限られた研究者のみであった。当時、在外研究に赴いた研究者の回顧録には、国の代表であるという重責と不退の覚悟が記されている。

こうして渡航した研究者は、調査成果やルポルタージュを逐次日本に送り、それらは機関誌に掲載され学界全体で共有された。帰国後は、研究成果を公刊することと同時に、国内の学界を主導することが求められたのである。

ところで、日本の土を踏むと、まずは関係者への挨拶まわりと、暫くして帰朝講演や報告会が催された。そうした場面に花を添えたと考えられるのが出張絵葉書である。

『楽浪遺品』は、梅原末治が大正14年（1925）春、朝鮮半島で調査した楽浪郡関係遺物を絵葉書に仕立てたもので、封筒の為書きから東京帝室博物館の矢島恭介に宛てたことがわかる。

楽浪郡時代の遺跡については、明治42年（1909）に関野貞、谷井済一、栗山俊一らにより、平壌大同江面左岸の古墳群が調査されて以降、朝鮮総督府による発掘調査が実施された。しかし、古墳墓の存在が明らかにされたことで盗掘が横行し、美術的価値の高い副葬品が散逸する事態となった。朝鮮総督府古蹟調査委員であった関野貞らは、発掘調査と並行して、個人収集家の手に渡った遺物の実測と写真撮影を行い、『楽浪郡時代ノ遺蹟』図版上冊及び下冊（大正14年、朝鮮総督府）、『楽浪郡時代の遺蹟』本文（昭和2年、朝鮮総督府）として報告している。

『楽浪遺品』は、富田晋二や白神寿吉など、平壌在住の収集家のコレクションで構成され、その大半は上記報告書に収録されている。例えば、「居攝元年鏡」（01）は、『楽浪郡時代の遺蹟』本文に採録されているが、大正14年には廣瀬都巽が『考古学雑誌』第15巻第6号で拓本を図示しており、梅原末治も昭和2年に『史学』第6巻第1号の巻頭写真で報告するなど、多くの研究者が実見した鏡であった。

大正2年頃には、本願寺の大谷探検隊が、中央アジアから将来した遺物を『中亜探検発掘物絵葉書』として出版している。また、大正6年、京都帝国大学の小川琢治が、中国大陸で収集した石像などを一般公開した際には、『支那採集品絵葉書』を製作、当日配付している。調査した遺物などを絵葉書に仕立てることは、こうした絵葉書から着想を得たものと考えられる。なお、『楽浪遺品』と同じ系統の絵葉書として、中村久四郎による『南満北支朝鮮旅行の紀念』（02、03）がある。

『楽浪遺品』や『南満北支朝鮮旅行の紀念』は、写真の構図や構成などから、研究資料に供する意図がうかがえるが、渡航先のスナップ写真を絵葉書にしたものも存在する。梅原末治の『欧州遺跡行脚』はその系統の代表作である。

梅原末治は、大正14年から昭和4年まで、ヨーロッパ、ロシア、アメリカなどを外遊しており、『欧州遺跡行脚』は、このうち昭和2年の南欧、エジプト、パレスチナ、イギリス、アイルランドを訪問した際の記録である。この後、梅原末治はドイツ、北欧を経由してロシア行きを果たしている。もともと予定のなかったロシア行きであるが、東洋文庫が滞在費などを提供したことから、実現したものである。『欧州遺跡行脚』は、外遊期間の延長に伴い近況報告の意味で昭和2年頃か、あるいは帰国後の昭和4年頃に製作されたと考えられる。

エジプトのデンデラ（Dendera）神殿群の絵葉書（04）には、ラクダに乗った梅原末治自身が納まっている。パレスチナのガザ南東に位置するゲラー（Gerar）遺跡の発掘調査（07）は、英国エジプト学会（Egypt Exploration Fund）によるもので、ペトリー（Petrie, William Matthew Flinders）が主導し、梅原末治も1週間調査に参加している。また、ロンドン博物館（London Museum）館長のホイーラー（Wheeler, Robert Eric Mortimer）夫妻によるウェールズのカールレオン（Caerleon）古代劇場跡の発掘調査（05）は、ホイーラーの誘いを受けて現地を見学している。『欧州遺跡行脚』は、梅原末治が訪問した史跡や博物館、調査に参加した遺跡の様子を伝えるだけでなく、外遊中に知遇を得た考古学者との交流を示しているのである。

『欧州遺跡行脚』のように、研究者自身が撮影した写真を絵葉書にしたものは、時野谷常三郎『滞欧二年の記念として』、大類伸『伊太利の旅』などがある。管見の限り、製作時期は大正末から昭和初期に限られるようである。その一つの要因として考えられるのが、明治45年に発売されたベスト・ポケット・コダック（Vest Pocket Kodak）の存在である。ロールフィルムを採用し、小形軽量で安価であったことから、世界的にベストセラーとなったカメラであるが、梅原末治も寄港地の上海から杭州を訪問した際に買い込み、一人前になったような気分を味わった、と回述している。『欧州遺跡行脚』の写真は、この時購入したベスト・ポケット・コダックで撮影されたのであろう。

【大正14年春渡鮮記念 楽浪遺品】

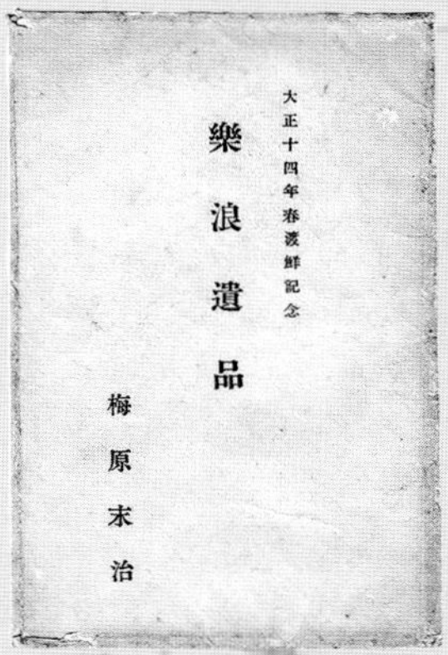

（外　袋）

01　居攝元年鏡

【南満北支朝鮮旅行記念】

02　唐代の文俑

03　唐代の駱駝

【欧州遺跡行脚】

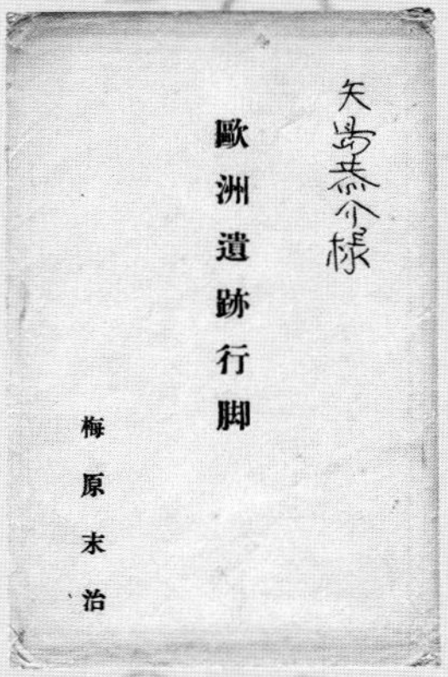

（外　袋）

04　エジプト デンデラの遺跡

05　イギリス カールレオン古代劇場跡

06　パレスチナ ゲラー遺跡

07　イギリス ストーンヘンジ

三重県

『徴古絵葉書』第三輯

（外　袋）

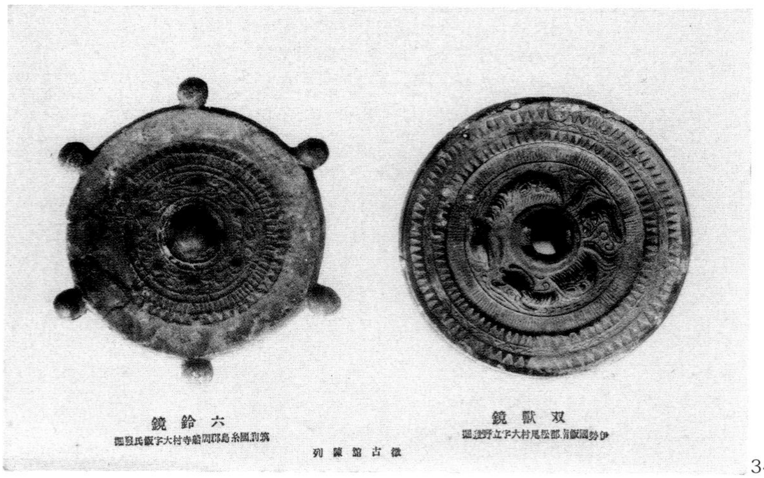

346　双獣鏡 六鈴鏡

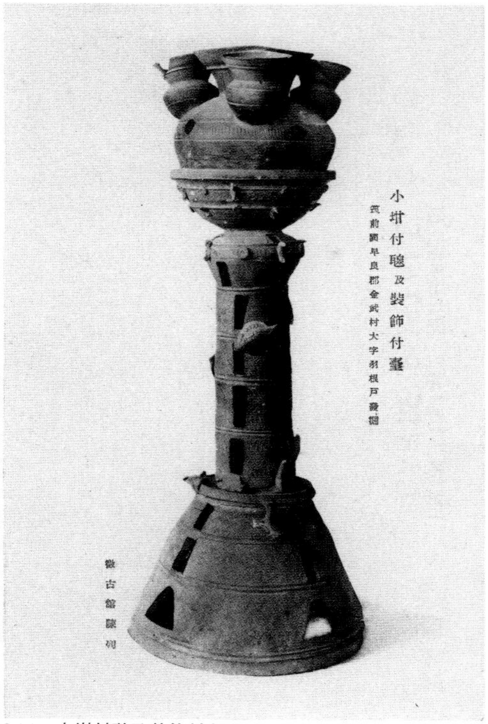

344　小坩付𤭯及装飾付台

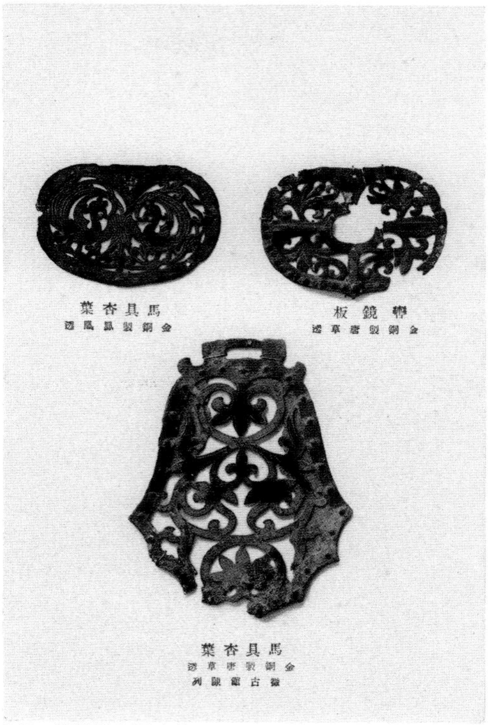

345　轡鏡板 馬具杏葉

347　伊勢新名所歌合絵

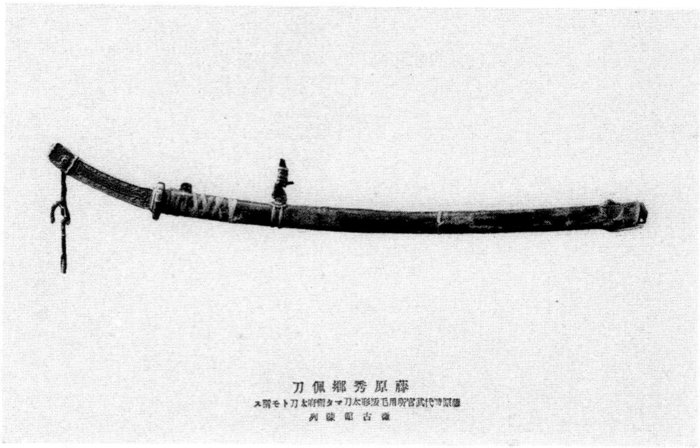

348　藤原秀郷佩刀

349　経　　筒

350　伊勢世義寺経筒拓本

349は治承2年（1178）銘のある経筒で、旧寺領地の前山亀谷郷から出土したものである。世義寺から徴古館に出品され、第8室（古文書、書画、典籍、筆跡、金石文）で展示されていた。

なお、350は藤貞幹旧蔵の拓本である。『集古図』『好古日録』『古瓦譜』などの編者として知られる藤貞幹は、高橋健自により日本考古学の開山と評価されている。藤貞幹の考古研究を窺い知ることができる史料として掲載した。

『伊賀史料絵葉書』第五輯

（外　袋）

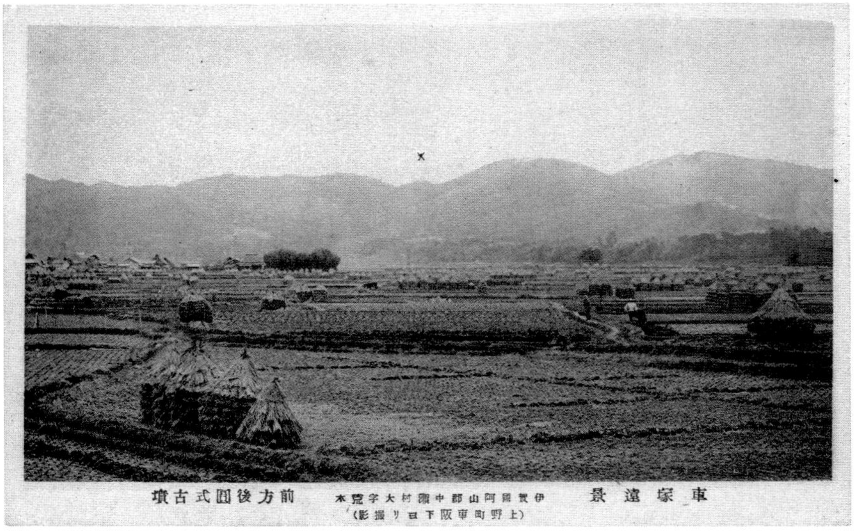

351　車塚遠景

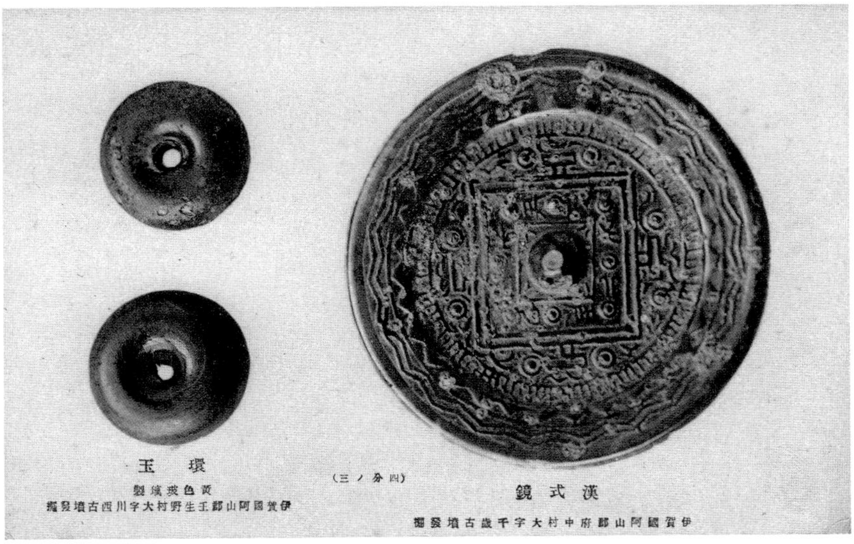

352　漢式鏡 環玉

353　阿弥陀如来座像

354　日光仏 月光仏

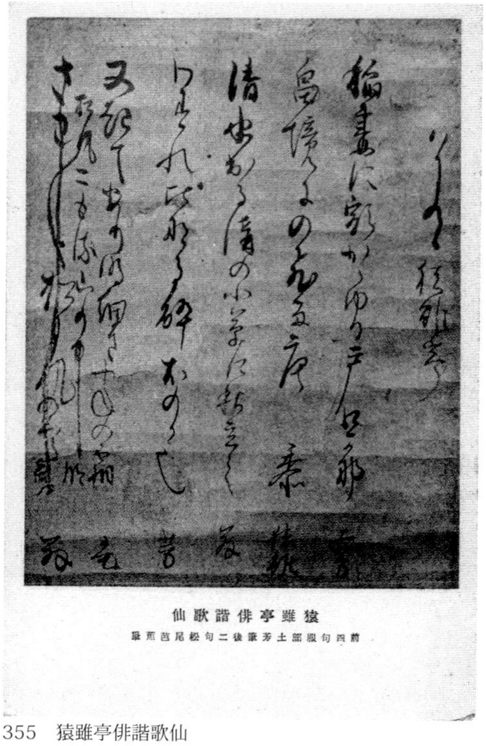

355　猿雖亭俳諧歌仙

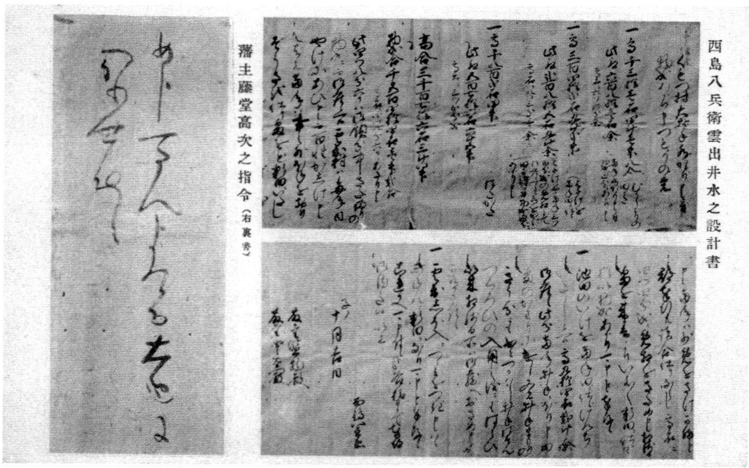

356　西島八兵衛雲出井水之設計書 藩主藤堂高次之指令

『伊賀史料絵葉書』は、明治44年（1911）頃に第１輯を発行し、大正５年（1916）までの間ほぼ毎年一輯の頻度で刊行された。このうち、考古資料に関する絵葉書は351及び352をはじめ、「漢式鏡 四神四獣鏡 四獣鏡 阿山郡府中村大字一ノ宮字二ノ谷発掘」「国分寺古瓦」「馬塚全景」（第２輯、大正元年頃）、「阿山郡山田村発掘古鏡」（第３輯、大正２年頃）、「阿山郡東及同郡佐那具発掘土符」「阿山郡三田村安国寺址発掘安国寺古瓦」（第４輯、大正４年頃）、「阿山郡友生村高猿古墳発掘漢式鏡及紡錘石」「御墓山全景 伊賀国阿山郡府中村大字宇佐那具」（第６輯、大正５年）と、古墳関係が多い。

滋賀県

『滋賀県地理歴史絵はがき』第一集

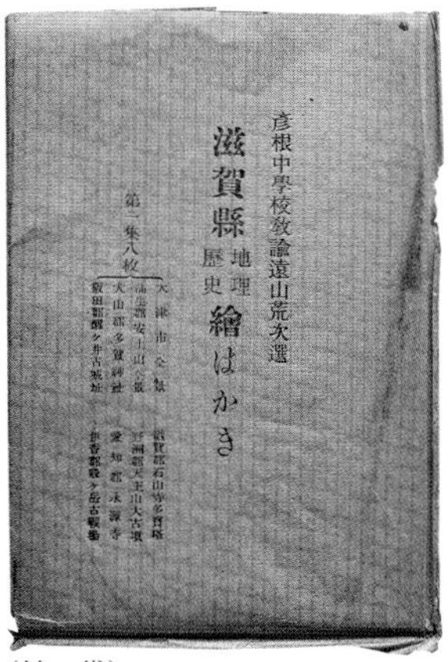

(外　袋)

362　野洲郡天王山大古墳

357　大津市全景

359　犬上郡多賀神社

358　蒲生郡安土山全景

360　阪田郡醒ヶ井古城址

361　滋賀郡石山寺多宝塔

364　伊香郡賤ヶ岳古戦場

363　愛知郡永源寺

京都府

『恵比寿山 作り山古墳絵葉書』

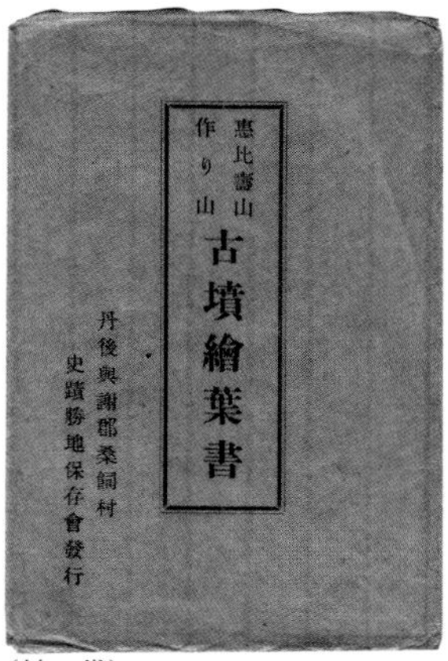

(外　袋)

365　恵比寿山古墳全景

366　恵比寿山古墳頂上埴輪列

367　恵比寿山古墳石棺

368　恵比寿山古墳出土漢式内行八花文鏡

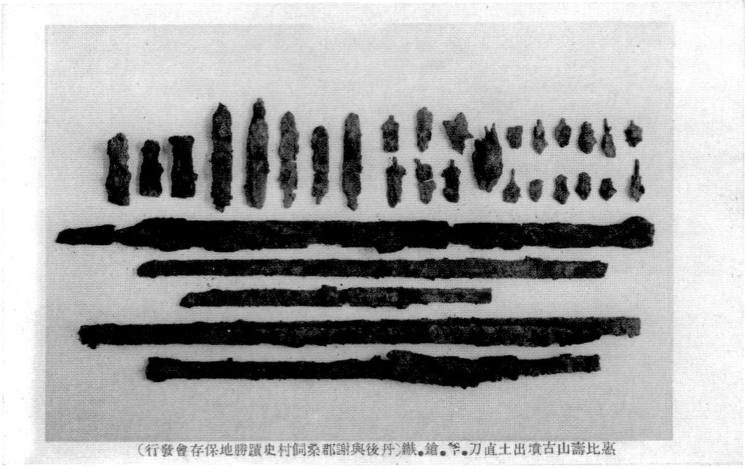

369　恵比寿山古墳出土直刀．斧．鎗．鏃

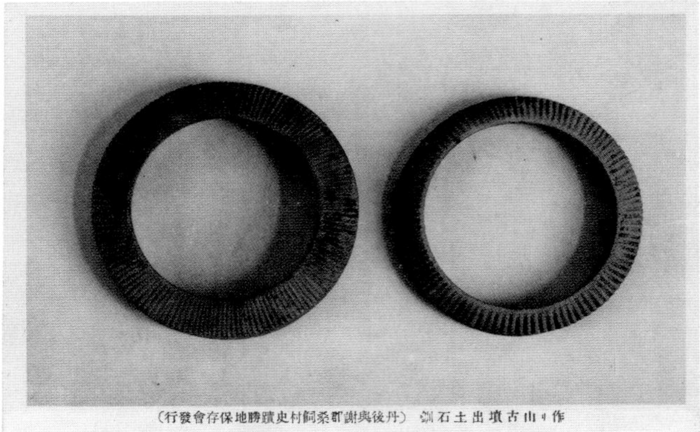

370　作り山古墳出土石釧

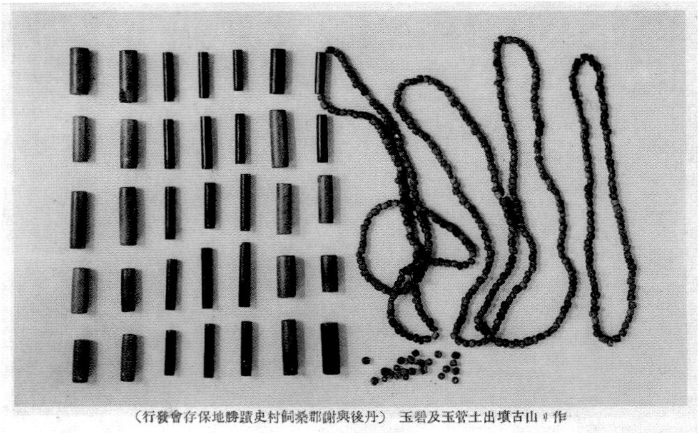

371　作り山古墳出土管玉及碧玉

372　作り山古墳出土漢式四獣鏡及勾玉

『日本古鏡陳列会紀念絵葉書』

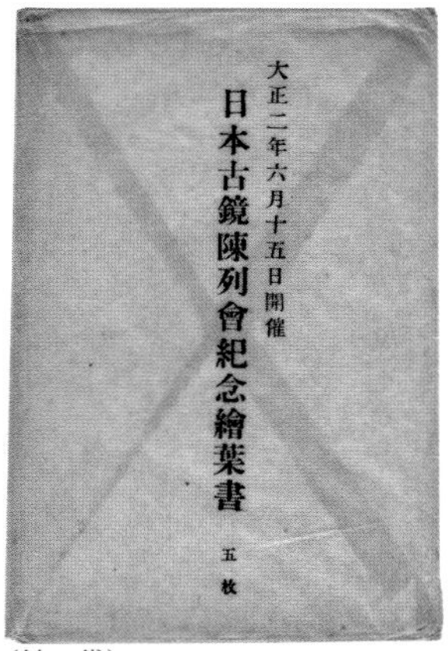

（外　袋）

373　京都豊国神社内少教院ニ於ケル日本古鏡陳列会場

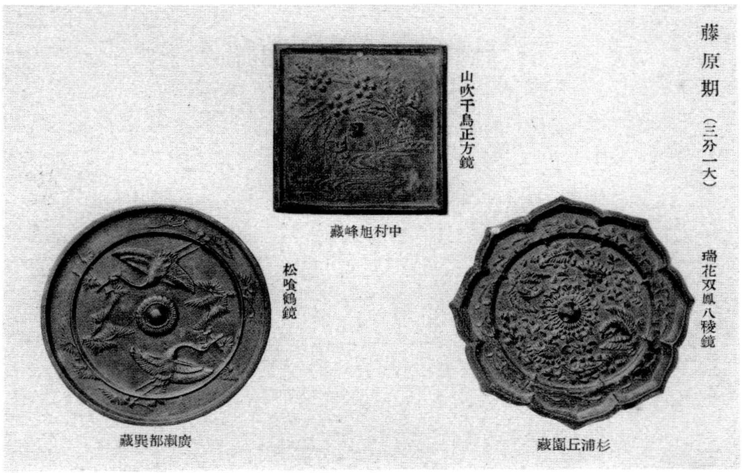

374　藤原期 瑞花双鳳八稜鏡ほか

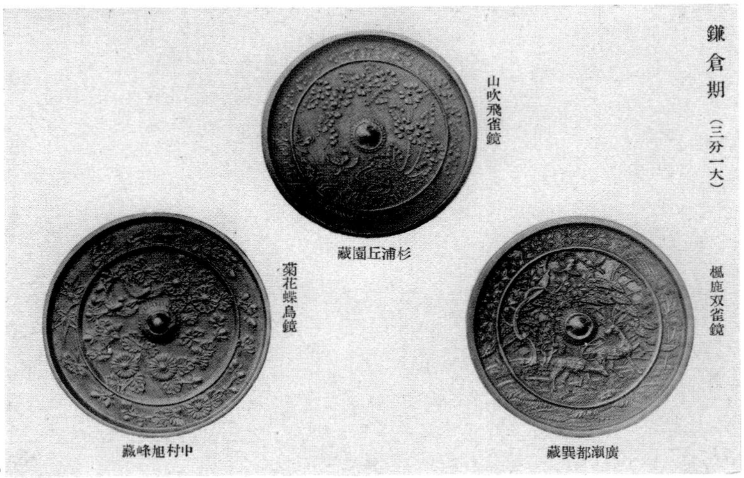

375　鎌倉期 楓鹿双雀鏡ほか

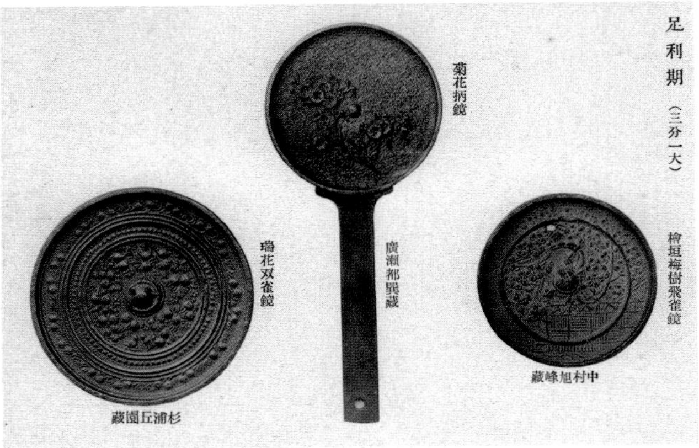

376　足利期 檜垣梅樹飛雀鏡ほか

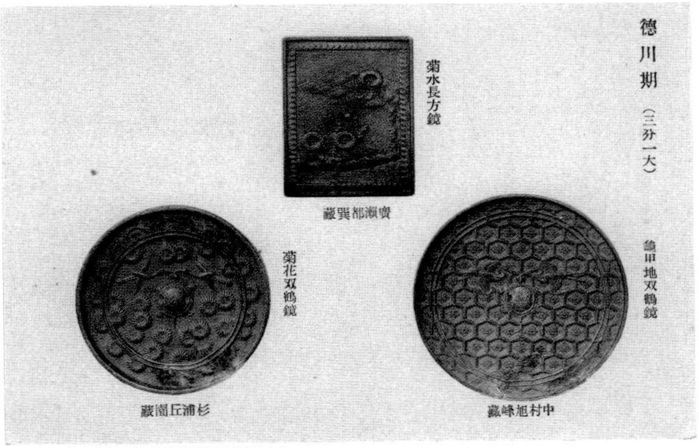

377　徳川期 亀甲地双鶴鏡ほか

『家蔵長柄鏡小展観記念』乾

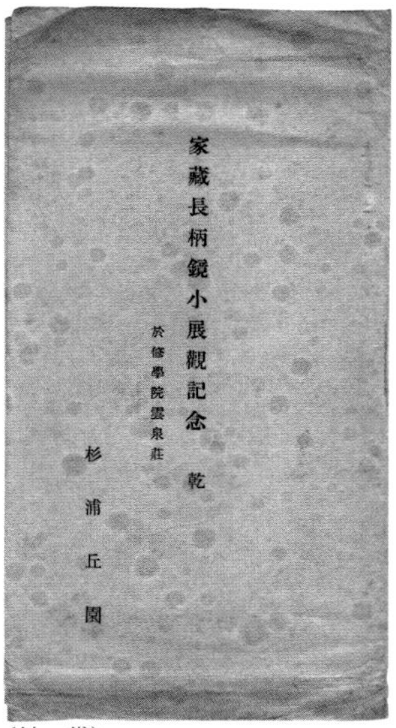

（外　袋）

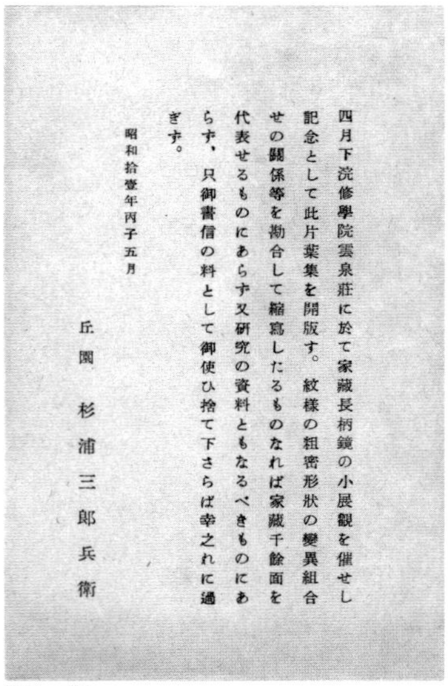
四月下浣修學院雲泉莊に於て家藏長柄鏡の小展觀を催せし記念として此片葉集を開版す。紋樣の粗密形狀の變異組合せの關係等を勘合して縮寫したるものなれば家藏千餘面を代表せるものにあらず又研究の資料ともなるべきものにあらず、只御書信の料として御使ひ捨て下さらば幸之れに過ぎず。

昭和拾壹年丙子五月

丘園　杉浦三郎兵衛

（解　説）

本絵葉書は、考古家として知られた杉浦三郎兵衛（丘園）が昭和11年（1936）、別邸雲泉荘で開催した長柄鏡の特別展観を記念して作られた絵葉書である。杉浦三郎兵衛は、東京人類学会や考古学会設立当初からの会員で、そのコレクションは和鏡をはじめ、在銘遺物、古瓦、看板、鰐口、石塔、糸印、双六、絵馬など多岐に亙り、『すごろく』（昭和7年）、『天満宮の小資料』（同12年）、『古銅印影』（同16年）などの絵葉書が出版されている。

若い頃からの知友であった富岡謙蔵は、これら蒐集品に親近感を込めて「雅楽多」と称している。

378　室町時代長柄鏡

379　室町時代末期長柄鏡

380　桃山時代篩石目長柄鏡

381　江戸時代初期長柄鏡（有作銘）

382　江戸時代初期長柄鏡（無作銘）

383　江戸時代初期蘭人紋長柄鏡

『家蔵長柄鏡小展観記念』坤

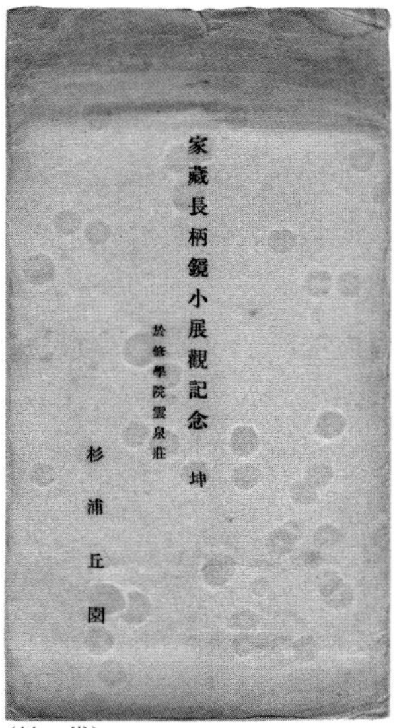

（外　袋）

385　長柄鏡展観 於雲泉荘広間

386　柄鏡に関する図書 於雲泉荘弓場

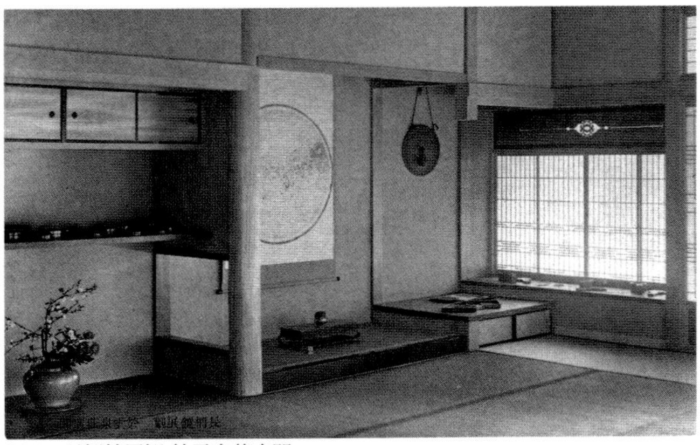
384　長柄鏡展観 於雲泉荘広間

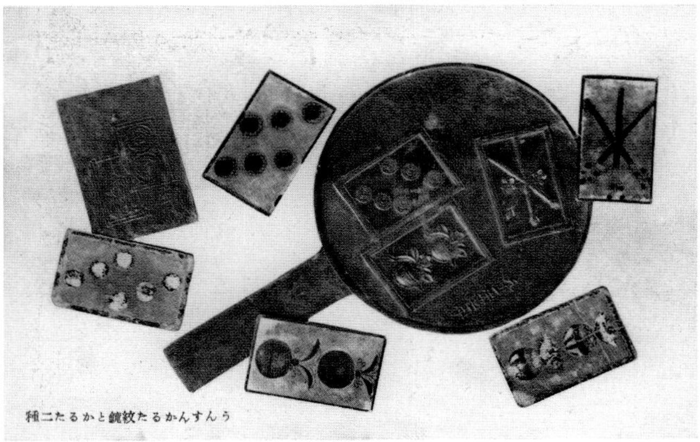

387　うんすんかるた紋鏡とかるた二種

388　つつ井筒紋柄鏡と伊勢物語

389　寛文板身のかかみ

大阪府

『河内国府発掘絵葉書』

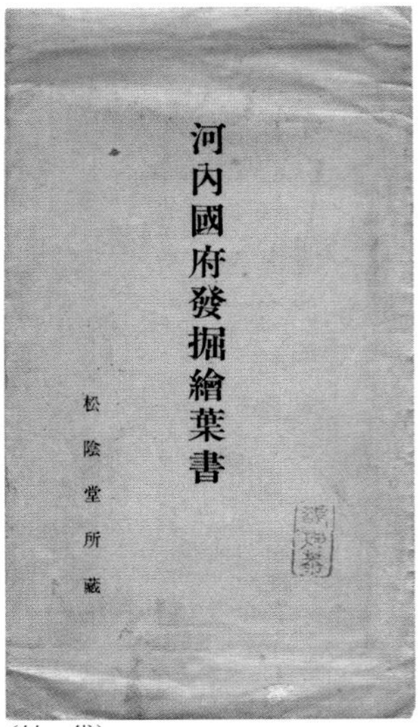

（外　袋）

390　遺跡全景

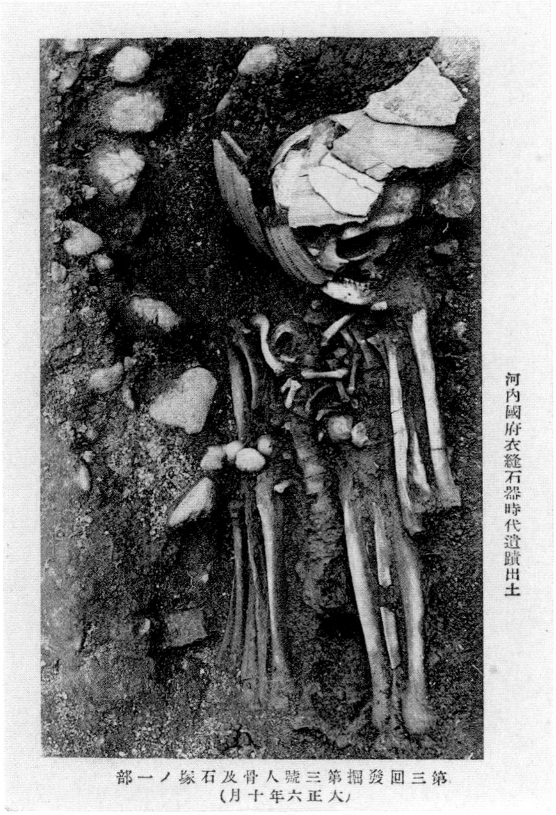

391　第三回発掘第三号人骨及石塚ノ一部

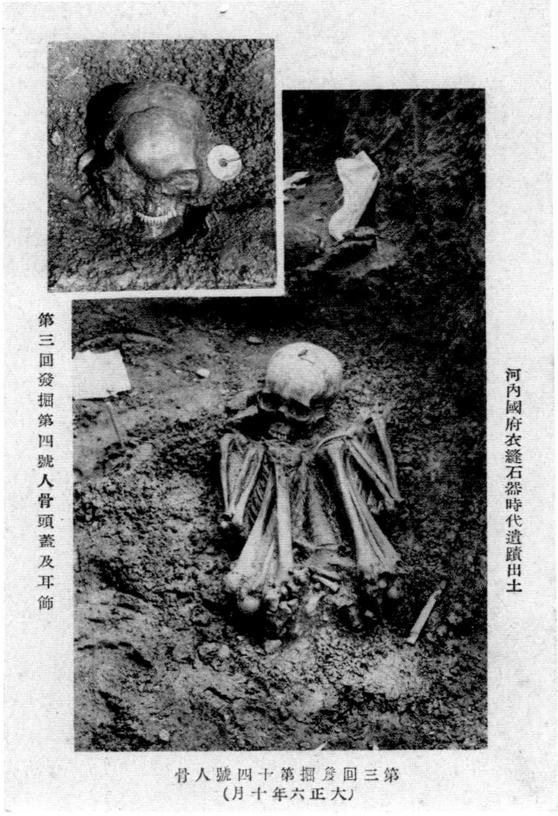

393　第三回発掘第十四号人骨など

国府遺跡は、明治22年（1889）山崎直方により踏査された遺跡で、近畿地方の石器時代遺跡としては最初期の発見であった。以後、清野謙次ら数多くの人類学・考古学者が踏査を行っている。大正5年（1916）喜田貞吉は、福原潜次郎収集石器の中から大形の打製石器を発見し、濱田耕作に報告。一報を受けた濱田耕作は福原潜次郎から資料を取り寄せ、旧石器時代の石器である可能性を認め、出土層位を明らかにするための発掘調査が実施された（大正6年6月）。調査の結果、大形の打製石器は層位的に新石器時代の所産であることが確かめられたほか、縄文土器、弥生土器及び須恵器の出土層序、3体の石器時代人骨の発掘など、その後の考古学研究に影響を与える成果があった。

濱田耕作による第1回調査の直後、大阪毎日新聞社社長で「考古学界のパトロン」であった本山彦一が遺跡の発掘権を地主から買い取り、研究者に調査を委嘱。鳥居龍蔵による第2回の調査（同年8月）でも4体の人骨が発見されている。

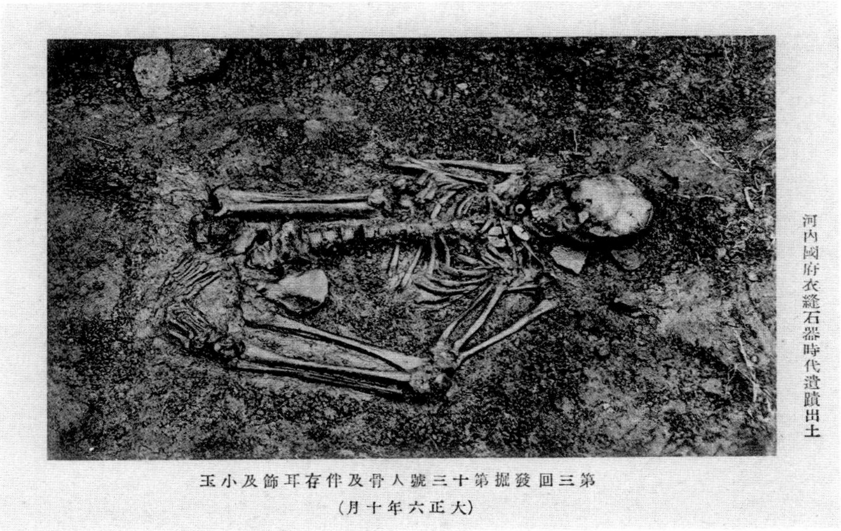

392　第三回発掘第十三号人骨及伴存耳飾及小玉

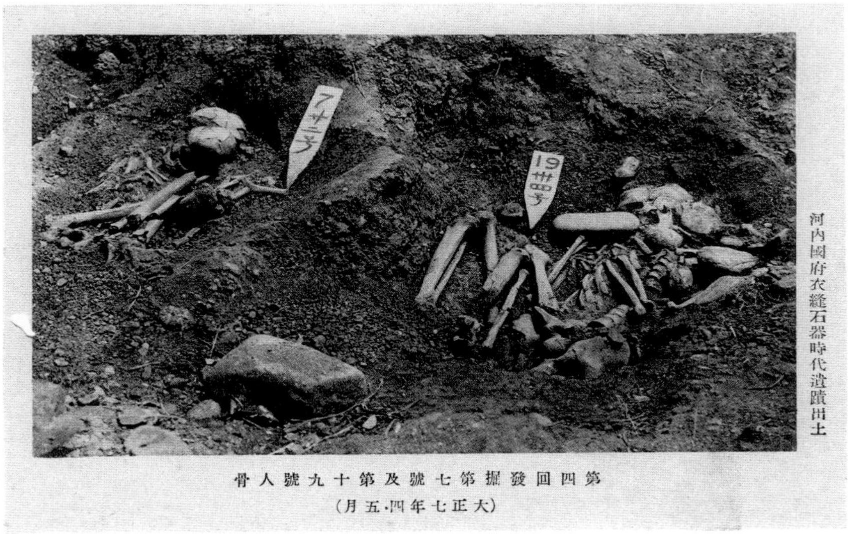

394　第四回発掘第七号及第十九号人骨

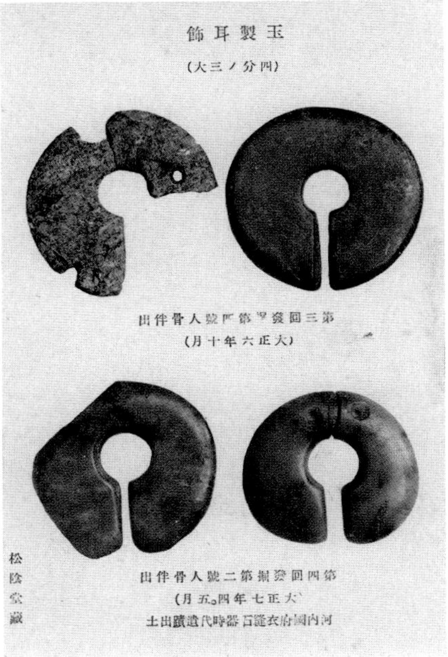

395　玉製耳飾

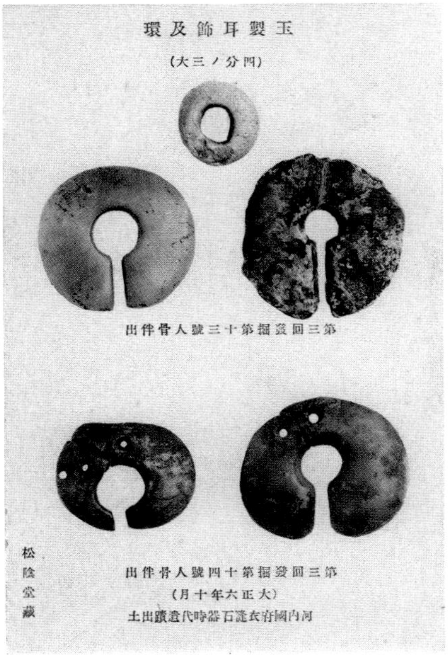

396　玉製耳飾及環

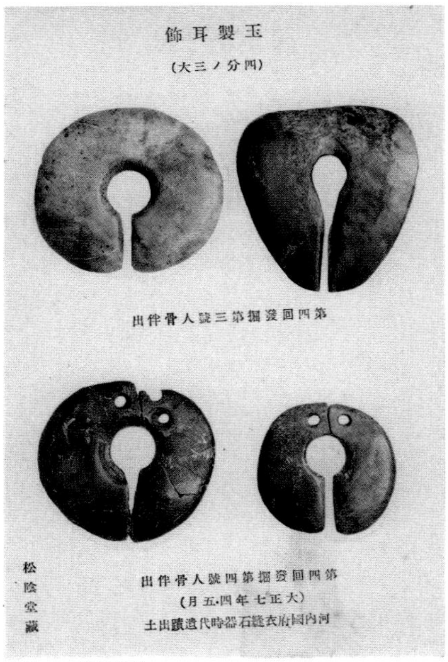

397　玉製耳飾

『河内国府出土品絵葉書』

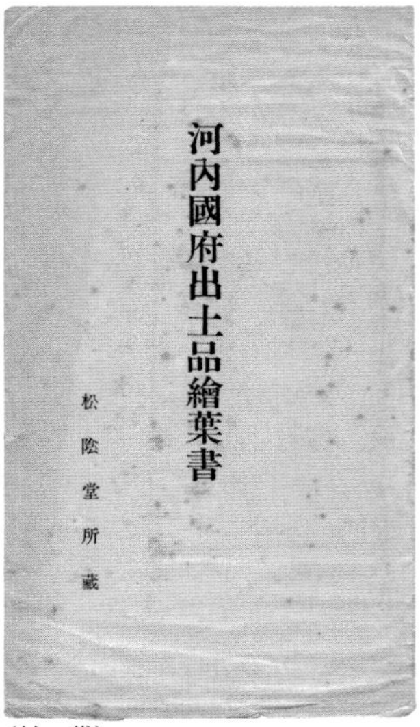

(外 袋)

400 土 器

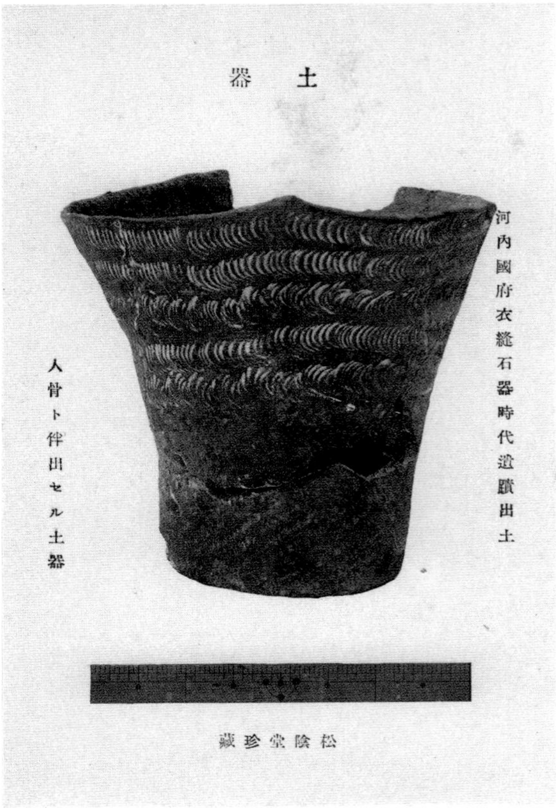

398 土 器

399 縄文土器 爪型土器 籠目型土器

『河内国府発掘絵葉書』『河内国府出土品絵葉書』は、大正６年（1917）10月と翌７年４月（第４回）、大阪毎日新聞社が組織した本山発掘隊による調査で出土した人骨、遺物写真で構成される。それまで用途不明であった石器が耳飾であることが明らかになった（393）ほか、人骨胸部上から発見されたほぼ完形の縄文土器（398）など、重要な発見が相次いだ。

大正６年調査の一報は、10月15日付けの『大阪毎日新聞』に「三千年前の人骨十五体を発掘す」が写真入り（392、393左上）で掲載、大阪毎日新聞社社員の岩井武俊による「河内国府遺跡調査」が以降連載された。調査中の写真担当は岩井武俊であった。

本山発掘隊の調査報告は、このほか大串菊太郎による「津雲貝塚及国府石器時代遺跡に対する二三の私見」『民族と歴史』第３巻第４号（大正９年）の中で出土人骨の概要が公表されたに留まる。昭和７年（1932）本山彦一の没後、国府遺跡調査報告書の記念出版が計画されたが実現には至らず、調査概要と出土遺物の実測図が『本山考古室目録』（昭和９年、岡書院）に掲載された。

本絵葉書の寄贈を受けた大野雲外は、その直後に「河内国府の発見耳飾石環に就いて－松蔭堂蔵版の絵はがきを見て－」『民族と歴史』第２巻第２号（大正８年）を寄稿、393左上の頭蓋骨や392写真を本文中に転載し、本号表紙は395～397を編集した耳飾写真で飾られた。また、清野謙次は『日本貝塚の研究』（昭和44年、岩波書店）の中で、「かくて国府人の体質はひと通り明らかとなつたが本山氏発掘の考古学的研究は甚だ足りない。ただ本山彦一氏生前に知人に配布せられた『松陰堂珍蔵集』と名づくる絵はがきが３集出版せられた。一集数枚の絵はがきであつて国府石器時代遺跡の写真だとか、人骨の出土状態、人骨伴出物の類が描かれて居るが、書籍でないので散逸して保存されない」と概述している。このように、本絵葉書集は国府遺跡の調査成果を伝える唯一の記録として貴重である。

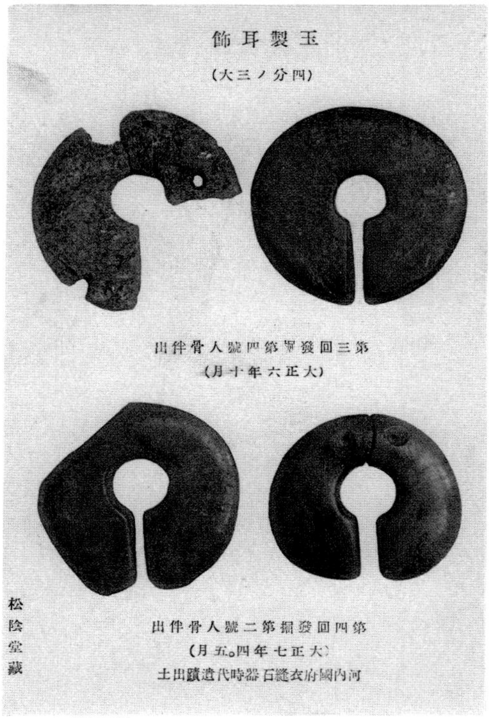

401　玉製耳飾

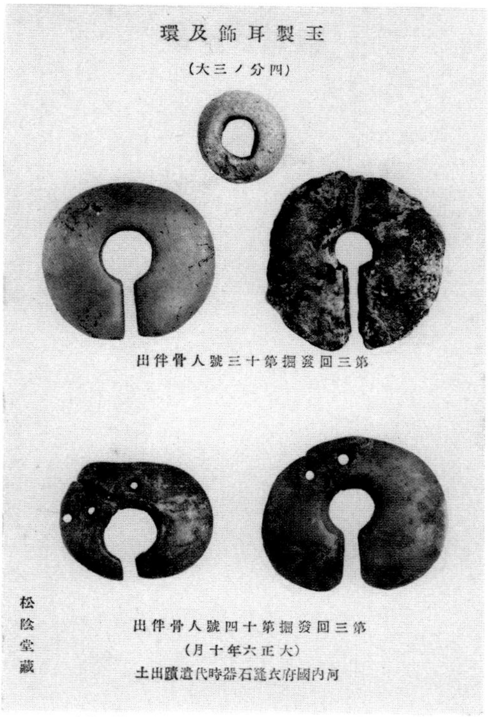

402　玉製耳飾及環

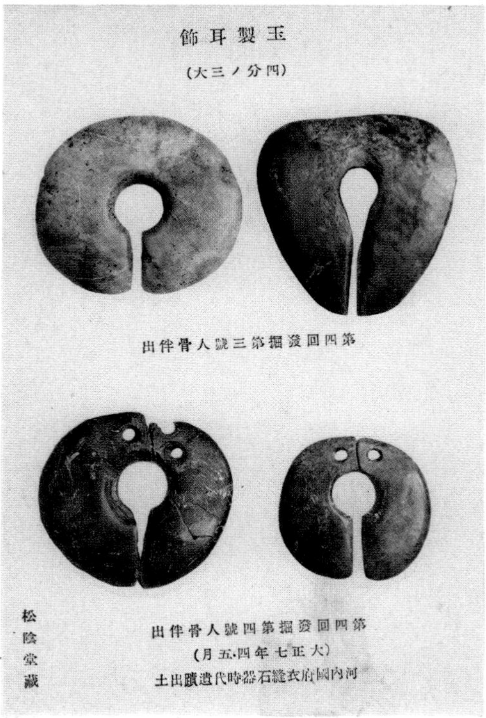

403　玉製耳飾

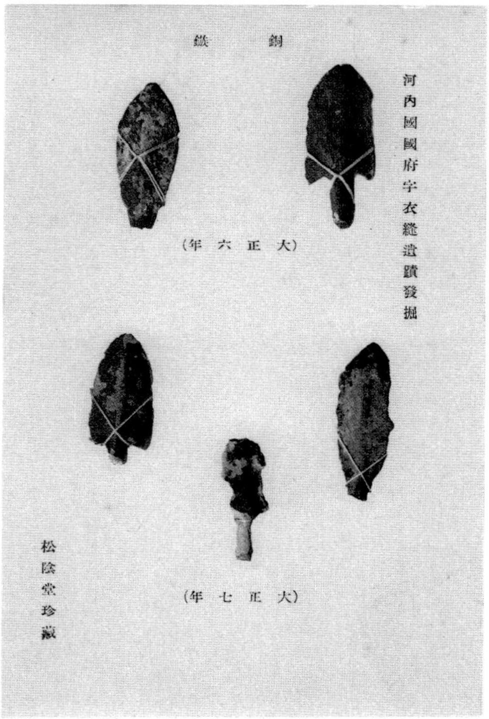

404　銅　　鏃

405　朝鮮咸鏡北道鐘城郡地境洞及三峰出土

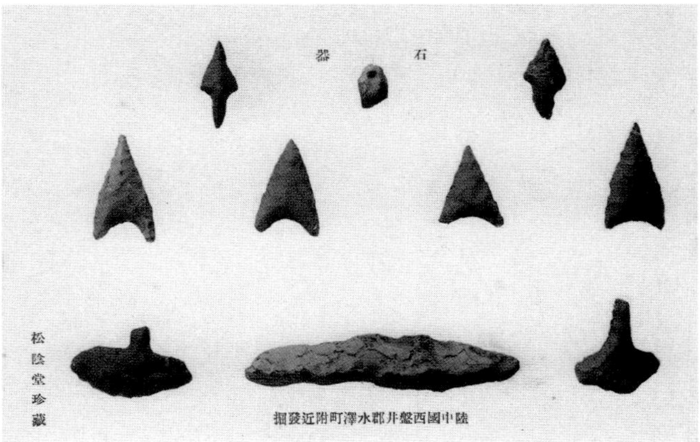

406　石　　器

『神田孝平先生旧蔵 石器、玉器、絵葉書』

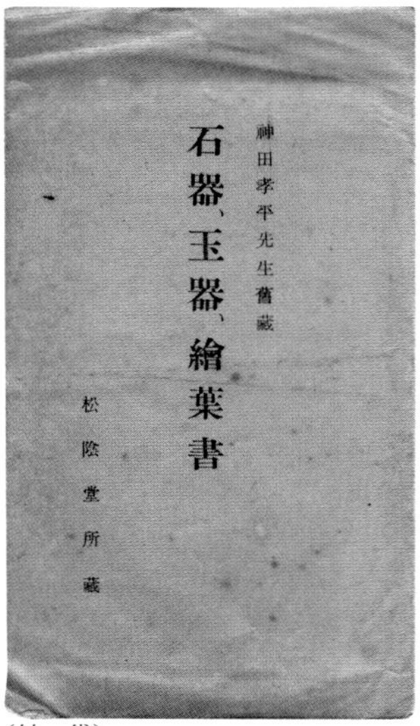

（外 袋）

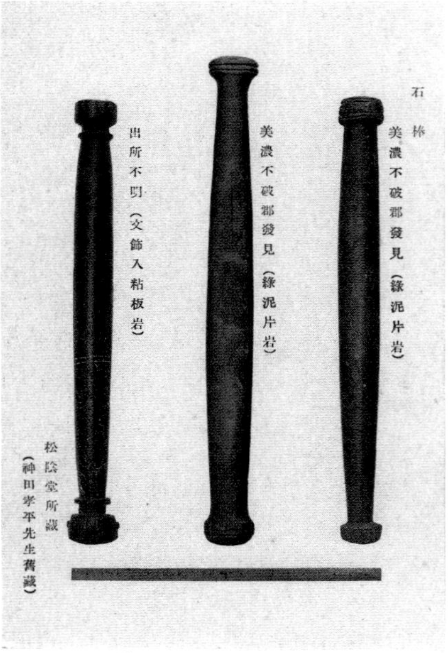

407　石　　棒

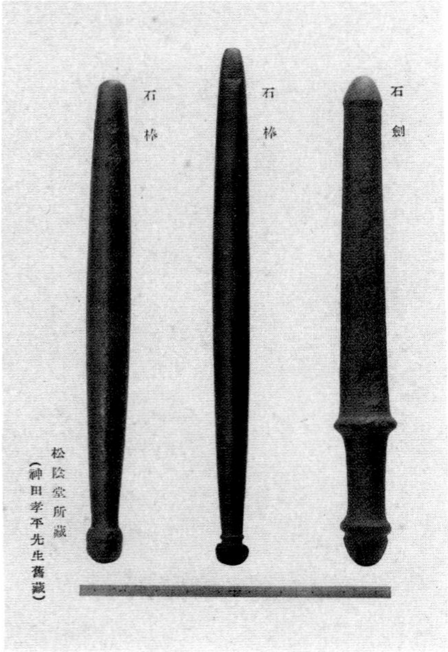

408　石剣 石棒

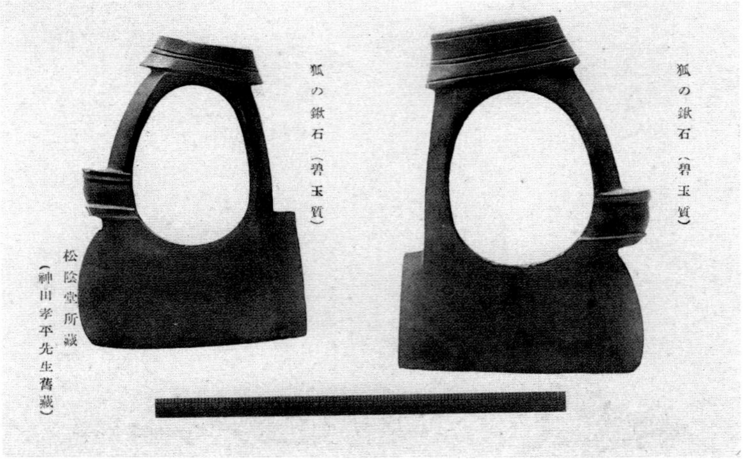

409　狐の鍬石

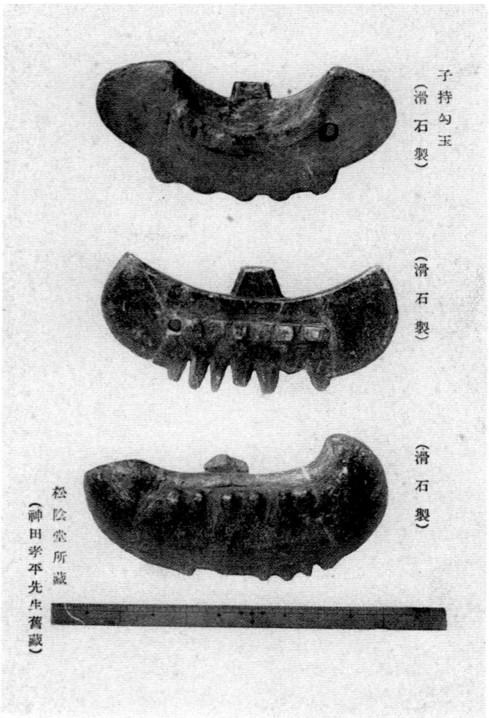

411　子持勾玉

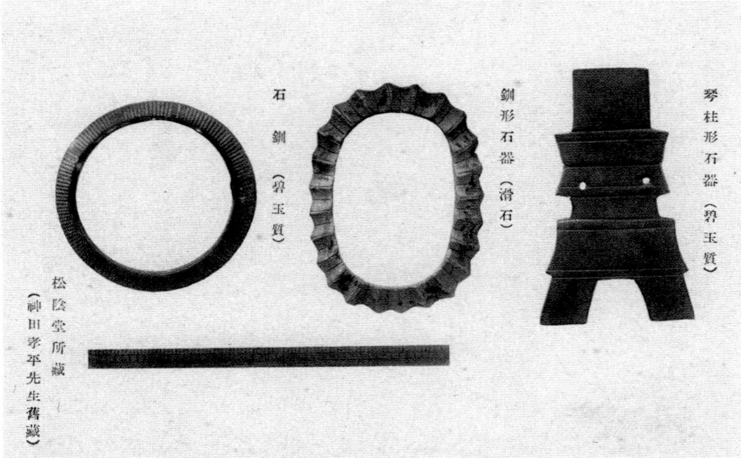

410　琴柱形石器 釧形石器 石釧

本山彦一は考古遺物の蒐集にも尽力しており、特に東京人類学会初代会長で、*Notes on Ancient Stone Implements, &c. , of Japan*（Tokyo,1884）の著者、神田孝平旧蔵資料を、流出先から買い戻したことは有名である。これら資料が本山彦一所蔵になったことを記念した特別展観が、昭和５年（1930）12月７日に濱寺の自邸で開催された。407 ～ 415は、これに関連して製作されたと考えられる。

神田孝平旧蔵資料中には、木村蒹葭堂旧蔵の鍬形石（409右）など江戸期の弄石家に珍重された遺物も含まれており、特別展観の席上、濱田耕作は「之を手に取つて見ると、確に我が考古学発展史を見る感がある」とその資料的価値の高さを評している。

『神田孝平先生旧蔵 石器、玉器、土器絵葉書』

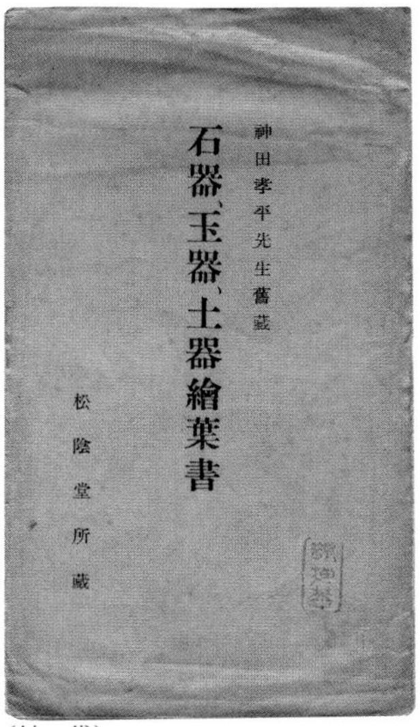

（外　袋）

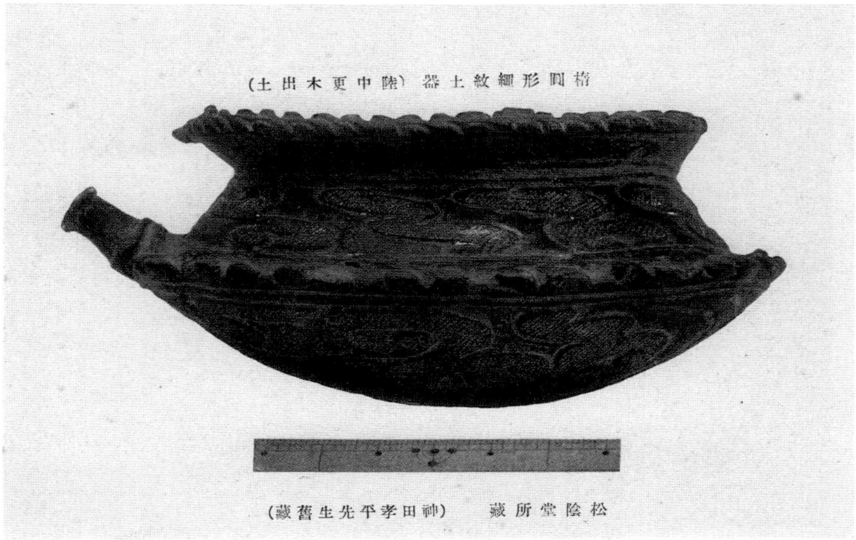

412　楕図形縄文土器

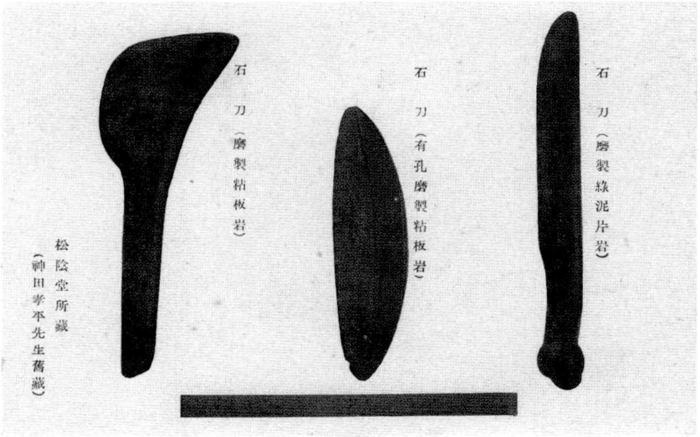

413　石　　刀

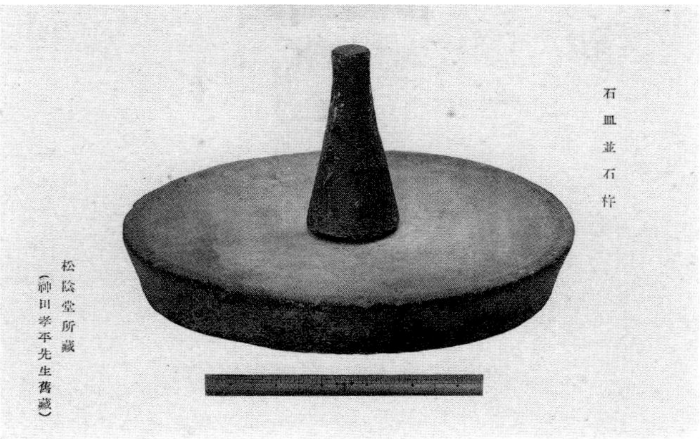

415　石皿並石杵

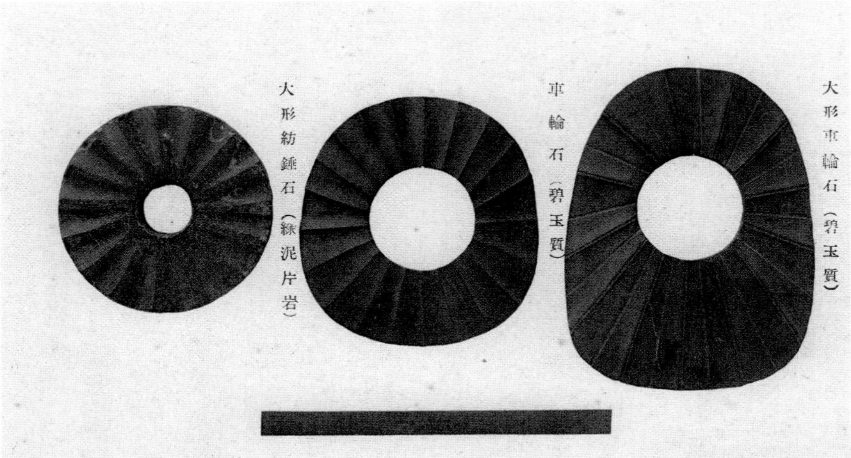

414　大形車輪石 車輪石 大形紡錘石

農業振興に関する調査研究を目的とし、本山彦一の寄付によって設立された財団法人富民協会は、昭和７年（1932）に農業博物館を建設した。鉄筋コンクリート造３階建、日本インターナショナル式の博物館には、本山彦一蒐集の考古遺物を展示する本山考古室が併設された。所蔵資料は末永雅雄により整理され、小林行雄による実測図、羽舘易撮影の写真とともに『富民協会農業博物館本山考古室図録』（昭和８年、岡書院）、『富民協会農業博物館本山考古室目録』（昭和９年、岡書院）及び両冊の合本『富民協会農業博物館本山考古室要録』（昭和10年、岡書院）として公刊されている。

本山考古室に展示されていた資料は、昭和27年末永雅雄が関西大学教授に就任した直後、本山家から移管の希望が伝えられ、翌年から関西大学への移管が行われた。現在、本山コレクションとして関西大学博物館に保管されている18,945点の資料は、幕末から大正時代の日本考古学の発達を考える上で高い学術的内容を持っている点が評価され、『本山彦一蒐集考古資料』として、平成23年度に登録有形文化財（考古資料の部）に登録された。

津堂城山古墳の石棺は、明治45年（1912）3月、古墳上に建立する石碑のための板石を採集していた際に発見された。本絵葉書は、坪井正五郎（418、絵葉書は裏焼きか）と柴田常恵が現地調査を行った4月4日と5日に撮影されたと考えられる原版を絵葉書にしたものである。416、417、419、420の写真が大阪朝日新聞社の大道弘雄による「河内国小山村発見の大石棺」『考古学雑誌』第2巻第9号（明治45年）に収録されていることから（419及び420は裏焼き）、撮影は大道弘雄によるものと思われる。

416　古墳の全景

418　坪井博士と大石棺

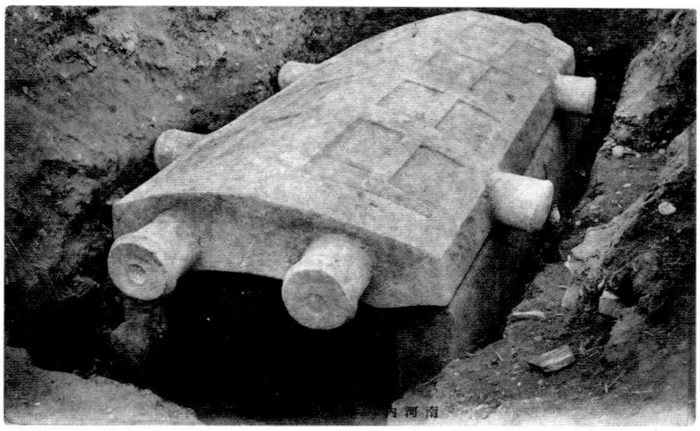

417　大石棺

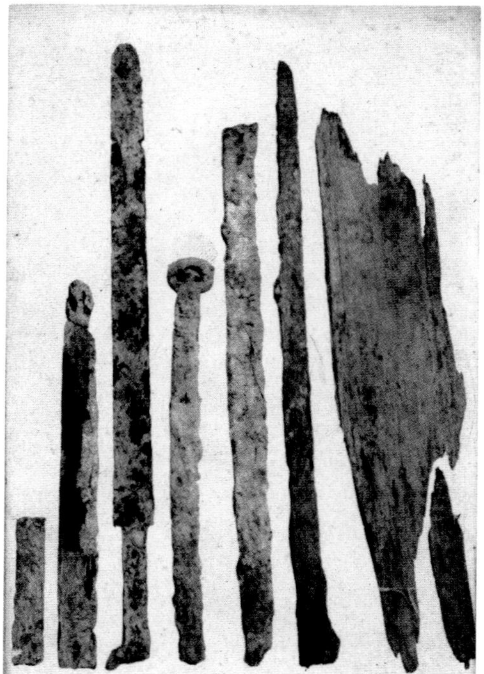

420　発掘物（其二）

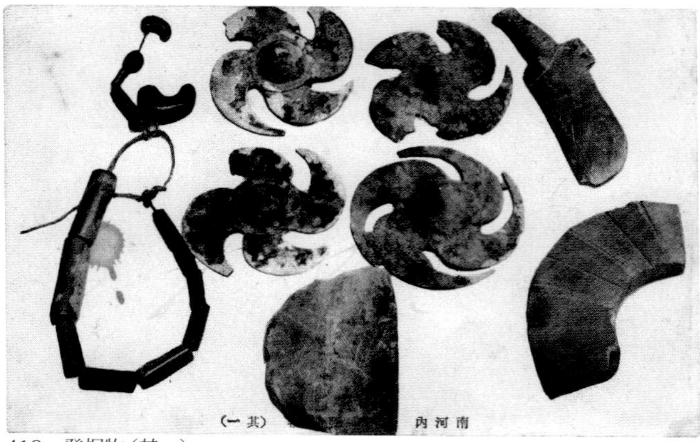

419　発掘物（其一）

兵庫県

『兵庫県史蹟名勝天然紀念物絵葉書』考古学資料之部

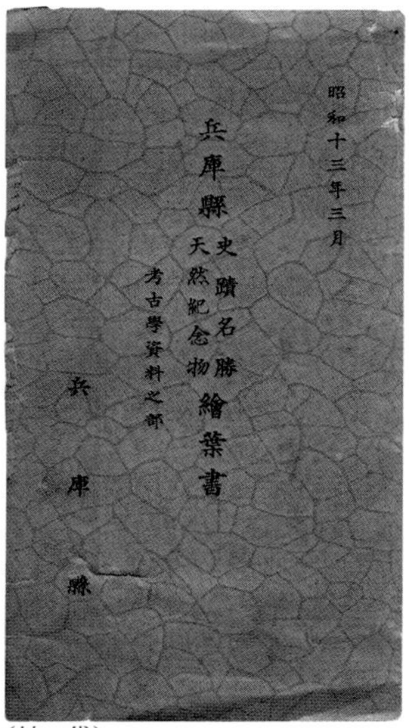

（外　袋）

421　石　器

423　壇場山古墳

424　重列神獣鏡 四神四獣鏡

422　銅　　鐸

425　眉庇付冑

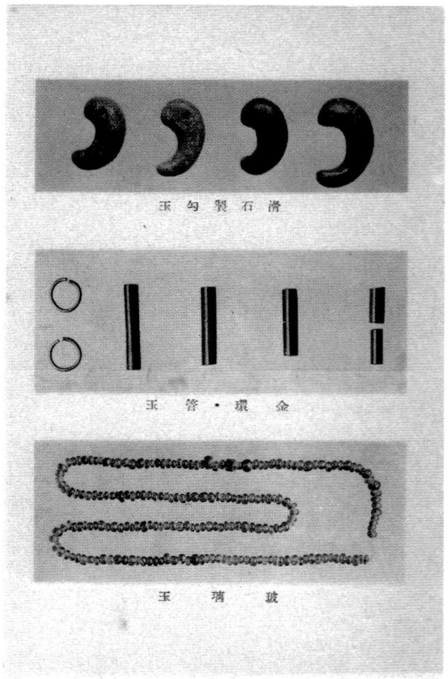

426　滑石製勾玉 金環・管玉 玻璃玉

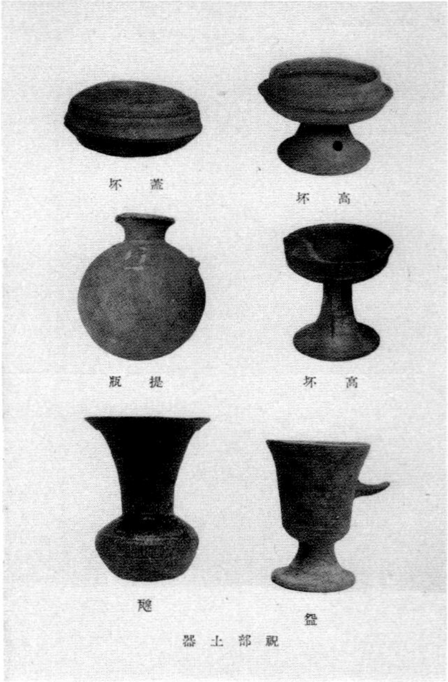

427　祝部土器

428　竈形土器

『神戸史談会考古絵葉書』第六輯

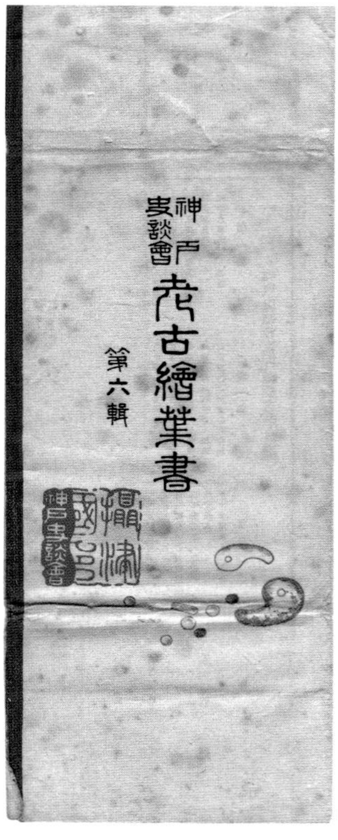

（外　袋）

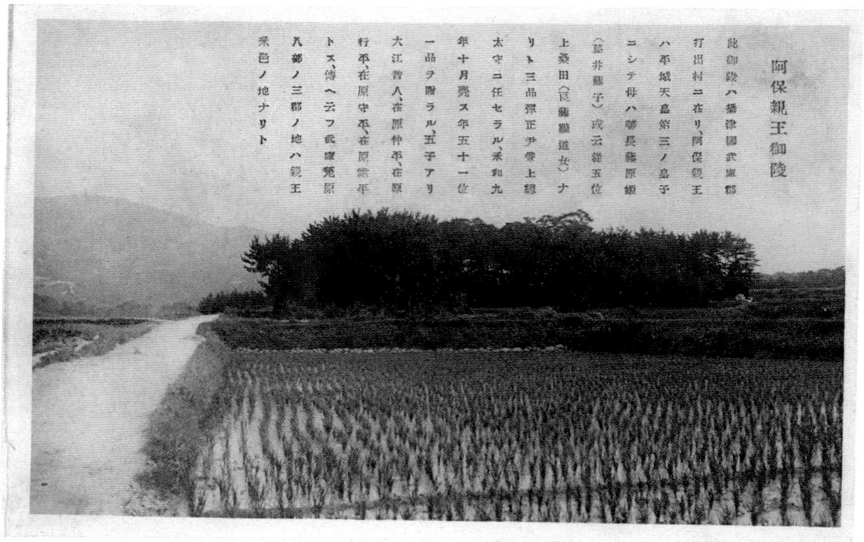

429　阿保親王御陵

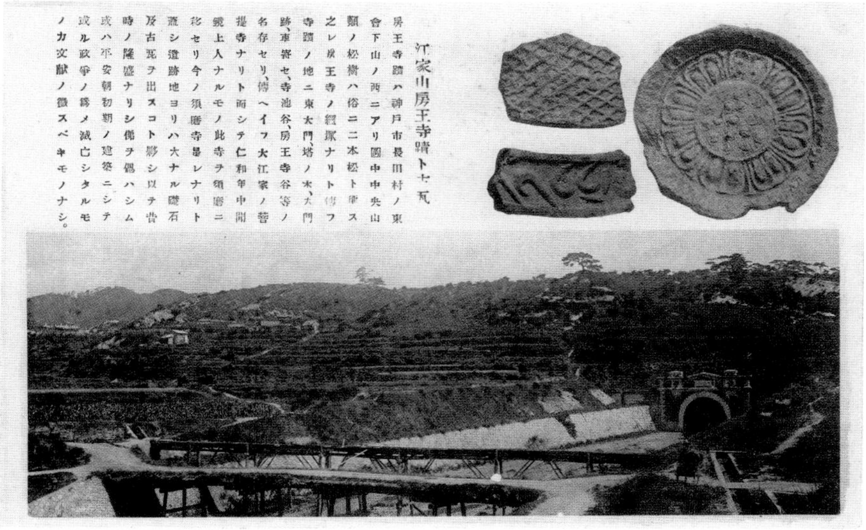

431　江家山房王寺蹟ト古瓦

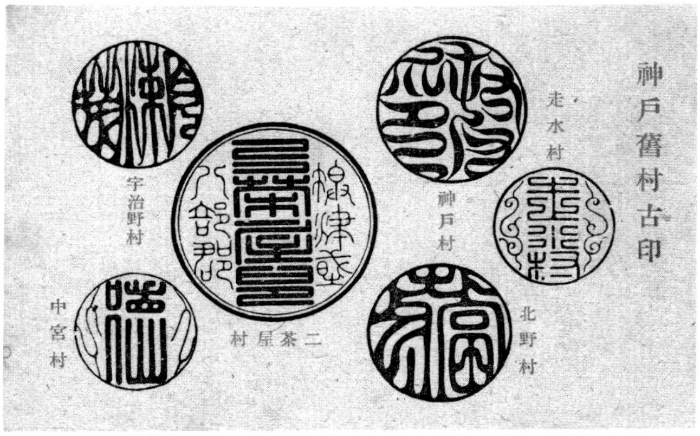

430　神戸旧村古印

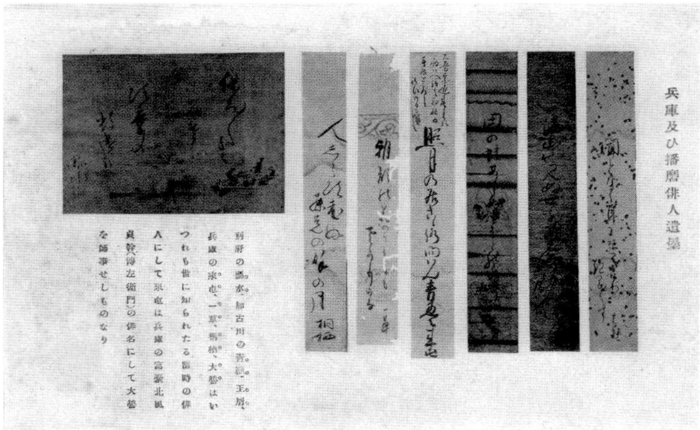

434　兵庫及ひ播磨俳人遺墨

432　転法輪寺五智如来像

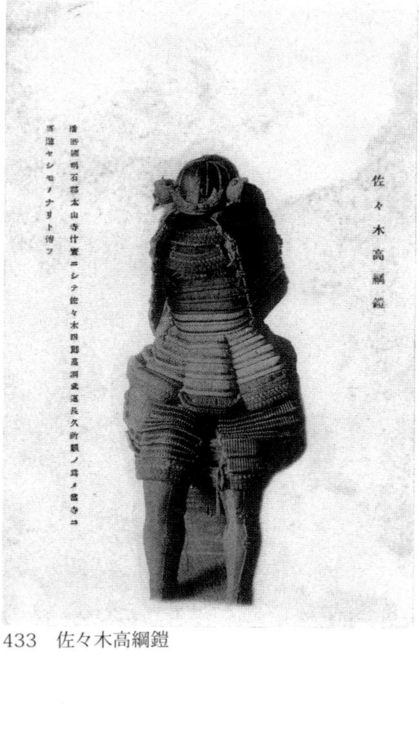

433　佐々木高綱鎧

神戸史談会が大正15年（1926）に発行した『考古絵葉書』は、絵図や文書、仏像など神戸に関する史資料計36葉で構成される。考古資料については、「摂津六甲山中ノ石鏃」（第1輯）、「蘆屋村法恩寺古瓦」（第2輯）、「武庫郡津戸村発見ノ銅鐸」（第3輯）、「求女塚」（第4輯）が散見される。

絵葉書の出版を主要な活動に位置付けていた神戸史談会では、『ペルリ渡来絵葉書』（明治40年、4葉一組）、『神戸開港五十年紀念絵葉書』（大正6年）のほか、坪井正五郎の追悼会で配布した『故坪井博士追悼会記念』絵葉書（大正2年）も発行している。

奈良県

『大和考古資料集 解説附』石器時代

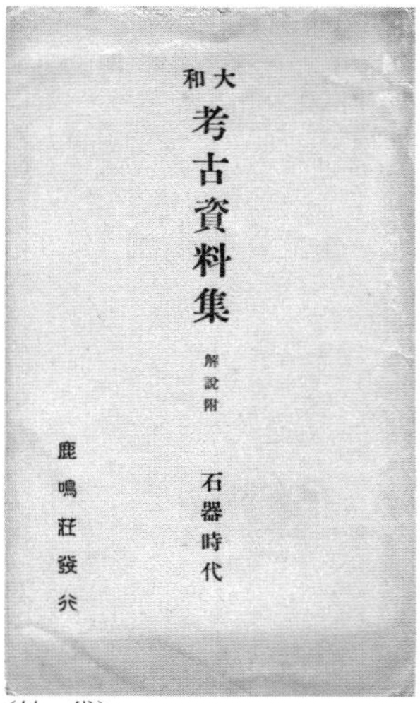

（外　袋）

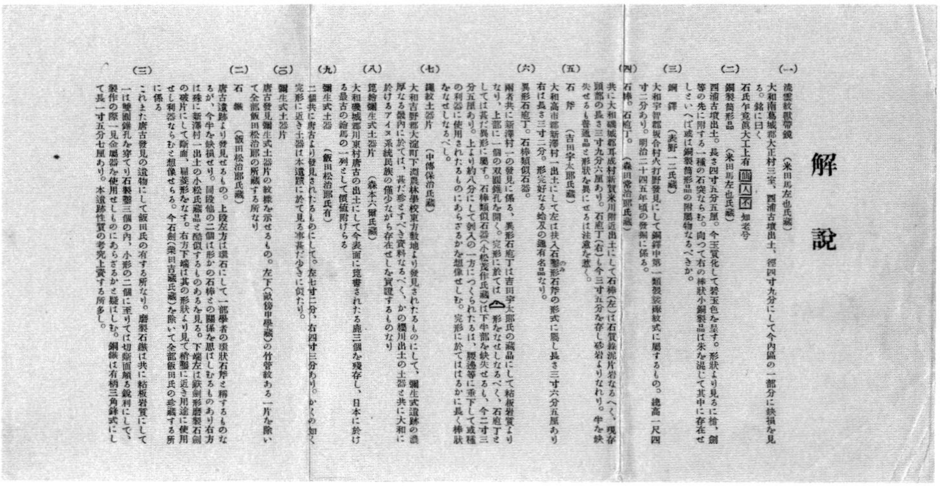

解説

（一）流雲紋獸帶鏡　（米田馬左也氏藏）
大和南葛城郡大正村三室、西浦古墳出土、徑四寸九分にして今内區の一部分に缺損を見る。銘に曰く
石氏乍竟眞大工上有仙人不知老兮

（二）銅製筒形品　（米田馬左也氏藏）
西浦古墳出土。長さ四寸九分五厘。今玉質化して碧玉色を呈す。形狀より見るに槍、劍等の先に附する一種の石突ならむ。向つて右の棒狀小銅製品は朱を混じて其中に存在せしさいへば或は銅製筒形品の附屬物なるべきか。

（三）銅　鐸　（表野一二氏藏）
大和宇智郡坂合村火打野發見にして銅鐸中第一類袈裟襷紋式に屬するもの。總高一尺四寸二分あり。明治二十四五年頃の發掘に係る。

（四）石棒。石庖丁。　（森田常治郎氏藏）
共に大和磯城郡耳成村新賀米川附近出土にして石棒（左）は石質綠泥片岩なるべく、現存頭部の長さ三寸九分六厘あり。石庖丁（右）も今三寸五分を存し砂岩よりなれり。半を缺失せるも普通品と形狀を異にせるは注意を惹く。

（五）石　斧　（吉田宇太郎氏藏）
大和高市郡新澤村一出土にして左は扶入石鑿《のみ》形石斧の形式に屬し長さ三寸六分五厘あり右は長さ三寸二分。形完好なる蛤刄の通有名品なり。

（六）異形石庖丁。石棒類似石器。
兩者共に新澤村一の發見に係る、異形石庖丁は吉田宇太郎氏の藏品にして粘板岩質よりなり、上部に一個の双圓錐孔を開く。完形に於ては△形をなせしなるべく、石庖丁さしては甚だ異形に屬す。石棒類似石器（小松茂作氏藏）は下半部を缺失せるも、今二寸三分五厘あり。上より約八分にして刳入の一方につくられたるは、腰邊等に垂下して或種の利器に使用されたるものにあらざるかを想像せしむ。完形に於てははるかに長く棒狀をなせしなるべし。

（七）繩紋土器片　（中條保治氏藏）
大和吉野郡大淀町下淵農林學校東方敷地より發見されたるものにして、彌生式遺跡の濃厚なる畿内に於ては、甚だ珍とすべき資料なるべく、かの櫻川出土の土器さ共に大和に於けるアイヌ系統民族の僅少ながら存在せしを實證するものなり

（八）箆繪彌生式土器片　（森本六爾氏藏）
大和磯城郡川東村唐古の出土にして今表面に箆書されたる鹿三個を殘存し、日本に於ける最古の繪馬の一列さして價値附けらる

（九）彌生式土器　（飯田松治郎氏有）
二個共に唐古より發見されたるものにして。左七寸二分、右四寸三分あり。かくの如く完形に近き土器は本遺蹟に於て見る事甚だ少きに似たり。

（一〇）彌生式土器片
唐古發見彌生式土器片の紋樣を示せるもの。左下（畝傍中學藏）の竹管紋ある一片を除いて全部飯田松治郎の所藏する所なり

（二）石　鏃　（飯田松治郎氏藏）
唐古遺跡より發見せるもの。上段左方は環石にして一部學者の環狀石斧さ稱するものなるが、今半を缺損せり。同段他の二個は形かの石棒さの關係を思はしむるものあり右方は殊に新澤村一出土の小松氏藏品さ酷似するもののあるを見る。下端左は鐵劍形磨製石劍の破片にして斷面、扁菱形をなす。右方下端は其の形狀より見て稍鑿に近き用途に使用せし利器ならむさ想像せらる。今石劍（栗田吉藏氏藏）を除いて全部飯田氏の珍藏する所に係る

（三）これまた唐古發見の遺物にして飯田氏の有する所なり。磨製石鏃は共に粘板岩質にして一は雙圓錐孔を穿てり石製鑿三個の内、小形の二個に至りては切斷面頗る鋭利にして、製作の際一見金屬器を使用せしものにあらざるかと疑はしむ。銅鏃は有柄三角鋒式にして長一寸五分七厘あり。本遺跡性質の考究上資する所多し。

（解　説）

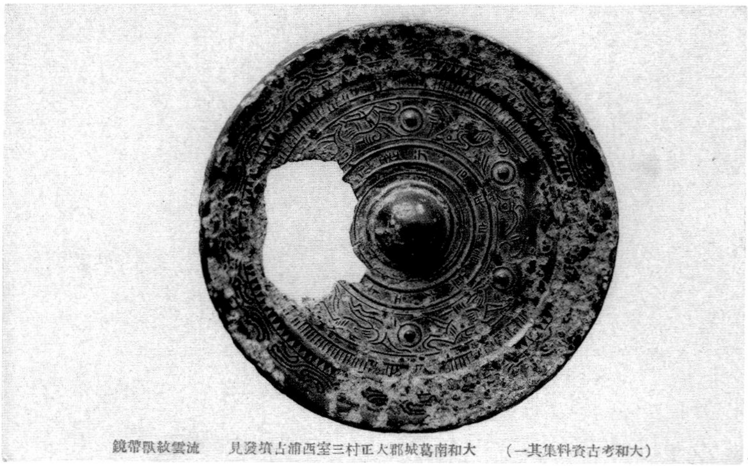

435　流雲文獣帯鏡

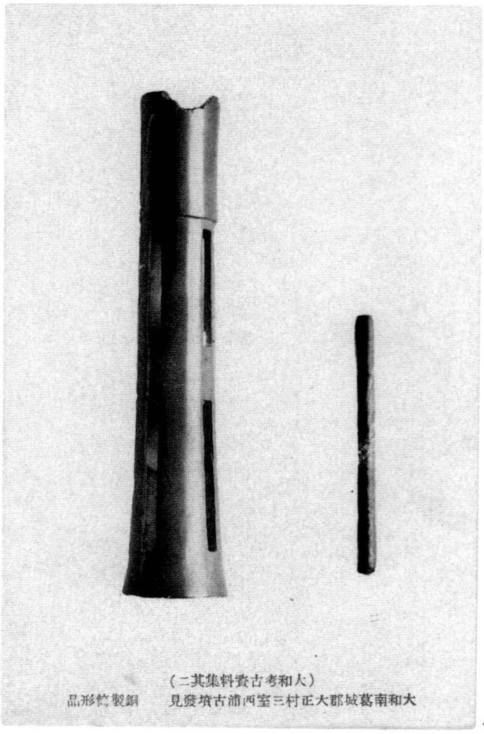

436　銅製筒形品

437　銅　　鐸

438　石庖丁 石棒

439　石　　斧

440　異形石庖丁 石棒類似石器

441　縄文土器片

443　弥生式土器

442　箆絵弥生式土器片

444　弥生式土器片

445　石 器 類

446　石鏃及銅鏃其他

『大和考古絵葉書』歴史的参考資料（第一輯）

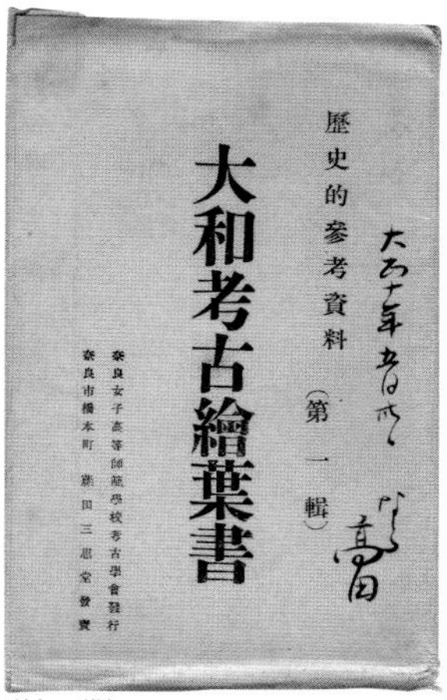

（外　袋）

447　弥生式土器

明治末から昭和初期の奈良女子高等師範学校には水木要太郎や佐藤小吉が教授として在職しており、大正５年（1916）には大和国金石文展覧会が開催された。こうした環境の中で発行されたのが、『大和考古絵葉書』（第１輯）である。447、451、452など奈良女子高等師範学校所蔵資料をはじめ、前川茂作所蔵資料（448、449、450）などで構成される。外袋右端に「大正十年五月卅日　なら高田」とあるのは、奈良県師範学校教諭で郷土史家の高田十郎（453及び454拓本所蔵）による揮毫と考えられる。

外袋裏面には「法隆寺西方院国宝鐘ノ鐘座」「春日山中地獄谷の石仏」「石舞台」「陶棺（奈良県郡山中学校所蔵」「当麻寺国宝鐘の紋拓」「石棒」「祝部土器」「奈良県高市郡川西村字千塚古墳群」と第２輯予告が印刷されていた。

448　弥生式土器

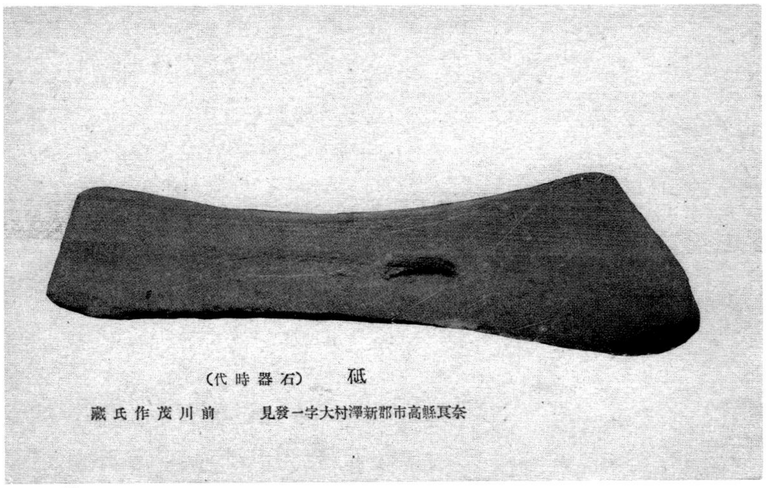

449　砥

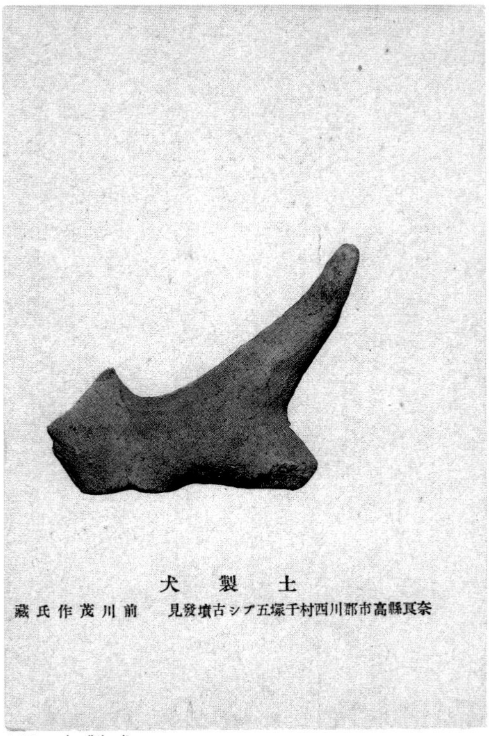

450　土製犬

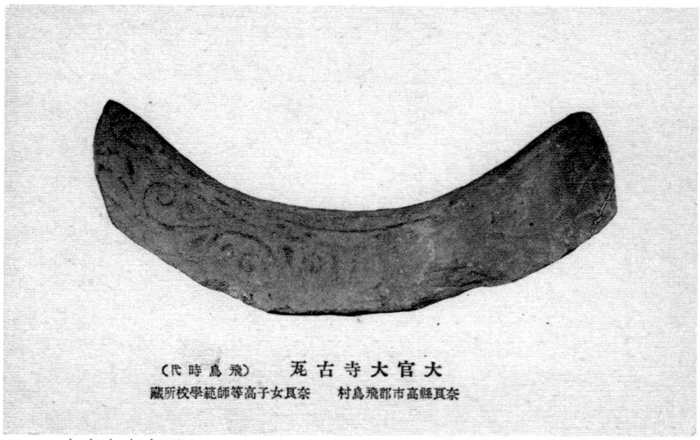

451　大官大寺古瓦

452　青木廃寺古瓦

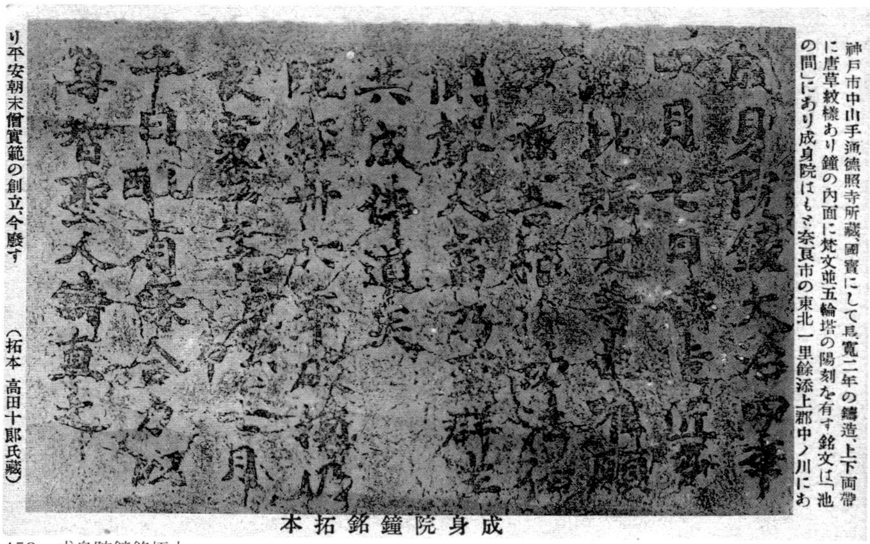

453　成身院鐘銘拓本

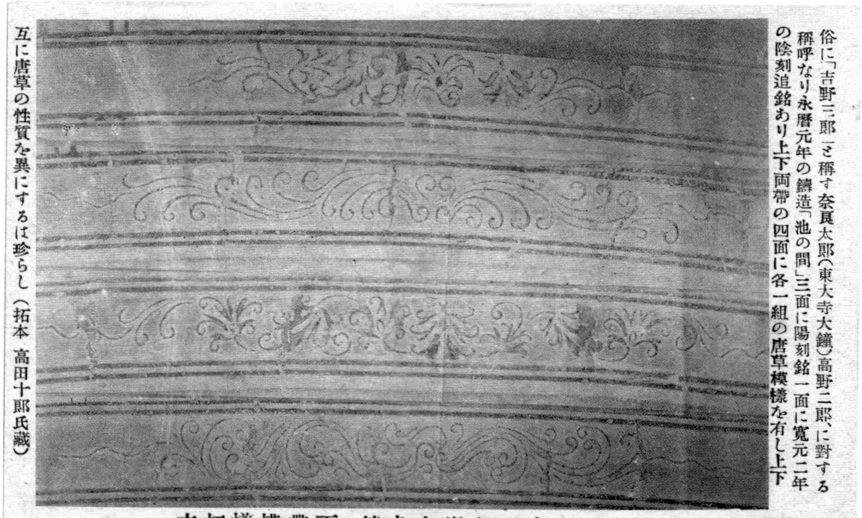

454　吉野金峯山寺鐘 下帯模様拓本

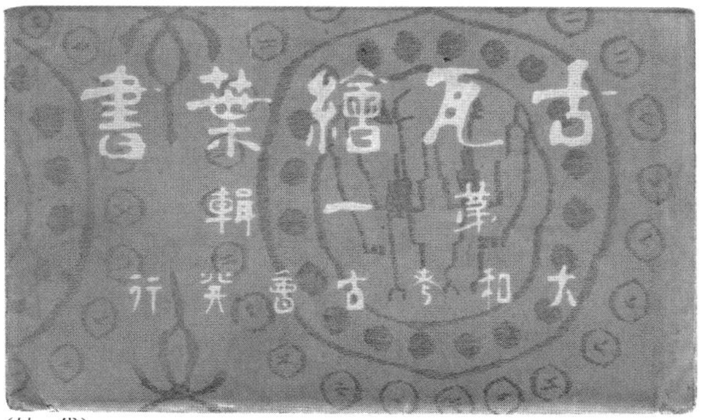

（外　袋）

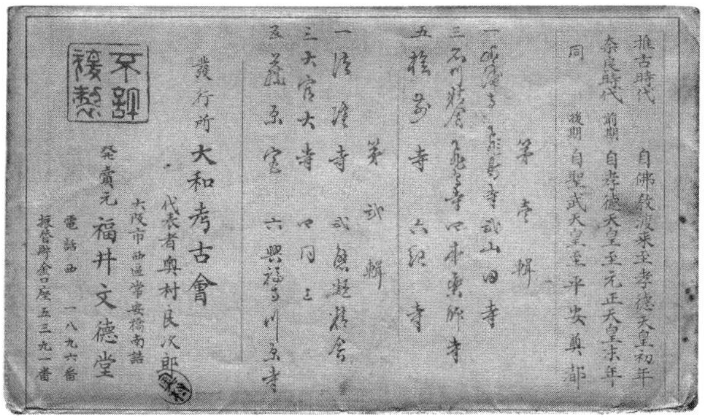

（外袋裏）

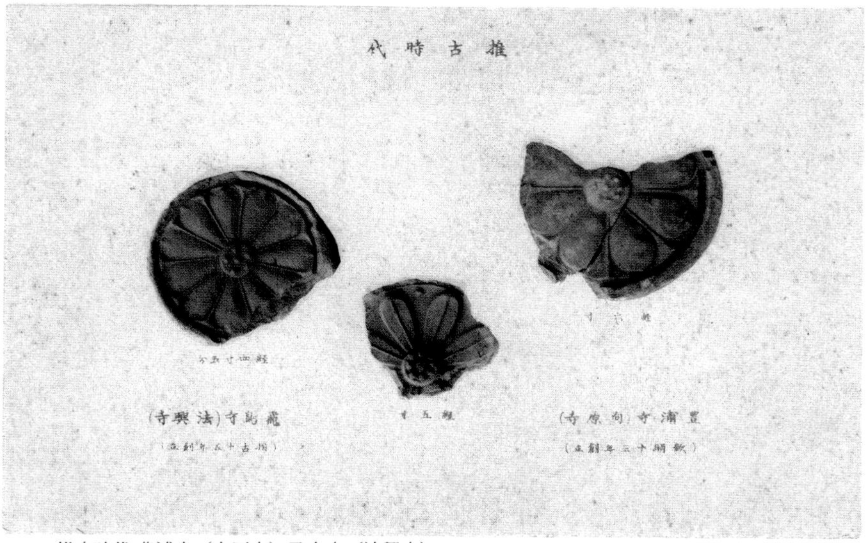

455　推古時代 豊浦寺（向原寺）飛鳥寺（法興寺）

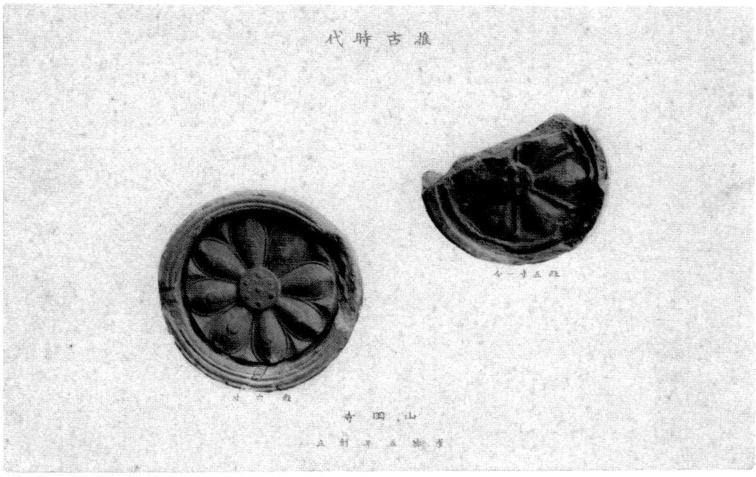

456　推古時代 山田寺

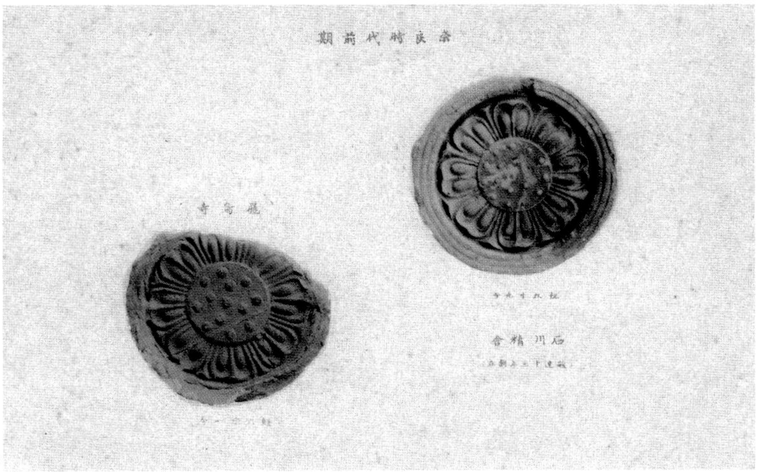

457　奈良時代前期 石川精舎 飛鳥寺

458　奈良時代前期 本薬師寺

459　奈良時代前期 檜前寺

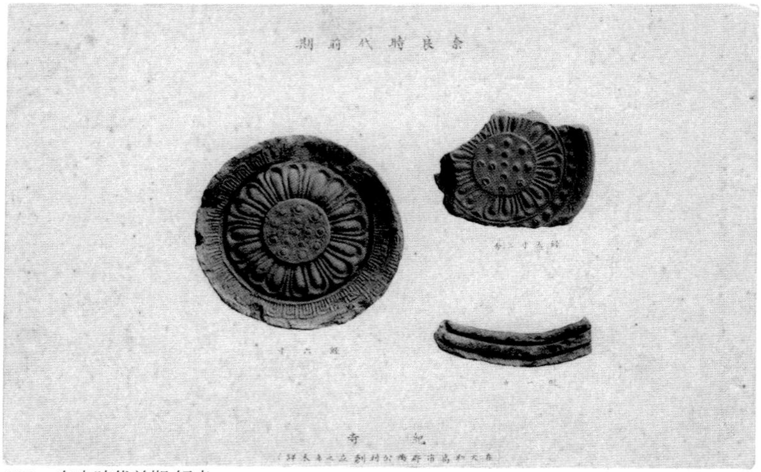

460　奈良時代前期 紀寺

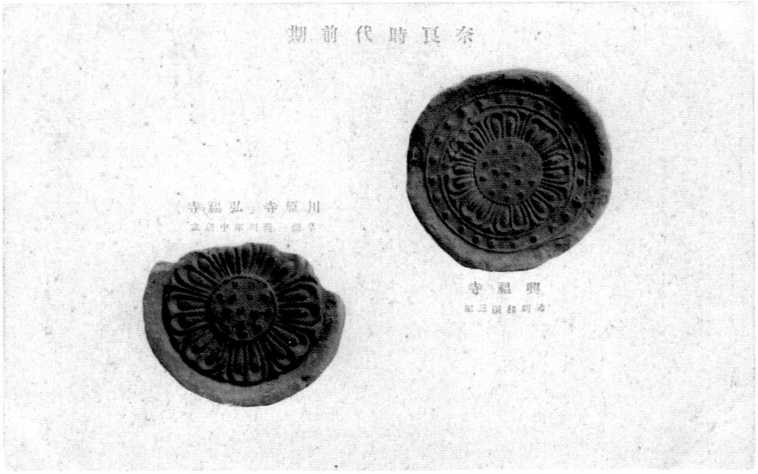

461　奈良時代前期
興福寺・川原寺（弘福寺）

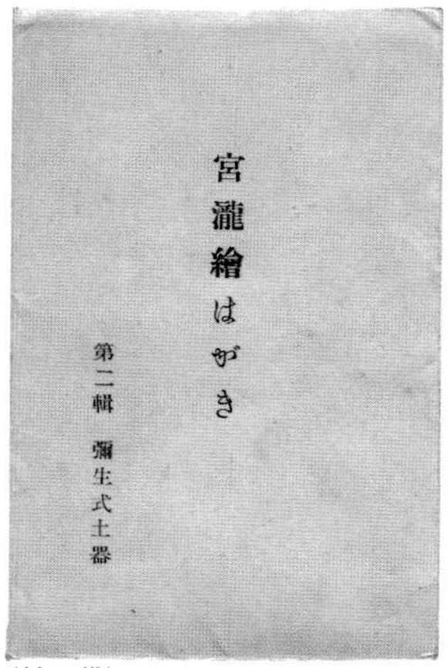

（外　袋）

465　弥生式土器

462　合蓋弥生式土器

463　合蓋弥生式土器

464　合蓋弥生式土器

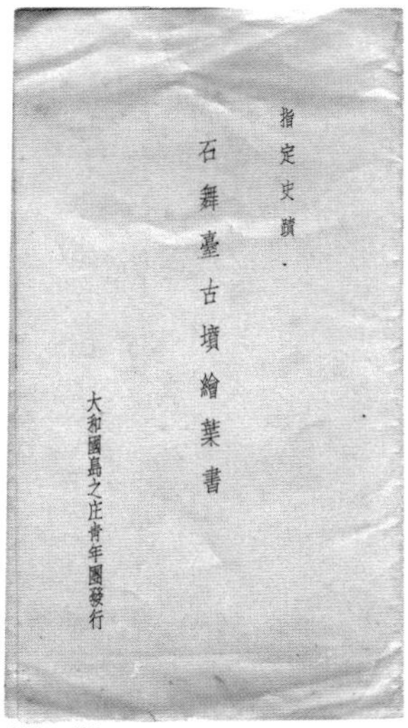

（外 袋）

467 石室（後側）遠望

466 全 景

468 石室（東側）

469 石室（西側）

石舞台古墳は、昭和8年（1933）と昭和10年の二度に亙り、奈良県史蹟調査会と京都帝国大学文学部考古学教室の共同調査が実施され、石室構造や方形の盛土及び外堤などが確認された。これを受けて昭和11年には史蹟に指定されている。

『石舞台古墳絵葉書』は、地元島之庄青年団が古墳顕彰のために作製したもので、『京都帝国大学文学部考古学研究報告』第14冊（昭和12年、京都帝国大学文学部）所収図から起こした473を除き、本絵葉書のために撮影されたと思われる。行商人（467）や子供（468）、僧侶（471）を写し込んだ写真は、一葉の絵画を髣髴とさせる。島之庄青年団は、ガリ版刷りの『石舞台古墳案内書』を昭和11年に発行していることから、本絵葉書も同時期の刊行と思われる。

飛鳥古京を守る会により、石舞台古墳発掘調査50周年にあたる昭和59年には本絵葉書が復刻されたが、470が「指定史跡・大和国・島之庄・石舞台古墳調査風景」と差し替えられている。

470　石室正面（南側）より羨道及び玄室を望む

471　石室内部(玄室)

472　陪塚石室・石棺の一部

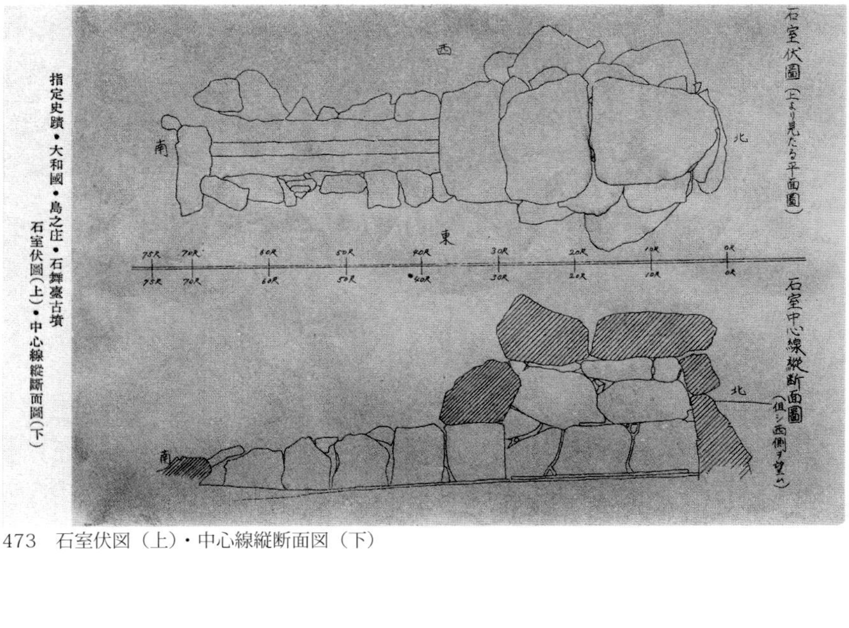

473　石室伏図（上）・中心線縦断面図（下）

『大和尾曽紫蓋寺　古墳絵はがき』

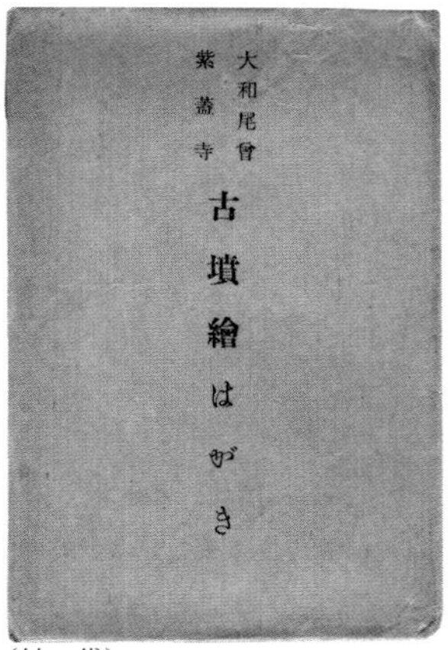

（外　袋）

474　古墳石棺

475　古墳石棺

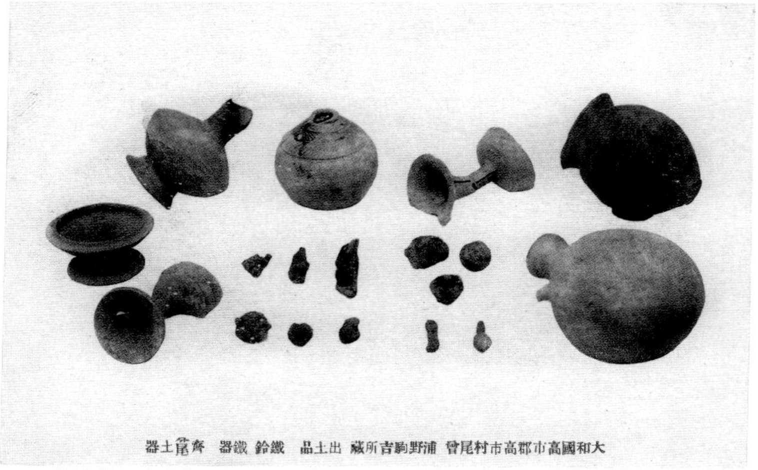

476　鉄鈴 鉄器 齊瓮土器

477　威徳院所有石塔

和歌山県

『道成寺宝物絵葉書』第一輯

（外　袋）

478　銅　　鐸

478は宝暦12年（1762）、道成寺三重塔再建の際に出土した銅鐸で、旧寺領地の日高郡矢田部村大字鐘巻字大門から発掘されたと伝えられる。

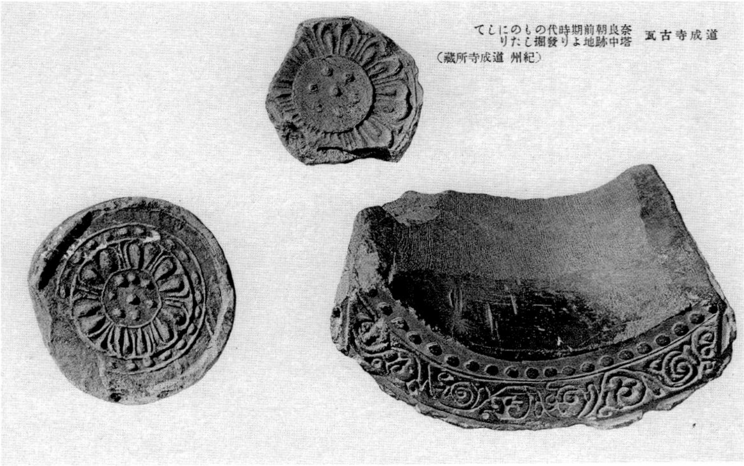

479　道成寺古瓦

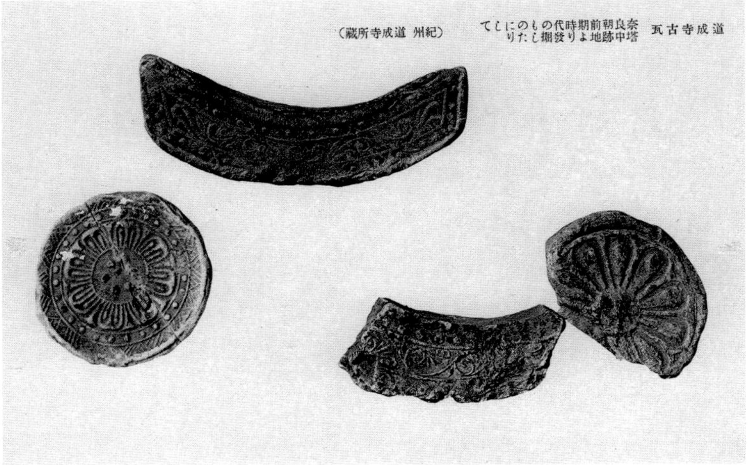

480　道成寺古瓦

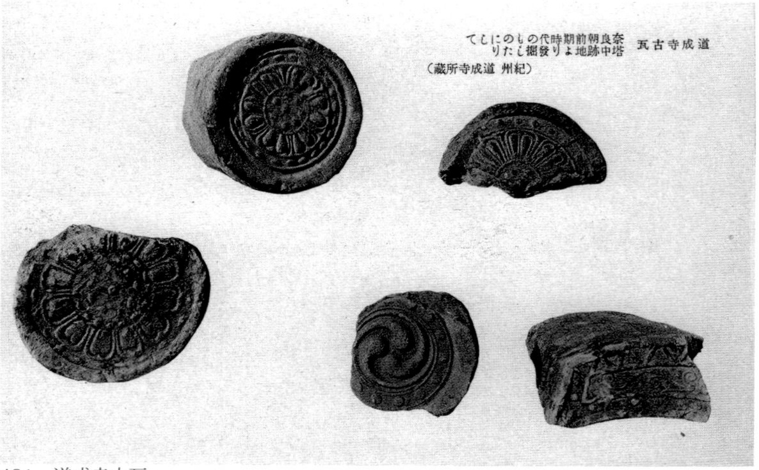

481　道成寺古瓦

483　十一面観世音

484　四天王の内多聞天王

482　天平仏像後背

485　古　　瓦

鳥取県

山陰徴古館

489　古墳時代ノ石馬

486　山陰ニ於ケル石器時代ノ遺蹟

487　各種ノ石斧

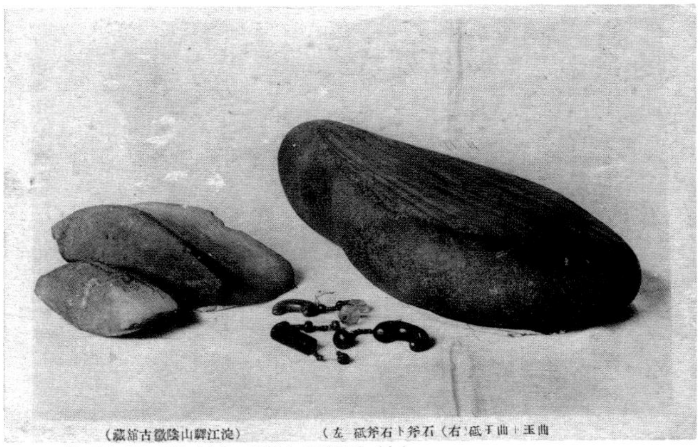

488　曲玉ト曲玉砥（右）石斧ト石斧砥（左）

490　古墳時代鏡ト奈良時代鏡

「大山町菱津の石棺」

491　石　　棺

島根県

『大念寺古墳』

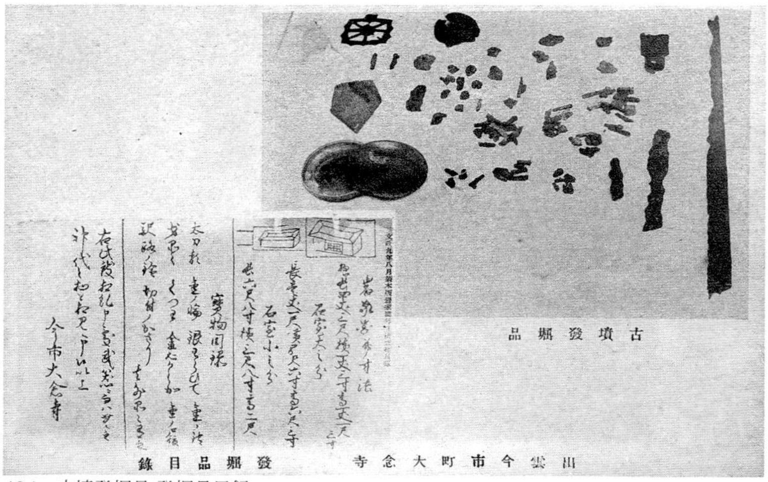

494　古墳発掘品 発掘品目録

大念寺古墳は、文政９年（1826）本堂再建の際に石室が発見され、石棺内から多くの副葬品が取り出された。494 左下は、発見直後に印行された『岩家図並寸法』及び『宝物目録』（木版２枚刷、大念寺蔵版）で、石棺の配置や法量、出土品、古墳の推定年代が明記される。また、副葬品については、天保４年（1833）に実物大で写生された『雲州神門郡今市大念寺堀山而所獲之神器図』が遺されている。

古墳の立地を示す全景（492）、古墳主体部（493）、副葬品及び調査史（494）という構成は、現在の発掘調査報告に通じるものがある。近世以来の大念寺における古墳の位置付けや、その評価を窺い知ることができる絵葉書である。

492　本堂及庫裡

493　古墳内部

「隠岐名所」

495　飯の山古墳

496　飯の山古墳発見品

497　飯の山古墳内壁画

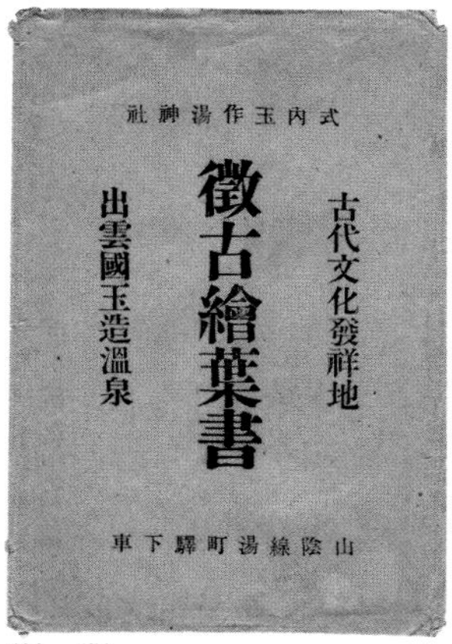

（外　袋）

504　出雲玉作郷築山船形石棺

505　出雲玉造岩屋寺山横穴古墳

498　出雲玉造郷玉宮旧址と大連塚

『徴古絵葉書』は、玉造温泉一帯に位置する古墳、玉作部関連遺跡、攻玉関係遺物で構成される。このうち、築山古墳（504）は、安政年間に舟形石棺２基と、棺内から勾玉、小玉、古鏡などが発掘されたもので、明治末から大正初期には柴田常恵、大野雲外、喜田貞吉（149頁コラム参照）、梅原末治らが調査に訪れている。このため、出雲玉造物産館などで販売されていた絵葉書（名所旧跡絵葉書）にも、築山古墳は多く採録されている。

著名な考古学者の来訪、１基の古墳から２基の船形石棺が出土したという学術的希少性、大正末から昭和初期における史蹟指定というほかに、築山古墳が玉造温泉の名所として位置付けられる理由がある。それは、明治42年（1909）に現地を踏査した谷本文学博士により、本古墳が櫛明玉命かその最近子孫の墳墓であろうと推定されたことである（『出雲玉作湯神社と玉造温泉の由来』玉作湯神社）。八坂瓊勾玉を製作し、玉作部の遠祖として玉作湯神社に祀られている櫛明玉命に関する遺跡は、古代以来の攻玉法が廃れ、幕末頃に甲斐から輸入された方法で生産されていた玉造の伝統工芸に付加価値を与える上で重要であった。玉造温泉で販売されていた絵葉書は、地域や産業の歴史性を担保し、それを宣伝するためのメディアとして位置付けられよう。

499　出雲玉造記加羅志神社旧阯

500　出雲玉作湯神社全景

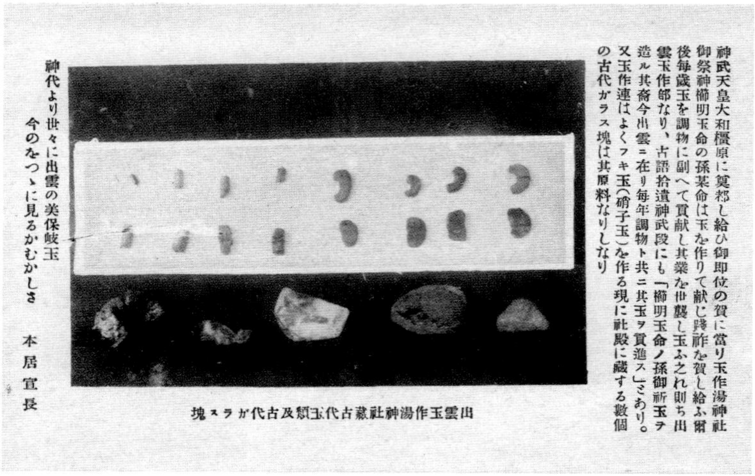

501　古代玉類及古代ガラス塊

502　古代各種玉磨砥及ひルツボ片

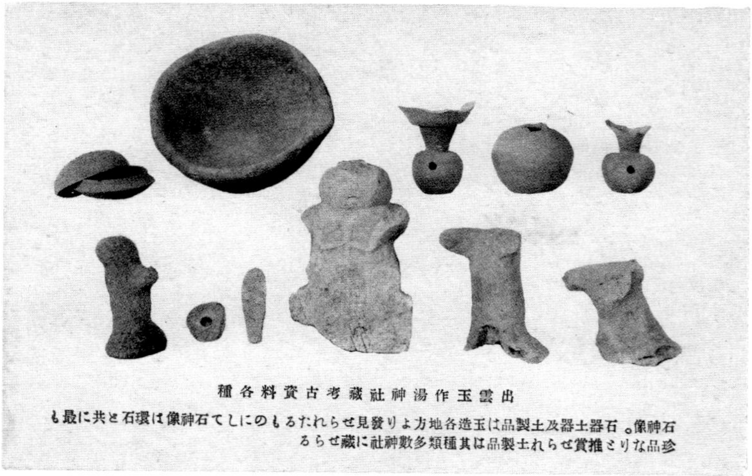

503　考古資料各種

岡山県

『津雲貝塚』

（表　紙）

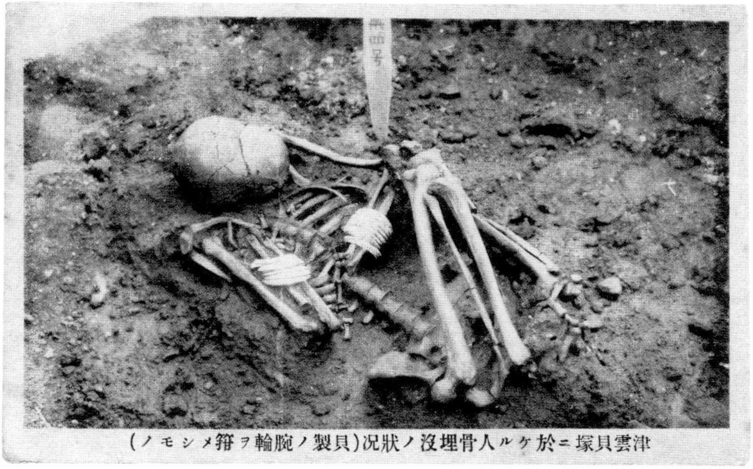

506　人骨埋没ノ状況

507　人骨埋没ノ状況

土地所有者の松枝惣十郎により発見された津雲貝塚は、大正４年（1915）鳥居龍蔵が発掘を行ったことで学界に周知された。本絵葉書は、京都帝国大学の清野謙次が大正８年から同９年に実施した発掘調査記録を絵葉書にしたものである。

土器棺に埋葬された第26号人骨（507）の写真は、『京都帝国大学文学部考古学研究報告』第５冊（大正９年、京都帝国大学）と同一原版である。だが、この調査で写真撮影を担当したのは、絵葉書の発行元である柳生写真館であり、原版と版権は写真館が所有していた。したがって、本絵葉書は、写真原版かそれに近い複製版から印刷されたものである。

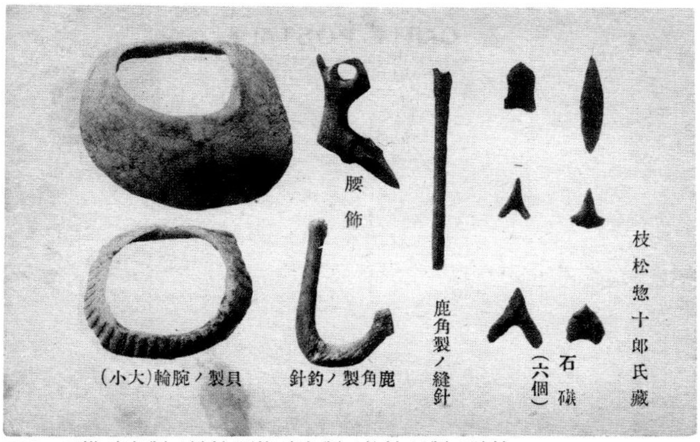

508　石鏃 鹿角製ノ縫針 腰飾 鹿角製ノ釣針 貝製ノ腕輪

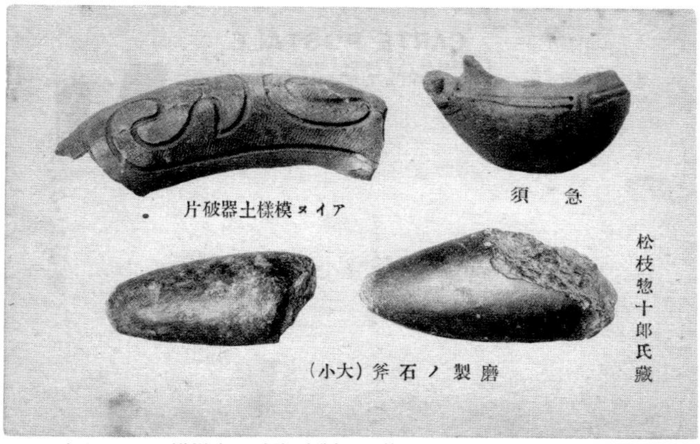

509　急須 アイヌ模様土器破片 磨製ノ石斧

510　津雲貝塚

「阿哲郡矢神村西江瓢箪塚より出たる埴輪土偶」

511　阿哲郡矢神村西江瓢箪塚より出たる埴輪土偶

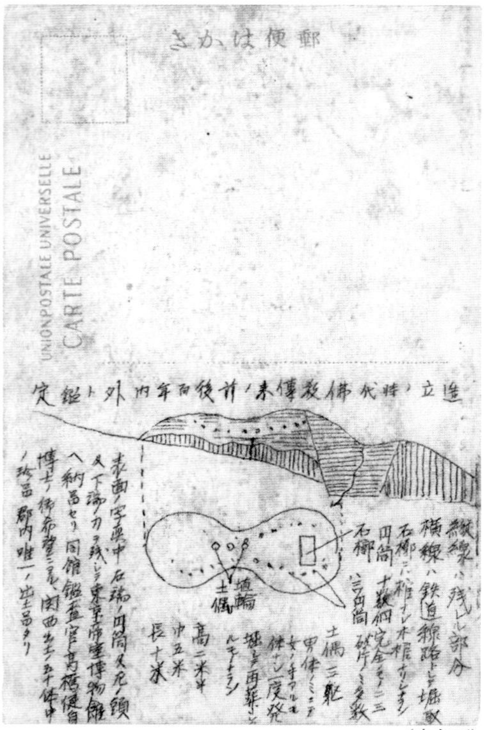

（宛名面）

大正年間には古墳として認知されていた瓢塚は、昭和３年（1928）三神線（現、芸備線）敷設のための開削工事で埴輪が出土した。511 は、採集された人物埴輪などを絵葉書にしたもので、宛名面には埴輪配置図や墳丘現況図とともに、解説文が謄写版で刷られている。出土遺物は近隣の矢神小学校で保管されていたが、公民講座のため来県していた高橋健自がこれを実見、希望により右の円筒埴輪、左の人物埴輪頭部、左下の鉄剣を除く人物埴輪が帝室博物館に献納されたとされる。

宛名面の通信欄に調査所見が印刷されており、考古学研究における絵葉書利用を理解する上で有用な資料である。

『吉備古瓦絵葉書』

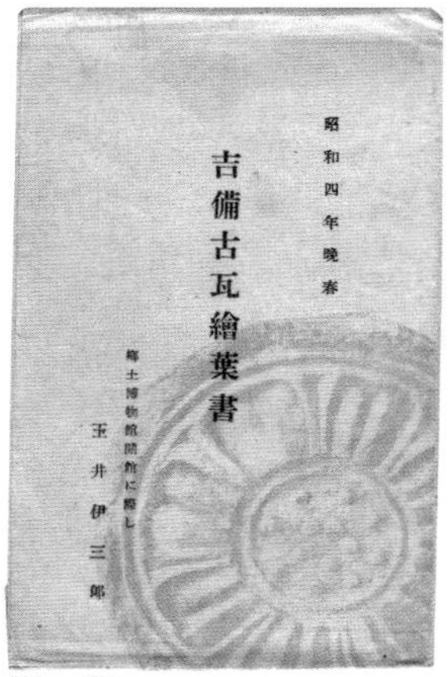

（外　袋）

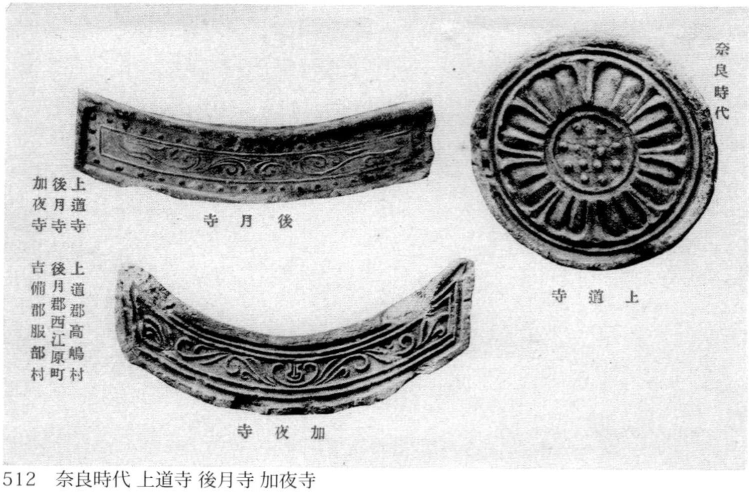

512　奈良時代 上道寺 後月寺 加夜寺

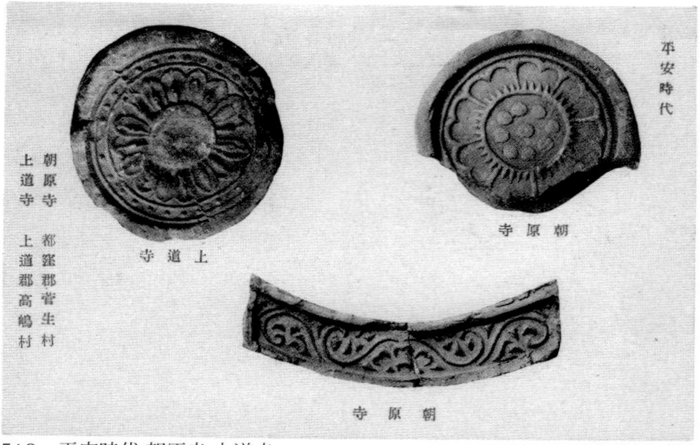

513　平安時代 朝原寺 上道寺

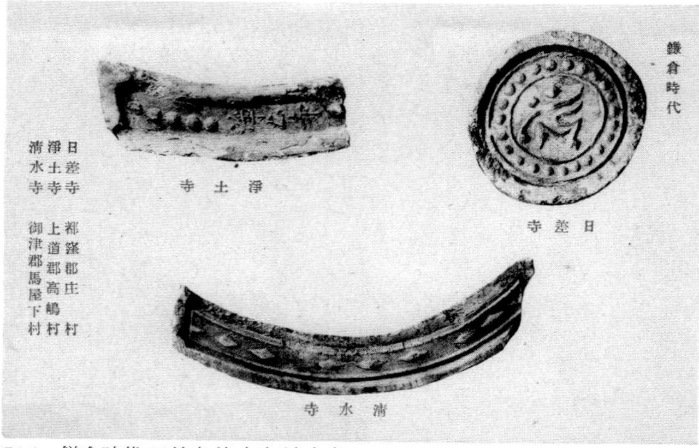

514　鎌倉時代 日差寺 浄土寺 清水寺

広島県

『尚古絵葉書』第一集

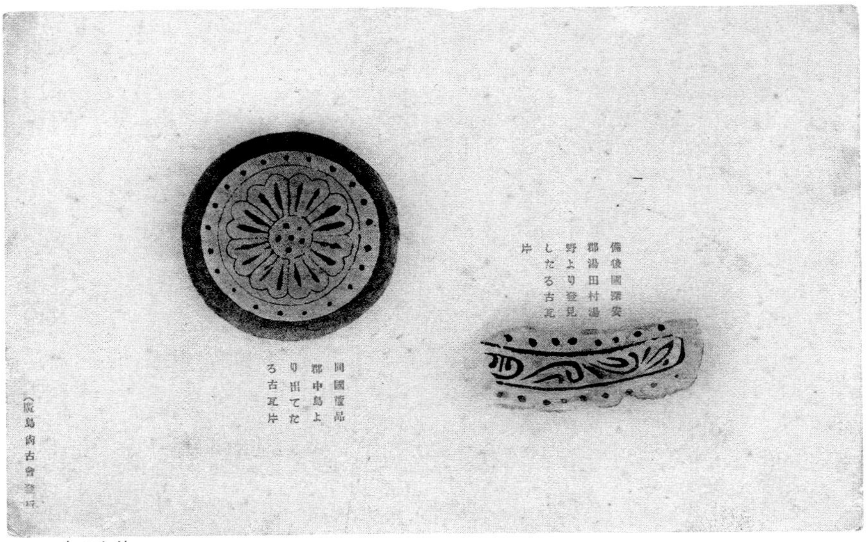

515　古 瓦 片

広島尚古会が明治 39 年（1906）頃に発行した『尚古絵葉書』第 1 集のうちの 1 葉である。515 のほか、「毛利元就墓」「毛利輝元 福島正則 淺野長晟花押」「賴杏坪 賴春水肖像」「安芸国佐伯郡観音村洞雲寺の全景」「安芸国安芸郡牛田村不動院全景」の 6 葉一組（定価 18 銭、送料 2 銭）で構成されている。郷土研究会が地域に関する歴史資料や史跡などを絵葉書に仕立てた「資料集絵葉書」（226 頁解題参照）の嚆矢に位置付けられる。

『備後御領 国分寺古瓦 並古代遺物』

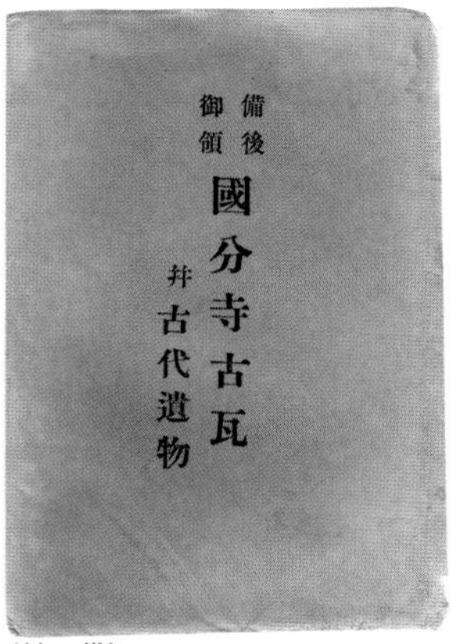

（外　袋）

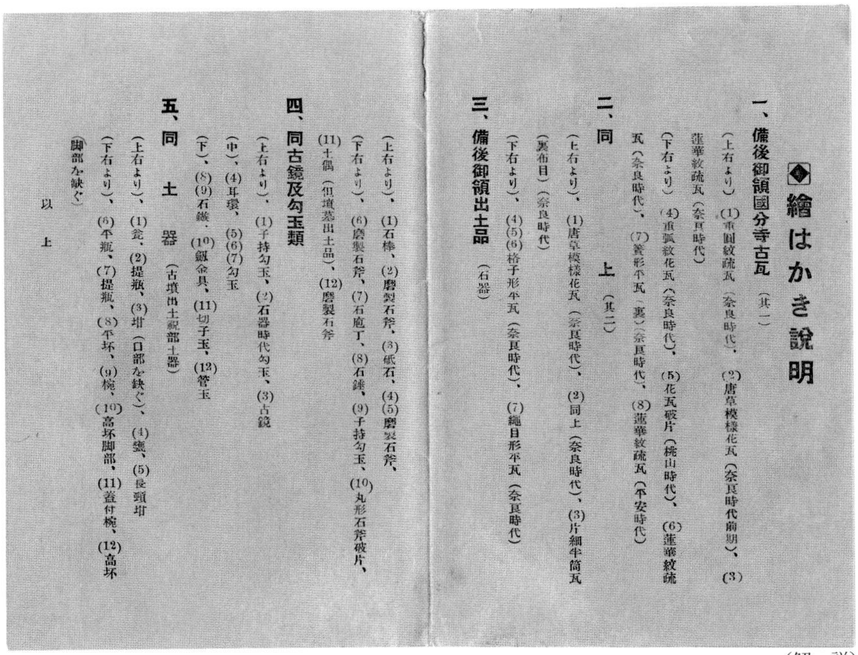

繪はかき說明

一、備後御領國分寺古瓦　（其一）

（上右より）(1)重圓紋疏瓦（奈良時代）、(2)唐草模樣花瓦（奈良時代前期）、(3)蓮華紋疏瓦（奈良時代）

（下右より）(4)重弧紋花瓦（奈良時代）、(5)花瓦破片（桃山時代）、(6)蓮華紋疏瓦（奈良時代）、(7)簀形平瓦（裏）（奈良時代）、(8)蓮華紋疏瓦（平安時代）

二、同　上　（其二）

（上右より）、(1)唐草模樣花瓦（奈良時代）、(2)同上（奈良時代）、(3)片細半筒瓦（裏布目）（奈良時代）

（下右より）、(4)(5)(6)格子形平瓦（奈良時代）、(7)繩目形平瓦（奈良時代）

三、備後御領出土品　（石器）

（上右より）、(1)石棒、(2)磨製石斧、(3)砥石、(4)(5)磨製石斧、

（下右より）、(6)磨製石斧、(7)石庖丁、(8)石錘、(9)子持勾玉、(10)丸形石斧破片、(11)土偶（但墳墓出土品）、(12)磨製石斧

四、同古鏡及勾玉類

（上右より）、(1)子持勾玉、(2)石器時代勾玉、(3)古鏡

（中）、(4)耳環、(5)(6)(7)勾玉

（下）、(8)(9)石鏃、(10)劔金具、(11)切子玉、(12)管玉

五、同　土　器　（古墳出土祝部土器）

（上右より）、(1)瓮、(2)提瓶、(3)坩（口部を鉠ぐ）、(4)甕、(5)長頸坩

（下右より）、(6)平瓶、(7)提瓶、(8)平坏、(9)椀、(10)高坏脚部、(11)蓋付椀、(12)高坏（脚部を鉠ぐ）

以　上

（解　説）

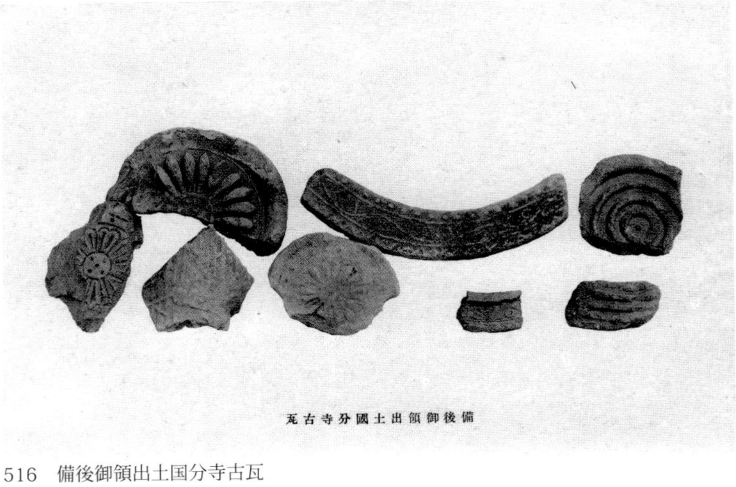

516　備後御領出土国分寺古瓦

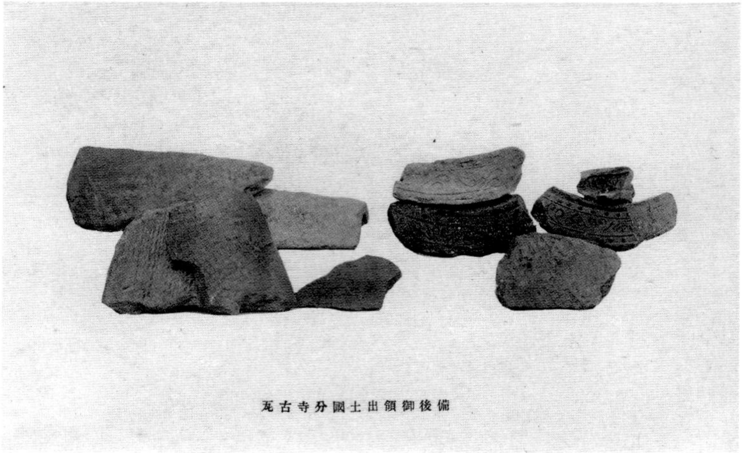

517　備後御領出土国分寺古瓦

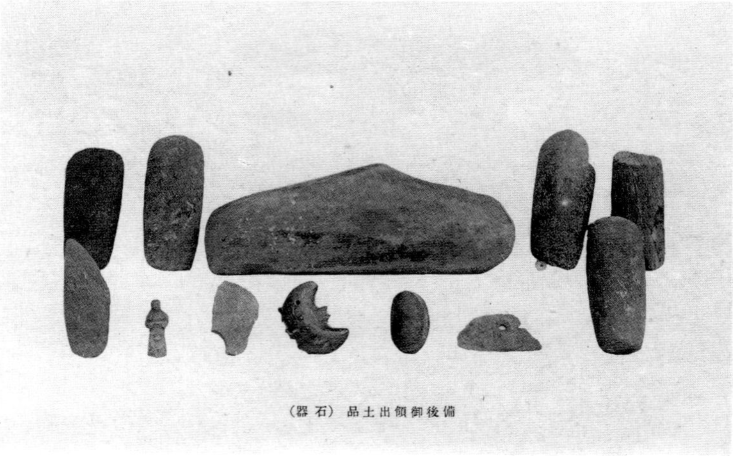

518　備後御領出土品（石器）

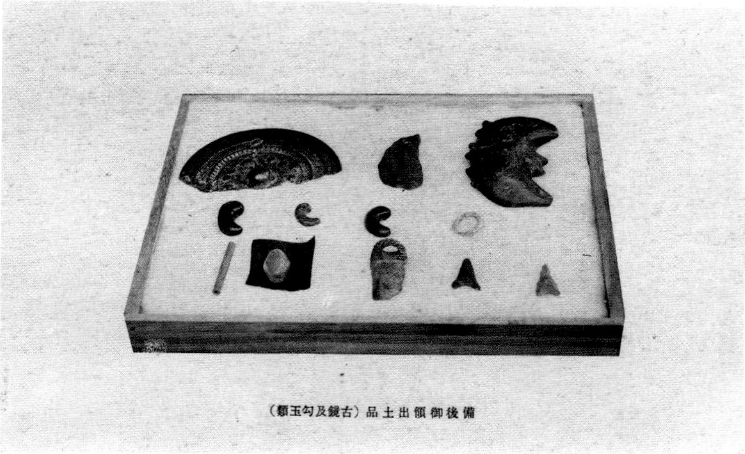

519　備後御領出土品（古鏡及勾玉類）

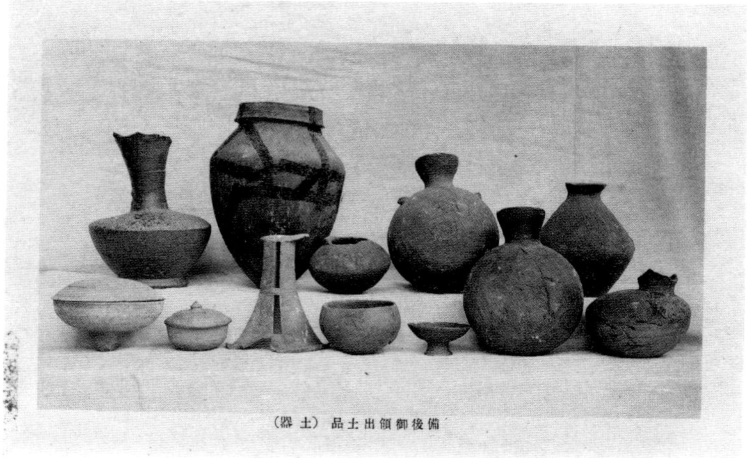

520　備後御領出土品（土器）

山口県

『考古学研究資料 金石館陳列品絵葉書』

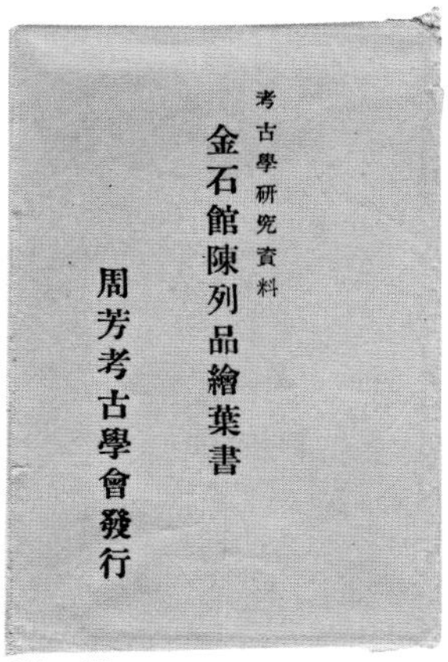

（外　袋）

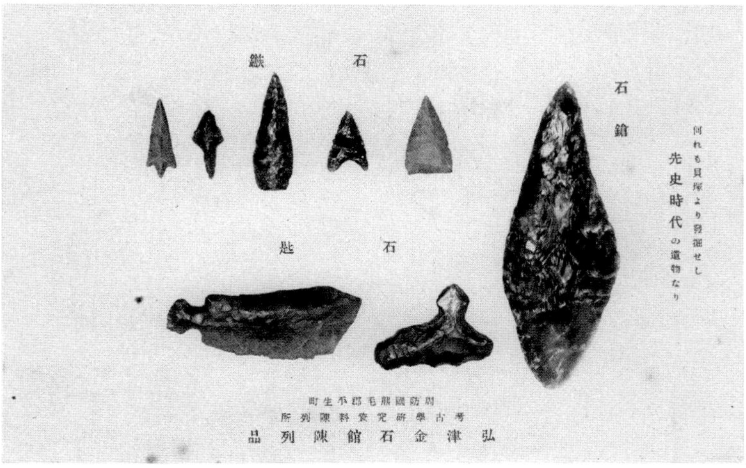

522　石鎗 石鏃 石匙

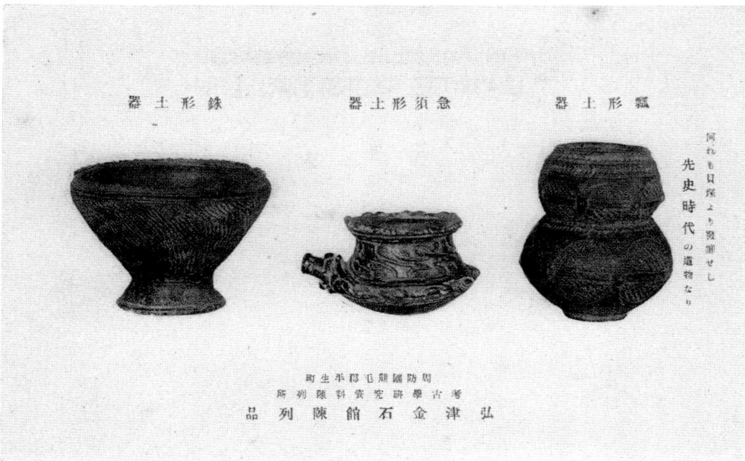

523　瓢形土器 急須形土器 鉢形土器

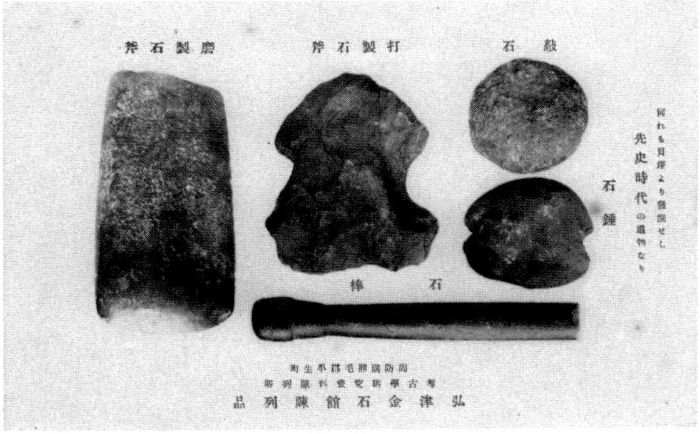

521　敲石 打製石斧 磨製石斧 石錘 石棒

弘津金石館は、熊毛郡平尾町在住の弘津史文が開設した私設博物館で、本絵葉書は濡田廃寺出土の『和同開珎並びに伴出無文銭絵葉書』（124頁）とともに、所蔵品図録の意味合いがあると考えられる。外袋に「考古学研究資料」と明記されているが、出土地など遺物に関する情報が記載されておらず、『考古学雑誌』第3巻第7号には、「惜しむらくは、画面余り小に失したるの怨みあるも」と評されている。

525の須恵器には、明治44年（1911）に弘津史文が調査した後井古墳出土資料が散見されるほか、523の縄文土器については、瓢形土器（常陸国）、急須形土器・鉢形土器（陸中国西津軽郡館岡村大字亀ヶ岡小字瓶山）など、陳列館には日本各地から蒐集された資料が展示されていた。約千数百点にのぼる陳列館収蔵品は、弘津史文が山口市内に転居した際、山口高等学校に寄贈され、これらを陳列するための歴史教室が新設された。これと前後して、弘津史文は山口高等学校歴史教室の嘱託となり、『周防国熊毛郡上代遺跡遺物発見地調査報告書』（昭和2年）、『防長石器時代資料』（同4年）、『防長原史時代資料』（昭和5年）などを矢継ぎ早に編集。また、『髪飾絵葉書』（昭和8年）、『江戸時代象嵌鐙絵葉書』（同10年）、『古燈火器具絵葉書』（同11年）など自身が蒐集した江戸時代の資料に関する絵葉書も発行している。

昭和11年（1936）の火災で山口高等学校は焼失し、歴史教室の考古資料や文献史料も灰塵に帰したことから、本絵葉書は明治末から昭和初期における弘津史文の考古学研究を評価する上で重要な史料といえる。

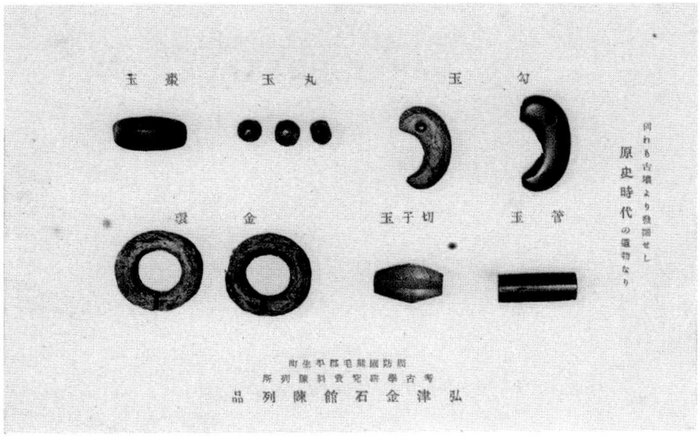

524　勾玉 丸玉 棗玉 管玉 切子玉 金環

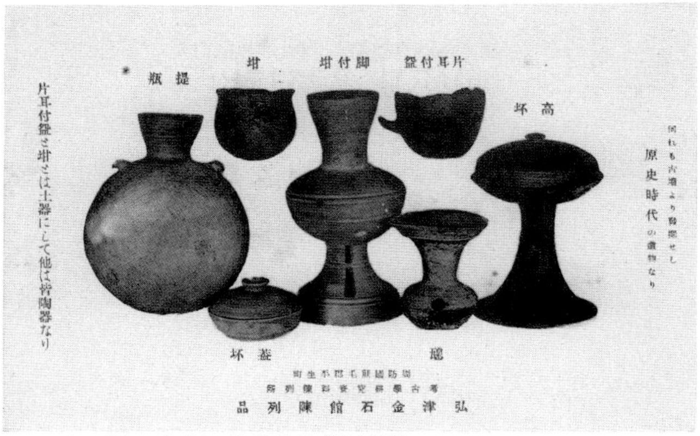

525　片耳付盌 坩 高坏 𤭯 脚付坩 蓋坏 提瓶

『金石館陳列 和同開珍並ニ伴出無文銭絵葉書』

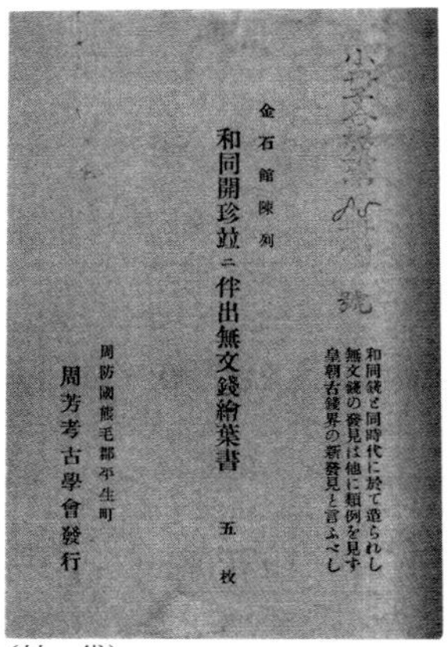

(外　袋)

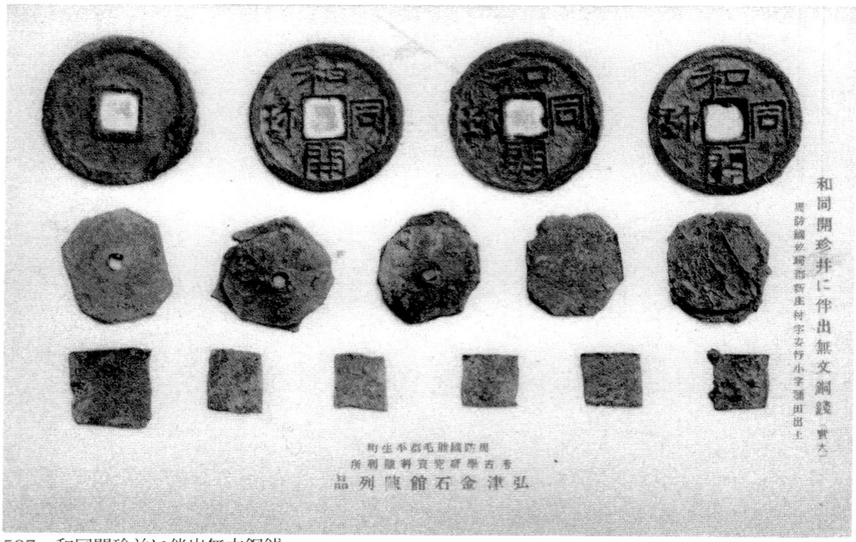

527　和同開珍並に伴出無文銅銭

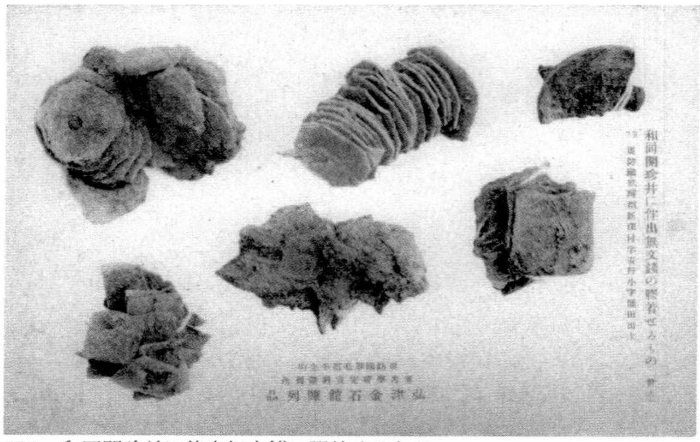

528　和同開珍並に伴出無文銭の膠着せるもの

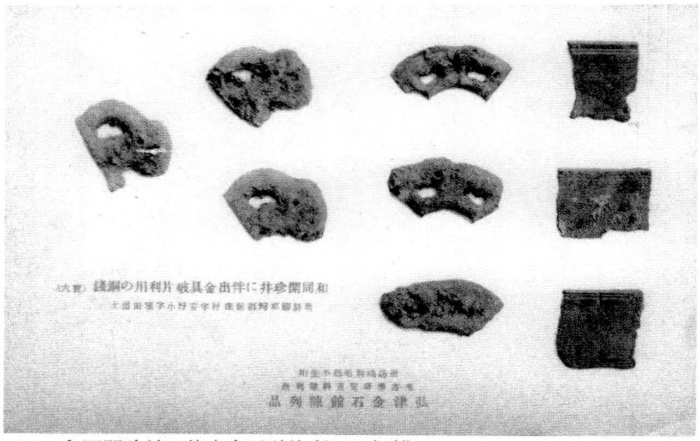

529　和同開珍並に伴出金具破片利用の銅銭

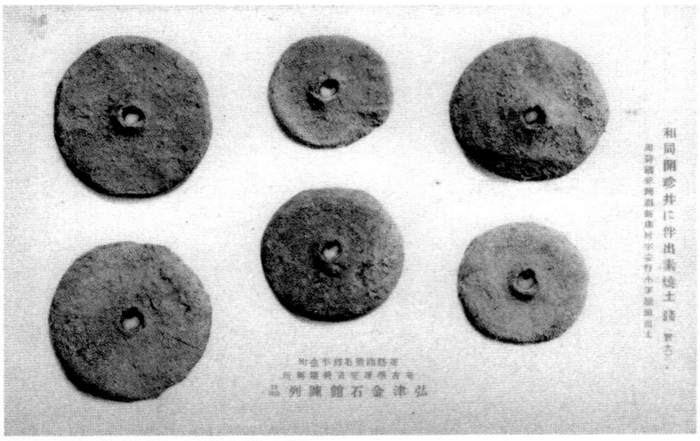

530　和同開珍並に伴出素焼土銭

526　和同開珍並に伴出無文銭等を入れありし素焼壺

徳島県

「西ノ岡ノ塚穴」

531　西ノ岡ノ塚穴

CARTE POSTALE

端書夜話　－名所旧跡の記念スタンプ（２）大宰府都府楼－

吉見百穴の記念スタンプ（40頁参照）は、記載事項やデザインに違いはあるものの、使用期間は数年単位で、かつ円形という原則があった。これに対し、大宰府都府楼の記念スタンプには、限定的な目的とデザインの多様性が認められる。

①はⅡ期（明治40年～大正６年）の絵葉書（133頁570）に押印されたもので、中央の唐草文軒平瓦瓦当を、「修学旅行紀念」（上段）と「大正元年十月十二日」（下段）の朱文で挟む。上外区に珠文、下外区に鋸歯文を配する軒平瓦は、都府楼発掘の古瓦（136頁587）から写したものである。②もまた、大正11年（1922）頃、大宰府政庁跡北方の畑で採集された鬼瓦（136頁584）をモチーフにしたもので、欠損部に「筑前都府楼攬古記念」の朱文がある。本スタンプは、Ⅲ期（大正７年～昭和７年）の絵葉書に捺印されている。

570は、２基の石碑の後ろに学生が立ち、その東側に学生が座している構図で、修学旅行を意識したものといえる。これに①が押印されているということは、修学旅行記念での配付と、大宰府都府楼に「大正元年十月十二日」に訪れたという日付を明記したことになる。換言すれば、記念スタンプが絵葉書に目的と時間の限定性を付与したのである。

この２つの限定性は他の記念スタンプからも追証できる。③は香淳皇后行啓を記念したもので、軒丸瓦全体を輪郭に取り、内区に「都府楼」、外区に「皇后陛下行啓／記念／大正十一年三月廿二日」を印字する。④も同じく香淳皇后御成を記念したスタンプで、外枠は菊花紋章を想起させる十六菊、中央の白文「都督府古趾」は大宰府正殿跡に明治３年（1870）建てられた石碑、その両側に「長子女王御成記念／大正十二年五月十五日」が印字される。

④と②は同一の絵葉書（Ⅲ期）宛名面に押印されたものだが、興味深いことに、絵画面は「都府楼址御探勝ノ秩父宮両殿下〔昭和五年八月十日〕」である。恐らくは、昭和５年（1930）秩父宮雍仁親王行啓に際し、過去の行啓記念スタンプを捺印したと考えられる。

大宰府都府楼の記念スタンプは、その場所を訪れた目的と日時という２つの限定性のみならず、皇族行啓という付加価値をも表顕しているのである。

①

②

③

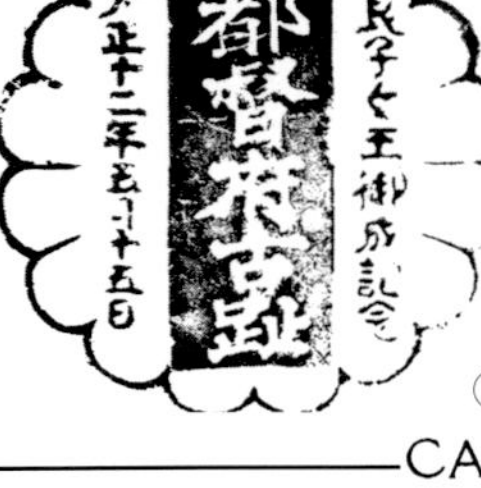

④

香川県

「讃岐鬼ヶ島の千古を語る貝塚」

鷺ヶ峰貝塚は、桃太郎伝説に因んで鬼ヶ島に推定された、香川県女木島のほぼ中央に位置する弥生時代の地点貝塚である。昭和７年（1932）直良信夫と新海功が現地調査を行い、金網で保護された貝塚周辺で弥生土器破片を採集。その概要は「讃岐国女木島鷺ヶ峰貝塚小報」『人類学雑誌』第48巻第１号（昭和８年、東京人類学会）にて報告された。大正３年（1914）郷土史家の橋本仙太郎によって発見された大洞窟などとともに、鬼ヶ島名所絵葉書の１葉を構成している。

532　讃岐鬼ヶ島の千古を語る貝塚

讃岐国庁址

533　鼓岡聖蹟記念文庫

536　崇徳天皇行宮址鼓岡碑

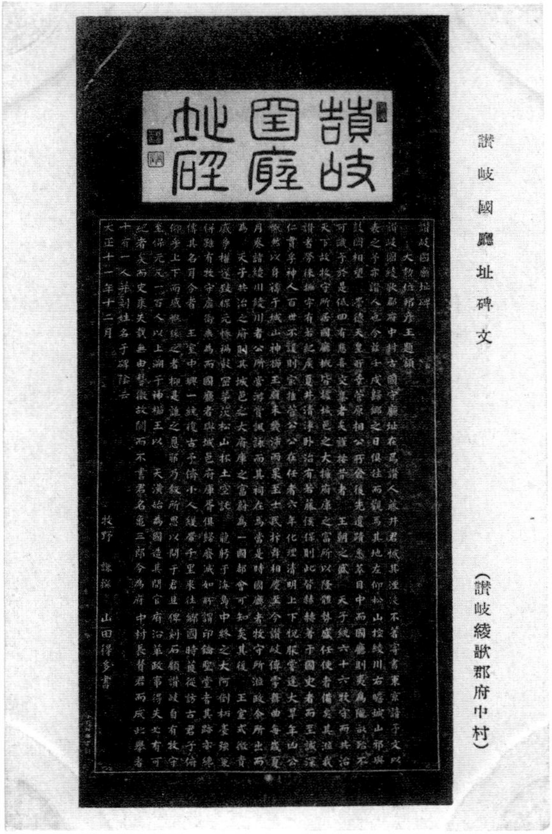

535　讃岐国庁址碑文

534　讃岐国庁址碑

541　讃岐国分石

537　県社城山神社

538　城山古城址東門ノ遺蹟

539　菅公城山ノ神ニ祈雨ノ旧跡

540　国府印鑰明神遺跡

542　聖堂ノ遺跡

543　国分寺瓦竈跡

愛媛県

545　阿方貝塚土器並破片

546　片山貝塚土器

544　阿方貝塚土器破片

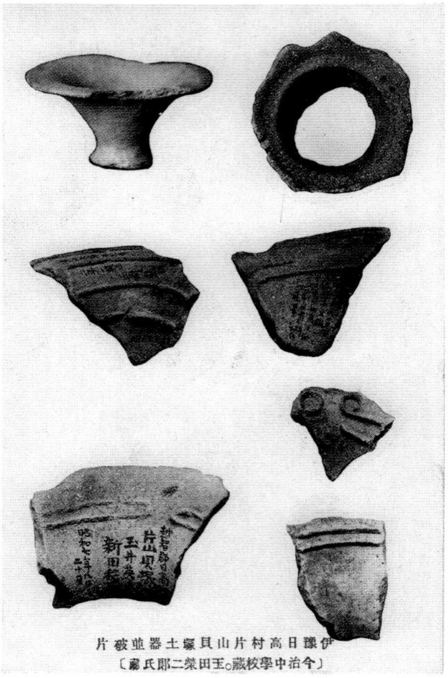

547　片山貝塚土器並破片

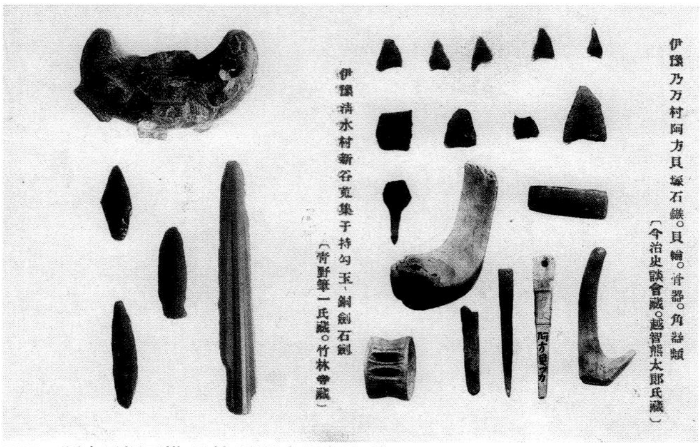

548　阿方貝塚石鏃 貝輪 骨器 角器類など

阿方貝塚は、明治24年（1891）越智熊太郎により発見され、大正年間には今治中学校の玉田栄二郎らが発掘調査を行った。また、片山貝塚は昭和８年（1933）前後、玉田栄二郎の踏査で確認された。その調査概報は、『考古学雑誌』第12巻第６号（大正11年）、『愛媛県史蹟名勝天然紀念物調査報告書』（同13年）、『人類学雑誌』第43巻第４号（昭和３年）に掲載されたが、写真が鮮明でないのと、スケッチのような実測図であったことから遺物の詳細が不明であった。昭和８年前後に今治史談会が発行した本絵葉書は、阿方・片山貝塚出土土器の全容を知ることができる初出の史料である。

昭和16年には、日本古代文化学会の杉原荘介らによる学術調査が実施され、瀬戸内地域の弥生時代前期の標式である阿方式土器が設定された。

553　桜井町国分寺塔礎【史蹟保存】と古瓦

549　越智郡地方石斧。石庖刀

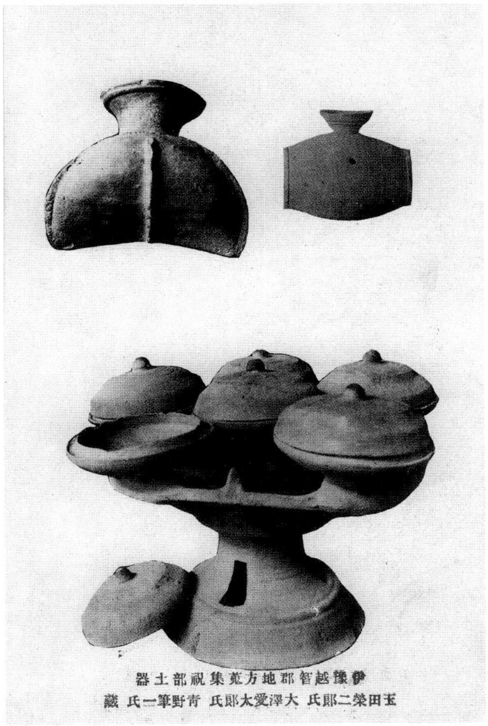

552　越智郡地方祝部土器

551　下朝倉村樹本古墳出土鏡

550　越智郡地方弥生式土器並破片

高知県

『天下奇勝　龍河洞入洞記念』

（外　袋）

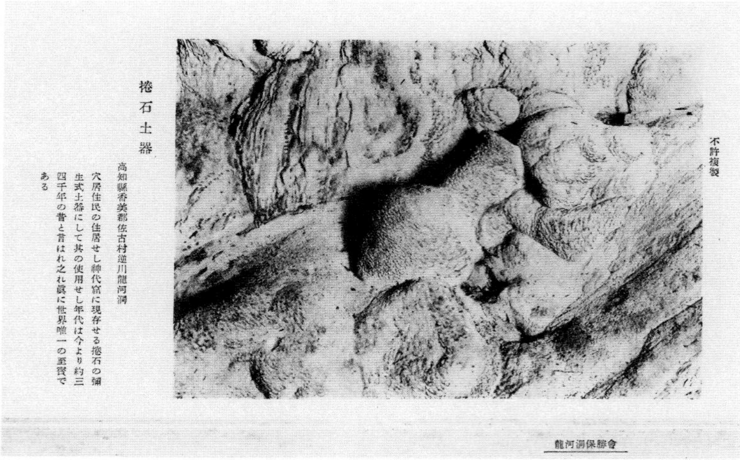

560　捲石土器

554　三宝山全景

555　龍河洞入口

556　裏 見 瀧

558　天 降 石

559　クラゲ石

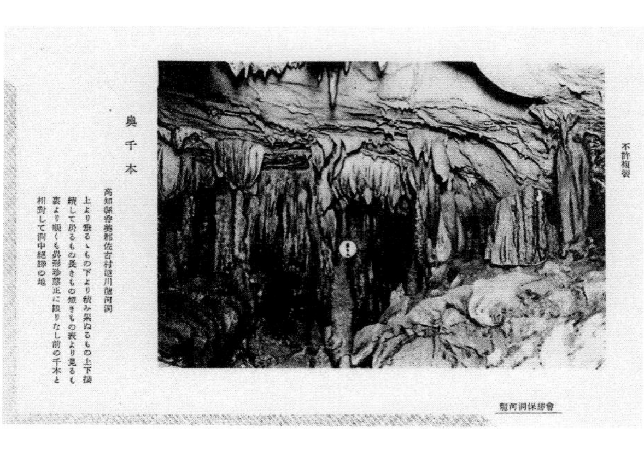

557　奥 千 本

昭和６年（1931）６月、高知県立中学海南学校教諭、山内弘と松井正実により、龍河洞内で新たな新洞が発見された。これを受けて地元では龍河洞保勝会が組織され、８月15日に再探検を行ったところ、弥生時代の住居跡が発見された。560及び566は、のちに「神の壺」と命名された石灰華で覆われた弥生土器で、567はこの時採集された弥生土器や獣骨などである。一報を受けた考古学者の寺石正路は、25日に現地調査を行っている。

『大自然の驚異　龍河洞の奇勝』B

（外　袋）

567　洞内にて発見せられたる弥生式土器及獣骨貝殻

568　龍河全山と保勝会事務所全景

564　万 象 殿

561　玉 筍 峯

562　傘　　石

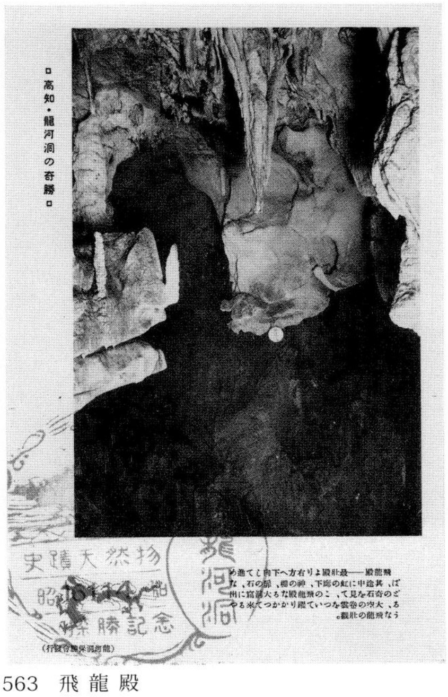

563　飛 龍 殿

566　鍾乳石に巻き込まれた弥生式土器

565　サボテン石

554 ～ 568 は何れも龍河洞保勝会が発行したもので、昭和 9 年（1934）6 月に竣工した龍河洞保勝会館で土産物として販売されていたと考えられる。

「高知県国分寺伽藍石」

569　高知県国分寺伽藍石

福岡県

「筑前都府楼」

570　筑前都府楼

「筑前太宰府都府楼」

571　筑前太宰府都府楼

「筑前都府楼趾」

572　筑前都府楼趾

570～572は、Ⅱ期（明治40年～大正6年）に発行された大宰府政庁（都府楼）正殿跡の絵葉書である。572には、左から「太宰府址碑」（渡辺清撰、明治13年建立）、「都督府古趾」（高原善七郎、明治3年建立）、「太宰府碑」（亀井南冥撰、大正3年建立、575）の石碑3基と、その背後に天智天皇を祀った小祠が見られる。一方で、570には大正3年（1914）建立の「太宰府碑」がないことから、570は明治40年（1907）～大正3年、572は大正3年～6年頃に撮影された写真原版であることがわかる。

ちなみに、571は正殿跡を南東方向から撮影した写真の絵葉書であるが、正殿跡西側の都府楼草庵（573、576）が建設されていない時期のもので、大型礎石建物が確認されている蔵司の丘陵を見通すことができる。

(外　袋)

573　太宰府正庁趾全景

574　太宰府大門址ヨリ正庁址及大野城址ヲ望ム

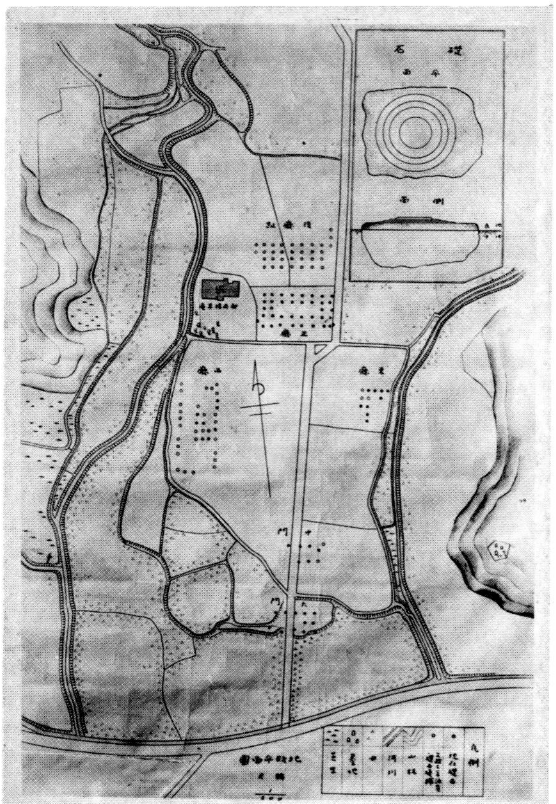

576　太宰府址平面図

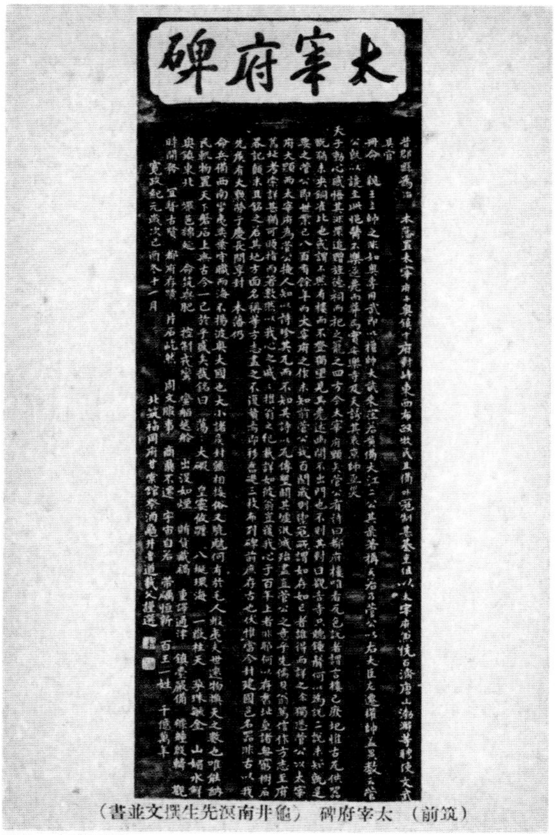

575　太宰府碑

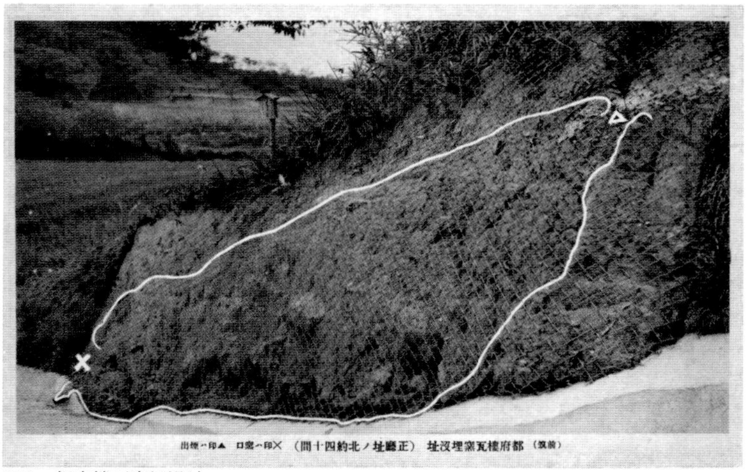

579　都府楼瓦窯埋没址

577　大野城址平面図

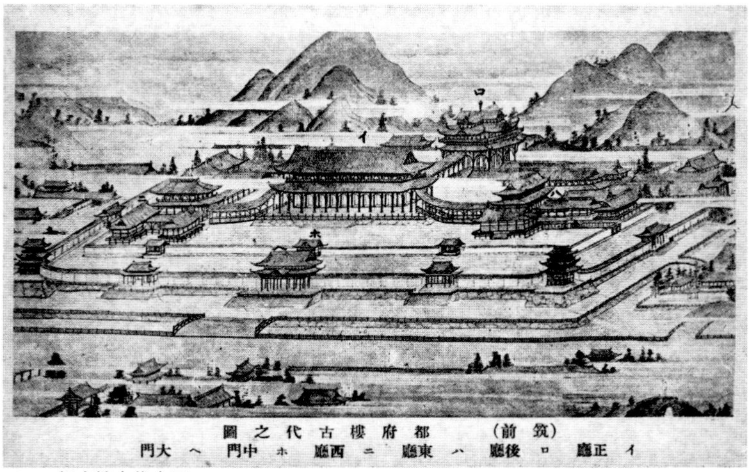

580　都府楼古代之図

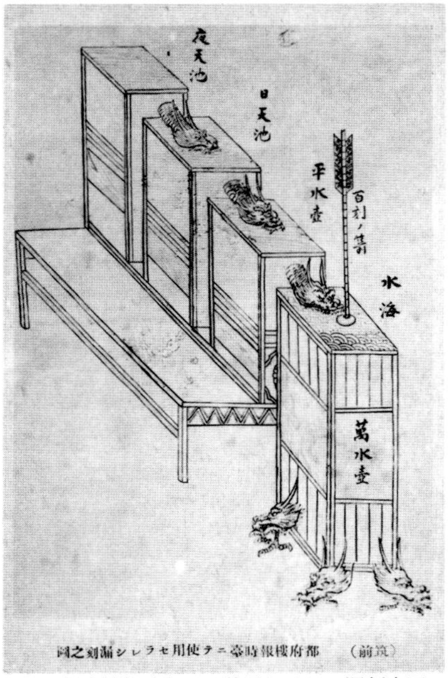

581　都府楼報時台ニテ使用セラレシ漏刻之図

582　水城址及水門礎石実景

578　榎寺址（菅公館址）苅萱関址

『西都古瓦』

（外　袋）

584　筑前都府楼古瓦（其二）

583　筑前都府楼古瓦（其一）

585　筑前都府楼古瓦（其三）

586　筑前都府楼古瓦（其四）

587　筑前都府楼古瓦（其五）

「大正九年　元寇防塁発掘の景」

588　元寇防塁発掘

『創立十周年記念　考古資料絵葉書』第一輯

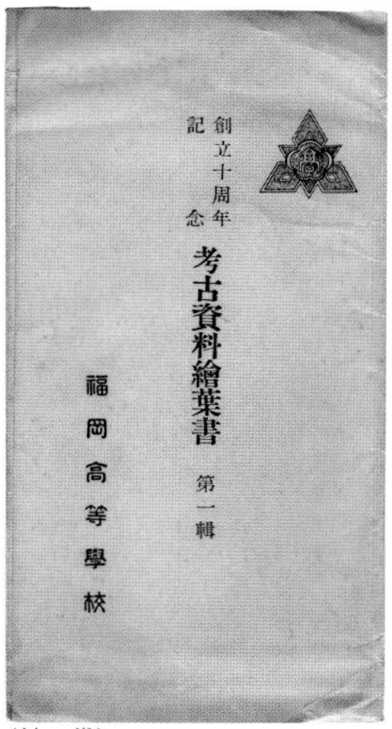

(外　袋)

589　福岡高等学校玉泉館外景

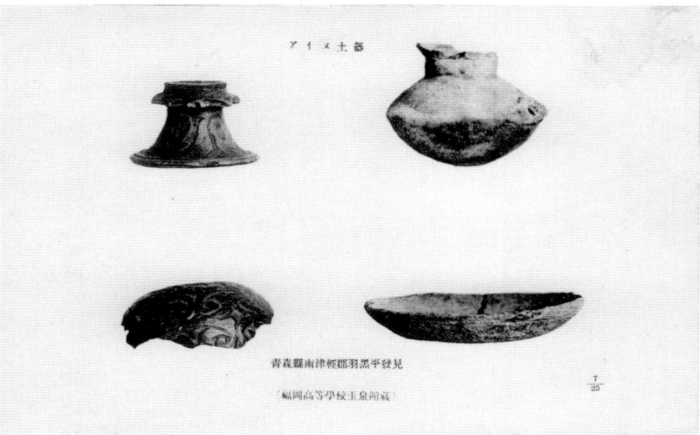

590　アイヌ土器

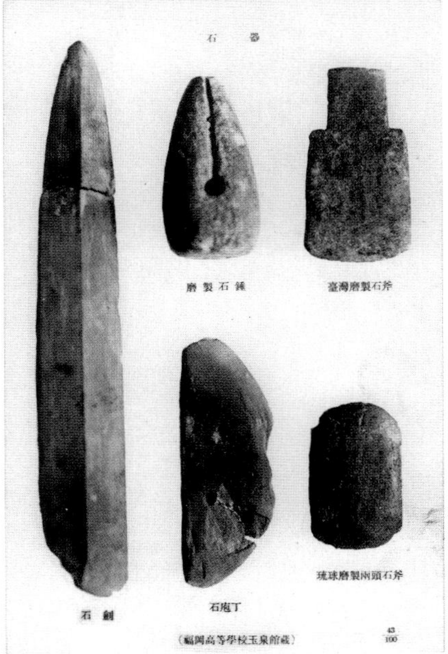

591　石　　器

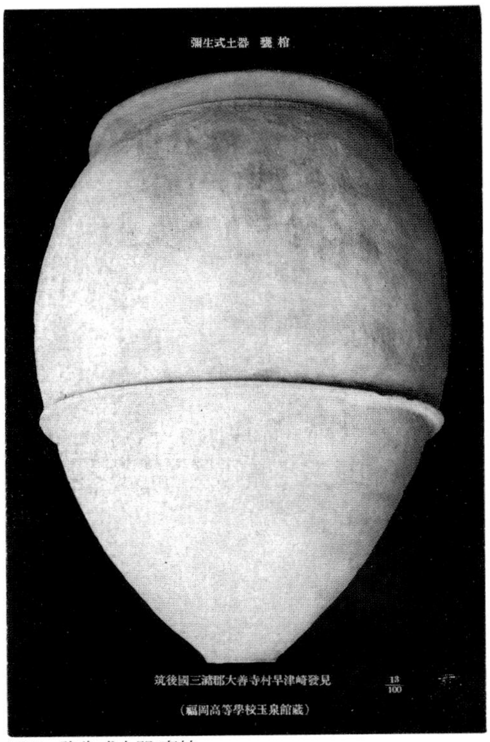

592　弥生式土器 甕棺

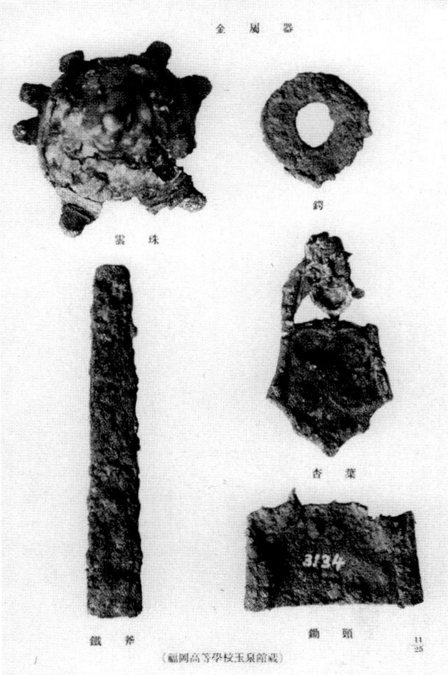

593　金 属 器

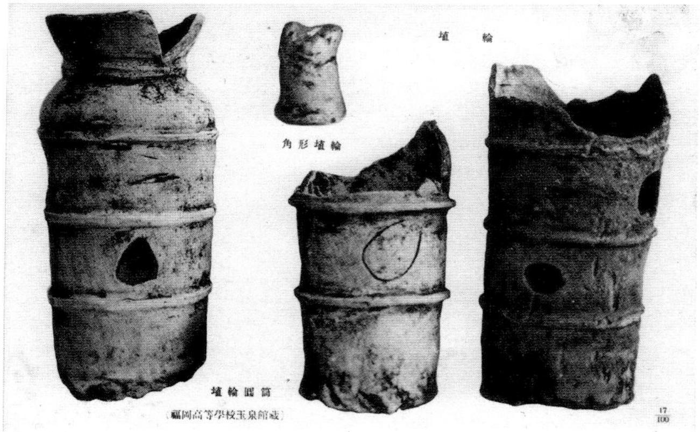

594　埴　　輪

595　祝部土器

596　古　　瓦

玉泉館は、大正11年（1922）福岡高等学校開校と同時に教授に着任した玉泉大梁が、教材として蒐集した考古・歴史資料を母体とする。大正末から昭和初期に推進された郷土教育の施策により、各地の学校に郷土資料室が整備されたが、玉泉館もその一環で昭和5年（1930）文部省予算で建設された。本絵葉書は、翌6年福岡高等学校創立10周年を記念した絵葉書で、この時は展覧会も開催された。

597　和　　鏡

『創立十周年記念　考古資料絵葉書』第二輯

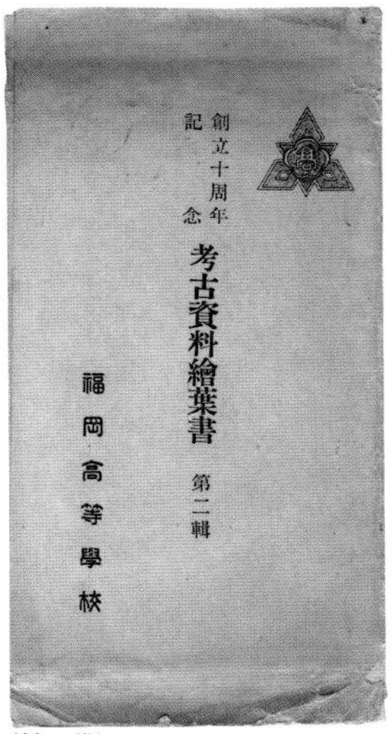

（外　袋）

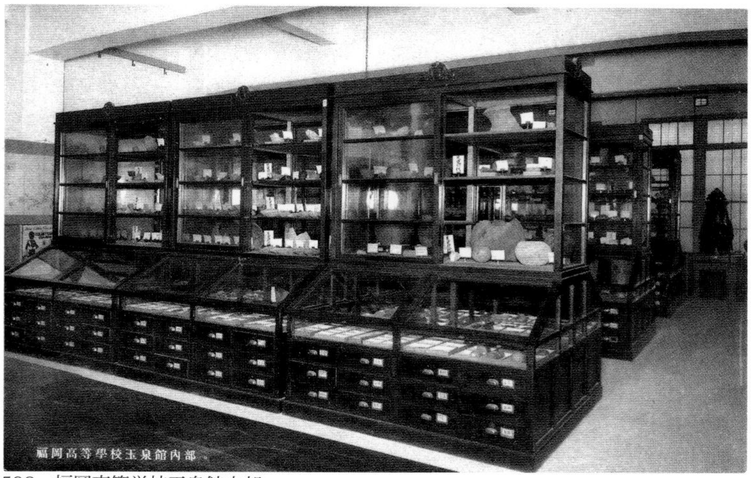

598　福岡高等学校玉泉館内部

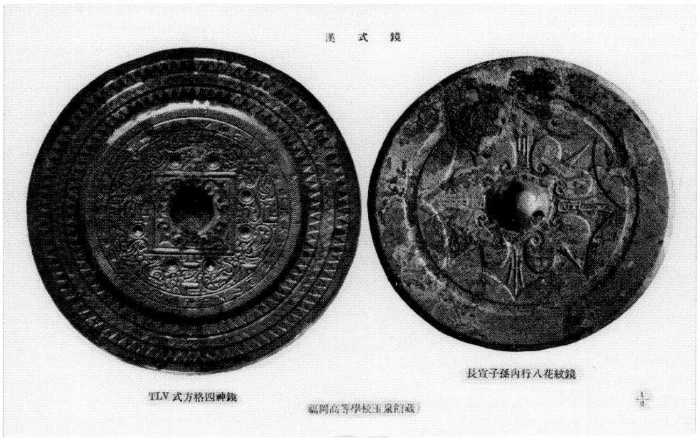

599　漢式鏡

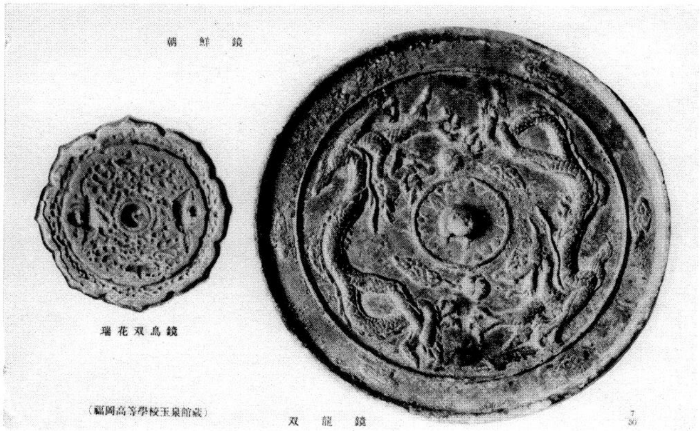

600　朝鮮鏡

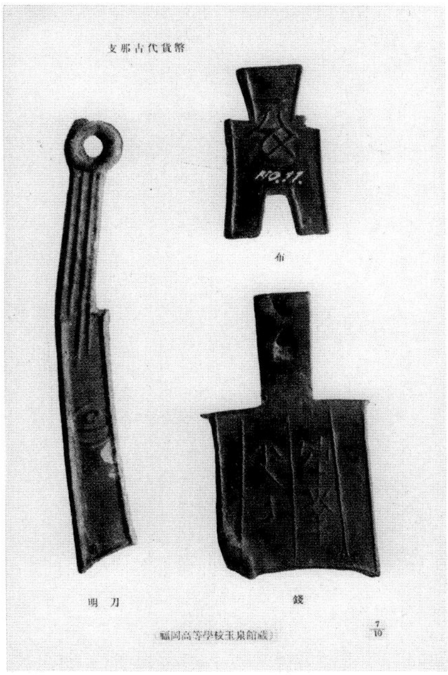

601　支那古代貨幣

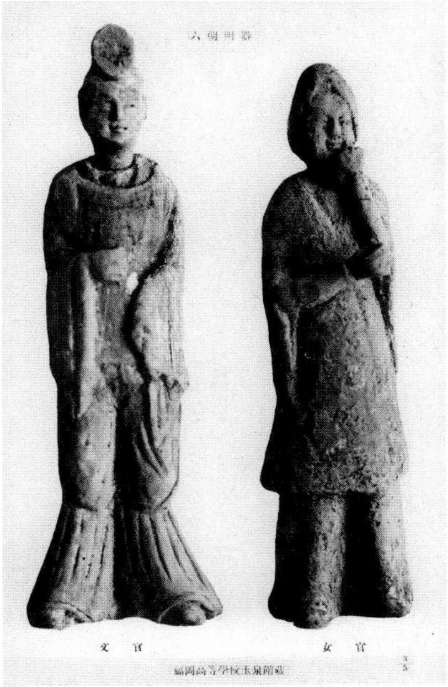

602　六朝明器

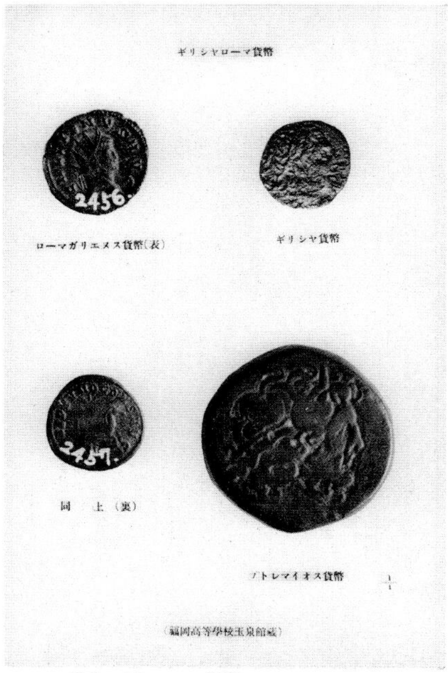

606　ギリシアローマ貨幣

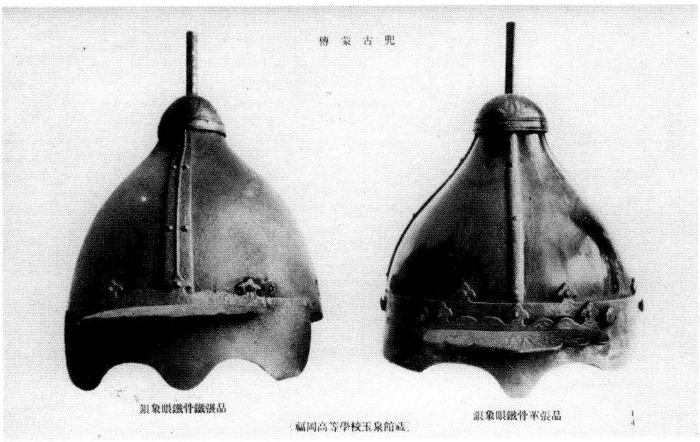

603　伝蒙古兜

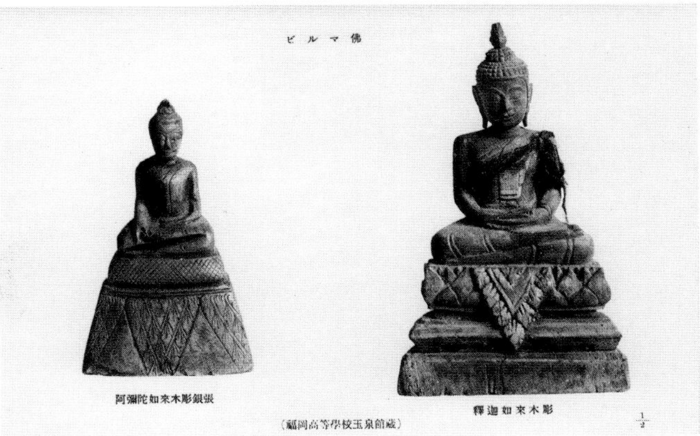

604　ビルマ仏

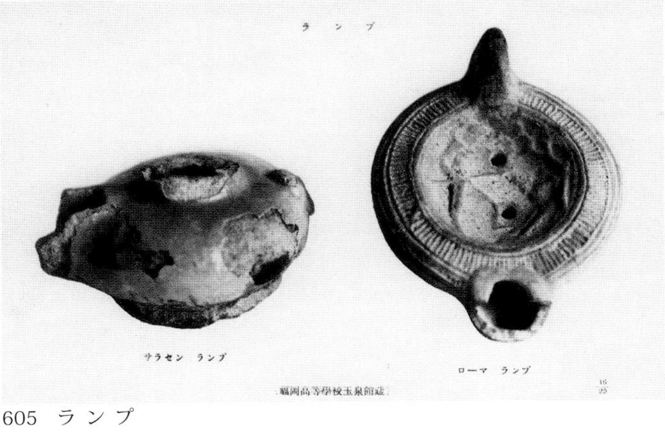

605　ランプ

佐賀県

『日本最初之朝鮮式山城　基肄城址絵葉書』

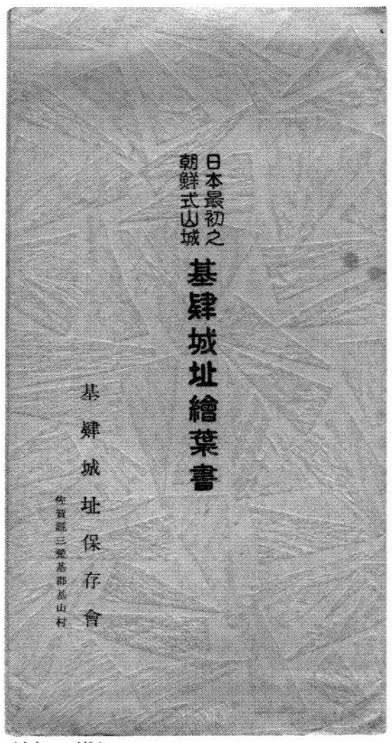

（外　袋）

608　大 礎 石

610　天智天皇欽仰之碑

607　南峰頂上付近

609　水 門 阯

611　展 望 台

612　通 天 洞

大分県

『築山古墳史蹟絵葉書』

（外　袋）

614　築山前方後円式古墳 全景

613　八幡神社 全景

615　築山古墳御仮屋

616　漢式綟形文鏡

617　鹿角装剣ほか

618　刀剣 鏃 斧 刀子

宮崎県

『宮崎神宮徴古館絵葉書』第二輯・考古学資料

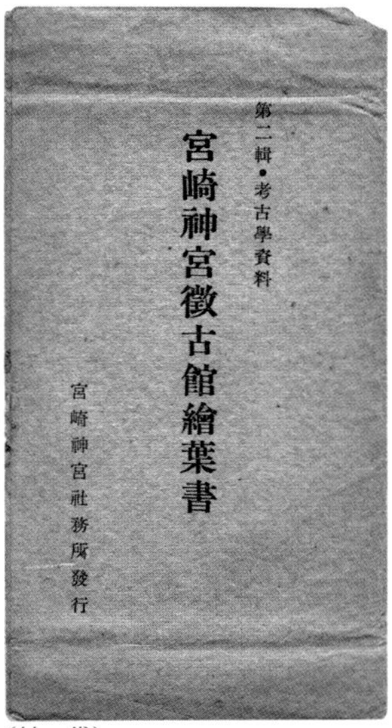

（外　袋）

619　石器時代遺物

620　弥生式土器

621　須 恵 器

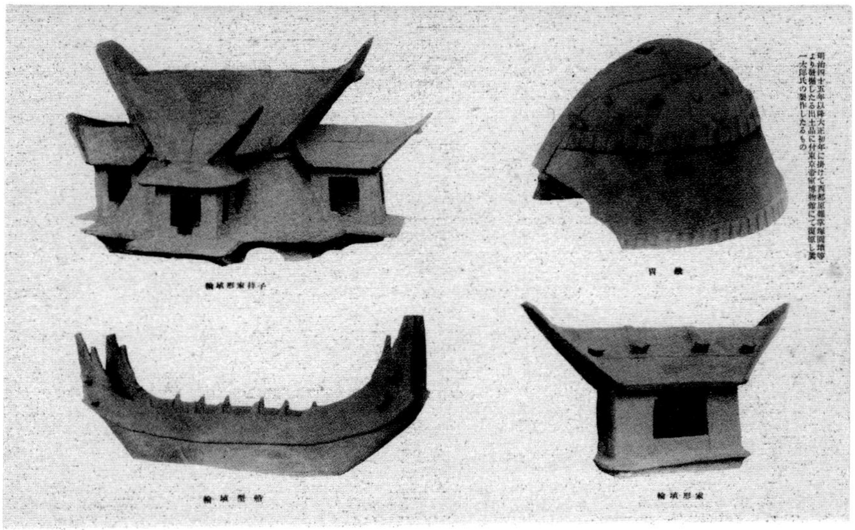

624　鉄冑 家形埴輪 子持家形埴輪 船型埴輪

明治 42 年（1909）開館の宮崎神宮徴古館は、昭和 15 年（1940）紀元二千六百年記念事業の一環として、鉄筋コンクリート造の徴古館を建設。昭和 14 年には、大場磐雄と乙益重隆らによる台帳作成が行われ、『宮崎神宮徴古館陳列品解説書』（昭和 16 年、宮崎神宮社務所）が刊行された。本絵葉書の宛名面はⅢ期（大正 7 年～昭和 7 年）の表記であるが、中心線下に記載された「頑張れつはもの 銃後も必死」（620 宛名面）などの一文から、徴古館新設に併せて発行され、解説書とともに販売されていたと考えられる。

622　内行花文鏡 四神鏡

623　短甲 鍬頭 轡鏡板 杏葉

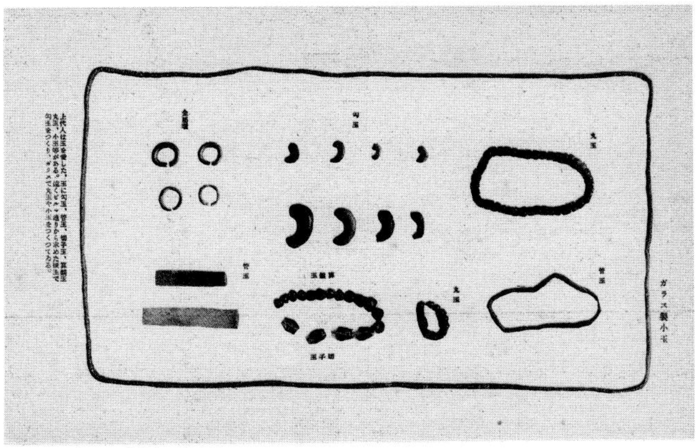

625　ガラス製小玉ほか

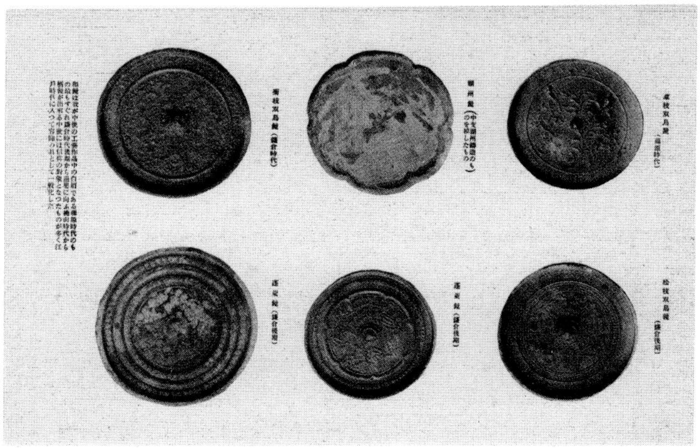

626　草枝双鳥鏡（藤原時代）ほか

宮崎神宮徴古館発行の考古学絵葉書は、この他２組を確認している。このうち、『考古学資料 徴古館絵葉書』（Ⅳ期）の外袋は、『國學院大學考古学資料室 考古学資料集』第１輯（昭和８年、上代文化研究会）と同じ体裁であり、絵葉書の発行に大場磐雄ら國學院大學関係者の関与が想起される。

『日向国児湯郡　西都原付近古代遺物絵葉書』

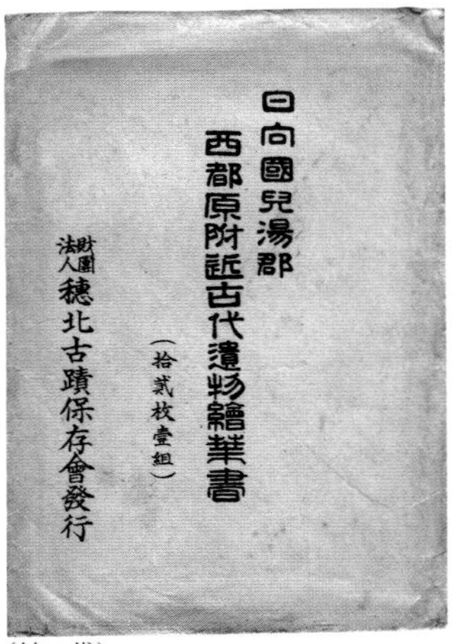

(外　袋)

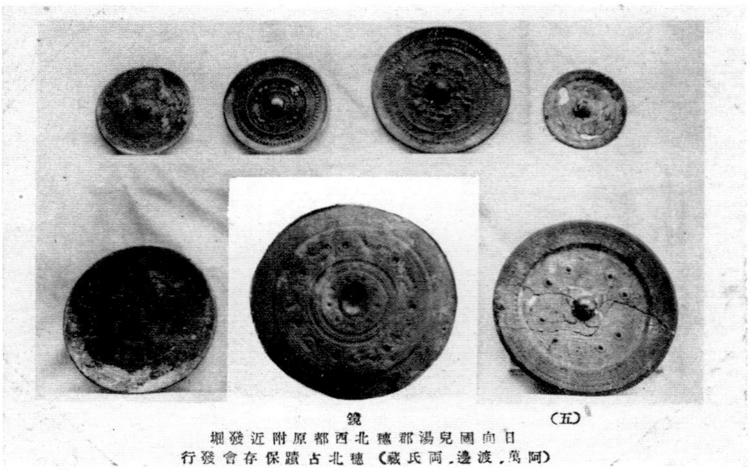

631　鏡

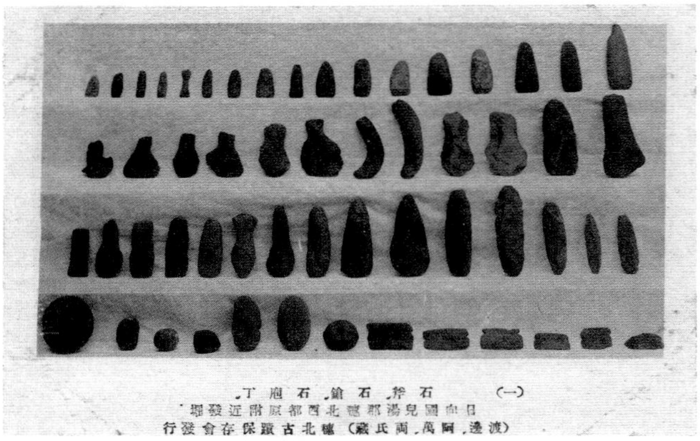

627　石斧、石槍、石庖丁

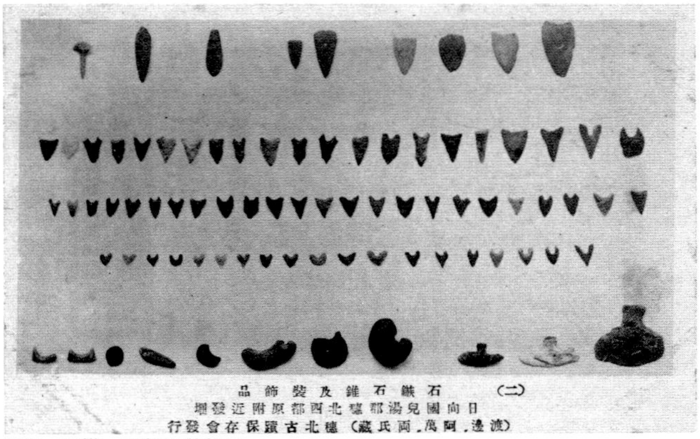

628　石鏃、石錐及装飾品

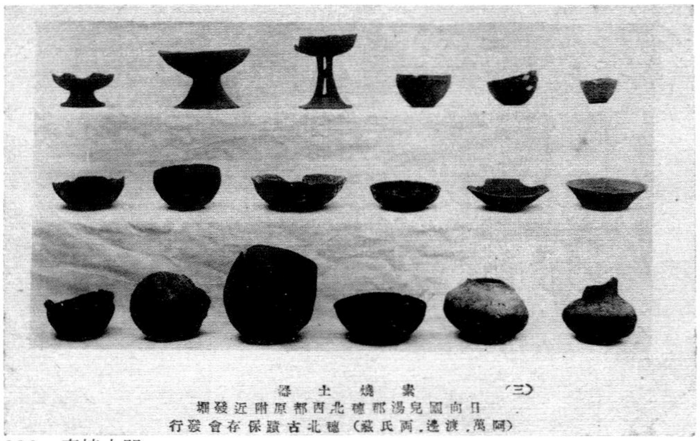

629　素焼土器

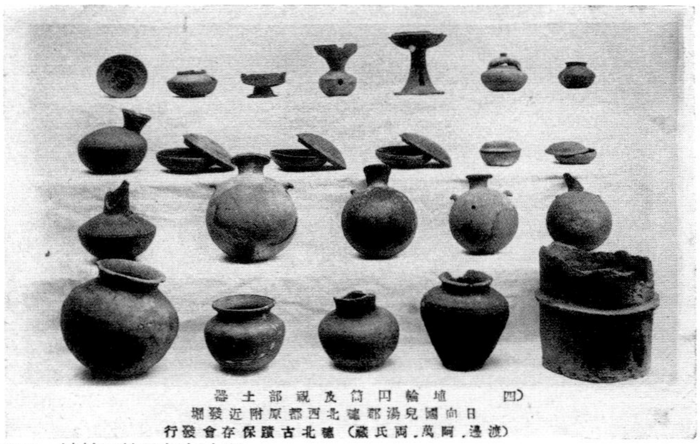

630　埴輪円筒及祝部土器

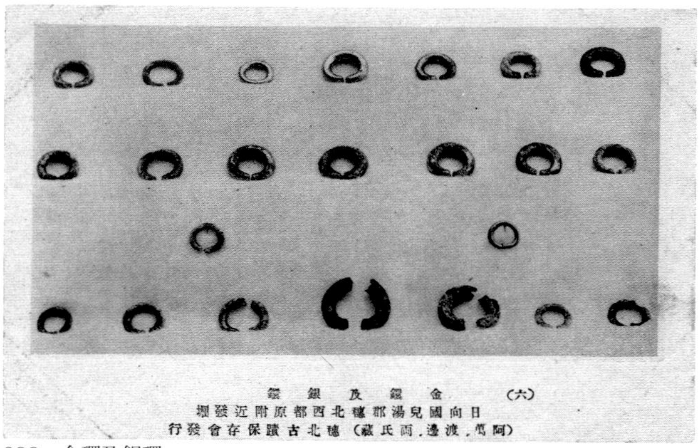

632　金環及銀環

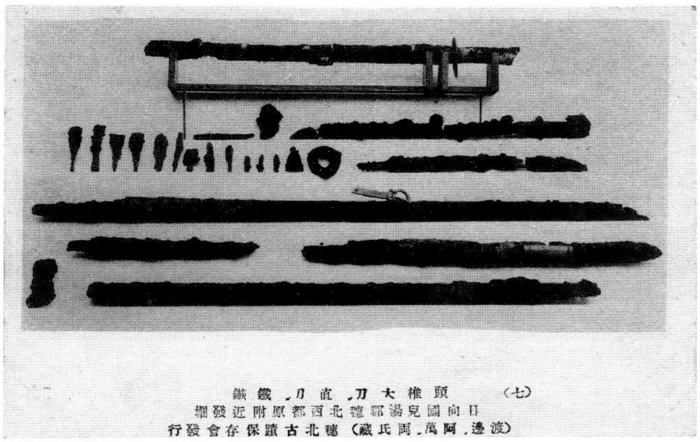

633　頭椎大刀、直刀、鉄鏃

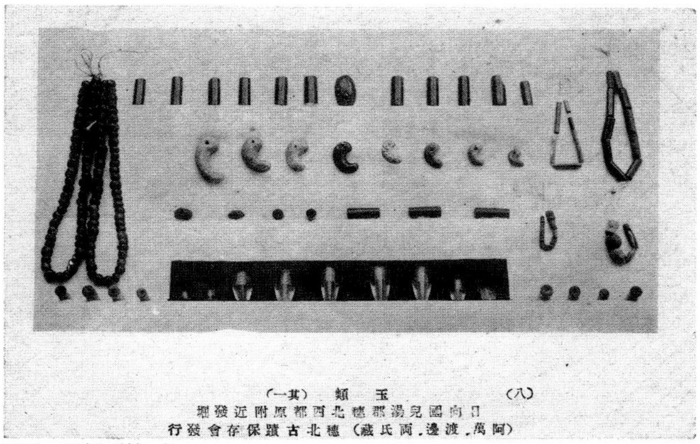

634　玉類（其一）

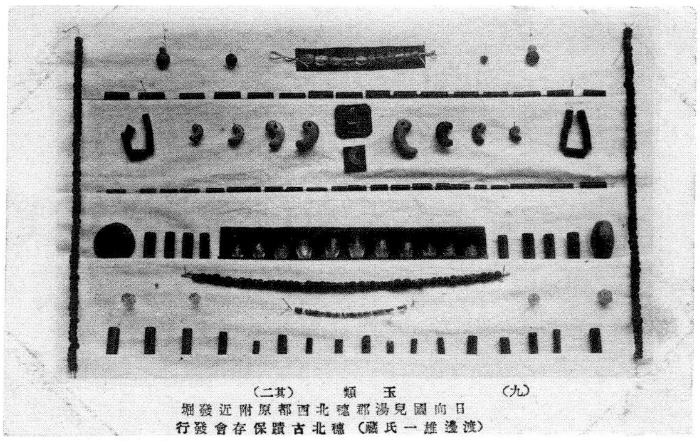

635　玉類（其二）

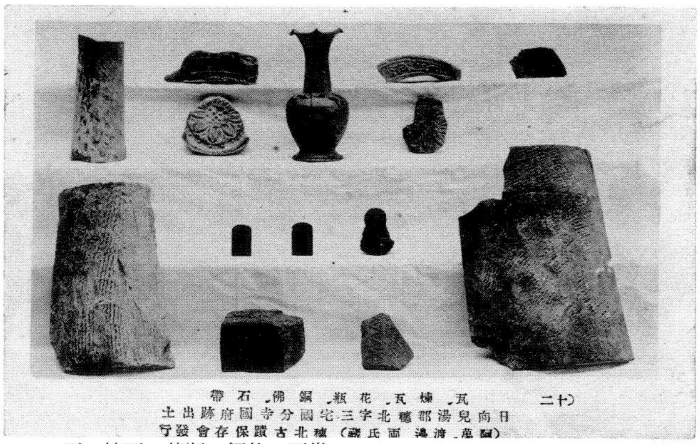

638　瓦、煉瓦、花瓶、銅仏、石帯

636　馬具（其一）金銅製覆輪金具

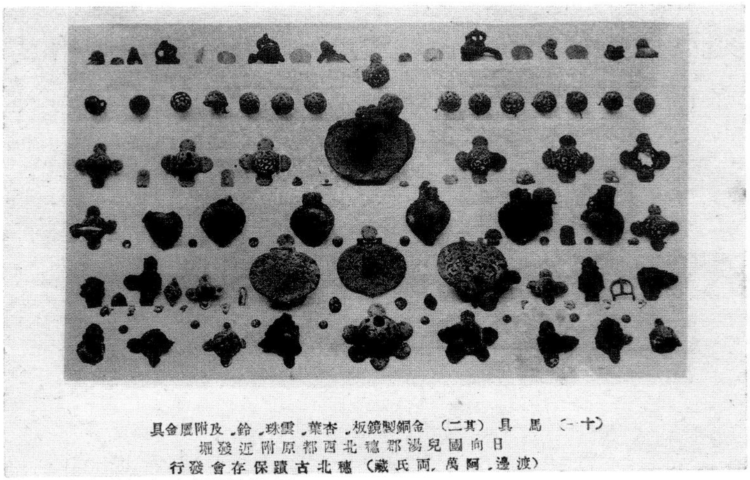

637　馬具（其二）金銅製鏡板ほか

渡邊雄一、阿萬恒三ら穂北古蹟保存会が収集した考古遺物を絵葉書にしたもので、大正５年（1916）頃初版、本絵葉書はⅢ期（大正７年～昭和７年）の再版である。絵葉書はこの時期の考古学絵葉書の中では大部な12葉一組で、石器、銅鏡などの副葬品、古瓦など、当該地の縄文時代から古代の考古遺物で構成される。『考古学雑誌』一冊が20銭（郵税共）の大正６年当時、一組32銭（郵税共）で渡邊雄一が窓口となり販売されていた。

636及び637の馬具は、西都原古墳群西側に位置する百塚原古墳群の一基から大正初期に掘り出されたもので、所蔵者の渡邊雄一、阿萬恒三が発掘したものと思われる。これらの馬具はその後、弁護士で古鏡や経典の収集家としても知られる守屋孝蔵の手に渡り、昭和10年（1935）４月、『国宝保存法』により『日向国西都原古墳出土金銅馬具類』として国宝指定を受けた（『文化財保護法』施行後、昭和31年に国宝指定）。そして、昭和34年守屋孝蔵旧蔵資料の一部を五島慶太が購入、現在は公益財団法人五島美術館の所蔵となっている。

様々な来歴を経て今日に伝えられた優品の、発掘当時の状況がわかる史料として重要な絵葉書である。

『日向の史蹟 西都原 及付近の名勝』

(外 袋)

641 第二〇六号墳 鬼ヶ窟

640 西都原古墳群ノ展望 其ノ二

639 西都原古墳群ノ展望 其ノ一

642 西都原御陵墓参考地

643 西都原古墳ニ祭ニ奉納サレル神代舞楽ノ一団

644 日向嵐山ノ称アルーツ瀬川上流

645 都万神社境内ノ大楠

鹿児島県

「出水貝塚」

出水貝塚は、大正９年（1920）山崎五十麿により発掘され、『考古学雑誌』第11巻第１号（大正９年）に報告された。山崎五十麿はこの概要を濱田耕作、長谷部言人らに連絡し、これを受けて長谷部言人を主体とし、濱田耕作及び島田貞彦が支援する形で学術調査が実施された。その調査成果は、『京都帝国大学文学部考古学研究報告』第６冊（大正10年、京都帝国大学）に収録されている。

646～650に「不許複製．尾上」とあるのは地主の尾上家と考えられることから、これら学術調査に刺戟された尾上卯助らが発掘を試み、その記録を絵葉書にしたのだろう。

649　発掘シタル場所

646　北方ヨリ貝塚ヲ望ム

647　南方ヨリ貝塚ヲ望ム

648　貝塚ヨリ東北方ヲ望ム

650　発掘シタル石器．土器．獣骨．貝類

「国分寺隼人塚」

651　国分寺隼人塚

コラム
Column

調査研究発表は絵葉書で
—喜田貞吉蔵版『遺物遺蹟絵葉書』—

研究成果を公刊し、社会に還元することは、その行為が学問として成立し得る必須条件である。研究成果は、学会などで口頭発表されるか、論文として各種雑誌に投稿され、その後、関連する発表要旨や論文を著書にまとめるのが一般的である。また、新聞などのマス・メディアは、研究成果をより広く周知するための場であり、現在ではインターネットを用いた相互的な情報交換も活発である。

ここに挙げた『遺物遺蹟絵葉書』は、歴史学者である喜田貞吉が、大正６年（1917）頃に出版した非売品絵葉書である。６葉一組で２セットを確認している。一組は勾玉、碧玉製石製品、銅鐸、古墳石槨という、日本各地の縄文時代から古墳時代を対象とし、もう一組は古墳石室、古墳墓壙、隼人塚という、九州地方の古墳時代から古代までを扱っている。こうしたことから、全12葉は一連で構成され、便宜的に分割されていることがわかる。

被写体について、例えば「河内羽曳山石槨」(09) は、明治43年（1910）に発見され、地主から梅原末治（当時は同志社の中学生）を経由して、喜田貞吉に情報がもたらされた。これを受けて、翌年には自身が踏査を行い、その概要は「河内軽墓の掘抜石棺に就て」として雑誌『歴史地理』第19巻第２号に掲載されている。同誌には、09と同じ原版の巻頭写真が掲載されており、また、絵葉書全てに「(喜田蔵版)」と明記されていることから、写真は何れも喜田貞吉がこの踏査の時に撮影したと考えられる。

旅行が趣味であった喜田貞吉は、『還暦記念 六十年之回顧』（昭和８年、精興社印刷所）の中で調査記録を詳細に遺している。その内容と絵葉書を対応させると、

明治44年12月９日～10日　南河内及び大和踏査　軽墓（09）
明治44年12月28日～45年１月15日　大分・福岡史蹟視察　雷横穴
大正４年５月１日～２日　河内古墳視察　石寶殿
大正５年３月７日～26日　鹿児島・宮崎視察　隼人塚（12)、江田塚（11）
大正５年６月10日～12日　北陸廻り京都行　河和田
大正５年７月31日～８月６日　愛知県各地　小坂井（08）
大正５年８月18日～24日　山陰各地　玉造其他（10）
大正６年４月26日～５月５日　阿波・讃岐・備前・備中各地　呉妹村

となり、絵葉書刊行に近い時期の踏査記録であることがわかる。

この時期は、古墳の「壙」「槨」「棺」の定義について、高橋健自らと誌上論争を展開し、雑誌『歴史地理』においては「隼人考」を連載していた。もともと歴史地理学を専門としていた喜田貞吉であるが、明治41年に京都帝国大学講師として古代史を担当するようになって以降は、文献史学だけでなく考古学の必要性も感じ、積極的に遺跡調査を敢行している。絵葉書の題材は、こうした研究主題とも直結していた。

なお、喜田貞吉は、自身の研究が未完成であるとの理由から、その成果は論文で雑誌に発表し、著書の刊行は極力避けていた。そのため、大正８年には個人雑誌『民族と歴史』（後に『社会史研究』に改題）を発行するなど、発表の場を創出している。

絵葉書には、勾玉の起源が石器時代にあること（08）や、銅鐸に「袈裟襷」文と「浪摸様」（流水文）という２系統があることなど、長文の自説が付されていることも特徴である。

これら絵葉書が郵便物として使われた例は、管見の限り確認できていない。小栗鉄次郎がスクラップしていた絵葉書帳（名古屋市博物館所蔵）に貼付された『遺物遺蹟繪葉書』は、「大正５年８月□日」付けの消印がある封筒も貼り込まれている（挿図)。これにより、研究成果の公刊は、通信媒体という絵葉書本来の機能に依らず、６葉ないし12葉一組というセット関係を保ったまま、喜田貞吉自身が関係者に郵送していたことがわかる。

『遺物遺蹟繪葉書』は、考古資料や遺跡といった視覚的な資料を、どのような媒体でいかに報告するか、という喜

田貞吉の学問の転換期における試作として評価できよう。

【遺物遺蹟絵葉書（非売品）】

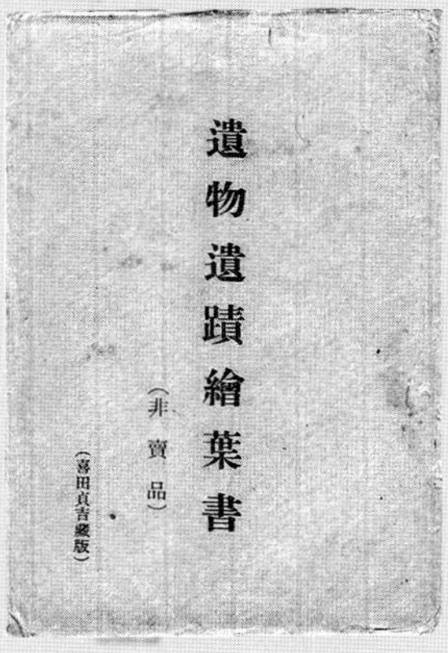

（外　袋）

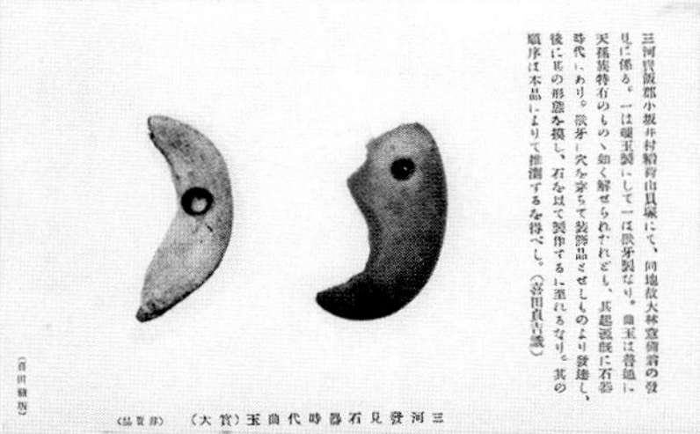

08　三河国発見石器時代曲玉

（小栗鉄次郎絵葉書帳）

09　河内羽曳山石槨

10　出雲玉造舟形石槨

【遺物遺蹟絵葉書（非売品）】

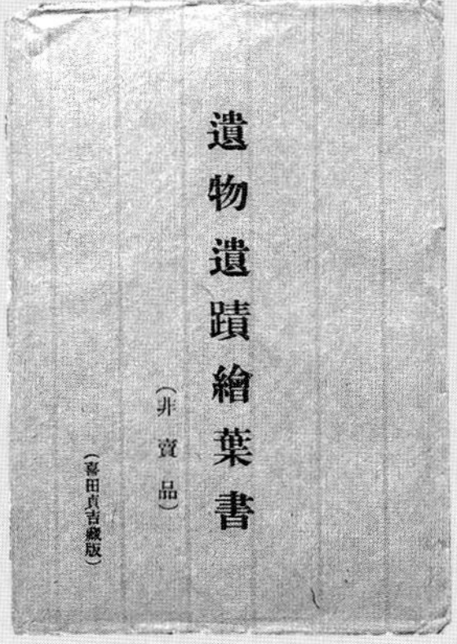

（外　袋）

11　肥後江田古墳石室

12　大隅国分隼人塚四天王石像

Ⅱ 博物館・大学編

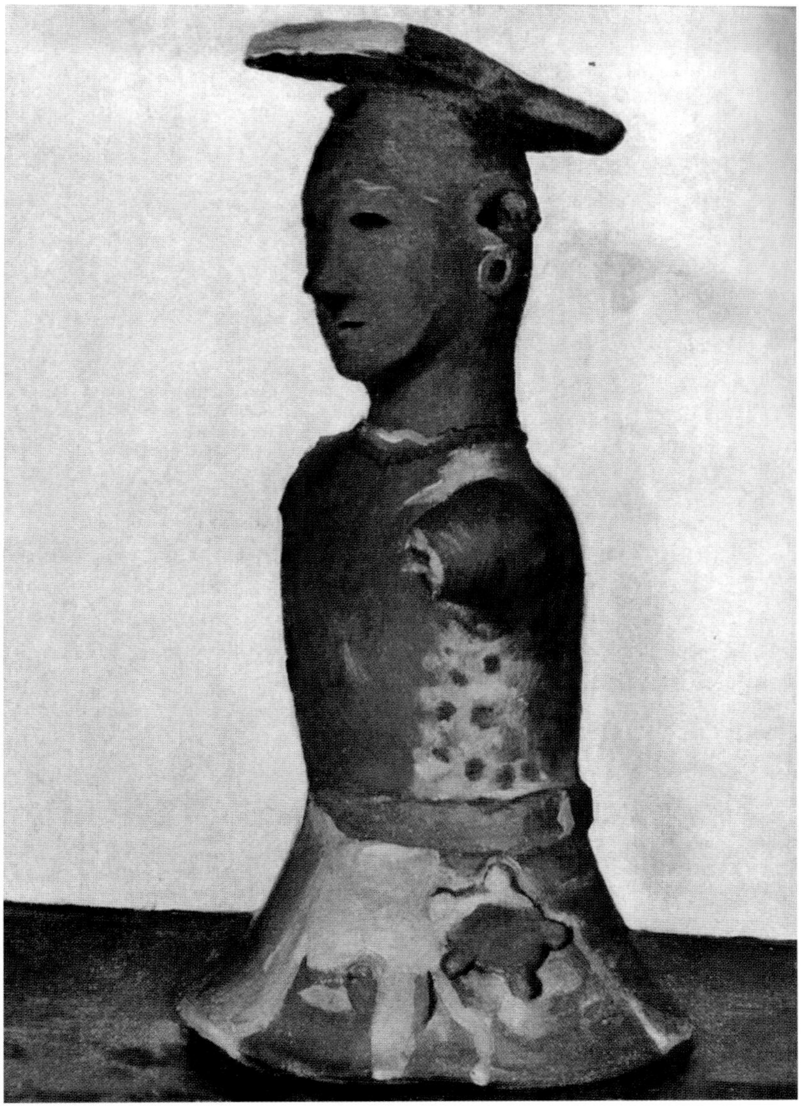

島田式結髪に櫛を挿し頸玉及び耳飾をした女子

高橋健自（1872-1929）
1929『歴世服飾図説』上 聚精堂書店より引用

明治10年（1877）の内務省布達以来、埋蔵物は内務省（後に宮内省）に届け出られ、必要なものは博物館で陳列されていた。その後、明治32年公布の『遺失物法』を受けて、内務省と帝室博物館、東京帝国大学が協議を行い、古墳関係及びその他の学術技芸もしくは考古資料となるものは宮内省（諸陵寮及び博物館）、石器時代遺物は東京帝国大学に通知し、貯蔵の必要があるものについては、公告などの手続きを経た後、各機関に帰属されることとなった（大正元年には京都帝国大学を含めた四者協議がなされている）。この訓令により、明治年間以降に発見された重要な考古遺物は帝室博物館、東京・京都帝国大学で収集、管理されることになったのである。
本章では、帝室博物館、東京帝国大学が発行した考古学絵葉書をほぼ悉皆的に掲載することで、近代考古学史を研究するための基礎資料を提供する。また、考古学会総会記念絵葉書からは、当時の研究者の志向や研究動向を、東京美術学校特殊研究講義絵葉書からは、考古学者の絵葉書利用の一端を垣間見て頂きたい。

1 東京帝室博物館（帝室博物館）

『歴史絵はがき』

第一回

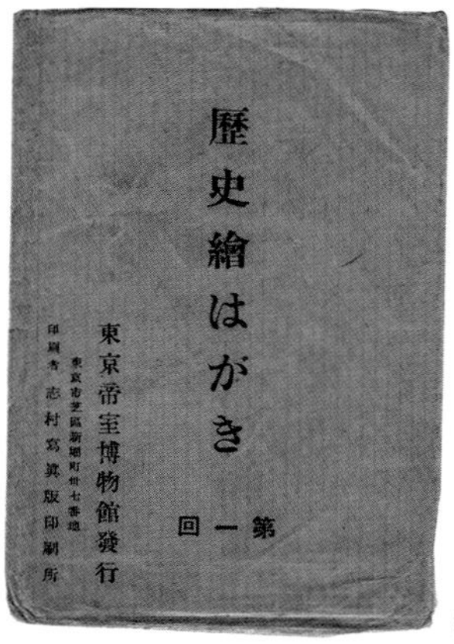

（外　袋）

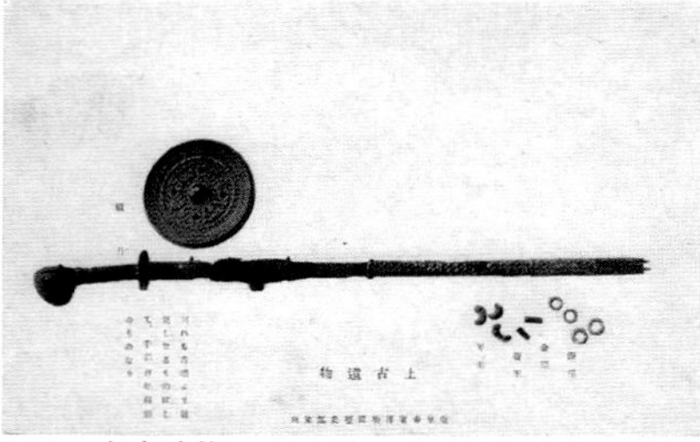
001　上古遺物

004　奈良時代楽器

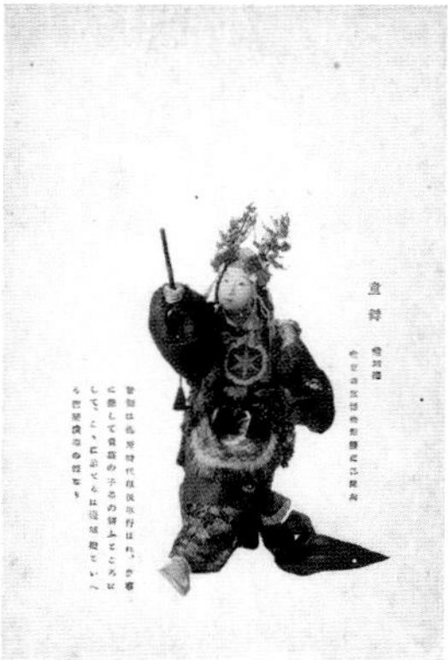
005　童　　舞

002　木乃伊

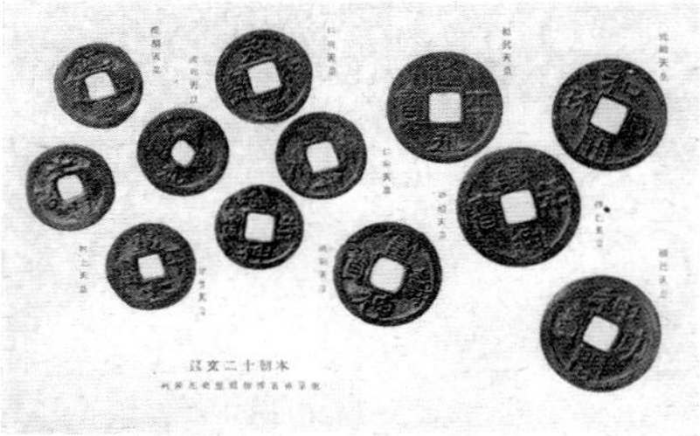
003　本朝十二文銭

006　踏　　絵

第二十回　上古遺物号（其一）

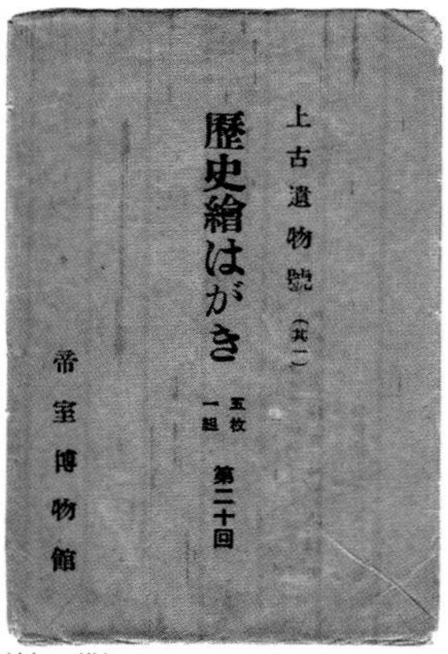

（外　袋）

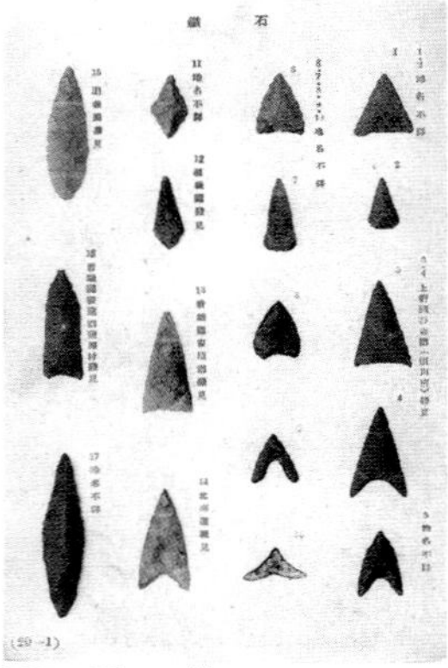
007　石　　鏃

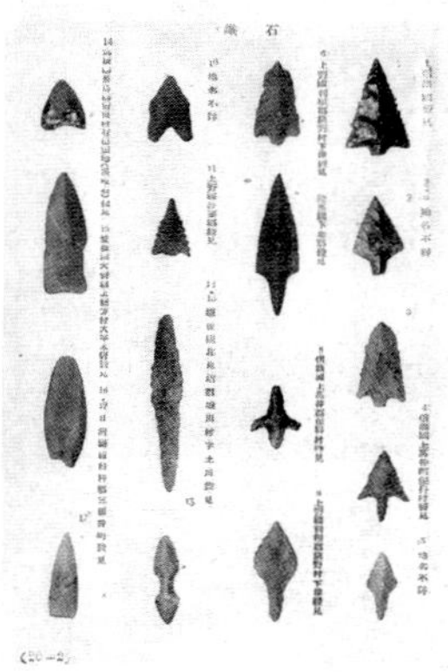
008　石　　鏃

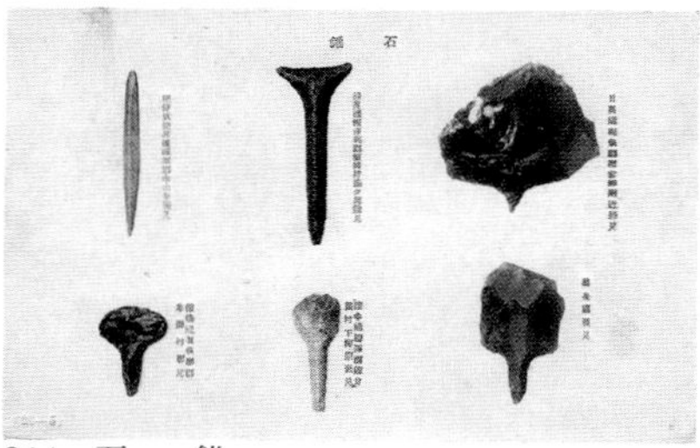
011　石　　錐

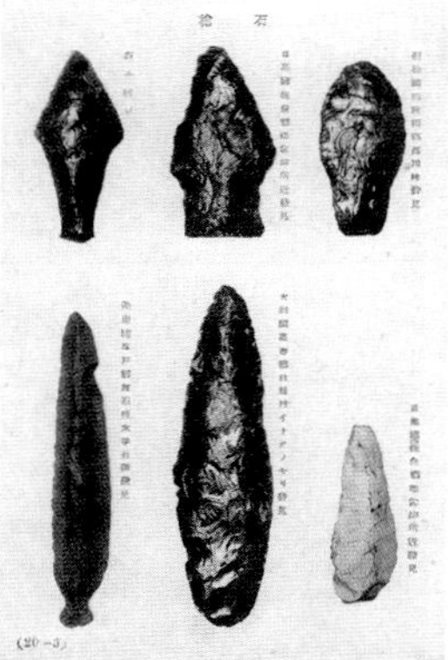
009　石　　槍

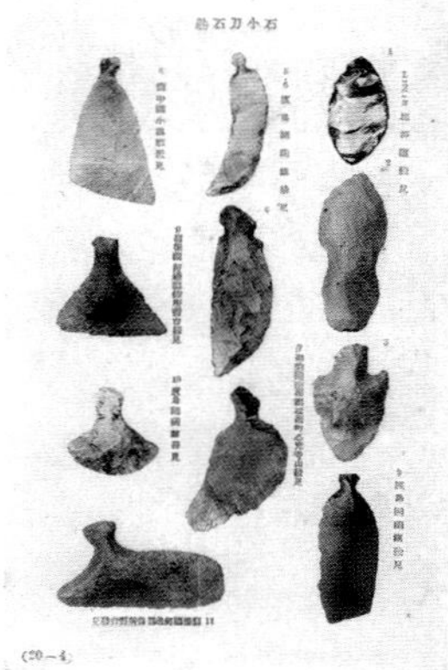
010　石小刀石匙

東京帝室博物館鑑査官の高橋健自が手掛けた絵葉書で、明治39年（1906）4月に第1回が刊行された。ここに掲げた第1回（001～006）は、Ⅲ期（大正7年～昭和7年）に再版されたものである。初版の外袋のデザインは鏡や蒔絵の紋様から起こしたもので、各回で内容を変えるなど、嗜好を凝らしたものであった。Ⅲ期以降に発行されたものは薄紙で、中央に『歴史絵はがき』と回数、発行機関名が記載された外袋に統一されている。

第1回のうち、三種の神器を古墳出土品で構成した「上古遺物」（001）は、考古遺物に関する写真絵葉書の嚆矢に位置付けられる。当初は有職故実に関する資料を中心に構成されていたが、第15回から第19回は「鶴亀松竹梅号」、第20回以降は「上古遺物号」というテーマが設定された。

第二十一回　上古遺物号（其二）

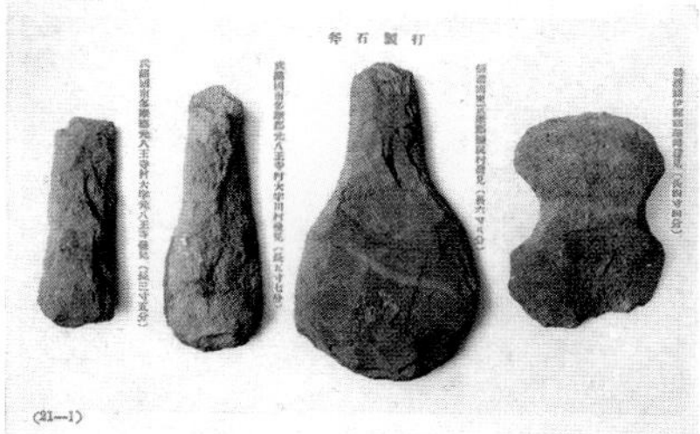

012　打製石斧

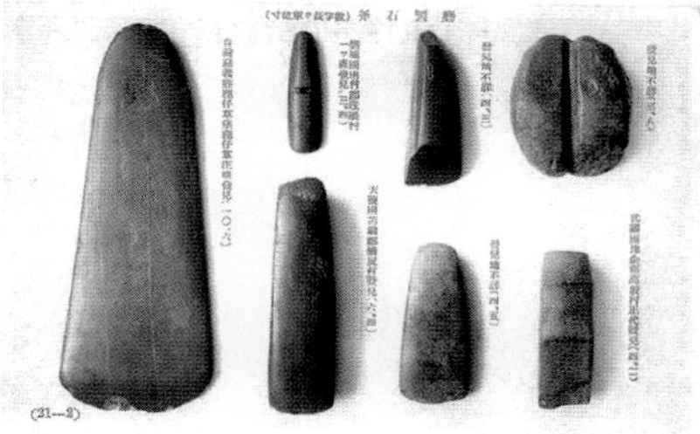

013　磨製石斧

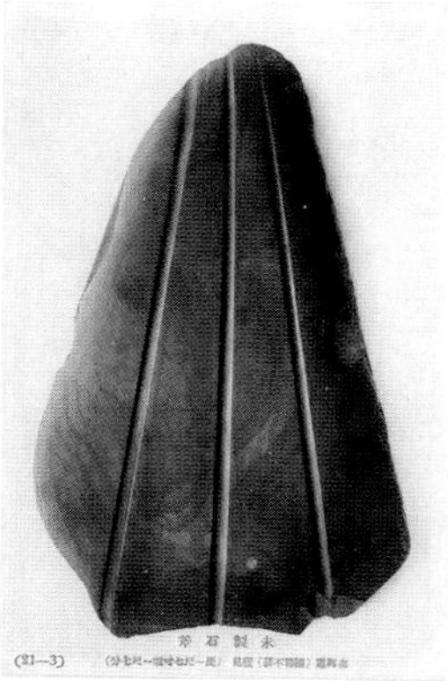

014　未製石斧

015　石　　鉆

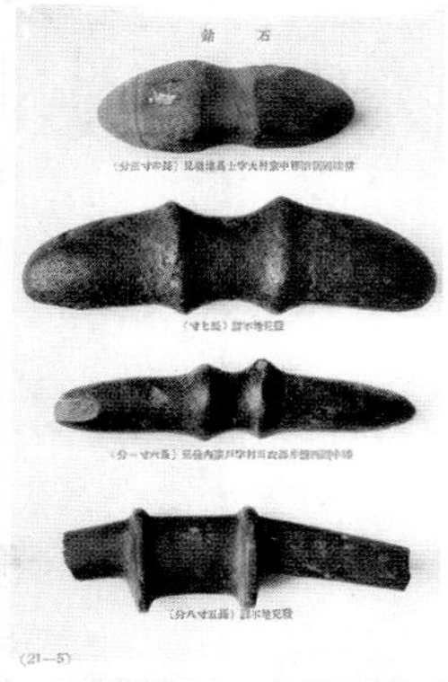

016　石　　鉆

第二十二回　上古遺物号（其三）

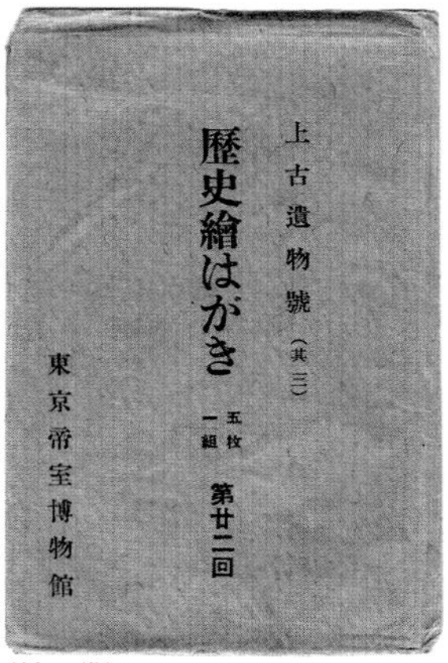

（外　袋）

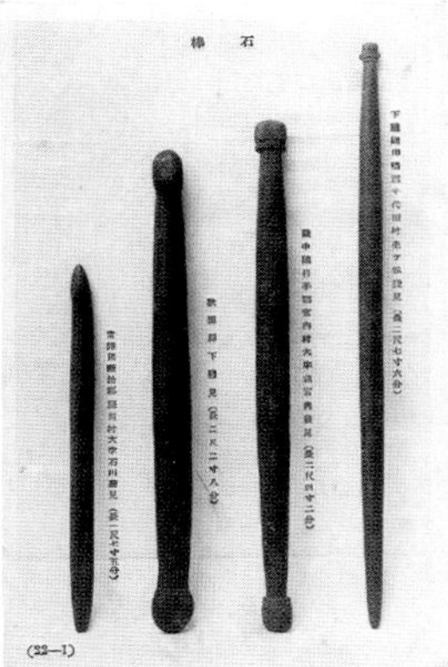

017　石　　棒

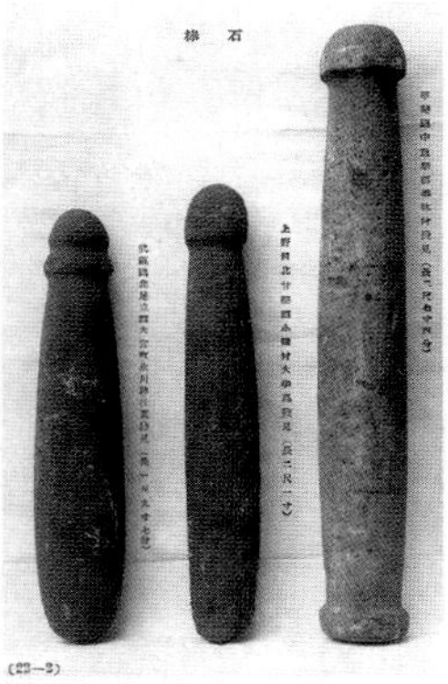

018　石　　棒

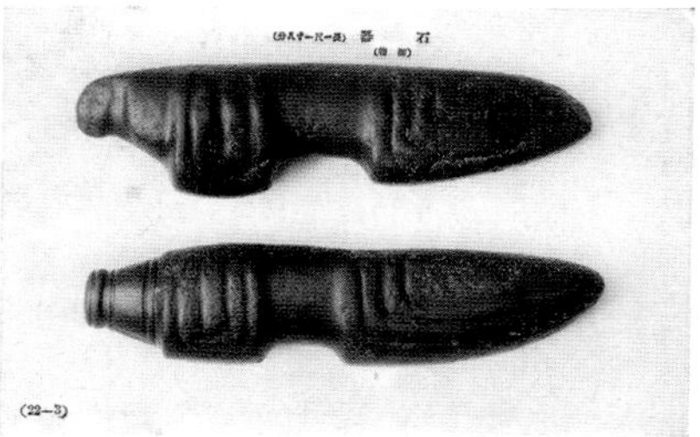

019　石器（御物）

020　石　　皿

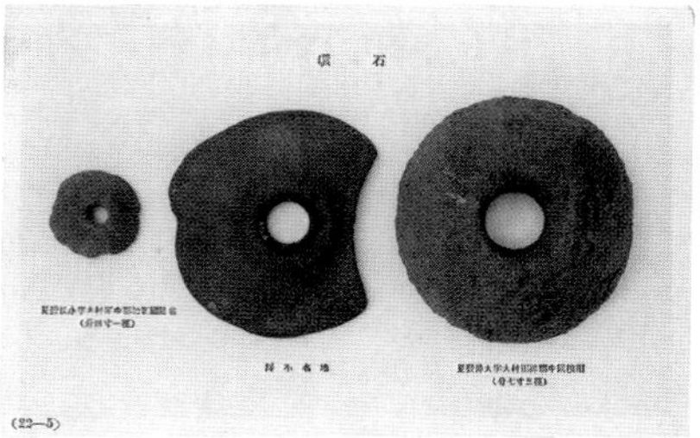

021　石　　環

第二十三回　上古遺物号（其四）

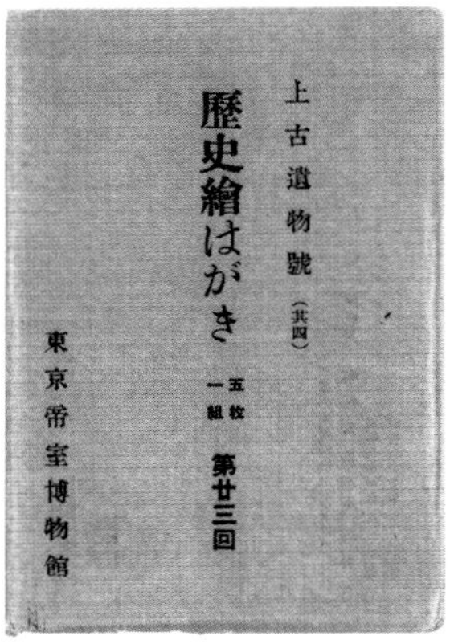

（外　袋）

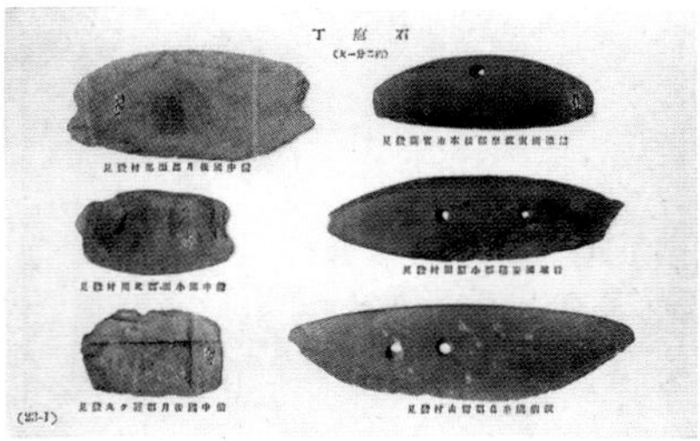

022　石庖丁

023　凹　　石

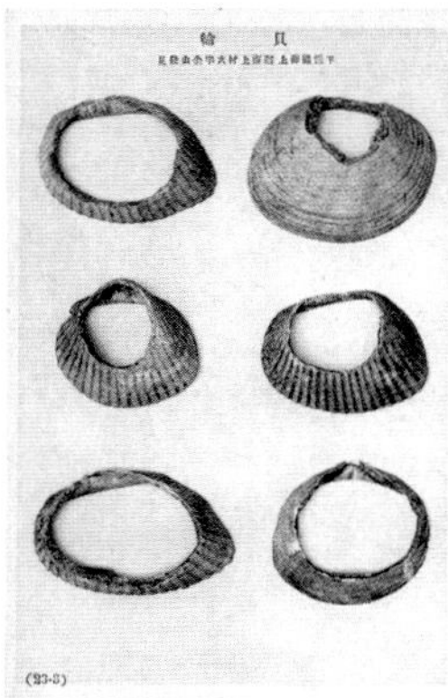

024　貝　　輪

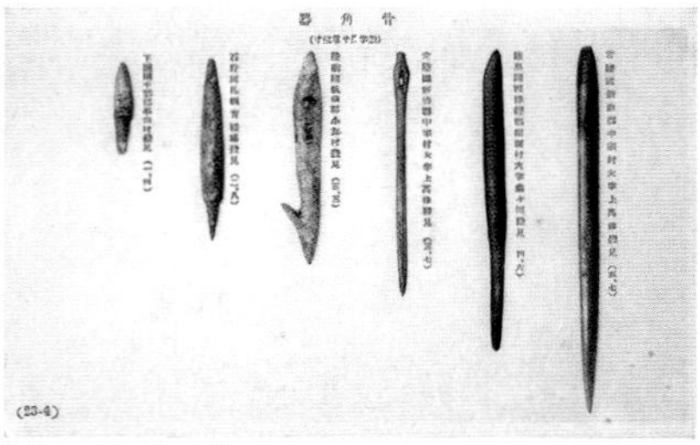

025　骨角器

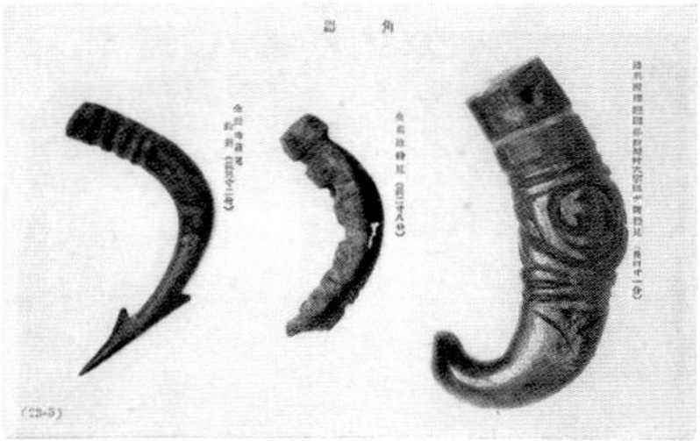

026　角　　器

第二十四回　上古遺物号（其五）

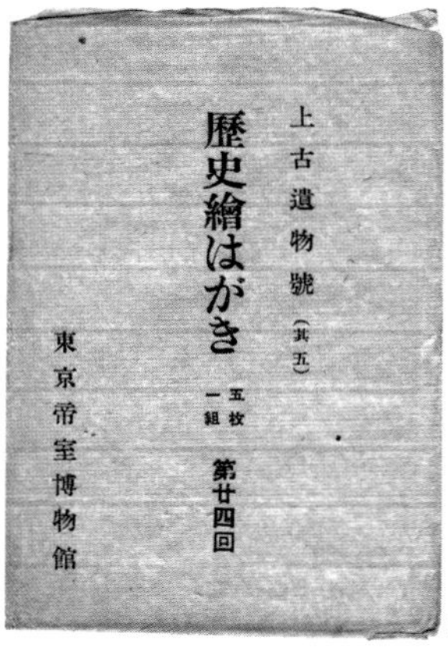

（外　袋）

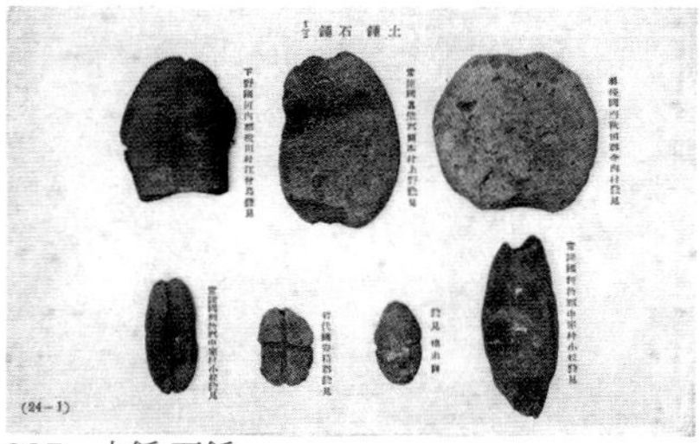

027　土錘石錘

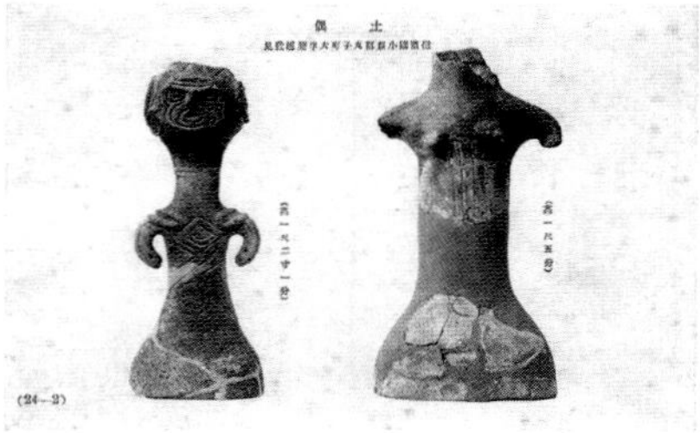

028　土　　偶

029　土　　偶

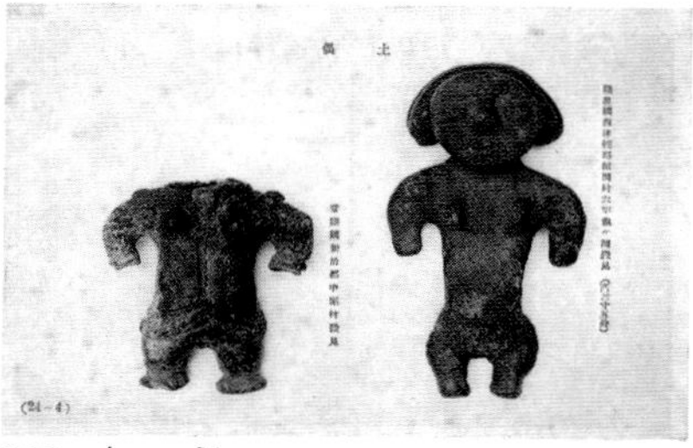

030　土　　偶

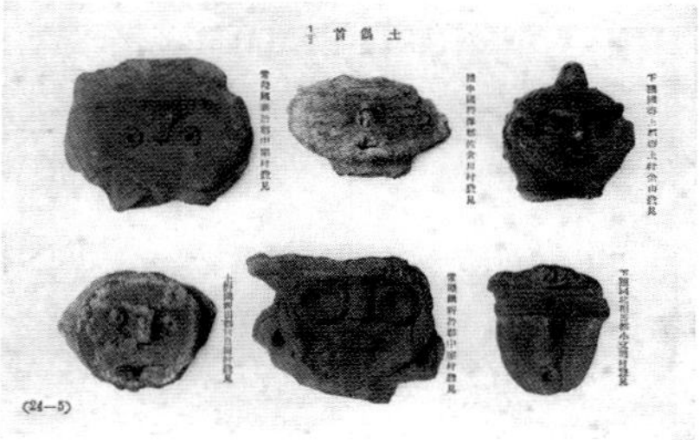

031　土偶首

第二十五回　上古遺物号（其六）

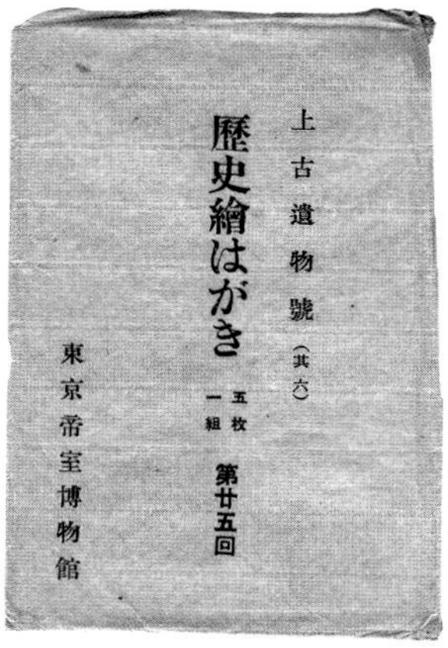

（外　袋）

032　銅　　鐸

033　銅　　鐸

034　銅　　鐸

035　銅　　鐸

036　細線鋸歯文鏡

第二十六回　上古遺物号（其七）

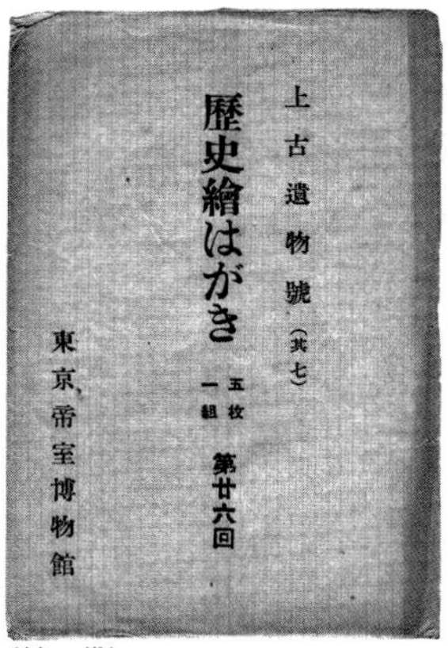

（外　袋）

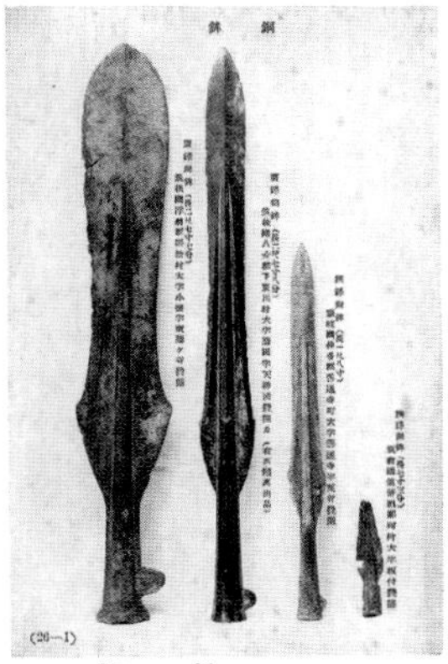
037　銅　　鉾

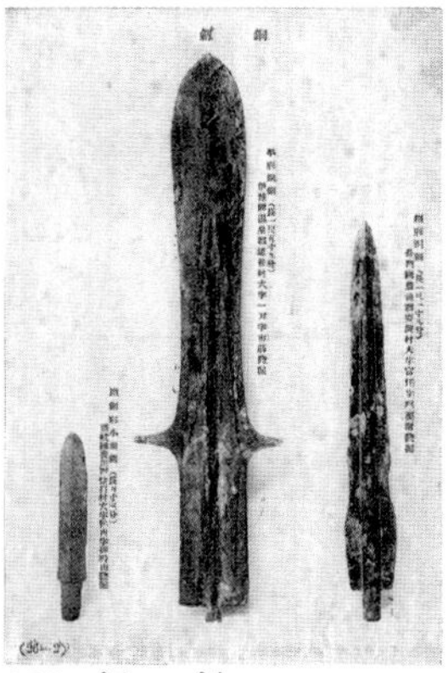
038　銅　　剣

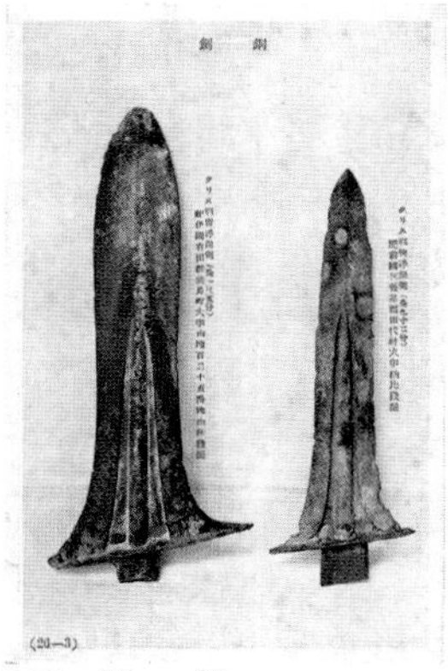
039　銅　　剣

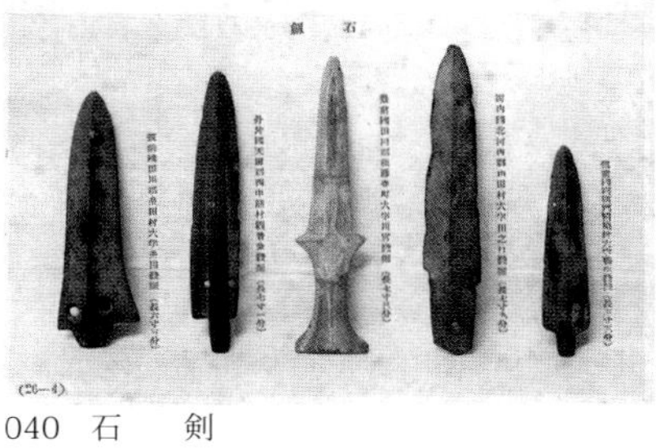
040　石　　剣

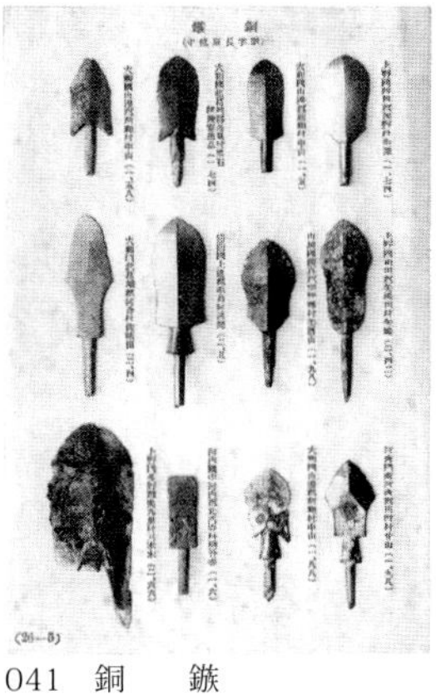
041　銅　　鏃

第二十七回　上古遺物号（其八）

042　杏　　葉

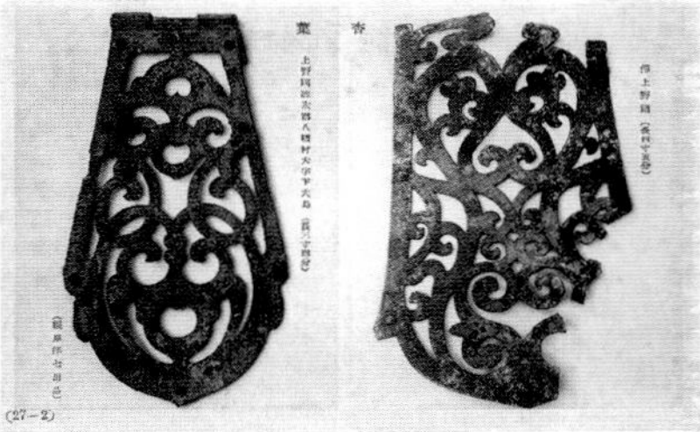
043　杏　　葉

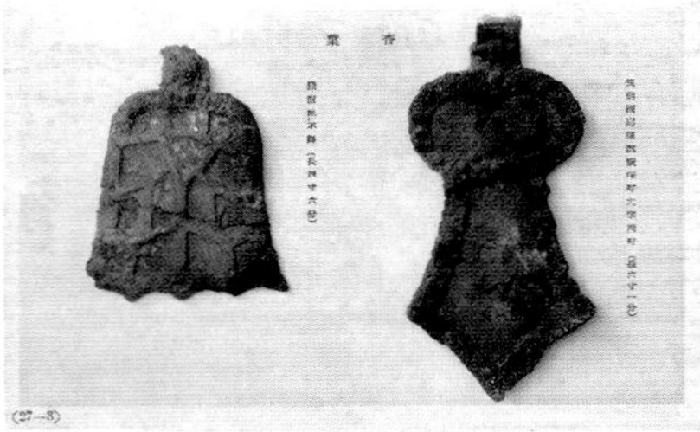
044　杏　　葉

045　杏　　葉

046　鈴 杏 葉

第二十七回　上古遺物号（其八）再版

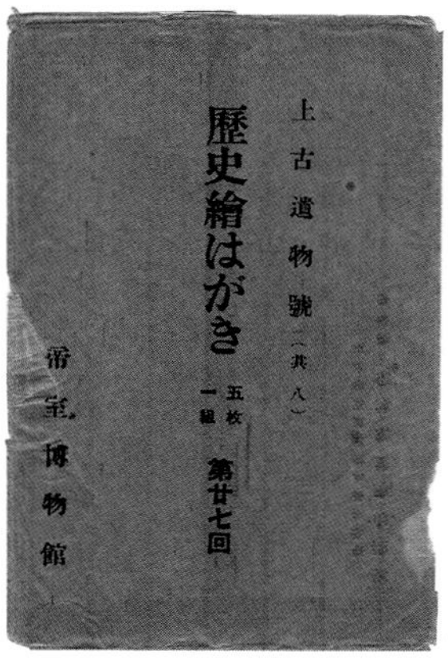

（外　袋）

047　杏　　葉

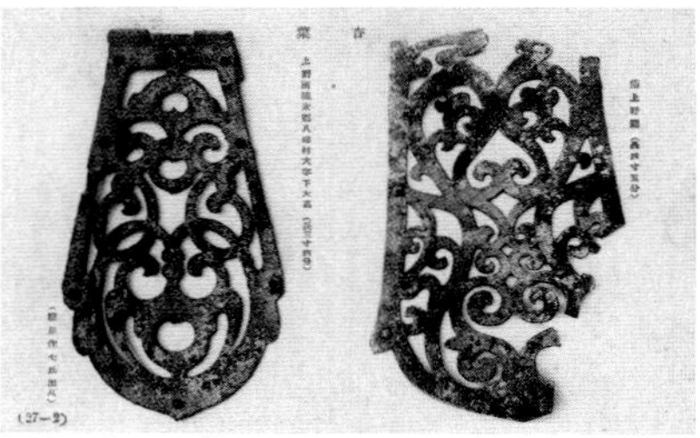
048　杏　　葉

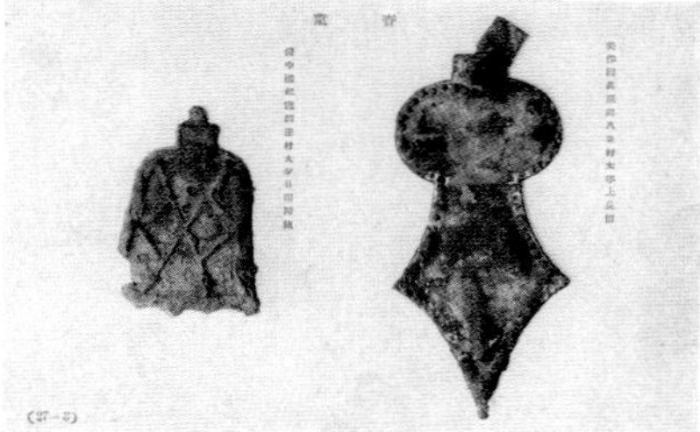
049　杏　　葉

050　杏　　葉

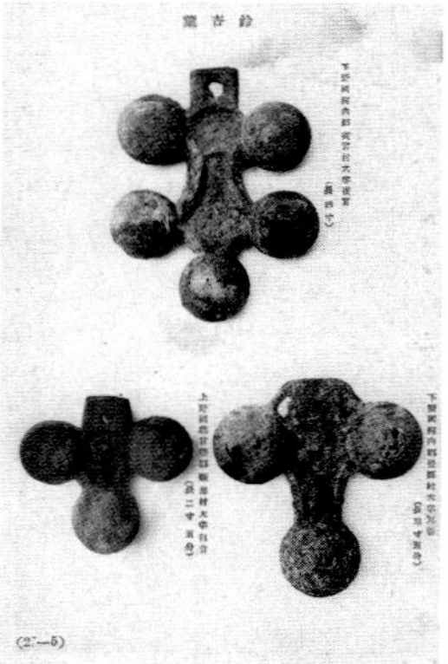
051　鈴 杏 葉

第二十八回　上古遺物号（其九）

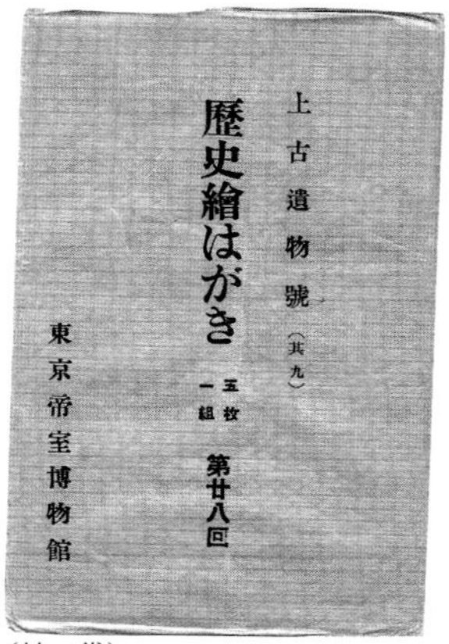

（外　袋）

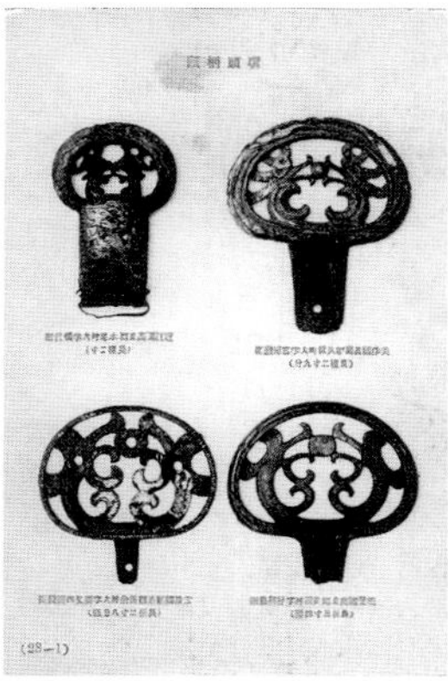

052　環頭柄頭

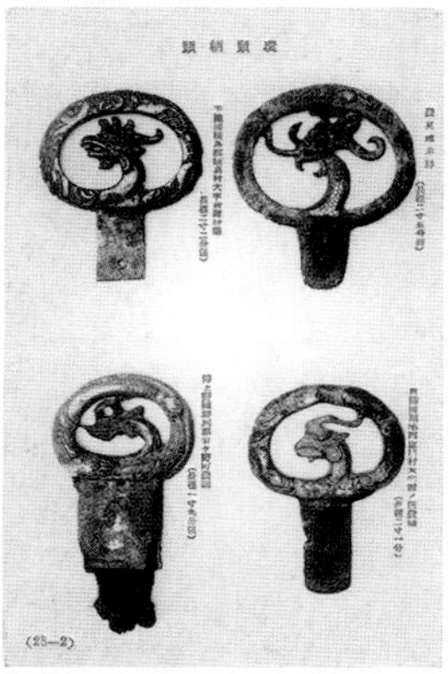

053　環頭柄頭

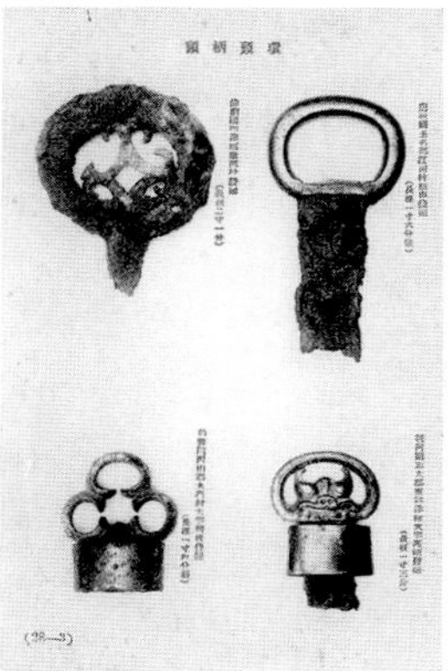

054　環頭柄頭

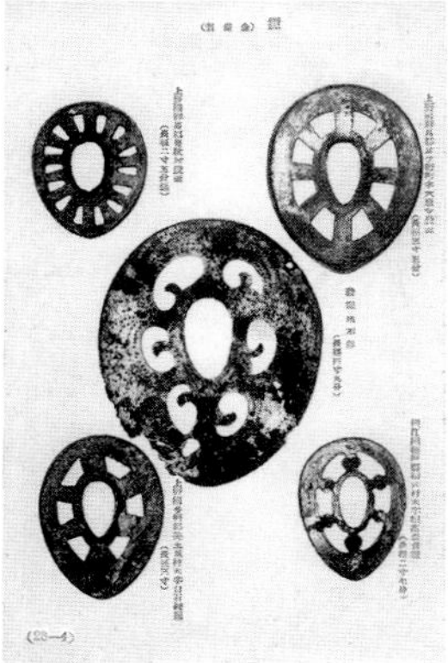

055　鐔（金銅製）

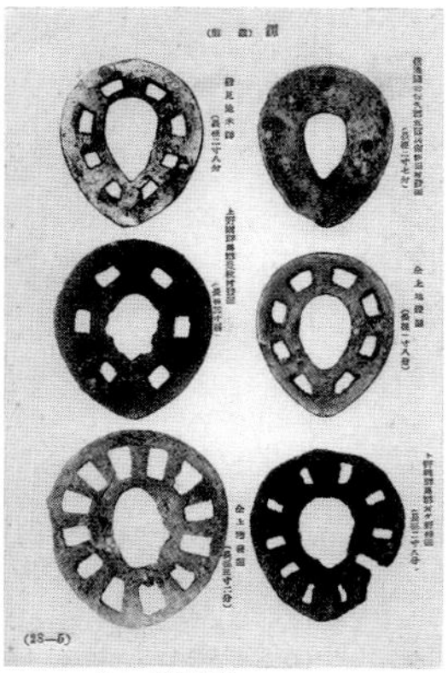

056　鐔（鉄製）

第二十九回　上古遺物号（其十）

057　人物画象鏡

058　内行花文鏡

059　神 獣 鏡

060　獣 帯 鏡

061　四仏四獣鏡

第三十一回　上古遺物号（其十二）

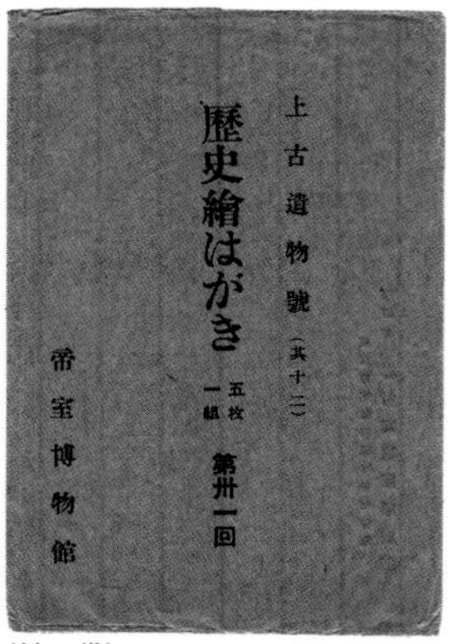

(外　袋)

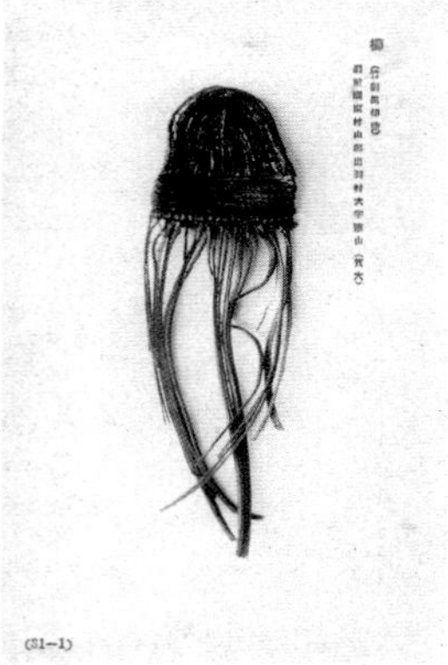

062　櫛

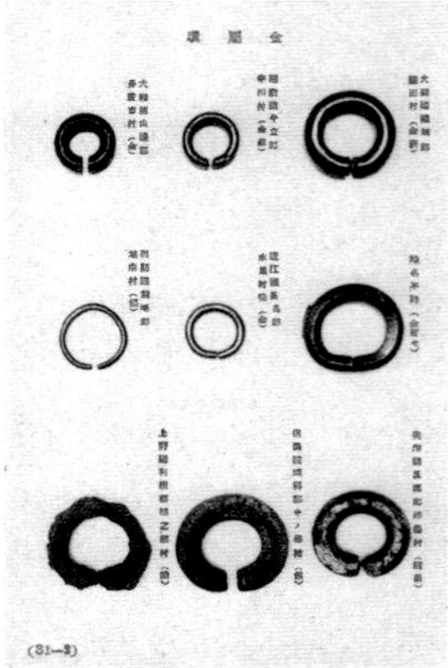

063　金属環

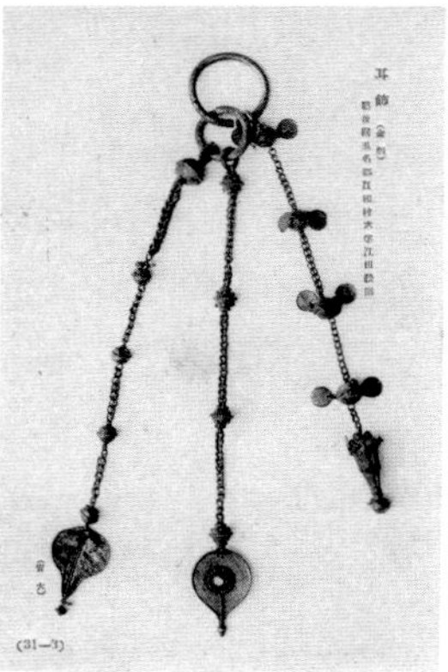

064　耳　　飾

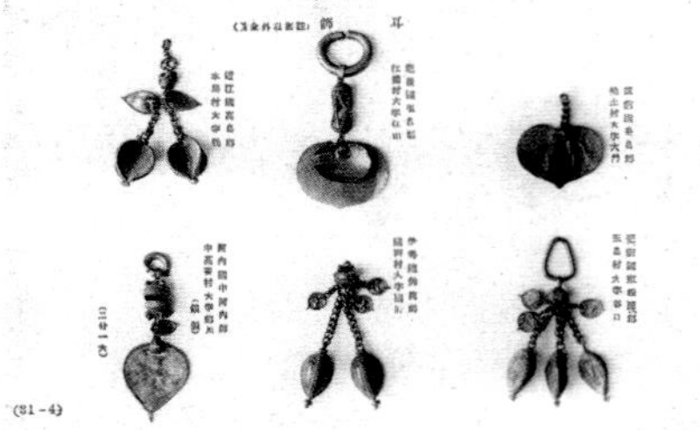

065　耳　　飾

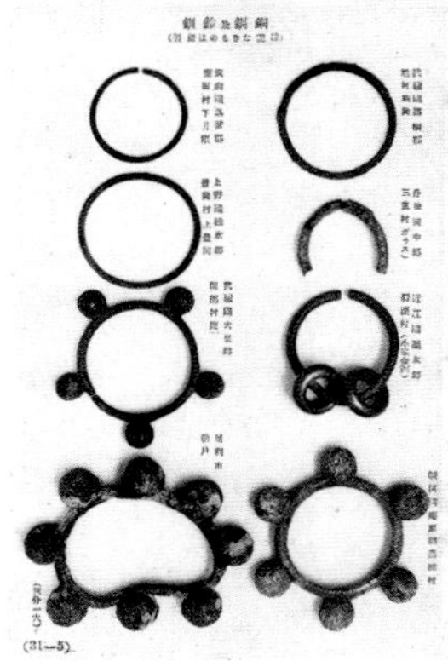

066　銅釧及鈴釧

第三十二回　上古遺物号（其十三）

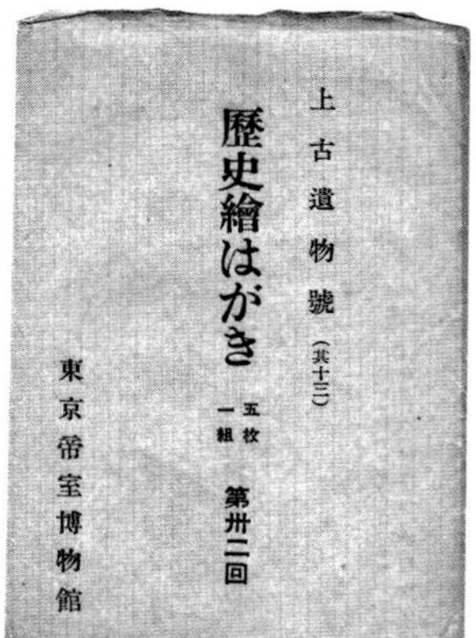

(外　袋)

067　家屋文鏡

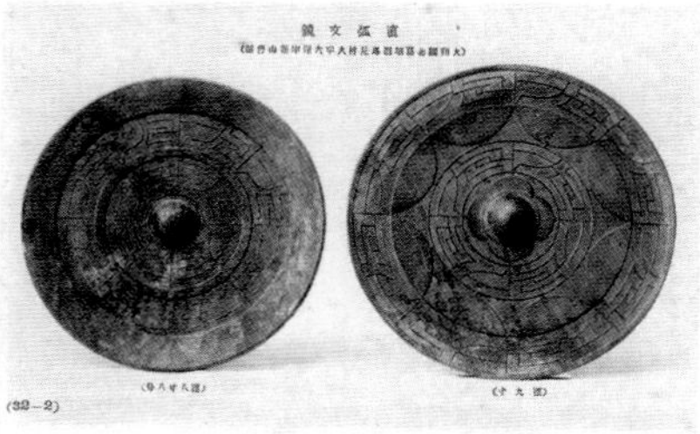

068　直弧文鏡

069　盤龍鏡

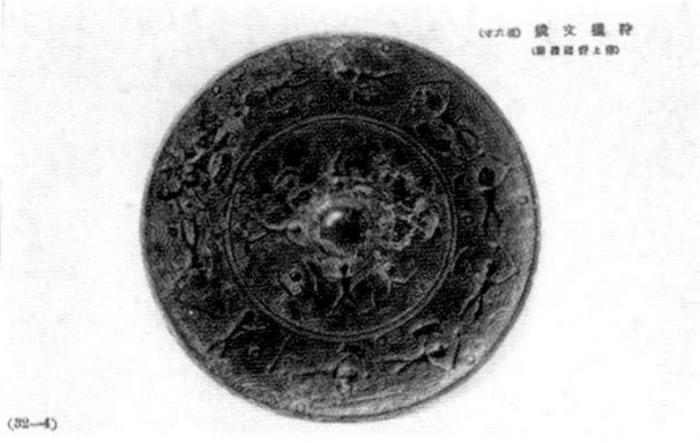

070　狩猟文鏡

071　獣形鏡

第三十三回　上古遺物号（其十四）

072　神 獣 鏡

073　人物画象鏡

074　神 獣 鏡

075　神 獣 鏡

076　人物画象鏡

第三十四回　上古遺物号（其十五）

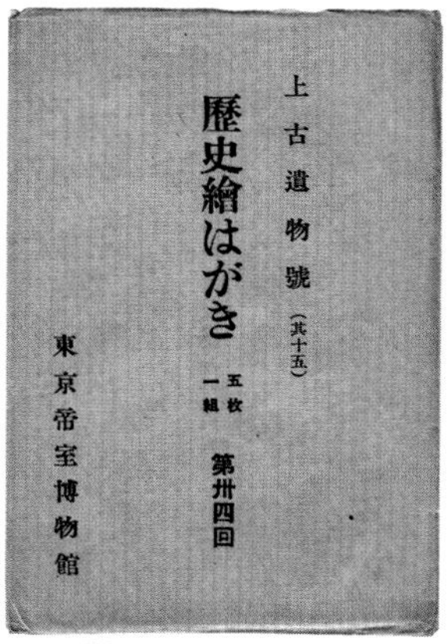

（外　袋）

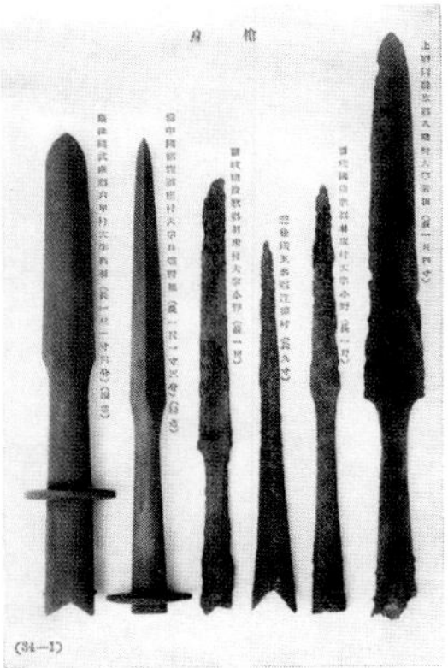
077　槍　　身

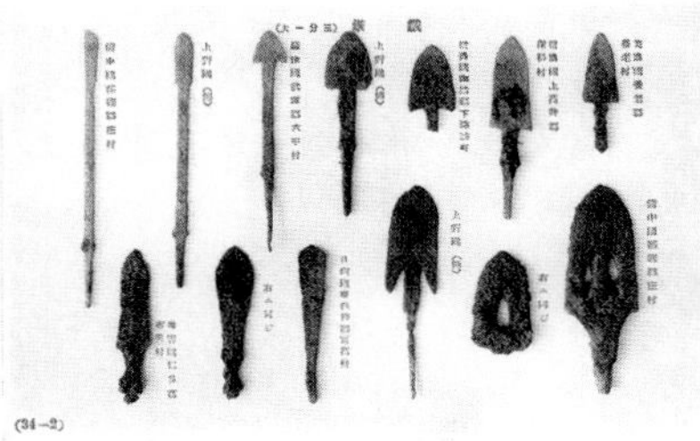
078　鉄　　鏃

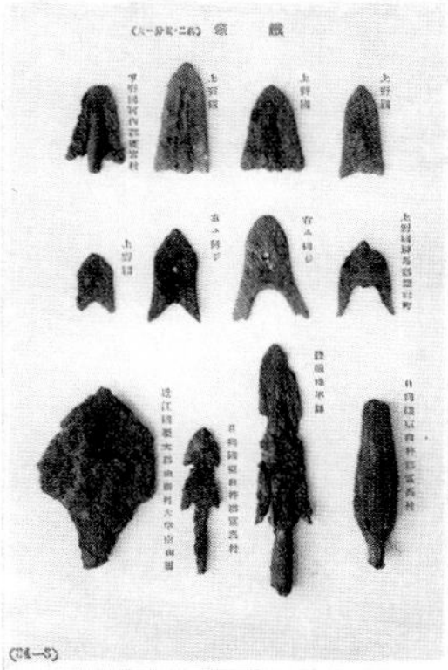
079　鉄　　鏃

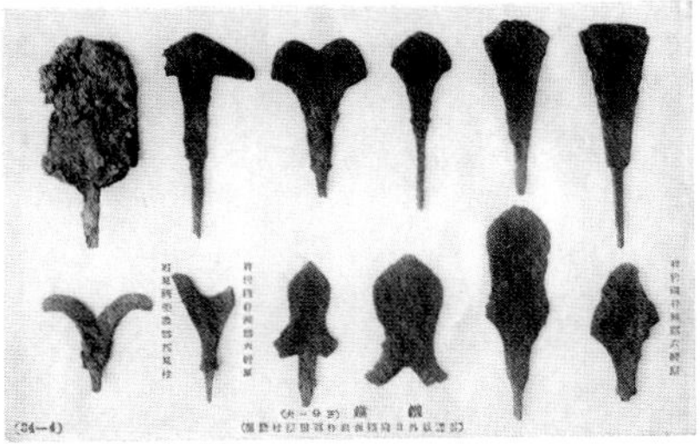
080　鉄　　鏃

081　（埴輪）鞆 靭

第三十四回　上古遺物号（其十五）再版

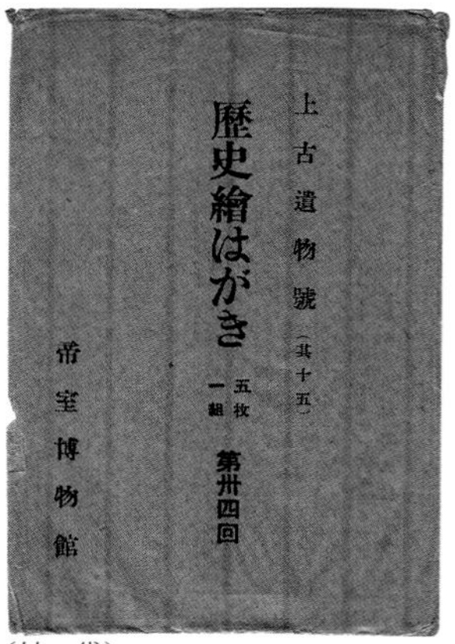

（外　袋）

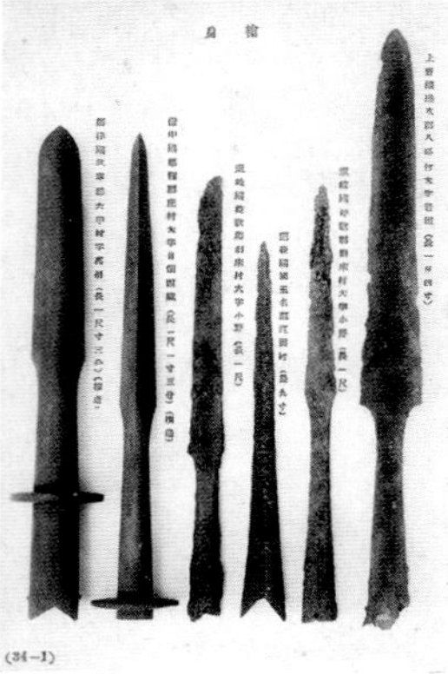
082　槍　　身

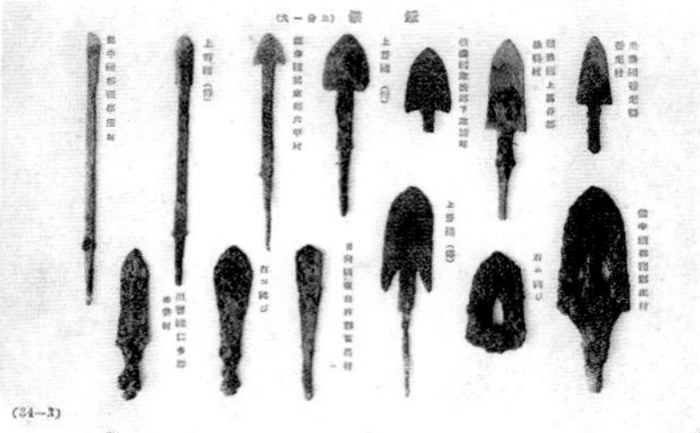
083　鉄　　鏃

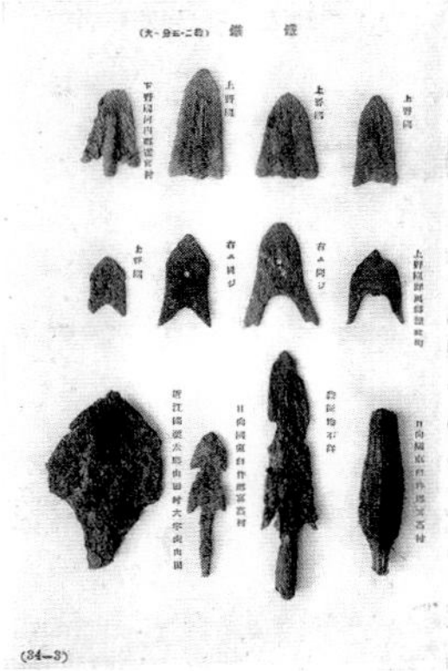
084　鉄　　鏃

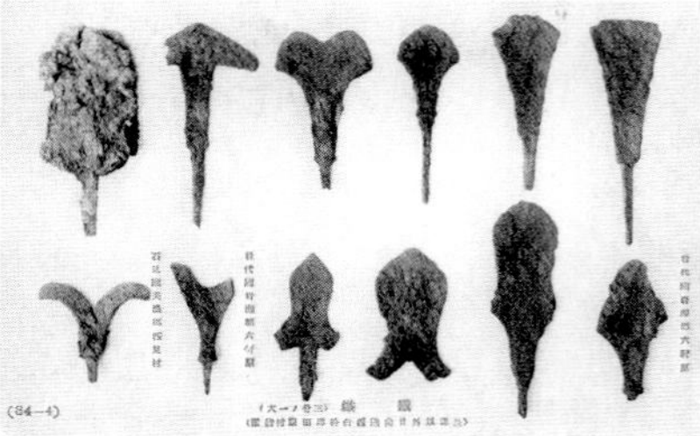
085　鉄　　鏃

086　銅製弭金物

第三十五回　上古遺物号（其十六）

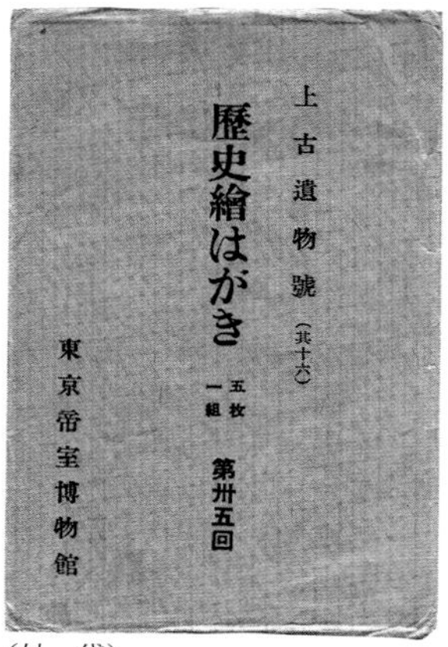

（外　袋）

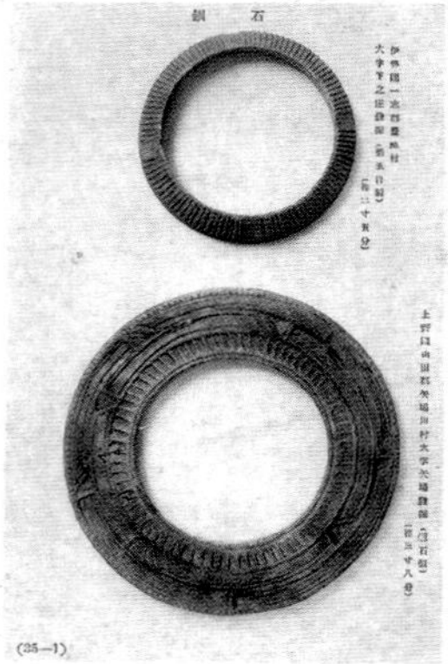
087　石　　釧

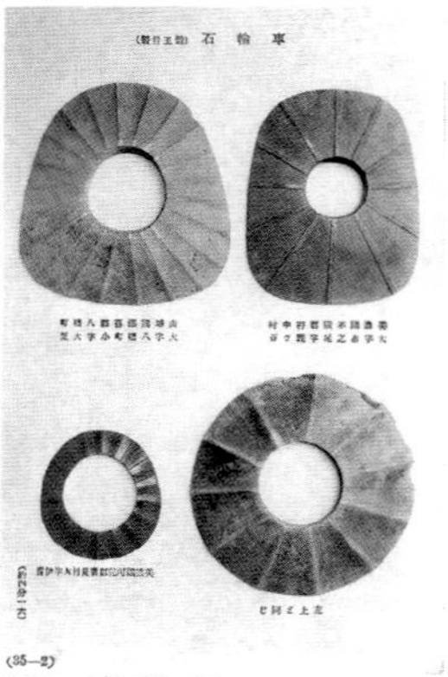
088　車 輪 石

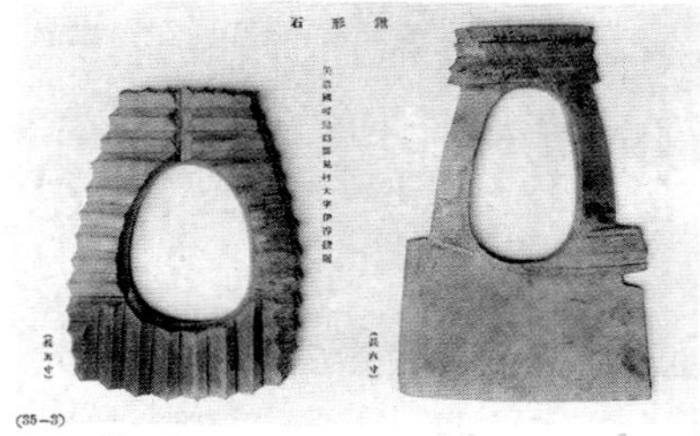
089　鍬 形 石

090　石製台 石製坩

091　石製合子

第三十六回　上古遺物号（其十七）

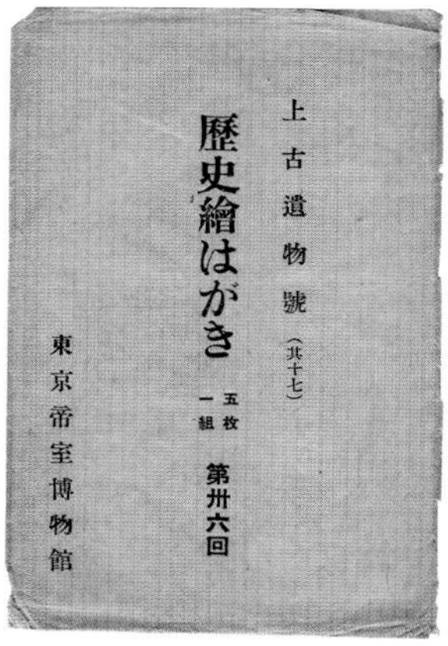

（外　袋）

092　四 鈴 鏡

093　五 鈴 鏡

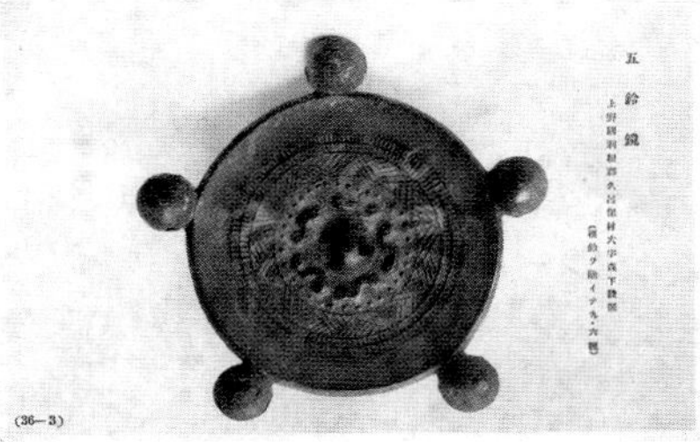
094　五 鈴 鏡

095　六 鈴 鏡

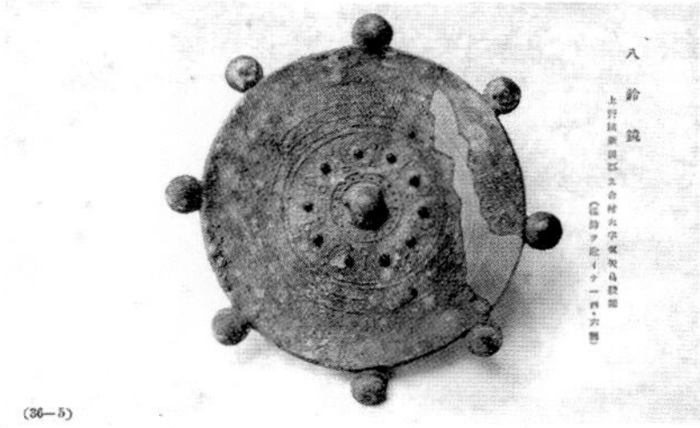
096　八 鈴 鏡

第三十七回　上古遺物号（其十八）

097　冠

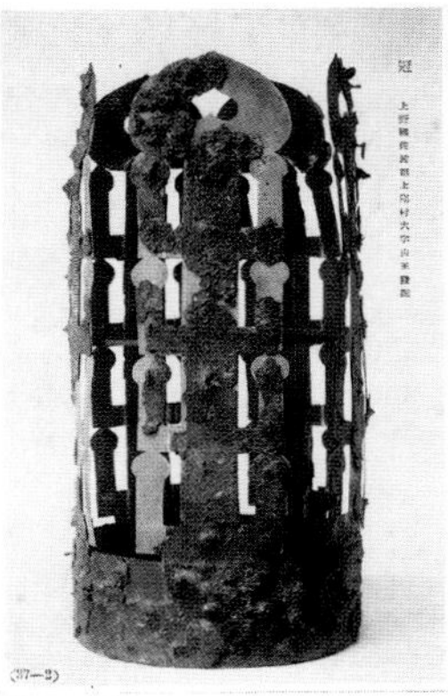
098　冠

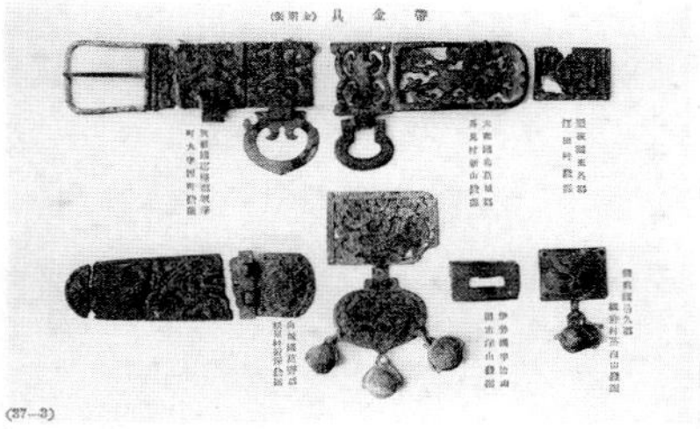
099　帯 金 具

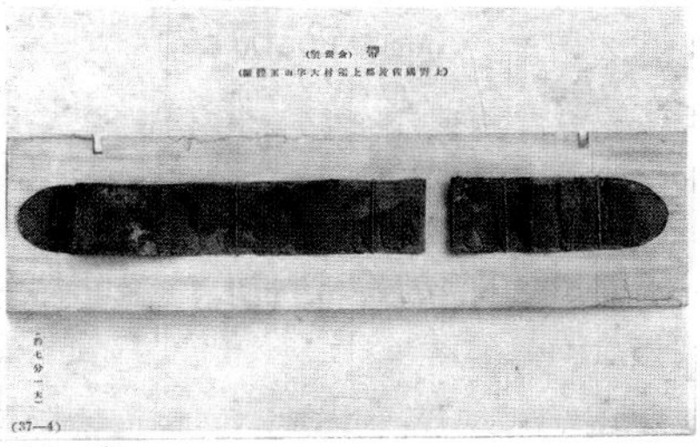
100　帯

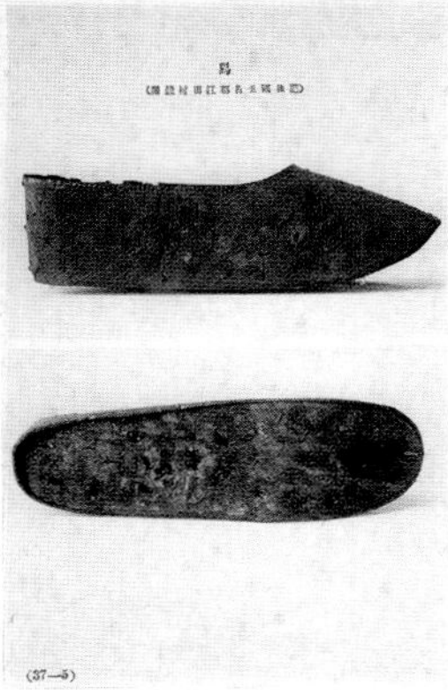
101　舄

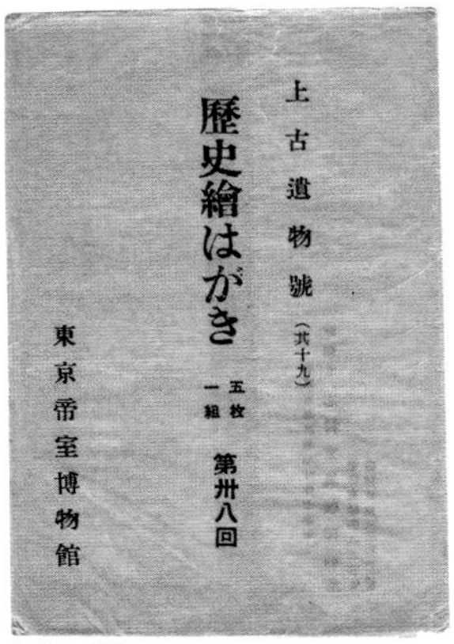

（外　袋）

102　男子埴輪土偶

103　男子埴輪土偶

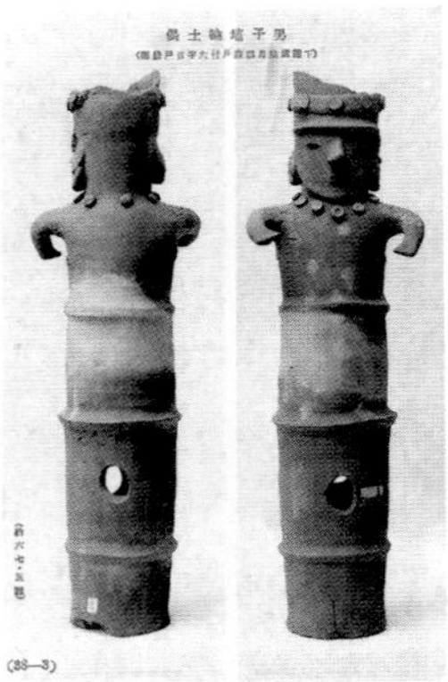

104　男子埴輪土偶

105　男子埴輪土偶

106　男子埴輪土偶

CARTE POSTALE

端書夜話　―博物館の記念スタンプ―

吉見百穴や大宰府都府楼などの名所旧跡で、土産物として販売されている絵葉書に記念スタンプを押印することは、観光客がその場所を訪れた確実性を二重に担保することになる。記念スタンプの押印は、現地の訪問という確認行為とも捕らえられるのである。ところで、これら記念スタンプは誰が、どのようにデザインしたのだろうか。

①は、東京帝室博物館が上野に開館して25周年を記念したスタンプで、五鈴鏡をモチーフとし、鏡の外区に朱文で「上野開館弐十五週年記念／東京帝室博物館」、鈕部分に「40-3-20」（明治40年3月20日）と記す。①同様に、外枠に五鈴鏡を用いたものとして、②の神宮徴古館観覧記念スタンプがある。こちらは外区にのみ「銘文」があり、中央部には鈕が表現されている（押印された絵葉書はⅡ期のもの）。

鈴鏡は日本製の鏡であり、その中でも5つ鈴が付けられた五鈴鏡を採用したのは、明治期に出土地が明確な鈴鏡の半数が五鈴鏡であったためと考えられる。

③は明治から大正期の東京帝室博物館の観覧記念スタンプである。内行花文鏡をモチーフとし、外区に「大正十一年七月／東京帝室博物館」と朱文で記す。蝙蝠座の間に「観覧記念」の四字を入れるデザインは、その下地に長宜子孫内行花文鏡の存在を髣髴とさせる。

東京帝室博物館や神宮徴古館の絵葉書を手掛けたのが高橋健自であることから、これら記念スタンプのデザインにも高橋健自が関わっていたと思われる。古鏡に関する博識がデザインの要所に見受けられることも、このことの傍証となろう。

①

②

③

POSTALE CARTE

第三十九回　上古遺物号（其二十）

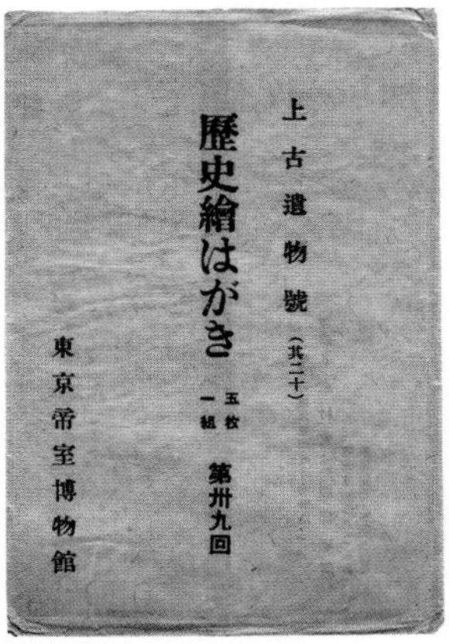

（外　袋）

107　男子埴輪土偶

108　男子埴輪土偶

109　男子埴輪土偶

110　男子埴輪土偶

111　武装男子埴輪土偶

第三十九回　上古遺物号（其二十）再版

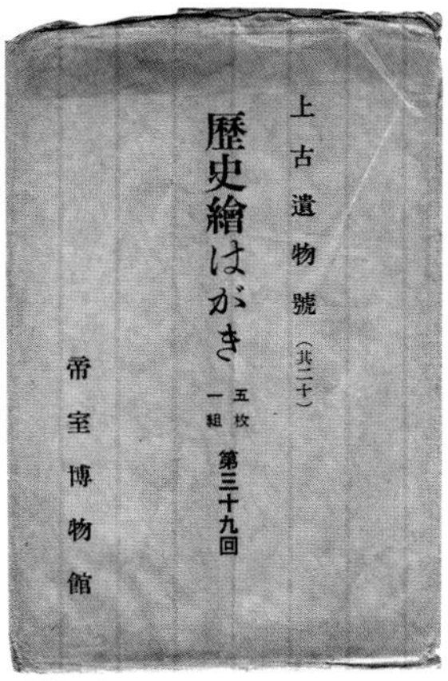

（外　袋）

112　男子埴輪土偶

113　埴輪男子像

114　鍬を肩にする埴輪男子像

115　男子埴輪土偶

116　埴輪被帽男子像

外袋の発行機関名は、「東京帝室博物館」の場合は、Ⅲ期（大正7年～昭和7年）、「帝室博物館」の場合は、Ⅲ～Ⅳ期（大正7年～昭和20年）にかけて再版されたものである。

本頁は『歴史絵はがき』第39回であるが、上段は初版（大正15年）、下段は再版（Ⅳ期）で構成している。107（112）と110（115）以外は差し替えられており、再版時に内容を検討し直していたことがわかる。

第四十回　上古遺物号（其二十一）

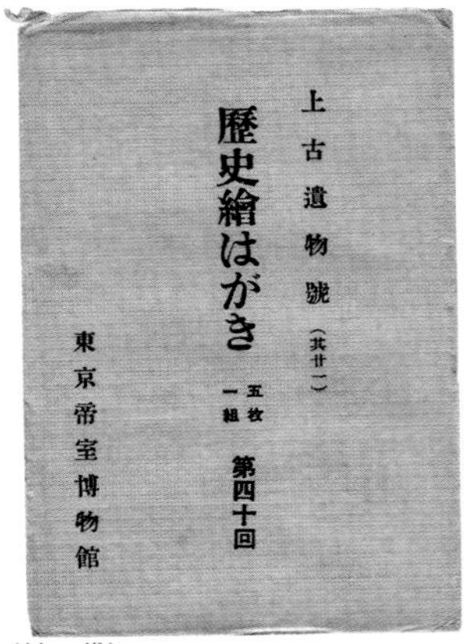

（外　袋）

117　武装男子埴輪土偶

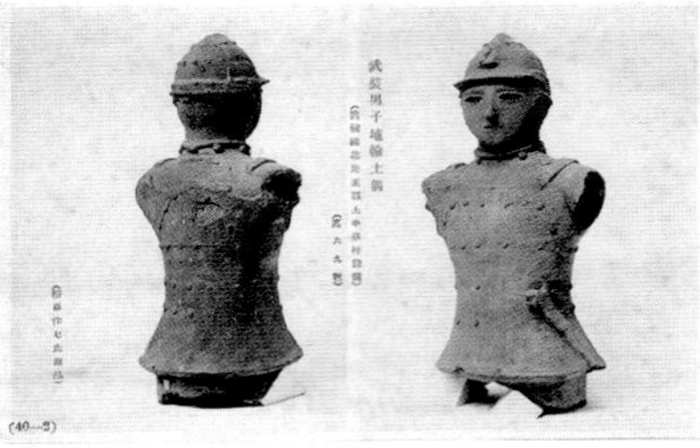
118　武装男子埴輪土偶

119　武装男子埴輪土偶

120　武装男子埴輪土偶

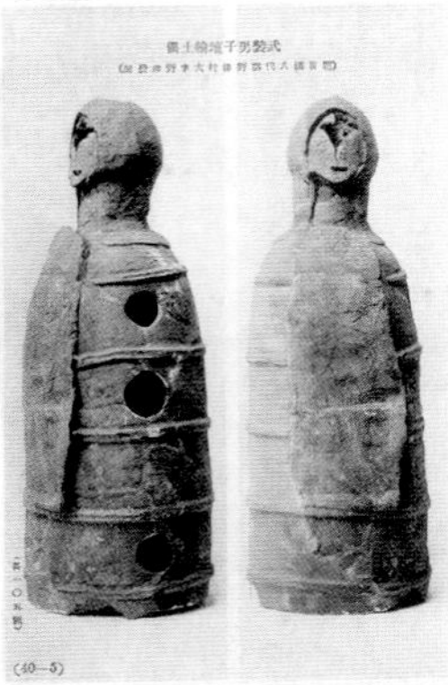
121　武装男子埴輪土偶

第四十回　上古遺物号（其二十一）再版

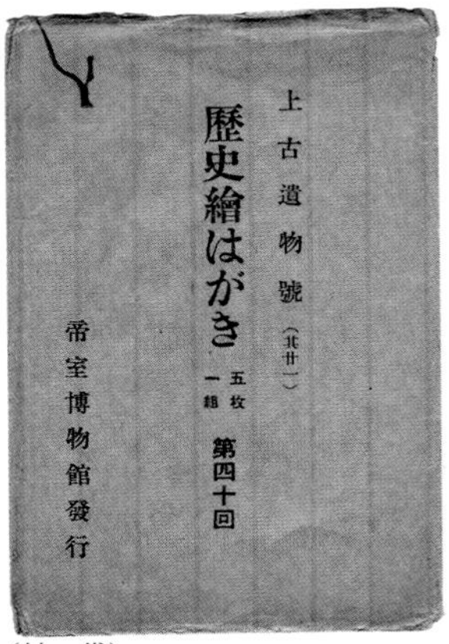

（外　袋）

122　武装男子埴輪土偶

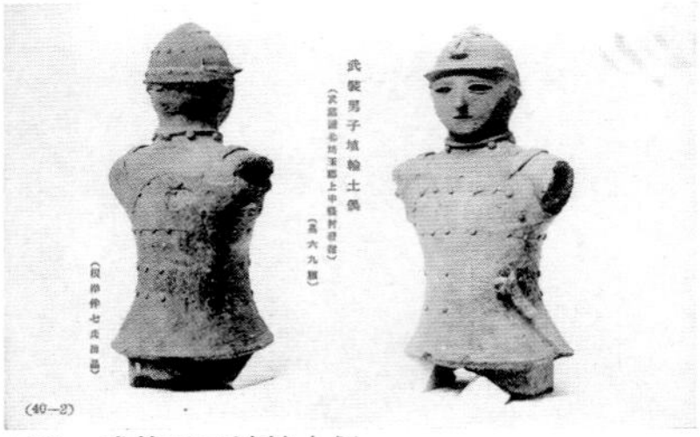
123　武装男子埴輪土偶

124　武装男子埴輪土偶

125　武装男子像

126　革甲着用男子像

第四十一回 上古遺物号（其二十二）

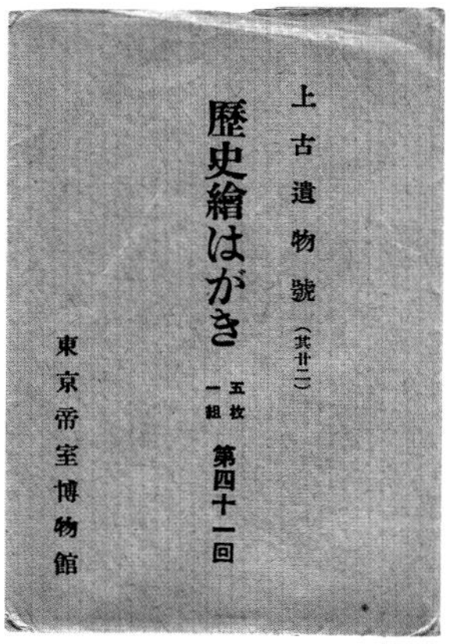

(外 袋)

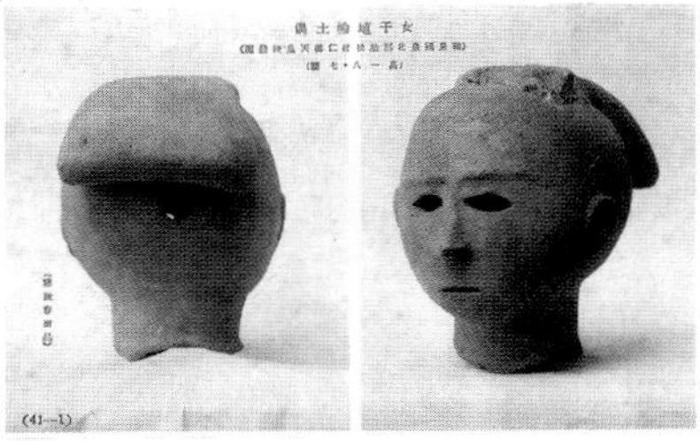
127 女子埴輪土偶

128 女子埴輪土偶

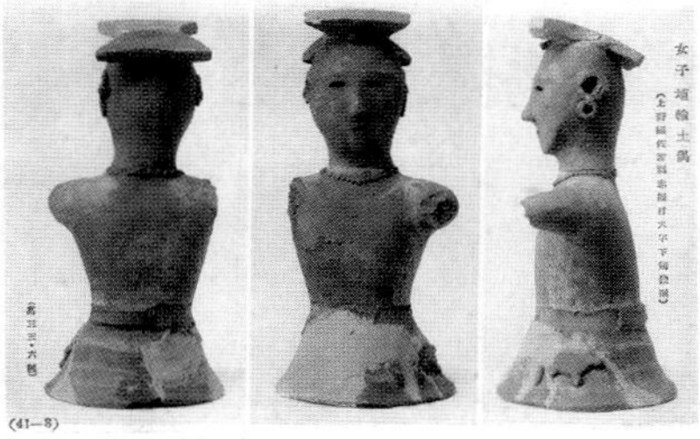
129 女子埴輪土偶

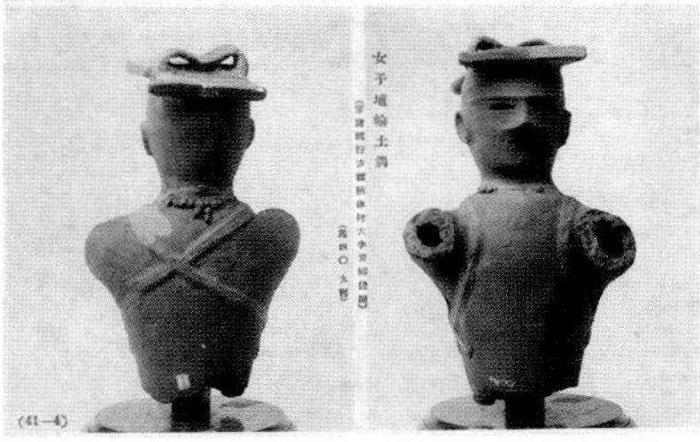
130 女子埴輪土偶

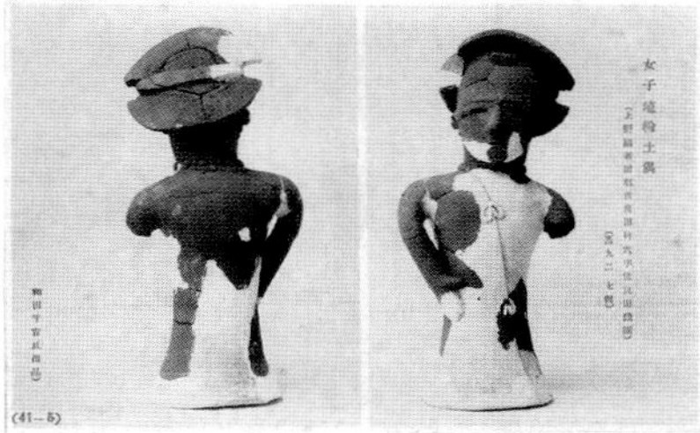
131 女子埴輪土偶

第四十一回 上古遺物号（其二十二）再版

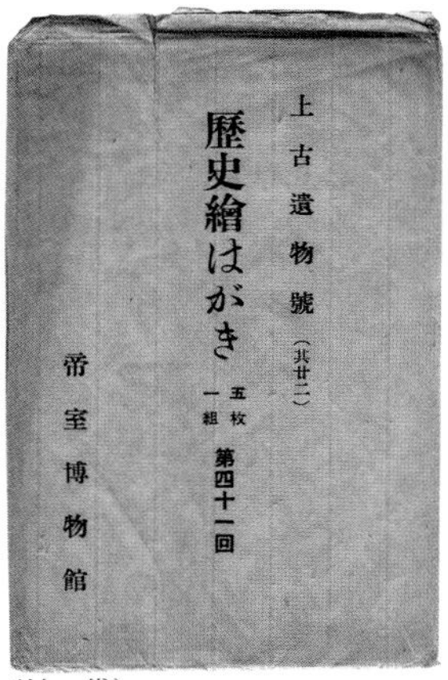

(外 袋)

132 埴輪女子像

133 埴輪着裳女子像

134 埴輪孩児を負う女子像

135 埴輪腰かけている女子像

本頁第 41 回のように、ほぼ全ての絵葉書が刷新されることもあった。なお、129 は、昭和 5 年（1930）に帝室博物館で開催された埴輪特別展覧会で展示された復元図（口絵 18）のモデルとなった埴輪である。

第四十二回　上古遺物号（其二十三）

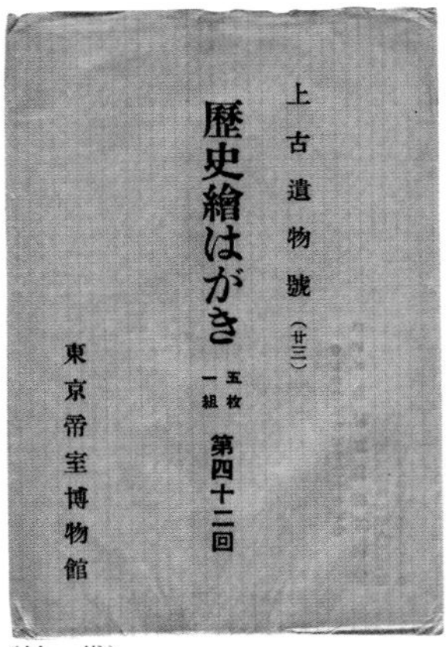

（外　袋）

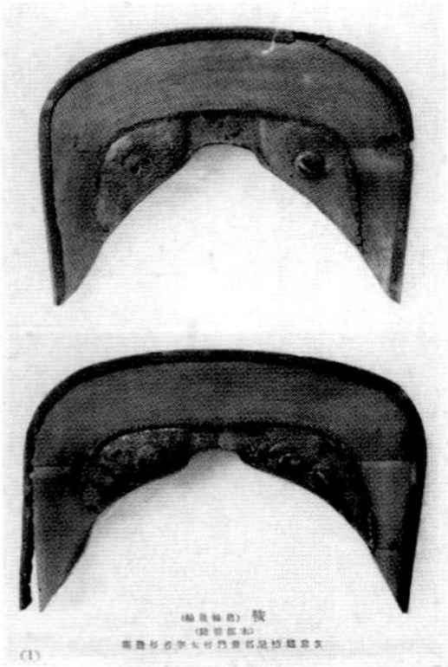
136　鞍（前輪後輪）

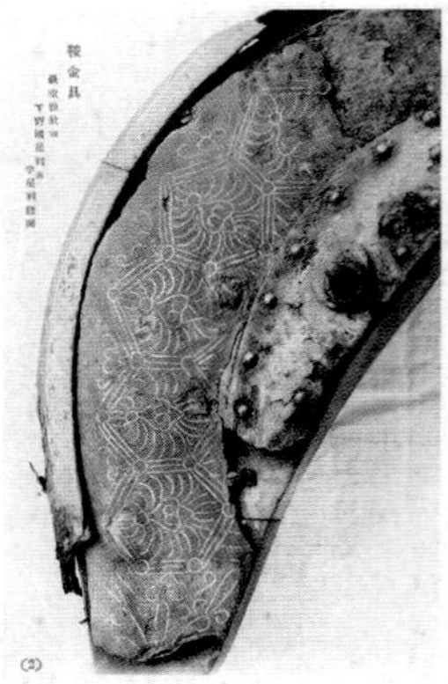
137　鞍 金 具

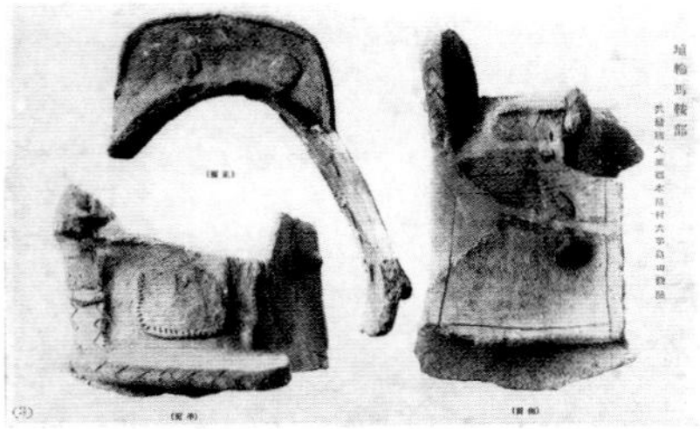
138　埴輪馬鞍部

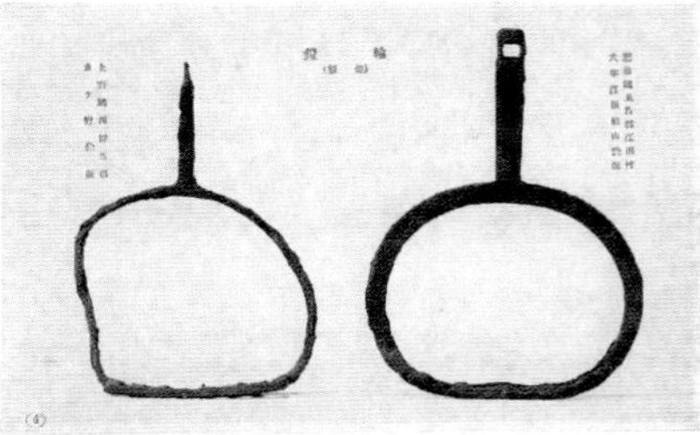
139　輪　　鐙

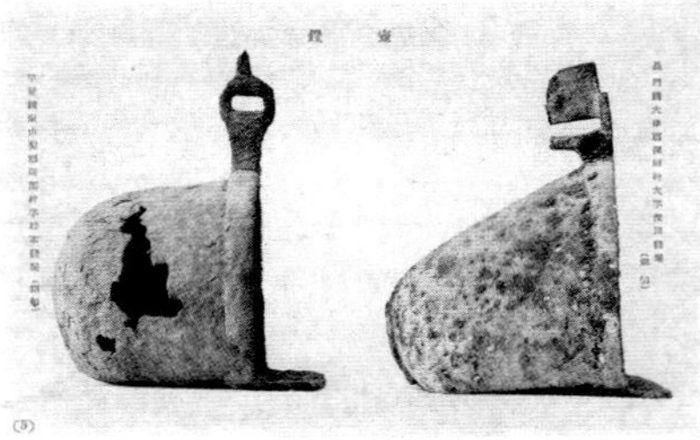
140　壺　　鐙

第四十三回　上古遺物号（其二十四）

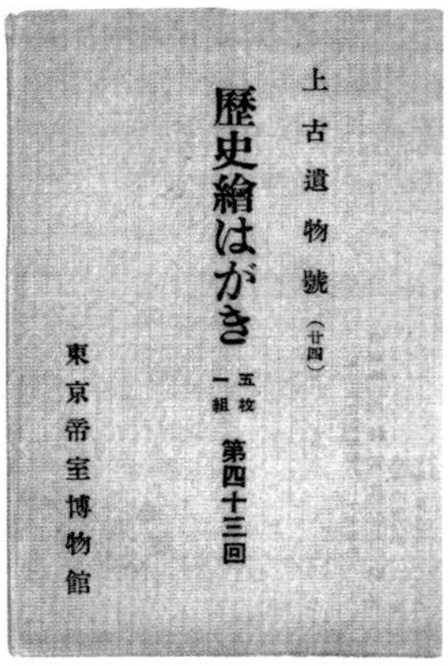

（外　袋）

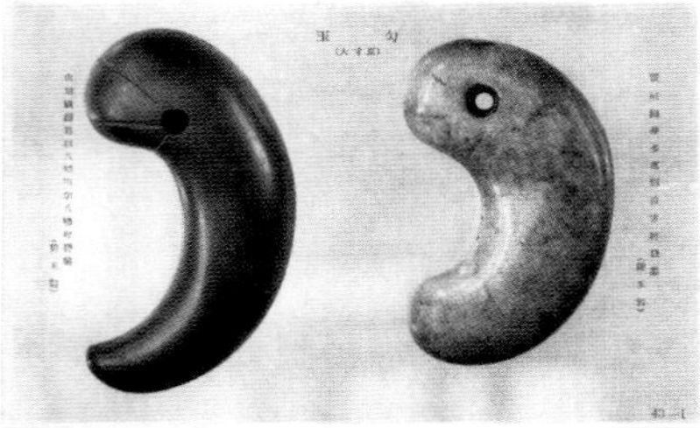
141　勾　　玉

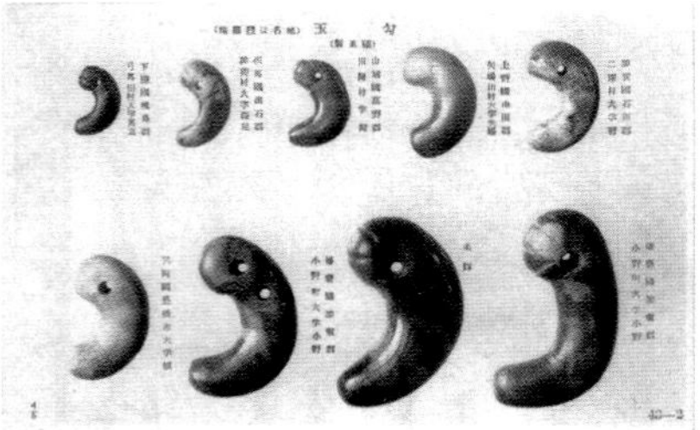
142　勾玉（硬玉製）

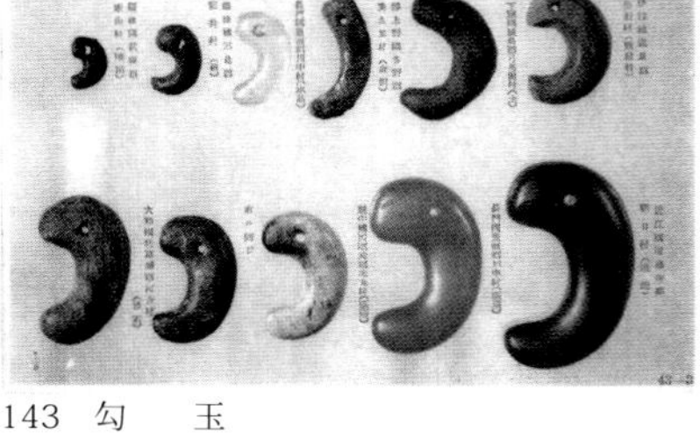
143　勾　　玉

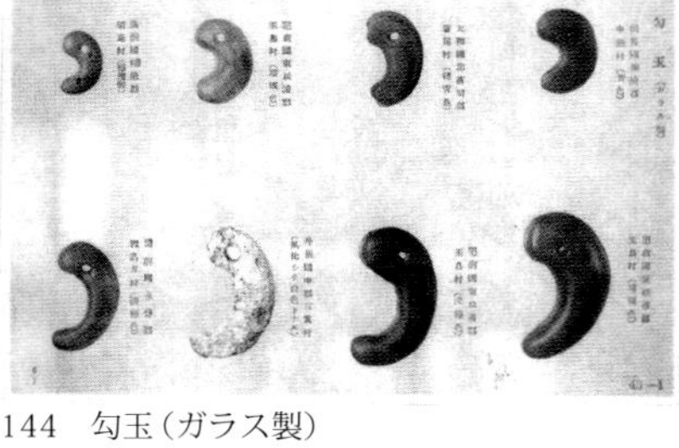
144　勾玉（ガラス製）

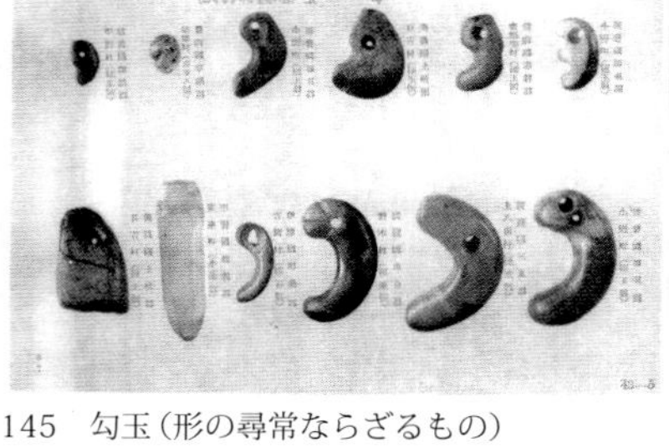
145　勾玉（形の尋常ならざるもの）

第四十五回　上古遺物号（其二十六）

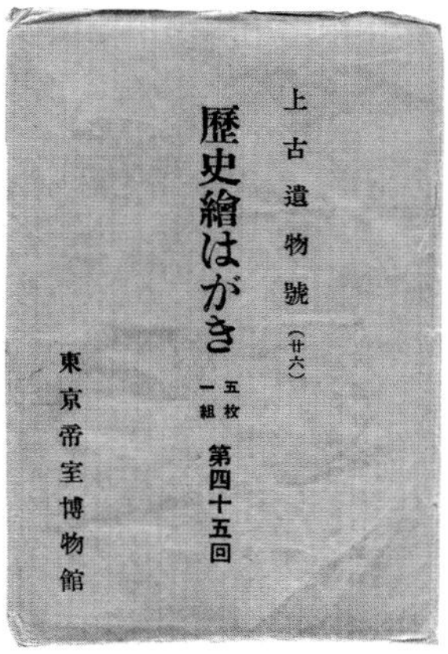

（外　袋）

146　短　　甲

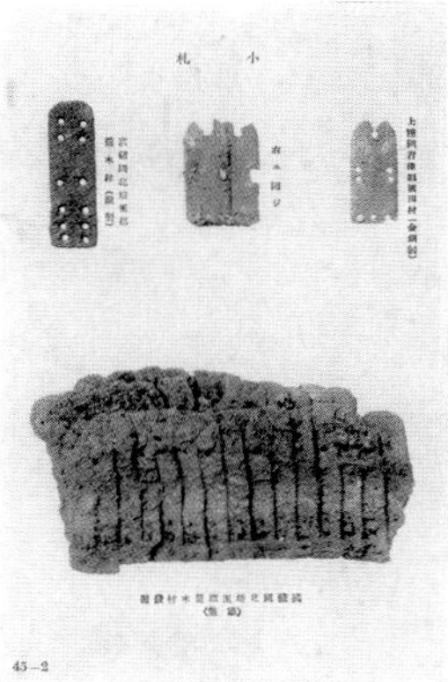
147　小　　札

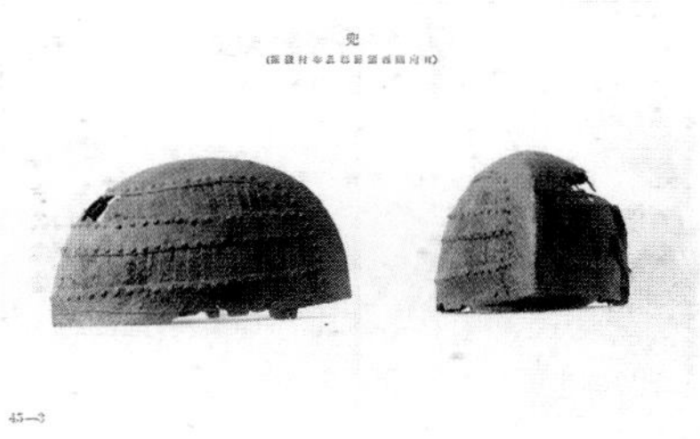
148　兜

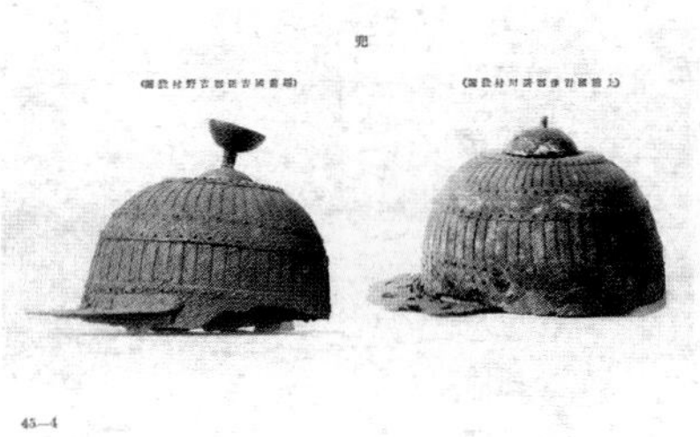
149　兜

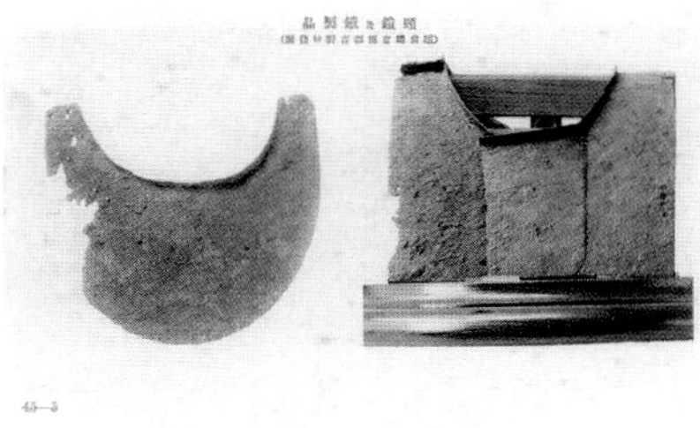
150　頸鎧及鉄製品

第四十六回　上古遺物号（其二十七）

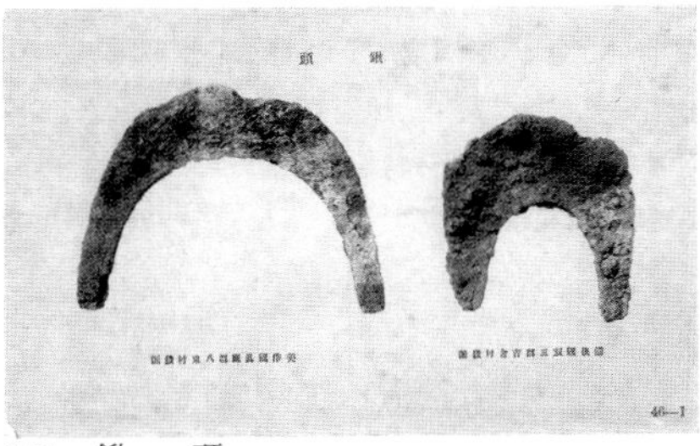
151　鍬　　頭

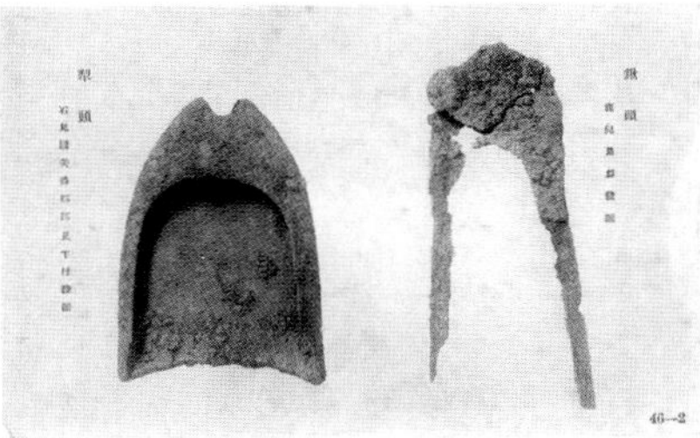
152　鍬　　頭

153　鎌　　身

154　鍬

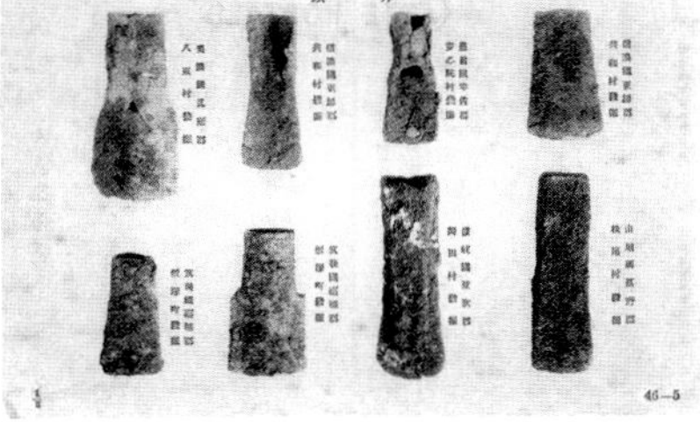
155　斧　　頭

第四十七回　上古遺物号（其二十八）

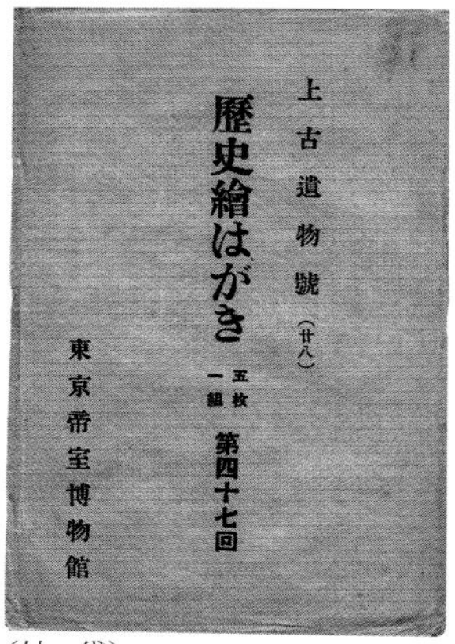

（外　袋）

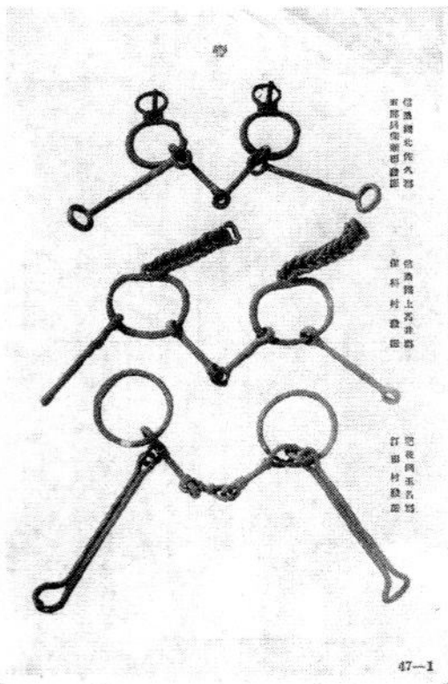
156　轡

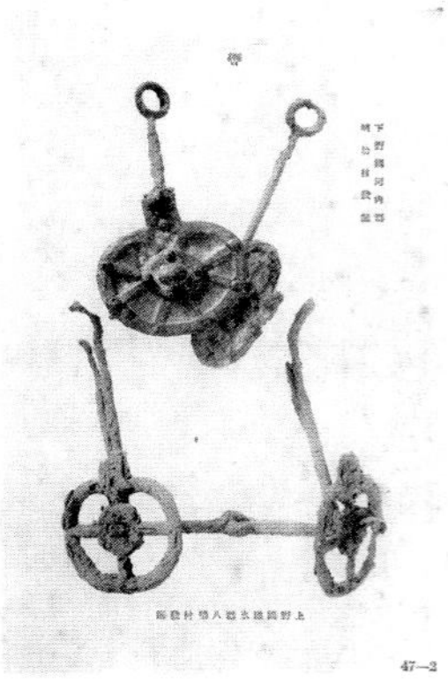
157　轡

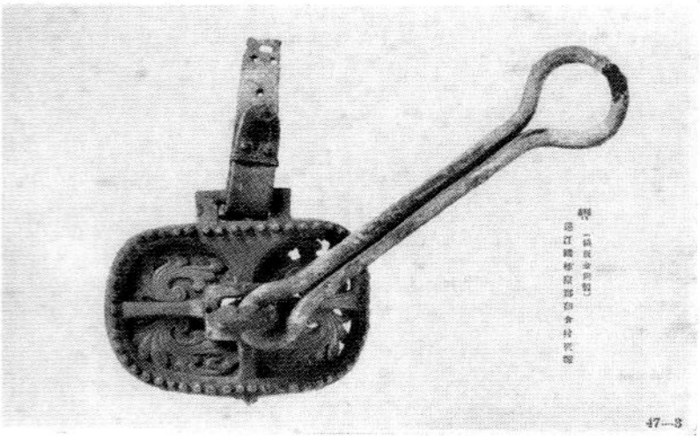
158　轡

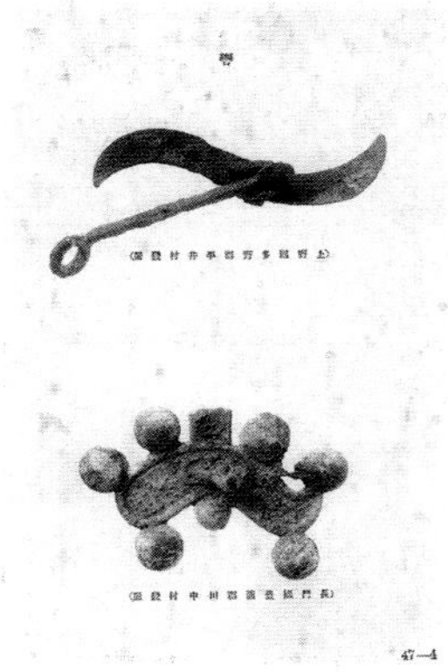
159　轡

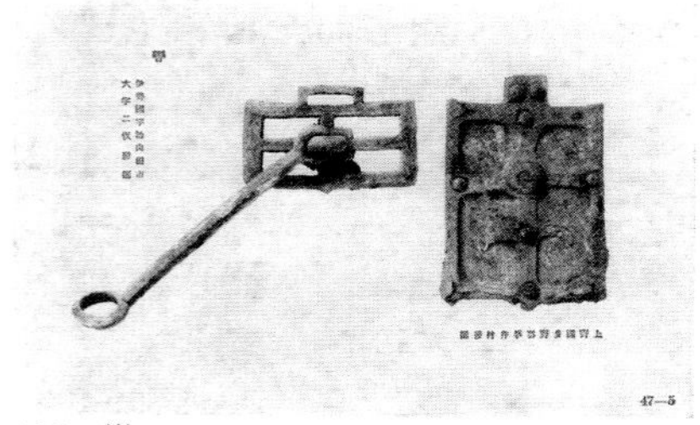
160　轡

第四十八回　上古遺物号（其二十九）

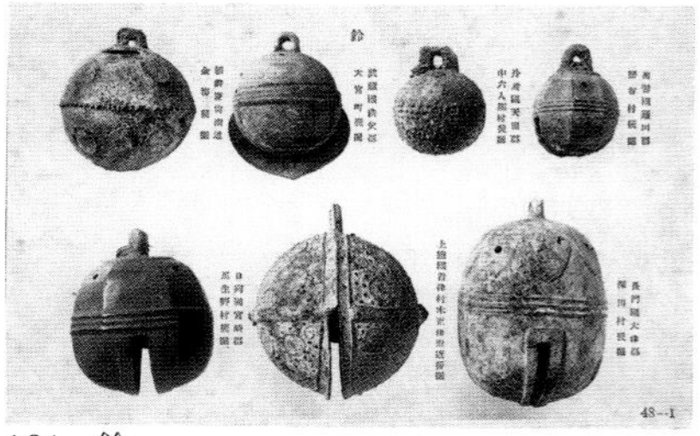
161　鈴

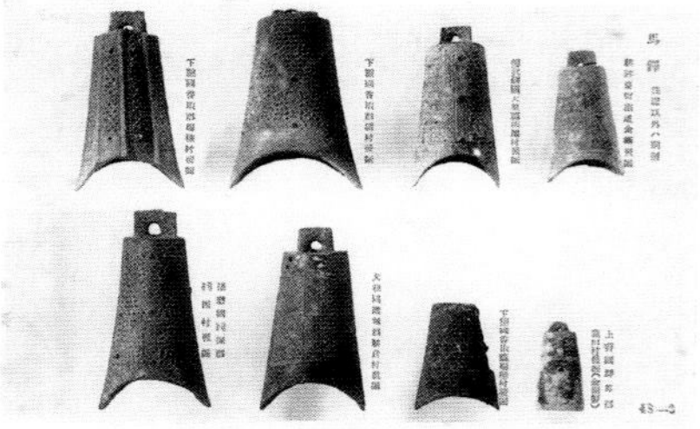
162　馬　　鐸

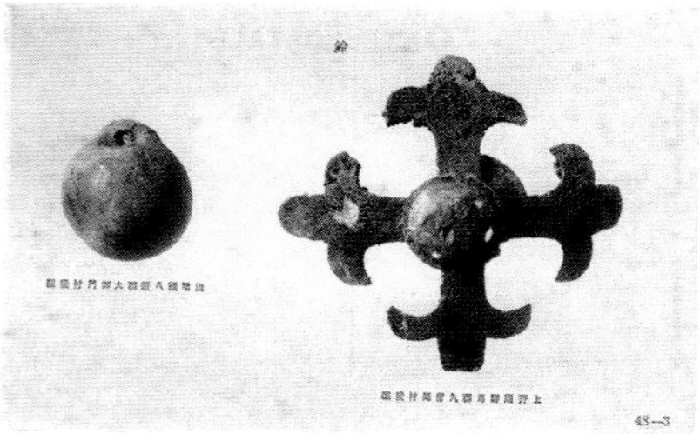
163　鈴

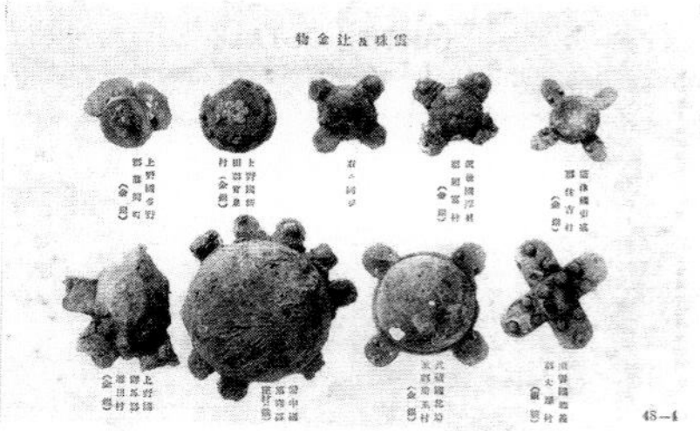
164　雲珠及辻金物

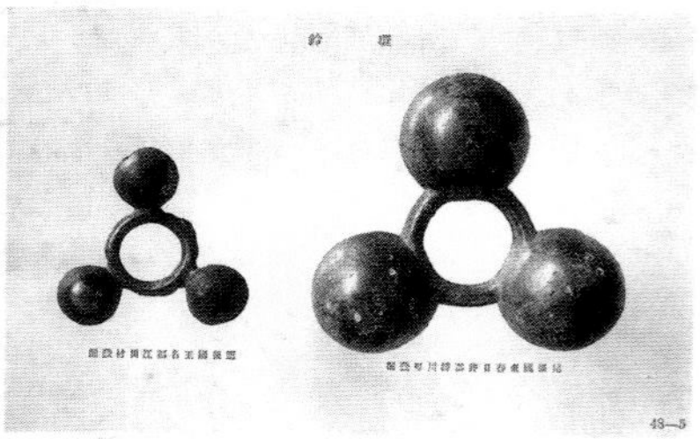
165　環　　鈴

第五十二回

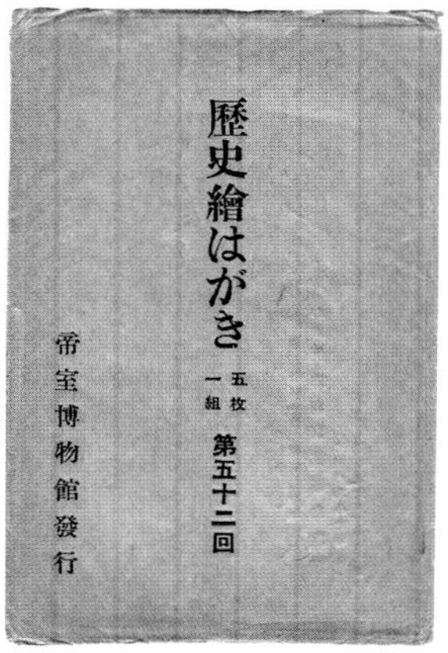

（外　袋）

166　鳥獣葡萄鏡

167　団 華 鏡

168　鍍金獣帯鏡

169　飛天迦陵頻伽八花鏡

170　月 宮 鏡

第五十三回

171　瑞花鴛鴦八花鏡

172　飛仙八稜鏡

173　金銀平脱花弁蝶鳥方鏡

174　銀張鳥獣唐草八稜鏡

175　伯牙弾琴鏡

第五十五回

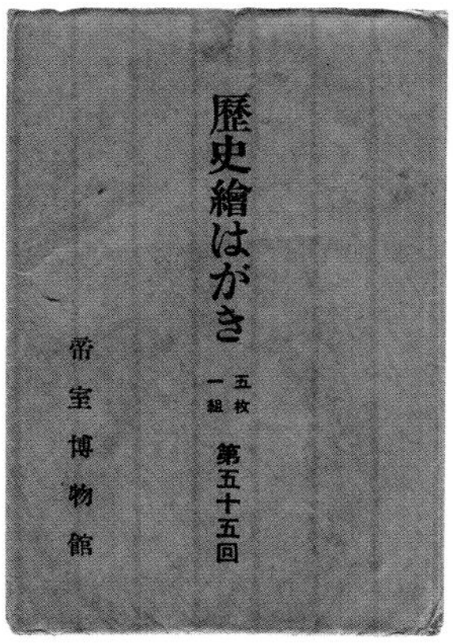

（外　袋）

176　桜山吹蝶鳥方鏡

177　居摂元年有銘内行花文鏡

178　甜瓜虫雀鏡

179　秋草双鳥鏡

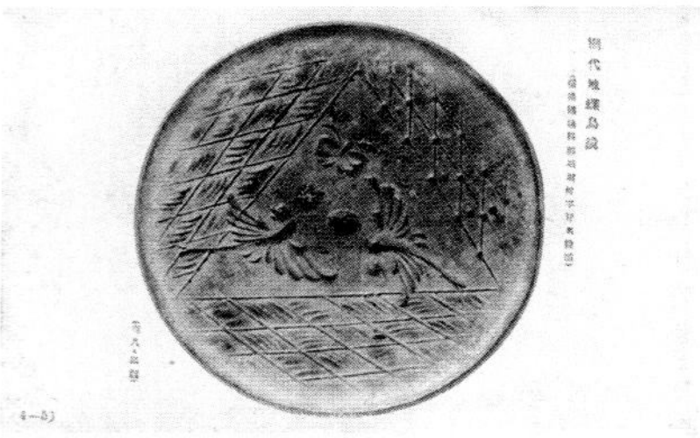
180　網代地蝶鳥鏡

第五十六回

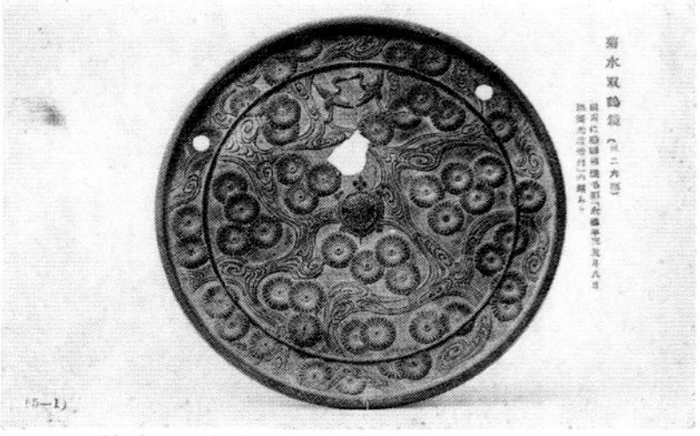
181　菊水双鶴鏡

182　蓬莱遊仙鏡

183　鱗地双雀鏡

184　蓬莱柄鏡

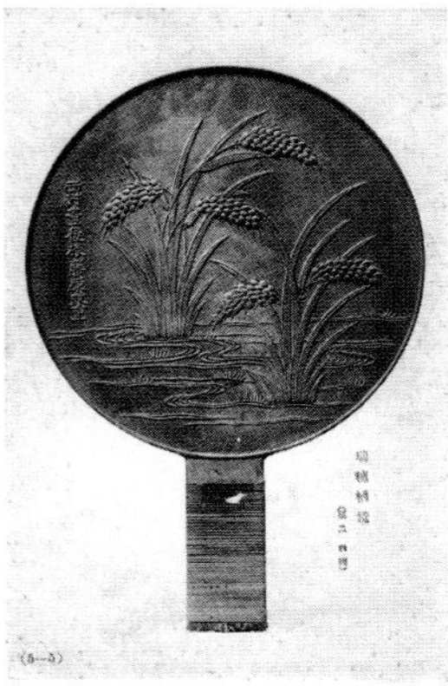
185　瑞穂柄鏡

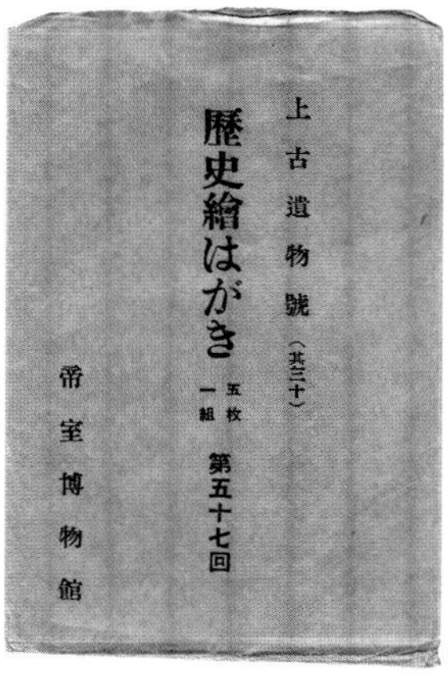

（外　袋）

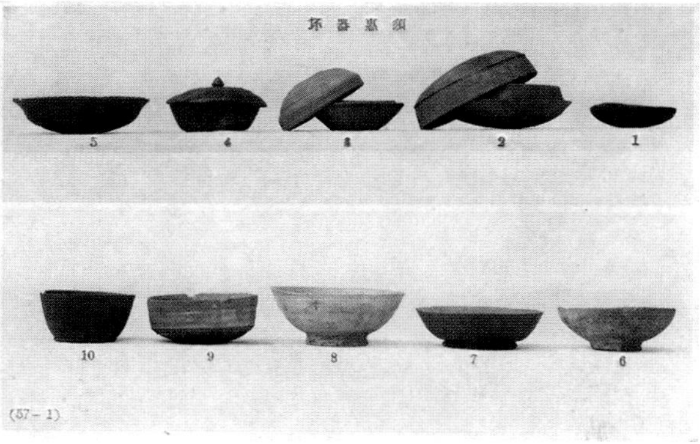

186　須恵器坏

考古学において年代の基準となる土器は、昭和5年（1930）発行の『歴史絵はがき』第57回以降と、「上古遺物号」の中では後出である。これまで、遺物の名称や出土地は絵葉書内に明記されていたが、第57回と第58回は、1葉に掲載される須恵器の数が多く、余白が限られていたためか、別刷の発見地名表(最下段)が同封されている。

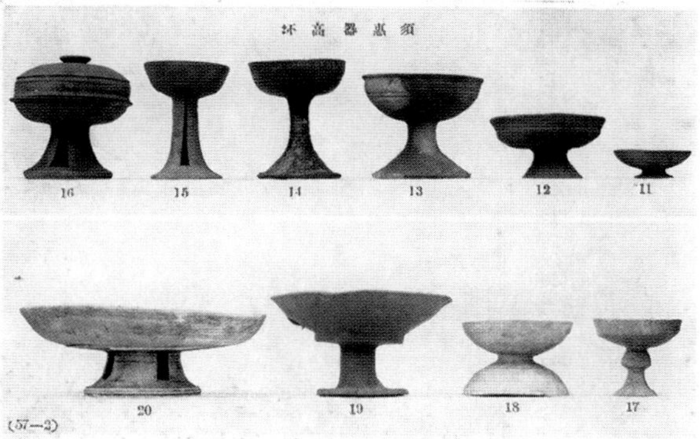

187　須恵器高坏

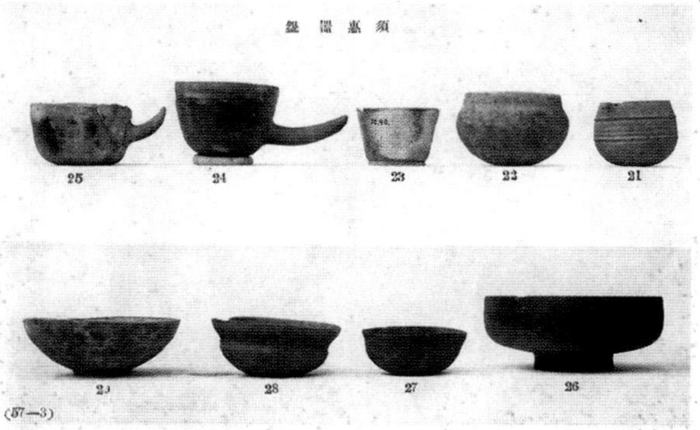

188　須恵器盌

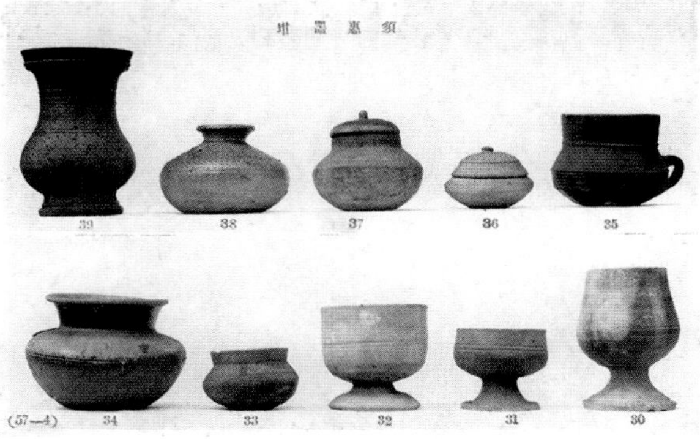

189　須恵器坩

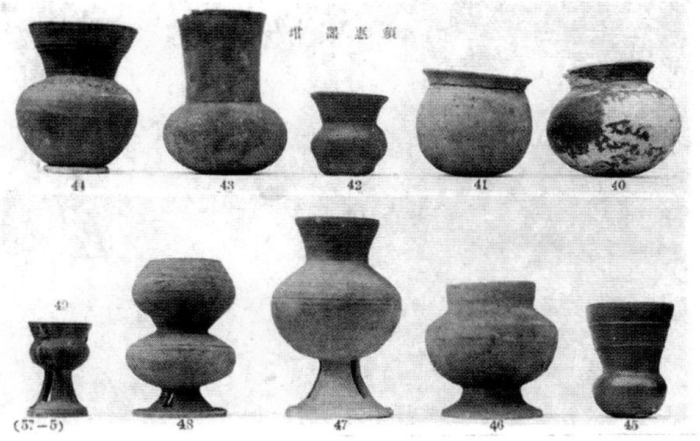

190　須恵器坩

發見地名

1河內國南河內郡玉手村　2伊賀國阿山郡友生村　3遠江國榛原郡五和村　4發掘地未詳　5岩代國安積郡橫塚　6日向國宮崎郡生目村　7隱岐國知夫郡黑木村　8信濃國諏訪郡宮川村　9備前國赤磐郡輕部村　10備前國邑久郡朝日村　11出雲國能美郡荒島村大字荒島字大成　12日向國東諸縣郡本城村十日町　13遠江國小笠郡曾我村高御所小字南坪　14肥後國鹿本郡平小城村大字城　15地名不詳　16筑前國朝倉郡夜須村大字四三島字風形原　17紀伊國海草郡西和佐村大字岩橋　18安藝國高田郡坂村字奥田山　19武藏國大里郡榛澤村字大寄　20安藝國高田郡坂村字奥田山　21出雲國八束郡揖屋村字高江　22駿河國駿東郡大岡村上石田　23出雲國八束郡美保關町　24出雲國八束郡大御門村字通谷　25因幡國八頭郡大御門村字通谷　26因幡國氣高郡正條村大字勝見　27伊豆國田方郡田中村字木　28志摩國志摩郡答志村字蟹穴　29大和國北葛城郡馬見村　30美作國眞庭郡岬湯村大字社　31周防國大島郡油田村　32紀伊國日高郡吉田村　33大和國生駒郡矢田村大字山田字赤坂　34三河國渥美郡伊良湖岬村大字和地　35遠江國周知郡久努西村字國本　36伊豫國周桑郡吉岡村大字上市　37美作國久米郡稻岡南村大字南庄　38美作國苫田郡坂本村橫打山　39出雲國八束郡揖屋村　40朝鮮慶州半月城　41遠江國周智久努西村堀越　42尾張國愛知郡東山村大字田代　43紀伊國日高郡吉田村　44朝鮮　45肥前國彼杵郡園部村　46三河國渥美郡伊良湖岬村大字和地　47周防國熊毛郡勝間村大字大河內　48信濃國諏訪郡宮川村字高部　49大和國南葛城郡忍海村

(57)

（発見地名表）

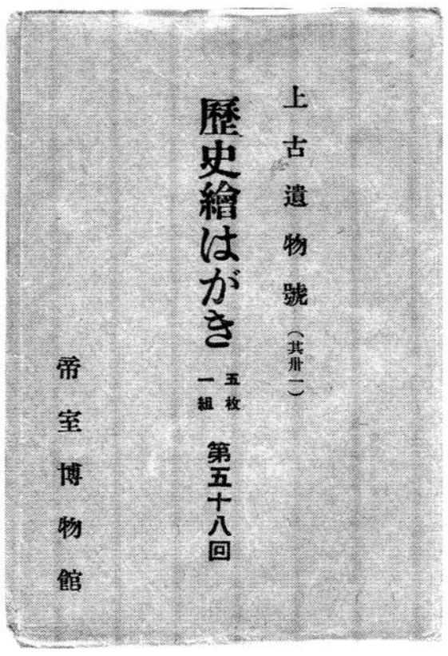

（外　袋）

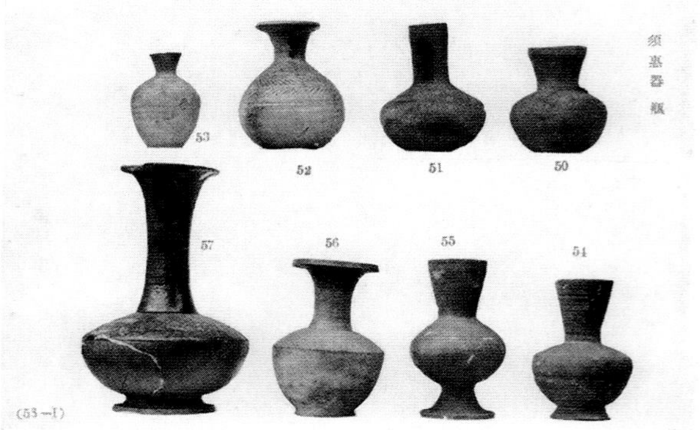

191　須恵器瓶

192　須恵器平瓶

193　須恵器提瓶

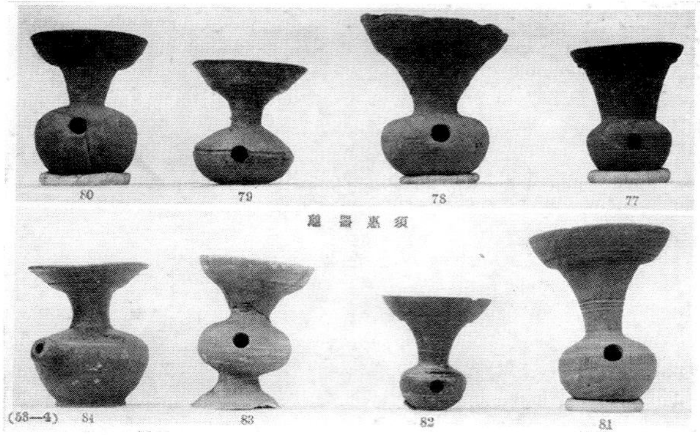

194　須恵器𤭯

195　須恵器横瓮

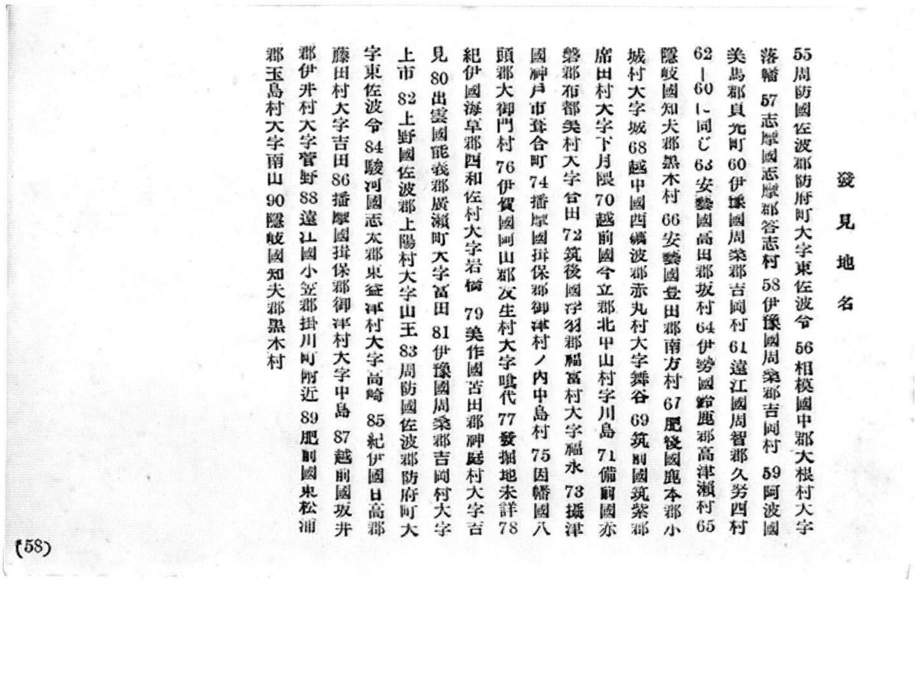

發見地名

55周防國佐波郡防府町大字東佐波令　56相模國中郡大根村大字落幡　57志摩國志摩郡答志村　58伊豫國周桑郡吉岡村　59阿波國美馬郡貞光町　60伊豫國周桑郡吉岡村　61遠江國周智郡久努西村　62―60に同じ　63安藝國高田郡坂村　64伊勢國鈴鹿郡高津瀬村　65隱岐國知夫郡黑木村　66安藝國豊田郡南方村　67肥後國鹿本郡小城村大字城　68越中國西礪波郡赤丸村大字舞谷　69筑前國筑紫郡席田村大字下月隈　70越前國今立郡北中山村字川島　71備前國赤磐郡布都美村大字谷田　72筑後國浮羽郡福富村大字福永　73攝津國神戸市葺合町　74播磨國揖保郡御津村ノ内中島村　75因幡國八頭郡大御門村　76伊賀國阿山郡友生村大字喰代　77發掘地未詳　78紀伊國海草郡西和佐村大字岩橋　79美作國苫田郡神庭村大字吉見　80出雲國能義郡廣瀬町大字富田　81伊豫國周桑郡吉岡村大字上市　82上野國佐波郡上陽村大字山王　83周防國佐波郡防府町大字東佐波令　84駿河國志太郡東益津村大字高崎　85紀伊國日高郡藤田村大字吉田　86播磨國揖保郡御津村大字中島　87越前國坂井郡伊井村大字菅野　88遠江國小笠郡掛川町附近　89肥前國東松浦郡玉島村大字南山　90隱岐國知夫郡黑木村

(58)

（発見地名表）

第五十九回　上古遺物号（其三十二）

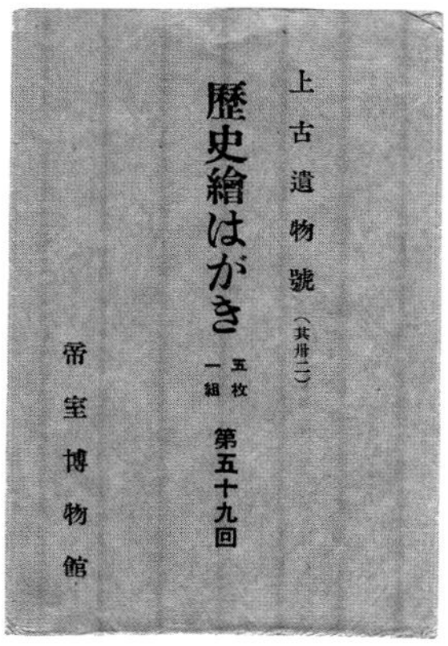

（外　袋）

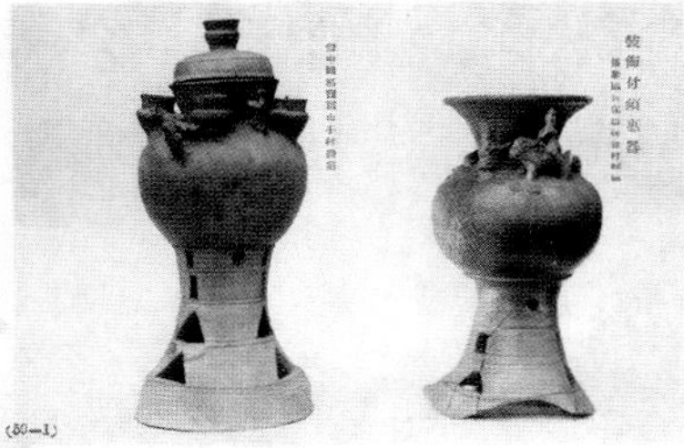
196　装飾付須恵器

197　家形須恵器

198　須 恵 器

199　環形提瓶 鴟尾 袋形提瓶

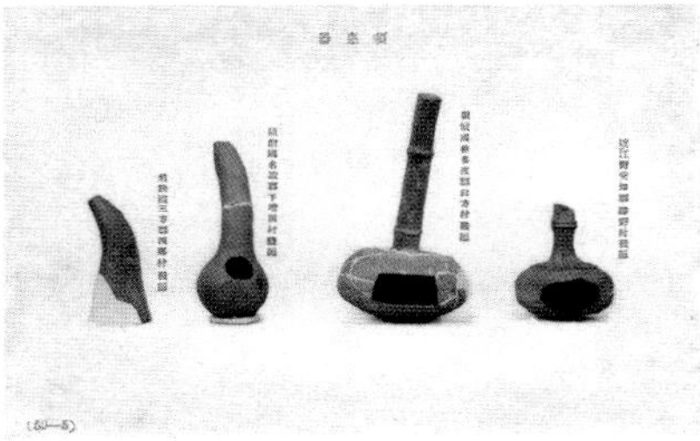
200　須 恵 器

第六十回　上古遺物号（其三十三）

201　縄文式土器

202　縄文式土器

203　縄文式土器

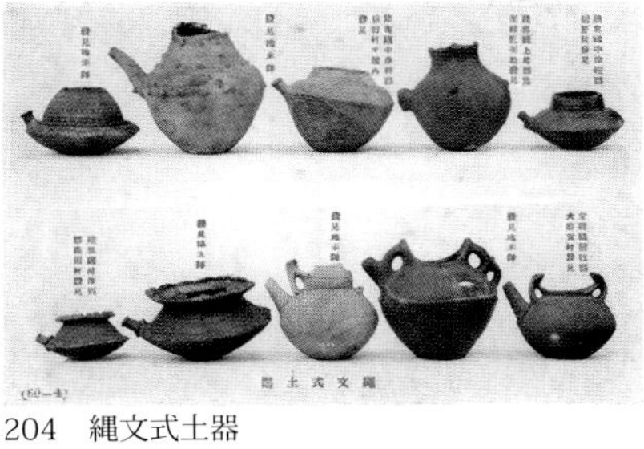
204　縄文式土器

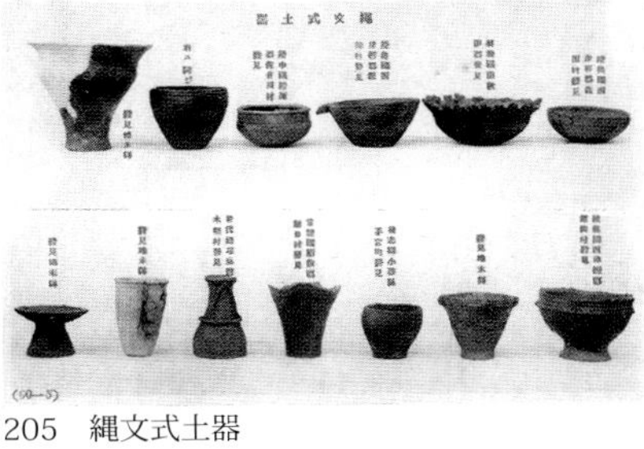
205　縄文式土器

第六十一回　上古遺物号（其三十四）

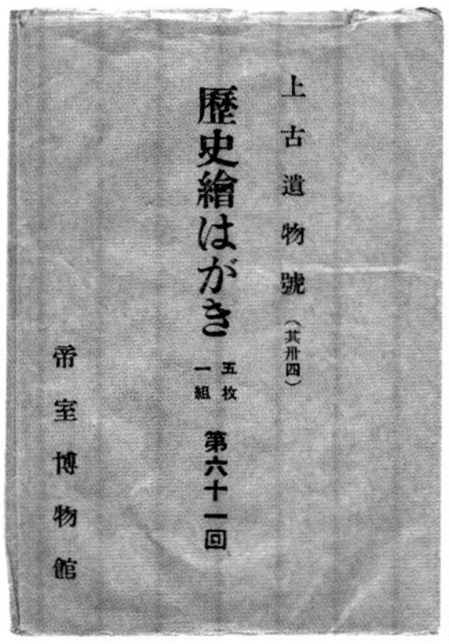

(外　袋)

206　弥生式土器

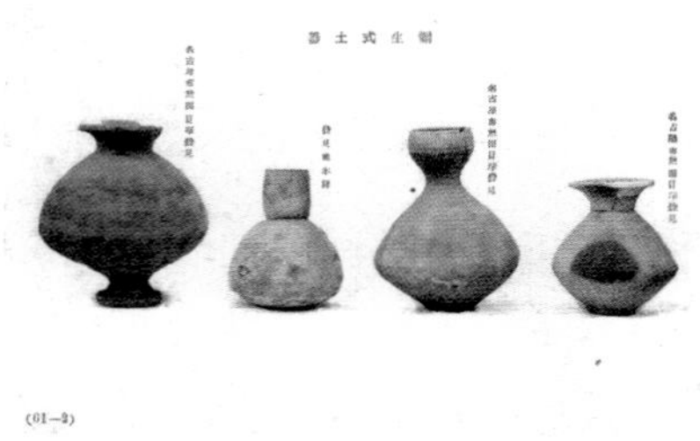
207　弥生式土器

208　弥生式土器

209　弥生式土器

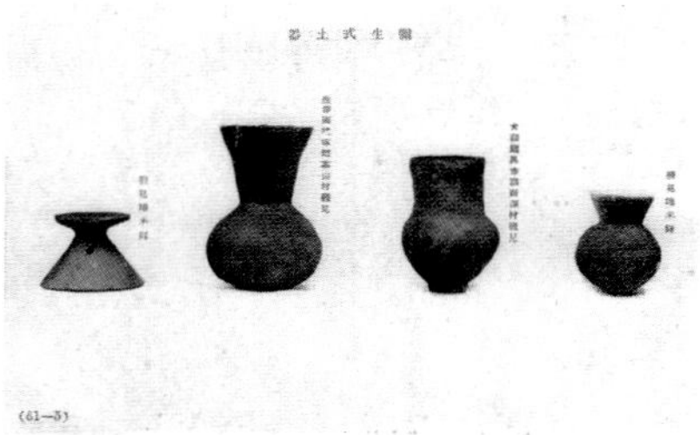
210　弥生式土器

第六十四回　上古遺物号（其三十七）

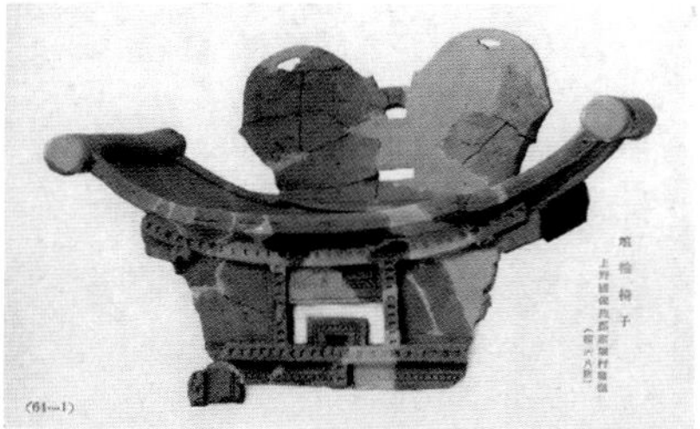
211　埴輪椅子

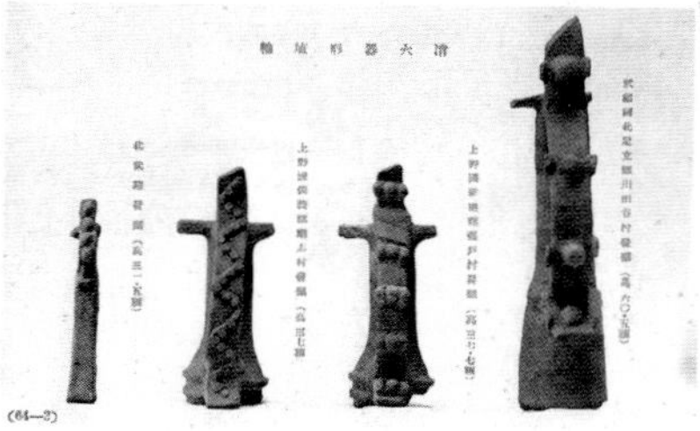
212　消火器形埴輪

213　埴輪蓋 埴輪翳

214　埴輪鞆 埴輪靫

215　埴 輪 楯

『石器時代土偶土版絵葉書（集）』

昭和 12 年（1937）5 月から 2 ヶ月間、帝室博物館で開催された石器時代土偶展覧会の展示品を絵葉書に仕立てたもの。帝室博物館鑑査官の後藤守一が企画し、帝室博物館、東京帝国大学人類学教室、各大学をはじめ、個人収集家の総数約 250 点が一堂に会した。

絵葉書は展覧会から 3 年後の昭和 15 年に、150 葉一組の『石器時代土偶土版絵葉書集』が刊行され、その後、昭和 16 年から昭和 17 年にかけて、『石器時代土偶土版絵葉書』10 葉一組が 17 輯と、4 葉一組の 18 輯、計 174 葉が発行された。『石器時代土偶土版絵葉書集』と『石器時代土偶土版絵葉書』の 150 葉は同じであり、後者の第 16 輯以降 24 葉が新たに追加されたことになる。後藤守一が昭和 15 年に帝室博物館を退官しているため、絵葉書の製作や発行に誰が関与したかは定かでない。

石器時代土偶土版絵葉書集　外函

第一輯

（外　袋）

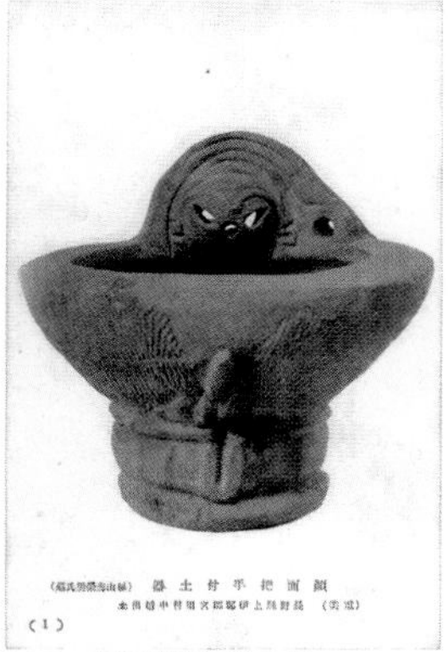
216　顔面把手付土器

217　顔面把手付土器

218　顔面把手

219　顔面把手

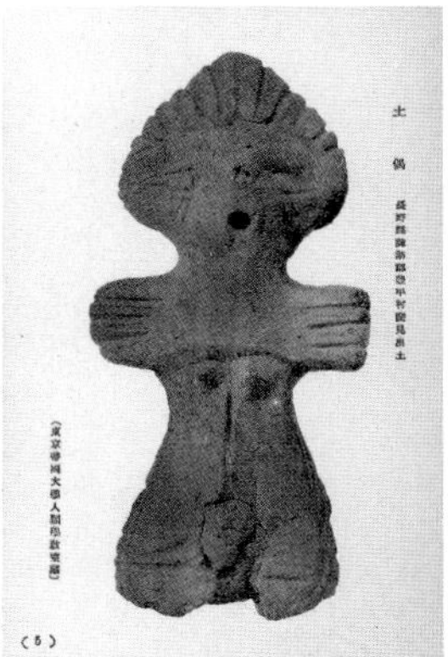
220　土　　偶

221　土偶（背面）

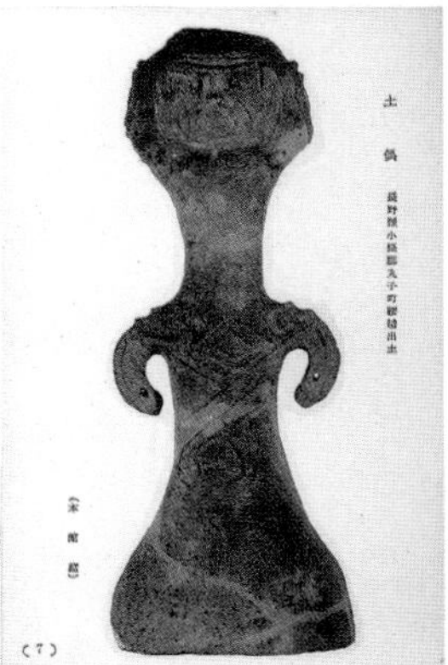
222　土　　偶

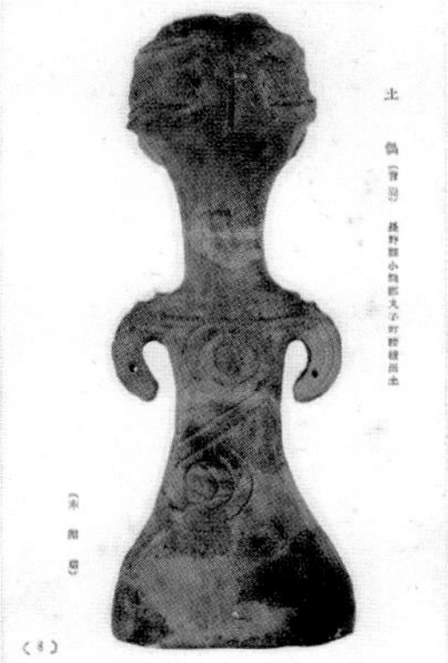
223　土偶（背面）

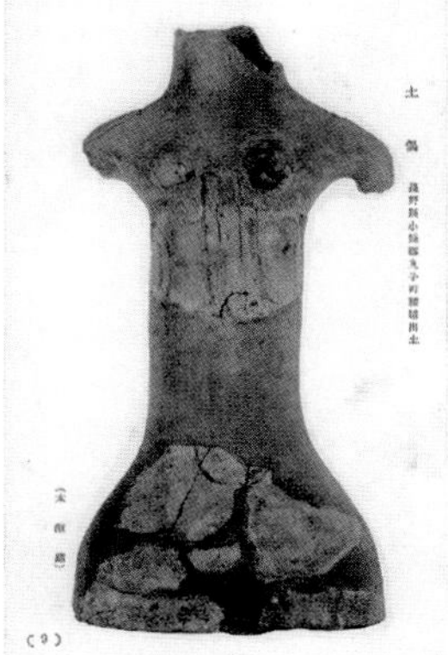
224　土　　偶

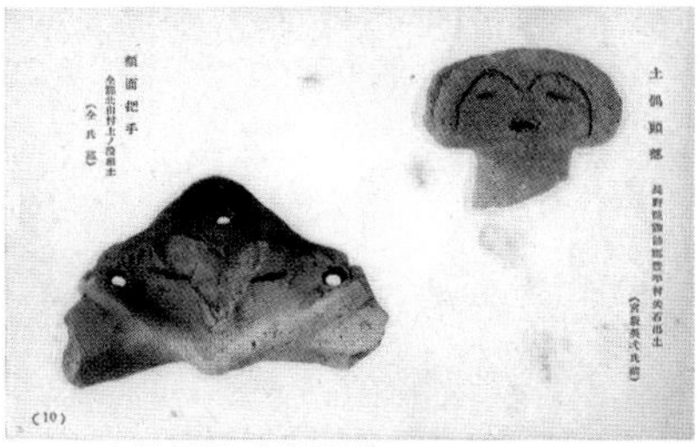
225　土偶頭部 土偶把手

第二輯

(外　袋)

226　土　　偶

227　土偶(背面)

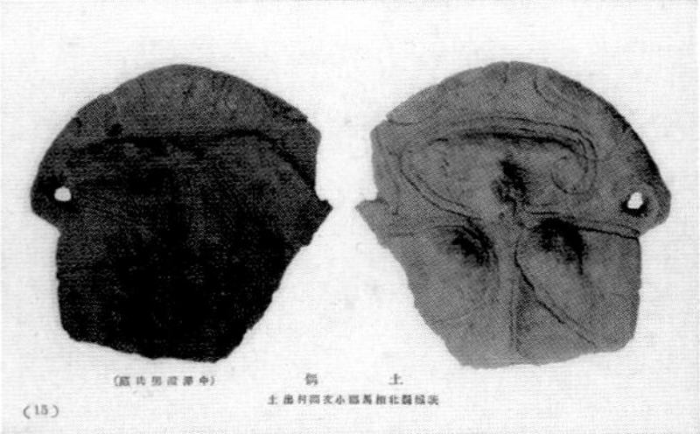
230　土　　偶

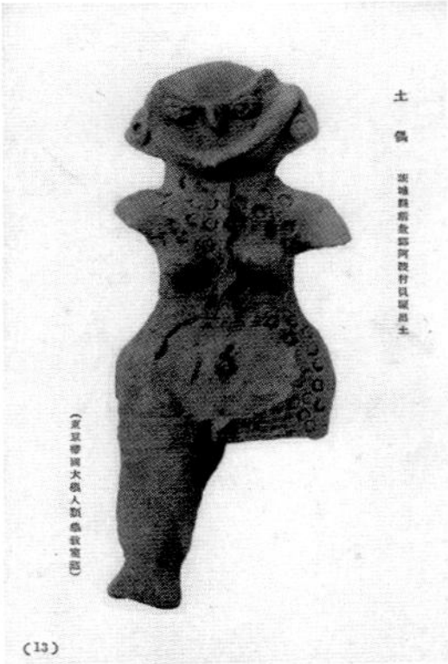
228　土　　偶

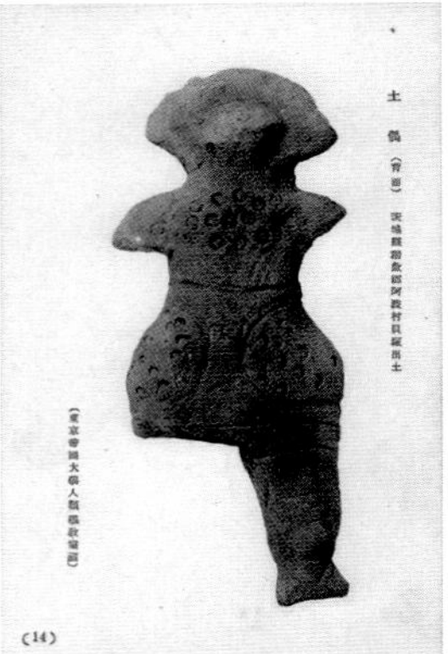
229　土偶(背面)

231　土　　版

232　土　　版

233　土　　版

234　土　　版

235　土版(背面)

第三輯

(外　袋)

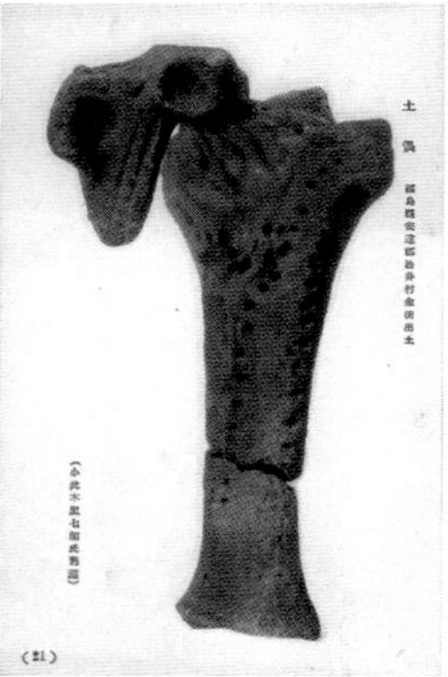
236　土　　偶

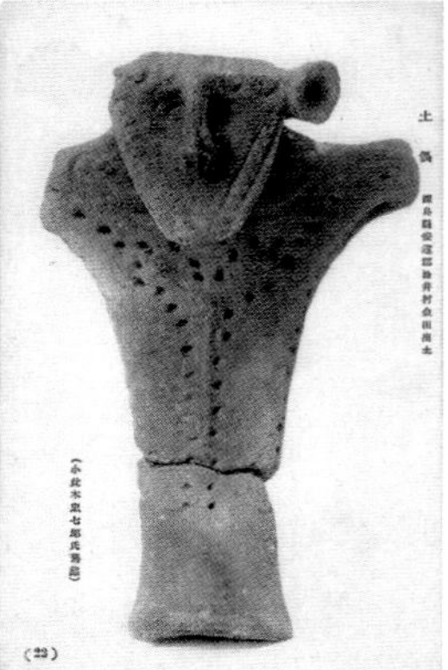
237　土　　偶

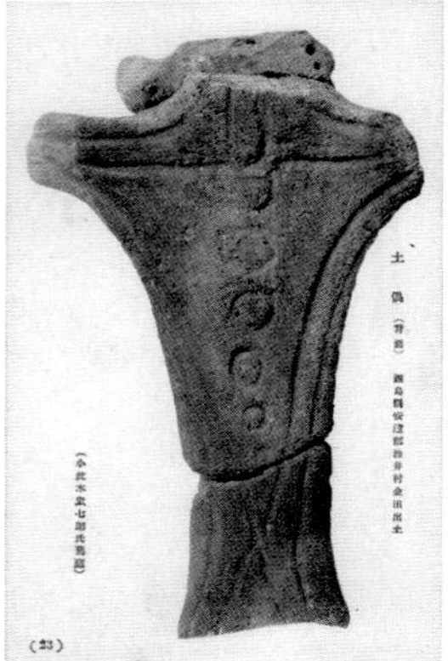
238　土偶(背面)

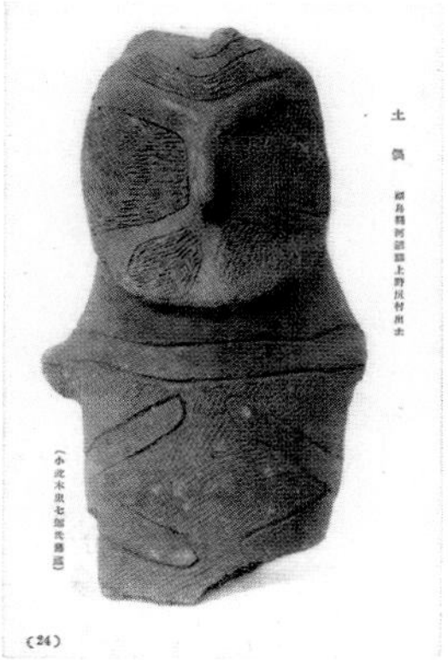

239　土　偶

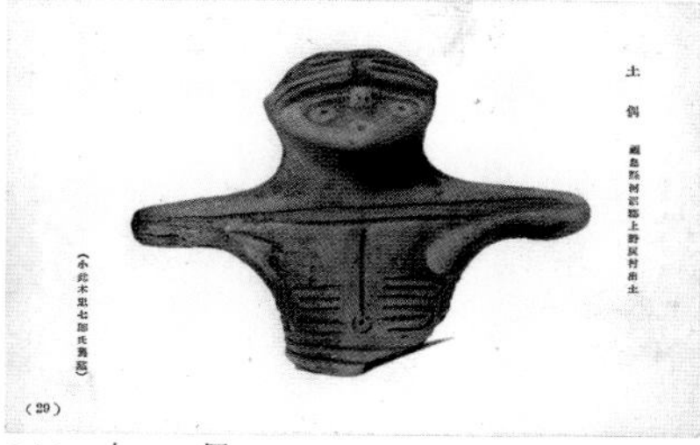

244　土　偶

245　土偶（背面）

240　土　偶

241　土偶（背面）

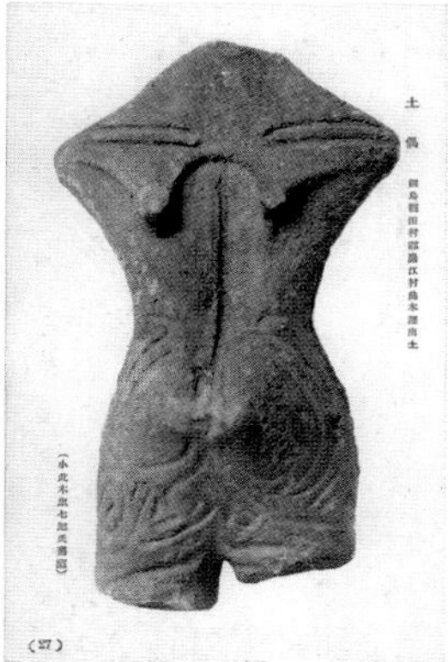

242　土　偶

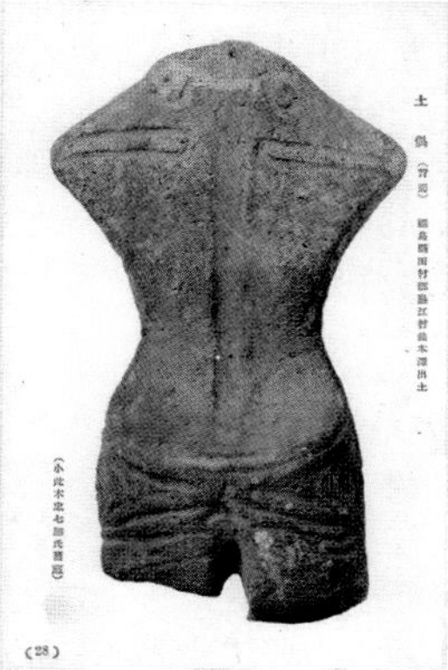

243　土偶（背面）

第四輯

（外　袋）

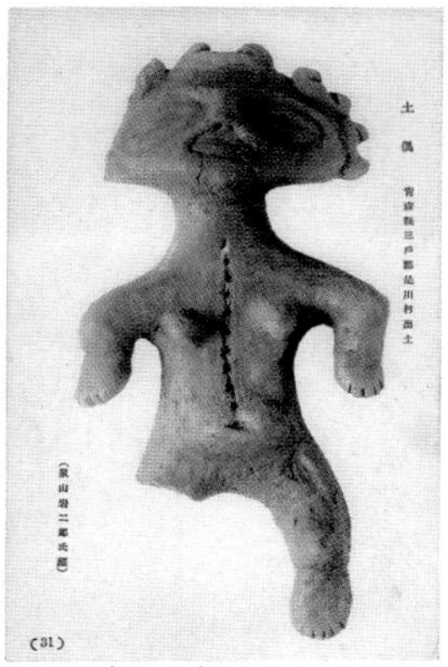

246　土　偶

247　土　偶

249　土偶頭部

248　土偶頭部

250　土　偶

251　土偶頭部

252　土偶頭部

253　土　　偶

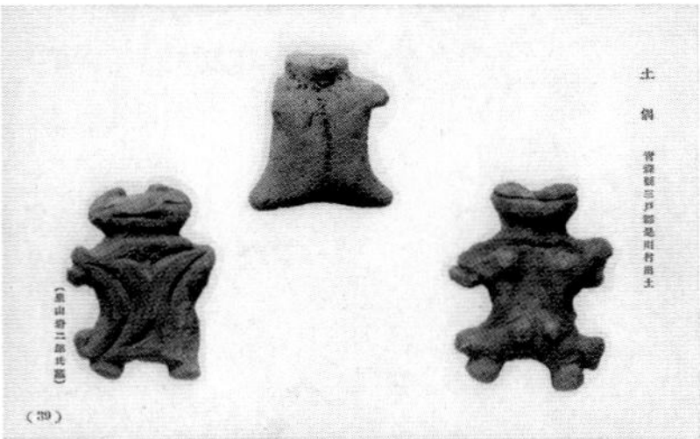
254　土　　偶

255　岩　　版

第五輯

(外　袋)

256　土　　偶

257　土　　偶

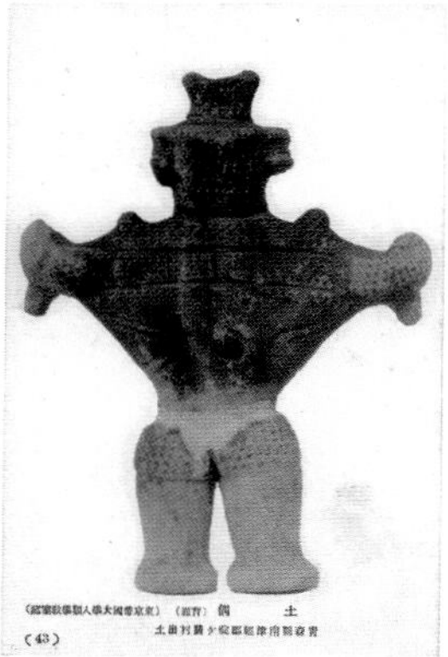
258　土偶(背面)

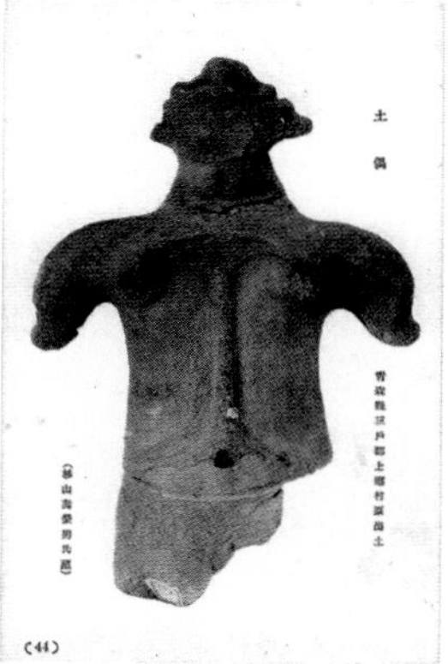
259　土　　偶

262　土　　偶

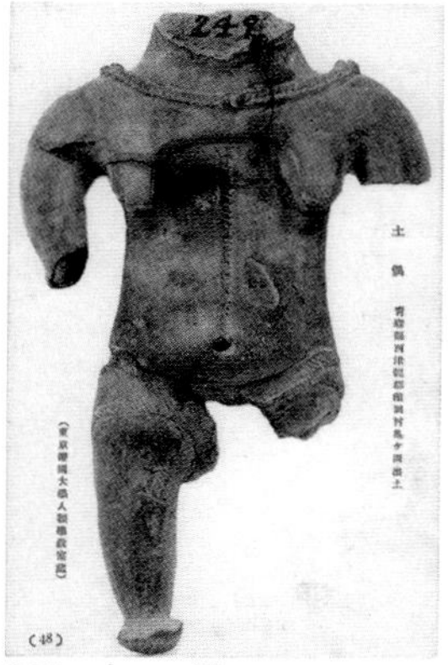
263　土　　偶

260　土　　偶

261　土　　偶

264　土　　面

265　土　　面

第六輯

(外　袋)

268　土　　偶

269　土偶(背面)

266　土　　偶

267　土偶(背面)

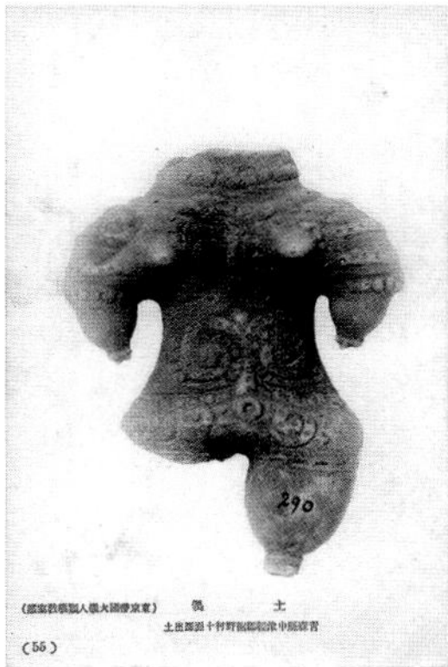
270　土　　偶

271　土偶(背面)

272　土　　偶

273　土　　偶

274　土偶頭部

275 岩　版

第七輯

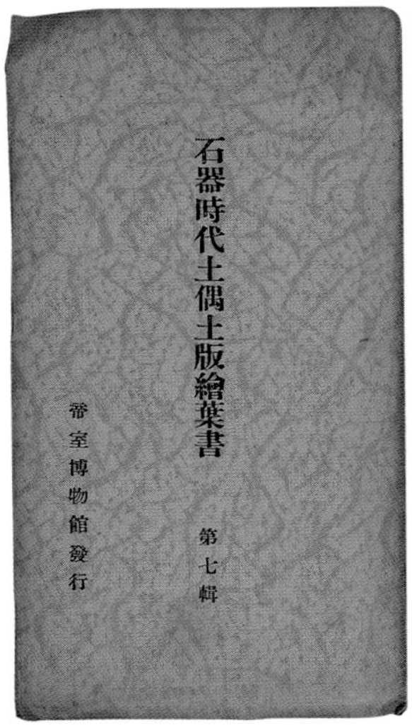

（外　袋）

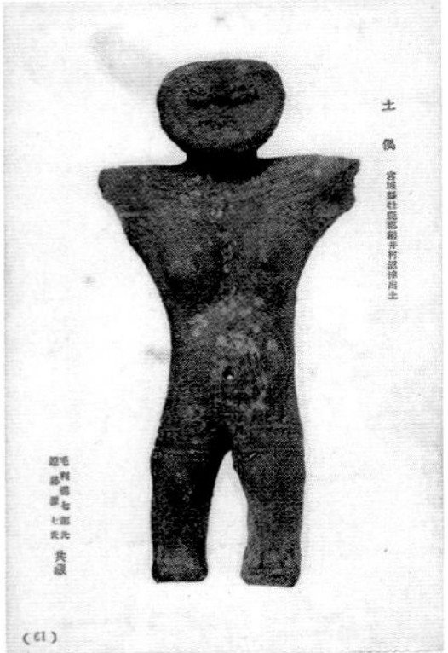
276 土　偶

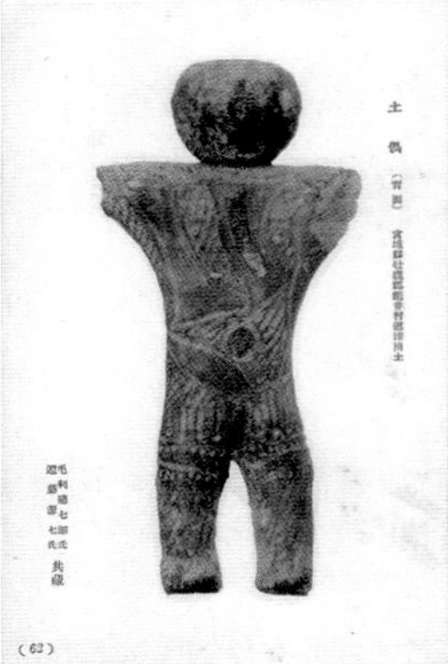
277 土偶（背面）

285 岩　版

278 土　偶

279 土　偶

280 土　偶

281 土　偶

282 土　偶

283 土偶頭部

284 土　獣

絵葉書には、坪井正五郎らと本郷弥生町で「弥生式土器」を発見した有坂鉊蔵をはじめ、杉山寿栄男、中澤澄男、東京朝日新聞社記者の水谷乙次郎（幻花）ら、著名な収集家のコレクションが多く見られる。また、泉山岩二郎（青森）、毛利總七郎・遠藤源七（宮城）、小此木忠七郎（福島）ら郷土史家の所蔵品など、戦前に発見された土偶や土製品をほぼ網羅している点で、本絵葉書の学術的価値は極めて高い。

第八輯

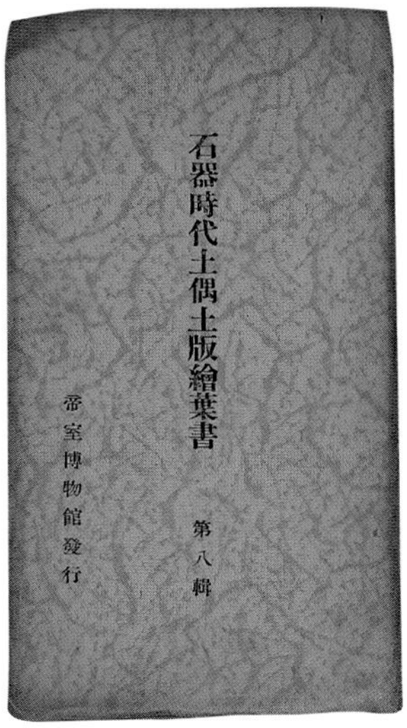

(外　袋)

286　獣形釣手付土器

287　顔面把手

288　土　　偶

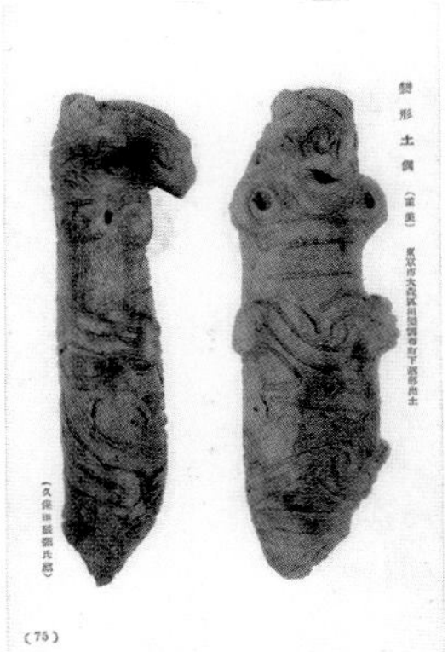

290　変形土偶

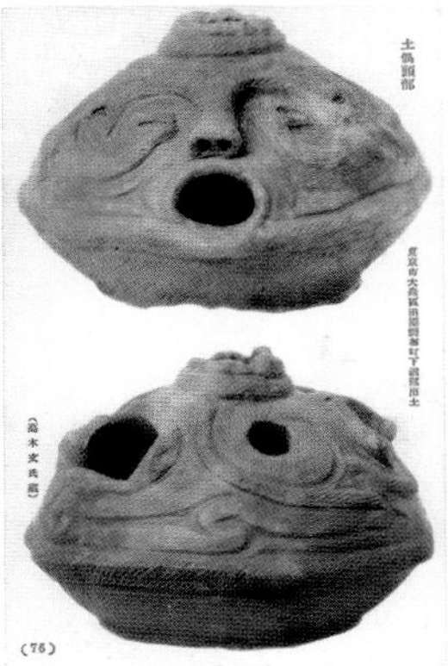

291　土偶頭部

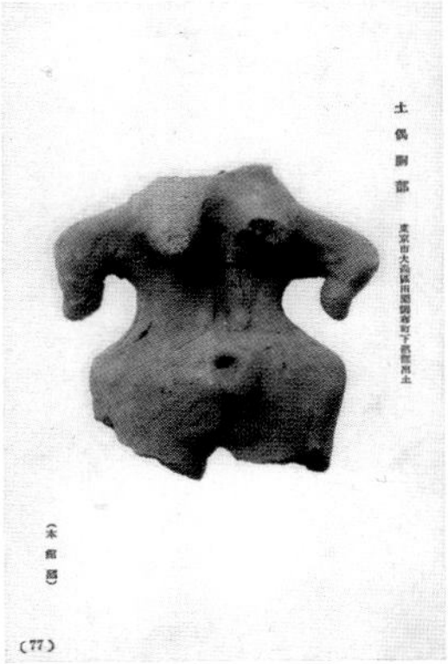

292　土偶胴部

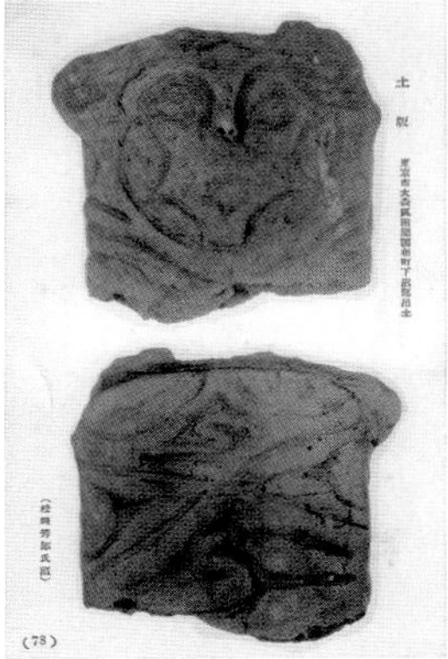

293　土　　版

289　土偶及土偶脚部

294　土　　偶

295　顔面把手

第九輯

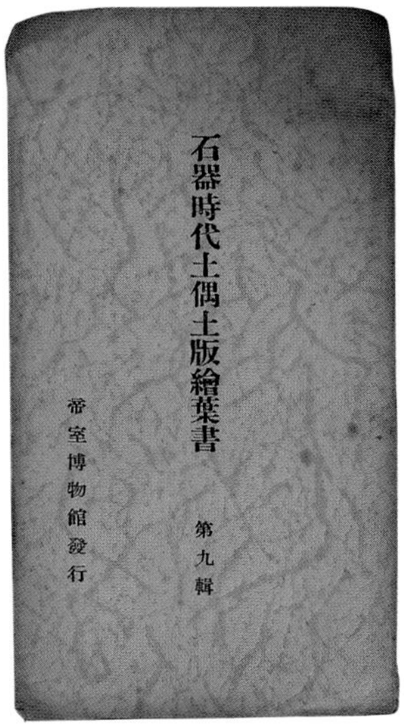

(外　袋)

296　土　　偶

297　土偶(背面)

298　土　　偶

299　土　　偶

300　土偶（背面）

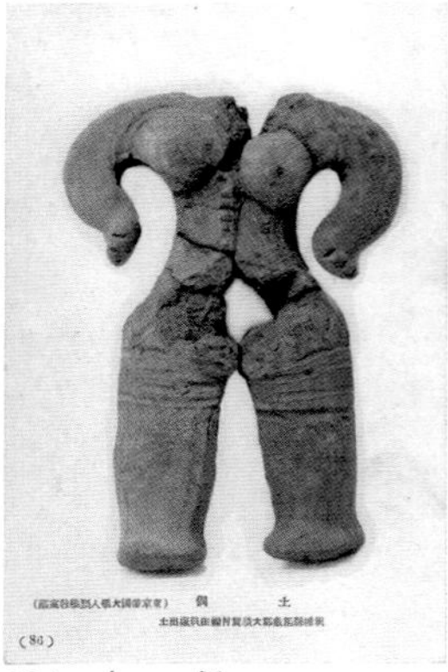

301　土　　偶

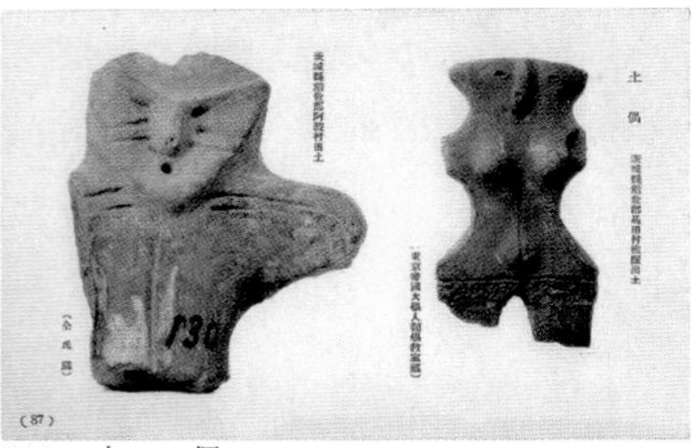

302　土　　偶

303　土　　偶

304　土　　版

305　土　　偶

第十輯

（外　袋）

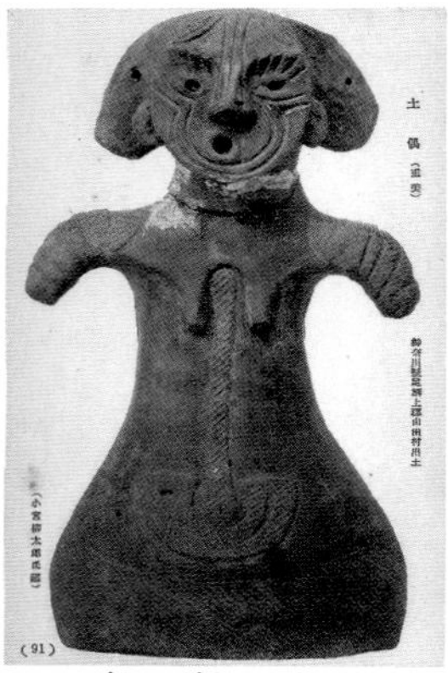

306　土　　偶

307　土偶（背面）

308　土　　偶

309　土偶頭部

312　顔面把手

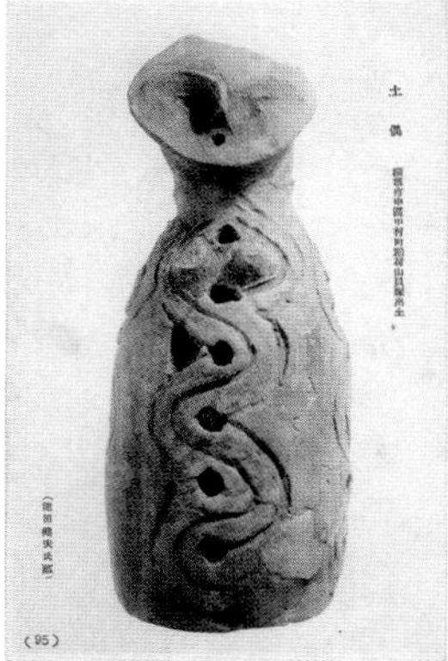
310　土　　偶

311　土偶（側面）

313　顔面把手

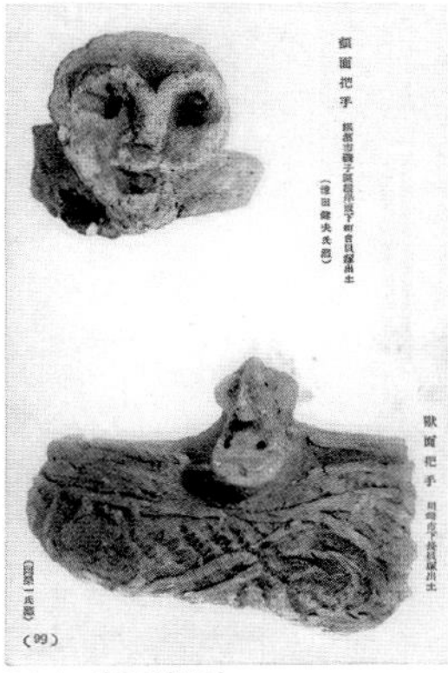
314　顔面把手

315　土　　偶

第十一輯

（外　袋）

316　土　　偶

317　土偶（背面）

318　土　　偶

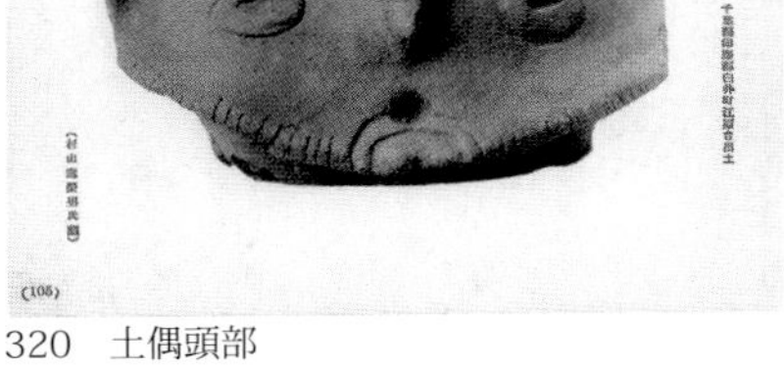
320　土偶頭部

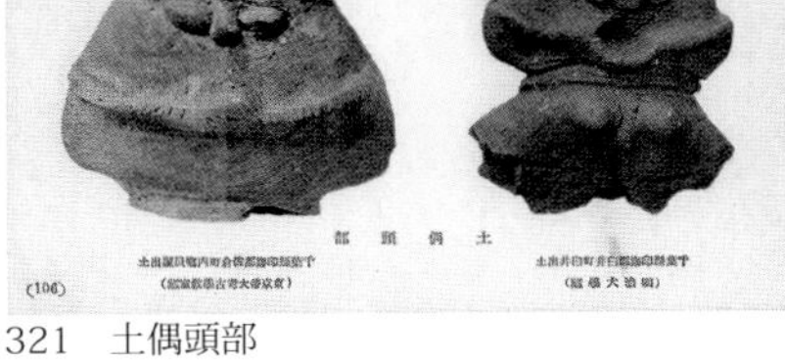
321　土偶頭部

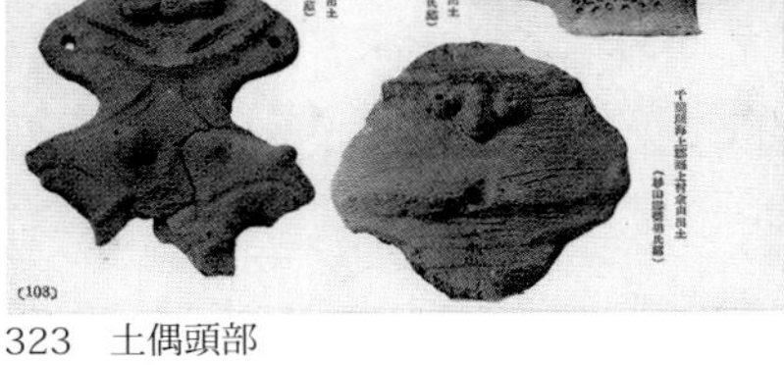
323　土偶頭部

第十二輯

319 土　　偶

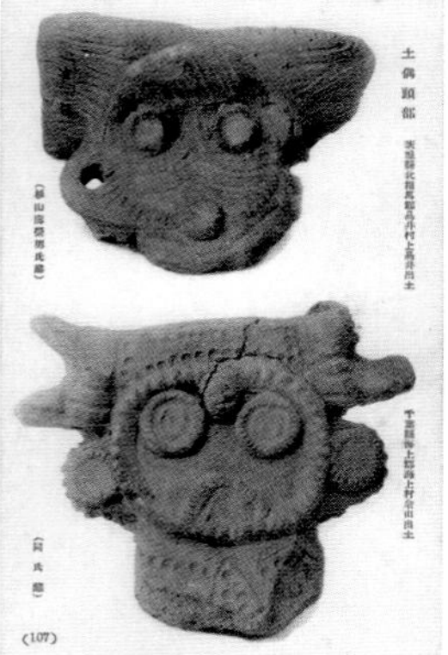
322 土偶頭部

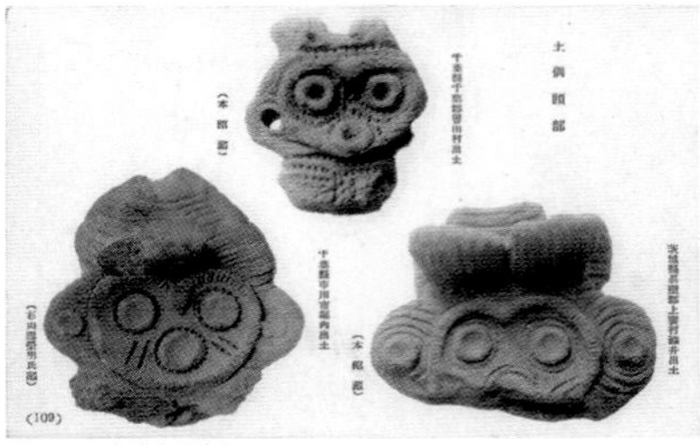
324 土偶頭部

325 顔面付土器破片

(外　袋)

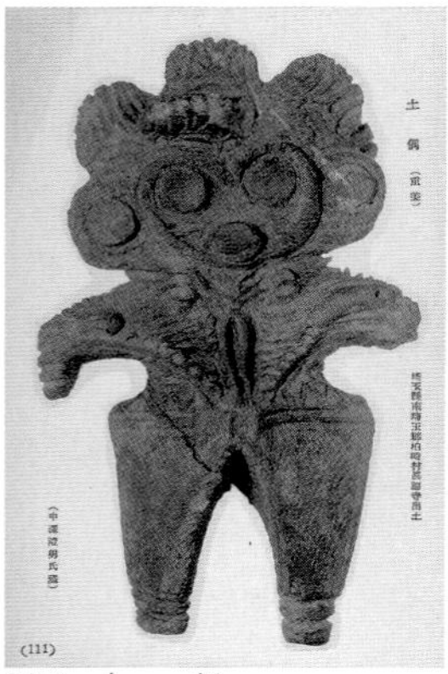
326 土　　偶

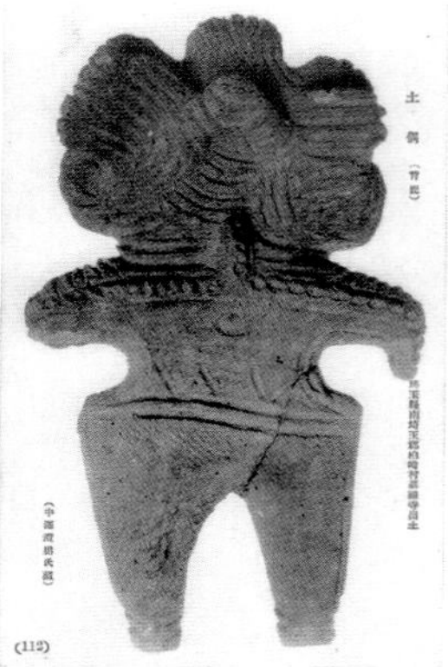
327 土偶（背面）

328 土　　偶

329 土　　偶

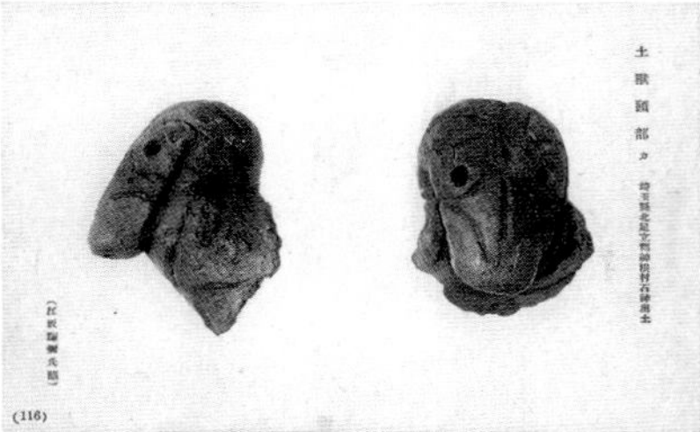
331 土獣頭部カ

332 土　　版

330 土偶頭部

333 土　　版

334 土　　版

335 岩版 土版

338には、高さを「2寸」に縮尺するよう指示書きがある。同様に、317の土偶は、頭部から脚部までを「2寸8分」とし、タイトルや所蔵者名に取り消し線が引かれている。

編者所蔵の『石器時代土偶土版絵葉書集』には、埼玉県真福寺貝塚出土のミミズク形土偶（326）など、代表的な土偶の絵葉書が欠落していた。絵葉書を論文などの図版に用いていた例は巻頭口絵3で示したとおりであるが、本絵葉書集の旧蔵者も、土偶に関する論稿などの写真図版を絵葉書で作成していたと思われる。338、317は、当初図版として使う予定であったが、何らかの理由で採用されなかったのではないだろうか。

（外　袋）

338　顔面把手

336　土偶面部

339　顔面把手

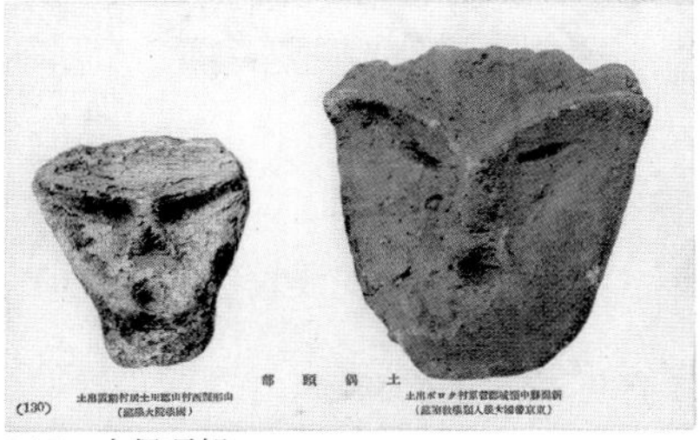
345　土偶頭部

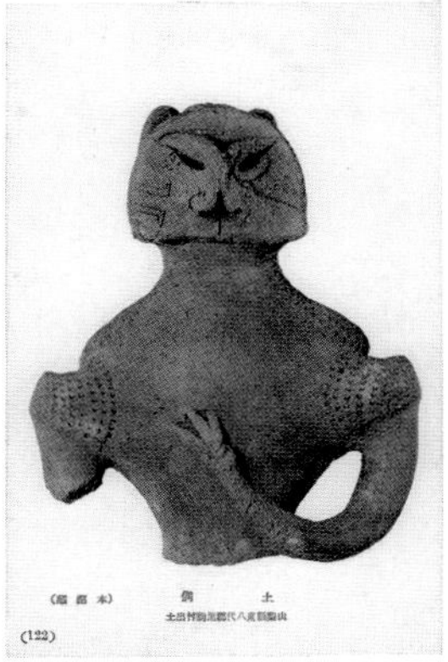
337　土　　偶

340　顔面把手

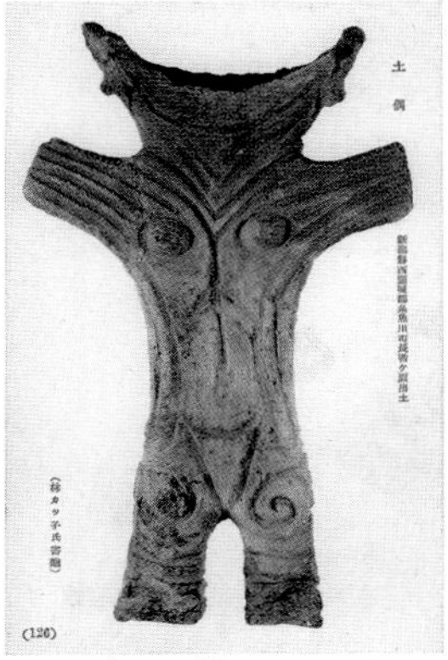
341　土　　偶

342　土　　偶

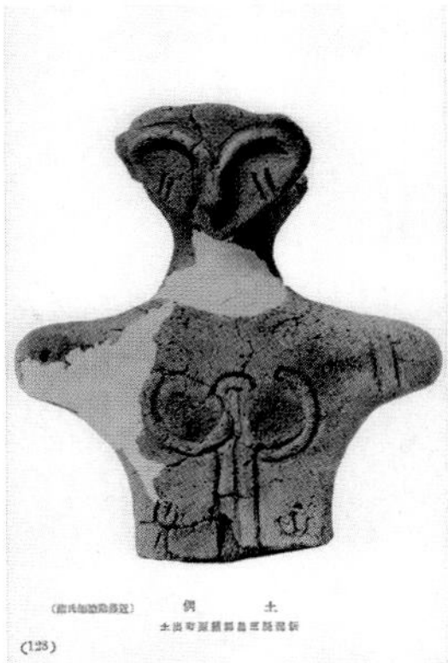
343　土　　偶

344　岩　　版

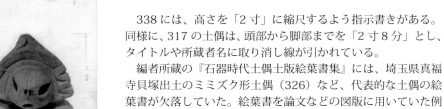

第十四輯

（外　袋）

346　土偶頭部

347　土　　面

348　岩　　版

349　土　　偶

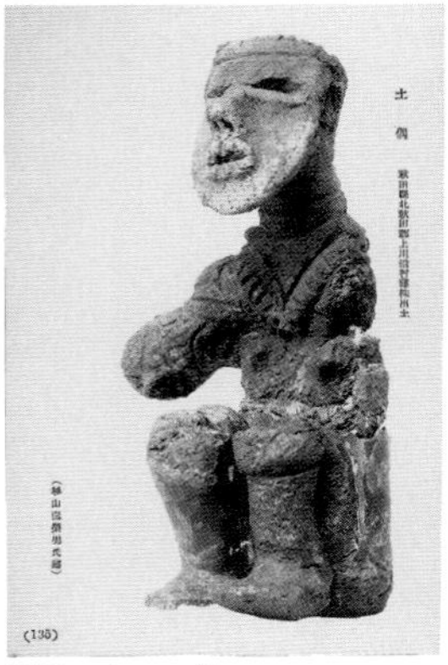
350　土　　偶

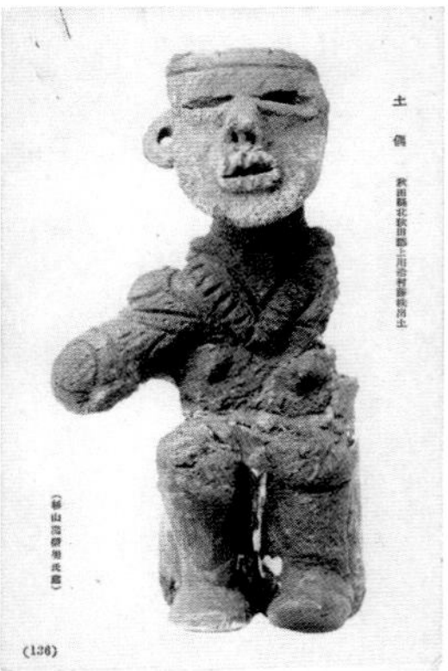
351　土　　偶

354　土　　偶

352　土　　偶

353　土偶（背面）

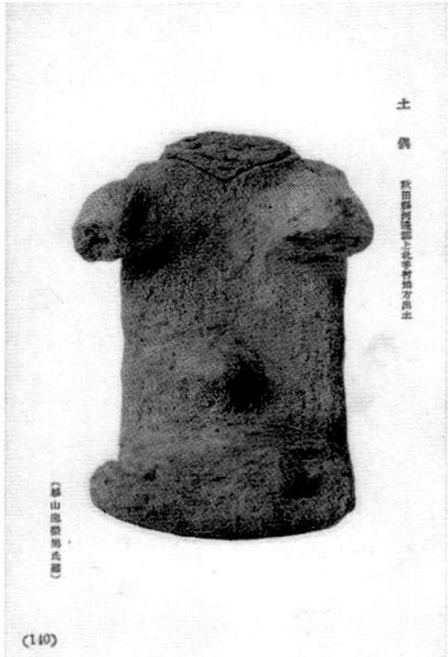
355　土　　偶

編者所蔵『石器時代土偶土版絵葉書集』の欠番（220、221、222、266、270、306、326、350、352、373）及び第16輯を除く外袋については、愛知県の郷土考古学者である吉田富夫旧蔵『石器時代土偶土版絵葉書』（名古屋市博物館所蔵）によって補填した。

第十五輯

(外　袋)

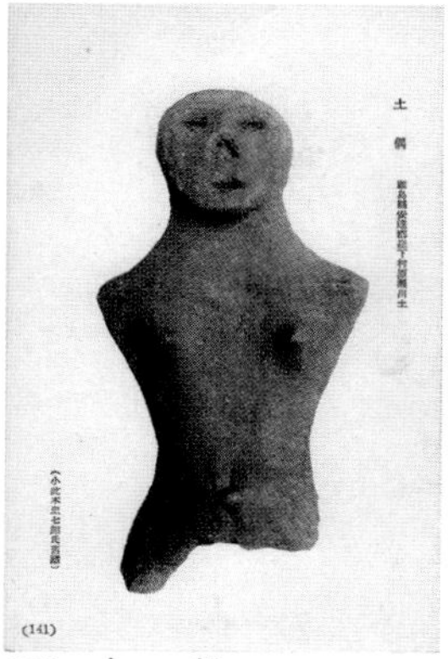
356　土　　偶

357　土　　偶

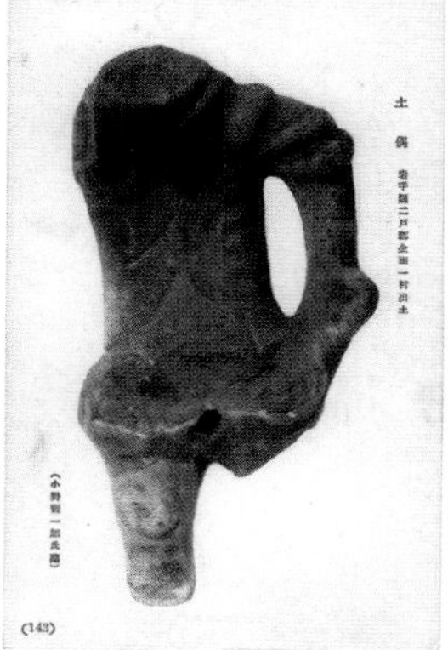
358　土　　偶

359　土　　偶

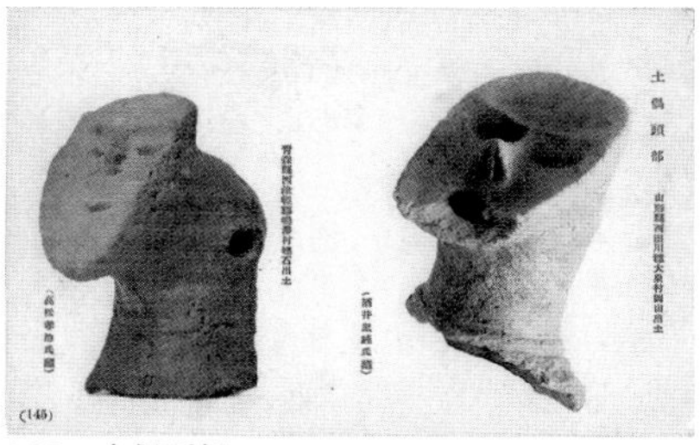
360　土偶頭部

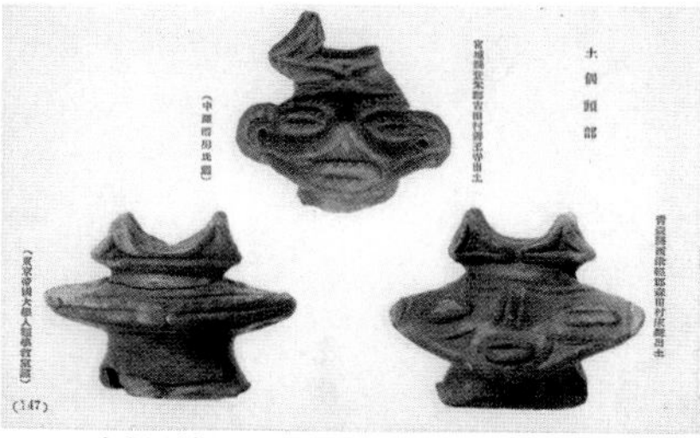
362　土偶頭部

361　土偶頭部

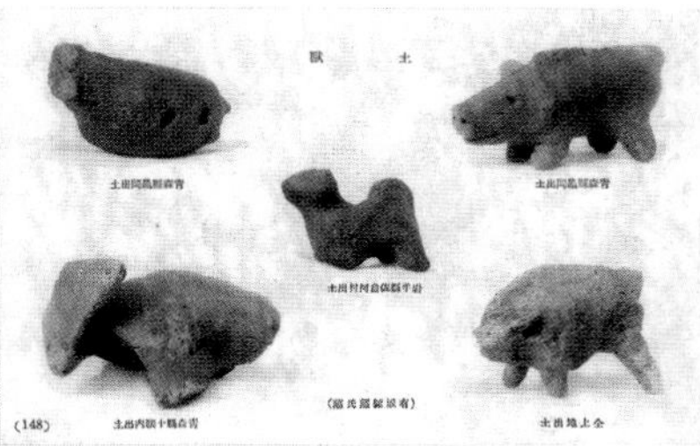
363　土　　獣

364　土　　偶

365　土　　偶

第十六輯

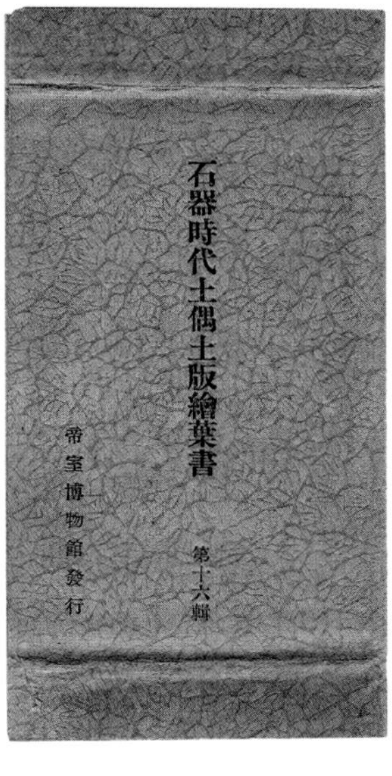

(外　袋)

366　土　　偶

367　岩　　版

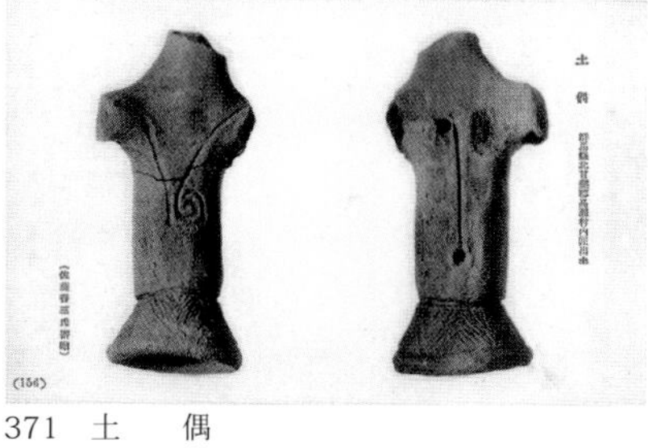
371　土　　偶

369　土　　偶

370　土偶（背面）

374　土　　偶

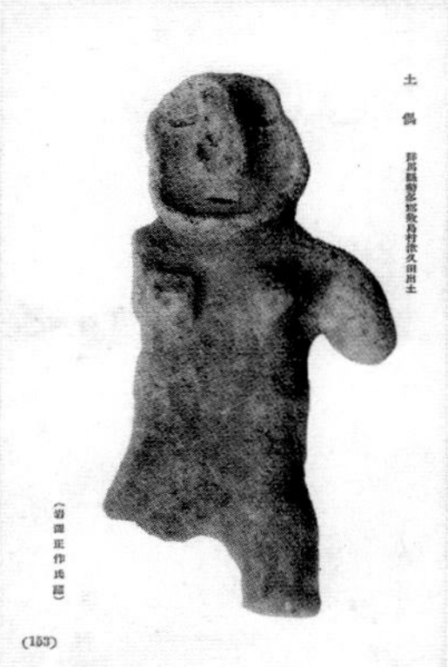
368　土　　偶

372　土　　偶

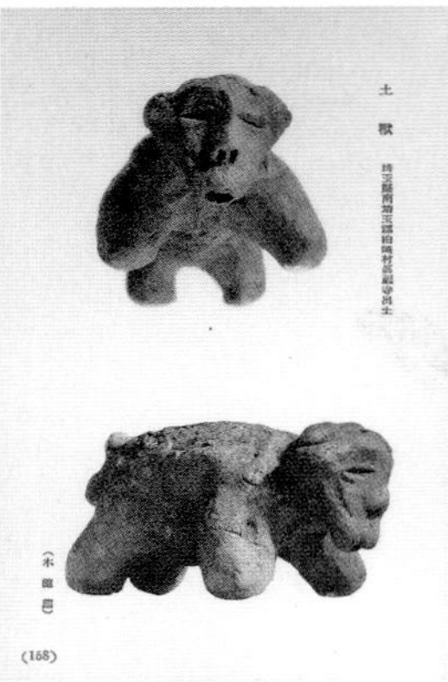
373　土　　獣

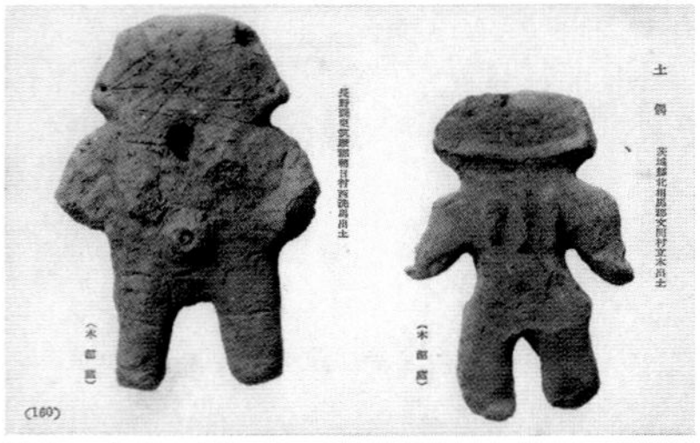
375　土　　偶

第十七輯

（外　袋）

376　土偶頭部

377　土　　偶

378　土　　偶

379　岩　　版

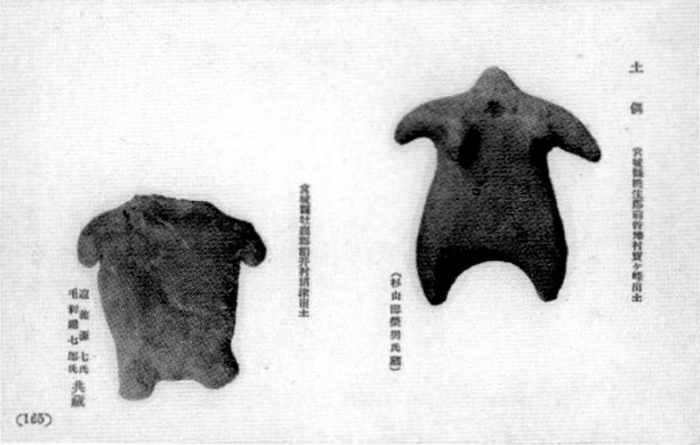
380　土　　偶

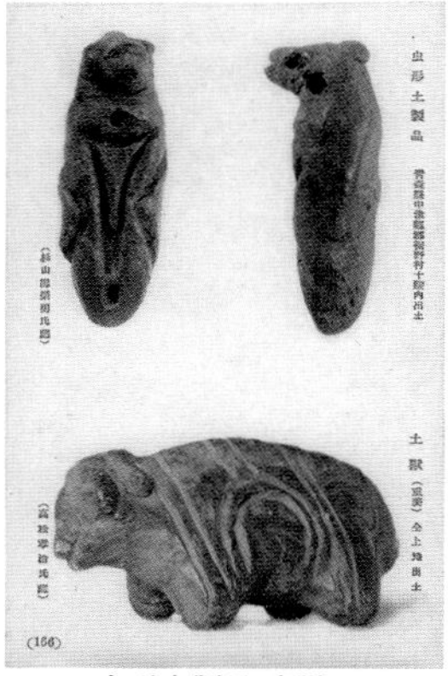
381　虫形土製品 土獣

第十八輯

382　人形装飾付土器

383　岩　　偶

384　岩偶（背面）

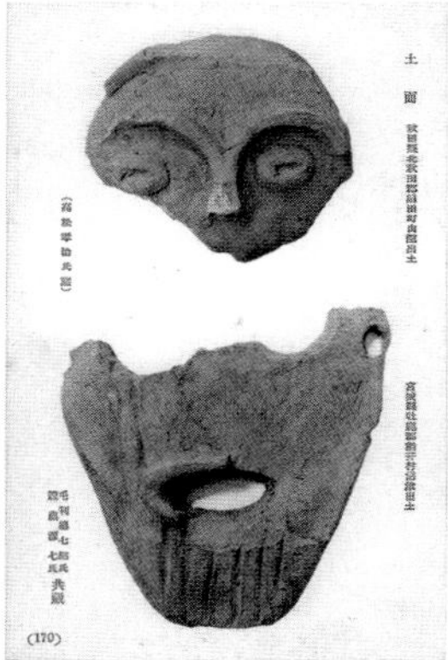
385　土　　面

386　土　　偶

387　土偶頭部

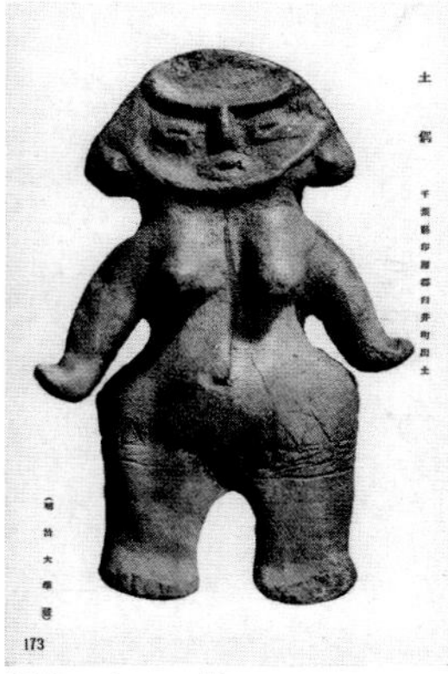
388　土　　偶

389　土　　版

第18輯のみ4葉一組であるが、それまでの写真が白黒であったのに対し、本輯はセピア色で、キャプションの体裁も従来と異なる。当初の計画に含まれていなかった資料について、急遽4葉の絵葉書を作成したものと思われる。

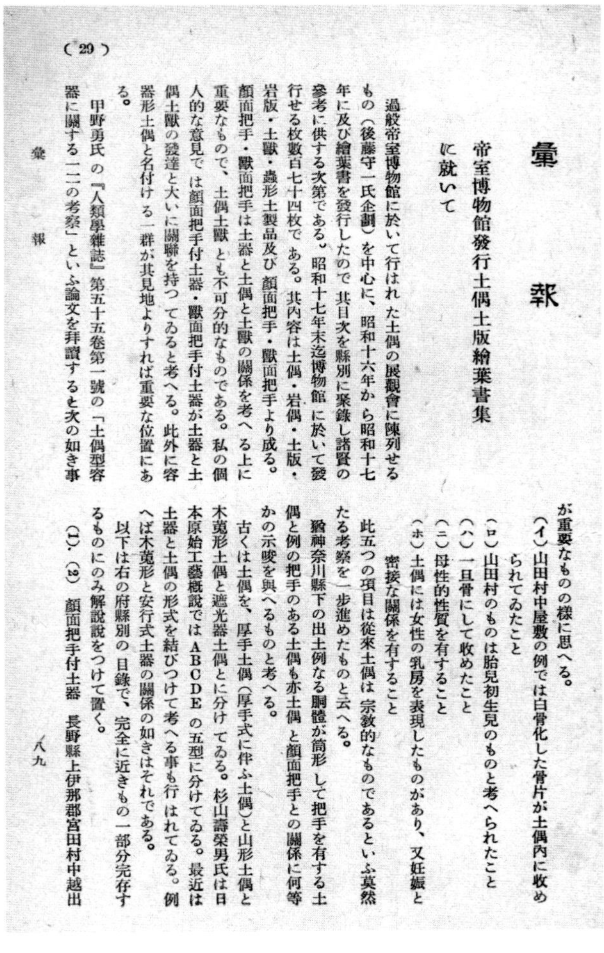
（29）

彙　報

帝室博物館發行土偶土版繪葉書集に就いて

過般帝室博物館に於いて行はれた土偶の展覧會に陳列せるもの（後藤守一氏企劃）を中心に、昭和十六年から昭和十七年に及び繪葉書を發行したので其目次を縣別に聚錄し諸賢の參考に供する次第である。昭和十七年末迄博物館に於いて發行せる枚數百七十四枚である。其内容は土偶・岩偶・土版・岩版・土獸・蟲形土製品及び顔面把手・獸面把手より成る。顔面把手・獸面把手は土器と土偶と土獸の關係を考へる上に重要なもので、土偶土獸とも不可分的なものである。私の個人的な意見では顔面把手付土器・獸面把手付土器が土器と土偶土獸の發達と大いに關聯を持つてゐると考へる。此外に容器形土偶と名付ける一群が其見地よりすれば重要な位置にある。

甲野勇氏の『人類學雜誌』第五十五卷第一號の「土偶型容器に關する一二の考察」といふ論文を拜讀すると次の如き事が重要なものの樣に思へる。

（イ）山田村中屋敷の例では白骨化した骨片が土偶内に收められてゐたこと

（ロ）山田村のものは胎兒初生兒のものと考へられたこと

（ハ）一旦骨にして收めたこと

（ニ）母性的性質を有すること

（ホ）土偶には女性の乳房を表現したものがあり、又妊娠と密接な關係を有すること

此五つの項目は從來土偶は宗敎的なものであるといふ莫然たる考察を一歩進めたものと云へる。

猶神奈川縣下の出土例なる胴體が筒形して把手を有する土偶と例の把手のある土偶も亦土偶と顔面把手との關係に何等かの示唆を與へるものと考へる。

古くは土偶を、厚手土偶（厚手式に伴ふ土偶）と山形土偶と木菟形土偶と遮光器土偶とに分けてゐる。杉山壽榮男氏は日本原始工藝概說ではＡＢＣＤＥの五型に分けてゐる。最近は土器と土偶の形式を結びつけて考へる事も行はれてゐる。例へば木菟形と安行式土器の關係の如きはそれである。

以下は右の府縣別の目錄で、完全に近きもの一部分完存するものにのみ解說說をつけて置く。

（1）．（2）顔面把手付土器　長野縣上伊那郡宮田村中越出

彙　報　　　　八九

（『考古学雑誌』第33巻第2号）

『土偶土版絵葉書集』については、県別に編成した絵葉書の総目次が『考古学雑誌』第33巻第2号（昭和18年、日本考古学会）に掲載されている。本稿を編集した帝室博物館鑑査官補の神林淳雄は174葉の絵葉書を通覧し、「土偶の足底及尻部に円孔ありて、棒を立てさしに適するもの」など、土偶土版の発生や性質を説明する上で重要となる8項目を列挙している。

『鏡剣璽特別展覧会絵葉書』

昭和４年（1929）10月16日から11月３日まで、神宮式年遷宮に併せて開催された特別展で、鏡は中国鏡と和鏡を106面、刀剣は平安時代以降の52口、玉は東京帝室博物館所蔵の古墳発掘品に限り、硬玉製勾玉130個全てが陳列された。特別展に併せて発行された絵葉書は、コロタイプ版で10葉一組の甲（鏡）、乙（剣）、そして、丙（玉）の２葉一組原色版であった。

丙
原色版

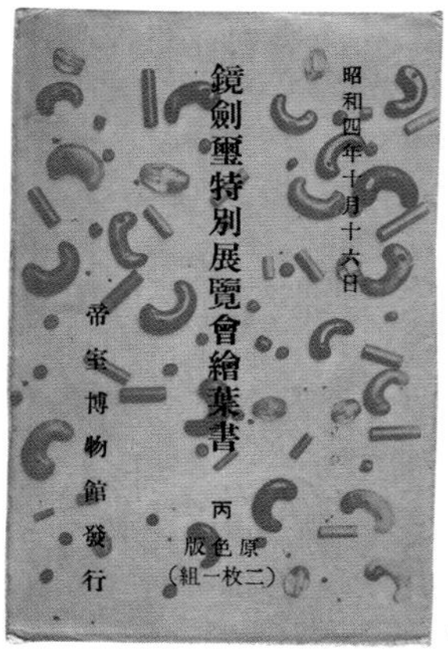

（外　袋）

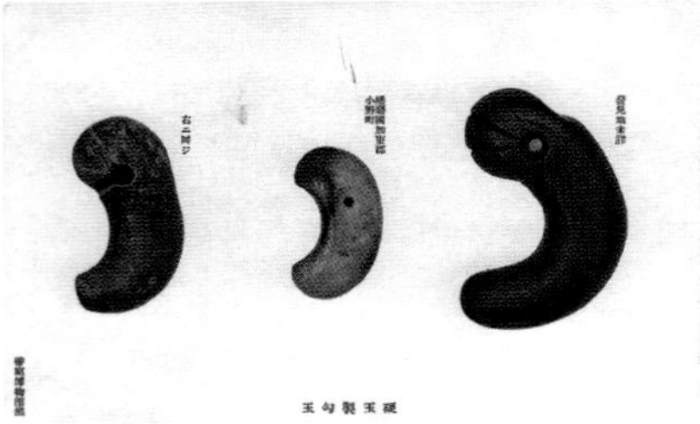
390　硬玉製勾玉

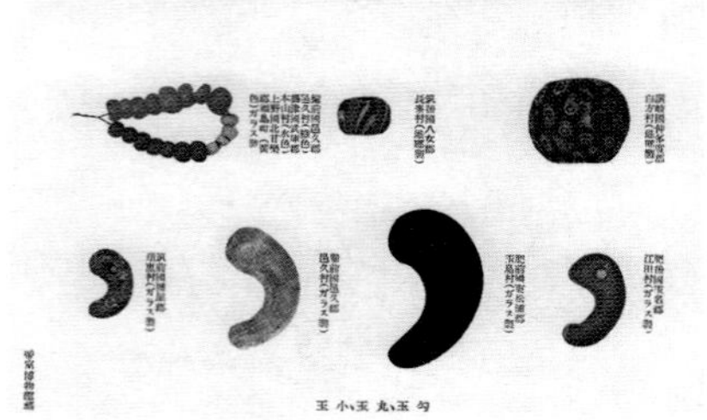
391　勾玉、丸玉、小玉

『埴輪特別展覧会絵葉書』

昭和４年（1929）に帝室博物館と群馬県史蹟調査会が共同で実施した、群馬県赤堀茶臼山古墳の発掘調査の速報展（昭和５年10月16日から30日まで）。本報告は後藤守一により『上野国佐波郡赤堀村今井茶臼山古墳』として､昭和８年に刊行されている。

展示は、第１室が赤堀茶臼山古墳の後円部墳頂から出土した家形埴輪や副葬品、第２室が北関東出土の人物埴輪、第３室が動物・器物・家形埴輪、第４室が埴輪から復元した上古時代の服飾、という４室構成である。絵葉書は、５葉一組で甲及び乙の２種類が発された。甲は第１室、乙は第２から第４室の展示資料に対応している。396は、「机」に推定されているが、類例などから椅子であることが想定され、昭和７年発行の『歴史絵はがき』第64回では「埴輪椅子」（174頁211）に修正されている。

石膏部分に着色されておらず、復元箇所が明瞭にわかる記録としても重要である。

甲

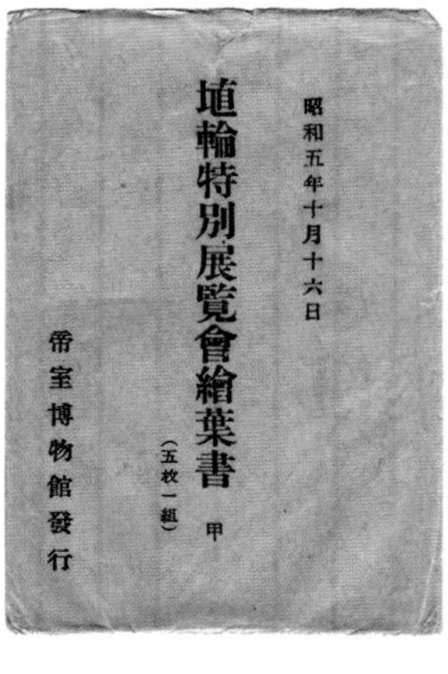

（外　袋）

392　堅魚木を上げた舎屋

393　網代をのせた舎屋

394　倉　　庫

395　高坏と園

396　机

乙

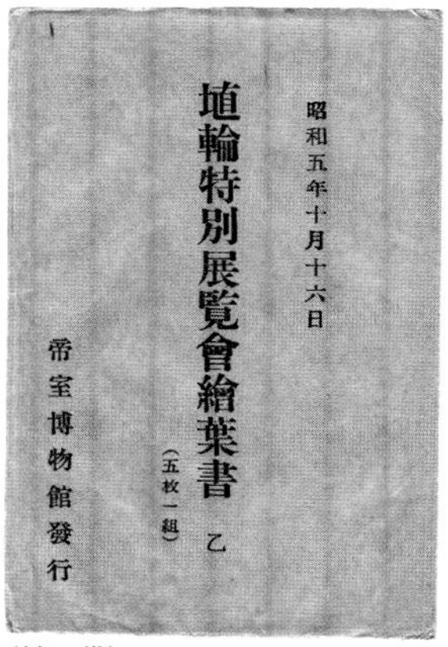

（外　袋）

397　農夫の二人

398　奏楽の男

399　踊る男女

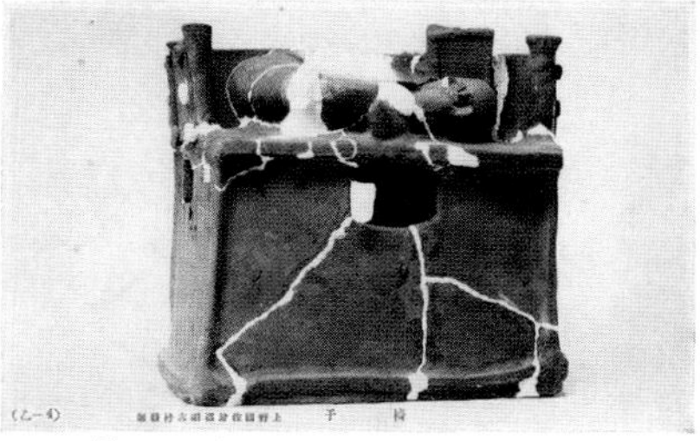
400　椅　　子

401　犬

『奈良時代出土品展覧会絵葉書』

昭和 11 年（1936）4 月 16 日から 30 日まで開催された特別展。展示は、鎮壇具、陶硯などの出土品、仏像、墓誌、骨壺、副葬品、古鏡、鬼瓦などで構成されており、奈良県明日香村出土道祖神（407）のように、屋外展示もあった。

其一

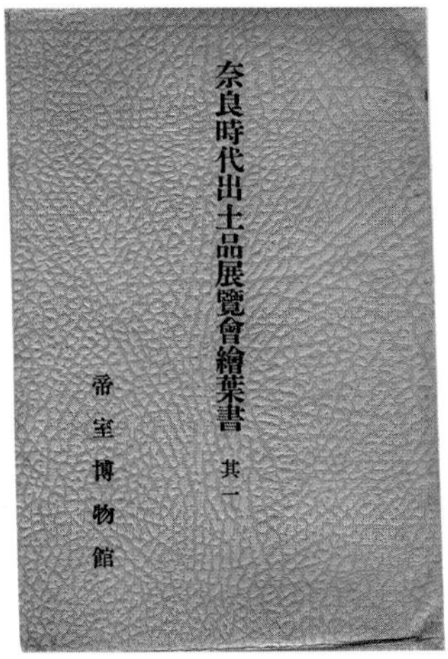

（外　袋）

403　鏡三鈷杵

404　八 稜 鏡

405　骨　　壺

407　道祖神石像

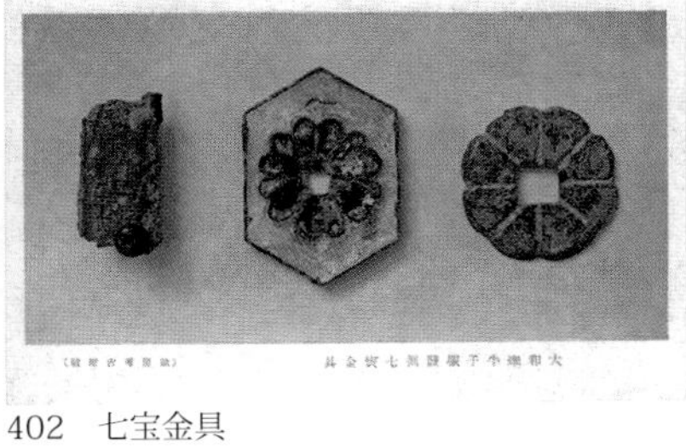
402　七宝金具

406　銀　　壺

絵葉書は 6 葉一組で、そのうち 1 葉は原色版（402、408）、5 葉はコロタイプ版で、2 組発行された。其 2 の原色版、緑釉水波文塼及び平城宮址出土緑釉鐙瓦（408）は、展示品などを収めた図録『天平地宝』（昭和 12 年、帝室博物館）の口絵にも採用されている。

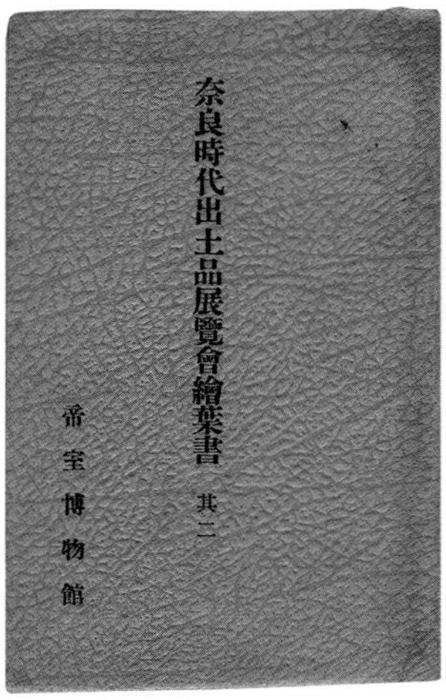

(外　袋)

408　緑釉水波文塼 緑釉鐙瓦

411　鴟　　尾

413　塑像仏首

409　鬼板 鬼瓦

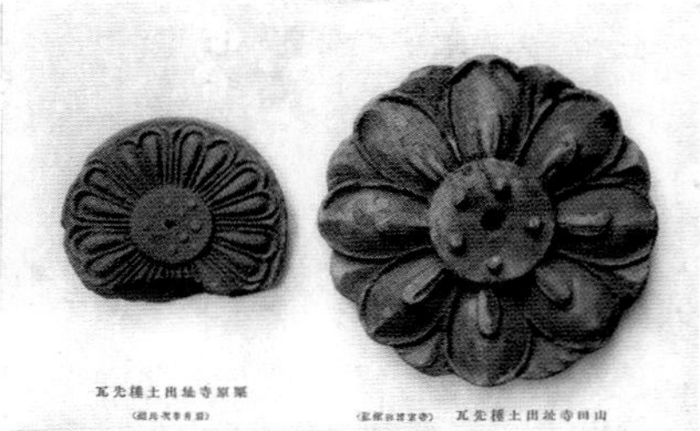
410　棰 先 瓦

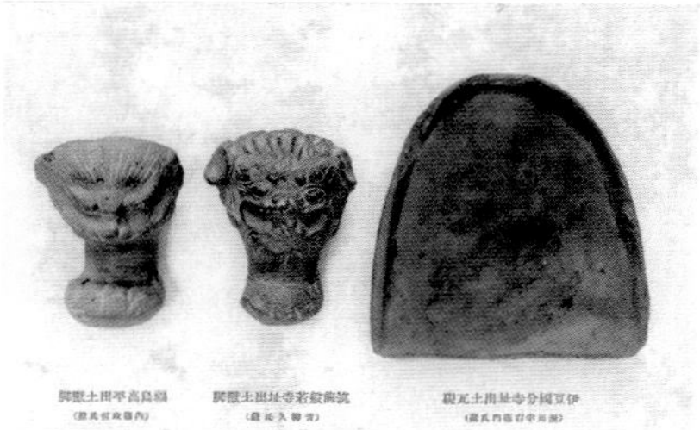
412　瓦硯 獣脚

CARTE POSTALE

端書夜話　—学会の記念スタンプ—

学会の総会などで絵葉書を記念品として配付したのは、明治 37 年（1904）の東京人類学会創立 20 年記念祝賀会が最初である。この記念品絵葉書は、以後考古学会の総会が主な発行の機会となるのであるが、明治期には記念スタンプも併せて製作されている。

①は、考古学会第 12 総集会記念スタンプである。全体は透かしのある倒卵形の鍔で、内側の孔に白文で「卌六廾二」（明治 40 年 6 月 22 日）と開催年月日を刻む。内孔に向かって「考古学会」、上下に「総会」と朱文で記す。

第 12 総集会を記念した絵葉書（193 頁 414）は、総会当日に特別展覧された古墳発見剣頭各種のうち、環頭式柄頭 11 種で構成されており、展示を担当した高橋健自の手による製作と考えられる。鍔の記念スタンプは、絵葉書の環頭式柄頭と対になるものであり、高橋健自の美的感覚が窺える。

①の前年に、東京人類学会第 22 年会を記念したスタンプが②である。人間の頭骸骨を上から眺めた形で、前頭骨に「東京人類学会」、右頭頂骨から左頭頂骨にかけて「創立第二十」「二年会紀念」、後頭骨に接する場所に「39-10-6」（明治 39 年 10 月 6 日）と朱文で記す。この時の記念絵葉書は、坪井正五郎と大野雲外の自筆絵葉書（巻頭口絵 1）で、スタンプは仮設スタンプ局で捺印されることになっていた。

この頭骸骨をモチーフとした図柄については、明治 37 年の創立 20 年記念祝賀会で有功者に贈られた功牌に起源を求めることができる。③は高知県の郷土史家、寺石正路に贈られた功牌で、日本種族の頭骸骨を俯瞰した全形や、前頭骨に陽刻された「東京人類学会」に類似性が認められる。功牌は東京人類学会長の坪井正五郎から贈られており、そのデザインも坪井正五郎によると考えられる。

日頃研究対象として接している遺物などから着想を得た記念スタンプは、明治から大正期の研究者が素養として兼ね備えていた風流の具象とみることもできよう。

①

②

③

POSTALE CARTE

2 考古学会（日本考古学会）

学会の総会で記念品として絵葉書を配り始めたのは、東京人類学会が明治 37 年（1904）と最も古い。明治 39 年の第 22 年会では坪井正五郎と大野雲外自筆絵葉書が籤引により配付されているが、以後、東京人類学会が記念絵葉書を発行した記録は管見の限り認められない。

考古学会では、明治 39 年の例会で、和田千吉が古瓦や瓦経などを採拓した葉書用紙を参加者に配布しており、昭和 15 年（1940）まで絵葉書が記念品として配られている。

明治 40 年の第 12 総集会では、特別展覧として当日展示された出土品のうち、古墳時代の環頭柄頭を絵葉書に仕立てている（414）。以降の記念品絵葉書も総会の特別展覧の資料を題材としているが、大正 15 年（1926）の第 31 総集会からは、帝室博物館の新収蔵品（198 頁 457 〜 461）や、研究者の所蔵品（197 頁 462 〜 463）を絵葉書にしたものが学会に寄贈され、参加者に配られるようになる。とりわけ、コレクションなどの絵葉書からは考古学者の志向性を垣間見ることができる。

第十二総集会

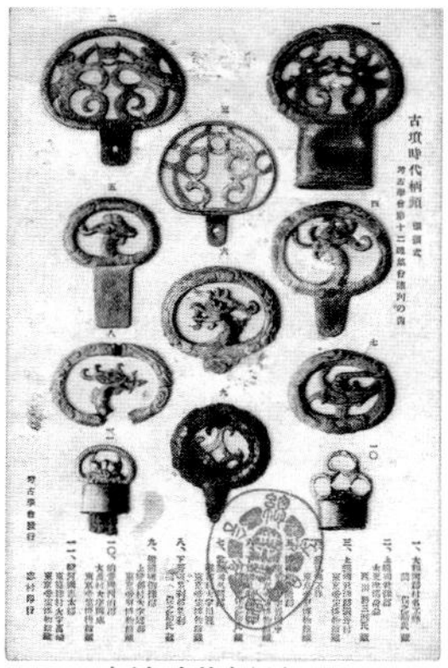
414　古墳時代柄頭

第十三総集会

415　古墳時代石製品（甲）

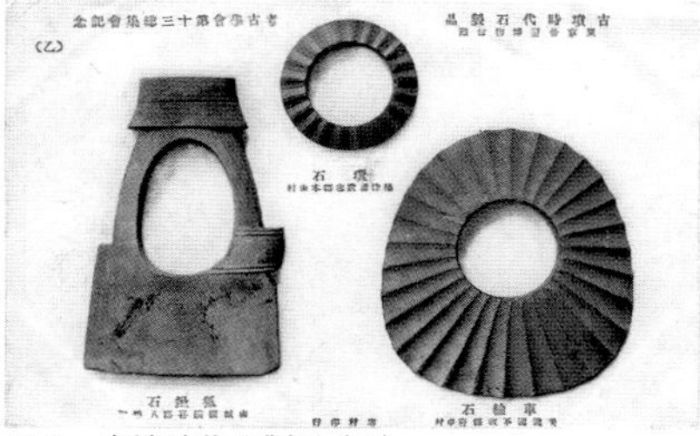
416　古墳時代石製品（乙）

第十四総集会

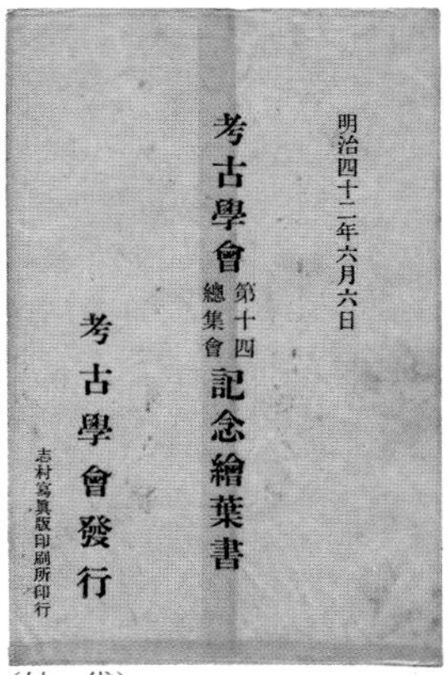

（外　袋）

417　轡鏡板及杏葉

第十六総集会

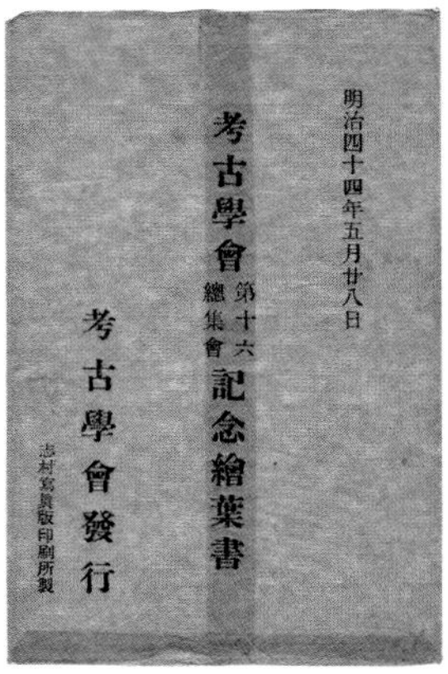

（外　袋）

418 水　　滴

第十八総集会

419　石器時代土器

第十九総集会

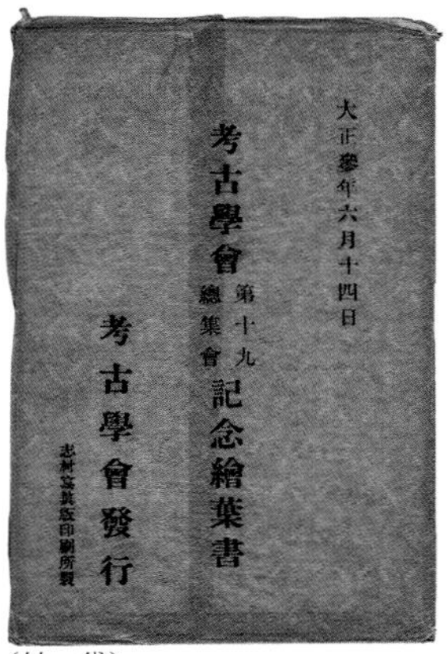

(外　袋)

420　磬

421　九鈷杵及九鈷鈴

422　十界図 摸本一部 其一

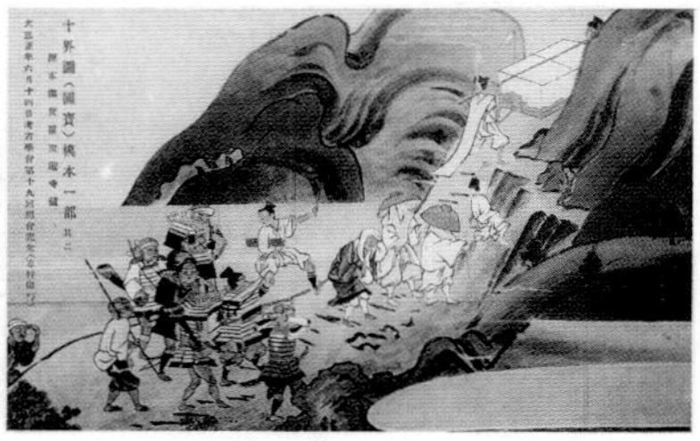
423　十界図 摸本一部 其二

第二十総集会

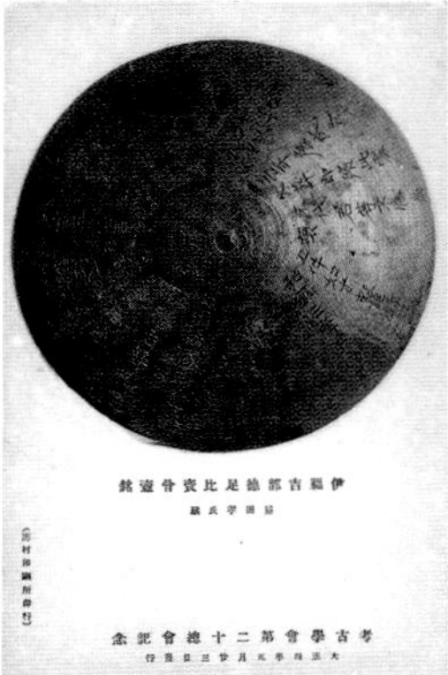
424　骨 壺 銘

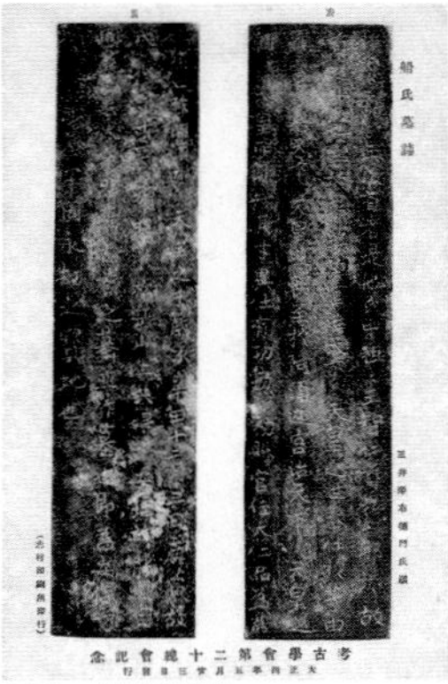
425　船氏墓誌

426　雙 龍 鏡

第二十一総集会

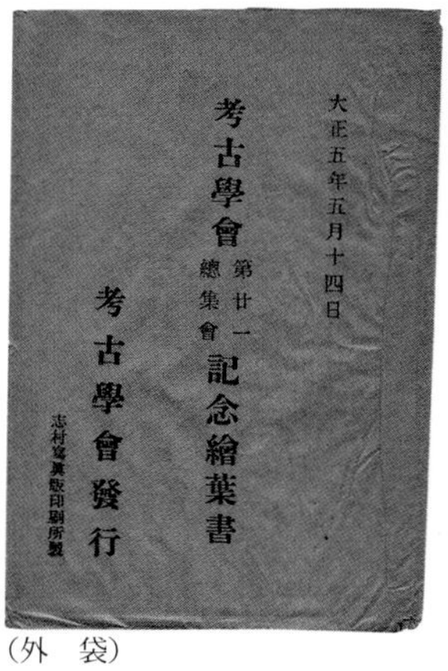

(外　袋)

427　雁鴨池付近発見塼

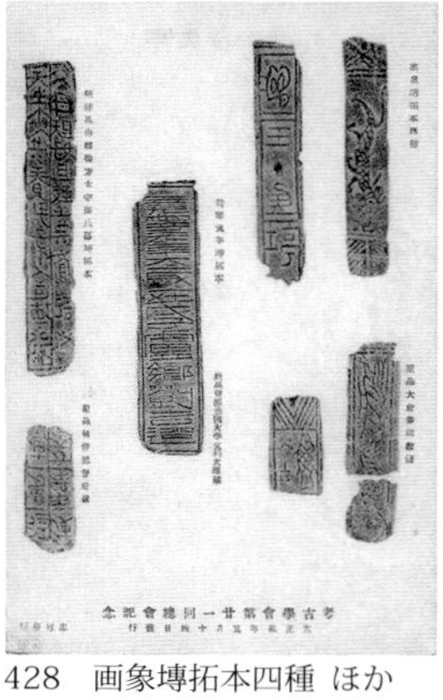
428　画象塼拓本四種 ほか

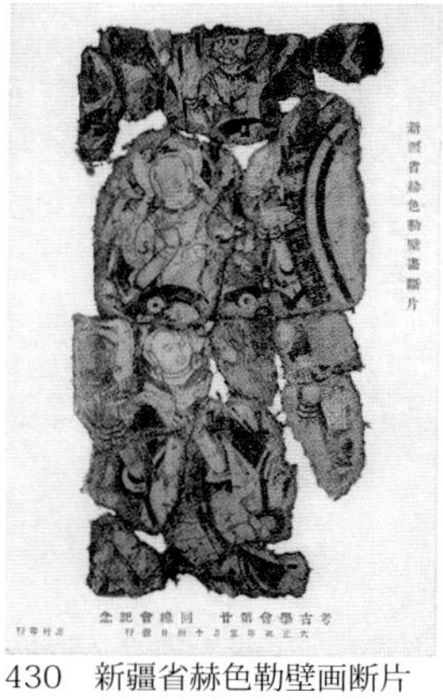
430　新疆省赫色勒壁画断片

429　アジヤンター石窟第十九番の壁画

第二十三回総会

431　宇治宿禰骨壺

432　宇治宿禰墓誌

第二十五回会総会

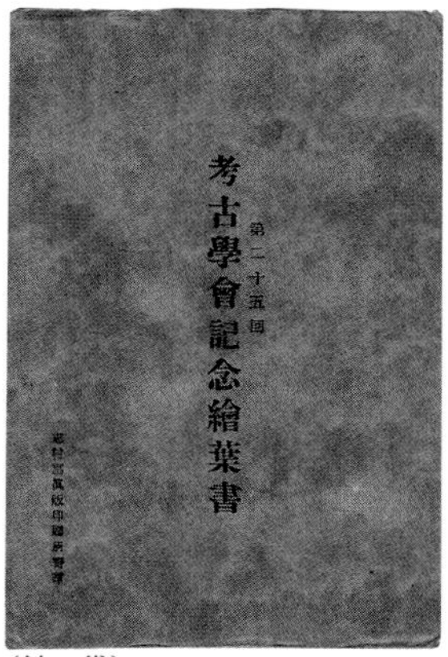

（外　袋）

433　片耳付坩

434　小鈴付獅噛金具

第二十五回総会　絵馬絵葉書

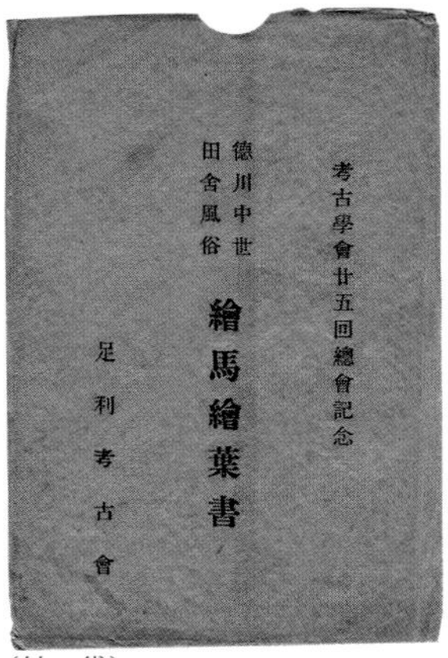

（外　袋）

435　田舎風俗絵馬

436　田舎祭例芝居絵馬

第二十五回総会

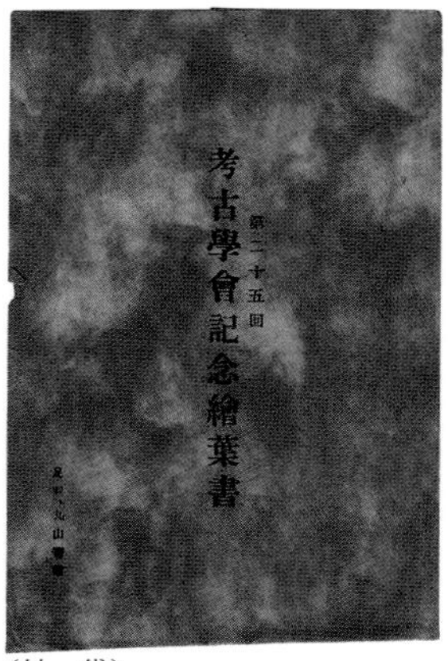

（外　袋）

437　耶蘇教僧之木像

第二十六回総会

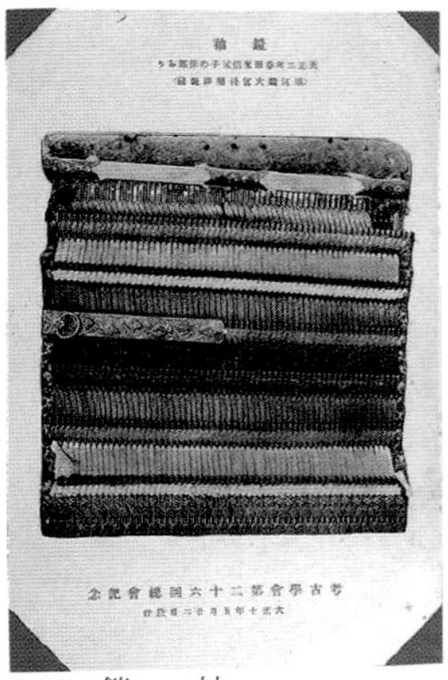

438　鎧　袖

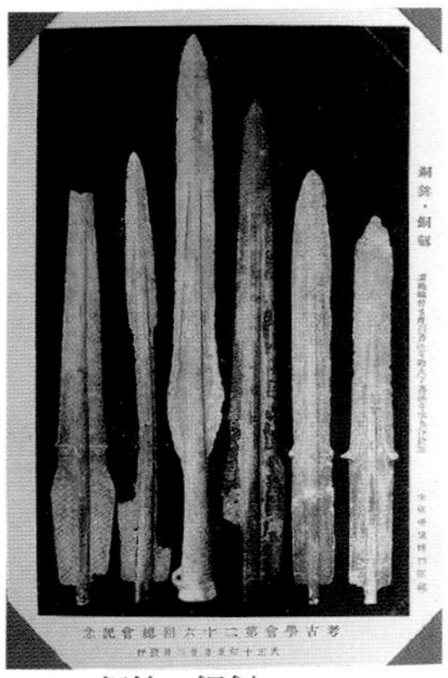

439　銅鉾・銅剣

第二十七回総会

440・441　東魏武定四年造像銘拓影

第二十八総集会

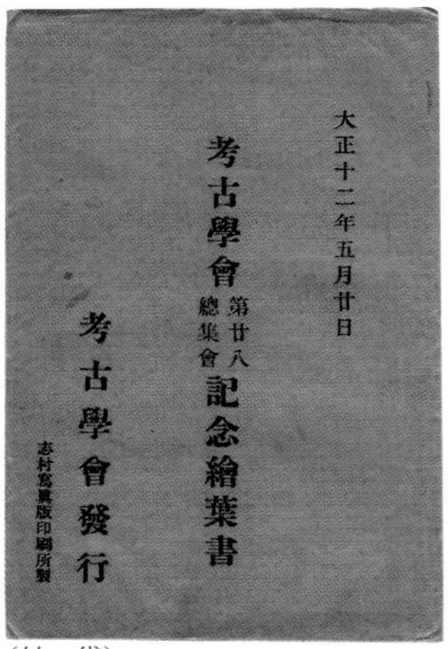

（外　袋）

442　脚付土器蓋

443　陶製小坩及脚付長頸蓋

第三十総集会

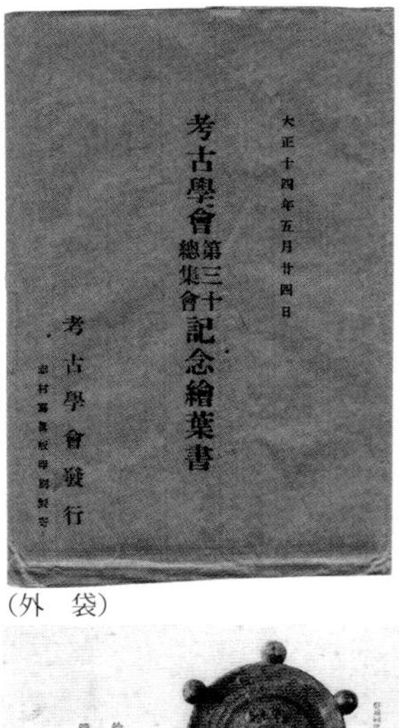

（外　袋）

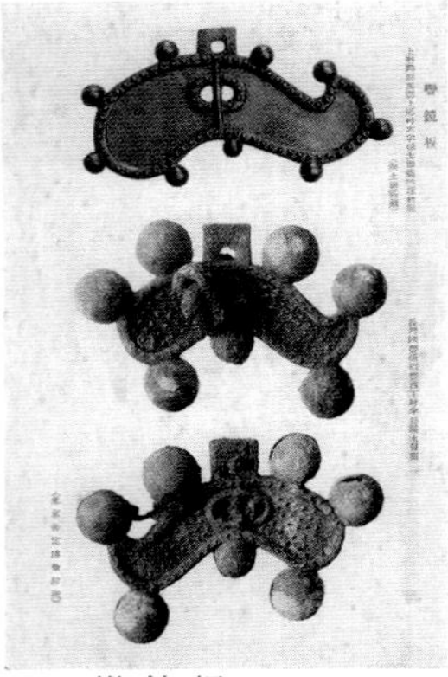

444　轡鏡板

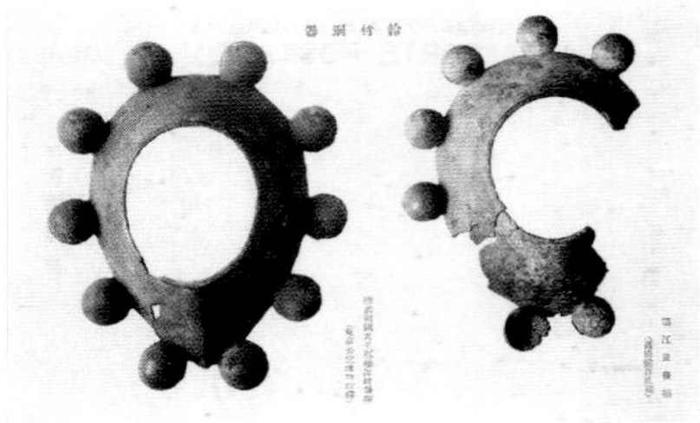

445　鈴付銅器

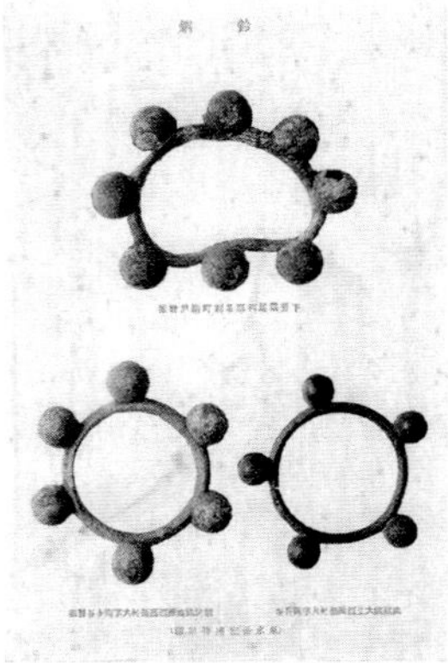

446　鈴　釧

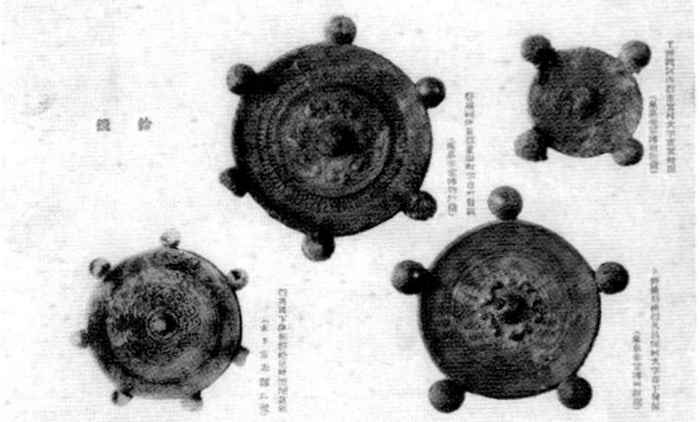

447　鈴　鏡

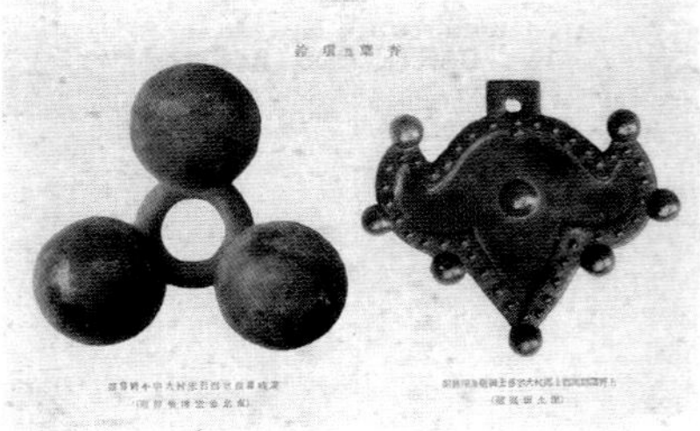

448　杏葉及環鈴

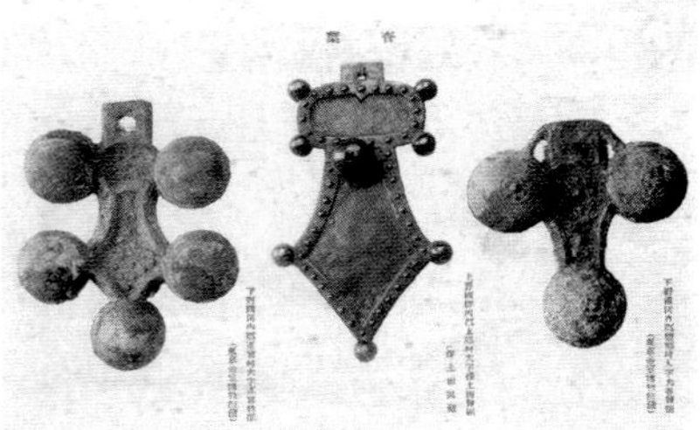

449　杏　葉

第三十年記念 禹域遺宝

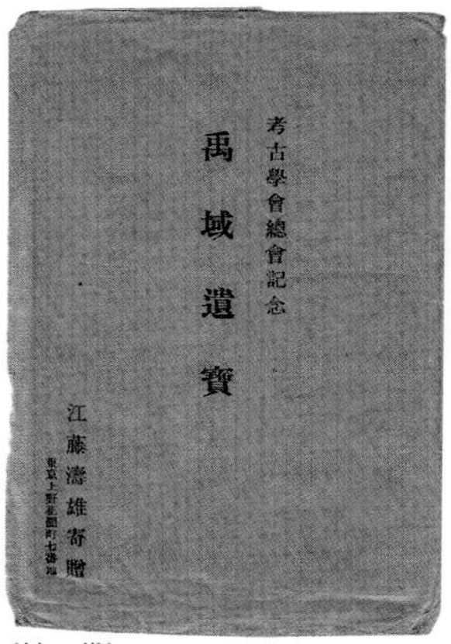

(外 袋)

450 秦代銅犠

451 六朝鍍金獅子

452 魏正光年代仏板

第三十年記念 工芸美術研究会

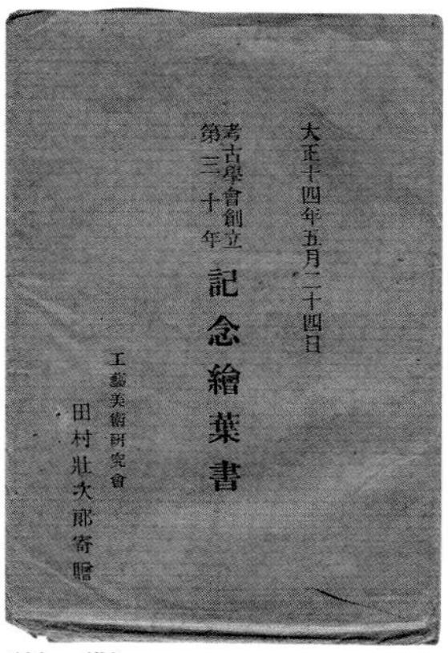

(外 袋)

453 土 偶

454 オシラ神

455 夫婦木像

456 神 像

第三十一総集会 高橋健自

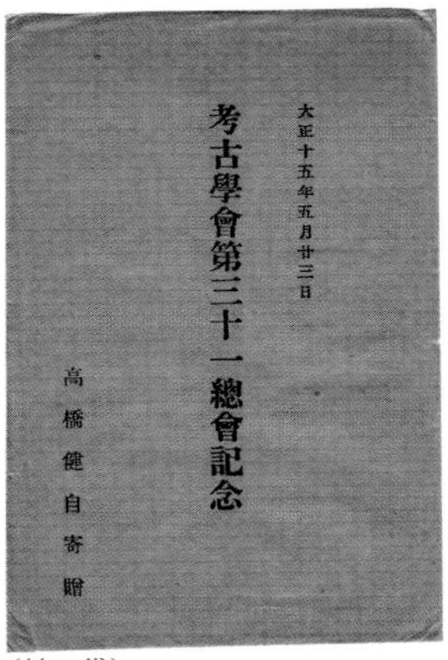

(外 袋)

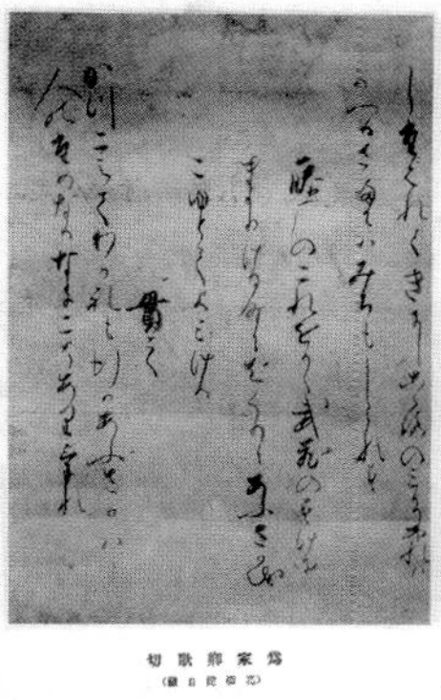
462 為家卿歌切

463 大和山村廃寺古瓦

第三十一総集会

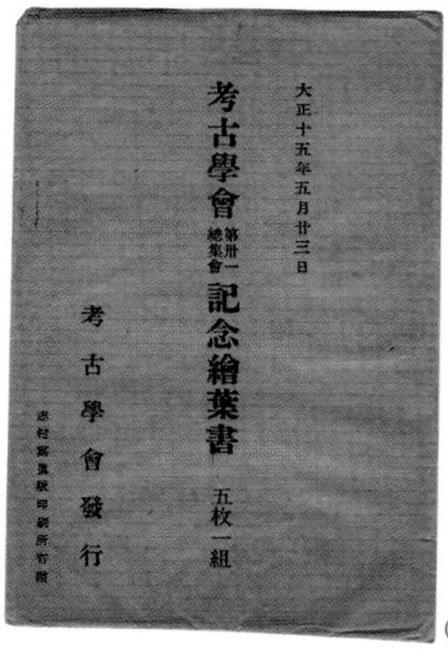
大正十五年五月廿三日
考古學會第卅一總集會記念繪葉書　五枚一組
考古學會發行

（外　袋）

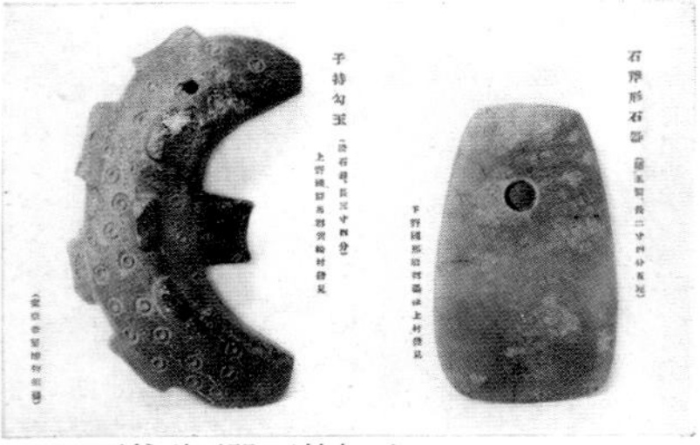

457　石斧形石器 子持勾玉

459　八 鈴 鏡

458　銅　　鐸

460　経　　筒

461　土　　塔

第三十一総集会 石田茂作

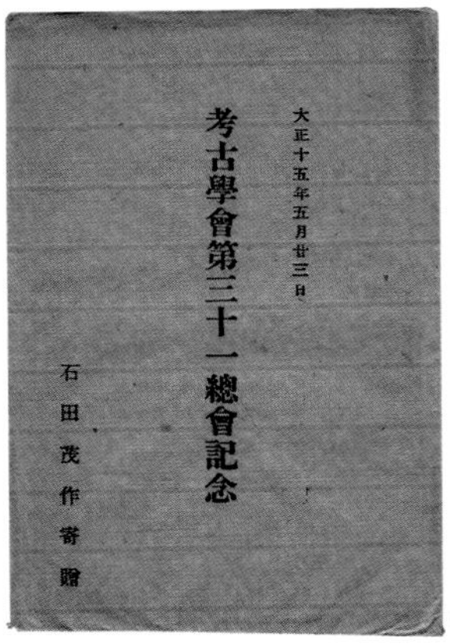
大正十五年五月廿三日
考古學會第三十一總會記念
石田茂作寄贈

（外　袋）

464　滑石経法華序品

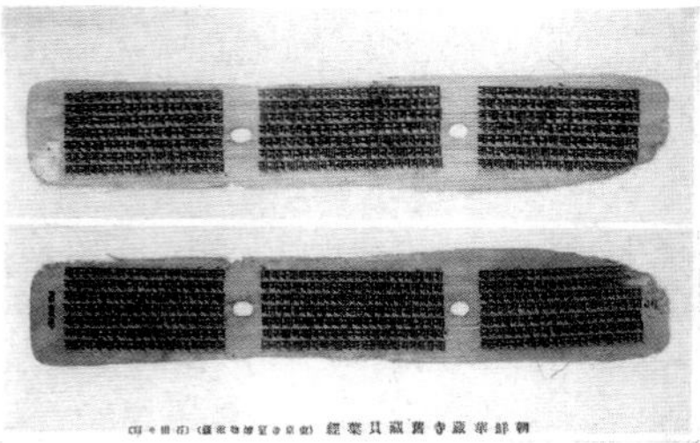

465　朝鮮華蔵寺旧蔵貝葉経

第三十一総集会 溝口禎次郎

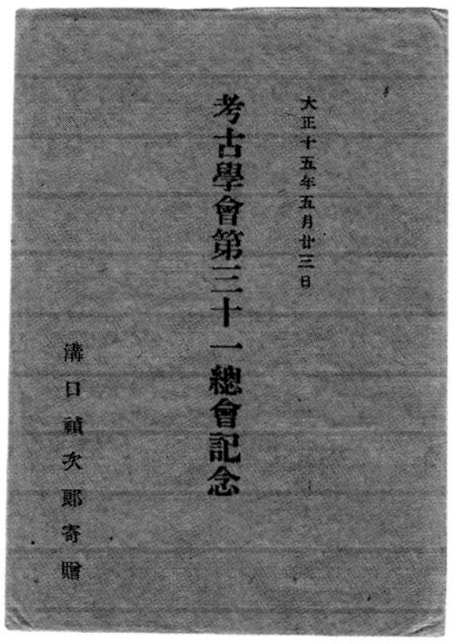
大正十五年五月廿三日
考古學會第三十一總會記念
溝口禎次郎寄贈

（外　袋）

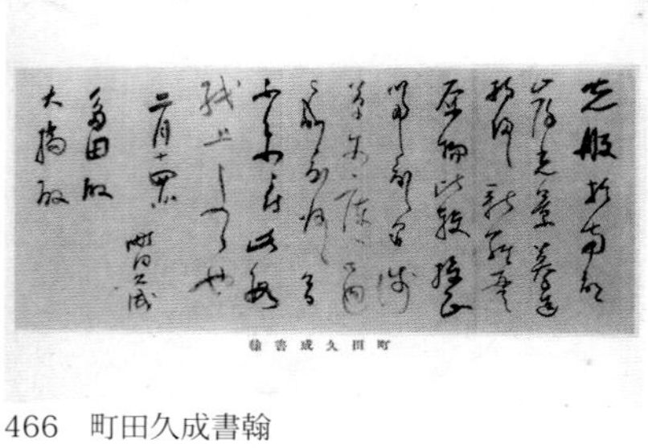

466　町田久成書翰

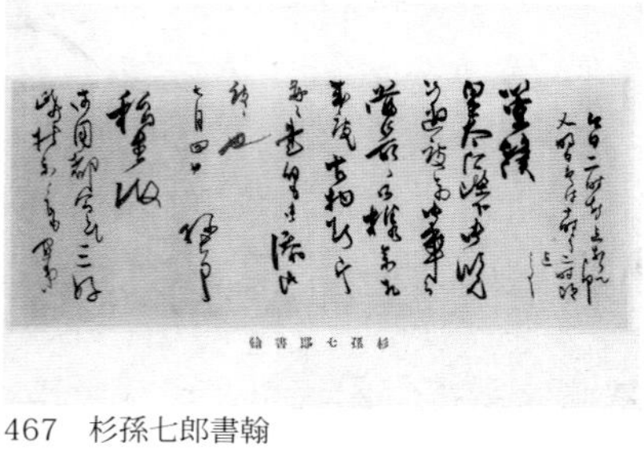

467　杉孫七郎書翰

第三十二総集会

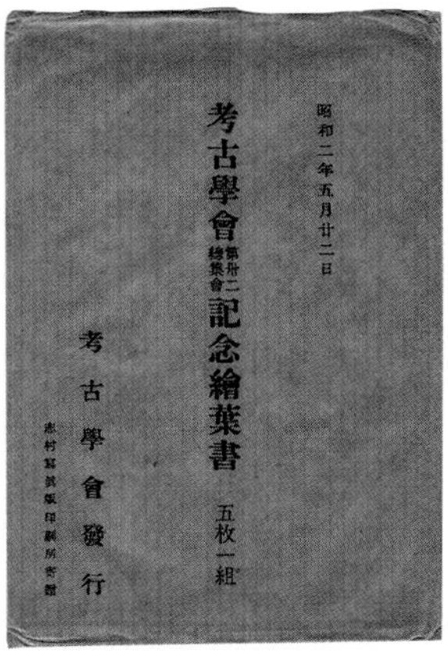

(外　袋)

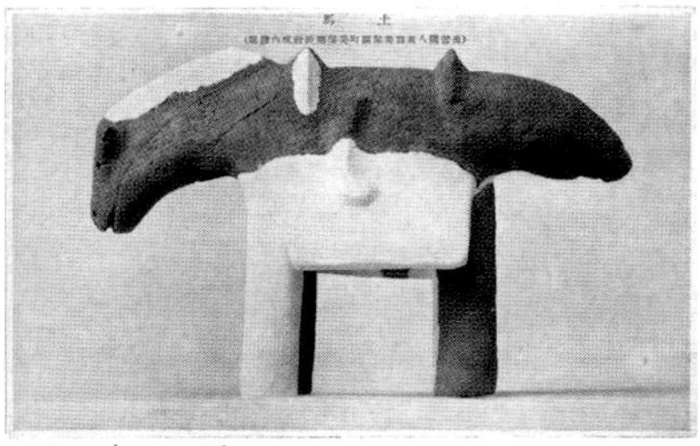
468　土　　馬

469　五輪塔・水晶器・舎利筒・盤

470　彩 文 壺

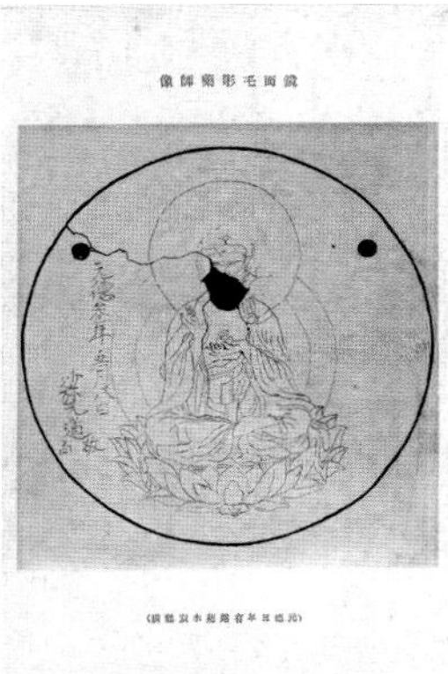
471　鏡面毛彫薬師像

472　カテキサマ

第三十二総会　三宅米吉

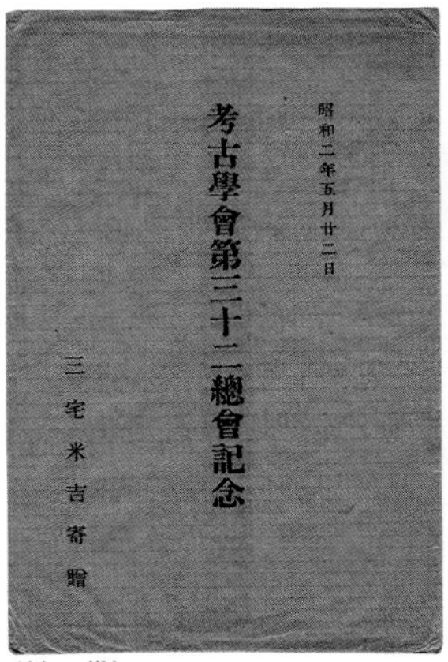

(外　袋)

473　弥生式土器残欠

474　埴輪残片

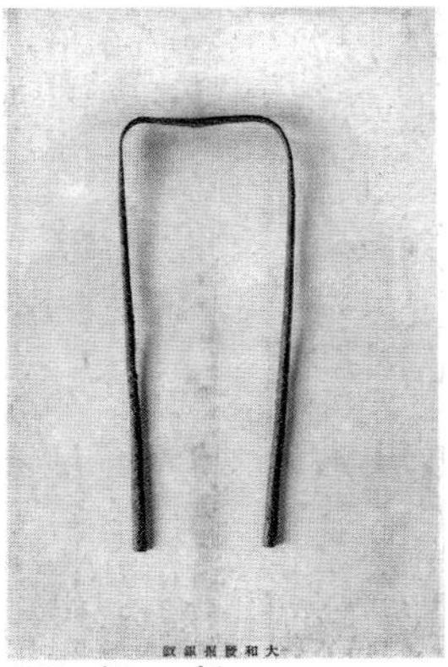
475　銀　　釵

476　杏　　葉

第三十二総会　高橋健自

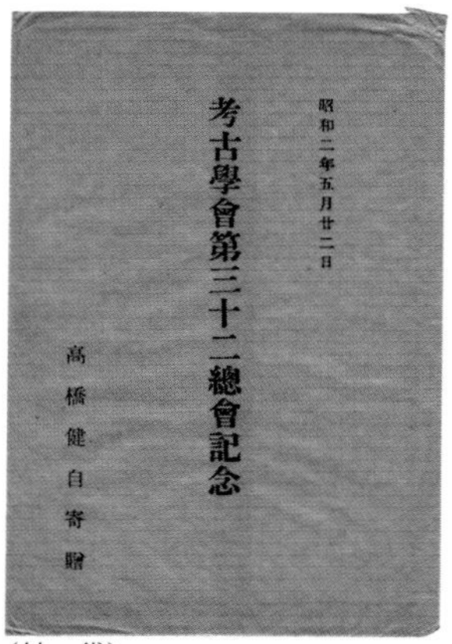

(外　袋)

477　蓮華文瓦当

478 「楽浪禮官」瓦当

第三十二総会　後藤守一

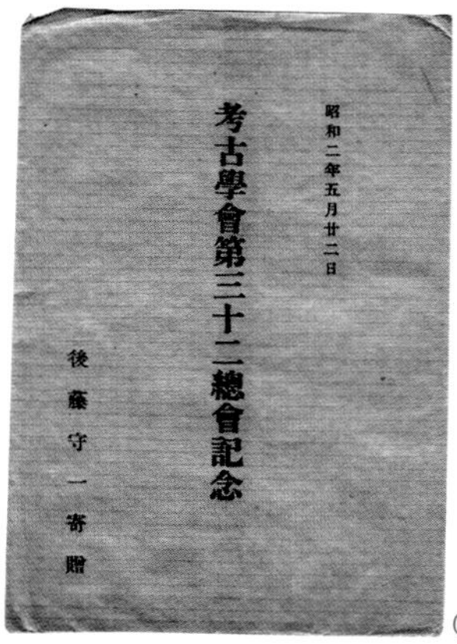

(外　袋)

479　埴輪男子土偶

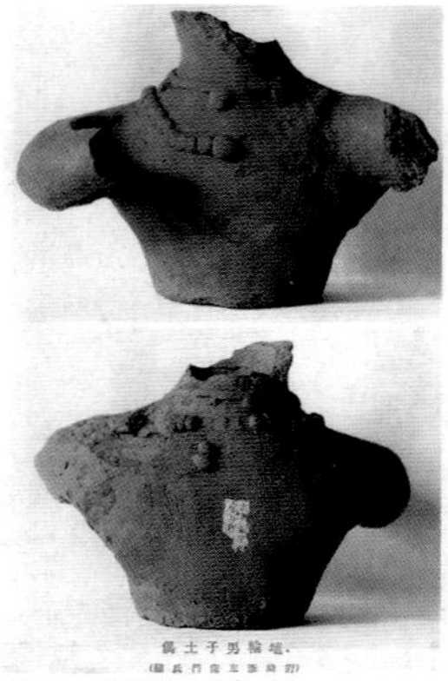

480　埴輪男子土偶

第三十二総会　石田茂作

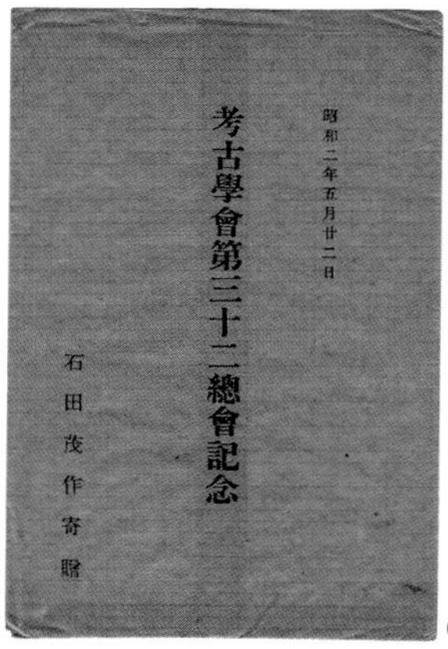

(外　袋)

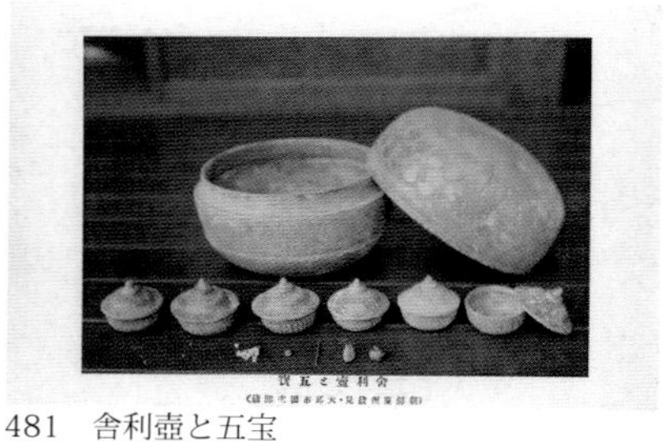

481　舎利壺と五宝

482　金銅百済仏像

第三十二総会　入田整三

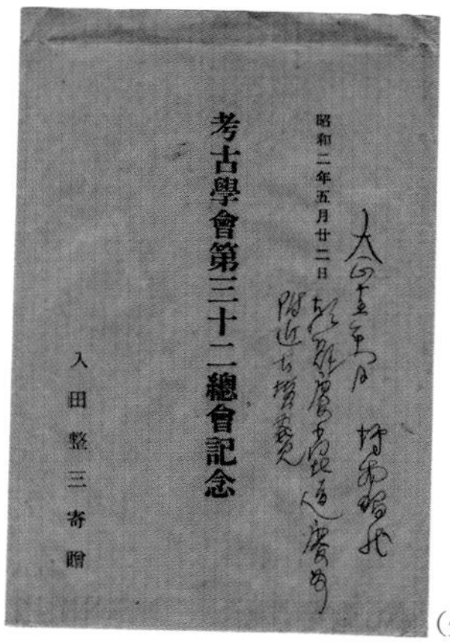

(外　袋)

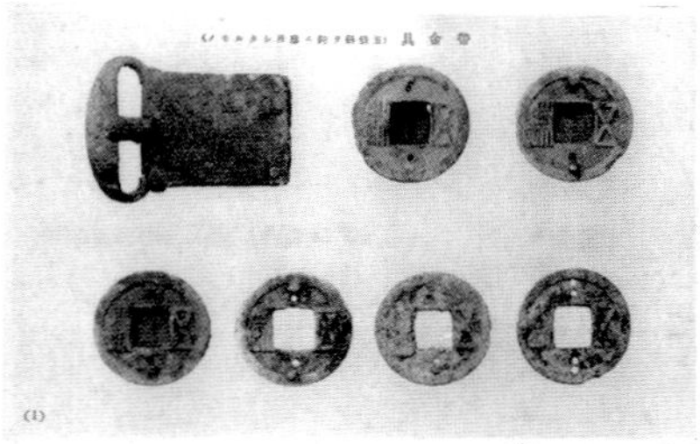

483　帯金具（1）

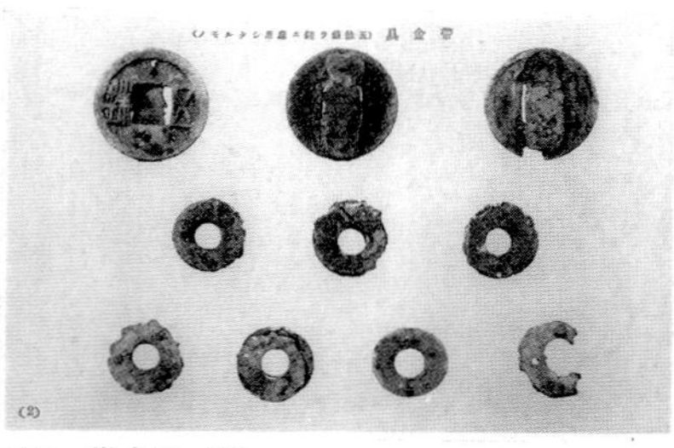

484　帯金具（2）

第三十二総会　溝口禎次郎

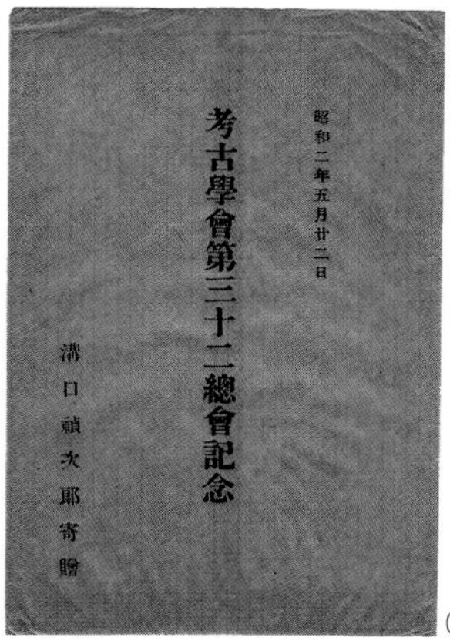

(外　袋)

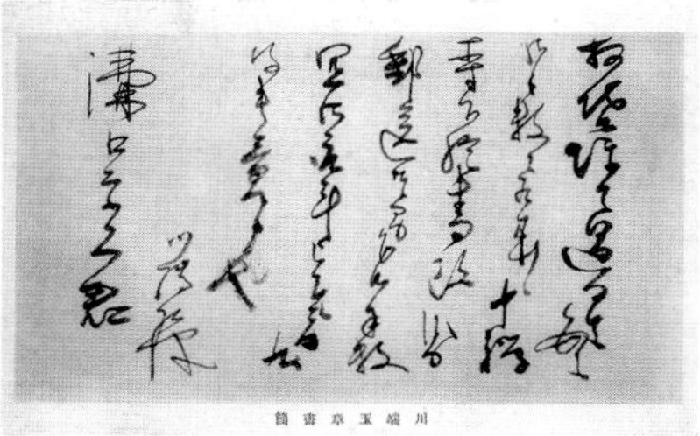

485　川端玉章書簡

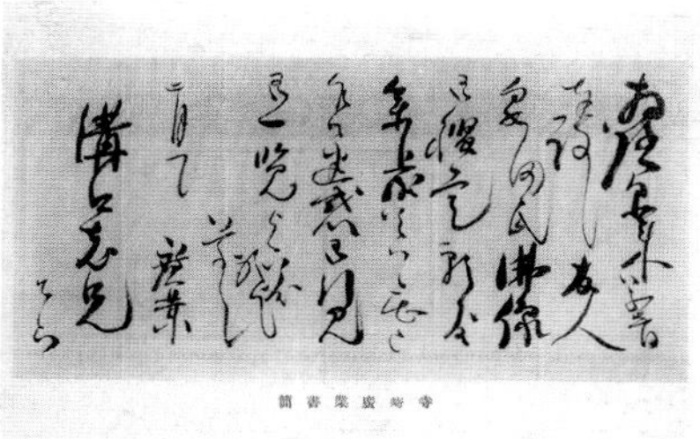

486　寺崎廣業書簡

第三十二回総会　上羽貞幸

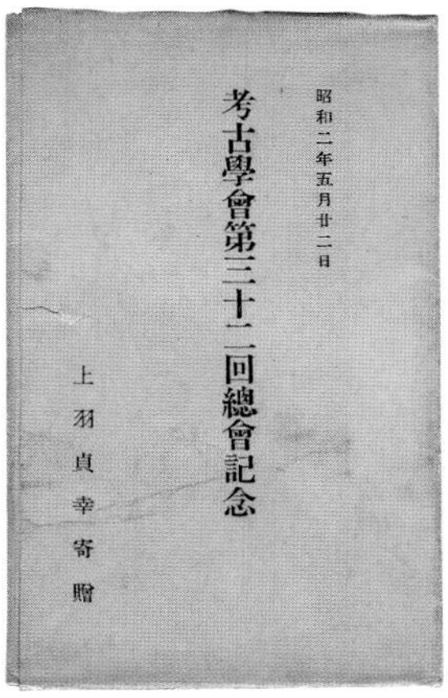

(外　袋)

487　江戸時代めんこ

488　江戸時代めんこ

489　江戸時代めんこ型

第三十二回総会　杉山寿栄男

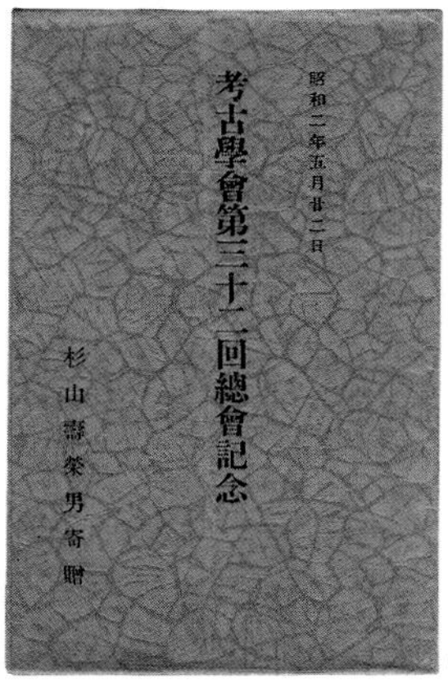

(外　袋)

490　兜

491　古土器

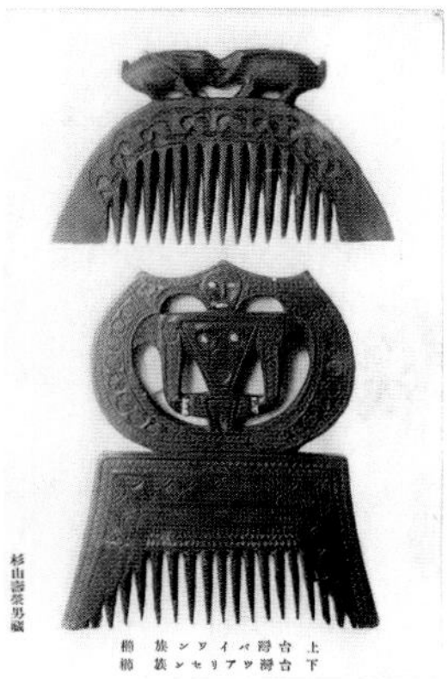

492　櫛

第三十三回総会（第一輯）

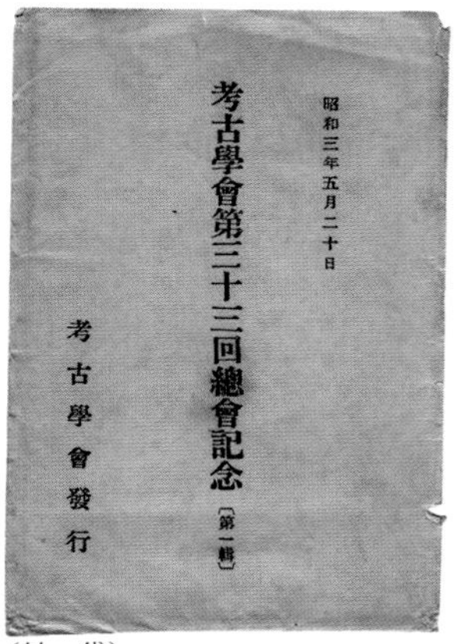

（外　袋）

493　十一面観音石像

494　石彫天尊像

495　三彩水瓶

496　装 馬 像

497　金銅槌出仏

498　三彩獅子像

第三十三回総会（第二輯）

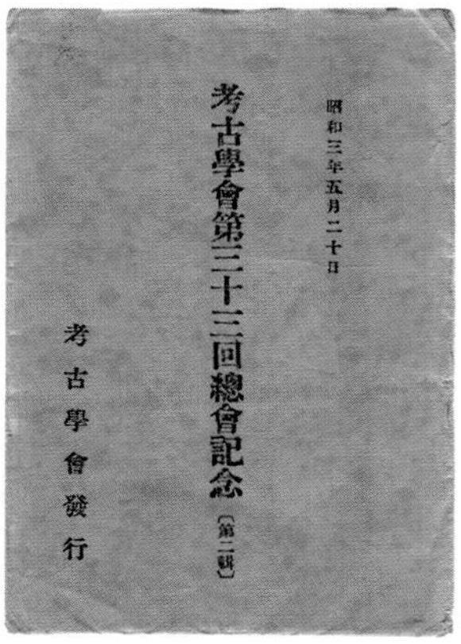

（外　袋）

499　銅製馬車

500　銅　　壺

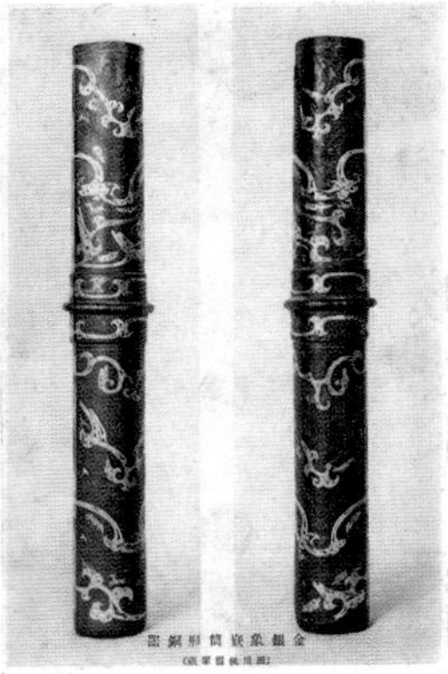
503　金銀象嵌筒形銅器

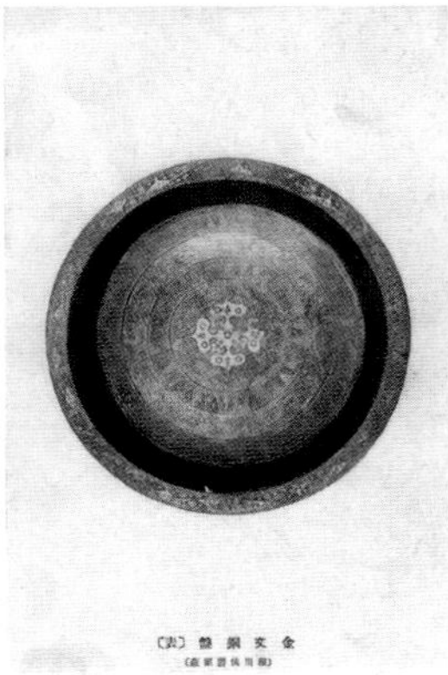
501　金文銅盤（表）

502　金文銅盤（裏）

504　銭弘俶八万四千塔

第三十三回総会　杉山寿栄男

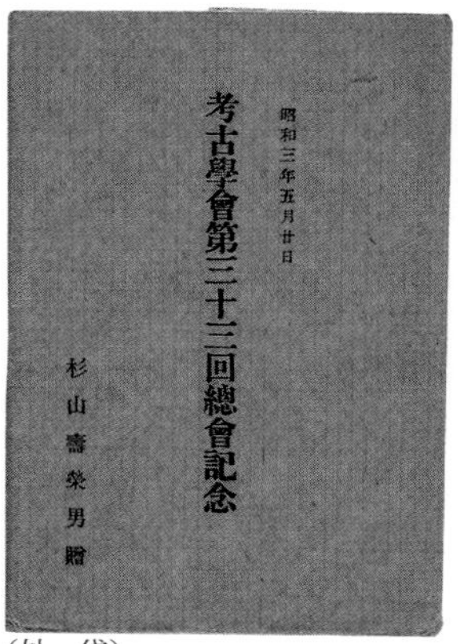

（外　袋）

505　楯

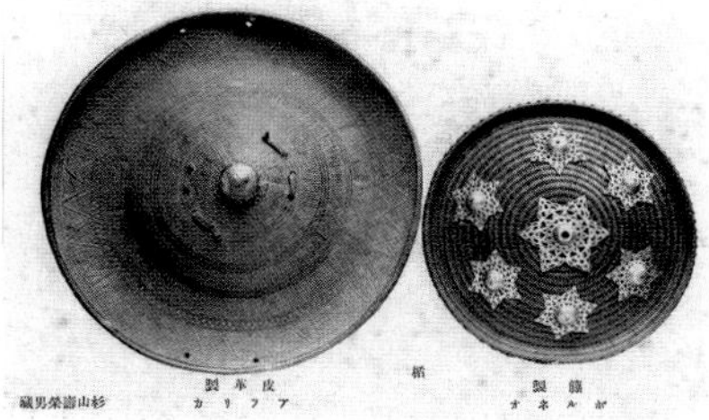
506　楯

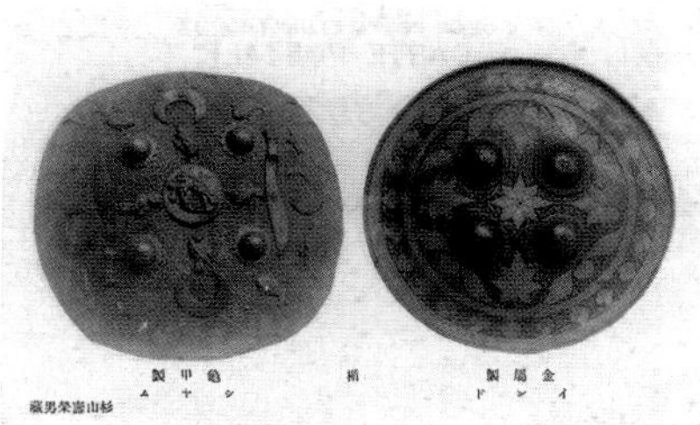
507　楯

第三十三回総会　工芸美術研究会

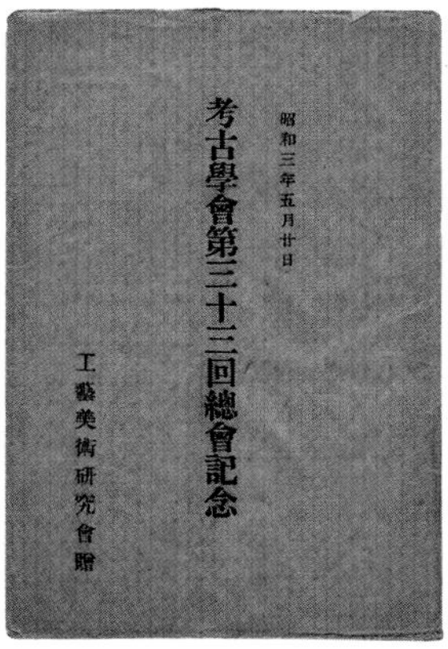

（外　袋）

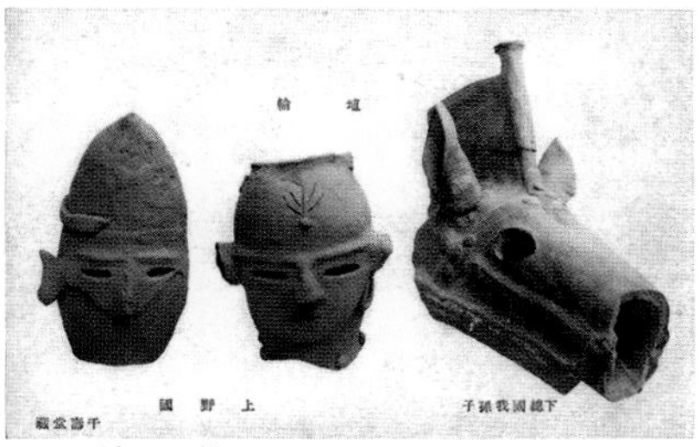
508　埴　　輪

509　捩文鏡 同心半円文鏡

510　四鳥文鏡 双獣文鏡

第三十三回総会

511　菊盤絵双雀鏡

512　武蔵国分寺巴瓦

第三十四回総会

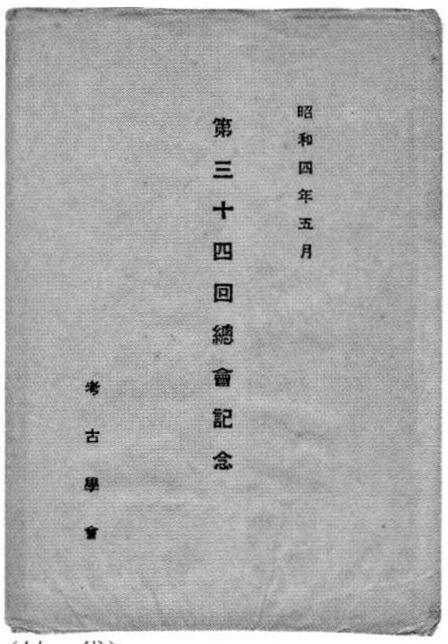

(外　袋)

513　銅　　鐸

514　漢代木棺

昭和四年　考古学会研究旅行

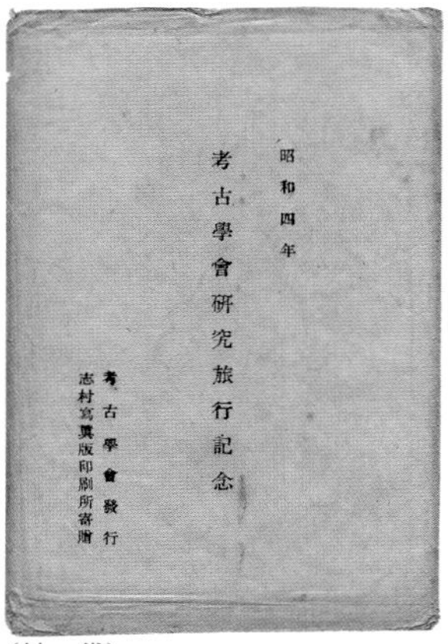

(外　袋)

515　蔵王権現

518　懸　　仏

516　花　　瓶

517　金 剛 鈴

第三十五回総会　木村貞吉

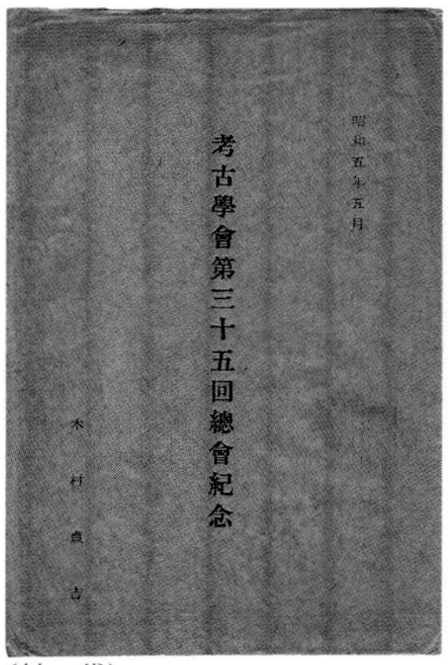

(外　袋)

524　漢神獣壺

525　唐宝相鑑

第三十五回総会

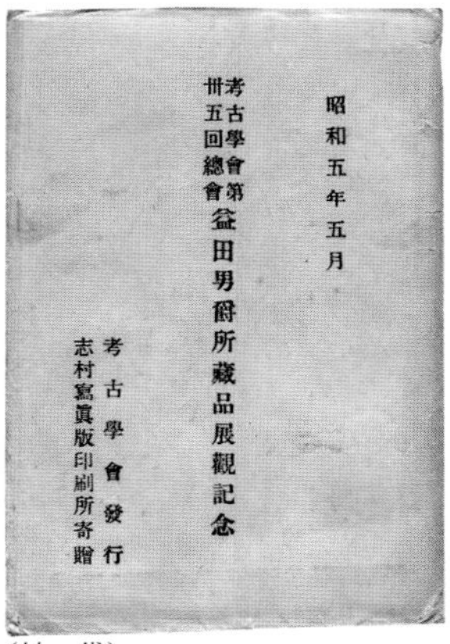

(外　袋)

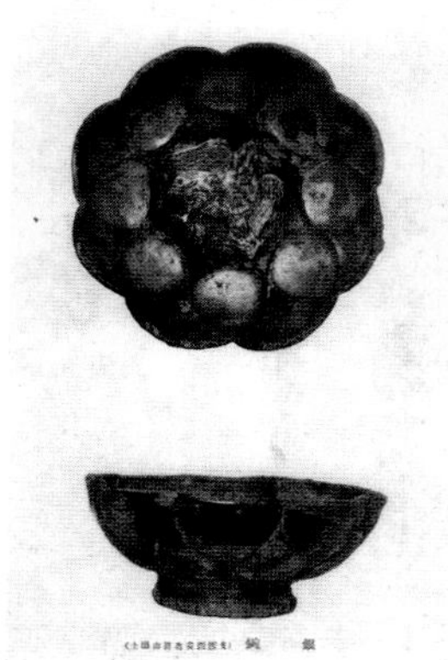

519　銀　　鋺

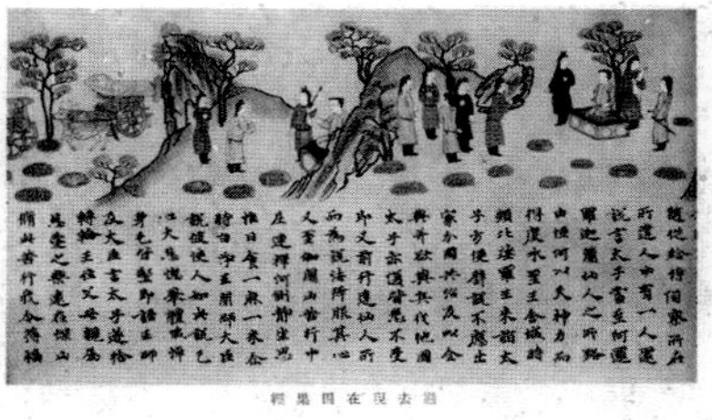

520　過去現在因果経

521　伊福吉部徳足骨壺

522　金銅製鉢

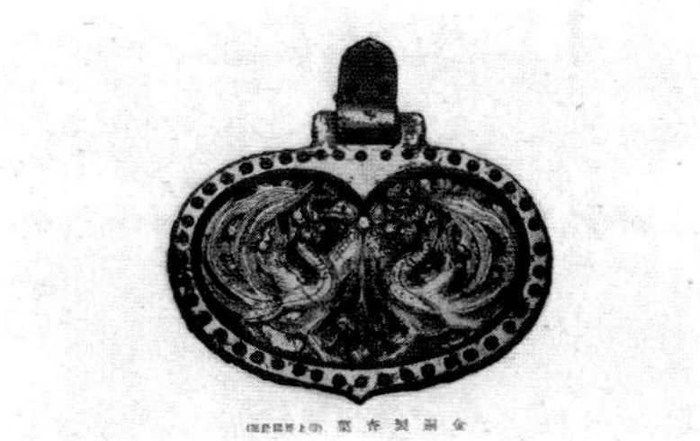

523　金銅製杏葉

第35回総会に先立つ特別展観は、品川区北品川御殿山にあった益田孝邸で開催され、平安時代以前の考古資料及び古文書類が出陳された。主要な展示品は、『考古学雑誌』第20巻第6号（昭和5年、考古学会）で紹介されているが、本文の挿図には本絵葉書が使用されている。詳細は巻頭口絵3を参照のこと。

第三十五回総会　坪井九馬三

526　銅　　鐸

第三十六回総会　杉山寿栄男

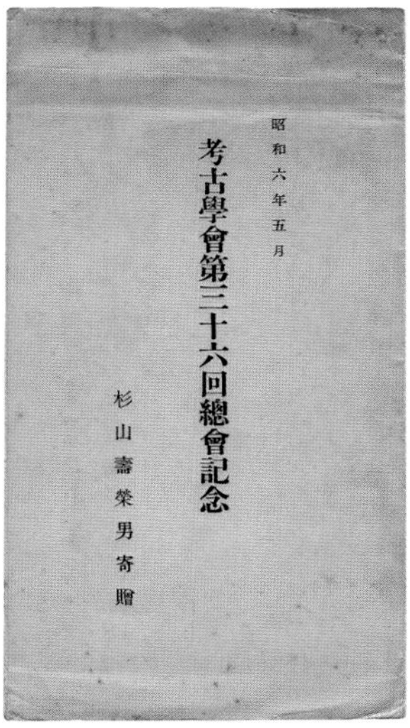

(外　袋)

527　金　　冠

528　石 製 履

第三十六回総会　彩漆木棺残片

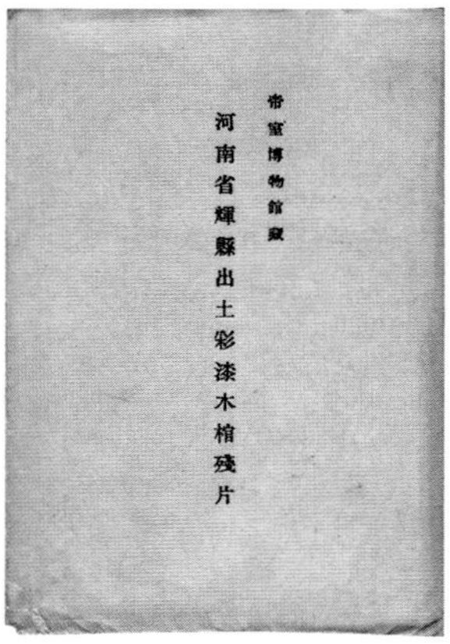

(外　袋)

529　木棺残片

530　彩漆木棺残片文様

第三十七回総会

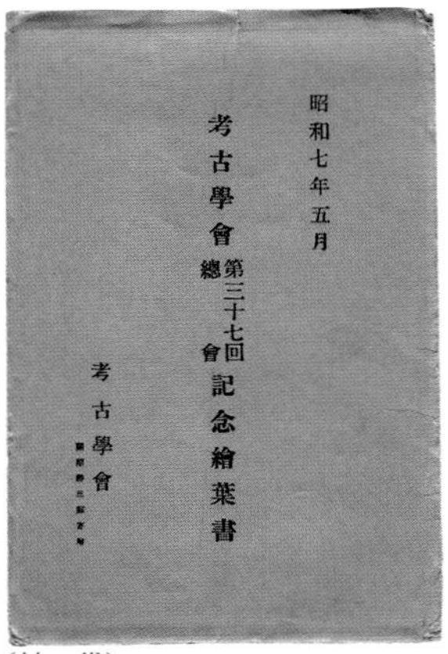

(外　袋)

532　環頭柄頭

533　舎利蔵器

535　十一面観音立像

531　埴輪女子倚像

534　青磁壺及六器

第三十七回総会 原田淑人

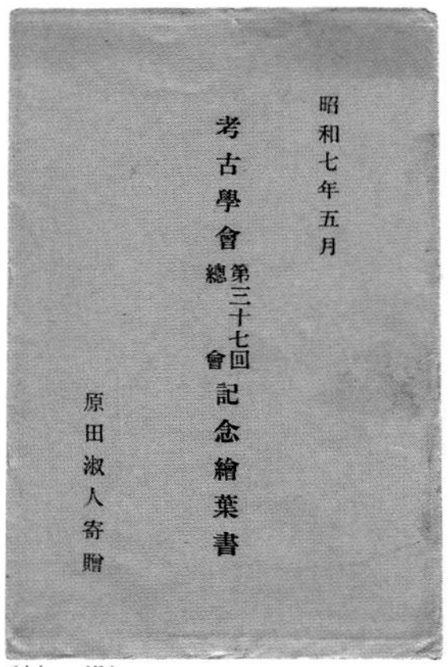

(外　袋)

540　黄金製蟠螭文金具

541　轡 鏡 板

542　獣 首 鏡

第三十七回総会　坪井九馬三

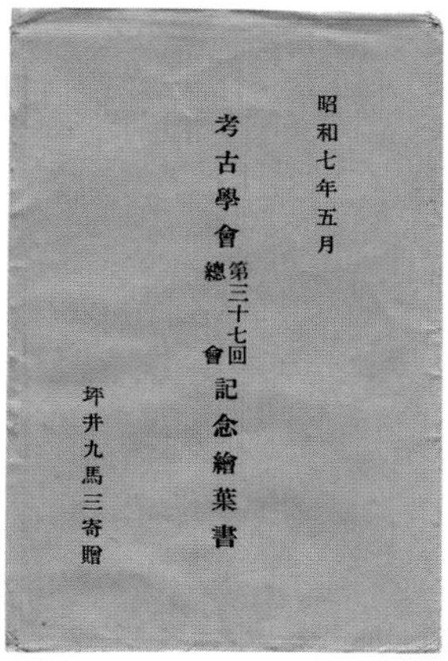

（外　袋）

536　松林山古墳（後室）

537　松林山古墳（後室内部）

538　城輪柵趾（西門趾）

539　城輪柵趾（柵列）

第三十七回総会　後藤守一

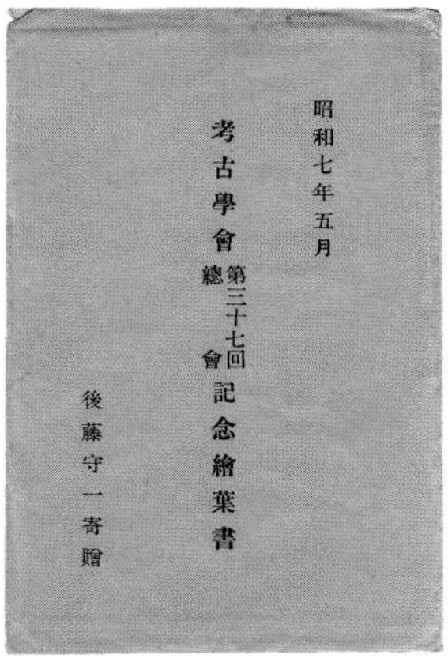

（外　袋）

543　楢原石器時代住居阯

544　竪穴式石室上の粘土覆

545　満州蘆家屯付近漢墓

考古学会総会記念絵葉書は、『歴史絵はがき』など帝室博物館発行の絵葉書を印刷していた、志村写真印刷所（志村鋼平）から寄贈されたものであった。その後、昭和７年（1932）以降は、関原精々社（関原勝三郎）が寄贈者になっている（206 頁 531 ～ 535）。

第三十七回総会　内藤政光

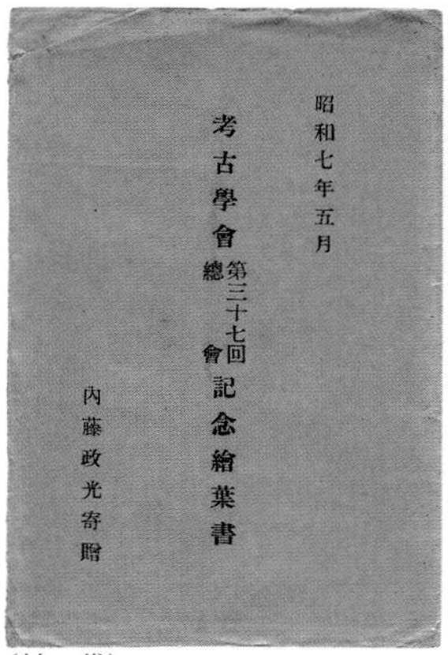

（外　袋）

547　松林山古墳（前室）

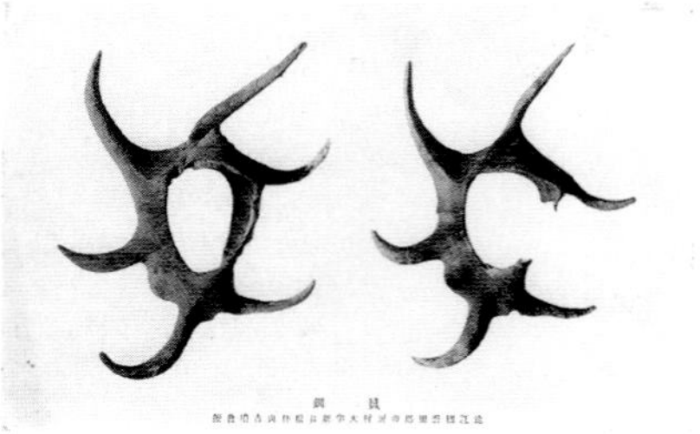
548　貝　　釧

546　石器時代住居遺跡

第三十八回総会

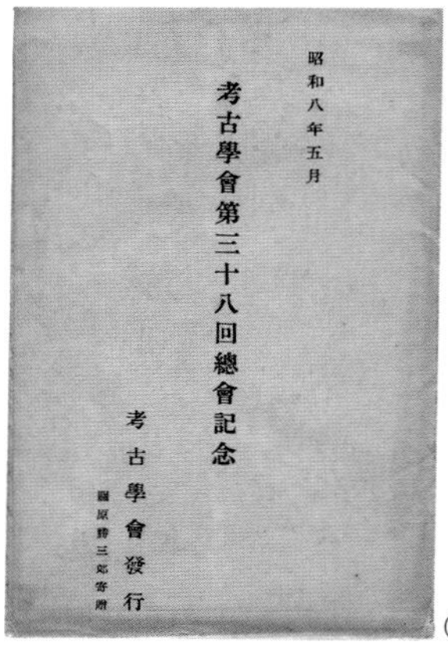

（外　袋）

549　龍角寺塔中心礎石

550　圓光寺石層塔

553　三 鈷 鐃

551　圓光寺善光寺三尊

552　圓光寺善光寺像背銘

第三十八回総会　禹域将来品五種

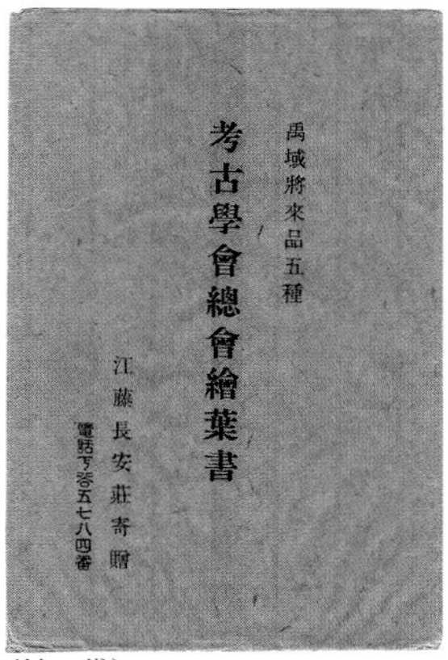

(外　袋)

554　沙岩如意仏

555　鍍 立 像

556　鍍金透仏

557　千体銅仏

558　宋徽宗竹禽巻

第三十八回総会　安田善次郎

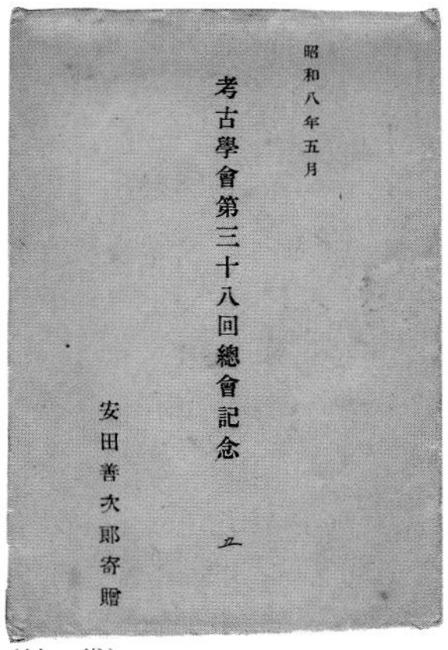

(外　袋)

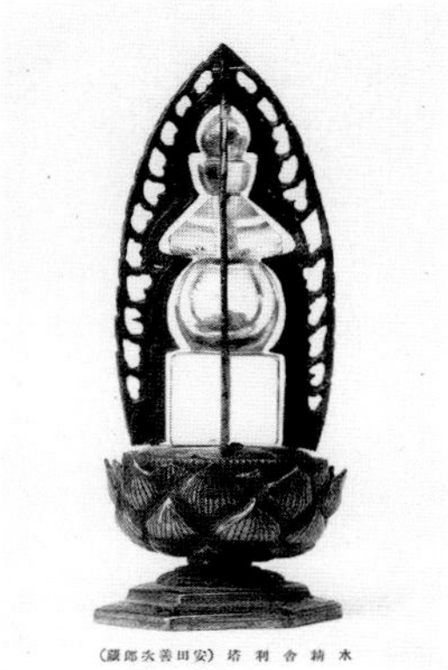

559　水精舎利塔

560　金銅五鈷鈴

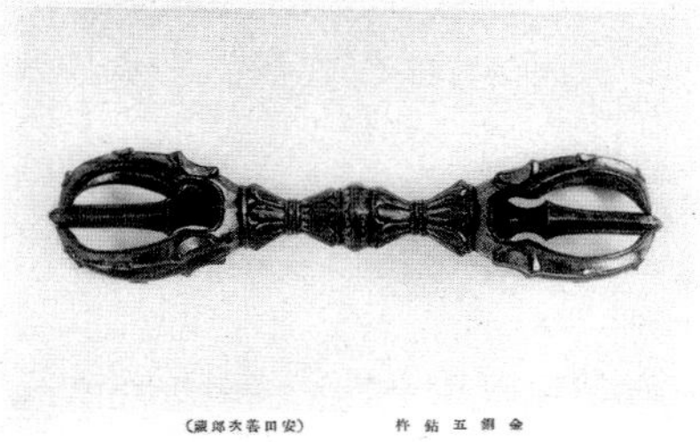

561　金銅五鈷杵

562　宝相花文金剛盤

563　胎蔵界曼荼羅厨子

第三十八回総会 原田淑人

564 蟠螭文鏡

565 戈

566 雲文金銅壺

第三十八回総会 上羽貞幸

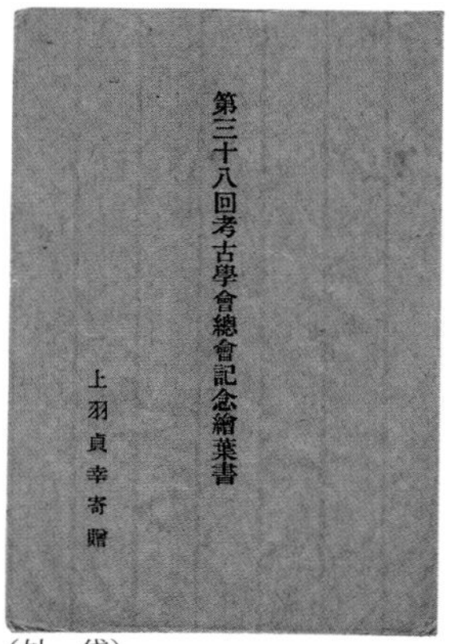

(外 袋)

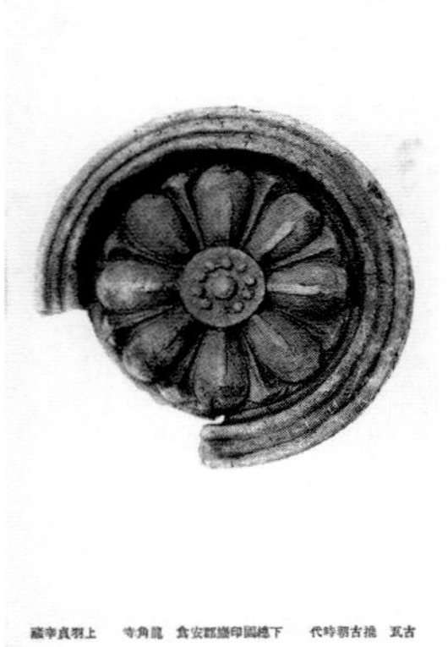

567 古 瓦

568 古 瓦

第三十九回総会

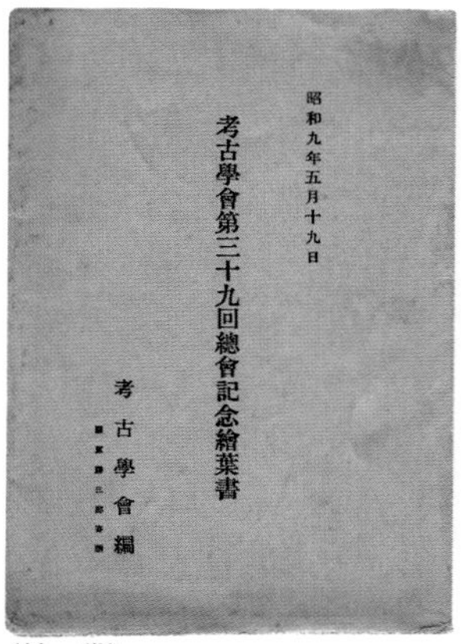

(外 袋)

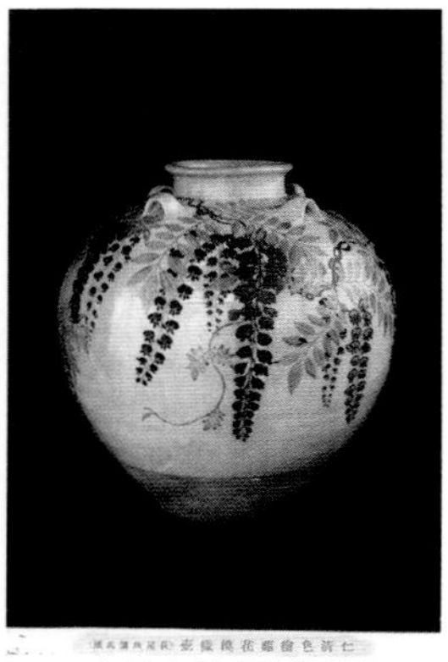

573 仁清色絵藤花模様壺

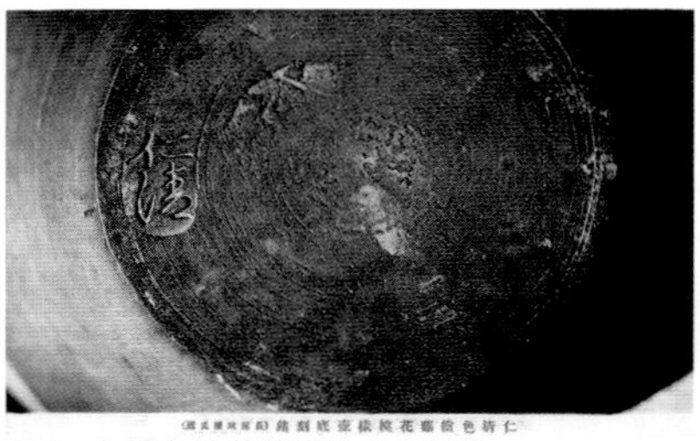

574 仁清色絵藤花模様壺底刻銘

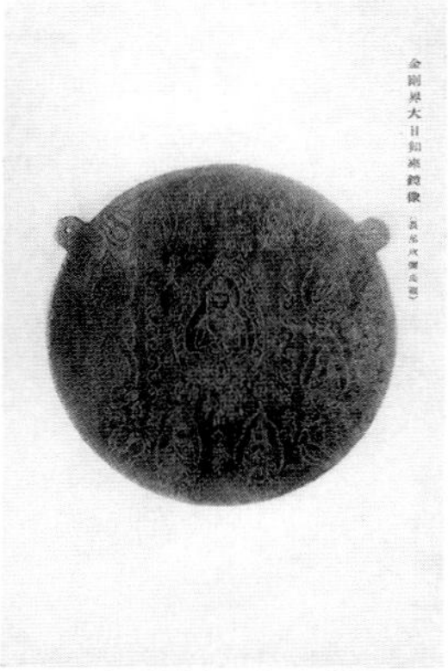

576 金剛界大日如来鏡像

575 永元二年銘孔雀文磬

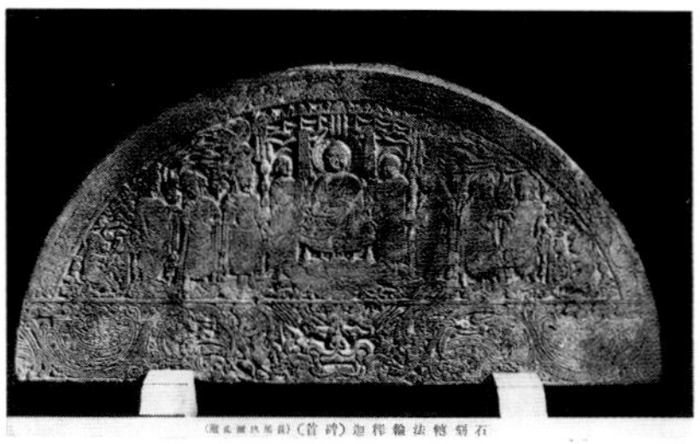

577 石刻転法輪釋迦(碑首)

578 菊蒔絵鏡台

第三十九回総会　後藤守一

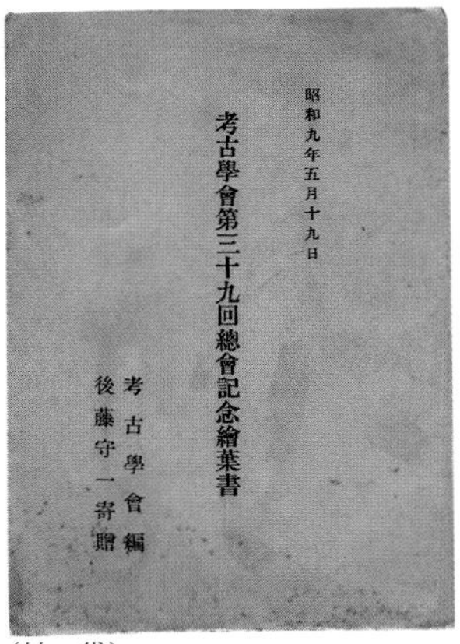

(外　袋)

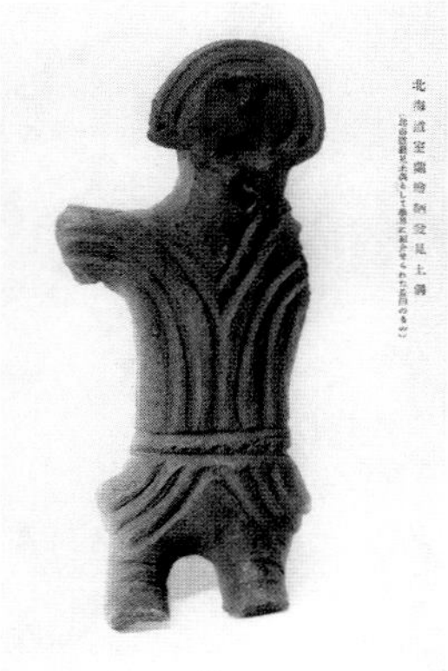
569　土　　偶

570　埴輪短甲

第三十九回総会　原田淑人

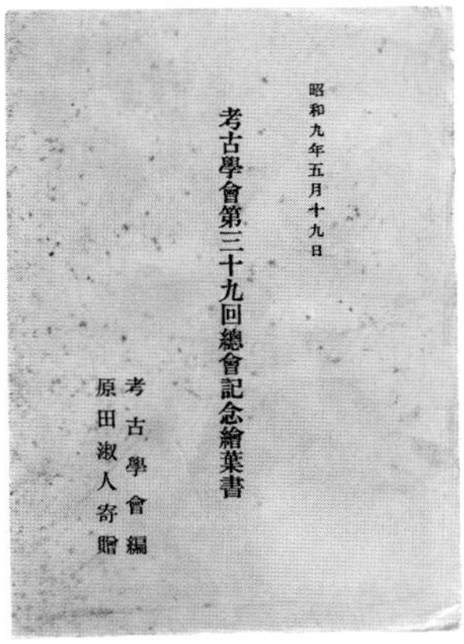

(外　袋)

571　轡

572　金銅「関内侯印」

第四十回総会

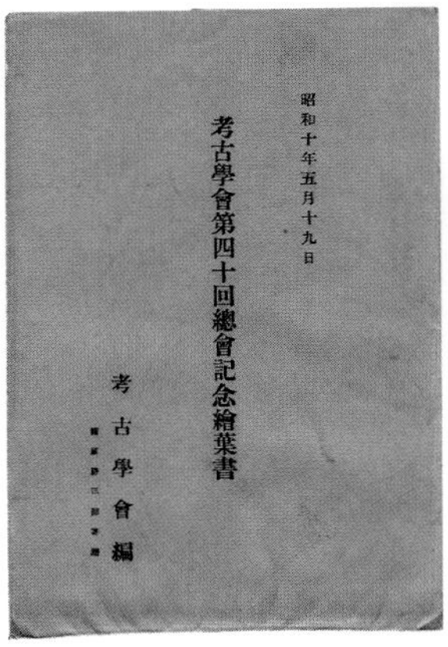

(外　袋)

579　露出石室

580　埴 輪 兜

581　埴 輪 家

第四十回総会　原田淑人

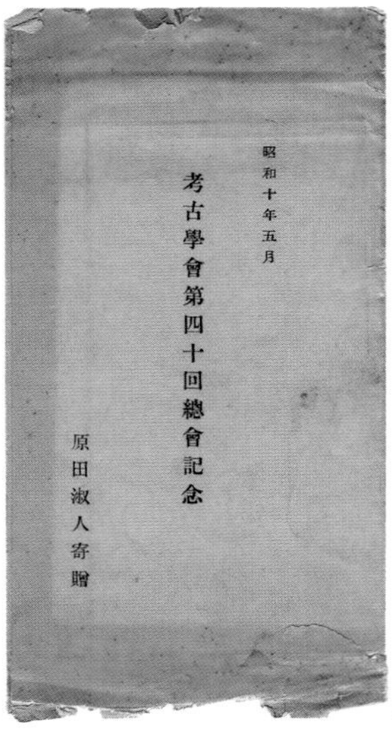

（外　袋）

582　塼

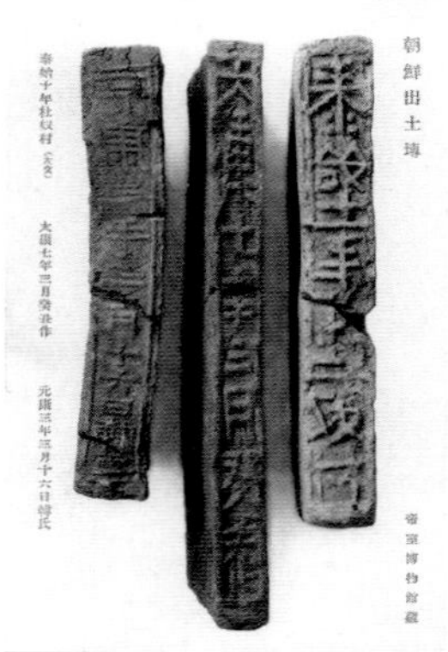

583　塼

第四十二回総会

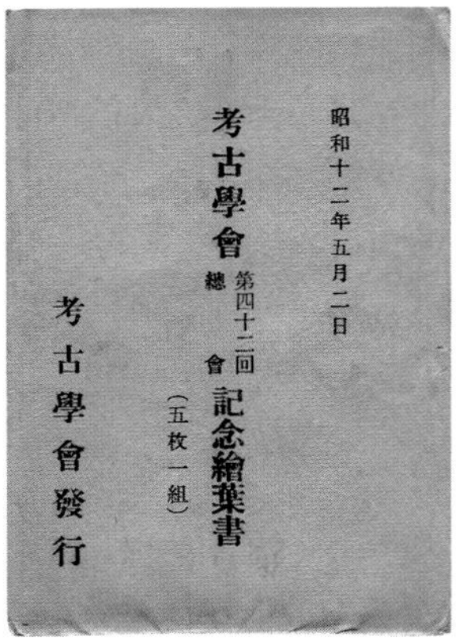

（外　袋）

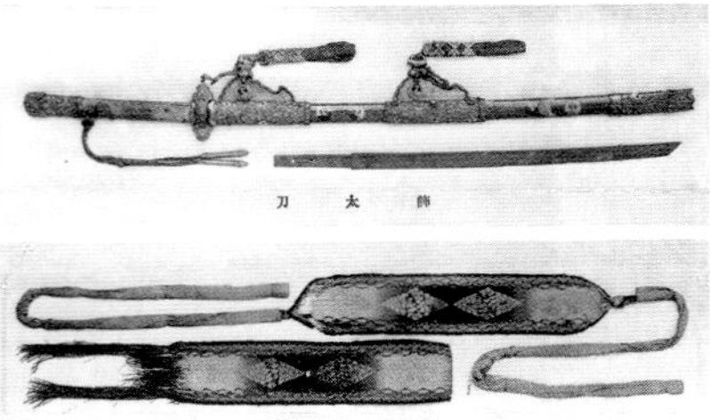

584　飾太刀 平緒

587　有栖川裂（雲龍文）

585　朝 鮮 鞍

586　象四郎象嵌鐙

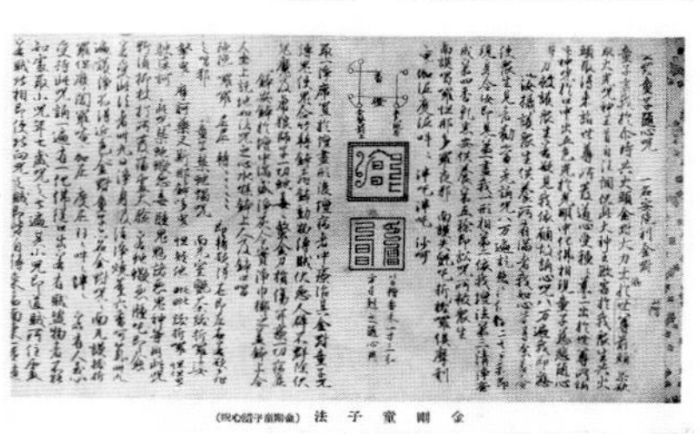

588　金剛童子法

総会は当初、東京美術学校や東京帝国大学構内山上集会所を会場とし、講演や年次報告、晩餐会という次第で進められた。また、講演の内容に関係する資料や、東京帝室博物館の新収蔵品などが会場別室に陳列され、その陳列品を絵葉書に仕立てたもの（193頁414、415、416など）が記念品として晩餐会の時に配布された。なお、大正5年（1916）の第21回総会は大倉美術館、大正10年の第26回総会は前田侯爵家蔵品展覧を午前中に行い、午後から講演などの日程が組まれている。

この特別展観が総会の前後日に行われるようになったのは、大正12年の第28回総会からで、松浦伯爵家所蔵品展覧会を浅草向柳原の邸宅で開催している。

以後、松平子爵家（大正13年、第29回）徳川伯爵家（大正14年、第30回）、細川侯爵家（昭和3年、第33回）、黒田侯爵家（昭和6年、第36回）、前田侯爵家（昭和12年、第42回）、伊達伯爵家（昭和15年、第45回）といった華族の伝来品や、根津嘉一郎（昭和4年、第34回・昭和13年、第43回）、益田孝（昭和5年、第35回）、原富太郎（昭和7年、第37回）、長尾欣也（昭和9年、第39回）、原邦造（昭和10年、第40回）、松田福一（昭和11年、第41回）、長谷川亀楽（昭和14年、第44回）、小倉武之助（昭和16年、第47回）、内田孝蔵（昭和18年、第48回）ら実業家のコレクションが自邸で公開された。細川侯爵家家宝展覧（202頁493〜504）のように、この時の展示品が絵葉書に仕立てられ、記念品として配付されたものもある。

特別展観は考古学会会員であれば誰でも参加することができ、日本を代表する考古学者たちが普段見ることのできない逸品のために一堂に会した。また、当日は邸宅内の庭園も公開され、応接室では茶菓が振る舞われるなど、特別展観は正にサロンのような様相を呈していたのである。

第四十三回総会

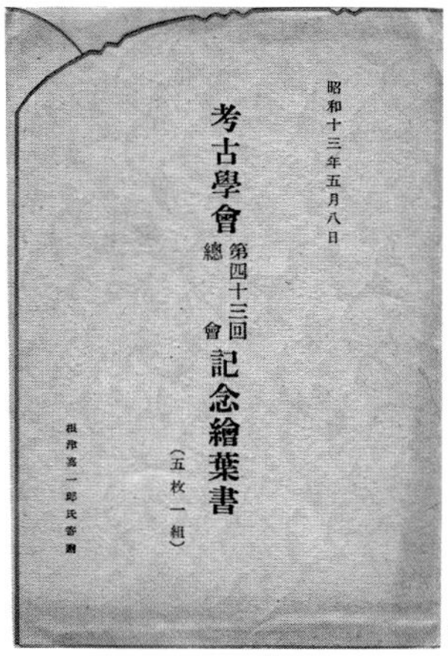

(外　袋)

589　鶉　　図

590　犠首饕餮文方彝

591　饕餮虺龍文斝

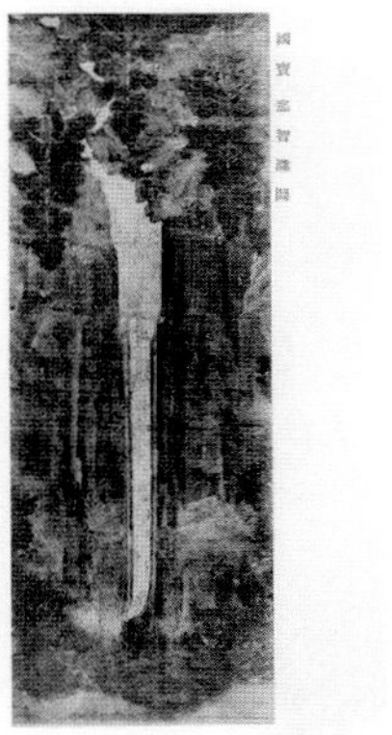
592　那智瀧図

593　山 水 図

第四十四回総会

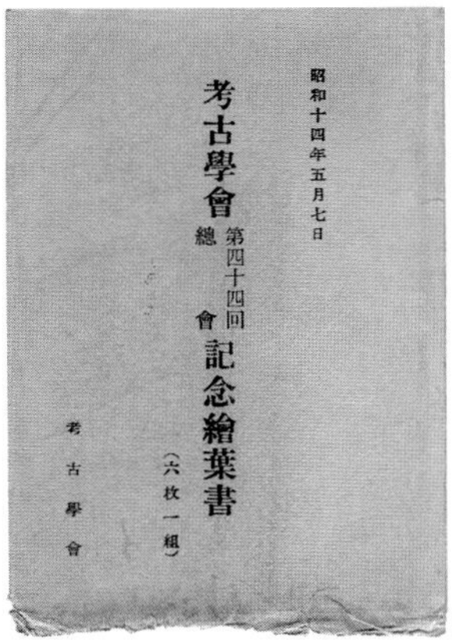

(外　袋)

594　水滴及瓦硯

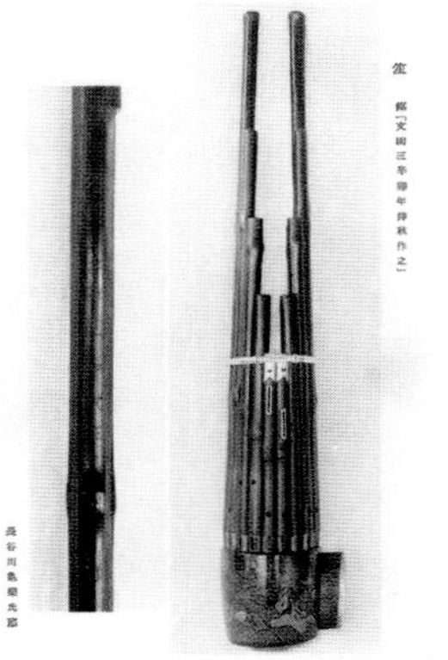
595　笙

考古学会総会の記念品のために絵葉書が作られたのは、昭和 14 年（1939）の第 44 回総会が最後である（594 ～ 595、但し本来は 6 葉一組）。翌第 45 回総会では、すでに刊行されていた『蒙古多倫諾爾元上都遺跡』（昭和 13 年）や『武蔵小金井 石器時代住居阯絵葉書』（55 頁Ⅰ-233 ～ 238）などが記念品として配られている。以降は、『小倉武之助氏所蔵品展観目録』（第 46 回総会、昭和 16 年）、『内田孝蔵氏所蔵品展観目録』（第 48 回総会、昭和 18 年）など、巻頭写真を含む展覧会目録が絵葉書の替わりとなった。

3 東京人類学会

『人類学参考品図集』

東京人類学会が発行母体となり、東京帝国大学人類学教室の所蔵資料を絵葉書にしたもので、昭和２年（1927）から昭和５年までに計５輯が発行された。第１輯から第３輯が先史時代土器、第４輯が土偶や動物形土製品、第５輯が土製品、石製品、骨角器などで構成される。10葉一組で、個々の遺物に関する120字程度の解説が付く。『人類学雑誌』１冊が60銭の時代に、１組30銭（東京人類学会会員は25銭）で販売された。なお、日本先史時代遺物の刊行後、日本原史時代遺物、日本版図内土俗品、諸外国古器物及び土俗品などの計画があったが、実現には至っていない。

絵葉書には、出土地、所蔵機関名（東京帝国大学人類学教室）、写真の縮尺が明記されている。土器は主に正面から撮影されているが、同尺の正面と上面（平面）を組み合わせたものも（215頁610、216頁616、623、624）もある。

解説文には、土器形式、法量（主に器厚）、施文方法、胎土（混和物）、色調など、写真で表現できないことが記載される。

第一輯

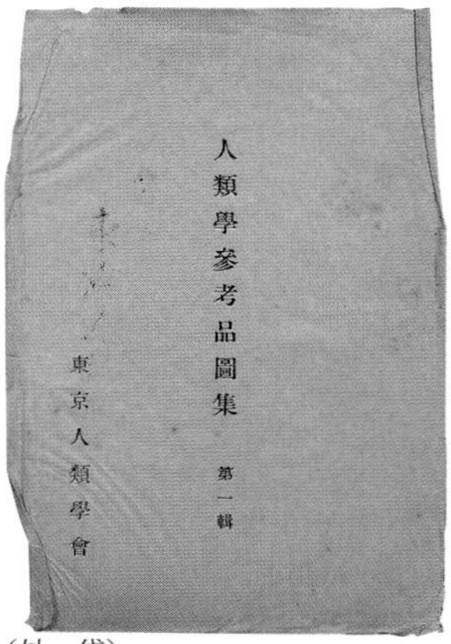

（外　袋）

596　立木貝塚

597　福田貝塚

598　余山貝塚

599　秋田郡馬川村高崎字中山

600　椎塚貝塚

601　二戸郡福岡町

602　椎塚貝塚

603　北 海 道

604　福田貝塚

605　西津軽郡舘岡村亀ケ岡

第二輯

（外　袋）

606　大森貝塚

607　中津軽郡裾野村十面沢

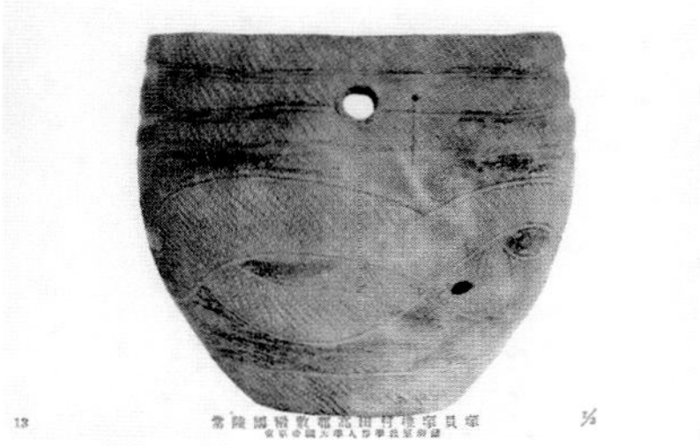

608　椎塚貝塚

609　余山貝塚

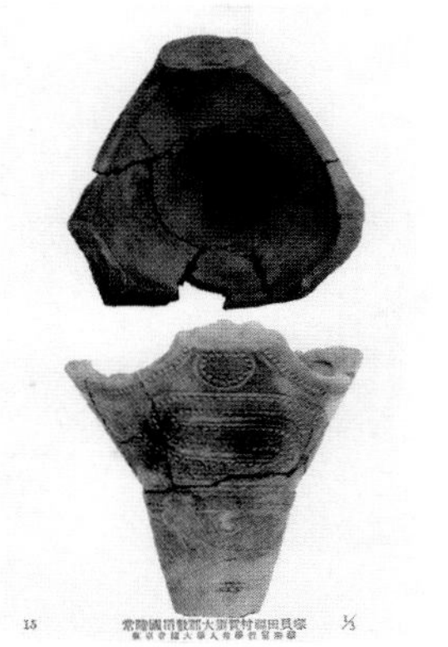

610　福田貝塚

611　新治郡土浦町付近

612　福田貝塚

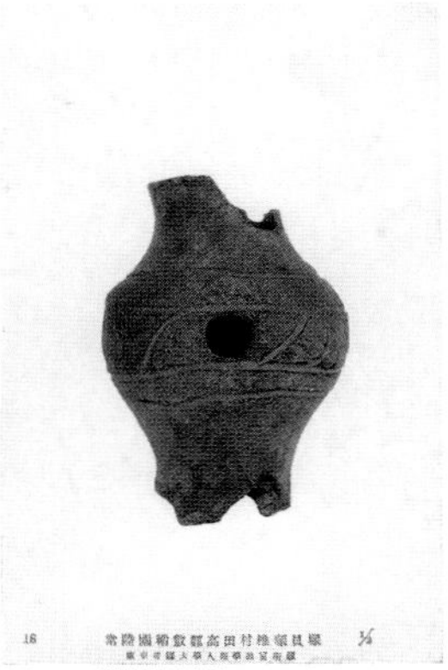

613　椎塚貝塚

614　陸平貝塚

615　中津軽郡裾野村十腰内

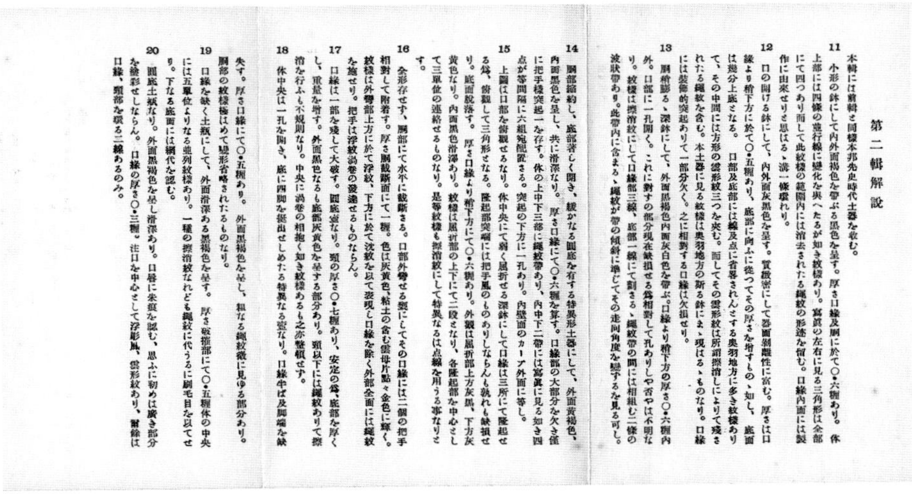

第二輯解説

本輯には前輯と同樣本邦先史時代土器を收む。

11　小形の鉢にして内外面褐色を帶ぶる黑色を呈す。厚さ口緣及胴に於て〇・六糎あり。体上部には四條の進行線に變化を與へたるが如き紋樣あり。寫眞の左右に見る三角形は全部にて四つあり而して此紋樣の範圍内には消去されたる縄紋の形迹を留む。口緣内面には製作に由來せりと思はるゝ溝一條環れり。

12　口の開ける鉢にして、内外面灰黑色を呈す。質緻密にして器面剝離性に富む。厚さは口緣より稍下方に於て〇・五糎あり、底部に向ふに從ってその厚さを増すもの丶如し、底面は幾分上底となる。　口部及底部には線及点に省畧されんとする奥羽地方に多き紋樣ありて、その中間には方形の雲形紋三つを夾む。而してその雲形紋は所謂擦消しによりて殘されたる縄紋を含む。本土器に見る紋樣は奥羽地方の斯る鉢にまゝ現はるゝものなり。口緣には裝飾的突起ありて一部分欠く。之に相對する口緣は欠損せり。

13　胴稍膨る丶深鉢にして、外面黑褐色内面灰白色を帶ぶ。口緣より稍下方の厚さ〇・六糎内外。口部に一孔開く。これに對すの部分現在缺損せる爲相對して孔ありしや否やは不明なり。紋樣は擦消紋にして口緣部三線、底部一線にて劃さる丶縄紋帶の間には相組む二條の波狀帶あり。此帶内に含まる丶縄紋が帶の傾斜に準じてその走向角度を變するを見る可し。

14　胴部縮約し、底部著しく開き、緩かなる圓底を有する特異形土器にして、外面黄褐色、内面黑色を呈し、共に滑澤なり。厚さ口緣にて〇・六糎を算す。口緣部の大部分を欠き僅に把手樣突起一を存す。体の上中下三部に縄紋帶あり、内中下二帶には寫眞に見る如き四点が等間隔に六組宛配置さる。突起の下方に一孔あり。内壁面のカーブ外面に等し。

15　上圖は口部を俯瞰せるなり。体中央にて弱く屈折せる深鉢にして口緣は三所にて隆起せる爲、俯瞰して三角形となる。隆起部突端には把手風のものありしならんも孰れも缺損せり。底面脫落す。　厚さ口緣より稍下方にて〇・六糎あり。外觀は屈折部上方灰黑、下方灰黄色なり。内面黑色滑澤あり。紋樣は屈折部の上下にて二段となり、各隆起部を中心として三單位の連絡せるものなり。是等紋樣も擦消紋にして特異なるは点線を用うる事なりとす。

16　全形存せず、胴部にて水平に截斷さる。口部外彎せる甕にしてその口緣には二個の把手相對して附着す。厚さ胴截斷面にて一糎。色は灰黄色、粘土の含む雲母片點々金色に輝く。紋樣は外彎部上方に於て浮紋、下方に於て沈紋を以て表現し口緣を除く外部全面には縄紋を施せり。把手は浮紋渦卷の發達せるものならん。

17　口緣は一部を殘して大破す。圓底壺なり。頸の厚さ〇・七糎あり、安定の爲、底部を厚くし、重量を増す。外面黑色なるも底部灰黄色を呈する部分あり。頸以下には縄紋ありて擦消を行ふも不規則なり。中央に渦卷の相抱く如き紋樣あるも之亦整頓せず。

18　体中央は一孔を開き、底に四脚を挺出せしめたる特異なる壺なり。口緣半ば及脚端を缺失す。厚さ口緣にて〇・五糎あり。外面黑褐色を呈し、粗なる縄紋微に見ゆる部分あり。胴部の紋樣極めて變形省略されたるものなり。

19　口緣を缺く土瓶にして、外面滑澤ある黑褐色を呈す。厚さ破損部にて〇・五糎体の中央には五單位よりなる並列紋樣あり。一種の擦消紋なれども縄紋に代うるに刷毛目を以てせり。下なる底面には網代を認む。

20　圓底土瓶なり。外面黑褐色を呈し滑澤あり。口唇に朱痕を認む、思ふに初めは廣き部分を塗彩せしならん。口緣の厚さ〇・三糎。注口を中心として浮彫風、雲形紋あり、爾餘は口緣、頸部を環る三線あるのみ。

（解　説）

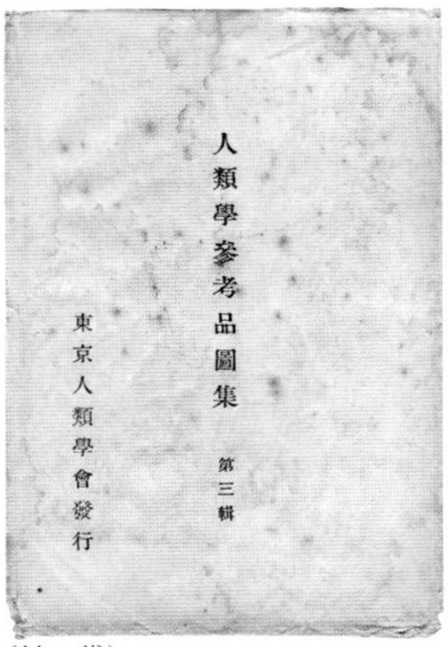

(外　袋)

616　椎塚貝塚

618　胆沢郡水沢町

620　椎塚貝塚

617　北秋田郡七座村麻生

619　東八代郡岡村字銚子原

621　西津軽郡舘岡村亀ケ岡

622　余山貝塚

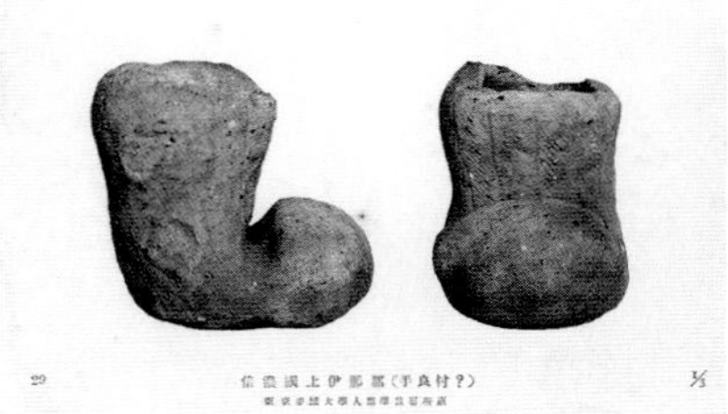

624　上伊那郡(手良村？)

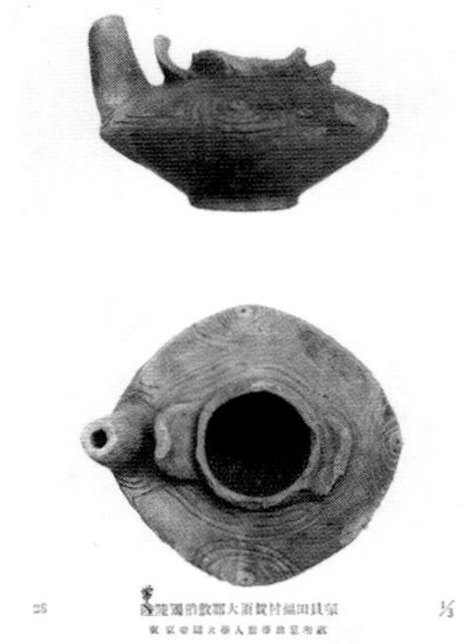

623　福田貝塚

625　朝日町貝塚

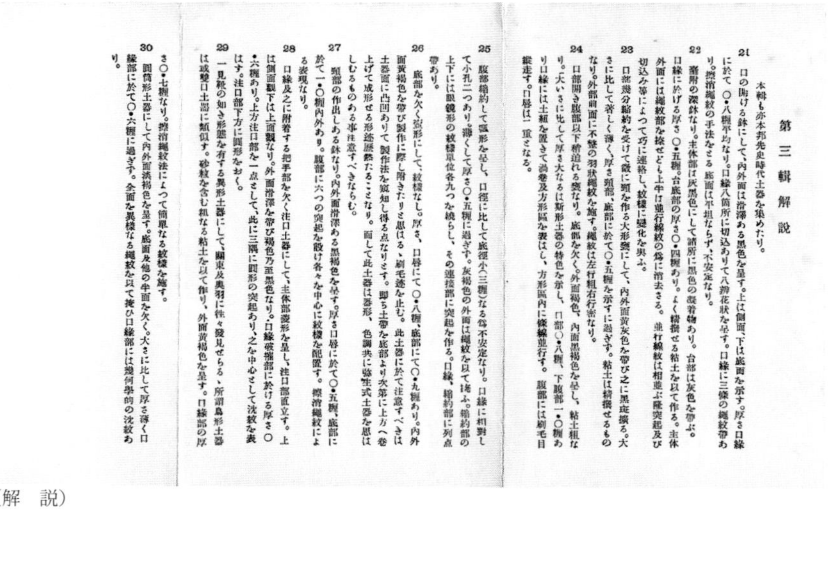

第三輯解説

本輯も亦本邦先史時代土器を集めたり。

21　口の開ける鉢にして、内外面は滑澤ある黒色を呈す。上は側面、下は底面を示す。厚さ口緣に於て〇・八糎平均なり。口緣八箇所に切込ありて八瓣花狀を呈す。口緣に三條の繩紋帶あり。擦消繩紋の手法をとる。底面は平坦ならず、不安定なり。

22　臺附の深鉢なり。主体部は灰黒色にして諸所に黒色の凝着物あり。台部は灰色を帶ぶ。口緣に於ける厚さ〇・五糎。台底部の厚さ〇・四糎あり。よく精撰せる粘土を以て作る。主体外面には繩紋部を捺せども上半は並行線紋の爲に消去さる。並行線紋は相並ぶ隆突起及び切込み等によつて巧に連絡し、紋樣に變化を與ふ。

23　口部幾分縮約を受けて微に頸を作る大形甕にして、内外面黄灰色を帶び之に黒斑擴る。大さに比して著しく薄く、厚さ頸部、底部に於て〇・五糎を示すに過ぎず。粘土は精撰せるものなり。外部前面に不整の羽狀繩紋を施す。繩紋は左行粗右行密なり。

24　口部開き腹部以下稍迫れる甕なり。底部を欠く。外面褐色、内面黒褐色を呈し、粘土粗なり。大いさに比して厚さ大なるは斯形土器の特色を示し、口部〇・八糎、下腹部一・〇糎あり口緣には土瘤を置きて渦卷及方形區を表はし、方形區内に條線並行す。腹部には刷毛目縱走す。口唇は一重となる。

25　腹部縮約して弧形を呈し、口徑に比して底徑小(三糎)なる爲不安定なり。口緣に相對して小孔二つあり。薄くして厚さ〇・五糎に過ぎず。灰褐色の外面は繩紋を以て掩ふ。縮約部の上下には眼鏡形の紋樣單位各九つを繞らし、その連接部に突起を作る。口緣、縮約部に列点帶あり。

26　底部を欠く甕形にして、紋樣なし。厚さ、口唇にて〇・八糎、底部にて〇・九糎あり。内外面黄褐色を帶び製作に際し附きたりと思はるゝ刷毛迹を止む。此土器に於て注意すべきは土器面に凸凹ありて製作法を窺知し得る点なりとす。即ち土帶を底部より次第に上方へ卷上げて成形せる形迹歴然たることなり。而して此土器は器形、色調共に彌生式土器を思はしむるものある事注意すべきならむ。

27　頸部の作出しある鉢なり。内外面滑澤ある黒褐色を呈す。厚さ口唇に於て〇・五糎、底部に於て一・〇糎内外あり。腹部に六つの突起を設け各々を中心に紋樣を配置す。擦消繩紋による表現なり。

28　口緣及之に附着する把手部を欠く注口土器にして、主体部菱形を呈し、注口部直立す。上は側面觀下は上面觀なり。外面滑澤を帶び褐色乃至黒色なり。口緣破損部に於ける厚さ〇・六糎あり。上方注口部を一点として、此に三隅に圓形の突起あり、之を中心として沈紋を表はす。注口部下方に圓形をおく。

29　一見靴の如き形態を有する異形土器にして、關東及奧羽に往々發見せらるゝ所謂鳥形土器は或雙口土器に類似す。砂粒を含む粗なる粘土を以て作り、外面黄褐色を呈す。口緣部の厚さ〇・七糎なり。擦消繩紋法によつて簡單なる紋樣を施す。

30　圓筒形土器にして内外面淡褐色を呈す。底面及他の半面を欠く。大さに比して厚さ薄く口緣部に於て〇・六糎に過ぎず。全面を異樣なる繩紋を以て掩ひ口緣部には幾何學的の沈紋あり。

(解　説)

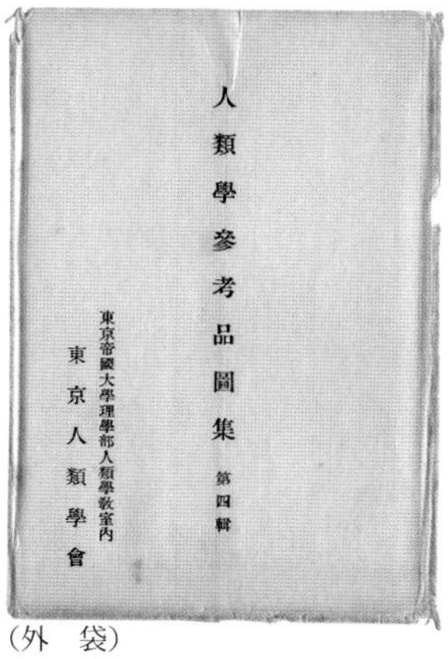

（外　袋）

630　双葉郡百間沢

633　九戸郡軽米

635　猿島郡駒寄

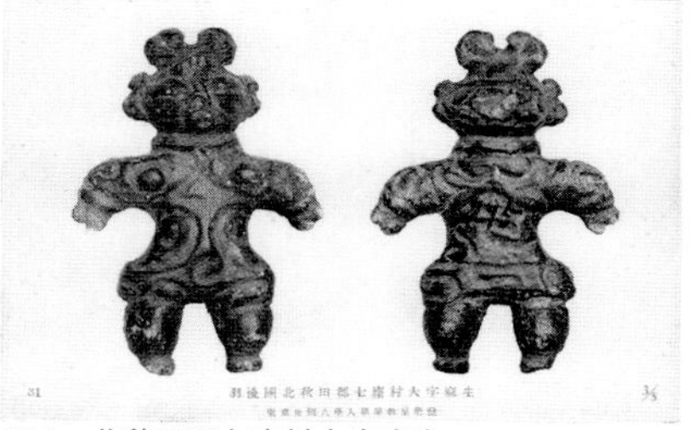
626　北秋田郡七座村大字麻生

627　南津軽郡山元無沢

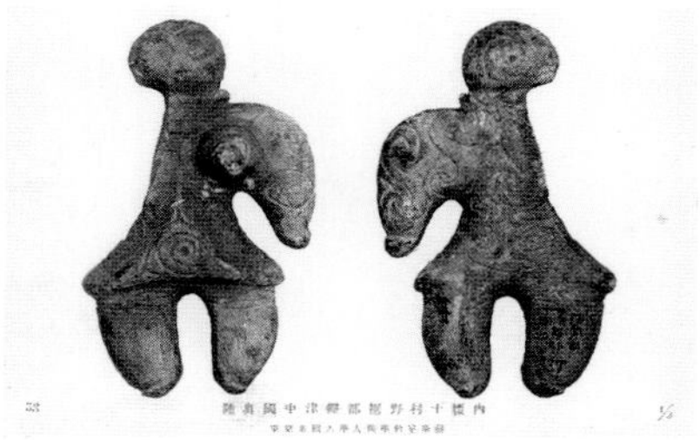
628　中津軽郡裾野村十腰内

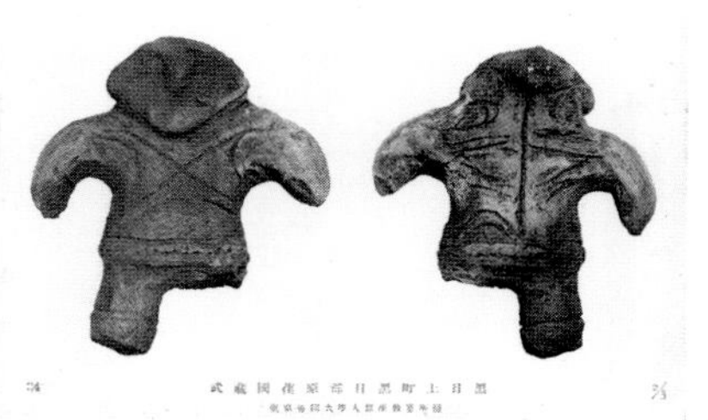
629　荏原郡目黒町上目黒

631　諏訪郡豊平村広見

632　中津軽郡裾野村十腰内

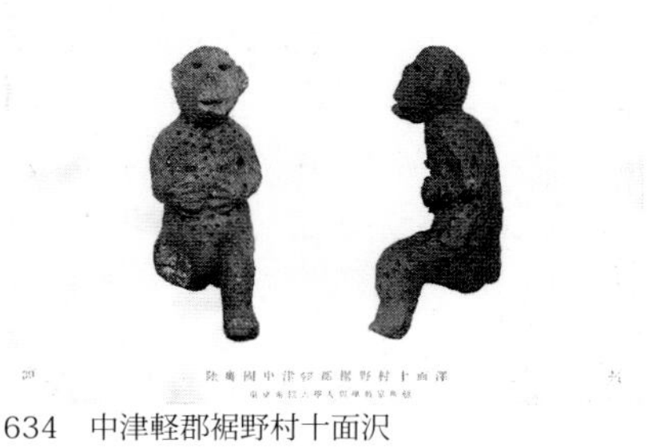
634　中津軽郡裾野村十面沢

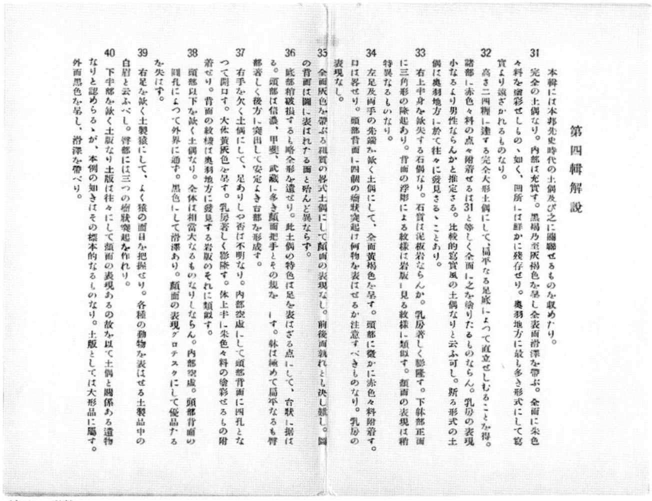
第四輯解説

本輯には本邦先史時代の土偶及び之に關聯せるものを收めたり。

31　完全の土偶なり。内部は充實す。黒褐乃至灰褐色を呈し全表面滑澤を帶ぶ。全面に朱色々料を塗彩せしもの、如く、凹所には鮮かに殘存せり。奧羽地方に最も多き形式にして寫實より遠ざかれるものなり。

32　高さ二四糎に達する完全大形土偶にして、扁平なる足底によつて直立せしむることを得。諸部に赤色々料の点々附着せるは31と等しく全面に之を塗りたるものならん。乳房の表現小なるより男性ならんかと推定さる。比較的寫實風の土偶なりと云ふ可し。斯る形式の土偶は奧羽地方に於て往々に發見さるゝことあり。

33　右上半身を缺失する石偶なり。石質は泥板岩ならんか。乳房著しく膨隆す。下躰部正面に三角形の隆起あり。背面の浮彫による紋様は岩版に見る紋様に類似す。顏面の表現は稍特異なるものなり。

34　左足及両手の先端を缺く土偶にして、全面黄褐色を呈す。頭部に僅かに赤色々料附着す。口は略せり。頭部背面に四個の瘤狀突起は何物を表はせるか注意すべきものなり。乳房の表現なし。

35　全面灰色を帶ぶる粗質の略式土偶にして顏面の表現なし。前後面孰れとも決し難し。圖の背面は圖に表はれたる面と殆んど異ならず。

36　底部稍破損するも略全形を遺せり。此土偶の特色は足を表はざる点にして、台狀に据はる。頭部は信濃、甲斐、武藏に多き顏面把手とその規を一にす。躰は極めて扁平なるも臀部著しく後方に突出して安定よき台部を形成す。

37　右手を缺く土偶にして、足ありしや否は不明なり。内部空虚にして頭部背面に四孔となつて開口す。大体黄灰色を呈す。乳房著しく膨隆す。体上半に朱色々料の塗彩せるもの附着せり。背面の紋様は奧羽地方に發見する岩版のそれに類似す。

38　頭部以下を缺く土偶なり。全体は相當大なるものなりしならん。内部空虚。頭部背面の圓孔によつて外界に通ず。黒色にして滑澤あり。顏面の表現グロテスクにして優品たるを失はず。

39　右足を缺く土製猿にして、よく猿の面目を把握せり。各種の動物を表はせる土製品中の白眉と云ふべし。脣部には三つの瘤狀突起を作れり。

40　下半部を缺く土版なり土版は往々にして顏面の表現あるの故を以て土偶と關係ある遺物なりと認めらるゝが、本例の如きはその標本的なるものなり。土版としては大形品に屬す。外面黒色を呈し、滑澤を帶べり。

（解　説）

土偶などの土製品は、一葉の中に正面、背面、側面写真を同尺で展開する。これらは『歴史絵はがき』上古遺物号の土偶（154頁029）や銅鐸（155頁032など）、人物埴輪（165頁129など）ですでに定型化していた構図である。

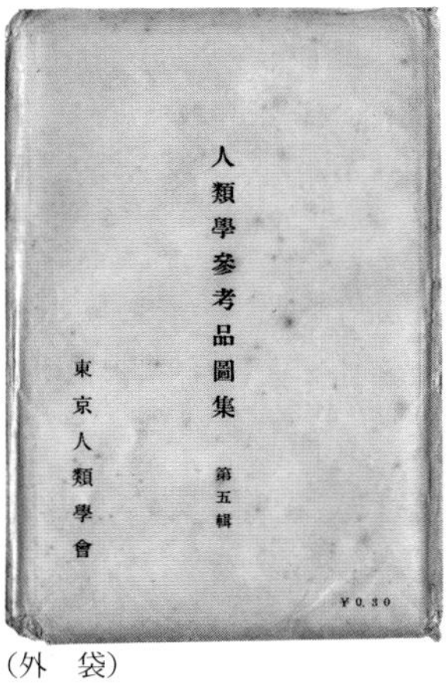

（外　袋）

636　千葉郡貝塚村

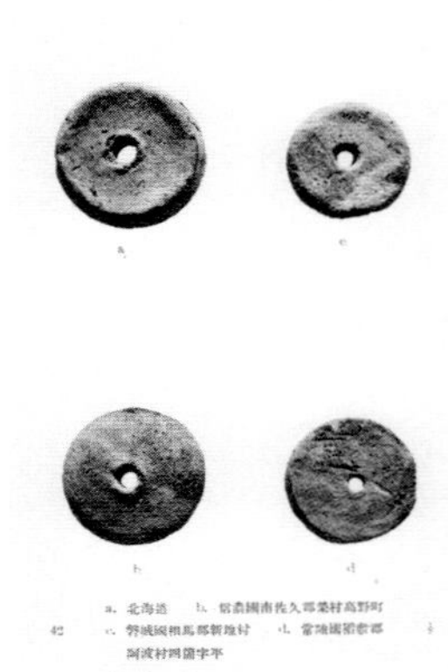
637　北海道ほか

639　門前貝塚ほか

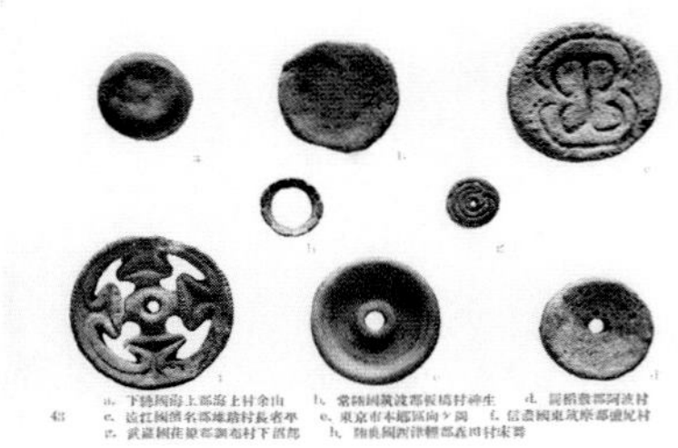
638　海上郡海上村余山ほか

640　礼 文 島

641　古作貝塚

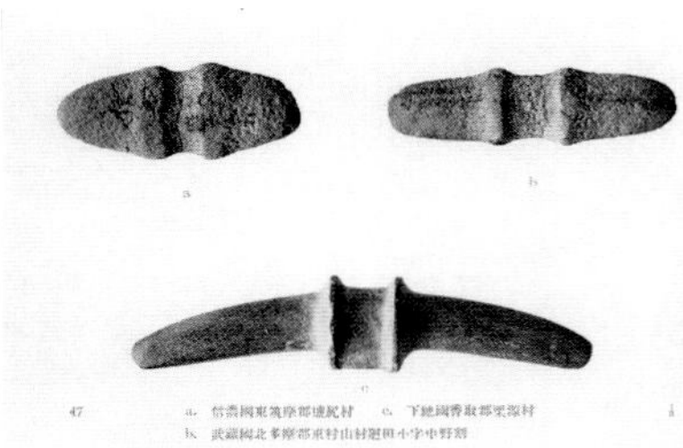
642　東筑摩郡塩尻村ほか

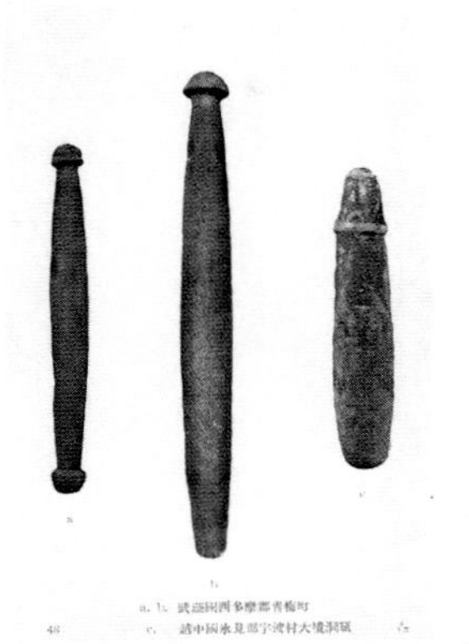
643　西多摩郡青梅町ほか

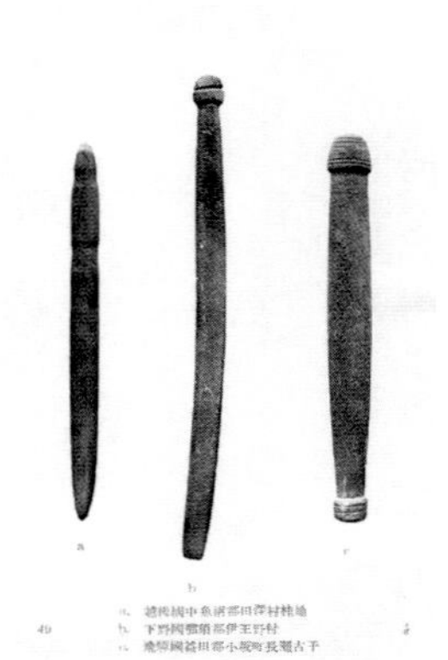
644　中魚沼郡田沢村ほか

645　三戸郡八戸町ほか

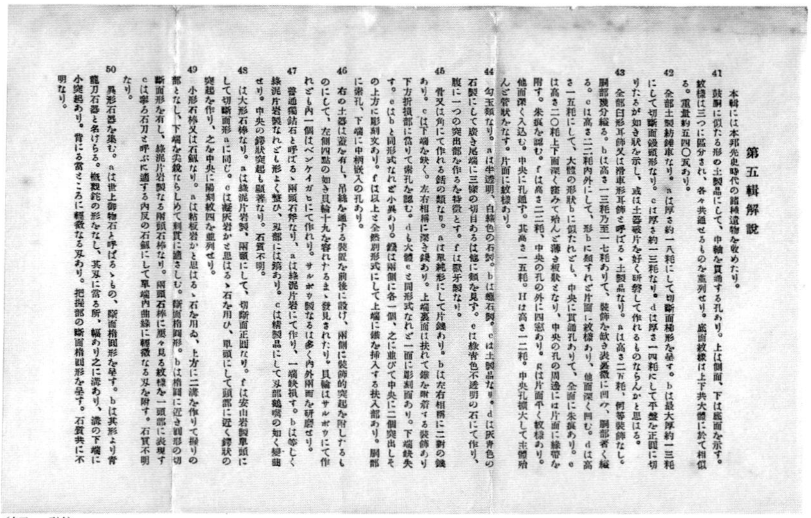

第五輯解説

本輯には本邦先史時代の諸種遺物を收めたり。

41　鼓胴に似たる形の土製品にして、中軸を貫通する孔あり。上は側面、下は底面を示す。紋様は三つに區分され、各々共通せるものを並列せり。底面紋様は上下共大體に於て相似る。重量約五四〇瓦あり。

42　全部土製紡錘車なり。aは厚さ約一八粍にして切斷面梯形を呈す。bは最大厚約一三粍にして切斷面饅頭形なり。cは厚さ約一三粍なり。dは厚さ一四粍にして平盤を正圓に切りたるが如き狀を示し、或は土器破片を好く研磨して作れるものならんかと思はる。

43　全部臼形耳飾又は滑車形耳飾と呼ばるゝ土製品なり。aは高さ二万粍、何等裝飾なし。胴部幾分縊る。bは高さ一三粍乃至一七粍ありて、裝飾を缺き表裏微に凹み、胴部著く縊る。cは高さ二二粍内外にして、形bに類すれど片面に紋様あり、他面深く凹む。dは高さ一五粍にして、大體の形狀bに似たれども、中央に貫通孔ありて、全面に朱痕あり。eは高さ二〇粍上下面深く窪みて殆んど薄き板狀となり、中央の孔の周邊には片面に綠帶を附す。朱痕を認む。fは高さ二二粍、中央の孔の外に四窓あり。gは片面平く紋様あり。他面深く入込む。中央に孔通ず。其高さ一五粍。Hは高さ一二粍。中央孔擴大して圭體殆んど管狀をなす。片面に紋様あり。

44　勾玉類なり。aは半透明、白綠色の石製。bは蠟石製。cは土製品なり。dは灰青色の石製にして廣き尾端に三條の切目あるは他に類を見ず。eは綠青色不透明の石にて作り、腹に一つの突出部を作るを特徴とす。fは獸牙製なり。

45　骨又は角にて作れる銛の類なり。aは單純形にして片鐖あり。bは左右相稱に二對の鐖あり。cは下端を缺く。左右相稱に深き鐖あり。上端裏面は抉れて鏃を附着する裝飾あり下方折損部に當りて索孔を認む。dも大體eと同形式なれど一面に彫刻面あり。下端缺失す。eはbと同形式なれど小異あり。鐖は兩側に各一個、之に並びて中央に二個突出しその上方に彫刻文あり。fは以上と全然別形式にして上端に鏃を挿入する抉入部あり。胴部に索孔、下端に中柄嵌入の孔あり。

46　右の土器は蓋を有し、吊絲を通ずる裝置を前後に設け、兩側に裝飾的突起を附したるものにして、左側四點の如き貝輪十九を容れたるまゝ發見されたり。貝輪はサルボウにて作れども内一個はベンケイガヒにて作れり。サルボウ製なるは多く内外兩面を研磨せり。

47　普通獨鈷石と呼ばるゝ兩頭石斧なり、aは綠泥片岩にて作り、一端缺損す。bは等しく綠泥片岩製なれども形よく整ひ、刄部には鎬あり。cは精製品にして刄部鶴嘴の如く變曲せり。中央の鍔狀突起も顯著なり。石質不明。

48　は大形石棒なり。aは綠泥片岩製、兩頭にして、切斷面正圓なり。fは安山岩製單頭にして切斷面形aに同じ。cは凝灰岩かと思はるゝ石を用ひ、單頭にして頭部に近く鍔狀の突起を作り、之を中央に陽刻紋四を並列せり。

49　小形石棒又は石劍なり。aは粘板岩かと思はるゝ石を用ゐ、上方に二溝を作りて握りの部となし、下端を尖鋭ならしめて刺貫に適さしむ。斷面楕圓形。bは楕圓に近き圓形の切斷面形を有し、綠泥片岩製なる兩頭石棒なり。兩頭石棒に屢々見る紋様を一頭部に表現す。cは寧ろ石刀と呼ぶに適する内反の石劍にして單端内曲線に輕微なる刄を附す。石質不明なり。

50　異形石器を集む。aは世上御物石と呼ばるゝもの、斷面楕圓形を呈す。bは其形より青龍刀石器と名けらる。概觀鉈の形をなし、其刄に當る所、幅あり之に溝あり、溝の下端に小突起あり。背にる當ところに輕微なる刄あり。把握部の斷面楕圓形を呈す。石質共に不明なり。

（解　説）

4 東京美術学校

高橋健自は東京美術学校で大正８年（1919）から大正10年まで考古学を、大正11年から昭和４年（1929）まで風俗史を講じている。大正８年の下野史談会主催考古学講習会では、講演の参考資料として高橋健自自ら絵葉書を編集しており（『下野考古資料』33頁Ⅰ-128～177）、本絵葉書も参考図版として講義で使用されていたと考えられる。

絵葉書の絵画面に遺物に関する文字情報の記載は見られないが、653の多鈕細文鏡は、『歴史絵はがき』上古遺物号の155頁036と、658の鈴釧は、『考古学会第三十総集会記念絵葉書』の196頁445と同一版である。写真部分を拡大すると、『歴史絵はがき』や『考古学会第三十総集会記念絵葉書』の方が文様や陰影が鮮明であることから、本絵葉書はこれらの原版か、絵葉書を原版として複製した可能性が高い。

原版と考えられる絵葉書は大正14年から大正15年にかけて発行されており、『日本服飾史論』（昭和２年、大鐙閣）にも本絵葉書と同じ図版（649、656、657）が収録されている。石田茂作もまた、自身が東京帝室博物館鑑査官補となった大正13年（1924）頃に、高橋健自が服飾史に熱中しており、それらを絵葉書に作り、美術学校の講義をしていたと回顧している。

こうしたことから、本絵葉書は大正14年頃から、東京美術学校の風俗史の講義で用いられていたことがわかる。

特殊研究講義　高橋講師用

646

647

648

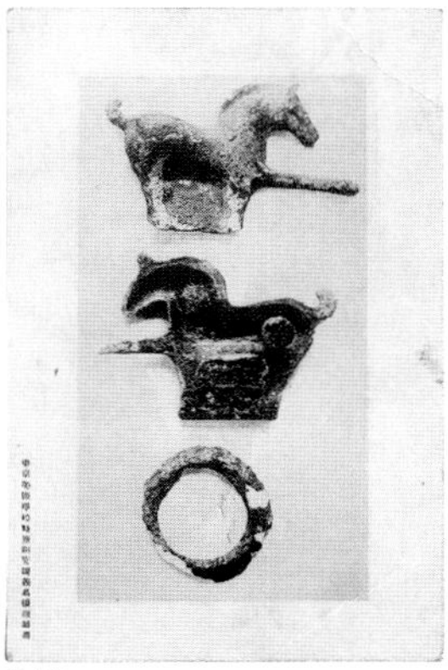
649

650

651

652

653

654

655

656

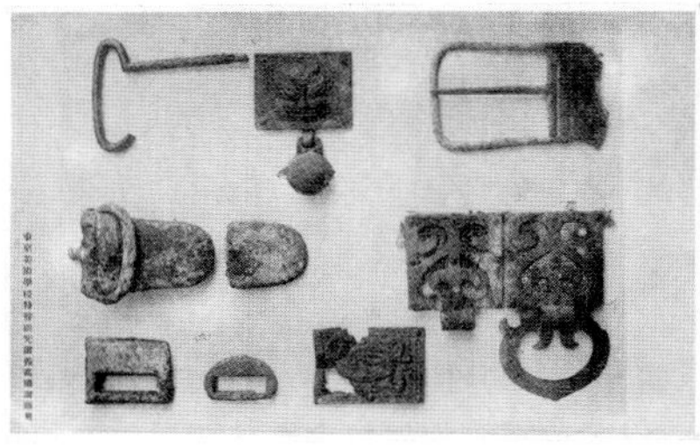
657

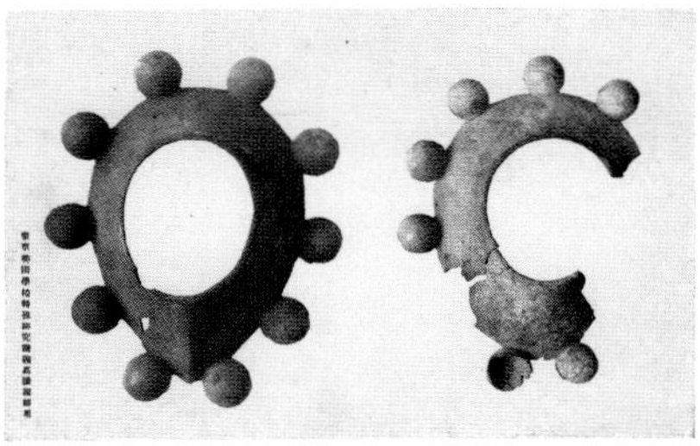
658

明治39年（1906）から昭和11年（1936）の間、主に東洋建築史を担当していた関野貞による講義用絵葉書である。高橋健自の絵葉書と比べると、通し番号、遺物名、出土地、所蔵機関など文字情報が格段に増えている。

絵葉書は、平壌大同江流域の楽浪郡時代の遺物で構成される。このうち、第9号墳（石巌里第9号墳）は、大正5年（1916）、関野貞を調査監督に、谷井濟一らが発掘した古墳の一つで、未盗掘のため大量の副葬品が出土しており、その内容などから楽浪郡太守の墓と推測された。調査報告書は、大正14年に『楽浪郡時代ノ遺跡』図版上冊及び下冊（朝鮮総督府）、昭和2年に『楽浪郡時代の遺跡』本文（朝鮮総督府）が刊行されている。

本絵葉書は、上記3冊の報告書図版などを原版としており、「東京美術学校特殊研究講義関野講師用」というキャプションの体裁が高橋健自講義絵葉書（219頁646～658）と一致することから、大正末から昭和初期に製作され、東洋建築史の講義で使われたと考えられる。瓦（221頁682～684）や塼（221頁676～681）など、建築に関する絵葉書は全体的に少ないが、楽浪郡時代の墳墓構造という最新の調査成果が講義されていたことが窺える。

特殊研究講義　関野講師用

659　陶　　壺

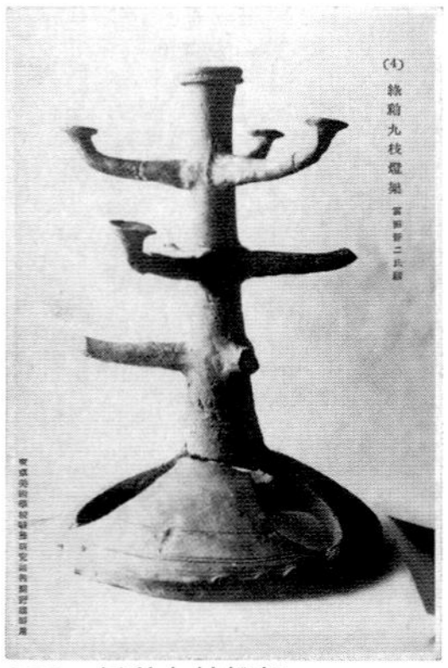
660　緑釉九枝燈架

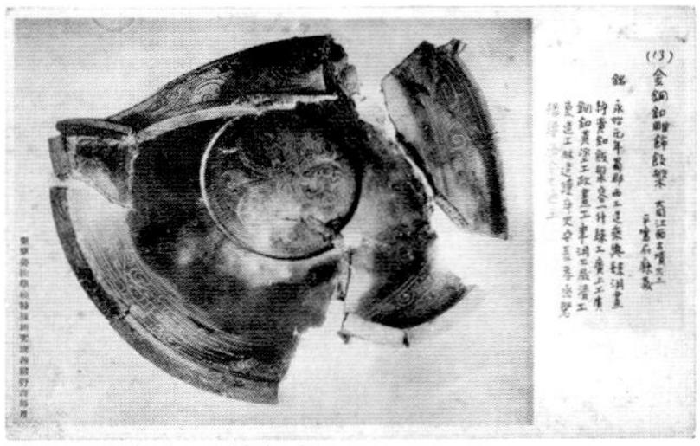
661　金銅釦雕飾飯槃

662　雕飾筐蓋漆残片

663　孝文廟銅鍾

664　金 銅 尊

665　轆 轤 鐙

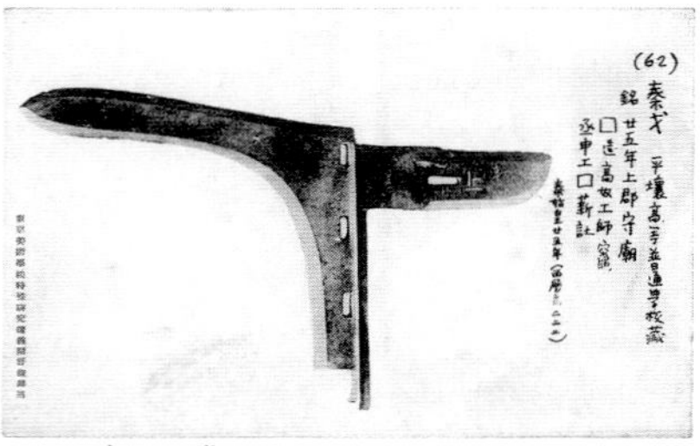
666　秦　　戈

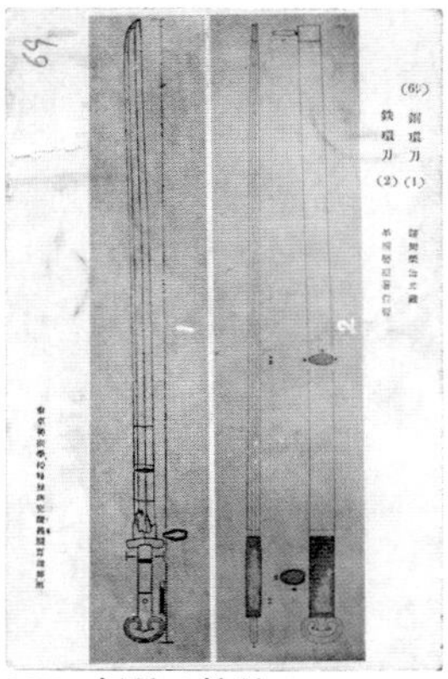
667　銅環刀 鉄環刀

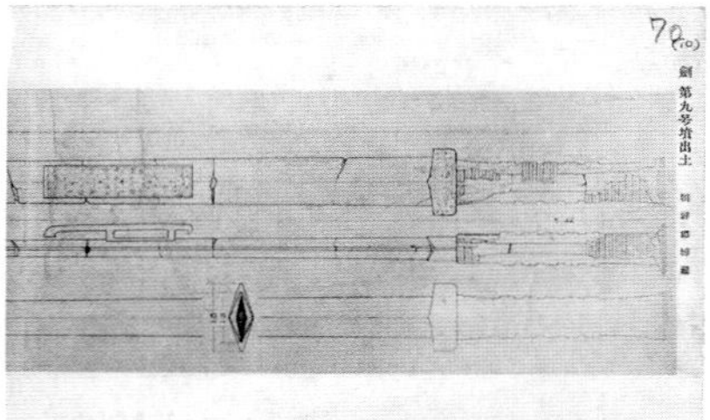
668　剣

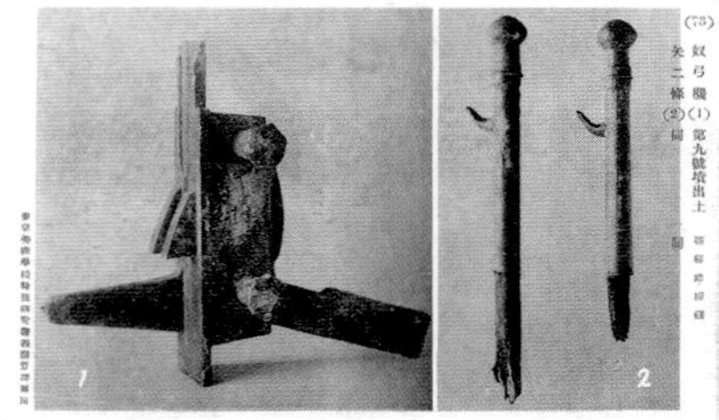
669　弩弓機 矢

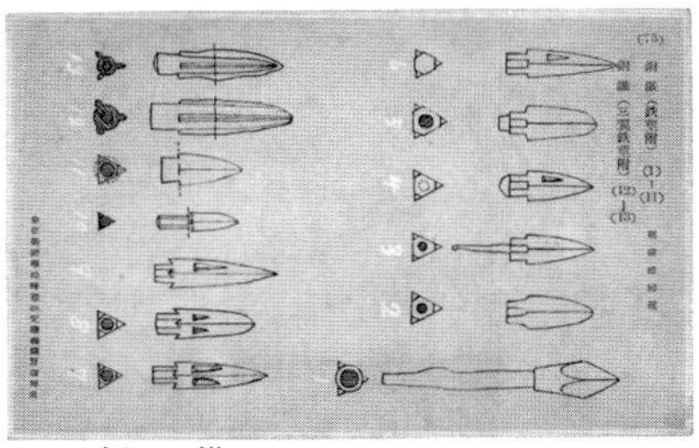
670　銅　　鏃

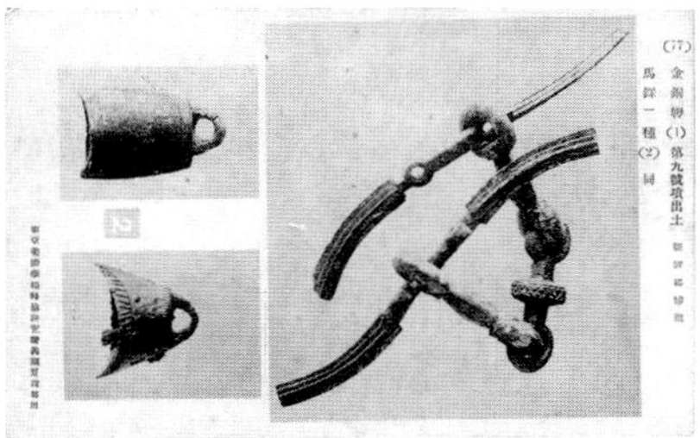
671　金銅轡 馬鐸

672　車 軸 頭

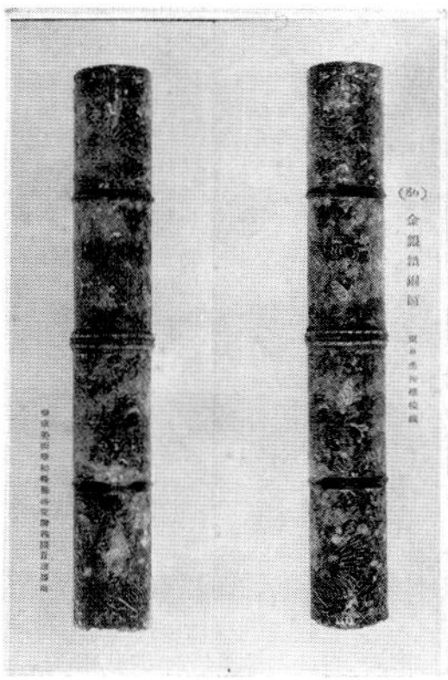
673　金銀錯銅筒

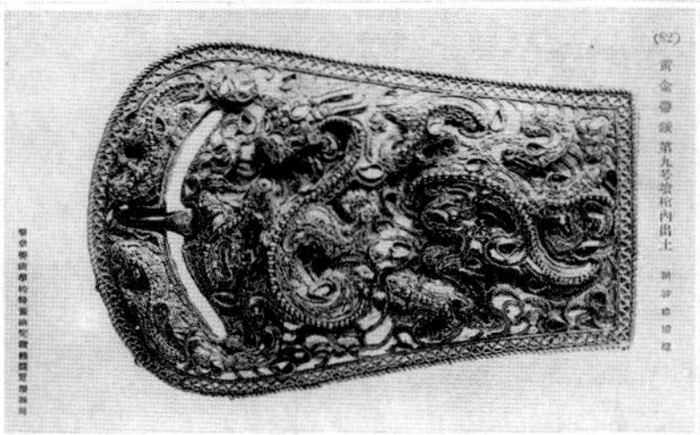
674　黄金帯鉸

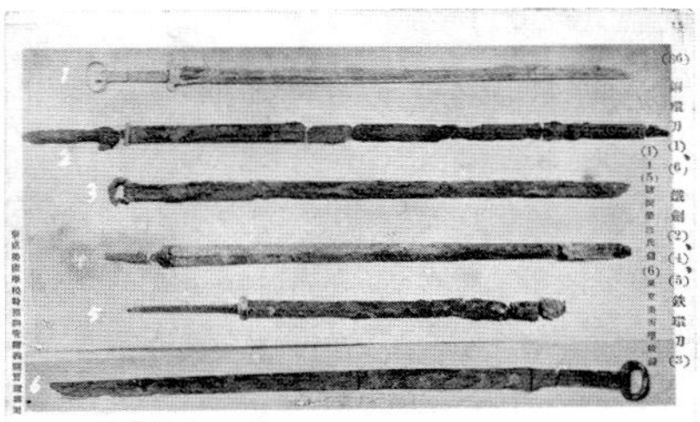
675　銅環刀 鉄剣 鉄環刀

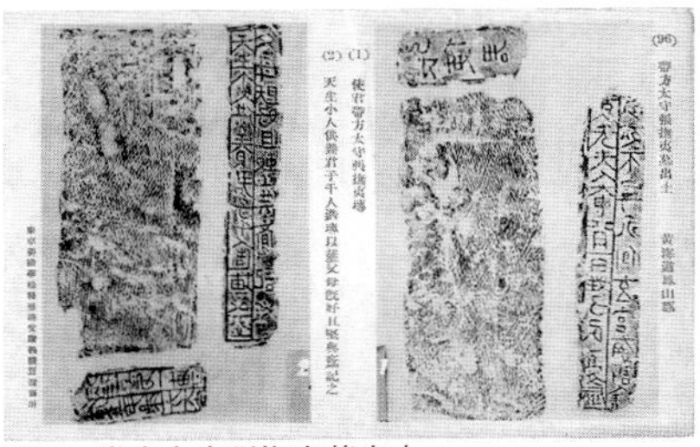
676　帯方太守張撫夷墓出土

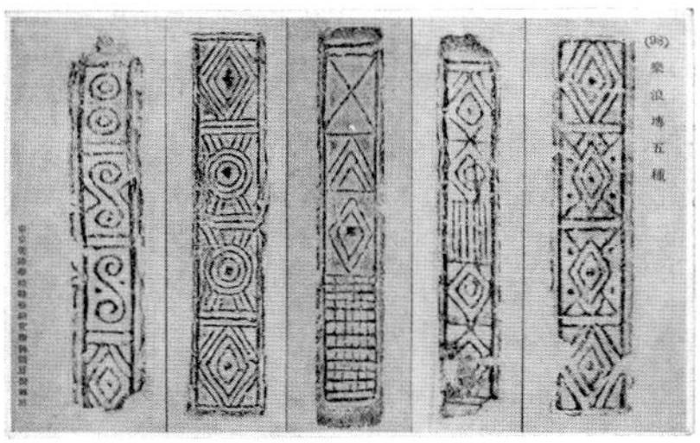
677　楽浪塼五種

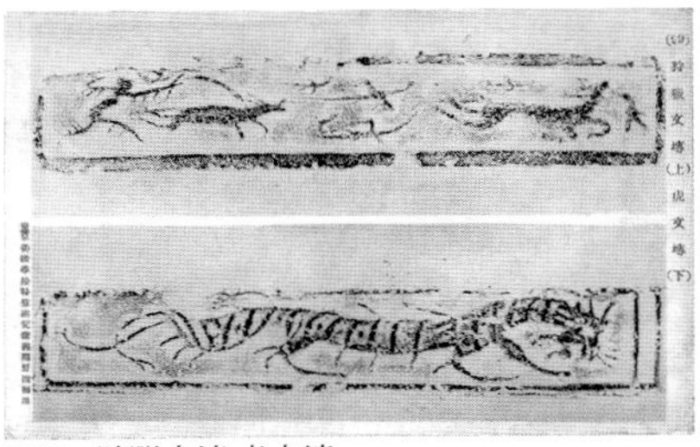
678　狩猟文塼 虎文塼

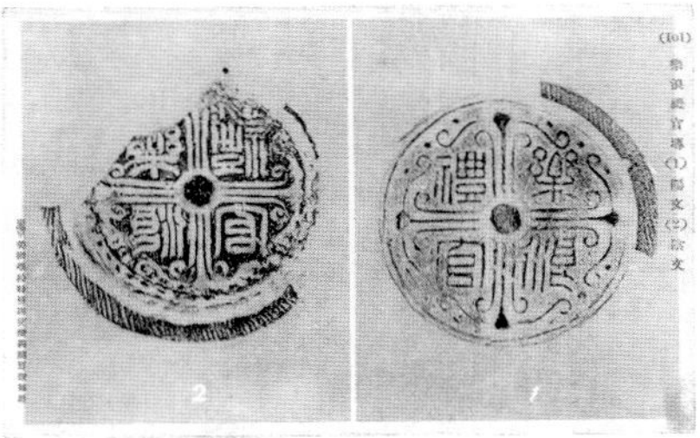
679　楽浪礼官塼

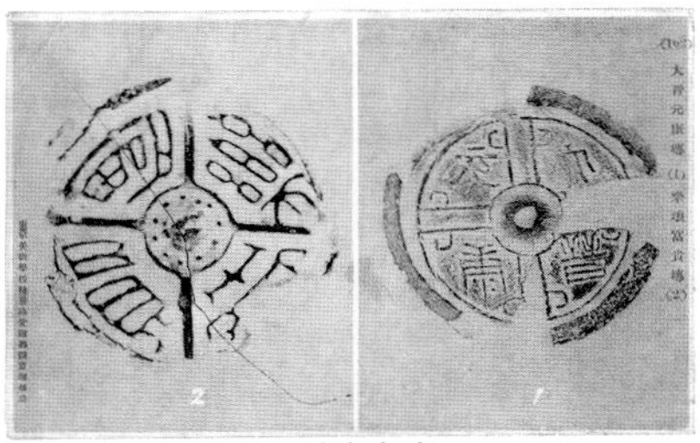
680　大晋元康塼 楽琅富貴塼

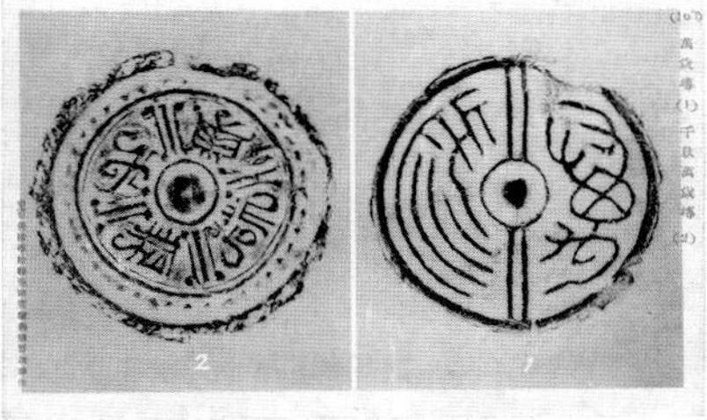
681　万歳塼 千秋万歳塼

682　楽浪瓦当五種

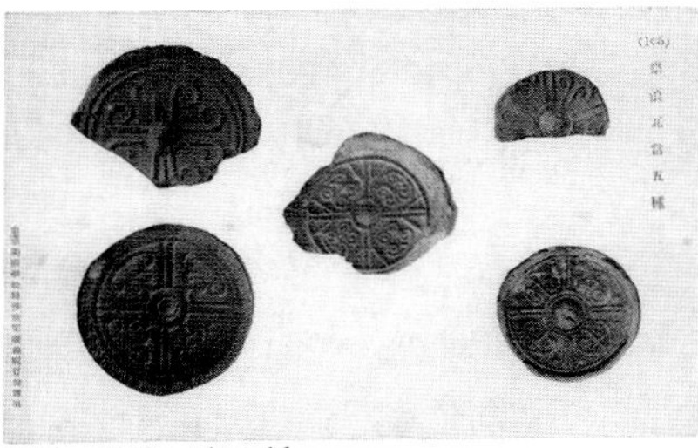
683　楽浪瓦当五種

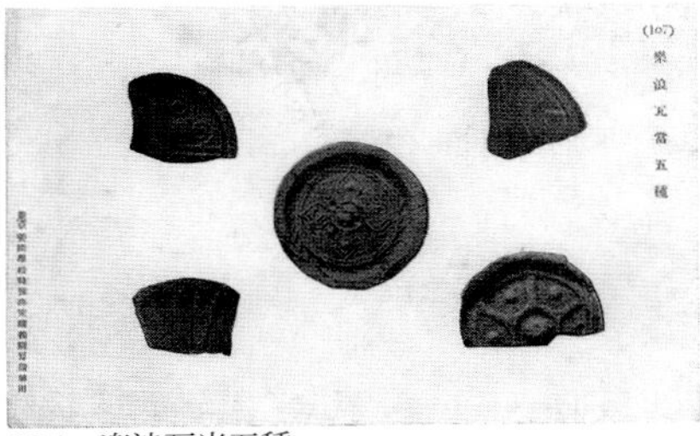
684　楽浪瓦当五種

コラム

Column

さよならは絵葉書で

―『理学博士坪井正五郎先生追悼記念絵端書』ほか―

研究者が鬼籍に入ると、関係する雑誌などに弔文が掲載される。特に著名で地位のあった研究者の場合は、故人の業績や学恩を偲ぶ追悼会が開催され、追悼論集が編まれることもある。この追悼会や年忌法要の席で配付されたのが、追悼絵葉書である。

考古学・人類学者で最初に追悼絵葉書が作られたのは、明治末から大正期に絵葉書の普及に尽力し、研究資料獲得の手段として絵葉書を定着させた坪井正五郎である。坪井正五郎は、大正２年(1913) ５月、第５回万国学士院連合大会出席のため渡航していたロシア・サンクトペテルブルクで客死。『理学博士坪井正五郎先生追悼記念絵端書』は、同年７月５日、流行会と児童用品研究会の共催による追悼会で配付された絵葉書である。外袋は土版か土製品を図案化したデザインで、縄文時代を想起させる渦巻文やアイウシなどアイヌ文様を背景にした遺影 (13)、「お椀の舟」「ひよっこ二羽」の扇面画と自著 (14)、「坪井博士考案玩具」(15) の３葉一組である。

流行会や児童用品研究会は、三越呉服店内の専務取締役に就任した日比翁助が『学俗協同』の理念のもとに同店内に設置した研究会である。坪井正五郎は会員として児童用品の開発に携わり、15右の『積上げ五重塔』や左下の『ひょこひょこ蛙』などを考案している。これら児童用品や遺墨は、追悼会の会場にも陳列された。

故理学博士坪井正五郎氏追悼会の翌日には、神戸史談会から『故坪井博士追悼会記念』絵葉書が発行されている。本絵葉書は兵庫区にある祥福寺（臨済宗）で神戸史談会が追悼式を行ったことを記念した絵葉書で、上段の側面写真は晩年に人類学教室で撮影されたもの、後段は事績が記される。坪井正五郎は、明治21年 (1888) と明治30年に播磨地域で古墳などを踏査しており、特に明治30年の訪姫の際は、前年に設立された中国人類学会で講演するなど、学問的指導も行っている。坪井正五郎と神戸史談会との直接的な関係は確認できていないが、中国考古学会で指導的立場にあった和田千吉の発議により追悼会が執り行われ、絵葉書の発行に至ったと考えられる。

坪井正五郎の２組の追悼絵葉書は、新興学問であった人類学の社会的認知と、研究組織の確立という、学問の指向性を表徴したものである。しかし、坪井自身が発起人となり、多くの門弟を集めた東京人類学会主催の追悼会は、同年10月５日に開催されたが、記念絵葉書が発行された記録は確認できていない。

その意味において、『富岡桃華君追悼会記念』絵葉書 (16、17) は、高弟や門弟らが主体的に製作しており、坪井正五郎追悼絵葉書とは発行の趣意が異なる。

京都帝国大学文科大学講師で金石学を専門としていた富岡謙蔵（桃華）は、大正７年 (1918) 12月23日に逝去、追悼会は翌年５月11日に京都市大雲院境内家政女学校講堂で執り行われ、絵葉書はこの時に配付されたと考えられる。

四周を断ち切らない和紙に印刷された絵葉書は、遺影 (16)、遺墨、南齊建武五年神獣鏡 (17)、鎌倉時代写本栄花物語をはじめとする典籍など６葉一組で構成される。これら富岡謙蔵のコレクションは追悼会で陳列されていた。

このうち、南齊建武五年神獣鏡 (17) は、清代末の金石学者陳介祺が所有していたもので、大正６年頃に富岡謙蔵の手に渡った。高橋健自は、本鏡の年号「建武五年」を後趙の建武五年 (A.D.339) に比定していたが、富岡謙蔵は、鏡の鋳上がりや文様の検討、後趙が地理的及び文化的に僻遠の地であったことなどから、斉の建武五年 (A.D.498) を主張した。富岡自身はまた、本鏡を「年号銘ある古鏡中の最も大なるものにして、且つ精緻なる稀に観る逸品なり」と評価している。

豊富な文献知識と考古遺物の観察によって古鏡の研究を大成した、富岡謙蔵を象徴する鏡が的確に選ばれた背景には、富岡謙蔵を師と仰ぎ、没後に遺稿集『古鏡の研究』（大正９年、丸善株式会社）や『桃華盦古鏡図録』（大正13年）を編集し、かつ富岡家から手厚い庇護を受けていた梅原末治の関与がうかがえる。

18、19は、京都帝国大学に日本で最初の考古学講座を開設し、考古学を学問として体系付けた濱田耕作の追悼絵葉書の一部である。昭和13年 (1938) ７月25日に薨去、鬼籍に入る直前まで京都帝国大学総長の職にあったことから、密葬の後、29日に大学葬が執り行われた。

『濱田先生追悼会紀念』絵葉書は、文学部職員らにより、同年９月25日に百万遍知恩寺と文学部陳列館で開催された追悼会で、参加者と醵金者に配布したものである。６葉一組で、遺影、遺墨、遺稿、故人が関わった調査に関する出土品で構成される。なお、本絵葉書とは別に、『京都帝国大学文学部考古学教室標本絵葉書』第15輯（８葉一組、昭和13年９月発行）も参加者に贈呈された。

追悼会に先立つ８月には、考古学研究会の機関誌『考古学論叢』第８号が「濱田博士追悼号」を特集し、追悼会の翌年10月には文学部考古学教室編集の『濱田先生追悼録』が刊行された。『濱田先生追悼録』の巻頭図版に収められているが、特に教室内で撮影された18は、子弟や来訪者が日頃目にする、飾らない故人を写したスナップ写真である。また、関東州牧城駅漢墓出土家形明器は、明治45年６月から７月にかけて南満州鉄道沿線で実施した発掘調査で出土したものである。調査を斡旋した島村孝三郎は、「有名な牧城驛古墳の家屋模型其他漆器断片等は此際の収得物で彼の随分得意とした発掘物語である」と回顧している。

このほか、今日まで読み継がれている考古学の基本書『通論考古学』の序論草稿など、６葉の絵葉書が故人の業績や人間性を象徴しているのは、富岡謙蔵同様、絵葉書の題材の選定が門弟らにより行われているためである。そして、このことは、研究者の虚像を描出する追悼絵葉書は、現代の我々が故人の実像に迫り得る史料であることを意味しているのである。

【坪井博士追悼記念】

（外　袋）

13　坪井正五郎遺影

14　「お椀の舟」「ひょっこ二羽」

15　「積上げ五重塔」と「ひょこひょこ蛙」など

【富岡桃華追悼記念】

16　故富岡桃華君肖像

17　南斉建武五年神獣鏡

【濱田先生追悼記念】

18　考古学教室における濱田先生

19　牧城駅漢墓発見家形明器

『日本考古学百景』解題

1　考古学絵葉書の定義と研究目的

考古学の歴史を叙述する上で基礎資料となるのは、著書、報告書、執筆論文など文献資料である。中谷治宇二郎、清野謙次、斎藤忠、坂詰秀一ら先学の業績は、文献資料の収集と目録の公刊が、考古学史の基礎研究であることを実証している。一方で、研究者個人の人間性や研究者間の交流を再現する場合、書簡や手紙、自筆ノート類が第一義的な史料となる。斎藤忠が『日本考古学史資料集成』3（昭和54年、吉川弘文館）で坪井正五郎自筆絵葉書を掲載したことは、こうした自筆史料が研究者像を復元するのに有効であると認識していたためであり、それは、『書簡等からみた史学・考古学の先覚』（平成10年、雄山閣出版）において結実する。

ところで、本書でいう考古学絵葉書とは、「絵画面に印刷された被写体が出土遺物や遺跡などで、製作や出版の過程で考古学者が直接的または間接的に関与した絵葉書」と定義する。また、その対象時期は私製絵葉書の出版が許可された明治33年（1900）から昭和20年（1945）までとしたい。

考古学絵葉書の研究については、絵葉書自体に係る

①製作者（考古学・人類学者、歴史学者、郷土史家、印刷会社、絵葉書店、書店など）

②製作年代（主に発行年、流通・販売年）

③発行機関（個人、博物館、学会、その他研究組織、絵葉書店、土産物屋など）

④製作目的

⑤通信手段など使用方法

という視座での展開が期待される。

このうち、①～④においては、

イ）　研究者による絵画面の被写体（以下、被写体）の選択、複数葉一組の場合はセット関係の意味

ロ）　被写体をどのような角度やカットで撮影しているか（撮影させているか）

ハ）　図録など他の刊行物との関係

ニ）　発行された絵葉書の時代的特徴

ホ）　印刷・写真技術の学問的応用

などの主題が設定できる。他方で、印刷会社や土産物屋が一般向けに製作した土産物絵葉書の類は、遺跡や遺構が研究者によってどの様に評価され、それらが名勝や旧跡として如何に位置付けられ、名《な》所《どころ》として地域に定着していたかを推察することが可能である。

⑤の使用方法については、通信手段という本来の目的から文面と絵画面の関連性、発信者と受信者の関係、そして、何よりも送付するために絵葉書を選択するという行為の中に、発信者の感性を窺い知ることができる。また、絵葉書を遺物カードや論文の写真図版、教材として使用した例も確認されており、考古学における図像資料の利用を復元する基礎資料ともなる。

さらに、今日的な視点で見れば、絵葉書の年代を考証し、史料批判を経た上で過去の遺跡の立地景観や遺物の状態を知る、写真資料としても活用できる。

こうした課題に応えるためには、従来の考古学史研究同様、絵葉書の集成と編年、分類による時代性の把握が必要なのであり、この作業を通じて絵葉書が考古学研究に果たした役割を明らかにすることが本書の目的である。

2　考古学絵葉書の分類

考古学絵葉書は、前掲「絵葉書研究序説」の７項目の属性を勘案し、以下に分類する。

⑴　資料集絵葉書

博物館や研究会などが発行した絵葉書で、複数葉一組で複数輯発行される。博物館の所蔵品や郷土史を絵葉書によって集成したもので、内容は歴史資料や関係する史跡で構成される。考古遺物や遺跡は、各輯１〜２葉程度組み込まれる。発行機関が編集及び販売を担う。

⑵　聚成絵葉書

博物館や研究機関、個人が発行した絵葉書で、複数葉一組かつ複数輯発行される。考古遺物や遺跡を対象とし、発行者の所蔵品や各輯ごとに設定された主題（たとえば石器時代、埴輪など）で構成される。絵葉書とは別に解説文や英題が付されることもある。発行者が編集及び販売を担うが、一部絵葉書は非売品で関係者にのみ配布される。

⑶　記念品絵葉書

学会の総会、博物館開館などの慶事、講演会を記念して発行されたもので、原則は非売品。行事の当日に配布されるものが多く、絵葉書の発行年を把握することができる。竣工した建造物や講演内容に関係する資料で構成されるが、中核となる考古學會総会記念絵葉書は、総会に際しての特別展覧会で展示した考古遺物や、会員（研究者）が携わった発掘調査記録やコレクションなどで構成される。発行者により編集、配付される。

⑷　追悼絵葉書

研究者の歿後、弟子や関係者などで組織された追悼委員会、顕彰会などが発行したもので、非売品。葬儀や追悼会、法要に併せて製作、配付されたことから発行年がわかる。故人の遺影や遺墨、愛蔵品などで構成される。

⑸　特別展絵葉書

博物館などが企画した特別展に併せて発行されたもので、展示遺物や関連資料で構成される。複数葉一組で、複数輯作られたものもあるが、一葉単位で販売されていた可能性もある。基本的には特別展期間内に開催場所で販売される。

⑹　『報告書』絵葉書

発掘調査の報告書に類する絵葉書で、遺跡遠景、調査風景、遺構、出土品などで構成、12葉一組など考古学絵葉書の中では大部なものが多い。調査組織や地元保存会が主に発行、編集を行う。研究者が自身の研究や調査成果を絵葉書にする場合もあるが、関係者に配布することが目的であるため非売品のものが多い。

⑺　出張絵葉書

在外研究などで渡航した研究者が、滞在先で撮影した写真を絵葉書に仕立てたもの。研究に関係する遺跡や史跡など複数葉一組で構成され、発行者本人が絵葉書に納まる場合もある。帰国後に編集し、出張報告、御土産として関係者に配布したもので、非売品。

⑻　教材絵葉書

講義や授業の参考写真に絵葉書を用いたもの。講義の内容を反映した遺物などで構成され、東京美術学校特殊講義用の絵葉書は約100枚一組など、大部なものが多い。

⑼　名所旧跡絵葉書

各地の名所旧跡を扱った、いわゆる『名所絵葉書』の中に、遺跡や考古遺物が組み込まれたもの。寺社や書店や絵葉書店、土産物屋などが発行し、観光地の土産物として販売されている。絵葉書の製作自体に研究者の関与は低い。

このほかに、印画紙絵葉書がある。これは、研究者の所有する遺跡や遺物の写真を感光面裏側に宛名面が印字された印画紙に焼き付けたもので、送付先（配布先）は製作者と極めて密接な関係にあると考えられる。一定程度の流通先が担保されていないことから、上記分類には含めないこととする。

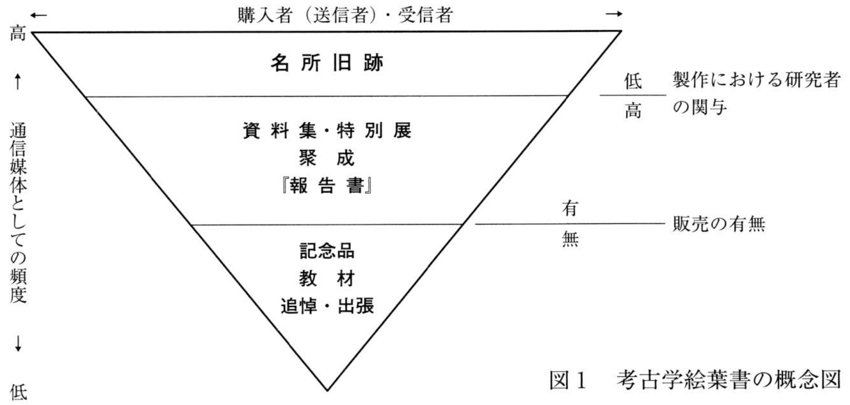

図1　考古学絵葉書の概念図

以上9項目に分類した絵葉書を、製作、流通、販売の観点から模式的に示したのが表1である。購入され、送受信される可能性が圧倒的に高いのは名所旧跡絵葉書であるが、製作に研究者の関与が低く、その内容について伝承や想像によって記述されることもあるため、史資料として扱う場合には注意が必要である。追悼、出張、教材、記念品絵葉書は非売品であり、内容から考えて通信媒体として使用されることも稀であるから、研究者の旧蔵資料からしか確認することができない。

3　考古学絵葉書の時代的傾向

絵葉書の年代同定は先に述べたとおりであるが、考古学絵葉書については、『考古』（『考古學雜誌』に改称、考古學會編）や『東京人類學會雜誌』（『東京人類學雜誌』『人類學雜誌』などに改称、東京人類學會編）などの新刊案内で紹介されることが多い。紹介された絵葉書の発行年は掲載雑誌の刊行年に限りなく近いと考えられるが、発行年と必ずしも一致するわけではなく、その意味で流通・販売年に比定される。

このことを勘案した上で、発行年、流通・販売年により作成したものが表2及び3である。総数797組のうち、発行年及び流通・販売年の絶対年代を確定できたのが410組と約51パーセントを占める（表2）。特に絵画面の内容が普遍的な教材絵葉書と名所旧跡絵葉書は、それぞれ0パーセント、2パーセントと同定率が低く、こうした絵葉書については、Ⅰ～Ⅳ期という相対年代を援用した（表3）。

相対年代にみる傾向として、Ⅰ期（明治39年〈1906〉以前）には資料集、聚成、記念品絵葉書という、以後各時期で5割以上を占める絵葉書が登場している。Ⅱ期（明治40年～大正6年）、Ⅲ期（大正7年〈1918〉～昭和7年〈1932〉）、Ⅳ期（昭和8年～20年）においては、資料集絵葉書の減少傾向はみられるものの、構成比率はほぼ同じである。また、出張絵葉書はⅢ期にのみ作られた絵葉書であり、教材絵葉書も、Ⅱ期に『滋賀縣地理歴史繪はがき』（Ⅰ-357～364）が見られるが、考古学の専門教育用に製作された絵葉書はⅢ期に限られる。

次に、各期の時代的特徴を概観する。

(1)　Ⅰ期（明治39年以前）

考古学絵葉書は、管見の限り2月頃に発行された大野雲外筆『石器時代紋様繪端書』が初出と考えられる。原資料未見のため詳細は不明であるが、明治34年1月には『模様のくら』（日本石器時代の部）が嵩山房から出版されている。本書は大野雲外が縄文土器や土製品の文様を図案化し、木版刷りにしたもので、『石器時代紋様繪端書』もこうした類のものと考えられる。資料集絵葉書は、大野雲外も会員として運営に携わっていた東京人類學會から『人類學繪はがき』第一輯が発行されている。「石器時代土偶」及び「埴輪土偶」は未見であるが、「琉球人」「アイヌの男女」「臺灣生蕃」及び「韓國婦人及び小兒」は、何れも東京帝國大學理科大學人類學教室蔵版の写真を用いている。

表2

発行年	年号	資料集(1)	聚　成(2)	記念品(3)	追　悼(4)	特別展(5)	『報告書』(6)	出　張(7)	教　材(8)	名所旧跡(9)	合　計
1906	明39	5	2	1	0	0	0	0	0	0	8
1907	明40	5	0	2	0	0	0	0	0	0	7
1908	明41	10	2	1	0	0	2	0	0	0	15
1909	明42	5	3	2	0	1	2	0	0	1	14
1910	明43	2	1	1	0	0	0	0	0	0	4
1911	明44	1	3	2	0	0	0	0	0	0	6
1912	明45	1	5	0	0	4	0	0	0	1	11
1913	大2	1	4	2	2	7	0	0	0	0	16
1914	大3	0	3	3	0	2	0	0	0	0	8
1915	大4	2	1	3	0	0	1	0	0	0	7
1916	大5	2	1	2	0	0	1	0	0	0	6
1917	大6	1	2	3	0	1	2	0	0	0	9
1918	大7	0	4	3	2	0	1	0	0	0	10
1919	大8	3	3	1	0	0	0	0	0	0	7
1920	大9	0	1	3	0	1	0	0	0	0	5
1921	大10	0	1	3	0	0	0	0	0	0	4
1922	大11	0	1	2	0	0	0	0	0	0	3
1923	大12	0	5	1	0	0	0	0	0	0	6
1924	大13	0	3	3	0	1	1	0	0	1	9
1925	大14	1	7	8	0	0	0	2	0	0	18
1926	大15	9	14	6	0	1	0	0	0	0	30
1927	昭2	1	6	10	0	1	2	1	0	0	21
1928	昭3	0	2	15	0	2	2	1	0	0	22
1929	昭4	0	2	9	0	5	1	0	0	0	17
1930	昭5	1	9	6	1	3	2	0	0	1	23
1931	昭6	0	5	2	0	1	2	0	0	0	10
1932	昭7	3	1	9	0	3	1	0	0	0	17
1933	昭8	1	2	7	0	2	1	0	0	0	13
1934	昭9	0	5	5	1	0	0	0	0	0	11
1935	昭10	3	0	4	0	2	0	0	0	0	9
1936	昭11	1	3	4	0	6	1	0	0	0	15
1937	昭12	1	0	2	0	1	1	0	0	0	5
1938	昭13	0	2	5	1	1	2	0	0	0	11
1939	昭14	0	1	1	0	0	1	0	0	0	3
1940	昭15	0	3	3	0	1	0	0	0	0	7
1941～1942	昭16～昭17	0	19	0	0	2	0	0	0	0	21
1943	昭18	0	1	0	0	0	1	0	0	0	2
1944	昭19	0	0	0	0	0	0	0	0	0	0
1945	昭20	0	0	0	0	0	0	0	0	0	0
総　数（枚）		59	127	134	7	48	27	4	0	4	410

表3

年	時期	資料集(1)	聚　成(2)	記念品(3)	追　悼(4)	特別展(5)	『報告書』(6)	出　張(7)	教　材(8)	名所旧跡(9)	合　計
明39	Ⅰ期	5	2	1	0	0	0	0	0	0	8
明40～大6	Ⅱ期	31	45	21	2	15	11	0	1	51	177
大7～昭7	Ⅲ期	38	136	84	3	21	35	7	4	105	433
昭8～昭20	Ⅳ期	9	57	31	2	15	17	0	0	48	179
総　数（枚）		83	240	137	7	51	63	7	5	204	797

資料集絵葉書は、東京帝室博物館が所蔵品を6葉一組でまとめた『歴史絵葉書』が嚆矢で、第一回には「上古遺物」（Ⅱ-001、再版）及び「木乃伊 副葬品」（Ⅱ-002、再版）が含まれている。また、廣島尚古會も逸早く『尚古繪葉書』を発行、第一集には「備尚國深安郡湯田村湯野より發見したる古瓦片 同國蘆品郡中島より出てたる古瓦片」（Ⅰ-515）を所収する。『尚古絵葉書』は、広島における絵葉書の流行をリードした藤谷□○《かくまる》堂から出版されたものであり（西向 2013）、こうした資料集絵葉書の発行には、郷土史研究会の組織とともに、地域における絵葉書の出版体制（絵葉書店や書店）の整備も深く関わっている。

学会の総会を記念して配付された絵葉書は、明治37年10月の東京人類學會満二十年紀念祝賀会が初出で、『東京人類學會雜誌』所収図版の木版を用いた色刷絵葉書が当日配付され、懇話会で批評の的となっていた。また、明治39年6月の東京人類學會創立第二十二年会と、11月の考古學會例会で絵葉書が配付されている。前者は、坪井正五郎が関係資料を題材に100枚を手描きしたものと、大野雲外が当日展示された資料を即席でデッサンしたもの（口絵1）で、抽選により参加者に配布された。年会当日に臨時開局した郵便局で、上から見た頭骸骨をデザインした記念印が押されている（192頁「端書夜話」②）。考古學會例会においては、和田千吉が古瓦瓦経を葉書に墨摺したものが配られている。何れも1葉限りの肉筆絵葉書であることから、考古学絵葉書の定義からは外れるが、以降の考古学絵葉書の主流となる記念品絵葉書の萌芽として位置付けることができよう。

東京帝室博物館や廣島尚古會の絵葉書は、1葉の絵画面に関係する複数の遺物を掲載し、かつ余白を大きく取っていることが特徴である。これは、通信文を書き込むための余白であると考えられる。一方で、東京人類學會の人種に関する絵葉書は、男女や大人子供といった複数の人間を、建物や日用品などと関連付けて撮影したものを絵画面全体に映し出している。当該期の人類学研究においては、形質的特徴を把握するよりも、文化史的な側面に主眼を置いていたことが窺える。

⑵　Ⅱ期（明治40年～大正6年）

資料集、聚成、記念品、追悼、特別展、『報告書』及び名所旧跡絵葉書という、考古学絵葉書の基本構成が出揃うのがⅡ期である。資料集絵葉書は、『尚古繪葉書』がⅠ期に続き第三～第七輯を発行、明治41年頃には『筑後史料繪葉書』が2輯発行されるなど、Ⅱ期前半に多くみられ、以降は減少に転じる。また、特別展絵葉書が明治45年から大正3年にかけてまとまって出版されているが、これは上野公園を会場とした拓殖博覧会（明治45年及び大正3年）や、大阪天王寺公園で開催された明治記念拓殖博覧会（大正2年）における、いわゆる「人種展示」に関連した絵葉書である。

Ⅱ期が初出の『報告書』絵葉書は、『瓢簞山繪葉書』（Ⅰ-257～269、263を除く）、『坪井博士諏訪石器時代遺跡調査繪葉書』（Ⅰ-310～312）及び南河内津堂古墳関係絵葉書（Ⅰ-416～420）であり、何れも坪井正五郎が発掘調査に関わった遺跡である。絵葉書は、遺跡の遠景、遺構、調査風景、遺物出土状況、出土遺物などで構成されている。上記遺跡は、調査報告が『考古界』や『東京人類學會雜誌』などに掲載されているが、図版が未掲載であったり、木版刷りの実測図であったりと、調査資料の提供は不十分であった。『報告書』絵葉書の発行は、研究者の側では、鮮明かつ定型化した研究資料として、また、遺跡や古墳がある地元においては、「著名な考古学者が来訪し、その学術的価値を認めたことの証書」という相互の利潤が一致した結果とみることもできよう。

絶対年代の比定が難しい名所旧跡絵葉書を通観すると、吉見百穴（Ⅰ-195～214）、武蔵国分寺（Ⅰ-239～248）、龍の口遺跡（Ⅰ-230）、大宰府都府楼（Ⅰ-570～582）など、現在でも著名な史跡が絵葉書になっている。これらの共通点として、①考古学者が現地調査を行った遺跡（手宮洞窟、吉見百穴、龍の口遺跡）、②国分寺（礎石、古瓦散布地）、古墳（墳丘）や横穴（羨道や玄室）など、人工物であることが明らかな遺跡（吉見百穴、武蔵国分寺、長岡石棺、大宰府都府楼)、を挙げることができる。名所旧跡絵葉書が土産物として販売されていたことから、そこに写し出された遺跡を当時の観光名所と評価することも可能であり、その発行頻度は名所旧跡としての周知度や、観光地としての整備状況を示す指針にもなる。

なお、Ⅲ期以降は、③『史蹟名勝天然紀念物保存法』（大正８年施行）により史蹟に指定された遺跡、④手宮洞窟（Ⅰ-026）や大宰府都府楼（125頁「瑞書夜話」③、④）など皇族が行啓した遺跡、が、名所旧跡絵葉書の共通項に加えられた。

Ⅰ期からⅡ期に発行された考古学絵葉書を概観すると、考古学や人類学に絵葉書を積極的に導入しようと試みていたのが坪井正五郎であることがわかる。坪井自身は、人類学研究において諸人種の容貌体格、風俗の写真絵画を入手する手段として絵葉書の有用性を見出しており、それは『人類學繪はがき』の構図にも端的に示されている。

坪井正五郎は、明治37年に組織された日本葉書會の名誉賛助員に名前を連ねており、年賀絵葉書や絵葉書の図案をはじめ、絵葉書の書き方、絵葉書帖の作り方などを提案し、絵葉書自体の普及にも尽力した。

なお、大正６年頃には喜田貞吉が『遺物遺蹟繪葉書』２集を発行、絵画面には写真とともに長文の解説が明記されており、絵葉書を出版物や論文同様、研究成果を公表する媒体として認識していたことがわかる（149頁コラム参照）。

記念品絵葉書は、明治40年以降、考古學會の総会で多く製作、会員に配布されるようになる。当初は、総会当日に展示された資料を絵葉書にしたもので、１葉のみで考古學會が編集、志村寫眞印刷所の提供という形で配付されていたが、大正３年以降は、会員自身のコレクションなどを絵葉書にして、個人が寄付する例も散見される。

Ⅱ-414は、明治40年６月の考古學會第十二總集會で配られたもので、総会当日に展示された古墳関係資料のうち、環頭式柄頭を絵葉書に仕立てたものである。縮尺は不明であるが、柄頭は上下及び縦軸を揃えて配列し、細部を観察できる精度で撮影及び印刷されており、個々の出土地、所蔵先が遺物番号に対応するように下段に明記される。この構図は、高橋健自著『鏡と劍と玉』（明治44年、冨山房）のコロタイプ版第百一図と同一であることから、Ⅱ-414は高橋健自によって編集されたと判断できる。

以後、明治42年の『考古學會第十四總集會記念絵葉書』では、静岡県島田市御小家原出土の轡鏡板及び杏葉が「二分一大」で掲載された（Ⅱ-417)。このように、高橋健自の主導で写真の体裁や記載事項に規範が定められ、絵葉書は考古学研究の史資料へと昇華が図られたのである。

このことは、『古瓦繪葉書』第１輯（Ⅰ-455～460）において１葉の絵葉書に同時代の瓦を複数点掲載し、出土地（寺院名）や寺院建立年、各々の瓦の法量が明記されるなど、聚成絵葉書にも影響を与えている。

⑶　Ⅲ期（大正７年～昭和７年）

Ⅱ期の考古学絵葉書に出張絵葉書が加わり、専門教育に供する教材絵葉書が製作されたのがⅢ期である。資料集絵葉書はⅡ期とほぼ変わらず、聚成及び記念品絵葉書が主流を占める。何れも大正14年を境に大幅に増加しているが、これは東京帝室博物館発行の『歴史繪はがき』上古遺物號の刊行開始と、考古學會の総会で会員個人が絵葉書を作成、寄贈する慣習が始まったためである。

なお、出張絵葉書も大正14年、京都帝國大學の梅原末治が朝鮮半島に出張し、調査した楽浪出土品で構成された『大正十四年春渡鮮記念 樂浪遺品』（12葉一組）が最初であり、以降、『歐洲遺跡行脚』（昭和２年、04～07)、『滯歐二年の記念として 昭和三年八月』（時野谷常三郎、昭和３年）など、主に京都帝國大學教員によって製作されている。

このように、大正14年は考古学絵葉書の歴史上、画期として位置付けられるのであるが、考古学関係の出版物に目を転じると、大正９年に『考古圖集』（考古學會）、高橋健自編『日本埴輪圖集』上・下（歴史圖錄刊行會）、『紀年鏡鑑圖譜』（考古學會）、『人類學寫眞集 埴輪土偶之部』（東京帝國大學）、大正10年に天沼俊一編『三Ｋ會圖集 古瓦集』（三Ｋ會）、大正12年に梅原末治編『朝鮮鐘寫眞集（增訂再版）』（考古學會）、杉山壽榮男編『原始文様集』（工藝美術研究會、大正13年まで継続刊行）、大正13年に『考古圖集』（第二期、考古學會、大正14年まで継続刊行）、大正14年には杉山壽榮男・後藤守一編『上代文様集』（工藝美術研究會）などの図集が集中的に刊行されている。これらは、コロタイプ写真図版数葉一組をタトウ紙や外袋に入れたもので、解説文が付されることもある。こうした構成は、判を縮小すれば考古学絵葉書になるのであり、聚成絵葉書の増加は、考古学関係出版物の趨勢と連動したものといえる。明治時代以来発掘されてきた考古遺物を図集として学界全体で共有し、さらに個人が研究目的のために画像情報を保有したいという要求に応えたものと思われる。

聚成絵葉書の中核となる『歴史繪はがき』は、明治39年発行の『歴史繪葉書』の流れを汲むもので、大正14年発行の第20回から第64回までの計37号が「上古遺物號」に充てられている。東京帝室博物館の列品を石器（打製、磨製、石製品）、骨角器、土偶、青銅器（銅鐸、銅鉾、銅剣、銅鏡）、馬具、鉄製武器（大刀、鉄鉾、鉄鏃、甲冑、農具）、石製模造品、埴輪、勾玉、土器（須恵器、縄文土器、弥生土器）などの主題で５葉一組にまとめた。Ⅰ-052～056は第28回（上古遺物號其九）で、環頭柄頭及び鐔という内容で構成されるが、出土地と全長、通し番号が記載されている。この構図は、前述の考古學會第十二總集會記念絵葉書と類似しており、高橋健自が編集や資料の選定に関与していたことが窺える。

高橋健自はまた、東京美術学校講師を大正８年に委嘱されており、考古学や風俗史に関する講義を担当している。この時用いられた教材絵葉書がⅡ-646～658である。葉数など全容は不明であるが、馬具や銅鏡、装飾品など青銅製品で構成されていた。キャプションは「東京美術學校特殊研究講義高橋講師用」のみで、遺物に関する記載はないが、たとえばⅡ-647は、『歴史繪はがき』第27回（上古遺物號其八）の鈴杏葉（Ⅱ-046）と同じ原版で作られた絵葉書であり、上古遺物號の中から教材に供する絵葉書を抽出していたことがわかる。

教材絵葉書は関野貞も作成しているが、こちらには「東京美術學校特殊研究講義関野講師用」のほか、通し番号、遺物名、出土地、所蔵機関、銘文などが記載された（Ⅱ-659～684）。

当該期の聚成絵葉書のもう一つの潮流が、濱田耕作が作成に携わった『京都帝國大學藏品繪葉書』（後に『考古學（教室）標本繪葉書』）である。『京都帝國大學藏品繪葉書』は大正７年頃、「和泉國神於發掘銅鐸」「唐代泥像頭部」「埃及中帝國石碑」の３葉一組で考古學談話會から発行され、第２輯は京都帝國大學文科大學陳列館が出版元となり、第３輯以降は京都帝國大學文學部考古學教室から『考古學（教室）標本繪葉書』として発行されている。当初は３葉一組であったが、第２輯からは５葉一組に、第８輯以降は10葉一組や８葉一組など様々である。第４輯が５葉一組の切支丹墓碑で構成された以外は、各輯ごとに被写体の出土地や時代に統一性はなく、京都帝國大學文科大學（文學部）考古學教室が収集した資料を網羅的に揃えている。

口絵５は第２輯、口絵６は第14輯絵葉書であるが、画面余白に遺物名、出土地、縮尺、所蔵機関（京都帝國大學文科大學もしくは京都帝國大學文學部）が明記されている。余白に通し番号が付されたのは、大正12年発行の第６輯以降である。

写真はコロタイプでモノクロ単色であるが、大正末から昭和初期にかけて、『京都帝國大學文學部考古學教室標本繪葉書 Ｂ種原色版』も発行された（口絵８～15）。濱田耕作は、京都において出版業が発展するよう印刷会社に働きかけを行っており、この絵葉書はその成果の一端を示すものといえる。

『歴史繪はがき』と『考古學（教室）標本繪葉書』を比較すると、前者は一組が時代や遺物の内容など主題を持っているのに対し、後者は統一した主題はなく、所蔵資料を網羅的に選定していることがわかる。絵画面も、『歴史繪はがき』では全体を版面とし、文字情報も同面内に印刷しているが、『考古學（教室）標本繪葉書』においては絵画面の半分程度に余白を残す構図のものが散見され、文字情報は写真の外に印字される。余白を残したのは、あるいは文字を記入する欄を確保するためであり、製作者が絵葉書を通信手段として認識していたことを示唆する（口絵6・12・14）。

1葉の絵葉書に掲載する遺物については、『歴史繪はがき』が複数種（Ⅰ-007など）または、一遺物を正面、側面、背面のように展開しているのに対して、『考古學（教室）標本繪葉書』は1葉一遺物を原則とする。撮影方法は、両者とも石器や銅・鉄剣及び銅鏡など厚みの少ないものは撮影機材（感光材料）と被写体を平行にし、平面を撮影しているが、例えば完形土器などを比べると、『考古學（教室）標本繪葉書』ではやや俯瞰で撮影しているのに対し（口絵9など）、『歴史繪はがき』では口縁部と底部が直線的になるよう正射投影を意識した位置から撮影されている（Ⅱ-201など）。また、背景の処理も、『歴史繪はがき』は撮影時に影を目立たせないようにしているか、コロタイプ原版の影を処理しているが、『考古學（教室）標本繪葉書』は原則影を残しており、かつ白色系の遺物に対しては黒背景を用いるなど、明度対比を意識している。

『歴史繪はがき』及び『考古學（教室）標本繪葉書』は、何れも東京帝室博物館及び京都帝國大學文科大學考古學教室（京都帝國大學文學部考古學教室）の資料カタログとしての役割を担っていた。しかし、『歴史繪はがき』は形態、物質ともに明確に写し出された「標本寫眞」（小川　1936）であり、編者である高橋健自が考古学者に向けた学術絵葉書を意識していたことがわかる。一方で、『考古學（教室）標本繪葉書』は、「標本寫眞」と作品の生命や感情を写した「藝術寫眞」の「中間寫眞」（小川　1936）で、考古学者以外の、例えば美術史家などを意識した芸術的絵葉書を濱田耕作が志向していたことが窺える。

記念品絵葉書の大半を占める考古學會總會記念絵葉書は、考古學會の総会の晩餐会で配付された記念品である。当初は絵葉書のみ配付されていたが、その後会員が金工品（主に香取秀真寄贈）や著書、拓本、色紙などを持ち寄るようになり、部数が限られたものは抽籤が行われるなど、総会の目玉企画になっていた。

元々は、総会当日の陳列品を志村綱平（志村寫眞版印刷所）が絵葉書に仕立て、考古學會発行という形で配付していたのであるが、総会のために上京してきた会員が、自身や地元で製作された既刊の絵葉書を寄贈するようになり、大正15年の第31総集会では、東京帝室博物館関係者で考古學會の幹事である高橋健自（Ⅱ-462～463）、石田茂作（Ⅱ-464～465）、後藤守一、溝口禎次郎（Ⅱ-466～467）が、総会記念品として絵葉書を作成している。これを契機に、会員が総会での講演に関連する遺物や、発掘調査記録、更には自身のコレクションを絵葉書にして寄贈するようになった。

Ⅱ期で考古学研究に資する資料カードとしての体裁が整えられた絵葉書は、画像資料の共有と保持という目的のため、図集の出版と連動して数多く製作され、当該期の考古学研究を支えたのである。

⑷　Ⅳ期（昭和8年～20年）

教材及び出張絵葉書を除き、Ⅲ期の絵葉書とほぼ同じ構成比率となる。発行数はⅢ期に比べ約4割減となり、Ⅱ期とほぼ同数であるが、Ⅲ期に出版された絵葉書がⅣ期に継続して販売されている可能性を考慮する必要がある。

Ⅳ期発行絵葉書の約3割を占める聚成絵葉書は、京都帝國大學文學部考古學教室が『考古學教室標本繪葉書』を第13輯から18輯まで発行した。また、東京帝室博物館編『歴史繪はがき』は帝室博物館から一部再版されているが、たとえば第39回（上古遺物號其二十）においては、№2「男子埴輪土偶　上野國群馬郡箕輪村八幡社前發掘（高四二糎）」（Ⅱ-108）が「男子埴輪像 常陸國筑波郡小野川村大字横湯發掘（高六〇・五糎）」（Ⅱ-113）、№3「男子埴輪土偶　上野國佐波郡二郷村大字安堀發掘（高三六・三糎）（相川之賀氏出品）」（Ⅱ-109）が「鍬を肩にする埴輪男子像 上野國佐波郡埴蓮村大字八寸發掘（高五〇糎）」（Ⅱ-114）、№5「武裝男子埴輪土偶（上野國勢田郡上川淵村大字朝倉發掘）（高九三糎）」（Ⅱ-111）が「埴輪被帽男子像子（下野國下都賀郡南犬飼村大字安塚發掘）（高一三九・六糎）」（Ⅱ-116）に差し替えられるなど、内容の再検討が行われている。

考古學會總會記念絵葉書は、昭和８年の６組（Ⅱ-549～568）を境に、総会を記念した特別展観に関係する絵葉書へと収斂していく。Ⅱ-594～595は、第44回総会記念絵葉書である。横浜市磯子の長谷川亀楽邸で開催された見学会では、漆工品を中心に、金工、考古遺物などが展示され、そのうち６点を絵葉書にして同日夜の晩餐会で配付された。翌年の第45回総会では東亞考古學會『蒙古多倫諾爾元上都遺蹟』（昭和13年）及び『武藏小金井 石器時代住居阯繪葉書』（Ⅰ-233～238）などが記念品であったことから、考古學會総会用に製作されたのは、昭和14年の『考古學會 第四十四回總會 記念繪葉書（六枚一組）』（Ⅱ-594～595）が最後である。

考古学絵葉書自体は、昭和11年を境に減少傾向となるが、昭和15年頃に『石器時代土偶土版繪葉書集 百五拾種』、更に24種を追加し、昭和16年から昭和17年にかけて発行された『石器時代土偶土版繪葉書』は、内容、質ともに特筆すべき聚成絵葉書である（Ⅱ-216～389）。本絵葉書は、昭和12年５月16日から２カ月間、東京帝國大學人類學教室をはじめ、各大学、個人所蔵の石器時代土偶、土版、岩版、土面及び土獣、250点を帝室博物館に集めた展示に併せて製作されたものである。展示は当時鑑査官であった後藤守一により企画されたが、昭和14年の退官に伴い、刊行が昭和15年以降にずれ込んだものと推測される。『石器時代土偶土版繪葉書集 百五拾種』は函入の150葉一組（175頁外函）であったが、『石器時代土偶土版繪葉書』は第一輯から第十七輯までが10葉一組、第十八輯が４葉一組で、総数174葉ある。絵葉書の目次と補足説明が神林淳雄によって『考古學雜誌』に掲載されており（189頁下段）、絵葉書を通覧した結果得られた土偶土版の起源や、その性格を理解するための要素についても報告されている（神林　1943）。

絵葉書は各輯ごとに出土県別にほぼ分かれており、写真のレイアウトや背景処理、記載情報などは『歴史繪はがき』と同一である。しかし、法量や縮尺率は明示されていない。

石器時代の土偶や土版に関する絵葉書は、『歴史繪はがき』第24回（上古遺物號其五）のほか、東京人類學會が昭和２年から東京帝國大學人類學教室所蔵資料を集成した、『人類學參考品圖集』の第四輯（Ⅱ-626～635）がある。『人類學參考品圖集』では縮尺率も明示されており、「40 下總國猿島郡弓馬村駒寄出土」土版（Ⅱ-635）は、縦組の絵葉書上段に表面、下段に裏面を展開している。一方で『石器時代土偶土版繪葉書集』第２輯の「茨城縣結城郡結城町附近出土」土版（Ⅱ-231～232）は表面と背面を個別に絵葉書にしている。『歴史繪はがき』の系譜では、一遺物の正面、側面、背面を１葉の絵葉書内に配置する構図が特徴であったが、『石器時代土偶土版繪葉書集』においては、Ⅱ-306・307のように絵画面一杯に写真を拡大したものもあり、細部の観察に耐えうる資料集を意図していたようである。

帝室博物館では昭和５年に埴輪特別展覧会が開催され、その際には『埴輪特別展覽會目錄』と『埴輪特別展覽會繪葉書』（五葉一組、甲及び乙、Ⅱ-392～401）が刊行されている。この特別展を契機として、翌年から『埴輪集成圖鑑』が昭和19年（1944）までに12輯編纂された。

『石器時代土偶土版繪葉書集』もまた、『埴輪集成圖鑑』と同義的な意味を有していたと思われるが、埴輪特別展覧会での展示資料や『埴輪特別展覽會繪葉書』『埴輪集成圖鑑』に掲載された資料の大半が帝室博物館であるのに対し、『石器時代土偶土版繪葉書集』所収の土偶などは、大半が東京帝國大學人類學教室や個人所蔵資料である。展示資料の大部分を借用してまで土偶特別展を開催したのには、企画した後藤守一の博物館運営に対する思惑があったと考えられる（拙稿　2010）。

当該期の考古学関係出版物のうち、図集類は昭和14年を境に減少している。このため、戦時下の出版統制の中で『石器時代土偶土版繪葉書集』が考古学研究に寄与した役割は極めて大きいといえよう。

4　考古学絵葉書の発行と史蹟保存会

「博物館・大学編」に収録した絵葉書は、東京帝室博物館や東京人類學會など資料の所蔵機関が撮影、編集、印刷、販売というすべての過程に関与していた。一方で、「地域編」に収録した絵葉書は発行目的が多様であることから、上述過程への関与の度合いも様々である。ここでは、「地域編」掲載絵葉書の中から『報告書』絵葉書に注目し、その編集過程と発行意図の時代的変遷を概観してみたい。

『報告書』絵葉書の嚆矢は、明治41年（1908）発行の『瓢箪山繪葉書』である（Ⅰ-257～269、263を除く）。『お穴様』や『岩窟神社』として庶民の信仰を集めた瓢箪山古墳（岩瀬山横穴）は、地主や村民らの希望で、坪井正五郎ら東京帝國大學人類學教室、高橋健自ら東京帝室博物館に学術調査が委嘱された。この時、地元側の事務局となったのが、村長や地主らで組織された瓢箪山遺跡保存會であり、調査後には『瓢箪山繪葉書』と『神奈川縣武藏國橘樹郡旭村大字駒岡小字岩瀬瓢箪山第一横穴發見遺物』及び『神奈川縣武藏國橘樹郡旭村大字駒岡小字岩瀬瓢箪山第二横穴發見遺物』の一枚刷りを発行している。このうち、Ⅰ-260・261の平面図は東京帝國大學人類學教室の原図を使用し、Ⅰ-262の人物埴輪は撮影に際し東京帝室博物館の協力があった。発掘調査成果は学会誌に掲載された概報や、江見水蔭のルポルタージュでしか公表されなかったため、『瓢箪山繪葉書』は、調査図面や出土遺物の詳細がわかる資料として、研究者に重宝されたと思われる。また、瓢箪山遺跡保存會において絵葉書の発行は、中央の著名な学者による発掘調査とその成果を視覚化するもので、郷土顕彰の意味合いがあったと考えられる。そして、それらは参拝者らによって山道の茶屋などで購入され、持ち帰られることで各地に宣伝されたのである。

調査者と発行元である遺跡保存会との関係は、Ⅲ期においてより明確化する。出羽柵調査會発行『出羽柵阯エハガキ』（Ⅰ-091～094）及び『本楯村史蹟名勝繪葉書』國分寺瓦及陶器（Ⅰ-095～098）、狐山古墳保存會発行『狐山古墳繪はがき』（Ⅰ-293～298）、高梨村史蹟保存會発行『拂田柵址繪ハガキ』（Ⅰ-060～073）、城輪柵阯保存會発行「史蹟城輪柵」絵葉書（Ⅰ-077～090）は、何れも内務省（後に文部省）内に設置された史蹟名勝天然紀念物調査會の嘱託、上田三平が調査を指導し、『史蹟名勝天然紀念物保存法』により史蹟指定された遺跡である。また、上芝古墳は群馬縣史蹟名勝天然紀念物調査會臨時委員の福島武雄、恵比寿山・作り山古墳は京都府史蹟勝地保存委員會調査委員の梅原末治による発掘調査の後、それぞれ箕輪史蹟保存會発行『史蹟上芝古墳圖版』絵葉書（Ⅰ-181～186）、丹後興謝郡桑飼村史蹟勝地保存會発行『恵比壽山 作り山古墳繪葉書』（Ⅰ-365～372）が発行された。

『史蹟名勝天然紀念物保存法』や、『東京府史的紀念物天然紀念物勝地保存心得』（大正７年公布）など府県の法令により、史蹟の把握と保護を目的とした発掘調査が全国的に展開されたのが、Ⅲ～Ⅳ期である。特に重要な遺跡については、発見者が地方長官に届け出を行い、内務省（後に文部省）の調査を経て、史蹟指定を受けることが一般的であり、前述の上田三平が指導した調査は全てこれに該当する。

遺跡の発見と前後して、それらを調査し保護するための保存会が設立され、上田三平らによる調査を支援し、史蹟指定後には保存・管理に当たった。先述の遺跡では、『指定史蹟 拂田柵阯』（昭和６年、高梨村史蹟保存會）、『狐山古墳』（昭和７年、狐山古墳保存會）、『指定史蹟 城輪柵阯』（昭和７年、城輪柵阯保存會）などの小冊子や絵葉書が出版され、拂田古柵址遺物陳列所（Ⅰ-072）や百穴事務所などで販売された。こうした刊行物は、Ⅱ期の郷土顕彰に加え、史蹟指定という行政的な価値を顕示したのであるが、吉見百穴では入場料や絵葉書の売上が史蹟の維持管理費に充てられる（昼間　2007）など、史蹟の維持管理費の捻出という、実務的な役割をも担っていたのである。

史蹟指定に係る調査報告は、上田三平により『史蹟精査報告』にまとめられ、府県に設置された史蹟勝地調査會の発掘調査は、例えば『京都府史蹟勝地調査會報告』第一册（大正８年、京都府）など府県ごとに逐次刊行物として出版された。今回、これら報告書と保存会が発行した小冊子や絵葉書の写真図版を照合した結果、調査風景や遺構検出写真の多くが写真原版を共有していることがわかった。柳生寫眞館撮影・蔵版『津雲貝塚』（Ⅰ-506～510）や喜田貞吉蔵版『遺物遺蹟繪葉書』（コラム08～14）などの特例を除き、撮影者や蔵版元が明らかな写真は少ないが、上田三平や柴田常恵は自ら撮影を行っており、京都府史蹟勝地調査會の調査では京都帝國大學文學部寫眞室が写真を担当していたことから、原版は調査者の側にあった蓋然性が高い。

史蹟保存会発行の絵葉書は、調査者の写真原版などから複製した版で作られており、研究者らは、学術性の担保された史料を発掘調査から間を置かずに入手することができた。そして、これら絵葉書の売上が史蹟の維持管理費に充当されていたことを鑑みる時、写真原版の提供は、間接的ではあるが、考古学者による史蹟保護の一環と捕らえることもできよう。

なお、Ⅳ期においても『史蹟 泉崎横穴繪はがき』（Ⅰ-103～112）のように、調査者と史蹟保存会の関係は維持されたのである。

5　考古学者の絵葉書利用

昭和７年（1932）の『歴史繪はがき』第六十四回 上古遺物號（其卅七）（Ⅱ-211～215）は、1500枚発行されている。本絵葉書が５葉一組であることから、１葉は300枚程度刷られていたことがわかる。同年発行の『周漢文化展覧會繪葉書』（６葉一組、帝室博物館）は1500組と、特別展に係る絵葉書は比較的多く発行されているが、考古學會總會記念絵葉書の寄贈枚数は、１組100部程度であった。

考古学絵葉書のうち、資料集、聚成、特別展絵葉書は、博物館などで入手することが可能であったが、記念品、『報告書』、出張絵葉書などは学会や研究組織に所属していないと入手は困難である。

逓信省発行記念絵葉書や魅惑の美人絵葉書、観光地で販売されている名所絵葉書とは違い、大半はごく限られた範囲でしか流通しなかった考古学絵葉書は、どの様に使われたのであろうか。

まずは、絵葉書本来の用途である通信手段である。口絵５は、濱田耕作が東北帝國大學の長谷部言人に宛てた絵葉書であり、論文拝受の御礼と、京都帝國大學考古學研究報告第２冊（河内国府石器時代遺跡発掘報告等）の刊行遅延についての詫状である。また、口絵６は当時京都帝國大學の学生であった角田文衞に濱田耕作が送付したもので、近況報告（宮城県船入島貝塚、里浜貝塚及び室浜貝塚の試掘調査）への返礼と、卒業論文執筆の激励が書かれている（財団法人 古代学協会編　2009）。何れも消印に「聖護院」とあることから、自宅や大学研究室で書いたものを投函したと考えられる。興味深いのは、送信者と受信者が何れも考古学者であること、そして、その内容は礼状など慣例的なものであることである。

考古学絵葉書の特性から、その発信元は大学研究室や博物館など送信者の職場か、書斎などの私的空間で、送信者は絵葉書を容易に入手することができる研究者である。受信者については、一般人や親族に考古遺物や遺跡の絵葉書を送ることは、送信者が余程の無粋でない限り考えにくく、口絵５・６のように、研究者や関係者に限定されると思われる。

次に、送信できる文字量でいえば、封書が際限なく記載でき、以下、官製葉書、絵葉書と続く。したがって、考古学絵葉書で送られる文面は文字量が少なく、かつ機密性の低いもの、換言すれば御礼状などの慣例的なものとなるのである。

その使用頻度については、三浦半島をフィールドとし、縄文時代前期の土器編年や中世のやぐらに関する研究を大正時代から昭和50年代にかけて推進した在野の考古学者、赤星直忠宛ての書簡類を参考に挙げたい。研究者から赤星直忠に宛てた書簡類は、横須賀市人文博物館や神奈川県立埋蔵文化財センターなどに寄贈されている。総数169通のうち、封書が94通と最も多く、ついで官製葉書が35通、絵葉書は40通であるが、考古学絵葉書は19

通と全体の約11パーセント程度であった。

このように、通信手段としての利用が極めて限定的な考古学絵葉書は、絵画面に印刷された考古遺物や遺跡など、研究資料としての使用に主目的があった。坪井正五郎は、人類学研究において、諸人種の容貌体格、風俗の写真絵画を入手する手段として絵葉書の利用価値を見出している。絵葉書の流行により国外在住の知人から関係絵葉書が送付された、と坪井正五郎は述べているが、明治43年（1910）の夏には、北海道旅行中の有坂鉊蔵が坪井正五郎に北海道手宮洞窟の古代彫刻に関する絵葉書を送付している。喜田貞吉もまた、自身が主宰する日本歴史地理学会の機関誌上で、「古墳墓並に副葬品に關する報告・記事・寫眞・繪はがき等を歡迎仕候」（呦々生 1912）と収集を呼び掛けるなど、研究資料の獲得は国内外を通じて行われていた。

考古学者が調査旅行先から自宅に絵葉書を送付することもあった。板橋区立郷土資料館所蔵『石田収藏氏旧蔵はがき資料集』の中には、石田収藏が母清（キヨ）に宛てた、「青森縣中津輕郡裾野村より掘得」た亀ヶ岡式土器３点の絵葉書があり（明治40年７月８日付消印、資料館№995）、その通信欄には「此の絵葉書は珍し／きものであるから／失はない様にして／下さい。」との注意書きがある。石田収藏は、大正６年（1917）７月から９月の樺太調査においても、調査日誌や採集土器などのスケッチ図を描いた官製葉書をほぼ毎日、自宅宛てに送付しており（守屋編　2012）、坪井正五郎もまた、明治40年の樺太調査中にスケッチや意匠図案を描画した葉書を自宅に送っている。

絵葉書や自筆葉書の送付は、通信網が現在のように十分発達していなかった当時においては、自身の安否を伝える重要な手段であった。それに加え、調査記録を持ち歩かずに済むことから、荷物の軽減と記録の紛失を防ぐ意図があったと思われる。

考古学絵葉書ではないが、絵葉書がフィールド調査で用いられた可能性もある。國學院大學博物館所蔵大場磐雄資料の中に、静岡県河津市の舞子浜や高見港を写した絵葉書が保存されており、それらには、縄文時代の集落址で神津島から黒耀石が大量に持ち込まれたことで知られる、見高段間遺跡の位置が記されている（齋藤 2011）。この絵葉書は、観光地などで販売されている名所絵葉書であることから、大場磐雄が現地で絵葉書を調達し、周辺地形を踏査する際に書き込みを行った可能性がある。スケッチや図面などを作成する時間を省略することができ、地形がよくわかる絵葉書を調査資料に応用したものといえよう。

収集された絵葉書は、アルバムに整理されたり、台紙に貼り付けた後、関連する資料などと一緒に収納されたりするなど、研究者の使い勝手のよいように再整理がなされた。口絵３は、國學院大學博物館所蔵樋口清之収集絵葉書のうち、『人類學繪はがき』第２輯の銅鐸絵葉書である（大貫・水谷　2012）。宛名面には「保存」及び「受第二号／大正二年四月　日」の朱印があり、銅鐸の研究史が詳細に記されている。受領年から、この記載は樋口清之所蔵以前の所有者のものと考えられるが、絵葉書が情報カードのように使われていたことを示す好例である。

また、坪井正五郎は関連する絵葉書を一列に並べ、隣り合う辺を幅の狭い紙でつなぎ合わせることで屏風状の絵葉書帖を作成しており、三越呉服店の諮問機関であった児童用品研究会の会員として、『繪葉書分類箱』の製作にも携わっていた。

絵葉書はまた、論文などの写真図版にも用いられた。口絵４は、昭和５年、考古學會第35回總會に先立ち開催された、益田孝男爵所蔵品展観を記念して５葉一組（Ⅱ-519～523）、200部発行されたもののうちの１葉である。金銅製鉢を朱線で囲み、長幅を「２寸」と指定があり、鉛筆書きで「６号」と上下に書き込みがある。本絵葉書宛名面に「益田男展觀記事」と朱書きがあったことから関連文献を調査した結果、『考古學雜誌』第二十巻第六號、「品川町御殿山益田男爵家所藏展觀の記」に「第五圖」を確認することができた。網目版の横幅は6.06センチメートルであり、「２寸」という指示書きと一致する。また、「第五圖」「金銅鉢」のキャプションは号数角字で6号である。『考古學雜誌』に掲載された展示品の網目版5図のうち、4図が『考古學會第卅五回總會 益田男爵所藏品展觀記念』絵葉書と一致するため、口絵4の絵葉書から「第五圖」が製作されたと考えられる。なお、本絵葉書の旧蔵者は当時東京帝室博物館雇員であった矢島恭介で、第35回總會で考古學會幹事を委嘱されていることも、本絵葉書が『考古學雜誌』の原版であることの傍証となろう。

このほか、沖虹兒著『愛知縣の石器時代』（昭和5年、朋文堂書店）では、Ⅱ-011をはじめ『歴史繪はがき』上古遺物號絵葉書を用いて網目版が作られている。また、考古学絵葉書には寸法が加筆されているものが散見される（例えばⅡ-317、338）ことから、絵葉書を印刷物の原図に利用していたことは当時多く行われていたようである。

聚成絵葉書の盛行期には、博物館や研究機関の資料目録が十分整備されておらず、遺物写真を入手する手段も限られていた。実物資料を撮影したり、写真図版を複写して原版を作成したりするよりも、絵葉書を用いた方が簡便かつ適当な原版が作成できる。殆どの聚成絵葉書はコロタイプ版で印刷されていることから、ここから網版を作製しても画質に問題はない。また、大正9年出版『人類學寫眞集 埴輪土偶之部』は5円、『日本埴輪圖集』上が60円であるのに対し、大正9年頃発行の『考古學教室標本繪葉書』第5輯が6葉一組で15銭、『高橋健自撰下野考古資料』（Ⅰ-128～177）は送料込で1円50銭である。廉価で補充が可能という点も、研究者が絵葉書を写真図版として利用した一因であろう。

鮮明な写真を少部数で、簡便かつ安価に製作できるという絵葉書の特性は、高橋健自や関野貞により専門教育用の教材絵葉書へと応用されたことは前述のとおりである。

そして、考古学絵葉書が果たしたもう一つの重要な役割は、記念品絵葉書や『報告書』絵葉書にみられるように、調査成果を逸早く研究者に伝えたことである。Ⅱ-543は昭和7年の『考古學會第三十七回總會記念繪葉書』で後藤守一が寄贈した絵葉書のうちの一葉である。八王子市楢原遺跡は、昭和初期に発見され、縄文時代の完形土器が多く発掘されることで知られていた。絵葉書は、東京府史蹟調査を嘱託されていた後藤守一が、遺跡の性格や土器の出土状態を明らかにするため、昭和6年3月に実施した発掘調査で出土した住居跡である。正式報告書は『東京府史蹟保存物調査報告書』第十册（東京府）として昭和8年に刊行されており、「圖版第八 楢原住居阯（第一遺蹟）」はⅡ-543と同一原版の写真である。

なお、『東京府史蹟保存物調査報告書』第十册には、5月に後藤守一が中心となって発掘を行った、あきる野市西秋留石器時代住居跡も報告されている。Ⅱ-546は、調査を補助した内藤政光が寄贈した絵葉書で、縄文時代の敷石住居跡（第一住居阯）の写真であるが、報告書掲載の写真とは異なる原版であることから、内藤政光自身が撮影した可能性もある。

昭和7年の考古學會總會記念として寄贈された絵葉書の多くを占める、静岡県磐田市松林山古墳（Ⅱ-536・537・544・547・548）も、昭和6年9月に後藤守一、高橋勇、内藤政光らに委嘱された学術調査で、『静岡縣磐田郡松林山古墳發掘調査報告』（静岡縣磐田郡御厨村郷土教育研究會）が刊行されたのは昭和14年であった。西秋留石器時代住居跡及び松林山古墳の調査については、総会で前年度の主要な発掘調査として報告されており、絵葉書はその際の参考写真として出席者に供されていた。

このように、絵葉書は発掘調査成果を逸早く学界で共有するための媒体としても用いられており、研究者は報告書が刊行される以前に、発掘された遺跡に関する画像情報を所有していたのである。

結　語

坪井正五郎によって、考古学・人類学研究に関わる画像情報を国内外から入手するために用いられた絵葉書は、高橋健自により研究資料としての体系化が図られ、教材など様々な場面で応用されていった。特に、出土地や所蔵機関が記され、遺物の縮尺が明示されるに至って絵葉書は情報カードという性質を帯びるようになる。これにより、考古学絵葉書は、研究者自身が必要としていた情報を獲得する内向的な手段から、資料を公開し、学界全体で共有する外向的な媒体へと変化していったのである。

明治10年（1877）、埋蔵物が発見された場合は内務省に届け出を行い、国が保存を必要とするものは購入後、博物館で陳列収蔵することが通達された。明治32年に遺失物法が公布されると、学術技芸若しくは考古資料となる埋蔵物について、古墳関係の遺物は内務省（諸陵寮及び博物館）、石器時代の遺物は東京帝國大學に通知、諸手続きを経て保管されることとなった。大正元年（1912）には京都帝國大學が加わり、埋蔵物の取り扱いが定められている。

こうして帝室博物館、東京帝國大學、京都帝國大學には日本各地から考古遺物の優品が集まったのであるが、報告書や図録など出版物が刊行されない限り、遺跡のある地元には遺物に関する情報が残らない事態となった。これら３機関が考古学絵葉書の出版の中心であり、特に東京帝室博物館の高橋健自が『下野考古資料』など大部な絵葉書の製作に積極的であったのには、自身が熱心な絵葉書趣味家であった以上に、出土資料に関する画像情報を地元に還元し、郷土史研究が停滞しないよう配慮したからではないかと思われる。

考古学絵葉書は、規格性（統一されたサイズ、画像情報裏面の書き込みができる余白）、コロタイプ版という印刷技術、出版物に比べ手軽な発行（小部数での印刷が可能、価格、刊行までが短期間）という絵葉書の特性が存分に発揮されている。当時の印刷技術において最も鮮明な画像情報を容易に研究者間で共有し、個人で所有することができる資料カードとして、考古学研究の基礎資料としての役割を担っていた。そして、切手を貼られ、世界を旅することなく、研究室や書斎の書棚を終着駅とし、『送られない絵葉書』として今日まで私蔵されてきたのである。

註

本稿は以下の論稿を再編、大幅に加筆したもので、下記に掲載されている引用文献は紙面の都合上省略した。

2008「日本考古学絵葉書百景　明治時代篇」『考古学集刊』４、25-30頁、明治大学文学部考古学研究室

2009「絵葉書から見た戦前の日本考古学史―考古学史研究における絵葉書の資料的評価に関する試論―」『2008年度文学部・文学研究科学術研究発表会 論集』111-120頁、明治大学文学部・文学研究科

2009「日本考古学絵葉書百景㈡ 絵葉書作成に携わった考古学者」『考古学集刊』５、99-110頁、明治大学文学部考古学研究室

2010「日本考古学絵葉書百景㈢ 大正～昭和初期における聚成絵葉書の盛行」『考古学集刊』６、93-108、明治大学文学部考古学研究室

2011「絵葉書で綴る日本考古学史㈠ 絵葉書の哀歌 坪井正五郎」『日本考古学史研究』創刊号、19-27頁、日本考古学史学会

2012「日本考古学絵葉書小史―考古学研究における絵葉書利用に関する覚書―」『ミュージアム・アイズ』59、８-９頁、明治大学博物館

2014「絵葉書で綴る日本考古学史㈡ 絵葉書の哀歌 坪井正五郎㈡」『日本考古学史研究』２、59-74頁、日本考古学史学会

参考文献

石井研堂　1913『獨立自營 營業開始案内』２、博文館

浦川和也　2001「佐賀県立名護屋城博物館所蔵の『朝鮮半島写真絵葉書』について」『研究紀要』７、23-72頁、佐賀県立名護屋城博物館

浦川和也　2004「日本の『絵葉書文化』の諸相―絵葉書の資料的価値と近代日本人の意識―」『研究紀要』10、35-76頁、

佐賀県立名護屋城博物館
大貫涼子・水谷円香　2012「樋口清之博士収集絵葉書資料について」『國學院大學学術資料館考古学資料館紀要』28、103-134頁、國學院大學研究開発推進機構学術資料館 考古学資料館部門
小川晴暘　1936「古美術寫眞」『最新寫眞科學大系』11、1-89頁、誠文堂新光社
神林淳雄　1943「彙報 帝室博物館發行土偶土版繪葉書集に就いて」『考古學雜誌』33-2、29-37頁、日本考古學會
喜多川周之　1980「日本の名所と絵葉書」『日本百景と土産品 江戸明治Ⅳ』119-122頁、株式会社 平凡社
向後恵里子　2003「逓信省発行日露戦役紀念絵葉書—その実相と意義—」『美術史研究』41、103-124頁、早稲田大学美術史学会
財団法人　古代学協会編　2009「角田文衛博士年譜」『角田文衛博士の学問とその業績』34-44頁
齋藤しおり　2011「資料としての絵葉書—大場磐雄資料を中心に—」『國學院大學伝統文化リサーチセンター研究紀要』3（分冊2）、221-239頁、國學院大學研究開発推進機構伝統文化リサーチセンター
佐藤健二　1994『風景の生産・風景の解放 メディアのアルケオロジー』株式会社講談社
島津俊之　1998「師範学校による絵はがきの収集と郷土教育—和歌山県の師範学校を例に—」『紀州経済史文化史研究所紀要』18、1-24頁、和歌山大学紀州経済史文化研究所
田邊　幹　2002「メディアとしての絵葉書」『新潟県立歴史博物館研究紀要』3、73-83頁、新潟県立歴史博物館
萩谷良太　2009「『名所絵葉書』と郷土へのまなざし—地域博物館所蔵絵葉書の整理にむけて—」『土浦市立博物館紀要』19、21-45頁、土浦市立博物館
橋爪紳也　2006『絵はがき100年 近代日本のビジュアル・メディア』朝日新聞社
樋口　穣　2009「古都の変貌—景観変化の解読への古写真絵葉書等の応用に関する研究序章—」『COSMICA AREA STUDIES』39、167-178頁、京都外国語大学国際言語平和研究所
樋口　穣　2011「古都の変貌 写真絵葉書『京都堀川』—古写真絵葉書から見る景観変化の解読に関する研究：名どころから観光名所へ—」『COSMICA AREA STUDIES』41、99-114頁、京都外国語大学国際言語平和研究所
樋畑雪湖　1936『日本繪葉書史潮』日本郵券倶樂部
平田　健　2010「後藤守一」『博物館学人物史』上、219-228頁、株式会社 雄山閣
昼間孝次　2007「吉見百穴をめぐる人々 特別展『吉見の百穴と東日本の横穴墓』によせて」『埼玉県立史跡の博物館紀要』創刊号、21-30頁、埼玉県立さきたま史跡の博物館
細馬宏通　2006『絵はがきの時代』青土社
西向宏介　2013「アーカイブズとしての絵葉書」『広島県立文書館紀要』12、57-80頁、広島県立文書館
守屋幸一編　2012『明治・大正期の人類学・考古学者伝—板橋区立郷土資料館所蔵石田収藏氏 旧蔵はがき資料集—』板橋区立郷土資料館
呦々生　1912「古墳墓雜記八則」『歷史地理』19-6、57-60頁、日本歷史地理學會
横山展宏編著　2011『絵葉書の世界～鳥取市歴史博物館 絵葉書集Ⅰ～』鳥取市歴史博物館

考古学絵葉書年表

1）　本表は、明治37年（1904）～昭和20年（1945）までに刊行された考古学絵葉書について、題名、添書、図版番号、組数、発行所及び分類を刊行年月順に掲載したものである。

2）　刊行年が不明な絵葉書については、Ⅰ期（明治33年～39年）、Ⅱ期（明治40年～大正６年）、Ⅲ期（大正７年～昭和７年）、Ⅳ期（昭和８年～20年）という４期の相対年代を援用し、都道府県順に配列した。

3）　刊行年月が斜体のものは、雑誌などの新刊案内に掲載された年月を示すもので、実際の発行はこれ以前に遡る。

4）　題名及び添書が斜体のものは、雑誌などの新刊案内に掲載されたものを転記しており、実資料から引用したものではない。

5）　添書は原則全文を掲載しているが、発行所については省略した。また、印刷不良などで判読できない文字は伏字（■）に置きかえた。

6）　一組の絵葉書の掲載順は、絵葉書に番号が印字されているものはそれを踏襲し、記載がないものについては、埋蔵文化財調査報告書の写真図版（遠景、遺跡、遺構、遺物）の体裁に準じた。

7）　図版番号は、「原色口絵」「Ⅰ地 域 編」「Ⅱ博物館・大学編」「コラム」に分けて通し番号を付しており、それぞれ「口絵」「Ⅰ」「Ⅱ」「コ」を番号の冒頭に付した。ただし、再版された絵葉書や、台紙に糊付けされていて、宛名面が確認できなかった絵葉書については本表に掲載していない。

8）　一組の絵葉書の葉数は、タトウ紙や外袋に「□枚組」などの記載があるものや、同一の絵葉書を複数組確認したものを除き、実見した数を記載している。したがって、葉数やセット内容については今後の調査で変更する可能性がある。

9）　分類は、１：資料集絵葉書、２：聚成絵葉書、３：記念品絵葉書、４：追悼絵葉書、５：特別展絵葉書、６：『報告書』絵葉書、７：出張絵葉書、８：教材絵葉書、９：名所旧跡絵葉書、である。なお、自筆絵葉書及び分類が不明なものは「－」とした。

年.月	題　名	添　書	図版番号	組 数	発　行　所	分類
明37.10	*東京人類學會滿二十年紀念はがき*	*『東京人類學會雜誌』挿入図画木版を用いた色刷絵葉書*		不 明	東京人類學會	—
明39.2	*石器時代紋樣繪端書*	*大野雲外筆 石版刷*		６ 葉	如山堂書店	2
明39.4	歷史繪葉書 第一回	上古遺物 銀環 金環 管玉 勾玉 鏡 刀 何れも古墳より發見したるものにして、千數百年以前のものなり		６ 葉	東京帝室博物館	1
		木乃伊 副葬品 此の木乃伊は埃及國テベスにて發見せしものにて凡二千五百年前の屍體なり				
		本朝十二文錢 元明天皇 稱德天皇 桓武天皇 淳仁天皇 嵯峨天皇 仁明天皇 仁明天皇 清和天皇 清和天皇 宇多天皇 醍醐天皇 村上天皇				
		奈良時代樂器 正倉院御物模造 箜篌 阮咸				
		童舞 還城樂 童舞は藤原時代以降專行はれ、慶事に際して貴族の子弟の舞ふところにして、こゝに示せるは還城樂といへる唐樂演奏の體なり				
		踏繪 德川幕府天主教嚴禁のため、之を人民に蹈ましめて、その信徒にあらざるを證せしめたるものなり				
明39.6	歷史繪葉書 第二回	源頼朝肖像 原本山城國神護寺藏 冷泉爲恭模		６ 葉	東京帝室博物館	1
		櫛 元祿より天保頃までに用ゐられたる諸種				
		豐太閤の鞍と鐙 黑漆金蒔繪にして芦の下繪は狩野永德の筆なり				
		人形 木彫置上の小像にして享保頃の風俗を見るべし				
		鳳輦及唐車 風輦は維新前主上の行幸に乘御し給ひしもの、唐車は攝家の乘用せしもの				
		琉球の船（模型）此の舩は昔琉球より支那に貢物を輸送するに用ゐしものなり				
明39.6	*東京人類學會創立第二十二年會紀念繪葉書*	*坪井正五郎・大野雲外自筆絵葉書*	口絵 1	120葉	坪井正五郎　大野雲外	—
明39.7	人類學繪はかき 第一回	*石器時代土偶*		６ 葉	志村寫真版印刷所	2
		埴輪土偶				
		琉球人 東京人類學會撰 東京帝國大學理科大學人類學敎室所藏				
		アイヌの男女（輪廓はアイヌの用ゆる耳環）東京人類學會撰 東京帝國大學理科大學人類學敎室所藏				
		臺灣生蕃				
		韓國婦人及び小兒 東京人類學會撰 東京帝國大學理科大學人類學敎室所藏				
明39.7	*尙古繪葉書 第一集*	*毛利元就墓*		６ 葉	廣島尙古會	1
		毛利輝元 福島正則 淺野長晟花押				
		賴杏坪 賴春水肖像				
		備後國深安郡湯田村湯野より發見したる古瓦片 同國蘆品郡中島より出たる古瓦片	Ⅰ -515			
		安藝國佐伯郡觀音村洞雲寺の全景				
		安藝國安藝郡牛田村不動院全景				
明39.8	歷史繪葉書 第三回	加藤清正の幟と槍及肖像 清正の女紀伊大納言頼宣に嫁せし時持參したるものにして明治十年同家より寄贈したるものなり 加藤清正肖像 原本京都本國寺勸持院藏		６ 葉	東京帝室博物館	1
		德川時代長上下 長上下は式目等に際し大名が登城して將軍に謁する日着用したる禮服なり				
		德川時代金貨 萬延一分金 慶長一分金 萬延新小判 天保五両判 慶長大判 安政一分金 慶長小判 寶永乾字小判 天保二分金 文政二分金				

		徳川時代銀貨 慶長豆板銀 元文丁銀 明和五匁銀 元文小玉銀 天保小玉銀 元文大黒銀 安永南鐐二朱銀 安政新一分銀 嘉永新一朱（表）嘉永新一朱〔裏〕 徳川時代女乗物 五代將軍徳川綱吉上野館林の領主たりし時関白鷹司房輔の女信子入輿に當り調進したるもの時に寛文四年 メキシコ風俗人形 炭賣 箒賣				
明39.10	*尚古繪葉書 第二集*	*俳人風律木像及其の筆蹟* *司馬江漢筆油繪額 嚴島神社藏* *齋瓶各種* *備後國蘆品郡戸手村素盞嗚神社舊別當天王坊の遺物なる鬼瓦* *安藝國加茂郡竹原町磯宮八幡神社境内忠孝碑* *國寶朝鮮古鐘 廣島不動院藏*		6 葉	廣島尚古會	1
明39.11	*考古學會例会記念*	*古瓦瓦経拓本*		1 葉	和田千吉	—
明39.—	アイヌ模様繪はがき	アイヌのぬいとり紋様		不 明	北海道舊土人救育會慈善大演奏會	3
明40.1	*尚古繪葉書 第三輯*	*植田艮背墓* *卿賢祠* *天正八年釣燈籠* *至孝堂* *本莊重政像* *國寶獅子狛犬*		6 葉	廣島尚古會	1
明40.3	上野開館二十五週年 記念繪葉書	上野開館二十五週年記念 東京帝室博物館 上野開館二十五週年記念 博物局長 町田久成 明治十年ヨリ明治十五年ニ至ル 帝國博物館総長 男爵 九鬼隆一 明治二十二年ヨリ明治三十三年ニ至ル		2 葉	東京帝室博物館	3
明40.5	廣島尚古會繪はかき 第四輯	鎧胴 誠之館聖像 古韓鐘 明王院五層塔婆 朝鮮馬具 朝鮮酒樽		6 葉	廣島尚古會	1
明40.5	*尚古繪葉書 號外第一 嚴島神社國寶號*	*嚴島神社校倉* *高倉天皇御扇* *平清盛願文* *法華經涌出品* *樂器* *木彫馬*		6 葉	廣島尚古會	1
明40.5	*尚古繪葉書 號外第二 嚴島神社國寶號*	*陸王* *抜頭* *太平樂* *打毬樂* *安摩* *一曲*		6 葉	廣島尚古會	1
明40.6	*考古學會第十二總集會 記念繪葉書*	古墳時代柄頭 環頭式 考古學會第十二總集會陳列の内　一、大和國郡村名不詳 関保之助氏藏　二、上總國君津郡木更津稲荷森 西川勝三郎氏藏　三、上總國君津郡飯野村 東京帝室博物館藏　四、發見地不詳 東京帝室博物館藏　五、攝津國豐能郡東鄉邑大字野間中 東京帝室博物館藏　六、下野國足利郡足利 関保之助氏藏　七、常陸國久慈郡機初村大字田渡 東京帝室博物館藏　八、下野國足利郡足利 関保之助氏藏　九、備前國御津郡上建部村大字建部 東京帝室博物館藏　一〇、伯耆國西伯郡大高村岡成　東京帝室博物館藏　一一、駿河國志太郡東益津村大字高崎 東京帝室博物館藏 志村印行	Ⅱ -414	1 葉	考古學會	3
明40.6	歴史繪葉書 第四回	飛香舍御二階厨子 御二階厨子 御枕筥 沈御枕 鍵 飛香舍御二階棚 御火取籠 箸形 匙形 御泔坏 母 二階棚 唾壺 打亂筥 櫛巾 居筥 飛香舍御鏡 御鏡立 八稜御鏡 羅紐 入帷 御鏡筥 御臺 美麗御几帳 腰立 鯖糸 釣緒 細長 細長 細長 單 臺丮 移鞍		6 葉	東京帝室博物館	1
明41.1	*人類學繪はがき 第貳輯*	苗族 亞細亞系統に屬する南方種族の一．支那．雲南．貴州の地に現住す．三代の頃漢民族と爭ひしもの．寫眞の周圍にあるは其衣服に施す刺繍模様 東京人類學會撰 東京帝國大學理科大學人類學教室所藏 Miao Living in The Southern Part of China. ジャヴァ婦人の假面 左にあるはマレイ種族の一なるジャヴァ土人の女子にして右にあるは舞踏用木彫假面 東京人類學會撰 東京帝國大學理科大學人類學教室所藏 Java Women and Wooden Mask.		3 葉	人類學繪葉書発行所	2

年.月	題　　名	添　　書	図版番号	組 数	発 行 所	分類
明41.1	*人類學繪はがき 第貳輯*	銅鐸 銅鐸は本邦上古の遺物．重に本州中部諸地方より發見せらる．此に示せるは遠江國引佐郡中川村大字岡地より出でたるものにして高さ一尺八寸五分 東京人類學會撰 東京帝國大學理科大學人類學教室所藏 Ancient Bronze Bell From Totomi, Japan.	口絵 3		人類學繪葉書発行所	
明41.1	古瓦繪葉書 第一輯	推古時代 經六寸 豊浦寺（向原寺）（欽明十三年創立）經五寸經四寸五分 飛鳥寺（法興寺）（推古十五年創立）	Ⅰ-455	6 葉	大和考古會	2
		推古時代 經五寸一部 徑六寸 山田寺 孝徳五年創立	Ⅰ-456			
		奈良時代前期 徑五寸九分 石川精舎（敏達十三年創立）經六寸一部 飛鳥寺	Ⅰ-457			
		奈良時代前期 幅一寸二分 幅一寸三分 幅一寸三分 本藥師寺天武白■年間創立	Ⅰ-458			
		奈良時代前期 經一寸六分 檜前寺 創立之年未詳	Ⅰ-459			
		奈良時代前期 經五寸二分 幅一分 經六寸 紀寺（在大和高市郡鴨公村創立之年未詳）	Ⅰ-460			
明41.6	*考古學會第十三總集會 記念繪葉書*	古墳時代石製品 東京帝室博物館藏 考古學會第十三總集會記念（甲）石坩 美濃國不破郡府中村 脚付石盒 山城國綴喜郡八幡町 石盒 美濃國不破郡府中村 石下駄 山城國乙訓郡大原野村 石杵及臼 山城國乙訓郡大原野村 志村印行	Ⅱ-415	2 葉	志村寫眞版印刷所	3
		古墳時代石製品　東京帝室博物館藏 考古學會第十三總集會記念（乙）環石 攝津國武庫郡本山村 車輪石 美濃國不破郡府中村 狐鍬石 山城國綴喜郡八幡町 志村印行	Ⅱ-416			
明41.6	歴史繪葉書 第五回	朝服 奈良時代		6 葉	東京帝室博物館	1
		禮服 御即位式着用 藤原時代より德川時代に至る				
		文官束帶 四位 藤原時代より德川時代に至る				
		水干 童 藤原時代以後				
		武官束帶 五位 藤原時代より德川時代に至る				
		女官禮裝 藤原時代より德川時代に至る				
明41.6	歴史繪葉書 第六回	童舞 還城樂 藤原時代より德川時代に至る		6 葉	東京帝室博物館	1
		武裝 凱旋式 大鎧 主將 胴丸 侍 胴丸 侍 鎌倉時代より足利時代に至る				
		裹頭 法師 鎌倉時代				
		狩裝束 鎌倉時代より足利時代に至る				
		長上下				
		打掛 大名姫君 德川時代				
明41.10	歴史繪葉書 第七回	女子盛裝 奈良時代		4 葉	東京帝室博物館	1
		小袿 藤原時代より德川時代に至る				
		振袖 豊臣時代				
		蹴鞠裝束 德川時代				
明41.12	瓢簞山繪葉書	瓢簞山全景 神奈川縣橘樹郡旭村駒岡	Ⅰ-257	12 葉	瓢簞山遺跡保存會	6
		瓢簞山第一横穴ノ景 神奈川縣橘樹郡旭村駒岡	Ⅰ-258			
		瓢簞山第二横穴ノ景 神奈川縣橘樹郡旭村駒岡	Ⅰ-259			
		第一横穴内部遺物配列圖	Ⅰ-260			
		第二横穴内部遺物配列圖	Ⅰ-261			
		埴輪土偶 神奈川縣橘樹郡旭村駒岡瓢簞山發掘品 東京帝室博物館藏	Ⅰ-262			
		高抔 横瓶 坩 神奈川縣橘樹郡旭村駒岡瓢簞山發掘品	Ⅰ-264			
		坏 釧 曲玉 管玉 小玉 神奈川縣橘樹郡旭村駒岡瓢簞山發掘品 東京帝室博物館藏	Ⅰ-265			
		銀環 瑠璃玉 切子玉 小玉 管玉 神奈川縣橘樹郡旭村駒岡瓢簞山發掘品	Ⅰ-266			
		刀 神奈川縣橘樹郡旭村駒岡瓢簞山發掘品	Ⅰ-267			
		轡 神奈川縣橘樹郡旭村駒岡瓢簞山發掘品	Ⅰ-268			
		鐵鏃 鐵環 神奈川縣橘樹郡旭村駒岡瓢簞山發掘品	Ⅰ-269			
明41.12	—	東京橘樹郡旭村駒峰 俗称御穴様		不 明	—	6
		東京橘樹郡旭村 俗称御穴様 古墳埴輪土偶	Ⅰ-263			
明41.12	*尚古繪葉書 第五輯*	*釣燈籠*		6 葉	廣島尚古會	1
		銀山城趾				
		鷹圖				
		青磁塔				
		菅茶山門田撲齋畫像				
		瓢				
明41.12	*尚古繪葉書 第六輯 尾道西國寺號*	*西國寺全景*		6 葉	廣島尚古會	1
		五鈷鈴				
		僧宥尊寶塔觀進狀				
		阿彌陀如來立像				
		華嚴經論				
		錫杖				

明41.12	尚古繪葉書 號外第三 嚴島神社國寶號	大鳥居勅額		6 葉	廣島尚古會	1
		伽藍仙人圖				
		唐人船圖				
		虎圖				
		山姥育兒圖				
		菊慈童圖				
明41.12	尚古繪葉書 號外第四 嚴島神社國寶號	昆崙八仙		6 葉	廣島尚古會	1
		貴德				
		新鞨羯				
		胡蝶				
		納蘇利				
		林歌				
明41.12	尚古繪葉書 第七輯	木彫阿彌陀如來立像		6 葉	廣島尚古會	1
		寶山神社本殿多寶塔婆				
		蓮華高蒔繪經筥				
		金銅鈴杵臺盤				
		葡萄唐草透彫金具枕本尊厨子				
		紺絹金泥阿彌陀三尊來迎圖				
明41.12	筑後史料繪葉書 第一集	筑後史料（第一集）高良山中之神籠石（三井郡）		6 葉	知新堂書店	1
		筑後史料（第一集）岩戸山石人（八女郡）				
		筑後史料（第一集 將軍梅（三井郡）				
		筑後史料（第一集）朝鮮松原（山門郡）				
		筑後史料（第一集）篠山城跡（久留米市）				
		筑後史料（第一集）高山正之先生墓（久留米市）				
明41.12	筑後史料繪葉書 第二集	生葉島の遺蹟		6 葉	知新堂書店	1
		風浪宮				
		太刀洗川				
		後征西大將軍宮の御墓				
		明善堂の講堂				
		眞木和泉肖像				
明42.1	尚古繪葉書 第八輯 竹原號	村上三郎平畫像		6 葉	廣島尚古會	1
		吉井正伴像				
		中村三理畫像				
		八重垣硯				
		勸孝碑				
		竹原町照蓮寺所藏高麗鐘				
明42.1	尚古繪葉書 號外第五 嚴島神社國寶號	永保三年太政官符		6 葉	廣島尚古會	1
		治承三年左辨官下文				
		治承三年平清盛家政所下文				
		弘安元年六波羅府裁許狀				
		天文十一年大内義隆寄進狀				
		天正十五年豐臣秀吉禁制				
明42.4	歷史繪葉書 第八回	德川時代の錢 慶長十一年 寛永初鑄（開元手）寛永初鑄（太平手）元和元年 寛永初鑄（二水永背星）寛永初鑄（永樂手）寛永十三年（淺草錢）寛文中（龜井戸錢又鳥屋錢）元祿十二年（京都及龜井戸錢又藤原錢）寛永十三年（芝錢）寶永四年		6 葉	東京帝室博物館	1
		藩札（五分二大）彦根（寛政中發行）仙臺（安政中發行）富山（嘉永二年發行）加納（安政三年發行）高知（慶應中發行）				
		周代貨幣（五分二大）方足布 方足布 寶六貨 共字錢 寶四貨 寶貨 濟陰錢 鏟布 鏟布 齊刀 圓首刀				
		希臘及其屬領金銀貨 トラキア（銀）（アレキサンデル像）バクトリア（銀）マケドニア（銀）バクトリア（銀）マケドニア（金）マケドニア（金）アテネ（銀）（表）アテネ（銀）（裏）エジプト及カルタゴ（金）（ベルニケ二世像）				
		羅馬銀貨及銅貨 アウグスツス（及アグリツパ）（銅）ネロ（銅）トラヤヌス（銅）ハドリアヌス（銀）マキシムス（銅）アントニヌス（銀）ヂオクレチアヌス（銅）コンスタンナヌス（銅）				
		歐洲金銀貨 普國（金）（フリードリツヒ、ウェルヘルム三世像）墺國（金）（マリア、ルイザ像）英國（金）（ビクトリア像）佛國（金）（ナポレオン一世像）白國（金）（レオポルド一世像）伊國（金）（ビクトルエンマヌエル二世像）蘭國（銀）（ウィルレム二世像）露國（銀）（エカプリナ十二世像）西國（銀）（カルロス三世像）				
明42.4	歷史繪葉書 第九回	腹卷 黑韋威胸白腹卷（傳云鎌倉權五郎所用）黑韋包腹卷（傳云恩地左近所用）		6 葉	東京帝室博物館	1
		甲冑陣羽織及打刀 明智光春甲冑 明智光春羽織（摸）明智光秀打刀				
		弓箭具 熊逆類箙 矢筒 調度懸				

年．月	題　　名	添　　書	図版番号	組 数	発 行 所	分類
明42.4	歴史繪葉書 第九回	弓箭具 臺弓 土俵空穂			東京帝室博物館	
		刀劒 塵地蒔繪細太刀 陣刀大小 梨子地蒔繪糸巻太刀 巴蒔繪鞘巻				
		馬標及差物 金木字纒猩々緋幡連 金幣小馬標（徳川頼宜所用）金三段折紙纒（猩々緋幡連戸澤某所用）金箔押制札差物（辻煽兵衛所用傳云武田信玄筆）				
明42.5	表慶館絵はかき	表慶館		1 葉	東京帝室博物館	1
明42.5	古瓦繪葉書 第二輯	*法隆寺巴瓦二種 同唐草瓦*		6 葉	大和考古會	2
		軽寺阿倍寺及び巨勢寺巴瓦				
		熊凝寺巴瓦及び唐草瓦並に法輪寺唐草瓦				
		大官大寺巴瓦				
		奈良時代前期 興福寺 元明和同三年 川原寺（弘福寺）孝徳一齊明年中創立	Ⅰ -461			
		岡寺藤原宮及び平城宮唐草瓦				
明42.5	高良玉垂神社寶物繪葉書	竹内宿禰畫像と高麗犬		8 葉	知新堂書店	9
		三韓征伐古圖				
		最衝三年の神名帳				
		古鏡三面				
		三韓征伐弓矢の模造				
		豐姫神社神像				
		高良社緣起と銅鉾				
		金装太刀と赤銅装太刀				
明42.6	明治四十二年六月六日 考古學會第十四總集會記念繪葉書 志村寫眞版印刷所印行	轡鏡板及杏葉 遠江國榛原郡初倉村字牧ノ原發掘（二分一大）考古學會第十四總集會紀念 明治四十二年六月六日發行 志村製	Ⅱ -417	1 葉	考古學會	3
明42.10	坪井博士諏訪石器時代遺跡調査繪葉書（全三枚）一、諏訪湖底曾根遺跡調査 二、高島公園附近遺跡調査 三、曾根採集石簇	坪井博士諏訪湖そね石器時代遺物調査の光景 Dr.Tsuboi investigating remains of the Sone Stone age. By Lake Suwa.	Ⅰ -310	3 葉	日新堂書店	6
		坪井博士諏訪高島城址附近石器時代遺物發掘の光景 Dr.Tsuboi investigating remains of the Sone Stone age. By Lake Suwa.	Ⅰ -311			
		諏訪湖そねの石鏃	Ⅰ -312			
明42.10	—	坪井博士諏訪湖ニ於テそね石器時代遺物調査ノ光景	Ⅰ -309	不 明	日新堂	6
明42.11	*銅駝坊陳列館藏品繪葉書*	*（不明）*		2 葉	銅駝坊陳列館	5
		（不明）				
明42.11	アイヌ風俗写真ヱハカキ 第壱輯	アイヌ風俗 壹輯一 Ainu Customs 1.1 正装したるアイヌの酋長		6 葉	ピリカ會	2
		アイヌ風俗 壹輯二 Ainu Customs 1.2 馬上のアイヌ婦人				
		アイヌ風俗 壹輯三 Ainu Customs 1.3 アイヌ老婦と熊兒				
		アイヌ風俗 壹輯四 Ainu Customs 1.4 アイヌ渡船の光景				
		アイヌ風俗 壹輯五 Ainu Customs 1.5 アイヌ室内の光景				
		アイヌ風俗 壹輯六 Ainu Customs 1.6 チヤランゲ石とアイヌ婦人				
明42.11	アイヌ風俗写真ヱハカキ 第貳輯	アイヌ風俗 貳輯一 Ainu Customs 2.1 アイヌ婦人の酒宴		6 葉	ピリカ會	2
		アイヌ風俗 貳輯二 Ainu Customs 2.2 アイヌの狩猟				
		アイヌ風俗 貳輯三 Ainu Customs 2.3 洞爺湖とアイヌ婦人				
		アイヌ風俗 貳輯四 Ainu Customs 2.4 アイヌ兒童の遊戯				
		アイヌ風俗 貳輯五 Ainu Customs 2.5 アイヌ婦人の入墨				
		アイヌ風俗 貳輯六 Ainu Customs 2.6 アイヌの酒宴				
明42.12	關野工學博士講演會紀念	妙香山普賢寺高麗塔 遼重熙十三年建（A.D.1044）		2 葉	韓國度支部建築所	3
		大同江及び高句麗時代遺鏡				
明43.2	徵古繪葉書 第三集	小坩付𤭯及裝飾付臺 筑前國早良郡金武村大字羽根戸發掘		6 葉	伊勢神苑會徵古館	1
		轡鏡板 金銅製唐草透 馬具杏葉 金銅製鳳凰透 馬具杏葉 金銅製唐草透				
		三神三獸鏡 八葉唐花尾長鳥鏡				
		伊勢新名所歌合繪 冷泉爲相書 藤原隆相畫				
		加茂別雷神社御燭臺				
		經筒（陶製・國寶）世義寺威德院出品				
明43.6	*考古學會第十五總集會記念繪葉書*	*古墳發見の鐔四分の一大十二個 繪葉書*		1 葉	志村鋼平	3
明43.9	*尙古繪葉書 第九輯 尾道淨土寺號*	*淨土寺全景*		6 葉	廣島尙古會	1
		淨土寺多寶塔				
		淨土寺所藏元弘三年後醍醐天皇綸旨				
		嘉元四年僧定證淨土寺建立起請文				
		嘉元四年僧淵信寄進狀				
		曆應三年足利直義佛舍利奉納狀				
明43.11	燕京鴻雪	一 般商貞卜龜骨		5 葉	富岡謙藏	2
		二 齊吉貨並範				
		三 封泥				

		四 漢印				
		五 蒙古文字印				
明44.2	—	東京兒童用品研究會幹部及こども博覧會委員 爲記念 明治四十四年二月十六日 於會場博物場 撮影		1 葉	三越呉服店	3
明44.2	アイヌ風俗写真ヱハカキ 第参輯	アイヌ風俗 三輯一 Ainu Customs 3.1 毒薬調整		6 葉	ピリカ會	2
		アイヌ風俗 三輯二 Ainu Customs 3.2 アイヌコタン				
		アイヌ風俗 參輯三 Ainu Customs 3.3 アツトウシ織				
		アイヌ風俗 參輯四 Ainu Customs 3.4 途上禮儀				
		アイヌ風俗 參輯五 Ainu Customs 3.5 アイヌ婦人の舞踏				
		アイヌ風俗 三輯六 Ainu Customs 3.6 ロロンベと有珠山				
明44.2	アイヌ風俗写真ヱハカキ 第四輯	アイヌ風俗 四輯一 Ainu Customs 4.1 幼兒の哺乳		6 葉	ピリカ會	2
		アイヌ風俗 四輯二 Ainu Customs 4.2 カムイ、ノミ				
		アイヌ風俗 四輯參 Ainu Customs 4.3 ムルクダ、ヌサ				
		アイヌ風俗 四輯四 Ainu Customs 4.4 アイヌ家屋				
		アイヌ風俗 四輯五 Ainu Customs 4.5 穴熊獵獲				
		アイヌ風俗 四輯六 Ainu Customs 4.6 アイヌ出漁				
明44.5	明治四十四年五月廿八日 考古學會第十六總集會記念繪葉書　志村寫眞版印刷所印行	考古學會第十六總會記念 明治四十四年五月廿八日發行 水滴 加賀白山頂上發掘 上野邑樂郡坂田發掘 東京帝室博物館藏 志村製	Ⅱ -418	1 葉	考古學會	3
明44.11	*古錢繪葉書*	*安陽布*		6 葉	下谷龜田考古堂	2
		關字布				
		楡莢半兩・半兩				
		和同開珎				
		慶長通寶				
		鐵鑄繪錢				
明44.12	*伊賀史料繪葉書 第一輯*	*(不明)*		不 明	伊賀史談會	1
明45.3	古鏡繪葉書	漢式時代諸鏡（三分ノ一）三神三獸（尾張春日井郡熊之庄日光寺仙人塚發見）變形獸帶四乳鏡 變形獸帶八乳鏡		4 葉	浪越考古會（堀江家藏）	2
		唐式時代諸鏡（三分ノ一）海獸葡萄鏡（三河鳳來寺殿傳來）八葉鳥唐草鏡 八葉鳳龍鴛鴦七寶鏡 双鯉鏡				
		藤原期諸鏡（三分ノ一）松喰鶴鏡 五花撫子蝶鳥鏡 黄蜀葵蝶鳥鏡 南都興福寺正法院傳來天正三春東大寺寶珠院被贈				
		鎌倉足利期諸鏡（三分ノ一）草花双雀鏡 六花湖州鏡 八花桐双雀鏡（尾張長福寺傳來）鉄線蓮尾長鳥鏡（長福寺傳來）菊紋双雀鏡				
明45.4	*支那最古貨幣繪葉書*	*山東青州出土子安貝模倣石製品*		不 明	富岡謙蔵	2
明45.5	明治四十五年五月七日 東京帝國大學理科大學に於て撮影 臺灣蕃人繪葉書	臺灣蕃人 A Group of the Taiyal TriBe, Formosa.		3 葉	東京人類學會	2
		臺灣タイヤル種族男子（桃園廳テーリツク社）A Taiyal Warrior, Formosa.				
		臺灣タイヤル種族男子（宜蘭廳ピヤハウ社）A Taiyal Youth, Formosa.				
明45.5	明治四十五年五月七日 東京帝國大學理科大學に於て撮影 臺灣蕃人繪葉書 第二集	臺灣タイヤル種族男子（宜蘭廳ピヤハウ社）A Taiyal Warrior, Formosa.		3 葉	東京人類學會	2
		臺灣タイヤル種族男子（桃園廳テーリツク社）A Taiyal Youth, Formosa.				
		臺灣タイヤル種族男子（南投廳トロツク社）A Taiyal Chief, Formosa.				
大元.9	吉備公遺蹟繪葉書帖	吉備公祖母婦人骨壺		4 葉	備中國勝寺	9
		光助靈神廟				
		墓志				
		土製骨壺殘片 石製外被 其他景色				
大元.10	上野不忍池畔ニ於ケル 明治時代國力發展 拓殖博覽會紀念繪葉書	(拓殖博覽會)（生蕃）（ギリヤーク）（オロチョン）（樺太アイヌ）（北海道アイヌ）各種族		8 葉	拓殖協會	5
		(拓殖博覽會）台灣生蕃ノ奇習				
		(拓殖博覽會）台灣家庭風俗				
		(拓殖博覽會）大連日本橋ノ景				
		(拓殖博覽會）關東州地方ニ於ケル嫁入ノ實況				
		(拓殖博覽會）樺太アイヌ犬橇ニ依リ雪中行通ノ實況				
		(拓殖博覽會）北海道アイヌ生活風俗				
		(拓殖博覽會）朝鮮官妓の盛裝				
大元.10	理學博士 坪井正五郎君校閲 株式會社 秀英舎石版部圖案 拓殖博覽會記念繪葉書（甲種）	(無題)		3 葉	殖民雑誌社	5
		(無題)				
		(無題)				
大元.10	理學博士 坪井正五郎君校閲 株式會社 秀英舎石版部圖案 拓殖博覽會記念繪葉書（乙種）	(無題)		3 葉	殖民雑誌社	5
		(無題)				
		(無題)				
大元.10	紀念繪葉書 拓殖博覽會 東京上野公園不忍池畔	正門		不 明	東京製版合資會社	5
		台湾喫茶店				
		關東州陳列場				
		樺太露國式家屋				

年.月	題　名	添　書	図版番号	組 数	発 行 所	分類
大元.10	紀念繪葉書 拓殖博覽會 東京上野公園不忍池畔	臺湾生蕃人			東京製版合資會社	
		台湾アリ山ノ樹木				
大元.12	*伊賀史料繪葉書 第二輯*	*藤堂高虎畫像*		6 葉	伊賀史談會	1
		荒木又右衞門眞蹟				
		板塔婆				
		漢式鏡 四寸七分 四神四獣鏡 二寸七分 四獣鏡 阿山郡府中村大字一ノ宮字二ノ谷發掘				
		國分寺古瓦				
		馬塚全景				
大元.12	古鏡繪葉書	各時代諸鏡（三分ノ一）其一 藤原期草花飛雀鏡 藤原期鴛鴦瑞花八稜鏡 鎌倉期菊花紋飛雀鏡 平安阿峯麓旭峰生藏		2 葉	中村旭峯	2
		各時代諸鏡（三分ノ一）其二 足利期浮線綾紋双雀鏡 足利期檜垣梅樹飛雀鏡 德川期花菱双鶴鏡 德川期蒔繪朝妻舟模様懐中鏡 平安阿峯麓旭峰生藏				
大2.3	*足利考古資料繪葉書 第三集*	*鑁阿寺所藏足利公園發掘杏葉*		2 葉	丸山太一郎	2
		助戸發掘棒三鈴竝鈴釧四點				
大2.3	*家藏絲印竝和鏡繪葉書*	*絲印*		4 葉	杉浦丘園	2
		絲印				
		絲印				
		古鏡				
大2.3	考古學研究資料 金石館陳列品繪葉書	敲石 打製石斧 磨製石斧 石錘 石棒 何れも貝塚より發掘せし先史時代の遺物なり 周防國熊毛郡平生町 考古學研究資料陳列所 弘津金石館陳列品	Ⅰ-521	5 葉	周芳考古學會	2
		石鎗 石鏃 石匙 何れも貝塚より發掘せし先史時代の遺物なり 周防國熊毛郡平生町 考古學研究資料陳列所 弘津金石館陳列品	Ⅰ-522			
		瓢形土器 急須形土器 銖形土器 何れも貝塚より發掘せし先史時代の遺物なり 周防國熊毛郡平生町 考古學研究資料陳列所 弘津金石館陳列品	Ⅰ-523			
		勾玉 丸玉 棗玉 管玉 切子玉 金環 何れも古墳より發掘せし原史時代の遺物なり 周防國熊毛郡平生町 考古學研究資料陳列所 弘津金石館陳列品	Ⅰ-524			
		片耳付盌 坩 高坏 𤭯 脚付坩 蓋坏 提瓶 片耳付盌と坩とは土器にして他は皆陶器なり 何れも古墳より發掘せし原史時代の遺物なり 周防國熊毛郡平生町 考古學研究資料陳列所 弘津金石館陳列所品	Ⅰ-525			
大2.4	會期 自大正二年四月廿一日 至大正二年六月十九日 明治記念拓殖博覽會記念繪葉書 會場 大阪天王寺公園地内	明治記念拓殖博覽會 各植民地人種集合の光景 GRANDCOLONIAL EXHIBITION AT TENNOJI PARK.		不 明	—	5
		明治記念拓殖博覽會 滿洲參考館内支那宮殿 GRANDCOLONIAL EXHIBITION AT TENNOJI PARK.				
		明治記念拓殖博覽會内朝鮮洗劍亭及賣店				
大2.4	—	明治記念拓殖博覽會 各植民地人種集合の光景 THE TAKUSHOKU EXHIBITION AT TENNOJI PARK		不 明	大阪備後町四 栗本商店	5
大2.4	—	明治記念拓殖博覽會 各殖民地人種集合の光景 Grand Colonial Exhibition.		不 明	—	5
大2.4	—	明治紀念拓殖博覽會實況（樺太土人ノ住宅）Hakurankai, Taku Hoku MeJilnen		不 明	—	5
大2.5	*考古學會第十八次總會 記念繪葉書*	石器時代土器 常陸國稲敷郡高田村椎塚發掘 高島多米治氏藏	Ⅱ-419	3 葉	志村鋼平	3
		裝飾付齋瓮				
		瀬戸肩衝茶入 祥瑞作沓形染付茶碗				
大2.5	*考古學會第十八次總會 記念繪葉書*	*片桐貞昌畫像繪葉書*		1 葉	永井如雲	3
大2.6	大正二年六月十五日開催 日本古鏡陳列會紀念絵葉書 五枚	京都豐國神社内少教院ニ於ケル日本古鏡陳列會場	Ⅰ-373	5 葉	—	5
		藤原期（三分一大）瑞花双鳳八稜鏡 杉浦丘園藏 山吹千鳥正方鏡 中村旭峰藏 松喰鶴鏡 廣瀬都巽藏	Ⅰ-374			
		鎌倉期（三分一大）楓鹿双雀鏡 廣瀬都巽藏 山吹飛雀鏡 杉浦丘園藏 菊花蝶鳥鏡 中村旭峰藏	Ⅰ-375			
		足利期（三分一大）檜垣梅樹飛雀鏡 中村旭峰藏 菊花柄鏡 廣瀬都巽藏 瑞花双雀鏡 杉浦丘園藏	Ⅰ-376			
		德川期（三分一大）龜甲地双鶴鏡 中村旭峰藏 菊水長方鏡 廣瀬都巽藏 菊花双鶴鏡 杉浦丘園藏	Ⅰ-377			
大2.6	中亞探檢 發掘物	チヤカリツク發掘物		6 葉	二樂荘	2
		粘土ノ佛首				
		新疆古代瓦模様				
		チヤカリツク發掘物				
		古代壁畫				
		古代壁畫				
大2.7	理学博士坪井正五郎先生追悼記念繪端書	故坪井博士追悼紀念	コ13	3 葉	児童用品研究會 流行會	4

		故坪井博士追悼紀念	コ14			
		故坪井博士考案品	コ15			
大2.7	故坪井博士追悼會記念	故理學博士坪井正五郎氏ハ靜岡藩士佐渡養順氏ノ男ニシテ文久三年一月五日生ル舊幕臣坪井信良氏ノ養子トナル明治十九年理科大學ヲ卒業シ同二十一年理科大學助手トナリ同二十五年教授ニ任セラレ同三十二年理學博士ノ學位ヲ授ケラル夙ニ人類學ニ志シ此學科ノ理科大學ニ設ケラレシハ全ク氏ノ功績ノ一ナリ又屢光榮アル御前講演ヲナシタルハ斯學ニ造詣深カリシヲ知ルヘシ大正二年五月二十七日露都ニ開カレシ萬國學士會議ニ出席シ滯在中疾ヲ得テ逝去セラル悼哉享年五十有一此肖像ハ氏カ人類學教室内ニ於ケル最近撮影ノモノニ係ル神戸史談會ハ特ニ此遺影ニ對シ追悼ノ式ヲ行ヒ博士ノ學徳ヲ追慕スルモノナリ 大正二年七月六日於天門山祥福道場		1 葉	神戸史談會	4
大2.10	日本金石銘文展覧會 記念	武藏立川普濟寺六面塔拓本 東京 沼田頼輔氏藏		1 葉	名古屋史談會 浪越考古會	5
大2.10	*伊賀史料繪葉書 第三輯*	*阿山郡新大佛寺藏興正菩薩畫像*		6 葉	伊賀史談會	1
		安國寺古文書二通				
		阿山郡觀菩提寺本堂				
		名賀郡成就寺藏木造黒漆舍利入厨子				
		阿山郡山田村發掘古鏡				
		(不明)				
大2.12	*百號記念繪葉書*	*(不明)*		5 葉	東京古泉協會	5
大3.1	發掘物繪はかき	印度ガンダーラ彫刻		5 葉	二樂荘	2
		新疆省發掘古代壁畫				
		新疆省發掘佛畫				
		新疆省發掘佛畫				
		(不明)				
大3.4	和鏡十二月	春之巻 睦月まつ 如月むめ 彌生さくら 平安都巽軒藏		4 葉	平安都巽軒	2
		夏之巻 卯月やまふき 皐月あふち 水無月水くさ 平安都巽軒藏				
		秋之巻 文月はき 葉月りんたう 長月きく 平安都巽軒藏				
		冬之巻 神無月かへて 霜月ちとり 臘月おしとり 平安都巽軒藏				
大3.5	*人種繪はがき 第二集*	*(不明)*		10 葉	上田寫眞版合資會社	2
大3.6	大正參年六月十四日 考古學會第十九總集會記念繪葉書 考古學會發行 志村寫眞版印刷所製	磬（國寶）京都禪林寺藏 大正三年六月十四日考古學會第十九回總會記念 志村印行	Ⅱ -420	4 葉	考古學會	3
		九鈷杵及九鈷鈴（國寶）仙臺遍照寺藏 大正三年六月十四日考古學會第十九回總會記念 志村印行	Ⅱ -421			
		十界圖（國寶）摸本一部 其一 原本滋賀縣來迎寺藏 大正三年六月十四日考古學會第十九回總會記念 志村印行	Ⅱ -422			
		十界圖（國寶）摸本一部 其二 原本滋賀縣來迎寺藏 大正三年六月十四日考古學會第十九回總會記念（志村印行）	Ⅱ -423			
大3.6	*考古學會第十九回總會 記念繪葉書*	『和鏡十二月』		4 葉	廣瀬治兵衞	3
大3.6	*考古學會第十九回總會 記念絵葉書*	*原本山城醍醐三寶院藏國寶過去現在因果經一部着色木版刷繪葉書*		1 葉	永井如雲	3
大3.—	拓殖博覧會に於ける帝國版圖内の諸人種（六枚壹組金拾錢）	拓殖博覽會に於ける北海道アイヌの家屋 A hut and a store-house of Hokkaido Ainu.		6 葉	東京人類學會	5
		拓殖博覽會に於ける北海道アイヌ A family group of Hokkaido Ainu.				
		拓殖博覽會に於ける樺太アイヌ Ainu men and women from Saghalien.				
		拓殖博覽會に於ける臺灣蕃人の家屋 A hut of the aborigines of Formosa.				
		拓殖博覽會に於ける臺灣蕃人 A family group of the aborigines of Formosa.				
		拓殖博覽會に於けるギリヤーク及オロツコ 向て右の三人はギリヤーク左の一人はオロツコ An Orokko man（the tallest one）and three Gilliaks.				
大3.—	拓殖博覽會に於ける帝國版圖内の諸人種	拓殖博覽會に於ける北海道アイヌの家屋		6 葉	東京人類學會	5
		拓殖博覽會に於ける北海道アイヌ				
		拓殖博覽會に於ける樺太アイヌ				
		拓殖博覽會に於ける臺灣蕃人の家屋				
		拓殖博覽會に於ける臺灣蕃人				
		拓殖博覽會に於けるギリヤーク及オロツコ 向て右の三人はギリヤーク左の一人はオロツコ				
大4.1	*伊賀史料繪葉書 第四輯*	*名賀郡彌勒寺聖觀音木像*		6 葉	伊賀史談會	1
		上野町西島家所藏西島八兵衞畫像				
		阿山郡射手神社藏永暦經筒及經卷				
		田山敬儀筆和歌懷紙				
		阿山郡東及同郡佐那具發掘土符				

年.月	題名	添書	図版番号	組数	発行所	分類
大4.1	*伊賀史料繪葉書 第四輯*	*阿山郡三田村安國寺址發掘安國寺古瓦*			伊賀史談會	
大4.5	*考古學會第二十總會記念　金石銘絵葉書*	伊福吉部德足比賣骨壺銘 益田孝氏藏 考古學會第二十總會記念 大正四年五月廿三日發行（志村印刷所印行）	Ⅱ-424	3 葉	考古學會	3
		船氏墓誌 表 裏 三井源右衛門氏藏 考古學會第二十總會記念 大正四年五月廿三日發行（志村印刷所印行）	Ⅱ-425			
		雙龍鏡 香取神宮藏 考古學會第二十總會記念 大正四年五月廿三日發行（志村印刷所印行）	Ⅱ-426			
大4.5	*考古學會第二十總會 記念繪葉書*	*絲印繪葉書*		1 葉	杉浦丘園	3
大4.11	—	御大禮紀年 考古學會々員 御大禮紀念郵便切手類意匠審査委員 印刷局技師 田澤昌言氏 印刷局技師 大山助一氏 前帝室博物館鑑査官 今泉雄作氏 帝室博物館學藝委員 高橋健自氏 帝室博物館囑託 關保之助氏		1 葉	西川勝三郎	3
大4.11	—	志賀舊都發掘古器物		1 葉	—	6
大4.—	伊賀史料繪葉書 第五輯	車塚遠景 伊賀國阿山郡中瀬村大字荒木（上野町車阪下ヨリ撮影）前方後圓式古墳	Ⅰ-351	6 葉	伊賀史談會	1
		漢式鏡 伊賀國阿山郡府中村大字千歳古墳發掘 環玉 黃玻璃製 伊賀國阿山郡壬生野村大字川西古墳發掘（四分ノ三）	Ⅰ-352			
		阿彌陀如來座像 木造二尺九寸三分（國寶）伊賀國名賀郡古山村大字東谷觀音寺藏	Ⅰ-353			
		日光佛 月光佛（國寶）臺座共五尺五寸八分 伊賀國名賀郡古山村大字湯屋谷蓮德寺藏	Ⅰ-354			
		猿雖亭俳諧歌仙 前四句服部土芳筆後二句松尾芭蕉筆	Ⅰ-355			
		西島八兵衛雲出井水之設計書 藩主藤堂高次之指令（右裏書）	Ⅰ-356			
大4.—	大典紀念 古鏡繪葉書	大典紀念絵葉書 後陽成天皇御物御拜桐竹御鏡 徑七寸四分 天正十六年青家次謹鑄 廣瀬都巽藏		3 葉	—	2
		大典紀念絵葉書 年八御祝儀御柄鏡 徑二寸四分五厘 柄二寸六分五厘 御鏡座青社謹鑄 杉浦丘園藏				
		大典紀念絵葉書 中御門天皇御物御■物千代菊唐松御鏡 徑七寸四分 青謹鑄 楊谷寺藏				
大5.5	*考古學會第二十一總會 記念繪葉書*	*（不明）*		6 葉	杉浦丘園	3
大5.5	大正五年五月十四日 考古學會第廿一總集會記念繪葉書 志村寫眞版印刷所製	朝鮮慶州雁鴨池附近發見塼表面及側面 竪一尺二寸 横一尺 原二寸二分 考古學會第廿一回總會記念 大正五年五月十四日發行 志村印行	Ⅱ-427	4 葉	考古學會	3
		畫象塼拓本四種 原品大藏美術館藏 竟寧元年塼拓本 原品京都帝國大學文科大學藏 朝鮮鳳山郡帶方太守張氏墓塼拓本 原品朝鮮總督府藏 考古學會第廿一回總會記念 大正五年五月十四日發行 志村印行	Ⅱ-428			
		アジヤンター石窟第十九番の壁畫 考古學會第廿一回總會記念 大正五年五月十四日發行 志村印行	Ⅱ-429			
		新疆省赫色勒壁畫斷片 考古學會第廿一回總會記念 大正五年五月十四日發行 志村印行	Ⅱ-430			
大5.12	若越史料繪葉書 第一輯	遠敷郡西塚出土漢鏡 西塚は瓜生村脇袋區の西にありて完全なる前方後圓型を呈したりしが鉄道用土砂採取の爲め墓壙露出し大正五年十月内部より鉄製甲冑刀劍鈴鏡玉類を發掘せり此漢式鏡亦發掘の一にして直徑六寸五分五厘を有す	Ⅰ-304	5 葉	野路寫眞舘	1
		坂井郡井ノ向出土銅鐸 慶應四年二月畑田成變換の際發掘せるものにして岡部直景氏の所藏にかゝる．高さ一尺八寸四分上部徑七寸四分下部徑一尺、本器を製作使用せし民族に就ては現今猶學說一定せず	Ⅰ-305			
		世界圖屏風 小濱町河村平右衛門氏の珍襲に係る．日本國とともに一双をなせり．圖面に對すれば五彩猶燦として眼を射り．朱線の航路を走る南蠻船青線の山白堊の都府など異國情緒の念油然として湧くを覚．ゆその南洋の部分圖様地名特に詳密にして當時の航海圖と合致する等を以て考察すれば．寛永前後邦人海外雄飛時代の記念物たること疑を容れず	Ⅰ-306			
		九十九橋 福井市の中央足羽川を横斷して國道筋に架せらる明治四十二年改築せられて今はその舊態をとゞめずと雖も、古くより半砿半杠の奇橋として知られ、歸雁記に「橋の半より西のかたは橋柱も板も欄干も皆石にてかけられしなり當國にことなる石山ある故なり」といへるものこれなり	Ⅰ-307			
		グリフィス及びルシイ氏邸宅 明治の初年福井藩に聘用せられし二外人を置たる邸宅にして、足羽川の北岸今の幸橋附近に建てらる、明治四年竣工管内最初の洋舘たり、圖中向つて左方は米人グリフイスの居たりしが明治七年燒失し、右方英人ルシイ氏の居のみ今その遺構を存す、風琴亭即ち是なり	Ⅰ-308			

大5.12	伊賀史料繪葉書 第六輯	阿彌陀如來座像（國寶）木造四尺五寸五分 伊賀國名賀郡古山村大字菖蒲池市場寺		6 葉	伊賀史談會	1
		山嵠寺敬叟和尙筆蹟				
		石燈籠（國寶）高サ八尺一寸 銘德治二丁未年十一月 伊賀國名賀郡瀧川村大字長阪字赤目延壽院				
		阿山郡友生村高猿古墳發掘漢式鏡及紡錘石				
		芭蕉遺愛の木魚及水鷄笛				
		御墓山全景（傳大彦命御墓）伊賀國阿山郡府中村大字宇佐那具（隍及陪塚ヲ有ス）				
大5.12	日向國兒湯郡 西都原附近古代遺物繪葉書（拾貳枚壹組）	（一）石斧、石槍、石庖丁 日向國兒湯郡穂北西都原附近發掘（渡邊、阿萬、両氏藏）穂北古蹟保存會發行		12 葉	日向國兒湯郡穂北古蹟保存會	2
		（二）石鏃石錐及裝飾品 日向國兒湯郡穂北西都原附近發掘（渡邊、阿萬、両氏藏）穂北古蹟保存會發行				
		（三）素燒土器 日向國兒湯郡穂北西都原附近發掘（阿萬、渡邊、両氏藏）穂北古蹟保存會發行				
		（四）埴輪円筒及祝部土器 日向國兒湯郡穂北西都原附近發掘（渡邊、阿萬、両氏藏）穂北古蹟保存會發行				
		（五）鏡 日向國兒湯郡穂北西都原附近發掘（阿萬、渡邊、両氏藏）穂北古蹟保存會發行				
		（六）金鐶及銀鐶 日向國兒湯郡穂北西都原附近發掘（阿萬、渡邊、両氏藏）穂北古蹟保存會發行				
		（七）頭椎大刀、直刀、鐵鏃 日向國兒湯郡穂北西都原附近發掘（渡邊、阿萬、両氏藏）穂北古蹟保存會發行				
		（八）玉類（其一）日向國兒湯郡穂北西都原附近發掘（阿萬、渡邊、両氏藏）穂北古蹟保存會發行				
		（九）玉類（其二）日向國兒湯郡穂北西都原附近發掘（渡邊雄一氏藏）穂北古蹟保存會發行				
		（十）馬具（其一）金銅製覆輪金具 日向國兒湯郡穂北西都原附近發掘（阿萬、渡邊、両氏藏）穂北古蹟保存會發行				
		（十一）馬具（其二）金銅製鏡板、杏葉、雲珠、鈴、及付屬金具 日向國兒湯郡穂北西都原附近發掘（渡邊、阿萬、両氏藏）穂北古蹟保存會發行				
		（十二）瓦、煉瓦、花瓶、銅佛、石帶 日向國兒湯郡穂北西都原附近發掘（阿萬、渡邊、両氏藏）穂北古蹟保存會發行				
大 5 .—	—	大正五年新嘗祭供御米耕作田（德島縣那賀郡立江町櫛淵）（非賣品）（喜田藏版）		不 明	喜田貞吉	6
		大正五年新嘗祭供御米挿秧祭典（德島縣那賀郡立江町櫛淵）（非賣品）（喜田藏版）				
大6.2	遺物遺蹟繪葉書（非賣品）（喜田貞吉藏版）	三河發見石器時代曲玉（實大）（非賣品）（喜田藏版）三河寶飯郡小坂井村稲荷山貝塚にて、同地故大林意備翁の發見に係る。一は硬玉製にして一は獸牙製なり。曲玉は普通に天孫族特有のものゝ如く解せられたれども、其起源既に石器時代にあり。獸牙に穴を穿ちて裝飾品とせしものより發達し、後に其の形態を摸し、石を以て製作するに至れるなり。その順序は本品よりて推測するを得べし。（喜田貞吉識）	コ08	6 葉	喜田貞吉	6
		越前東十鄕發見石製品（非賣品）（喜田藏版）越前坂井郡東十鄕村字河和田に赭色土器（通稱彌生式）包含地あり。耕地表面下約二尺にして延長數町に及ぶ、發見土器は大部分赭土燒にして稀に朝鮮式のもの（通稱祝部）あり。精粗各種の砥石、碧玉岩（出雲石）の破片多く、稀に鐵片あり。本圖の石製品は共に出雲石にして一は紡錘車と稱するものに類し、一は車輪石の半製品たり。共に福井中學校所藏に屬す。此の地は蓋上古の玉造部の遺蹟にして、部民と民族との關係を研究する上に於て有益なる資料を提供するものとす。（喜田貞吉識）				
		備中吉備發見銅鐸（非賣品）（喜田藏版）大正四年十二月備中吉備郡吳妹村字梨木發見。耕地の表土より約二尺下方の土中に横向に埋沒しありたり。胴部高さ一尺八寸、紐部高さ七寸、重量約二貫目あり。其の紋様全く數年前阿波那賀郡桑野村字山口竹林中より發見せるものに酷似す。普通には銅鐸に袈裟襷あるものと浪摸様のものとの兩系統あり。本器は其の兩者を併せ有するものなり。因に云、阿波發見の分は本器よりも稍小さく、胴部高さ約一尺五寸、紐部高さ約五寸なり。（喜田貞吉識）				

年.月	題　名	添　書	図版番号	組 数	発 行 所	分類
大6.2	遺物遺蹟繪葉書（非賣品）（喜田貞吉藏版）	河内羽曳山石槨（非賣品）（喜田藏版）河内古市村大字輕墓の西部丘陵なる羽曳山にあり。一大石を切りて四注式屋根形に造り、前面より横穴を設けて木棺の挿入に供す　其の外部には割石を積みて壙穴を設け、平石を以て上部を蔽ふ。正面には切石を以て造れる小隧道あり。蓋縦穴式葬法と横穴式葬法とを折衷せるものに似たり。（喜田貞吉識）	コ09		喜田貞吉	
		河内石寶殿（古墳石槨）（非賣品）（喜田藏版）河内北河内郡水本村大字打上にあり。底部と身部との二石より成り、前面に切石を以て隧道を設く。大和欽明天皇陵附近なる鬼雪隱と稱するものは、是と同形の石槨の身部を仰向けに顚傾せしものにして、鬼爼と稱するものは、其の底部の舊地に殘留せるものなり。（喜田貞吉識）				
		出雲玉造舟形石槨（非賣品）（喜田藏版）出雲八束郡玉湯村大字玉造字築山にあり。もと一塚内にありしものの如きも、今は封土の一部を失ひ、原形を見るを得ず。槨の蓋石は二者共に其の半を亡失し、僅に其の一部分を存するのみ、槨の長さ右方のものは五尺五寸、左方のもの約九尺七寸。（喜田貞吉識）	コ10			
大6.2	遺物遺蹟繪葉書（非賣品）（喜田貞吉藏版）	肥後江田古墳石室（非賣品）（喜田藏版）肥後玉名郡江田村にあり、前方後圓式古塚の後丘に露出し、前方部に向つて開口す、明治六年の發掘に係り、中に鍍金の冠、沓、純金製の耳飾、銀象嵌ある刀劍、鏡、玉等、數多の貴重なる副葬品を藏しき。古墳は筑後人形原なる築紫國造磐井の墳と稱すものと相類し、埴輪あり、石人あり。石室は普通の石棺形にして、一方に口を開き、其の前に切石を以て小隧道を設く。我が古代の帝王陵と、支那古代の王者の墳との制を折衷せるものにして、蓋倭人王の墳の一か。（喜田貞吉識）	コ11	6 葉	喜田貞吉	6
		豊後雷墓壙（横穴）（非賣品）（喜田藏版）豊後西國東郡高田町字雷にあり。從來普通に横穴の稱を以て呼ばれたるもの。蓋自然の丘陵の半腹を利用し穿てる墓壙なり。其の數約四十。室内天井低く、構造簡易なれども、入口は極めて莊巖なり。（喜田貞吉識）				
		大隅國分隼人塚全景（非賣品）（喜田藏版）大隅國分驛附近にあり。俚俗熊襲塚又は隼人塚と稱す。蓋、近時の呼稱にして、もとは菩提寺の塚と云ひ、廢寺の址なり。今石塔婆三基塚上にあり。一基は臺石のみを存す。又四天石像三軀あり。一軀は塚上に立ち、二軀は半腹に半身を露はす。他の一軀は今鹿兒島市加藤好照氏の庭園中にあり。（喜田貞吉識）				
		大隅國分隼人塚四天王石造一軀（非賣品）（喜田藏版）大隅國分驛附近なる俚俗隼人塚の上に立つ。此地方維新の際排佛毀釋の爲是等の物皆一旦土中に埋められたりしを、後に發掘して塚上に立てしものならん。他の二軀は塚の半腹に半身を露はし、一軀は現に鹿兒島市加藤好照氏庭園中に在り。此地の字を菩提寺と稱するによれば、もと該寺の四天王像なりしものならのん。（喜田貞吉識）	コ12			
		大隅國分隼人塚四天王石造二軀（非賣品）（喜田藏版）隼人塚の四天王石像。明治維新排佛毀釋の際に土中に埋められて、其の二軀塚の半腹にあり、今其の半身を露出す。他の一軀は塚上に立ち、一軀は今鹿兒島市加藤好照氏の庭園中に在り。（喜田貞吉識）				
		大隅國分廢寺石塔婆（非賣品）（喜田藏版）大隅府中村國分廢寺墓地中に在り。康治元年壬戌十一月六日と刻す。高さ約三間。もと七重なりしならんも、上部の三層を失ひ、後二層を補ひて今は六重なり。天平年中聖武天皇詔して諸國の國分寺に七重塔を建てしむ。もとは普通木造の塔婆なりしならんも、壊損の後、石塔を以て代用とせしものならんか。（喜田貞吉識）				
大6.2	*道成寺古瓦繪葉書*	*紀伊道成寺巴瓦一 唐草瓦二*		不 明	鹿島圓次郎	2
大6.3	大正六年三月十八日於堺大寺 米國スタール博士歡迎 紀念繪はがき	米國スタール博士肖像と其筆蹟		3 葉	關西納札會	3
		スタール博士自筆 納札ニ関スル所感				
		古鈴摹 スタール氏贈呈紀念品 吉田靜一作				
大6.5	京都文科大學小川教授 支那採集品繪葉書 大正六年五月	北齊武平三年造三尊佛石像正面 支那採集品 其一		12 葉	—	2
		北齊武平三年造三尊佛石像背面 支那採集品 其二				
		北周保定二年造觀音佛石像 支那採集品 其三				
		東魏武定七年造三尊佛石像 支那採集品 其四				
		東魏天平二年造觀音佛石像 支那採集品 其五				
		唐開元十九年造天尊石像 支那採集品 其六				

		山東省博平鎭出土瓦器 支那採集品 其七				
		河南省出土綠釉獸環壺 支那採集品 其八				
		河南省及山東省出土陶器 1、白彩盒 2、綠釉塼由爐 3、朱彩壺（山東）4、5、綠釉壺 支那採集品 其九				
		河南省出土瓦器及泥像 支那採集品 其十				
		河南省出土壙甎 支那採集品 其十一				
		河南省出土壙甎 支那採集品 其十二				
大6.5	*考古學會第廿二回總會 記念繪葉書*	*(不明)*		不 明	—	3
大6.6	*熱田貝塚發掘記念繪葉書*	*熱田貝塚より發掘されたる貝殼*		3 葉	—	3
		鹿角の一部と發見せし彌生式高坏				
		壺 平瓶				
大6.7	*史蹟名勝天然記念物繪葉書 第一輯*	*東京華族會館門内史蹟調査一行*		6 葉	史蹟名勝天然記念物保存協會	1
		奈良大極殿址				
		木曾寢覺床の全景及岩上の甌穴				
		但馬圓山川に位する玄武洞及新玄武洞				
		小金井の日の出の櫻				
		鹿兒島縣出水郡阿久根の郡鶴				
大6.9	*陶磁器展覽會記念繪葉書 丙*	彌生式土器 奈良坂源一郎氏藏 名古屋史談會藏 簑形鉄太郎氏藏		5 葉	名古屋史談會	5
		埴輪土偶 () 關戸守彦氏藏				
		興福寺古瓦 名古屋高等工業學校藏 法輪寺古瓦 仝校藏 尾張妙興寺古瓦 吹原九郎三郎氏藏 法輪寺古瓦 仝校藏 熱田神宮唐草古瓦 堀江清足氏藏				
		壺坂寺磚佛 關戸守彦氏藏				
		朝鮮土器（北韓發掘）西尾軍次郎氏藏				
Ⅱ期.—	—	釧路ノ蝦夷砦 アイヌ住居		不 明	札幌北海石版所	9
Ⅱ期.—	—	北海道土人風俗 小樽手宮町石室壁上の彫刻アイヌの古代文字		不 明	—	9
Ⅱ期.—	—	陸奥國西津輕郡舘岡村字瓶ヶ岡よりほり得る土器		不 明	—	—
Ⅱ期.—	—	北海道後志國字白老、登別アイヌ土人遺物 初段、杯、刀、婦人首飾、ホカヒ、二段矢筒、ヒゲアゲ三段、マキリ、耳輪各種 東京理科大學人類學會々員 巖手縣水澤町 青木禎次郎所藏	Ⅰ-040	不 明	青木禎次郎	2
		日本石器時代遺物 東宮殿下行啓御上覽榮ヲ賜フ 高松宮、淳宮、久邇宮殿下ノ御上覽ニ供ス 東京理科大學人類學會々員 巖手縣水澤町 青木禎次郎所藏	Ⅰ-041			
		日本石器時代土偶 陸奥國龜岡發見 巖手縣水澤町 青木禎次郎所藏	Ⅰ-042			
Ⅱ期.—	—	鐵道線路ヨリ膽澤城趾ヲ隔テ鎭守府八幡神社ヲ望ム（岩手縣膽澤郡佐倉河村）	Ⅰ-043	不 明	—	9
		鎭守府八幡神社第一神門（岩手縣膽澤郡佐倉河村）				
		鎭守府八幡神社本殿（岩手縣膽澤郡佐倉河村）				
		三代清水ノ笠松（岩手縣膽澤郡佐倉河村）				
Ⅱ期.—	—	宮城郡）多賀城之碑		不 明	—	—
Ⅱ期.—	—	用明二年勅願建立當地第一之古刹 天王寺 什物の内 承安甑 承安甑篋刻銘 敬白 奉施入 信夫鄕莊天王寺如法堂銅 一口 大勸進聖人僧 定心 大檀主藤原眞年綠友作者代 同姓代 同姓代 小勸進白井友包糸井國數 藤原定淸綠友 源代 藤井未遠日田部貞家 小太良殿 佛子僧 宴海 僧慶勢 僧龍鑒 稻石丸 犬子丸 源長宗綠友 右志者爲慈尊 一佛淨土往生也 承安元年歳次大歳 辛卯八月十九日 取業僧 長篠（岩代飯坂）（ラヂウム溫泉）（電話■■十四番）		不 明	■壽堂藥房	9
Ⅱ期.—	—	（石岡舊蹟）國分寺古瓦尼寺ヶ原石器		不 明	—	9
Ⅱ期.—	—	那須野ヶ原 PLAIN OF NASUNO 那須國造碑 MONUMENT OF KUNINOMIYATSUKO AT NASU（ERECTED 700 A.D.） 同碑文 EPITAPH OF THE SAME		不 明	栃木縣廳	9
Ⅱ期.—	—	（96）多野郡埴輪の碑 MONUMENT OF HANIWA-MAKING, KODZUKE.	Ⅰ-180	不 明	—	9
Ⅱ期.—	—	埼玉縣舊跡吉見百穴	Ⅰ-195	不 明	松盛堂	9
Ⅱ期.—	—	松山名所 吉見の百穴		不 明	松盛堂	9
Ⅱ期.—	—	（松山名所）岩窟ホテル外部		不 明	松盛堂	9
Ⅱ期.—	—	吉見百穴（其二）	Ⅰ-196	不 明	—	9
		吉見百穴（其三）				
Ⅱ期.—	—	吉見百穴		不 明	—	9
Ⅱ期.—	—	（武州松山名勝）百穴（不許複製）		不 明	—	9
Ⅱ期.—	—	吉見百穴土器石器		不 明	—	9
Ⅱ期.—	—	古穴の土器	Ⅰ-197	不 明	—	9
Ⅱ期.—	—	埼玉縣吉見百穴光蘚		不 明	—	9
Ⅱ期.—	—	新羅燒と高麗燒		不 明	—	—
Ⅱ期.—	武藏國普濟寺 國寶繪葉書 二枚一組	（國寶）木造物外可什和尚座像 東京府下立川 玄武山普濟寺		2 葉	普濟寺	9
		（國寶）六角古幢 東京府下立川 玄武山普濟寺				

年.月	題　名	添　書	図版番号	組 数	発 行 所	分類
Ⅱ期.—	—	石器時代（石棒、石皿）故 野中完一藏		不 明	—	2
Ⅱ期.—	—	明治四拾年五月三玄院墓地に於て壙墳■見の際發掘したる骨片を医學博士足立文太郎氏の縫接せしもの也		不 明	—	6
Ⅱ期.—	—	無邪思國分寺全景 THE KOKUBUNJI TEMPLE,MUSASHI.		不 明	玉榮堂	9
		無邪思國分寺藥師堂 YAKUSHIDO KOKUBUNJI TEMPLE,MUSASHI.				
		無邪思ぬのめ瓦 NUNOME TILE, MUSASHI.				
Ⅱ期.—	—	無邪思 ぬのめ瓦 NONOME TILE AT MUJASHI.	Ⅰ-239	不 明	—	9
Ⅱ期.—	—	大島野増村龍の口石器時代ノ遺物	Ⅰ-230	不 明	田村繪葉書店	9
Ⅱ期.—	—	（大島名勝）野増村龍ノ口（石器時代ノ遺跡遺物發堀）View of Oshima.		不 明	月出商店	9
Ⅱ期.—	—	坪井博士圖案（安井錦花所藏）（非賣品）		不 明	—	—
Ⅱ期.—	—	鹿嶋郡御祖村龜塚ノ景		不 明	七尾近田	9
Ⅱ期.—	伊豆長岡溫泉旅舘 小まつ屋	伊豆長岡溫泉旅舘小まつ屋（横濱金田寫眞舘製）		6 葉	小まつ屋	9
		伊豆三津濱全景（長岡ヨリ三十丁）Whole view of Mitsu-hama（横濱金田寫眞舘製）				
		伊豆長岡大黒堂ノ松 The Pine-tree of Idzu（横濱金田寫眞舘製）				
		伊豆長岡高天ヶ原ヨリ富士ヲ望ム（横濱金田寫眞舘製）				
		伊豆長岡古代ノ石棺（横濱金田寫眞舘製）	Ⅰ-321			
		伊豆長岡天野遠景ノ墓（横濱金田寫眞舘製）				
Ⅱ期.—	—	長岡石棺 南條より二十町長岡溫泉の北五町程の所にあり奈良朝以前に屬する墳墓にして豪族を葬りたる者なりと云ふ		不 明	東京日新社	9
Ⅱ期.—	—	（長岡名勝）洞の石棺		不 明	—	9
Ⅱ期.—	—	伊勢世義寺經筒拓本 藤井貞幹遺物 名古屋 内田健之亟氏藏	Ⅰ-350	不 明	—	1
Ⅱ期.—	—	銅鐸（三河國設樂郡作手掘獲）（三河國一宮砥鹿神社所藏）高サ 一尺一寸九分 底ノ周リ 一尺四寸 重量五百四匁		不 明	—	9
Ⅱ期.—	—	龍泉寺山門及塔		不 明	—	9
		龍泉山五穀祭の一部（一名大森ヶ宿行列）				
		龍泉山堀出黄金及其壺				
Ⅱ期.—	—	石藥師古墳（其二）		不 明	—	6
Ⅱ期.—	彦根中學校教諭遠山荒井次選 滋賀縣地理歴史繪はかき 第一集八枚	滋賀縣大津市全景	Ⅰ-357	8 葉	—	8
		滋賀縣蒲生郡安土山全景	Ⅰ-358			
		滋賀縣犬上郡多賀神社	Ⅰ-359			
		滋賀縣阪田郡醒ヶ井古城址	Ⅰ-360			
		滋賀縣滋賀郡石山寺多寶塔	Ⅰ-361			
		滋賀縣野洲郡天王山大古墳	Ⅰ-362			
		滋賀縣愛知郡永源寺	Ⅰ-363			
		滋賀縣伊香郡賤ヶ岳古戰場	Ⅰ-364			
Ⅱ期.—	支那採集品繪葉書	小川琢治 支那採集品（壹）北宋壙甎壁畫（河南出土）		6 葉	小川琢治	2
		小川琢治 支那採集品（貳）北宋壙甎壁畫（河南出土）				
		小川琢治 支那採集品（參）周代泥壺（山東青州出土）				
		小川琢治 支那採集品（四）六朝陶壺（河南出土）				
		小川琢治 支那採集品（五）綠釉猪圈（河南出土）粉彩泥車				
		小川琢治 支那採集品（壹）東魏正光六年造觀音像（山東出土）				
Ⅱ期.—	考古繪葉書	古鏡百種之内 桐紋柄鏡 蓬莱鏡 蘭人喫煙柄鏡 平安雅樂堂藏		4 葉	平安杉浦丘	2
		糸印百種之内 文寶 獅子鈕 猿鈕 孟月見 文經安 犬鈕 平安雅樂堂藏				
		鬚德利百種之内 歐文標 團花標 人物標 平安雅樂堂藏				
		看板百種之内 傘屋 煙管屋 三味線屋 平安雅樂堂藏				
Ⅱ期.—	狩獵文鏡 繪葉書（三枚一組）	狩獵人物葡萄鏡 徑三寸五分五厘 都巽軒藏		3 葉	平安都巽軒	2
		狩獵文鏡 徑四寸七分五厘 都巽軒藏				
		狩獵文鏡 徑約六寸 ボストン美術館藏				
Ⅱ期.—	家藏絲印繪はがき	平安郁五堂藏絲印五十顆之一		不 明	平安郁五堂	2
Ⅱ期.—	—	變形獸帶五鈴鏡 武藏國兒玉郡青柳村大字新里發見 平安都巽軒藏		不 明	平安都巽軒	2
		獸帶文六鈴鏡 河内國北河内郡豐野村字太秦古墳發見 平安都巽軒藏				
Ⅱ期.—	—	海部松喰鶴鏡 藤原時代 平安都巽軒藏		不 明	平安都巽軒	2
Ⅱ期.—	—	巴散雙鶴鏡 徑七寸六分 表面曼陀羅圖毛彫 平安都巽軒藏		不 明	平安都巽軒	2
Ⅱ期.—	佛教徴古館列品片影 第一輯	毱多時代金銅釋迦立像 列品番号 1 佛教徴古舘藏		12 葉	佛教徴古館	2
		揵陁羅式金銅釋迦立像 列品番号 7 佛教徴古舘藏				
		龍門石彫菩薩立像 列品番号25 佛教徴古舘藏				
		六朝時代金銅佛坐像 列品番号26 佛教徴古舘藏				
		唐時代金銅五尊像 列品番号40 佛教徴古舘藏				
		唐時代塑像夜叉（二王）頭 列品番号50 佛教徴古舘藏				
		唐時代鉄製佛像頭部 列品番号56 佛教徴古舘藏				

		唐鉄佛頭部 列品番号57 佛教徴古舘藏				
		中尊寺金銀泥交書經巻扉繪 列品番号67附 佛教徴古舘藏				
		新羅木彫佛坐像（背光及台座後補）列品番号70 佛教徴古舘藏				
		天平時代木彫菩薩頭 列品番号72 佛教徴古舘藏				
		素描下繪經完斷片 列品番号76 佛教徴古舘藏				
Ⅱ期.—	佛教徴古館列品片影 第二輯	埃及古代木彫婦女胸像 列品番号102 佛教徴古舘藏		12 葉	佛教徴古館	2
		埃及發掘羅馬人少女ミイラ面 列品番号106 佛教徴古舘藏				
		埃及古代木乃伊上被 列品番号108 佛教徴古舘藏				
		希臘土偶男像及ビ女人奏樂像 列品番号109、34 佛教徴古舘藏				
		希臘土偶男像裸像 列品番号109、 2 佛教徴古舘藏				
		秦始皇銅帝詔 列品番号112 佛教徴古舘藏				
		漢画像石筐 列品番号114 佛教徴古舘藏				
		六朝官人瓢 列品番号125 佛教徴古舘藏				
		六朝樂人吹笛瓢像 列品番号126 佛教徴古舘藏				
		漢代土偶 列品番号127ノ 1 佛教徴古舘藏				
		六朝土偶女俑 列品番号127ノ 2 佛教徴古舘藏				
		唐騎馬像 列品番号127ノ 6 佛教徴古舘藏				
Ⅱ期.—	—	山城瓶原恭仁京國分寺		不 明	海住山寺	9
		山城瓶原恭仁京國分寺七重塔址礎石				
Ⅱ期.—	—	（正面）桃山御陵鎭護の埴輪（背面）		不 明	—	9
		桃山御陵鎭護神 埴輪 同（背面）				
Ⅱ期.—	—	圓形古墳模型（斷面）（外形）原據 大和國南葛城郡葛村字水泥（島津製作所標本部寫）		不 明	島津製作所	—
Ⅱ期.—	—	南河内 津堂 古墳の全景	Ⅰ-416	不 明	—	6
		南河内 津堂 大石棺	Ⅰ-417			
		南河内 津堂 坪井博士と大石棺	Ⅰ-418			
		南河内 津堂 發掘物（其一）	Ⅰ-419			
		南河内 津堂 發掘物（其二）	Ⅰ-420			
Ⅱ期.—	—	丹波車塚		不 明	—	9
Ⅱ期.—	考古繪葉書 壹輯	奈良朝時代前期 ○十分一		不 明	大和畝傍神武御陵前竹中寫眞館	2
		奈良朝時代後期 平安朝時代 鎌倉時代				
		推古時代				
		推古時代 奈良朝時代 ○十分ノ一				
		奈良朝時代後期				
		土器				
Ⅱ期.—	考古繪葉書 二輯	梨本宮殿下御臺覽 齊瓮土器古瓦 奈良縣高市郡八木町字小房森田家藏		不 明	—	2
		奈良朝時代後期 鎌倉時代				
		齋瓮及古瓦			大和神武御陵前畝火報國社	
		飛鳥寺 犬官大寺 向原寺 大安寺 紀寺 飛鳥寺 向原寺 恭仁宮 石川精舎				
Ⅱ期.—	—	齋瓮土器 大和八木町小房森田家藏（版權所有）		不 明	神武御陵前竹中寫眞館發行	2
		齋瓮土器 大和八木町小房森田家藏（版權所有）				
		齋瓮土器 大和八木町小房森田家藏（版權所有）				
Ⅱ期.—	—	第一		不 明	畝傍燒窯元今井町石原治吉	2
		第二				
		第三				
		第四				
		第五				
		第六 神武天皇時代古代土器 天ノ香久山ニテ燒キタル神器				
		第七 神武天皇時代古代土器 天ノ香久山ニテ燒キタル神器				
Ⅱ期.—	—	齊甕 片缶 半挿 瓮 高坩		不 明	竹中神誠館	2
		半挿 高抔 米抔 廼 缶 平瓮 平抔				
		手抉 手抉 手抉 坩 未詳 缶				
		推古時代 奈良朝時代 大窪國源寺古瓦				
Ⅱ期.—	—	平城京大極殿址平面圖 生駒郡都跡村大字佐紀		不 明	奈良縣	9
Ⅱ期.—	—	三尊塑像 千年以上の物 壷阪山南法華寺藏		不 明	—	9
Ⅱ期.—	隠岐徴古繪葉書（三枚一組）	驛鈴 驛鈴は大化二年改心の詔を宣して始めて作られ官使驛馬を徴するの憑證として給せられたる者なり今隠岐支廳に現存し希世の珍寶と稱せらる夙に集古十種に載せられ又本邦最古の交通機關たる故を以て郵便切手又は郵便はがきに鏤刻せられあるは能く人の知る所なり		3 葉	荒木商店	9
		隠岐國屯倉印 隠岐國屯倉印は從來隠岐國造の家に藏せる者にして今隠岐支廳に現存す按するに往古郷里に倉院ありて租税を納る風土記に所謂正倉是れなり此印蓋し正倉所用の者にして集古十種に収められ好古家の珍賞措かざる所なり史に大化年中『鑄印頒諸國』等の記事あり此印の如き亦其一乎と云ふ				

年.月	題　　名	添　　書	図版番号	組 数	発　行　所	分類
Ⅱ期.—	隠岐徴古繪葉書（三枚一組）	唐櫃及懐紙 寛政二年新内裡成るを以て還幸の式あり乃ち隠岐の國造幸生に勅して其家に傳ふる所の驛鈴を奉らしめ式畢るに及ひて之を模造せしめ其原品は朱塗の唐櫃を賜ひて之に納れ以て國造に還さる今隠岐島廳に現存する所の者是れなり懐紙は驛鈴天覽の時日野前大納言資枝郷の國造に寄せられたる所の詠なり			荒木商店	
Ⅱ期.—	—	筑紫鉾瑯玕曲玉嚴公瓦破片 燧臼燧杵		不 明	出雲大社社務所	9
Ⅱ期.—	—	古銅印 豐前國京都郡國分寺趾出土 奈良朝時代ノ鑄製ニシテ圭頭紐ヲ有シ印面ハ幅壹寸貳分。長壹寸參分 二重枠ノ方形中ニ「眞□寺印」ノ文字アリ。古色掬スベシ。周防國熊毛郡平生町 考古學研究資料陳列所 弘津金石館陳列所		不 明	弘津金石館	2
		青磁之龍 實物七分ノ一 周防國熊毛郡平生町 考古學研究資料陳列所 弘津金石館陳列所				
Ⅱ期.—	—	（防府名勝）高井ノ古墳 ANCIENT TOMB AT TAKAI		不 明	—	9
Ⅱ期.—	—	高知縣國分寺伽藍石 Garan Sutone of Kokubun Temple Koochi Prefecture.	Ⅰ-569	不 明	—	9
Ⅱ期.—	—	筑前都府樓	Ⅰ-570	不 明	寺田梅香軒	9
Ⅱ期.—	—	筑前太宰府都府樓		不 明	寺田梅香軒	9
Ⅱ期.—	—	太宰府都府樓古跡 THE RUIN OF TOFURO, DAZAIFU.		不 明	福岡吉田繪葉書部	9
Ⅱ期.—	—	都府樓古跡 THE RUIN OF TOFURO DAZAIFU.		不 明	福岡吉田繪葉書部	9
Ⅱ期.—	—	筑前太宰府都府樓	Ⅰ-571	不 明	—	9
Ⅱ期.—	—	筑前太宰府都府樓 TOFURO AT DAZAIFU, CHIKUZEN.		不 明	—	9
Ⅱ期.—	—	筑前都府樓趾 The Chikuzen Dazaifu	Ⅰ-572	不 明	—	9
Ⅱ期.—	—	豐津 甲塚古墳		不 明	—	9
Ⅱ期.—	—	（日田名所）月ノ隈公園古墳ノ跡		不 明	後藤文具店	9
Ⅱ期.—	—	豊後奇蹟（其の一）鬼ノ石窟ヨリ發掘セシ古器物		不 明	—	9
Ⅱ期.—	—	（別府名所）鬼ノ石窟 乙内部 二千有余年前熊襲穴居ノ跡		不 明	—	9
Ⅱ期.—	—	石器（其一）石斧 石錘 石小刀 石環 石匙 石玉（宮崎郡大淀村及各地方出土）		6 葉	—	2
		石器（其二）石鏃（西臼杵郡高千穂村及各地方出土）				
		土器（其一）所謂アイヌ式の類か（西諸縣郡小林村及野尻村出土）				
		土器（其二）甕、坩、脚付坩、高坏、蓋坏、横瓮、提瓶、平瓶、䍐（齋瓮と稱し鼠色したるもの）（宮崎郡住吉村及各地方出土）				
		土器（其三）赤褐色のものにて所謂彌生式土器の類か（宮崎郡清武村加納及各地方出土）				
		玉及金環（兒湯郡西都原及各地方出土）				
Ⅱ期.—	—	宮内省直轄（本邦唯一史的靈地）西都原 The Nishitobara（It is the Sacred Place unique in our country）.		不 明	—	9
Ⅱ期.—	—	（鹿兒島百景）國分寺隼人塚 HAYATO-TANKA AT KOKUBUN-JI.）	Ⅰ-651	不 明	市坪優美堂	9
Ⅱ期.—	—	大和古印竝ニ絲印 尙文堂藏		3 葉	小柴垣製版	2
		絲印 尙文堂藏				
		尙文堂藏				
Ⅱ期.—	—	傳形半兩泉石笵 道光丙午六月十三日為 生沐蒋兄標記 嘉興張廷濟 時年七十九		不 明	—	2
大7.1	東京古泉協會記念繪葉書	貞觀永寶 寛平大寶 白銅錢		3 葉	東京古泉協會	3
		至元通寶 明刀 天贊通寶				
		大治元寶 朝鮮通寶 嗣德通寶				
大7.1	京都文科大學藏品繪葉書 第一輯	和泉國泉南郡東葛城村神於發見 銅鐸 京都帝國大學文科大學藏		3 葉	考古學談話會	2
		唐代泥像頭部 京都帝國大學文科大學藏				
		埃及中帝國石碑 京都帝國大學文科大學藏				
大7.1	京都帝國大學文科大學陳列館 考古學標本繪葉書	希臘黒繪手レキトス（七分之四）京都帝國大學文科大學藏		3 葉	京都帝國大學文科大學陳列舘	2
		支那洛陽附近發見 土馬（四分之一）京都帝國大學文科大學藏				
		近江國蒲生郡鏡山發見 陶馬（二分之一）京都帝國大學文科大學藏				
大7.5	*考古學會第廿三回總會 紀念繪葉書*	宇治宿禰骨壺（高蓋共二寸七分）考古學會第廿三回總會記念 大正七年五月十九日發行	Ⅱ-431	2 葉	考古學會	3
		宇治宿禰墓誌（實大）考古學會第廿三回總會記念 大正七年五月十九日發行	Ⅱ-432			
大7.5	*考古學會第廿三回總會　紀念繪葉書*	*森田常治郎藏古代陶土器及古瓦繪葉書*		不 明	森田常治郎	3
大7.7	考古學標本繪葉書 第二輯	相模國鎌倉釆女塚發見 埴輪土偶（約五分之三）京都帝國大學文科大學藏	口絵 5	5 葉	京都帝國大學文科大學陳列舘	2
		支那洛陽附近發見 怪獸泥像（約三分之一）京都帝國大學文科大學藏				

		石造釋迦坐像 印度佛陀迦耶發見（約八分之一）京都帝國大學文科大學藏				
		ナウクラテス發見 希臘時代土偶頭部（實大）京都帝國大學文科大學藏				
		滿洲牧城驛古墳發見 家屋摸型（約四分之一）京都帝國大學文科大學藏				
大7.7	河内國府發掘繪葉書	河内國府遺跡全景	Ⅰ -390	8 葉	松陰堂	6
		河内國府衣縫石器時代遺蹟出土 第三回發掘第三號人骨及石塚ノ一部（大正六年十月）	Ⅰ -391			
		河内國府衣縫石器時代遺蹟出土 第三回發掘第十三號人骨及伴存耳飾及小玉（大正六年十月）	Ⅰ -392			
		河内國府衣縫石器時代遺蹟出土 第三回發掘第十四號人骨 第三回發掘第四號人骨頭蓋及耳飾（大正六年十月）	Ⅰ -393			
		河内國府衣縫石器時代遺蹟出土 第四回發掘第七號及第十九號人骨（大正七年四．五月）	Ⅰ -394			
		玉製耳飾（四分ノ三大）第三回發掘第四號人骨伴出（大正六年十月）第四回發掘第二號人骨伴出（大正七年四。五月）河内國府衣縫石器時代遺蹟出土 松陰堂藏	Ⅰ -395			
		玉製耳飾及環（四分ノ三大）第三回發掘第十三號人骨伴出第三回發掘第十四號人骨伴出（大正六年十月）河内國府衣縫石器時代遺蹟出土 松陰堂藏	Ⅰ -396			
		玉製耳飾（四分ノ三大）第四回發掘第三號人骨伴出 第四回發掘第四號人骨伴出（大正七年四．五月）河内國府衣縫石器時代遺蹟出土 松陰堂藏	Ⅰ -397			
大 7 .—	河内國府出土品繪葉書	土器 河内國府衣縫石器時代遺蹟出土 人骨ト伴出セル土器 松陰堂珍藏	Ⅰ -398	9 葉	松陰堂	2
		河内國國府出土 縄紋土器 爪型土器 籠目型土器	Ⅰ -399			
		土器 河内國國府字衣縫石器時代遺蹟 大正六年及七年ノ二回ニ發掘繼合セタルモノ 松陰堂珍藏	Ⅰ -400			
		玉製耳飾（四分ノ三大）第三回發掘第四號人骨伴出（大正六年十月）第四回發掘第二號人骨伴出（大正七年四。五月）河内國府衣縫石器時代遺蹟出土 松陰堂藏	Ⅰ -401			
		玉製耳飾及環（四分ノ三大）第三回發掘第十三號人骨伴出第三回發掘第十四號人骨伴出（大正六年十月）河内國府衣縫石器時代遺蹟出土 松陰堂藏	Ⅰ -402			
		玉製耳飾（四分ノ三大）第四回發掘第三號人骨伴出 第四回發掘第四號人骨伴出（大正七年四．五月）河内國府衣縫石器時代遺蹟出土 松陰堂藏	Ⅰ -403			
		銅鏃　河内國國府字衣縫遺蹟發掘（大正六年）（大正七年）松陰堂珍藏	Ⅰ -404			
		朝鮮咸鏡北道鐘城郡地境洞及三峰出土 松陰堂珍藏	Ⅰ -405			
		石器 陸中國西盤井郡水澤村附近發掘 松陰堂珍藏	Ⅰ -406			
大 7 .—	富岡桃華君追悼會記念	故富岡桃華君肖像	コ16	6 葉	—	4
		故富岡桃華君廿三歳筆蹟				
		南齊建武五年神獸鏡（徑七寸九分）（故富岡桃華君收藏）	コ17			
		唐寫本王勃集（竪八寸三分）（故富岡桃華君收藏）				
		北宋板本史記集解（竪九寸四分）（故富岡桃華君收藏）				
		鎌倉時代寫本榮花物語（竪一尺）（故富岡桃華君收藏）				
大 7 .—	故文學博士黑川眞頼十三回忌記念	故文學博士黑川眞頼十三回忌記念		3 葉	—	4
		故文學博士黑川眞頼十三回忌記念				
		故文學博士黑川眞頼十三回忌記念				
大8.4	*伊勢崎町歴史繪葉書 第一輯*	*(不明)*		不 明	相川之賀	1
大8.5	*考古學會第二十四回總會 記念繪葉書*	*(不明)*		不 明	—	3
大8.8	高橋健自撰 下野考古資料	一 石鏃 石錘 宇都宮附近	Ⅰ -128	50 葉	下野史談會	2
		二 石斧 宇都宮輜重大隊附近一ノ澤	Ⅰ -129			
		三 石錘 宇都宮輜重大隊附近 河内郡横川村江會島	Ⅰ -130			
		四 古墳 下都賀郡壬生町	Ⅰ -131			
		五 銅鋺 足利公園下	Ⅰ -132			
		六 八獸鏡 河内郡雀宮牛塚	Ⅰ -133			
		七 四神四獸鏡 内郡雀宮牛塚	Ⅰ -134			
		八 五鈴鏡 河内郡雀宮牛塚	Ⅰ -135			
		九 四鈴鏡 河内郡雀宮牛塚	Ⅰ -136			
		一〇 頭椎大刀 足利公園下 円頭大刀裝具 阿蘇郡旗川村大字小中	Ⅰ -137			
		一一 圓頭及方頭大刀 足利町大字助戸字新山	Ⅰ -138			
		一二 大刀裝具 足利町大字助戸字西畑	Ⅰ -139			
		一三 刀子 下都賀郡姿村大字下古山	Ⅰ -140			

年.月	題　名	添　書	図版番号	組数	発行所	分類
大8.8	高橋健自撰 下野考古資料	一四 槍身 下都賀郡姿村大字下古山 大刀柄殘缺 河内郡雀宮牛塚	Ⅰ-141		下野史談會	
		一五 兜 足利公園下	Ⅰ-142			
		一六 鞍金具 足利公園下	Ⅰ-143			
		一七 辻金物 河内郡明治村大字大山 環座 下都賀郡姿村大字下古山	Ⅰ-144			
		一八 輪鐙 鐙頭鎖 足利公園下	Ⅰ-145			
		一九 鐙頭鎖 河内郡明治村大字大山	Ⅰ-146			
		二〇 轡 足利郡御厨町大字上澁垂字文選	Ⅰ-147			
		二一 鈴 足利町大字助戸字西畑　河内郡豐鄕村大字瓦谷字宮下	Ⅰ-148			
		二二 雲珠 下都賀郡姿村大字下古山	Ⅰ-149			
		二三 杏葉 河内郡明治村大字大山	Ⅰ-150			
		二四 鈴杏葉 河内郡横川村大字下栗字本鄕山	Ⅰ-151			
		二五 鈴杏葉 河内郡雀宮牛塚	Ⅰ-152			
		二六 環鈴 足利町大字助戸字西畑	Ⅰ-153			
		二七 勾玉 河内郡雀宮牛塚 切子玉 河内郡明治村大字大山 小玉 河内郡雀宮牛塚 管玉 河内郡雀宮牛塚 棗玉 下都賀郡姿村大字下古山 臼玉 河内郡明治村大字大山	Ⅰ-154			
		二八 金環 銀環 銅環 下都賀郡姿村大字下古山	Ⅰ-155			
		二九 銅釧 足利郡御厨町大字澁垂 鈴釧 河内郡雀宮牛塚	Ⅰ-156			
		三〇 鈴釧 足利町大字助戸字西畑	Ⅰ-157			
		三一 石製鏡 河内郡横川村大字江會島 石製刀子 同村大字臺新田字西原	Ⅰ-158			
		三二 石製斧 河内郡横川村江會島 郡村不詳	Ⅰ-159			
		三三 石製盾 河内郡横川村大字江會島	Ⅰ-160			
		三四 石製短甲 河内郡横川村大字江會島	Ⅰ-161			
		三五 石製品 河内郡横川村大字臺新田字西原	Ⅰ-162			
		三六 石製品 河内郡横川村大字江會島	Ⅰ-163			
		三七 埴輪土偶 芳賀郡長沼村大字上大會	Ⅰ-164			
		三八 埴輪土偶首 足利郡富田村大字寺岡	Ⅰ-165			
		三九 埴輪被物 下都賀郡姿村大字下古山	Ⅰ-166			
		四〇 埴輪土偶 芳賀郡中村大字若旅大日塚	Ⅰ-167			
		四一 埴輪土偶 河内郡雀宮菖蒲塚	Ⅰ-168			
		四二 埴輪土偶 芳賀郡長沼村大字上大會	Ⅰ-169			
		四三 埴輪土偶殘缺 下都賀郡姿村大字下古山	Ⅰ-170			
		四四 埴輪土偶殘缺 足利郡富田村大字寺岡	Ⅰ-171			
		四五 埴輪土偶 阿蘇郡犬伏町車塚	Ⅰ-172			
		四六 埴輪土偶首 下都賀郡野木村大字野渡淺間社址	Ⅰ-173			
		四七 埴輪土偶腕 下都賀郡姿村大字下古山	Ⅰ-174			
		四八 埴輪土偶腕 芳賀郡中村大字若旅大日塚	Ⅰ-175			
		四九 埴輪靫 足利郡毛野村大字山川	Ⅰ-176			
		五〇 埴輪馬首 足利郡御厨村大字福居字中里	Ⅰ-177			
大8.9	考古學教室標本繪葉書 第三集	相模國鎌倉采女塚發見 埴輪土偶（約五分之三）京都帝國大學文科大學藏		5 葉	京都帝國大學文學部考古學教室	2
		支那洛陽附近發見 怪獸泥像（約三分之一）京都帝國大學文科大學藏				
		石造釋迦坐像 印度佛陀迦耶發見（約八分之一）京都帝國大學文科大學藏				
		ナウクラテス發見 希臘時代土偶頭部（實大）京都帝國大學文科大學藏				
		滿洲牧城驛古墳發見 家屋摸型（約四分之一）京都帝國大學文科大學藏				
大8.9	考古學教室標本繪葉書 第四集	基督教徒墓碑（慶長十五年）京都市北野延命寺境内發見 高一尺五寸八分（京都帝國大學藏）		5 葉	京都帝國大學文學部考古學教室	2
		基督教徒墓碑（慶長五年）京都市北野延命寺境内發見 高一尺三寸（京都帝國大學藏）				
		基督教徒墓碑（慶長十三年）京都市北野延命寺境内發見 高一尺三寸（京都帝國大學藏）				
		基督教徒墓碑（慶長十四年）京都市北野成願寺境内發見 高一尺三寸五分（京都帝國大學藏）				
		基督教徒墓碑（慶長八年）京都市北野淨光寺址發見 高一尺三寸五分（京都帝國大學藏）				
大 8 .—	*伊勢崎町歴史繪葉書 第二輯*	*（不明）*		不 明	相川之賀	1
大8.11	*伊勢崎町歴史繪葉書 第三輯*	*（不明）*		不 明	相川之賀	1
大9.5	第二十五回考古學會記念繪葉書 志村寫眞版印刷所寄贈	片耳付坩 紀伊國海草郡西山東村大字口須佐發掘 東京帝室博物館藏 考古學會第二十五回總會記念 大正九年五月十六日發行（志村製）	Ⅱ-433	2 葉	考古學會	3

		小鈴付獅嚙金具 備前國邑久郡國府村大字牛文發掘 東京帝室博物館藏 考古學會第二十五回總會記念 大正九年五月十六日發行（志村製）	Ⅱ-434			
大9.5	考古學會廿五回總會記念 德川中世田舍風俗　繪馬繪葉書	（德川中世．田舍風俗繪馬）所在鑁阿寺大御堂（竪三尺．横五尺）	Ⅱ-435	2 葉	足利考古會	3
		（德川中世．田舍祭例芝居繪馬）所在鑁阿寺大御堂（竪六尺．横五尺）	Ⅱ-436			
大9.5	第二十五回考古學會記念繪葉書 足利、丸山寄贈	耶蘇教僧之木像 栃木縣足利郡吾妻村龍江院藏（足利丸山源八發見）	Ⅱ-437	1 葉	丸山源八	3
大9.7	考古學教室標本繪葉書 第五集	17 筑前國筑紫郡席田村古墳發見鍍金杏葉（約原大）京都大學文學部所藏		6 葉	京都帝國大學文學部考古學教室	2
		18 支那唐代陶器（約五分之一）京都帝國大學文學部所藏				
		19 希臘ミケーネ時代古瓶（約五分之二）京都帝國大學文學部所藏				
		20 丹波國多紀郡雲部村古墳發見鐵兜（約四分之一）京都帝國大學文學部所藏				
		21 西魏大統十七年四面像（約三分之一）京都帝國大學文學部所藏				
		22 南滿洲蘆家屯古墳發見瓦竈（約二分之一）京都帝國大學文學部所藏				
大9.11	武庫地方鄉土史料展覽會記念	武庫地方鄉土史料展覽會記念 展覽の光景（大正九年十一月六日）		8 葉	兵庫縣皇典講究分所武庫郡支所	5
		武庫地方鄉土史料展覽會記念 銅鐸（精道村打出發見）（親王寺所藏）				
		武庫地方鄉土史料展覽會記念 四神二獸鏡 銘曰陳孝然作竟（精道村打出發見）（吉田履一郎氏所藏）				
		武庫地方鄉土史料展覽會記念 釜及ひ竈形土器（精道村蘆屋發見）（西宮史談會所藏）				
		武庫地方鄉土史料展覽會記念 西宮築洲の繪圖（文政頃）（筒本清五郎氏所藏）				
		武庫地方鄉土史料展覽會記念 過去の西宮（文政天保頃）（西宮町役場所藏）				
		武庫地方鄉土史料展覽會記念 都賀庄内公文名地帳（文政二年）下地賣渡書（永正六年）（天城ます氏所藏）				
		武庫地方鄉土史料展覽會記念（上中段）武庫川から兵庫まで（明暦三年）（磯清三郎氏所藏）（下段）西宮から兵庫まで（享保十二年）（神戸市立圖書館所藏）				
大10.5	*考古學會第二十六回總会 記念繪葉書*	鎧袖 天正三年春田光信親子の作銘あり（駿河國大宮淺間神社藏）考古學會第二十六回總會記念 大正十年五月廿二日發行	Ⅱ-438	2 葉	志村鋼平	3
		銅鉾・銅劒 讃岐國仲多度郡善通寺町大字善通寺丸谷發掘 東京帝室博物館藏 考古學會第二十六回總會記念 大正十年五月廿二日發行	Ⅱ-439			
大10.5	*考古學會第二十六回総会 記念繪葉書*	*鑁阿寺所藏尊氏公書狀繪葉書*		不 明	山越忍空	3
大10.5	*聖徳太子建立諸寺古瓦譜*	*法隆寺 放光寺 西安寺 額安寺 法起寺 中宮寺 法輪寺 平隆寺 長林寺 三室院 龍田本宮 巴瓦（詳細不明）*		5 葉	保井芳太郎	2
大10.12	大正十年十二月九日 三Ｋ會 第一回 講演大會記念繪端書	朝鮮慶州皇南里古墳發見壺　１／６（京都帝國大學文學部藏品）		5 葉	三Ｋ會	3
		支那十二支土偶　１／２（京都帝國大學文學部藏品）				
		南米ペルー土器　１／２（京都帝國大學文學部藏品）				
		海產動物自然大模型及其の一部詳細（紐育アメリカンミュージアム作）				
		維納市 デゴバルト、ペッシュ氏作置物				
大11.5	*考古學會第二十七回總會 記念繪葉書*	*大谷寺石佛繪葉書*		不 明	丸山源八	3
大11.5	*考古學會第二十七回總會 記念繪葉書*	東魏武定四年造像銘拓影	Ⅱ-440	2 葉	考古學會	3
		考古學會第二十七回總會記念（志村寫眞版印刷所製）	Ⅱ-441			
大11.11	アヂヤンタ窟院壁畫繪葉書	女人聽法 アヂヤンタ窟院壁畫 Cave No. 2（井上利正氏模寫）大谷大學圖書館藏		5 葉	大谷大學圖書館	2
		世尊說法 アヂヤンタ窟院壁畫 Cave No. 9（井上利正氏模寫）大谷大學圖書館藏				
		王妃化粧 アヂヤンタ窟院壁畫 Cave No.17（井上利正氏模寫）大谷大學圖書館藏				
		男女像双幅 アヂヤンタ窟院壁畫 Cave No. 4（井上利正氏模寫）大谷大學圖書館藏				
		白鳥王本生譚 アヂヤンタ窟院壁畫 Cave No.17（井上利正氏模寫）大谷大學圖書館藏				
大12.3	京都帝國大學考古學教室標本繪葉書 第六輯	23 ハムラビ朝文書 封筒入文書（ニープール發見）西亞楔狀文字泥章　１／１（京都帝國大學文學部所藏）		5 葉	京都帝國大學文學部考古學教室	2

年.月	題　　名	添　　書	図版番号	組 数	発　行　所	分類
大12.3	京都帝國大學考古學教室標本繪葉書 第六輯	24 埃及オキシリンコス劇場址發見柱頭及小壁浮彫　1 / 7（京都帝國大學文學部所藏）			京都帝國大學文學部考古學教室	
		25 陸奥國森田村發見土偶　1 / 1（京都帝國大學文學部所藏）				
		26 滿洲旅順刀家屯發見至三公鏡　1 / 1　同牧羊城發見骨製弓筈　1 / 1　金蠶　1 / 1（京都帝國大學文學部所藏）				
		27 支那唐代明器輿車及牛　1 / 5（京都帝國大學文學部所藏）				
大12.3	京都帝國大學文學部 考古學教室標本繪葉書 第七輯	28 埃及アビドス發見象牙製獅子（第一王朝）1 / 1（京都帝國大學文學部所藏）		5 葉	京都帝國大學文學部考古學教室	2
		29 支那唐代女俑　1 / 4（京都帝國大學文學部所藏）				
		30 傳大友宗麟所用鞍　1 / 6（京都帝國大學文學部所藏）				
		31 埃及アビドス發見第十二王朝碑石　1 / 4（京都帝國大學文學部所藏）				
		32 埃及オキシリンコス發見羅馬官人彫像頭部（紀元第二世紀）1 / 4（京都帝國大學文學部所藏）				
大12.3	大和考古資料集 解說附 石器時代	（大和考古資料集其一）大和南葛城郡大正村三室西浦古墳發見 流雲紋獸帶鏡	Ⅰ-435	12 葉	鹿鳴荘	2
		（大和考古資料集其二）大和南葛城郡大正村三室西浦古墳發見 銅製筒形品	Ⅰ-436			
		（大和考古資料集其三）大和宇智郡坂合村火打野發見 銅鐸	Ⅰ-437			
		（大和考古資料集其四）大和磯城郡耳成村新賀發見 石庖丁 石棒	Ⅰ-438			
		（大和考古資料集其五）大和高市郡新澤村字一發見 石斧	Ⅰ-439			
		（大和考古資料集其六）大和高市郡新澤村字一發見 異形石庖丁石棒類似石器	Ⅰ-440			
		（大和考古資料集其七）大和吉野郡大淀町下淵發見 繩紋土器片	Ⅰ-441			
		（大和考古資料集其八）大和磯城郡川東村唐古發見 箆繪彌生式土器片	Ⅰ-442			
		（大和考古資料集其九）大和磯城郡川東村唐古發見 彌生式土器	Ⅰ-443			
		（大和考古資料集其十）大和磯城郡川東村唐古發見 彌生式土器片	Ⅰ-444			
		（大和考古資料集其十一）大和磯城郡川東村唐古發見 石器類	Ⅰ-445			
		（大和考古資料集其十二）大和磯城郡川東村唐古發見 石鏃及銅鏃其他	Ⅰ-446			
大12.5	大正十二年五月廿日 考古學會第廿八總集會記念繪葉書 志村寫眞版印刷所製	考古學會第廿八總會記念 志摩國志摩郡答志村内一古墳發見脚付（土器）の蓋にある鳥形なり。雙翼をひろげて將に飛ばんとする姿勢に作る。（東京帝室博物館藏）大正十二年五月廿日發行	Ⅱ-442	2 葉	考古學會	3
		考古學會第廿八總會記念 三河國寶飯郡大塚村大字大塚發掘の陶製小坩及脚付長頸の小蓋に鳥形の裝飾をつけたり。翼を伏せたる姿愛すべし。長頸の高さ一尺四寸七分。（東京帝室博物館藏）大正十二年五月廿日發行	Ⅱ-443			
大12.5	西都古瓦	筑前都府樓古瓦（其一）	Ⅰ-583	5 葉	都府楼草庵	2
		筑前都府樓古瓦（其二）	Ⅰ-584			
		筑前都府樓古瓦（其三）	Ⅰ-585			
		筑前都府樓古瓦（其四）	Ⅰ-586			
		筑前都府樓古瓦（其五）	Ⅰ-587			
大12.6	*台湾生蕃繪はがき*	*臺灣各蕃族の老若男女の風俗*		100葉	杉田重藏書店	2
大13.2	御成婚奉祝記念 考古學資料展覽會	土器（原史時代）瓦全洞輯藏		2 葉	湊町青年會教育部	5
		古瓦（支那漢時代）瓦全洞輯藏				
大13.2	*長野縣下伊那郡考古繪葉書 第一輯*	*彌生式土器紋樣拓本*		不 明	伊藤兵三	2
大13.5	（内務省保存）武州松山名勝 百穴繪はがき	（武州松山名所）百穴		10 葉	百穴亭	9
		（武州松山名所）釣橋より見たる松山城趾				
		（武州松山名所）巖窟ホテル外部				
		（武州松山名所）巖窟ホテル大玄關				
		（武州松山名所）巖窟ホテル内部				
		百穴内に發見シタル神代の文字				
		百穴内に發見シタル土器石器				
		百穴内に發見シタル古刀				
		百穴内の光蘚				
		岩室山觀世音				
大13.5	*考古學會第二十九回總會 記念繪葉書*	*下野國鹽谷郡舟生村佐貫觀音堂藏銅版曼荼羅繪葉書*		不 明	丸山源八	3
大13.5	*考古學會第二十九回總會 記念繪葉書*	*羅馬字繪葉書*		不 明	尾佐竹猛	3

大13.5	*考古學會第二十九回總會 記念繪葉書*	*三河發掘彌生式土器繪葉書*		不 明	豊田伊三美	3
大13.8	京都帝國大學文學部 考古學教室標本繪葉書 第八輯	33 朝鮮慶州發見金製耳飾（1／1）（京都帝國大學文學部藏）		10 葉	京都帝國大學文學部考古學教室	2
		34 支那北彊發見銅製假面（1／4）（京都帝國大學文學部藏）				
		35 朝鮮慶州發見陶製扁壺（1／2）（京都帝國大學文學部藏）				
		36 支那漢式青銅帶鈎及同陶范（約 1／1）（京都帝國大學文學部藏）				
		37 朝鮮慶州皇南里發見篦繪陶壺（1／6）（京都帝國大學文學部藏）				
		38 支那漢式立女俑及同陶范（1／3）（京都帝國大學文學部藏）				
		39 支那宋元間陶鉢范（1／3）（京都帝國大學文學部藏）				
		40 尾張羽栗發見皮袋形壺（1／2）（京都帝國大學文學部藏）				
		41 支那北魏式銅製佛像（2／3）（京都帝國大學文學部藏）				
		42 支那青銅スキタイ風動物模様飾（1／1）（京都帝國大學文學部藏）				
大13.9	一千三百年前プレインカ時代 南米ペルー國殉死者ミーラ　寫眞（三枚）	南米ペルー國に於けるミイラの發掘狀態		3 葉	南勝	6
		凡一千三百年前プレインカ時代の殉死者五個のミイラ（南米ペルー國南ナスカ產）				
		南米ペルー國インカ帝國時代の土器及ミイラの着衣				
大13.9	*高野山金石文繪葉書 第二輯*	*金剛三昧院鐘銘拓影*		13 葉	高野山親王院	2
		金剛三昧院鐘銘拓影				
		谷上大日堂鐘拓影				
		谷上大日堂鐘拓影				
		小田原谷鐘拓影				
		秋田城介建立御嵯峨天皇聖忌都婆拓影				
		六時鐘銘拓影				
		康永三年在銘板碑奥院經藏扁額				
		金剛三昧院藏楞嚴廻向文扁額				
		朝鮮人敵味方供養碑				
		慶長の玉川碑				
		慶長の石清水碑				
		契沖碑拓影				
大14. 春	大正十四年春渡鮮記念 樂浪遺品	1 居攝元年鏡〔樂浪遺跡出土〕富田晋二氏藏	コラム01	12 葉	梅原末治	7
		2 長宜子孫糸卷形虬龍紋鏡 橋都芳樹氏藏				
		3 漢永光三年銅鍾銘〔船橋里出土〕平壤中學校保管				
		4 銅鍾〔樂浪遺跡出土〕富田晋二氏藏				
		5 秦戈〔樂浪遺跡出土〕高等普通學校藏				
		6 銅製鉾及石突〔樂浪遺跡出土〕橋都芳樹氏藏				
		7 銅製皿 白神壽吉氏藏				
		8 新建國元年漆盤内面〔樂浪遺跡出土〕北村忠次氏藏				
		9 鼈甲櫛〔樂浪遺跡出土〕多田春臣氏藏				
		10 綠釉搏山爐〔樂浪遺跡出土〕中西嘉市氏藏				
		11 綠釉犬〔樂浪遺跡出土〕中西嘉市氏藏				
		12 金銅熊脚〔樂浪遺跡出土〕				
大14.5	大正十四年五月廿四日 考古學會第三十總集會記念繪葉書 志村寫眞版印刷製寄	轡鏡板 上野國群馬郡上郊村大字保土田藥師塚發掘（保土田區藏）長門國豐浦郡豐西下村字綾羅木發掘（東京帝室博物館藏）	Ⅱ -444	6 葉	考古學會	3
		鈴付銅器 遠江國發掘（高橋健自藏）傳武藏國大里郡榛澤村發掘（東京帝室博物館藏）	Ⅱ -445			
		鈴釧 下野國足利郡足利町助戸發掘 武藏國大里郡岡部村大字岡發掘 駿河國庵原郡高部村大字梅ヶ谷發掘（東京帝室博物館藏）	Ⅱ -446			
		鈴鏡 下野國河内郡雀宮村大字雀宮發掘（東京帝室博物館藏）上野國利根郡久呂保村大字森下發掘（東京帝室博物館藏）磐城國伊具郡金山町字台町發掘（東京帝室博物館藏）信濃國下伊那郡松尾村姫塚發掘（木下富太郎氏藏）	Ⅱ -447			
		杏葉及環鈴 上野國群馬郡上郊村大字保土田藥師塚發掘（保土田區藏）讃岐國綾歌郡羽床村大字小野發掘（東京帝室博物館藏）	Ⅱ -448			
		杏葉 下野國河内郡豐鄉村大字丸谷發掘（東京帝室博物館藏）上野國群馬郡上郊村大字保土田發掘（保土田區藏）下野國河内郡雀宮村大字雀宮發掘（東京帝室博物館藏）	Ⅱ -449			
大14.5	*考古學會第三十回總會 記念繪葉書*	*足利史料繪葉書*		5 葉	丸山瓦全 丸山昌平 山越忍空	3

年.月	題　　名	添　　書	図版番号	組 数	発 行 所	分類
大14.5	*考古學會第三十回總會 記念繪葉書*	*足利古瓦繪葉書*		3 葉	丸山瓦全 小泉二一郎	3
大14.5	*考古學會第三十回總會 記念繪葉書*	*溝口氏藏品繪葉書*		2 葉	溝口禎次郎	3
大14.5	考古學會總會記念 禹域遺寶	支那將來品 秦代銅犠	Ⅱ-450	3 葉	江藤濤雄	3
		支那將來品 六朝鍍金獅子	Ⅱ-451			
		支那將來品 魏正光年代佛板	Ⅱ-452			
大14.5	*考古學會第三十回總會 記念*	*三河一宮砥鹿神社寶物繪葉書*		3 葉	砥鹿神社	3
大14.5	*考古學會第三十回總會 記念*	*大坪氏藏磬繪葉書*		2 葉	大坪正義	3
大14.5	考古學會創立第三十年記念繪葉書	土偶（信濃國小縣郡丸子町大字腰越發見）（東京帝室博物館所藏）	Ⅱ-453	9 葉	工藝美術研究會 田村壯次郎	3
		オシラ神（伊能嘉矩氏所藏）	Ⅱ-454			
		夫婦木像（東京帝室博物館所藏）	Ⅱ-455			
		神像（山城 松尾神社）	Ⅱ-456			
大14. 夏	南滿北支朝鮮旅行の紀念	唐代の文俑（北京大學研究所國學門考古學室）	コ02	7 葉	中村久四郎	7
		唐代の駝（北京大學研究所國學門考古學室）	コ03			
		唐代の武俑（北京大學研究所國學門考古學室）				
		元の張百戸の墓碑（其一表面）（南滿州金州城東南隅文廟境内現在 金州南金書院長岩間德也氏發見考証				
		元の張百戸の墓碑（其二背面）				
		淸の郎世寧（伊太利人 Castiglione）の白鷹圖 構圖は支那画風にして描法は西洋画風なり（文華殿古書画陳列所）				
		淸の乾隆時代の佛蘭西製織糸絨大壁衣（文華殿古書画陳列所）				
大14.12	伊勢崎町歴史繪葉書 第七輯	*環頭金環 上野國佐波郡芝根村字下茂木オトカ塚ヨリ出土*		不 明	相川之賀	1
大14.―	歴史繪はがき 第廿回 上古遺物號（其一）	石鏃 1・2 地名不詳 3・4 上野國吾妻郡（須田宿）發見 5 地名不詳 6・7・8・9・10 地名不詳 11 地名不詳 12 羽後國發見 13 岩城國安積郡發見 14 北海道發見 15 羽後國發見 16 岩城國安達郡鹽澤村發見 17 地名不詳（20-1）	Ⅱ-007	5 葉	東京帝室博物館	2
		石鏃 1 信濃國發見 2・3 地名不詳 4 信濃國上高井郡保科村發見 5 地名不詳 6 上野國利根郡桃野村下津發見 7 陸奥國下北郡發見 8 信濃國上高井郡保科村發見 9 上野國利根郡桃野村下津發見 10 地名不詳 11 上野國吾妻郡發見 12・13 越後國北魚沼郡城川村字土川發見 14 筑後國糸島郡雷山村有田畑地（黑曜石）發見 15 豊後國大野郡上緒方村大字木野發見 16・17日向國西臼杵郡三田井町發見（20-2）	Ⅱ-008			
		石槍 羽後國南秋田郡馬川村發見 日高國幌泉郡襟裳岬附近發見 右ニ同ジ 日高國幌泉郡襟裳岬附近發見 大和國高市郡白橿村イトクノモリ發見 陸奥國三戸郡倉石村大字石澤發見（20-3）	Ⅱ-009			
		石小刀石匙 1・2・3 北海道發見 4 渡島國函館發見 5・6 渡島國函館發見 7 羽前國飽海郡松嶺町心光寺山發見 8 備中国小田郡發見 9 羽後國河邊郡御所野台發見 10 渡島國函館發見 11羽後國河邊郡御所野台發見（20-4）	Ⅱ-010			
		石錐 日高國幌泉郡襟裳岬附近發見 陸奥國西津輕郡館岡村亀ヶ岡發見 朝鮮咸鏡北道鐘城郡南山面發見 羽後國發見 陸中國膽澤郡佐倉川村下河原發見 信濃國東筑摩郡本鄉村發見（20-5）	Ⅱ-011			
大14.―	歴史繪はがき 第廿一回 上古遺物號（其二）	打製石斧 信濃國伊奈郡澤岡發見（長四寸四分）信濃國東筑摩郡鹽尻村發見（長六寸八分）武藏國南多摩郡元八王子村大字川村發見（長五寸七分）武藏國南多摩郡元八王子村大字元八王子發見（長三寸五分）（21-1）	Ⅱ-012	5 葉	東京帝室博物館	2
		磨製石斧（數字長サ單位寸）發見地未詳（三、八）發見地未詳（四、三）磐城國田村郡逢隈村一ッ森發見（三、四）武藏國比企郡高坂村正代發見（四、二）發見地不詳（四、五）天鹽國苫前郡燒尻村發見（六、四）台灣嘉義廳鹿仔草庄地發見（一〇、六）（21-2）	Ⅱ-013			
		未製石斧 北海道（國郡不詳）發見（長一尺七寸幅一尺七分）（21-3）	Ⅱ-014			
		石鈷 發見地不詳（長六寸二分）羽後國雄勝郡元西馬音内村大字西馬音内發見（高五寸五分）發見地不詳（長五寸二分）（21-4）	Ⅱ-015			
		石鈷 常陸國新治郡中家村大字上高津發見（長四寸三分）發見地不詳（長七寸）陸中國西磐井郡衣川村字戸家内發見（長六寸一分）發見地不詳（長五寸八分）（21-5）	Ⅱ-016			
大14.―	歴史繪はがき 第廿二回 上古遺物號（其三）	石棒 下總國印旛郡千代田村生ヶ谷發見（長二尺七寸六分）陸中國岩手郡沼宮内村大字沼宮内發見（長二尺四寸二分）秋田縣下發見（長二尺二寸八分）常陸國新治郡關川村大字石川發見（長一尺七寸五分）（22-1）	Ⅱ-017	5 葉	東京帝室博物館	2

		石棒 甲斐國中巨摩郡平林村發見（長二尺七寸四分）上野國北甘樂郡小幡村大字轟發見（長二尺一寸）武藏國北足立郡大宮町氷川神社裏發見（長一尺九寸七分）（22- 2 ）	Ⅱ -018			
		石器（御物）（長一尺一寸八分）（22- 3 ）	Ⅱ -019			
		石皿 磐城國田村郡發見（長徑九寸七分）陸奥國下北郡佐井村發見（長徑六寸七分）（22- 4 ）	Ⅱ -020			
		石環 相模國中郡神田村大字大神發見（徑三寸七分）地名不詳常陸國新治郡中家村大字小松發見（徑一寸四分）（22- 5 ）	Ⅱ -021			
大14.—	歴史繪はがき 第廿三回 上古遺物號（其四）	石庖丁（約二分一大）信濃國東筑摩郡松本市宮關發見 岩城國安積郡小原田村發見 筑前國糸島郡雷山村發見 備中國後月郡出部村發見 備中國小田郡北川村發見 備中國後月郡經ヶ丸發見（23- 1 ）	Ⅱ -022	5 葉	東京帝室博物館	2
		凹石 武藏國北豐島郡瀧野川町西ヶ原發見（23- 2 ）	Ⅱ -023			
		貝輪 下總國海上郡海上村大字余山發見（23- 3 ）	Ⅱ -024			
		骨角器（數字長サ單位寸）常陸國新治郡中家村大字上高津發見（五、七）陸奥國西津輕郡館岡村大字龜ヶ岡發見（四、六）常陸國新治郡中家村大字上高津發見（三、七）陸前國氣仙郡小友村發見（三、三）石狩國札幌育種場發見（二、八）下總國千葉郡平山村發見（一、四）（23- 4 ）	Ⅱ -025			
		角器 陸奥國西津輕郡館岡村大字龜ヶ岡發見（長四寸一分）仝前地發見（長二寸八分）仝前地發見鈎針（長三寸二分）（23- 5 ）	Ⅱ -026			
大14.—	歴史繪はがき 第廿四回 上古遺物號（其五）	土錘 石錘　1 / 2　羽後國南秋田郡寺内村發見 常陸國新治郡中家村小松發見 常陸國眞壁郡關本村上野發見 發見地未詳 岩代國安積郡發見 下野國河内郡横川村江曾島發見 常陸國新治郡中家村小松發見（24- 1 ）	Ⅱ -027	5 葉	東京帝室博物館	2
		土偶 信濃國小縣郡丸子町大字腰越發見（高一尺五分）（高一尺二寸五分）（24- 2 ）	Ⅱ -028			
		土偶 甲斐國東八代郡黒駒村字黒駒發見 前 後（高八寸三分）（24- 3 ）	Ⅱ -029			
		土偶 陸奥國西津輕郡館岡村大字龜ヶ岡發見（高三寸五分）常陸國新治郡中家村發見（24- 4 ）	Ⅱ -030			
		土偶首　1 / 2　下總國海上郡海上村余山發見 下總國北相馬郡小文間村發見 陸中國膽澤郡佐倉川村發見 常陸國新治郡中家村發見 常陸國新治郡中家村發見 上野國新田郡世良田村發見（24- 5 ）	Ⅱ -031			
大14.—	歴史繪はがき 第廿五回 上古遺物號（其六）	銅鐸（但馬國城崎郡港村大字氣比發掘）（高一尺五分）（25- 1 ）	Ⅱ -032	5 葉	東京帝室博物館	2
		銅鐸（紀伊國日高郡東内原村大字茨木發掘）（高二尺四寸九分）（25- 2 ）	Ⅱ -033			
		銅鐸（傳讃岐國發掘）（大橋八郎出品）（25- 3 ）	Ⅱ -034			
		銅鐸（大和國南葛城郡吐田鄕村大字名柄發掘）（高七寸六分）（25- 4 ）	Ⅱ -035			
		細線鋸齒文鏡（大和國南葛城郡吐田鄕村大字名柄發掘）（徑五寸一分五厘）（25- 5 ）	Ⅱ -036			
大14.—	歴史繪はがき 第廿六回 上古遺物號（其七）	銅鉾 狹鋒銅鉾（長七寸三分）筑前國筑紫郡那珂村大字板付發掘 狹峰銅鉾（長一尺八寸）讃岐國仲多郡善通寺町大字善通寺字瓦谷發掘 廣鋒銅鉾（長二尺七寸八分）筑後國八女郡下廣川村大字藤田字天神浦發掘カ（有馬頼萬出品）廣鋒銅鉾（長二尺七寸七分）筑後國浮羽郡姫治村大字小鹽字東藤ヶ谷發掘（26- 1 ）	Ⅱ -037	5 葉	東京帝室博物館	2
		銅劔 細形銅劍（長一尺一寸九分）長門國豐浦郡安岡村大字富任字梶栗濱發掘 平形銅劍（長一尺五寸九分）伊豫國温泉郡道後村大字一万字市筋發掘 鐵劍形小銅劍（長五寸三分）讃岐國香川郡弦打村大字鶴市字御殿山發掘（26- 2 ）	Ⅱ -038			
		銅劍 クリス形狹鋒銅劍（長九寸二分）肥前國三養基郡田代村大字柚比發掘 クリス形廣峰銅劍（長一尺五分）紀伊國有田郡箕島町大字山地百二十五番地山林發掘（26- 3 ）	Ⅱ -039			
		石劒 筑前國嘉穂郡稻築村大字鴨生發掘（長五寸三分）河内國北河内郡山田村大字田之口發掘（長七寸九分）豐前國田川郡後藤寺町大字川宮發掘（長七寸三分）丹波國天田郡西中筋村觀音堂發掘（長七寸一分）筑前國田川郡糸田村大字糸田發掘（長六寸五分）（26- 4 ）	Ⅱ -040			

年.月	題　名	添　書	図版番号	組数	発行所	分類
大14.―	歴史繪はがき 第廿六回 上古遺物號(其七)	銅鏃（數字長單位寸）上野國新田郡澤野村牛澤（一、七四）上野國山田郡矢場川村矢場（二、四二）河内國南河内郡川西村廿山（一、九八）大和國山邊郡朝和村中山（一、五）山城國綴喜郡宇智鄕村美濃山（一、九八）大和國山邊郡朝和村中山（一、八八）大和國北葛城郡馬見村黑石諸陵寮出品（一、七四）備前國上道郡平島村浦間（二、五）河内國中河内郡北高安村樂音寺（一、六）大和國山邊郡朝和村中山（一、五八）大和國北葛城郡河合村佐味田（二、四）上野國多野郡美九里村三本木（二、六六）(26- 5)	Ⅱ -041		東京帝室博物館	
大15.3	京都府愛宕郡 修學院村名勝及資料繪葉書 壽	修學院雲泉莊		5 葉	雲泉莊 杉浦丘園	1
		西部より雲泉莊を望む				
		修學院雲泉莊内山中信天翁舊宅				
		修學院小字泉殿雲泉莊出土品之一部 雲泉莊藏				
		修學院七里祭之一鷺森神社祭禮繪馬				
大15.3	京都府愛宕郡 修學院村名勝及資料繪葉書 福	修學院御幸御觸札 雲泉莊藏		6 葉	雲泉莊 杉浦丘園	1
		修學院御庭燒 雲泉莊藏				
		渡忠秋修學院八景和歌 雲泉莊藏				
		御水尾院御製修學院御茶屋之圖 雲泉莊藏				
		靈元法皇修學院御幸御道宸記 修學院御幸之圖 修學院御所御幸行列圖 修學八景 雲泉莊藏				
		拾遺都名所圖會版木比叡山赤山詩仙堂等之部 雲泉莊藏				
大15.3	京都府愛宕郡 修學院村名勝及資料繪葉書 祿	修學院村禪家庵樓門 雲泉莊藏		6 葉	雲泉莊 杉浦丘園	1
		修學院村林丘寺 雲泉莊藏				
		修學院字後安堂石佛 雲泉莊藏				
		修學院村林丘寺境内檜垣塔 雲泉莊藏				
		修學院村鷺森神社 雲泉莊藏				
		修學院赤山神社 雲泉莊藏				
大15.5	大正十五年五月廿三日 考古學會第卅一總集會記念繪葉書 五枚一組 志村寫眞版印刷所寄贈	石斧形石器（硬玉製、長二寸四分五厘）下野國那須郡湯津村上村發見 子持勾玉（滑石製、長三寸四分）上野國群馬郡箕輪村發見（東京帝室博物館藏）	Ⅱ -457	5 葉	考古學會	3
		銅鐸（高二尺四寸六分）三河國寶飯郡小坂井村大字伊那發見（東京帝室博物館藏）	Ⅱ -458			
		八鈴鏡（八鈴鏡は從來發見例なきものヽ如し 鈴を除いて徑四寸六分）上野國新田郡九合村大字東矢島字原發見）（東京帝室博物館藏）	Ⅱ -459			
		丹後下加佐郡神崎村發掘經筒（東京帝室博物館藏）	Ⅱ -460			
		近江在原寺趾發掘土塔（東京帝室博物館藏）	Ⅱ -461			
大15.5	大正十五年五月廿三日 考古學會第卅一總集會記念 高橋健自寄贈	爲家卿歌切（高橋健自藏）	Ⅱ -462	2 葉	高橋健自	3
		大和山村廢寺古瓦（高橋健自藏）	Ⅱ -463			
大15.5	大正十五年五月廿三日 考古學會第卅一總集會記念 石田茂作寄贈	滑石經法華序品（東京帝室博物館藏）〔石田モ寫〕	Ⅱ -464	2 葉	石田茂作	3
		朝鮮華藏寺舊藏貝葉經（東京帝室博物館藏）〔石田モ寫〕	Ⅱ -465			
大15.5	大正十五年五月廿三日 考古學會第卅一總集會記念 溝口禎次郎寄贈	町田久成書翰	Ⅱ -466	2 葉	溝口禎次郎	3
		杉孫七郎書翰	Ⅱ -467			
大15.5	大正十五年五月廿三日 考古學會第卅一總集會記念 後藤守一寄贈	*(不明)*		不 明	後藤守一	3
大15.―	*伊勢崎鄉土史料展覽會 繪葉書*	*埴輪等*		不 明	伊勢崎教育委員會	5
大15.―	歴史繪はがき 第廿七回 上古遺物號(其八)	杏葉 遠江國榛原郡初倉村大字牧ノ原（廣三寸四分）(27- 1)	Ⅱ -042	5 葉	東京帝室博物館	2
		杏葉 傳上野國（長四寸五分）上野國碓氷郡八幡村大字下大島(長三寸四分)（根岸伴七出品）(27- 2)	Ⅱ -043			
		杏葉 筑前國嘉穂郡飯塚町六字西町（長六寸一分）發掘地不詳(長四寸六分)（27- 3 ）	Ⅱ -044			
		杏葉（約三分一大）大和國高市郡白橿村 駿河國安倍郡豐田村傳大和國 備中國吉備郡久城村 上野國新田郡寶泉村（27- 4 ）	Ⅱ -045			
		鈴杏葉 下野國河内郡雀宮村大字雀宮（長四寸）下野國河内郡豐鄕村大字瓦谷（長三寸五分）上野國北甘樂郡新屋村大字白倉（長二寸五分）(27- 5)	Ⅱ -046			
大15.―	歴史繪はがき 第廿八回 上古遺物號(其九)	環頭柄頭 美作國眞庭郡久世町大字富尾發掘（長徑二寸九分）能登國鹿島郡御祖村字會稱發掘（長徑三寸四厘）近江國高島郡水尾村大字鴨發掘（長徑二寸）常陸國新治郡田余村大字栗又四箇發掘（直徑二寸八分强）(28- 1)	Ⅱ -052	5 葉	東京帝室博物館	2
		環頭柄頭 發見地未詳（直徑二寸五分弱）周防國熊毛郡室積村大字西ノ庄發掘（直徑二寸一分）下總國猿島郡猿島村大字金岡發掘（直徑二寸二分強）傳上野國群馬郡倉ケ野町發掘（直徑一寸九分强）(28- 2)	Ⅱ -053			

		環頭柄頭 肥後國玉名郡江田村船山發掘（長徑一寸六分強）駿河國志太郡東益津村大字高崎發掘（長徑一寸三分）備前國御津郡建部村發掘（長徑二寸一分）伯耆國西伯郡大高村大字岡成發掘（長徑一寸四分弱）（28- 3 ）	Ⅱ -054			
		鐔（金銅製）上野國群馬郡倉ヶ野字大應寺發掘（長徑三寸五分）遠江國榛原郡初倉村大字根高森發掘（長徑二寸七分）發掘地不詳（長徑四寸九分）上野國群馬郡豊秋村發掘（長徑二寸五分強）上野國多野郡美土里村大字白石發掘（長徑三寸）（28 - 4 ）	Ⅱ -055			
		鐔（鐵製）信濃國北佐久郡五郎兵衞新田村發掘（直徑二寸七分）仝上地發掘（直徑一寸八分）上野國群馬郡倉ケ野發掘（直徑二寸八分）發見地未詳（直徑二寸八分）上野國群馬郡豊秋村發掘（直徑三寸弱）仝上地發掘（直徑三寸二分）（28- 5 ）	Ⅱ -056			
大15.—	歴史繪はがき 第廿九回 上古遺物號（其十）	人物畫象鏡 肥後國玉名郡江田村大字江田字石場大久保原ノ内淸原發掘（徑七寸三分）（29- 1 ）	Ⅱ -057	5 葉	東京帝室博物館	2
		内行花文鏡 讃岐國香川郡弦打村大字鶴市字御殿山發掘（徑四寸六分五厘）（29- 2 ）	Ⅱ -058			
		神獸鏡 肥後國玉名郡江田村大字江田字石場大久保原ノ内淸原發掘（徑六寸九分）（29- 3 ）	Ⅱ -059			
		獸帶鏡 伊豫國越智郡下朝倉村大字朝倉下字丈六寺發掘（徑七寸八分）（29- 4 ）	Ⅱ -060			
		四佛四獸鏡 備中國都窪郡庄村大字日畑西組字赤井發掘（徑七寸一分）（29- 5 ）	Ⅱ -061			
大15.—	歴史繪はがき 第三十回 上古遺物號（其十一）	勾玉玦樣耳飾及小玉（實大）發見地不詳（牙製）羽後國由利郡上川大内村小栗山（石英製）發見地不詳（硬玉製）陸中國膽澤郡佐倉川村下河原（石英製）常陸國新治郡中家村上高津（滑石製）陸中國膽澤郡佐倉川村下河原（滑石製）下總國東葛郡國分村曾山（滑石製玦樣耳飾）常陸國新治郡中家村上高津（滑石製）越後國中頸城郡吉川村道之下（玦樣耳飾）（齋藤長治氏出品）（30- 1 ）		5 葉	東京帝室博物館	2
		有孔石器（硬玉製二分一大）發見地不詳 上野國北甘樂郡富岡町七日市發見 發見地不詳 上野國群馬郡室田町下室田發見（30- 2 ）				
		巴形銅器 美濃國加茂郡鷺巣村大塚發掘 上野國發掘（香取秀眞氏出品）讃岐國大川郡石田村石田東發掘 大和國北葛城郡河合村佐味田發掘 周防國吉敷郡下宇野令村赤峯發掘（約二・五分ノ一大）（30- 3 ）				
		柄形銅器（讃岐國香川郡弦打村鶴市發掘）（長五寸一分）（長四寸一分）（30- 4 ）				
		石斧形石器 下野國那須郡湯津上村發見（實大）（30- 5 ）				
大15.—	歴史繪はがき 第三十一回 上古遺物號（其十二）	櫛（竹製黑漆塗）羽前國東村山郡出羽村大字漆山（實大）31- 1	Ⅱ -062	5 葉	東京帝室博物館	2
		金屬環 大和國磯城郡■田村（金銅）地名不詳（金着セ）美作國眞庭郡神湯村（鍍銀）越前國今立郡中川村（金銀）近江國高島郡水尾村鴨（金）信濃國埴科郡中ノ條村（銅）大和國山邊郡丹波市村（金）周防國熊毛郡城南村（銀）上野國利根郡絲之瀨村（鐵）31- 2	Ⅱ -063			
		耳飾 肥後國玉名郡江田村大字江田發掘（實大）31- 3	Ⅱ -064			
		耳飾（註記以外金銅）筑前國糸島郡恰土村大字大門 肥前國東松浦郡玉島村大字谷口 肥後國玉名郡江田村大字江田 伊勢國鈴鹿郡國府村大字國府 近江國高島郡水尾村大字鴨 河内國中河内郡中高安村大字郡川（銀製）（二分一大）31- 4	Ⅱ -065			
		銅釧及鈴釧（註記なきものは銅製）武藏國橘樹郡旭村駒岡 丹波國中郡三重村（ガラス）近江國栗太郡羽栗村（小環金銅）筑前國筑紫郡席田村下月隈 上野國碓氷郡豐岡村上豐岡 武藏國大里郡岡部村岡 足利市駒戸（三分一大）31- 5	Ⅱ -066			
大15.—	歴史繪はがき 第三十二回 上古遺物號（其十三）	家屋文鏡 諸陵寮藏（大和國北葛城郡河合村大字佐味田發掘）（徑七寸七分）（32- 1 ）	Ⅱ -067	5 葉	東京帝室博物館	2
		直弧文鏡（大和國北葛城郡馬見村大字大塚字新山發掘）（徑九寸）（徑八寸八分）（32- 2 ）	Ⅱ -068			
		盤龍鏡 諸陵寮藏（上野國北廿樂郡額部村大字南後閑發掘）（徑八寸）（32- 3 ）	Ⅱ -069			
		狩獵文鏡（傳上野國發掘）（徑六寸）（32- 4 ）	Ⅱ -070			
		獸形鏡（讃岐國香川郡弦打村大字鶴市發掘）（徑四寸二分）（32- 5 ）	Ⅱ -071			
大15.—	歴史繪はがき 第三十三回 上古遺物號（其十四）	神獸鏡「晋泰始七年正月十五日曰王氏作青銅鏡」ト銘（徑四寸九分）（33- 1 ）	Ⅱ -072	5 葉	東京帝室博物館	2

年.月	題　名	添　書	図版番号	組数	発行所	分類
大15.—	歴史繪はがき 第三十三回 上古遺物號（其十四）	國寶 人物畫象鏡 紀伊國伊都郡隅田八幡神社出品 銘「癸未年八月曰十六壬年□弟王在意柴沙加宮時斯麻念長奉還開中費直穢人今州利二人等取臼上同二百旱作此竟」（33- 2 ）	Ⅱ -073		東京帝室博物館	
		神獸鏡 甲斐國西八代郡高田村淺間神社出品 銘「赤鳥元年五月二十五日」云々（甲斐國西八代郡大塚村大字上野原發掘）（徑四寸一分）（33- 3 ）	Ⅱ -074			
		神獸鏡　□始元年陳是作鏡」云々ト銘アリ（上野國群馬郡大類村大字芝崎發掘）（徑七寸五分）（33- 4 ）	Ⅱ -075			
		人物畫象鏡（大和國北葛城郡河合村大字佐味田發掘）（徑六寸九分）（33- 5 ）	Ⅱ -076			
大15.—	歴史繪はがき 第三十四回 上古遺物號（其十五）	槍身 上野國碓氷郡八幡村大字若田（長一尺四分）讃岐國綾歌郡羽床村大字小野（長一尺）肥後國玉名郡江田村（長九寸）讃岐國綾歌郡羽床村大字小野（長一尺）備中國都窪郡庄字日畑西組（長一尺一寸三分）（模造）攝津國武庫郡六甲村大字高羽（長一尺一寸三分）（模造）（34- 1 ）	Ⅱ -077	5 葉	東京帝室博物館	2
		鐵鏃（三分一大）美濃國養老郡養老村 備中國都窪郡庄村 信濃國上高井郡保科村 右ニ同ジ 信濃國諏訪郡下諏訪町 上野國（傳）上野國（傳）日向國東臼杵郡富高村 攝津國武庫郡六甲村 右ニ同ジ 上野國（傳）出雲國仁多郡布勢村 備中國都窪郡庄村（34- 2 ）	Ⅱ -078			
		鐵鏃（約二・五分一大）上野國 上野國群馬郡惣社町 日向國東臼杵郡富高村 上野國 右ニ同ジ 發掘地不詳 上野國 右ニ同ジ 日向國東臼杵郡富高村 下野國河内郡雀宮村 上野國 近江國栗太郡山田村大字南山田（34- 3 ）	Ⅱ -079			
		鐵鏃（三分一大）（註記以外日向國西臼杵郡田原村發掘）岩代國岩瀬郡六軒原 岩代國岩瀬郡六軒原 石見國美濃郡匹見村（34- 4 ）	Ⅱ -080			
		（埴輪）鞆 上野國多野郡平井村字白石發掘（長二尺）（埴輪）靫 上野國新田郡强戸村大字西長岡發掘（高二尺二寸）（34- 5 ）	Ⅱ -081			
大15.—	歴史繪はがき 第三十五回 上古遺物號（其十六）	石釧 伊勢國一志郡豐地村大字下之庄發掘（碧玉岩製）（徑二寸五分）上野國山田郡矢場川村大字矢場發掘（蠟石製）（徑三寸八分）（35- 1 ）	Ⅱ -087	5 葉	東京帝室博物館	2
		車輪石（碧玉岩製）美濃國不破郡府中村大字市之尾字親ヶ谷左上と同じ 山城國綴喜郡八幡町大字八幡町小字大芝 美濃國可兒郡廣見村大字伊香（約四分一大）（35- 2 ）	Ⅱ -088			
		鍬形石（長六寸）美濃國可兒郡廣見村大字伊香發掘（長五寸）（35- 3 ）	Ⅱ -089			
		石製臺（碧玉岩製）尾張國知多郡名和村發掘（高一寸九分）石製坩（碧玉岩製）美濃國不破郡府中村大字市之尾發掘（高二寸九分）（35- 4 ）	Ⅱ -090			
		石製合子（碧玉岩製）山城國綴喜郡八幡村大字八幡發掘（高二寸七分）尾張國知多郡名和村發掘（高二寸九分）（35- 5 ）	Ⅱ -091			
大15.—	歴史繪はがき 第三十六回 上古遺物號（其十七）	四鈴鏡 下野國河内郡雀宮牛塚發掘（徑鈴ヲ除イテ五・八糎）（36- 1 ）	Ⅱ -092	5 葉	東京帝室博物館	2
		五鈴鏡 下野國河内郡雀宮牛塚發掘（徑鈴ヲ除イテ九・四糎）（36- 2 ）	Ⅱ -093			
		五鈴鏡 上野國利根郡久呂保村大字森下發掘（徑鈴ヲ除イテ九・六糎）（36- 3 ）	Ⅱ -094			
		六鈴鏡 磐城國伊具郡金山町字台町發掘（徑鈴ヲ除イテ一〇・四糎）（36- 4 ）	Ⅱ -095			
		八鈴鏡 上野國新田郡九合村大字東矢島發掘（徑鈴ヲ除イテ一四・六糎）（36- 5 ）	Ⅱ -096			
大15.—	歴史繪はがき 第三十七回 上古遺物號（其十八）	冠 越前國吉田郡吉野村石ヶ谷發掘（37- 1 ）	Ⅱ -097	5 葉	東京帝室博物館	2
		冠 上野國佐波郡上陽村大字山王發掘（37- 2 ）	Ⅱ -098			
		帶金具（金銅製）肥後國玉名郡江田村發掘 大和國北葛城郡馬見村新山發掘 筑前國嘉穂郡飯塚町大字西町發掘 備前國邑久郡國府村茶臼山發掘 伊勢國宇治山田市塚山發掘 山城國葛野郡松屋村穀塚發掘（37- 3 ）	Ⅱ -099			
		帶（金銅製）（上野國佐波郡上陽村大字山王發掘）（約七分一大）（37- 4 ）	Ⅱ -100			
		舄（肥後國玉名郡江田村發掘）（37- 5 ）	Ⅱ -101			
大15.—	歴史繪はがき 第三十八回 上古遺物號（其十九）	男子埴輪土偶 下總國猿島郡新郷村大字中田町發掘（高七五・七糎）（38- 1 ）	Ⅱ -102	5 葉	東京帝室博物館	2
		男子埴輪土偶（下總國猿島郡森戸村大字百戸發掘）（高七三・三糎）（38- 2 ）	Ⅱ -103			

		男子埴輪土偶（下總國猿島郡森戸村大字百戸發掘）（高六七・五糎）（38- 3 ）	Ⅱ -104			
		男子埴輪土偶（武藏國比企郡大谷村字花ノ木發掘）（根岸伴七氏出品）（高七・七糎）（38- 4 ）	Ⅱ -105			
		男子埴輪土偶（武藏國北足立郡川田谷村字八幡原發掘）（高七五・七糎）（38- 5 ）	Ⅱ -106			
大15.―	歴史繪はがき 第三十九回 上古遺物號（其二十）	男子埴輪土偶 上野國佐波郡采女村大字淵名發掘（高五〇糎）（39- 1 ）	Ⅱ -107	5 葉	東京帝室博物館	2
		男子埴輪土偶 上野國群馬郡箕輪村八幡社前發掘（高四二糎）（39- 2 ）	Ⅱ -108			
		男子埴輪土偶 上野國佐波郡二郷村大字安堀發掘（高三六・三糎）（相川之賀氏出品）（39- 3 ）	Ⅱ -109			
		男子埴輪土偶 常陸國東茨城郡川根村大字駒渡發掘（高四二糎）（39- 4 ）	Ⅱ -110			
		武裝男子埴輪土偶（上野國勢田郡上川淵村大字朝倉發掘）（高九三糎）（39- 5 ）	Ⅱ -111			
大15.―	歴史繪はがき 第四十回 上古遺物號（其二十一）	武裝男子埴輪土偶（上野國新田郡世良田村大字世良田發掘）（高一三九糎）（和田千吉氏出品）（40- 1 ）	Ⅱ -117	5 葉	東京帝室博物館	2
		武裝男子埴輪土偶（武藏國北埼玉郡上中條村發掘）（高六九糎）（根岸伴七氏出品）（40- 2 ）	Ⅱ -118			
		武裝男子埴輪土偶（常陸國行方郡秋津村大字青柳發掘）（高八三・八糎）（40- 3 ）	Ⅱ -119			
		武裝男子埴輪土偶（上野國群馬郡岩鼻火薬製造所構内發見）（高四〇・九糎）（40- 4 ）	Ⅱ -120			
		武裝男子埴輪土偶（肥後國八代郡野津村大字野津發掘）（高一〇五糎）（40- 5 ）	Ⅱ -121			
大15.―	内藤博士還暦祝賀記念	(無題)		2 葉	―	3
		(無題)				
大15.―	神戸史談會考古繪葉書　第一輯	攝津六甲山中ノ石礁 兵庫縣武庫郡六甲村高羽村山 兵庫県武庫郡篠原村字城ヶ口 同上 同武庫郡打出村 同上 同武庫郡岡本村字梅林 同芦屋村コンコンヅカ 同武庫郡岡本村字梅林 神戸史談會所藏		6 葉	神戸史談會出版部	1
		新田義貞感狀 此感狀ハ兵庫北風家所藏ニ係ル 建武二年二月白藤惟村足利尊氏直義 軍兵庫港ニ碇泊セシ時奇兵ヲ放チ襲撃奇功ヲ奏セシトキ新田義貞ヨリ與ヘシ感狀ナリ				
		經ヶ島供養ノ繪本				
		山田千年家				
		忠快律師木像ト供養塔				
		攝津花隈城				
大15.―	神戸史談會考古繪葉書　第二輯	蘆屋村法恩寺古瓦 法恩寺ハ武庫郡蘆屋村字西ノ坊ノ地ニ在リ塲通山ト號ス本堂ニ藥師佛ヲ安置シ湯本藥師堂ト呼ヘリ蘆屋濱ノ潮此堂下ヲ潜リ有馬温泉山ニ湧出スト傳ヘタリ元祿五年ノ調書ニヨレハ行基菩薩ノ開基ニシテ其後在原業平伽藍ヲ建立ス二百年以前燒失一宇ノ草堂ヲ殘ストアリ今ハ堂宇悉ク亡ヒテ遺趾畑トナレリ土中ヨリ出ツル所ノ礎石瓦片ハ皆徴古ノ好資料ナリ茲ニ出ス瓦ハ法恩寺最初ノモノニテ八百年以前ノ製作品ナリ		6 葉	神戸史談會出版部	1
		夢野氷室舊蹟 日本書記卷第十一 仁徳天皇六十二年夏五月是歳額田大中彦皇子獵于■鬪野時皇子自山上望之膽野中有■其形如廬仍遣使者令視還來之曰窟也■喚鬪■稻置大山主間之曰在其野中者何窟矣啓之曰氷室也皇子曰其■如何亦矣用焉曰堀土丈餘以草葢其上敦敷茅萩取未以置具上既經夏月而不■云々氷室舊蹟神戸市夢野村ニ在リ				
		生田祭禮繪卷 此繪卷ハ寛文三年卯八月廿日生田神和田■御幸ノ次第ヲ畫寫セルモノナリ 奥平野村 村田平左衛門氏所藏				
		平敦盛木像 此木像ハ三百年前ノ作品ナレトモ彫刻優美ニシテ平家公達ノ■ヲ偲ハシム同寺什物ノ一珍ナリ 須磨寺什物				
		羅馬古文書 慶長十六年九月將軍家康南蠻ヨリ献スル所ノ世界圖屏風ヲ御覽アリ異國ノ事情長崎奉行ヲ召シテ尋問アリ又此頃蘭人耶楊子ヲ召シテ世界國々ノ事ヲ尋問ス之レ異國敎法ノ事共ヲモ審カニ訪問アリテ各其立敎ノ利害得失ヲモ究明シ竟ニ正ヲ扶ケ邪ヲ俳シテ専ラ人心ノ壘感ヲ防キ祖國ノ漸ヲ杜カレシナリトハ江戸文學志ニ記スル所ナリ此文書ノ如キモ蘭人ノ官使ガ瘤セル文書ヲ和譯シ自著セルモノニテ當時幕府ニ進■セルモノナリ本■上野守トアルハ本多上野介正純ナルベシ能福寺所藏				

年.月	題　　名	添　　書	図版番号	組 数	発 行 所	分類
大15.—	神戸史談會考古繪葉書　第二輯	兵庫縣札 明治元年兵庫縣令伊藤俊介氏縣下財政制理ノ爲メ發行セルモノニシテ一貫二百文、六百文、三百文、二百文、百文ノ五種アリ當時正錢拂底ニテ亦拂ノ融■上頗至便ヲ與ヘシモノナリ發行高ハ約三萬両トイフ運用區域ハ八部■原有馬川邊能勢武庫ノ各郡ナリシト			神戸史談會出版部	
大15.—	神戸史談會考古繪葉書　第三輯	武庫郡白川村高御座岩圖 高御座岩ハ白川村高座谷ニ在リ東ニ在ルヲ雄岩トイヒ西ニ在ルヲ雌岩トイフ岩上平坦ニシテ優ニ數十人ヲ坐スベク山中ノ奇勝ナリ此圖ノ賛ハ平安加茂季鷹ノ作ナリ又圖中献上楊桃ヲ禁裡ヘ進献セシコト其縁由遠ク仁徳天皇難波ノ朝ニ始マリ明治戌辰ノ夏ニ至ルマテ連續セリ延喜式諸國貢進果子ノ部ニ楊桃ヲ貢進スルコト見ヘタリ		6 葉	神戸史談會出版部	1
		武庫郡津戸村發見ノ銅鐸				
		庫眞光寺藏國寶一遍上人繪巻 兵庫眞光寺ハ一遍上人示寂ノ地ナリ上人ハ伊豫ノ住人河野七郎通廣ノ次男ナリ武門ノ豪ニシテ其名聲四國九州ニ鳴ル二妾アリ共ニ容色美ニシテ寵別ナシ然ルニ女人ノ嫉妬心深キニ感シ出家シテ叡山ニ登リ受戒ス後西山ノ善恵上人ニ逢ヒ本願ノ念佛門ニ入リ知眞坊ト改ム都鄙遠近ヲ廻國シテ相州藤澤ニ至リ住ス正應二年八月二十三日兵庫ニ寂ス行年五十一此繪巻ハ上人諸國ヲ遍歴シ目撃セシコトヲ直寫セルモノニテ鎌倉時代ノ風俗ヲ知ルニ最モ屈覚ノ資料トス				
		有馬溫泉古圖（二百二十年以前）攝州有馬溫泉ハ早ク世ニ知ラレタル勝地ニシテ日本紀ニ舒明天皇及孝徳天皇行幸ノ事見ユ又攝津風土記ニモ此溫泉ノコト載セタリ承徳元年洪水山ヲ崩シ爲メニ原地ヲ失ヒシガ九十餘年中絶セシヲ仁西上人再興シテ舊觀ヲ改タリト此圖ハ貞亨二年有馬ニテ出版セル有馬山溫泉小鑑ト題スル古書ノ挿繪ニシテ二百年前有馬溫泉ノ風俗ヲ窺ヒ見ルニ足ルモノナリ				
		長田神社什寶鬼面 此鬼面ハ長田神社追儺ノ神事ニ用フルモノナリ往古ハ長樂濱ニテ菅人形三千三百ヲ作リ之ヲ亂打スル儀式アリ神功皇后三朝征伐ノ遺風トイヘリ中古此式絶エ神佛混合ノ時本尊薬師佛ヲ祀レル際儺ノ式ヲ用ヒ始メタリトイフ金谷園記云「陰氣將始來陰陽相激化爲疾癘之鬼爲人家作病黄使方相氏作儺々聲以驅疫鬼」我國ニテハ文武天皇慶雲三年丙午行基菩薩始メテ儺禮ヲ用フトアリ				
		和田岬遠矢ノ松 建武三年五月二十五日新田義貞ノ臣本間孫四郎重氏足利尊氏ノ兵船ニ遠矢ヲ射タル地ニシテ一幹ノ老松偃蹇トシテ白砂ノ間ニ殘レリ				
大15.—	神戸史談會考古繪葉書　第四輯	東大寺行基木像 行基父ハ高志氏其先ハ百濟國王ノ苗裔王仁ノ求也母ハ蜂田首虎身之女名ハ藥師女トイフ天智天皇ノ七年和泉國ニ生ル稚時異相アリ稍長シテ眞粋天挺ニシテ德範夙ニ顯ハル天平勝寶元年二月二日寂ス行年八十二畿内ニ於テ道場四十九所架橋六所池十五所溝七所船息二所堀四所布施屋九所ヲ創ム神戸港ノ前身タル大輪田泊ハ實ニ行基ノ創設ニ係ル		6 葉	神戸史談會出版部	1
		大高源吾ノ小袖 赤穂義士大高源吉忠雄元禄ノ義擧ニ加ハル時嘗テ主君ヨリ賜ハリシ小袖ノ片袖ニ一句ヲ記セル鼻紙ヲ添ヘテ伯母ナル人ノ許ニ送リシ紀念ノ品ナリトイフ「檜笠いざためさばや初あられ」神戸市西出町武岡豊太氏所藏				
		巨壑和尚ノ繪 巨壑ハ摩耶山王■院初代ノ住職ニシテ大阿闍梨元雅ト號ス播摩國加東郡古川村藤原氏ノ家ニ生ル畫ヲ善クシ殊ニ髑髏ニ妙ヲ得テ遠近嘖々來リ乞フモノ門ニ滋ル摩耶山頭ニ聳ユル多寶塔ハ髑髏ヲ畫キシ資ニヨリテ建立セラレタリトイヘリ元治二年五月二十三日寂ス 右上ノ賛ハ眞爾園大人大國隆正ナリ隆正播州小野ヨリ神戸村ニ來リ吟松亭紅葉ノ間ニ僑居ス巨壑師ト文墨ノ交リアリシトイフ				
		豊太閤天王湯壷取立文書 天王溫泉ハ神戸市奥平野村ニ在リ溫泉ノ湧出ハ遠ク天平ノ昔行基ノ發見ニカヽルトイフ慶長元年ノ古文書ハ兵庫正直屋棰井彌右衛門氏ニ家傳セリ豊臣氏ノ頃ハ片桐且元奉行トシテ兵庫殿町ニ問注所ヲ置キ此地方ノ行政ヲ執行セリ棰井家モ舊家ニテ赤松則村此地ヲ管セシ頃ヨリ代々庄官ヲモ勤メシト見ヘテ其文書等家藏セリ				

		藥仙寺本堂 醫王山藥仙寺ハ兵庫ニ在リ天平十八年二月創立トイフ往古ハ塔頭二十八ケ寺アリトイヘリ應安年中頽廢ニ属セシトキ眞如坊來リテ再興シ悲田療病ノ両院ヲ立テ飢渇病痾ノ者ヲ助ク眞如坊京都靈山ノ開祖國阿上人ニ歸依シ天台宗ヲ改メ時宗トス本堂内ニ安置スル觀音ハ吉備公傳來ニシテ和州長谷寺ニアルモノト同體ノ尊像トイフ本堂ノ建造物ハ五百三十餘年ニシテ地方最古ノモノトス				
		求女冢 古冢ハ攝津國武庫郡（舊菟原郡）二三ケ所アリ一ハ住吉村二ハ東明村三ハ味泥村ニアリ合セテ三陵トイフ何レモ前方後円ノ車冢ニシテ高サ三間余周圍廿五間余アリテ一ハ西面二ハ南面三ハ東面ナリ 攝津志ニ曰クニ．陵一在住吉村曰求女冢爲茅渟男俗呼鬼冢一在東明村曰求女冢一在味泥村名求女冢爲兎原男東爲西面西爲東面中爲南面相距各十五町許周廻各八十余歩大馬鬣封也万葉集大和談所載即此按此皆上古荒陵云云何レモ桓朝武以前ニ築造セシ大古墳ニテ由緒未詳				
大15.—	神戸史談會考古繪葉書　第五輯	東大寺重源上人木像 俊乗坊重源ハ東大寺ノ碩德ニシテ仁安二年渡唐台山ニ上リ阿羅漢ヲ拜シ明州ニテ舍利ノ瑞光ヲ見三年ヲ経テ歸朝ス治承四年十二月東大寺ハ平重衡ノ爲メニ伽藍ハ燒亡ス重源上人ニ勅シテ再興ノ大勸進職ニ補ス上人ハ身ヲ入ルヽバカリノ小車一輪ヲ作リ左ニ勅書右ニ幹蔬ヲツケテ諸國ヲ勸進シ經營辛苦十有年ニシテ三國無双ノ伽藍ヲ再建セリ且大輪田泊ハ平清盛ノ創作ニカヽルト雖モ一時頽壊ニ歸セシヲ上人建久七年六月上奏シテ大々的ノ築修ヲ企テ兵庫港ニ一生面ヲ開キタル偉功ハ千載不朽ノ功德ナリトス元久二年六月五入滅春秋八十六。		6 葉	神戸史談會出版部	1
		差方冢碑 此碑轉々シテ今ハ仲町二丁目十九番地ニアリ原地ハ今定カナラザレドモ多聞通六丁目ノ邊リナルベシ元ト荒田村ニ差方冢二ヶ所アリ此碑ハ下ノ差方冢ニ建テラレタルモノナレドモ其建立ノ年代詳カナラス文字ノ雄健古雅ナル点ヨリ推セハ決シテ近代ノモノニ非ス差方ハ棹ノ意ニテ治承四年平清盛福原遷都ヲ斷行セシ際九條兼實五條國綱等ニ命シテ新都ノ經營ヲナサシメタル時都ノ條里ヲ分ツ基点トシテ此二ヶ所ヲ定メタルモノヽ如シ所謂朱雀大路ニ當リシ地ナリ、上ノ差方冢ハ明治十八年ニ破壊シ下ノ差方冢ハ明治ノ初年既ニ原地ヲ失ヒタリ				
		志士瀧善三郎正信ノ牌 兵庫南仲町永福 瀧善三郎正信ハ岡山藩家老日置帶刀ノ家人ナリ帶刀一日兵ヲ卒ヒテ神戸通行ノ際偶々一隊ノ長タリシ正信ハ米佛國人ノ行列ヲ横斷セントスルヲ支ヘシモ聽カズ爭鬪ノ結果米國人ニ負傷セシメタルヨリ事外交問題ニ及ヒ英佛米蘭四國ノ公使硬強ノ要求ヲナスニ至リ朝議外難ヲ緩フル爲メ其要求ヲ容レ藩主池田茂政ニ諭シ正信ニ自殺ヲ命ス是ニ於テ正信ハ明治元年二月九日兵庫南仲町永福寺本堂ニ於テ各國使臣ノ前ニテ自刄ス 世ニ之ヲ三宮米人殺傷事件ト稱ス 辭世 きのふ見しゆめは今更ひきかへて神戸の浦に名をや殘さん				
		勝安房海軍操練所繪圖 海軍操練所ハ勝房州一個ノ私塾トシテ創建サレ神戸小野濱ニアリシガ元治元年ノ頃各藩ヨリ來ル所ノ生徒六十一名其中薩藩ノモノ二十一名アリシト學科ハ午前ニ蘭書ニテ文法ヲ研究シ數學運用術機開學ヲ學ビ午後ハ■劍柔道ノ如キ武術ヲ修メシトイフ慶應ノ初年勝氏ハ幕府ヨリ嫌疑ヲ受ケ江戸ニ呼戻サレシ爲メ操練所ハ閉鎖シタリトイフ當時ノ建築物ノ一部ハ湊山小學校ニ保存セリ 下ノ圖ハ神戸村ノ概圖ニテ操練所ノ位置ヲ示セルナリ○ハ主田神社ナレトモ書キ人レナシ 桃木書院藏				
		大塔宮令旨 伊豆國在廳北條遠江前司時政之子孫東夷等承久以來採四海於掌奉蔑如 朝家之處頃年之間殊高時相模入道之一族匪啻以武略藝業輕朝威剰奉左遷 當今皇帝於隱州惱宸襟亂國之條下刻上之至甚奇怪之間且爲加征伐且爲奉成遷幸所被召集西海道十五ケ國内群勢也各奉歸 帝徳早相催一門之輩卒軍勢不廻時日可令馳參戰場之由依大塔宮二品親王令旨之狀如件 元弘三年二月廿一日 左中將正恒 太山寺衆徒中 太山寺所藏				

年.月	題　名	添　書	図版番号	組数	発行所	分類
大15.—	神戸史談會考古繪葉書　第五輯	須磨一の谷老牛馬放生飼 東須磨村ハ舊高千石大阪ヨリノ海道中ノ大地租ニテ戸數百二十戸皆農ヲ業トセシ故牛百疋余ヲ有セリ毎年三月東西ニ組ヲ分チ東須磨札場ニ集リ何レモ小供十才ヨリ十五才マテノモノ牛一疋ッヽ曳キ來リ東ハノツタリ山西ハゼンゴ山ト分レ行キ牛ヲ放チタル上小供ハ山道ノ雑草ヲ除キ道作リヲナシテ歸ルコト古來ヨリ行ハレタル行事ニテ此二ヶ所ハ牧草多ク瘠牛ヲ放テハ能ク肥ユトイヒ傳タリ此ニ現ハセル趣意吾ハ此寺ノ傳說ニ原キ■起セシモノト見エテ天保年間ノ事ナリトイフ			神戸史談會出版部	
大15.—	神戸史談會考古繪葉書　第六輯	阿保親王御陵 此御陵ハ攝津國武庫郡打出村ニ在リ、阿保親王ハ平城天皇第三ノ皇子ニシテ母ハ蕃長藤原姫（葛井藤子）或云從五位上桑田（良藤繼道女）ナリト三品彈正尹兼上總太守ニ任セラル、承和九年十月薨ス年五十一位一品ヲ贈ラル、五子アリ大江音人、在原仲平、在原行平、在原守平、在原業平トス、傳ヘ云フ武庫菟原八部ノ三郡ノ地ハ親王釆邑ノ地ナリト	Ⅰ -429	6 葉	神戸史談會出版部	1
		神戸舊村古印 走水村 神戸村 北野村 二茶屋村 宇治野村 中宮村	Ⅰ -430			
		江家山房王寺蹟ト古瓦 房王寺蹟ハ神戸市長田村ノ東會下山ノ西ニアリ圖中中央山顚ノ松樹ハ俗ニ二本松ト稱ス之レ房王寺ノ經塚ナリト傳フ寺蹟ノ地ニ東大門、塔ノ木、大門跡、車寄セ、寺池谷、房王寺谷等ノ名存セリ、傳ヘイフ大江家ノ菩提寺ナリト而シテ仁和年中聞鏡上人ナルモノ此寺ヲ須磨ニ移セリ今ノ須磨寺是レナリト蓋シ遺蹟地ヨリハ大ナル礎石及古瓦ヲ出スコト夥シ以テ昔時ノ隆盛ナリシ俤ヲ偲ハシム或ハ平安朝初期ノ建築ニシテ或ル政争ノ爲メ滅亡シタルモノカ文献ノ徵スベキモノナシ。	Ⅰ -431			
		轉法輪寺五智如來像（國寶）此佛像ハ播磨國明石郡名谷村中山龍華山轉法輪寺ノ本尊ニシテ明治三十三年國寶ニ編入サル相貌優美ニシテ奇代ノ名作ナリトイフ寺傳ニヨレハ平城天皇延暦二十年御腦ノ時無量壽佛ノ像ヲ刻マシメ此地ニ安置セシメタリ大同元年ニ七堂伽藍ヲ建立セシメラレタレハ大同寺ノ稱アリ往時ハ寺領廣大ニシテ千坊谷ト稱スル地名殘レリ	Ⅰ -432			
		佐々木高綱鎧 播磨國明石郡太山寺什寶ニシテ佐々木四郎高綱武運長久祈願ノ爲メ當時ニ寄進セシモノナリト傳フ	Ⅰ -433			
		兵庫及ひ播磨俳人遺墨 別府の瓢水、加古川の青羅、玉屑、兵庫の來屯、一草、桐栖、大魯はいつれも世に知られたる當時の俳人にして來屯は兵庫の富豪北風貞幹（傳左衛門）の俳名にして大魯を師事せしものなり	Ⅰ -434			
昭2.1	教育博物舘繪葉書〔第壹輯〕大典記念	山口県縣立教育博物舘全景		6 葉	山口縣立教育博物舘	1
		昭和御大典參列内閣總理大臣男爵田中義一着用 衣冠束帶及佩刀				
		十五糎反射望遠鏡ニテ撮影シタル月				
		クマタカ				
		トラ シベリヤ產				
		石棺二種 山口市字赤妻古墳ニテ發掘				
昭2.3	*佐渡國分寺古瓦繪葉書*	佐渡國分寺古瓦（山本半藏氏）	Ⅰ -276	10 葉	新町池田	2
		佐渡國分寺古瓦（山本半藏氏）	Ⅰ -277			
		佐渡國分寺古瓦（山本半藏氏）	Ⅰ -278			
		佐渡國分寺古瓦（山本半藏氏）	Ⅰ -279			
		佐渡國分寺古瓦（山本半藏氏）	Ⅰ -280			
		佐渡國分寺古瓦（山本半藏氏 本間周敬氏）	Ⅰ -281			
		佐渡國分寺古瓦（山本半藏氏 本間周敬氏）	Ⅰ -282			
		佐渡國分寺古瓦（山本半藏氏. 眞野校）	Ⅰ -283			
		佐渡國分寺古瓦（岡崎盛一氏）（西三川村小泊出土の内）	Ⅰ -284			
		佐渡國分寺七重塔礎石 同寺所藏古瓦	Ⅰ -285			
昭2.5	*考古學會第三十二回總會 記念繪葉書*	『高橋健自撰 下野考古資料』		50 葉	—	3
昭2.5	昭和二年五月廿二日 考古學會第卅二總集會記念繪葉書 五枚一組 志村寫眞版印刷所寄贈	土馬（出雲國八束郡美保關町美保關神社境内發掘）	Ⅱ -468	5 葉	考古學會	3
		五輪塔・水晶器・舍利筒・盤（沼津市本字鄉村淺間神社々有地内發掘）	Ⅱ -469			
		彩文壺（支那新彊省發見）	Ⅱ -470			
		鏡面毛彫藥師像（元德三年有銘菊水双鶴鏡）	Ⅱ -471			
		カテキサマ（栃木縣龍江院藏）	Ⅱ -472			
昭2.5	昭和二年五月廿二日 考古學會第三十二總會記念 三宅米吉寄贈	大和唐古發見彌生式土器殘缺	Ⅱ -473	4 葉	三宅米吉	3
		武藏下沼部發掘埴輪殘片（無斷禁轉載）	Ⅱ -474			
		大和發掘銀釵	Ⅱ -475			

		美濃稻葉郡前宮村發掘杏葉	Ⅱ -476			
昭2.5	昭和二年五月廿二日 考古學會第三十二總會記念 高橋健自寄贈	唐太宗陵邊出土蓮華文瓦當（經約一三糎）高橋健自藏	Ⅱ -477	2 葉	高橋健自	3
		樂浪出土「樂浪禮官」瓦當 高橋健自藏	Ⅱ -478			
昭2.5	昭和二年五月廿二日 考古學會第三十二總會記念 後藤守一寄贈	埴輪男子土偶（野崎彦左衛門氏藏）	Ⅱ -479	2 葉	後藤守一	3
		埴輪男子土偶（野崎彦左衛門氏藏）	Ⅱ -480			
昭2.5	昭和二年五月廿二日 考古學會第三十二總會記念 石田茂作寄贈	舍利壺と五寶（朝鮮慶州發見・大邱市田次郎藏）	Ⅱ -481	2 葉	石田茂作	3
		金銅百濟佛像（朝鮮扶餘發見・同地考古館藏）	Ⅱ -482			
昭2.5	昭和二年五月廿二日 考古學會第三十二總會記念 入田整三寄贈	帶金具（五銖錢ヲ銙ニ應用シタルモノ）（１）	Ⅱ -483	2 葉	入田整三	3
		帶金具（五銖錢ヲ銙ニ應用シタルモノ）（２）	Ⅱ -484			
昭2.5	昭和二年五月廿二日 考古學會第三十二總會記念 溝口禎次郎寄贈	川端玉章書簡	Ⅱ -485	2 葉	溝口禎次郎	3
		寺崎廣業書簡	Ⅱ -486			
昭2.5	昭和二年五月廿二日 考古學會第三十二回總會記念 上羽貞幸寄贈	江戸時代めんこ 上羽貞幸藏	Ⅱ -487	3 葉	上羽貞幸	3
		江戸時代めんこ 上羽貞幸藏	Ⅱ -488			
		江戸時代めんこ型 上羽貞幸藏	Ⅱ -489			
昭2.5	昭和二年五月廿二日 考古學會第三十二回總會記念 杉山壽榮男寄贈	台灣パイワン族 兜 杉山壽榮男藏	Ⅱ -490	3 葉	杉山壽榮男	3
		台灣アミ族 古土器 杉山壽榮男藏	Ⅱ -491			
		上 台灣パイワン族 櫛 下 台灣ツアリセン族 櫛 杉山壽榮男藏	Ⅱ -492			
昭2.7	人類學參考品圖集 第一輯	1 下總國北相馬郡文間村立木貝塚 1／2	Ⅱ -596	10 葉	東京人類學會	2
		2 常陸國稻敷郡大須賀村福田貝塚 1／2	Ⅱ -597			
		3 下總國海上郡海上村余山貝塚 1／2	Ⅱ -598			
		4 羽後國南秋田郡馬川村高崎字中山 1／2	Ⅱ -599			
		5 常陸國稻敷郡高田村椎塚貝塚 1／2	Ⅱ -600			
		6 陸奥國二戸郡福岡町 1／2	Ⅱ -601			
		7 常陸國稻敷郡高田村椎塚貝塚 1／3	Ⅱ -602			
		8 北海道 1／2	Ⅱ -603			
		9 常陸國稻敷郡大須賀村福田貝塚 1／2	Ⅱ -604			
		10 陸奥國西津輕郡舘岡村亀ヶ岡 2／3	Ⅱ -605			
昭2.9	人類學參考品圖集 第二輯	11 武藏國荏原郡大森貝塚 東京帝國大學人類學教室所藏 2／3	Ⅱ -606	10 葉	東京人類學會	2
		12 陸奥國中津輕郡裾野村十面澤 東京帝國大學人類學教室所藏 2／3	Ⅱ -607			
		13 常陸國稻敷郡高田村椎塚貝塚 東京帝國大學人類學教室所藏 1／2	Ⅱ -608			
		14 下總國海上郡海上村余山貝塚 東京帝國大學人類學教室所藏 1／2	Ⅱ -609			
		15 常陸國稻敷郡大須賀村福田貝塚 東京帝國大學人類學教室所藏 1／3	Ⅱ -610			
		16 常陸國新治郡土浦町附近 東京帝國大學人類學教室所藏 1／3	Ⅱ -611			
		17 常陸國稻敷郡大須賀村福田貝塚 東京帝國大學人類學教室所藏 1／2	Ⅱ -612			
		18 常陸國稻敷郡高田村椎塚貝塚 東京帝國大學人類學教室所藏 1／2	Ⅱ -613			
		19 常陸國稻敷郡安中村馬掛陸平貝塚 東京帝國大學人類學教室所藏 1／2	Ⅱ -614			
		20 陸奥國中津輕郡裾野村十腰内 東京帝國大學人類學教室所藏 1／2	Ⅱ -615			
昭2.11	伊勢神宮 明治神宮 北野神社 奉納鏡劍繪葉書	伊勢神宮奉納 大鏡 大阪工廠作圖案津端道彦畫 太刀拵付 備前長船則光作 掛軸（旭日舞鶴）近藤樵仙筆 奉納者 本山彦一 昭和二年十一月三日第一明治節		3 葉	本山彦一	—
		明治神宮奉納 太刀（銘餘光萬世）月山貞一作 大鏡 大阪工廠作圖案津端道彦畫 奉納者 本山彦一 昭和二年十一月三日第一明治節				
		北野神社奉納大鏡 大阪工廠作 圖案香取秀眞畫 奉納者 本山彦一 昭和二年十一月三日第一明治節				
昭2.11	史蹟史料展覽記念繪葉書	扇面法華經ノ一（四天王寺藏）		8 葉	史蹟名勝天然紀念物保存協會大阪支部	5
		（國寶）傳聖德太子七種御懸守（大阪市 四天王寺藏）				
		（國寶）高屋連枚人墓誌（寶龜七年）（叡福寺藏）				
		象牙耶蘇磔刑像（三島郡 大神金十郎氏藏）				
		銅製切支丹メタル（茨木中學校藏）				
		銅鐸（府下出土）三箇（右 三島郡池上巖氏藏 中 南河内郡田中彦太郎氏藏 左 泉南郡林昌寺藏）				
		齋瓮（高安出土）（中河内郡 岩本文一氏藏）				
		中河内郡高井田横穴壁畫ノ一				
昭2.12	昭和二年十一月 考古資料繪葉書 第一集	1 信濃國上高井郡ニカゴ塚		5 葉	考古學研究會	2
		2 大和國生駒郡都跡村佐紀發掘琴柱形石製品				
		3 羽前國東村山郡出羽村大字漆山發見櫛				
		4 岩代國玉之井皇塚發掘石製模造櫛				
		5 備中下道氏某夫人墓志片				

年.月	題　名	添　書	図版番号	組 数	発 行 所	分類
昭2.12	昭和二年十二月 考古資料繪葉書 第二集 安養寺佛像	1．安養寺藥師如來正面		5 葉	考古學研究會	2
		2．安養寺釋迦如來正面				
		3．安養寺阿彌陀如來正面				
		4．安養寺阿彌陀如來側面				
		5．安養寺阿彌陀如來顔面				
昭2.12	備後御領 國分寺古瓦 幷古代遺物	備後御領出土國分寺古瓦	Ⅰ-516	5 葉	—	2
		備後御領出土國分寺古瓦	Ⅰ-517			
		備後御領出土品（石器）	Ⅰ-518			
		備後御領出土品（古鏡及勾玉類）	Ⅰ-519			
		備後御領出土品（土器）	Ⅰ-520			
昭 2.—	昭和貳年發掘（非賣品）鳴海町 元始時代 研究資料繪葉書	矢切（小字名）地内ニ在ル貝塚 立テル人ノ前ニ在ル點々タル白キ物ハ即チ貝殻也	Ⅰ-333	8 葉	野村三郎	6
		貝塚ヨリ出デタル石器時代ノ遺物石鏃 完全ナルモノ破損セルモノ粗製品ヲ含ム	Ⅰ-334			
		貝塚ヨリ出デタル石器時代ノ遺物 左方第一列ノ上ノ二個ハ陶丸ニテ其下ノ一個ハ石錘ナリ他ノ十個ハ破損セル石斧	Ⅰ-335			
		貝塚ヨリ出デタルアイヌ式土器ノ破片	Ⅰ-336			
		貝塚ヨリ出デタル土器　祝部式前列右ヨリ五．六．陶式前列右ヨリ三．第二列右ヨリ一二　彌生式前記以外全部	Ⅰ-337			
		貝塚附近ノ古窒ヨリ出デタル土器（行基燒ト稱ス）	Ⅰ-338			
		貝塚ヨリ出デタル人骨	Ⅰ-339			
		貝塚ヨリ出デタル物 右 鹿角 中 獸骨 左 貝殻	Ⅰ-340			
昭 2.—	—	南滿洲貔子窩發掘遺蹟遠景（東方考古學協會）		不 明	東方考古學會	6
		南滿洲貔子窩出土人骨幷伴出遺物（東方考古學協會）				
		南滿洲貔子窩出土瓦甗（東方考古學協會）				
昭 2.—	—	慶州掛陵（新羅文武王の墓と稱するもの）昭和二年八月八日滿鮮見學旅行記念 久保田辰一郎 久保田辰彦撮影		不 明	久保田辰一郎	7
昭3.4	人類學參考品圖集 第三輯	21 常陸國稻敷郡高田村椎塚貝塚 東京帝國大學人類學教室所藏 1/3	Ⅱ-616	10 葉	東京人類學會	2
		22 羽後國北秋田郡七座村麻生 東京帝國大學人類學教室所藏 1/2	Ⅱ-617			
		23 陸中國膽澤郡水澤町 東京帝國大學人類學教室所藏 1/4	Ⅱ-618			
		24 甲斐國東八代郡岡村字銚子原 東京帝國大學人類學教室所藏 1/3	Ⅱ-619			
		25 常陸國稻敷郡高田村椎塚貝塚 東京帝國大學人類學教室所藏 1/2	Ⅱ-620			
		26 陸奥國西津輕郡舘岡村亀ヶ岡 東京帝國大學人類學教室所藏 1/3	Ⅱ-621			
		27 下總國海上郡海上村余山貝塚 東京帝國大學人類學教室所藏 1/2	Ⅱ-622			
		28 常陸國稻敷郡大須賀村福田貝塚 東京帝國大學人類學教室所藏 1/3	Ⅱ-623			
		29 信濃國上伊那郡（手良村？）東京帝國大學人類學教室所藏 1/3	Ⅱ-624			
		30 越中國氷見郡朝日町貝塚 東京帝國大學人類學教室所藏 1/3	Ⅱ-625			
昭3.5	昭和三年五月二十日 考古學會第三十三回總會記念〔第一輯〕	十一面觀音石像〔細川侯爵家藏〕	Ⅱ-493	6 葉	考古學會	3
		石彫天尊像〔細川侯爵家藏〕	Ⅱ-494			
		三彩水瓶〔細川侯爵家藏〕	Ⅱ-495			
		裝馬像〔細川侯爵家藏〕	Ⅱ-496			
		金銅槌出佛〔細川侯爵家藏〕	Ⅱ-497			
		三彩獅子像〔細川侯爵家藏〕	Ⅱ-498			
昭3.5	昭和三年五月二十日 考古學會第三十三回總會記念〔第二輯〕	銅製馬車〔細川侯爵家藏〕	Ⅱ-499	6 葉	考古學會	3
		銅壺〔細川侯爵家藏〕	Ⅱ-500			
		金文銅盤〔表〕〔細川侯爵家藏〕	Ⅱ-501			
		金文銅盤〔裏〕〔細川侯爵家藏〕	Ⅱ-502			
		金銀象嵌筒形銅噐〔細川侯爵家藏〕	Ⅱ-503			
		錢弘俶八万四千塔〔細川侯爵家藏〕	Ⅱ-504			
昭3.5	*考古學會第三十三回總會 記念繪葉書*	*騎馬人物俑繪葉書*		不 明	伊藤庄兵衛	3
昭3.5	*考古學會第三十三回總會 記念繪葉書*	*正福寺繪葉書*		不 明	田邊泰	3
昭3.5	*考古學會第三十三回總會 記念繪葉書*	*漢代龍文塼及び瓦當繪葉書*		不 明	木村貞吉	3
昭3.5	*考古學會第三十三回總會 記念繪葉書*	*臺灣生蕃土俗品繪葉書*		不 明	田村壯次郎	3

昭3.5	昭和三年五月廿日 考古學會第三十三回總會記念 杉山壽榮男贈	楯 ボルネオ 臺灣 アウストラリア 杉山壽榮男藏	Ⅱ-505	3 葉	杉山壽榮男	3
		楯 ボルネオ 籐製 アフリカ 皮革製 杉山壽榮男藏	Ⅱ-506			
		楯 インド 金屬製 シヤム 龜甲製 杉山壽榮男藏	Ⅱ-507			
昭3.5	昭和三年五月廿日 考古學會第三十三回總會記念 工藝美術研究會贈	埴輪 下總國我孫子 上野國 千壽堂藏	Ⅱ-508	3 葉	工藝美術研究會	3
		捩文鏡 同心半圓文鏡 信濃國埴科郡 千壽堂藏	Ⅱ-509			
		四鳥文鏡 上野國 双獸文鏡 和泉國大鳥郡 千壽堂藏	Ⅱ-510			
昭3.5	*考古學會第三十三回總會 記念繪葉書*	*京都帝國大學考古學教室標本繪葉書*		不 明	—	3
昭3.5	*考古學會第三十三回總會 記念繪葉書*	*(不明)*		不 明	三宅米吉	3
昭3.5	考古學會第三十三回總會 記念	菊盤繪雙雀鏡 高橋健自藏	Ⅱ-511	2 葉	高橋健自	3
		武藏國分寺巴瓦 花蕾駢列式 上面に珂字篦書あり 高橋健自藏	Ⅱ-512			
昭3.5	*考古學會第三十三回總會 記念繪葉書*	*(不明)*		不 明	溝口禎次郎	3
昭3.5	*考古學會第三十三回總會 記念繪葉書*	*(不明)*		不 明	原田淑人	3
昭3.5	*考古學會第三十三回總會 記念繪葉書*	*(不明)*		不 明	入田整三	3
昭3.5	*考古學會第三十三回總會 記念繪葉書*	*(不明)*		不 明	石田茂作	3
昭3.7	人類學參考品圖集 第四輯	31 羽後國北秋田郡七座村大字麻生 東京帝國大學人類學教室所藏 3 / 5	Ⅱ-626	10 葉	東京人類學會	2
		32 陸奥國南津輕郡碇關村古懸字山元無澤 東京帝國大學人類學教室所藏 2 / 7	Ⅱ-627			
		33 陸奥國中津輕郡裾野村十腰内 東京帝國大學人類學教室所藏 1 / 2	Ⅱ-628			
		34 武藏國荏原郡目黒町上目黒 東京帝國大學人類學教室所藏 2 / 3	Ⅱ-629			
		35 磐城國雙葉郡幾代橋村百間澤 東京帝國大學人類學教室所藏 1 / 1	Ⅱ-630			
		36 信濃國諏訪郡豊平村廣見 東京帝國大學人類學教室所藏 2 / 5	Ⅱ-631			
		37 陸奥國中津輕郡裾野村十腰内 東京帝國大學人類學教室所藏 1 / 2	Ⅱ-632			
		38 陸中國九戸郡輕米村輕米 東京帝國大學人類學教室所藏 2 / 3	Ⅱ-633			
		39 陸奥國中津輕郡裾野村十面澤 東京帝國大學人類學教室所藏 2 / 3	Ⅱ-634			
		40 下總國猿島郡弓馬田村駒寄 東京帝國大學人類學教室所藏 1 / 2	Ⅱ-635			
昭3.8	滯歐二年の記念として 昭和三年八月	シシリー島シラクサ希臘劇場（紀元前五世紀創設羅馬時代改築）（時野谷生寫）		7 葉	時野谷常三郎	7
		フランス．ニームの圓形劇場（ローマ帝政時代創立）（時野谷生寫）				
		ギリシヤ．舊コリント．アポロ神殿廢墟（時野谷生寫）				
		イギリス．ロンドン塔（ヴアイワード塔の一角）（時野谷生寫）				
		ドイツ．ラインスベルヒ城（フリードヒ大王皇太子時代の居館）（時野谷生寫）				
		ドイツ．フアウエン インゼル（孔雀島）（プロシヤ王家の離宮園有所在地（時野谷生寫）				
		ブレンネル越の雪景（墺以兩國間アルプ地方）（時野谷生寫）				
昭3.*9*	—	阿哲郡矢神村西江瓢簞塚ヨリ出タル埴輪土偶（昭和三年九月發掘）	Ⅰ-511	不 明	—	6
昭3.10	昭和三年十月發掘 南滿洲牧羊城遺蹟 THE EXCAVATION AT MU-YANG-CH'ENG NEAR PORT ARTHUR, MANCHURIA.	南滿洲老鐵山麓牧羊城址		7 葉	東亞考古學會	6
		南滿洲老鐵山麓牧羊城址發掘狀景				
		南滿洲老鐵山麓牧羊城附近貝墓				
		南滿洲老鐵山麓牧羊城附近發見甕棺				
		南滿洲老鐵山麓牧羊城附近石墓發見銅釧瑪瑙製環及珠				
		南滿洲老鐵山麓牧羊城址發見瓦當				
		南滿洲老鐵山麓牧羊城附近石墓發見土器				
昭3.12	瓦甓集古 第一輯 日本古瓦文様拓本展覽會記念	法隆寺 巴瓦 徑六寸四分 推古時代 宮川寅雄氏藏拓本		12 葉	早稲田第二高等學院學術部	5
		法隆寺 疏瓦 長サ一尺二寸 厚サ二寸 推古時代 宮川寅雄氏藏拓本				
		山田寺 巴瓦 徑四寸九分 白鳳時代 會津八一氏藏拓本				
		東大寺法華堂 巴瓦 徑六寸一分 天平時代 會津八一氏藏拓本				
		平城宮 巴瓦 徑五寸二分 天平時代 會津八一氏藏拓本				
		玄昉頭 疏瓦 長サ一尺 厚サ二寸二分 天平時代 會津八一氏藏拓本				

年.月	題名	添書	図版番号	組数	発行所	分類
昭3.12	瓦壁集古 第一輯 日本古瓦文様拓本展覽會記念	平城宮 疏瓦 長サ八寸五分 厚サ二寸四分 天平時代 會津八一氏藏拓本			早稲田第二高等學院學術部	
		法隆寺 疏瓦 長サ六寸二分 厚サ二寸 天平時代 宮川寅雄氏藏拓本				
		西寺 疏瓦 長サ九寸五分 厚サ二寸五分 平安時代 會津八一氏藏拓本				
		弘福寺 巴瓦 徑五寸八分 鎌倉時代 會津八一氏藏拓本				
		桃山城 巴瓦 徑四寸四分 桃山時代 會津八一氏藏拓本				
		東大寺大佛殿 巴瓦 徑九寸五分 德川時代 會津八一氏藏拓本				
昭3.12	瓦壁集古 第二輯 日本古瓦文様拓本展覽會記念	久米寺 巴瓦 半徑三寸一分 推古時代 會津八一氏藏拓本		13 葉	早稲田第二高等學院學術部	5
		法隆寺 疏瓦 長サ九寸八分 厚サ二寸 推古時代 宮川寅雄氏藏拓本				
		額安寺 巴瓦 徑六寸 白鳳時代 會津八一氏藏拓本				
		飛鳥寺 巴瓦 徑五寸八分 天平時代 會津八一氏藏拓本				
		法隆寺 疏瓦 長サ八寸九分 厚サ二寸一分 天平時代 相川龍雄氏藏拓本				
		大安寺 疏瓦 長サ八寸三分 厚サ一寸八分 天平時代 會津八一氏藏拓本				
		平城宮 疏瓦 長サ八寸八分 厚サ一寸四分 天平時代 會津八一氏藏拓本				
		唐招提寺 疏瓦 長サ八寸八分 厚サ一寸六分 平安時代 會津八一氏藏拓本				
		西寺 疏瓦 長サ九寸五分 厚サ二寸五分 平安時代 會津八一氏藏拓本				
		東大寺東塔院 巴瓦 徑四寸九分 鎌倉時代 會津八一氏藏拓本				
		法隆寺 巴瓦 徑五寸四分 鎌倉時代 宮川寅雄氏藏拓本				
		菅原寺 疏瓦 長サ六寸七分 厚サ一寸五分 室町時代 會津八一氏藏拓本				
		法隆寺 巴瓦 徑五寸一分 德川時代 會津八一氏藏拓本				
昭4.2	*土器繪はがき 一*	*(不明)*		不 明	陸東土俗研究會	5
昭4.2	*土器繪はがき 二*	*(不明)*		不 明	陸東土俗研究會	5
昭4.4	史蹟上芝古墳圖版	(一) 上芝古墳址全景	Ⅰ-181	8 葉	箕輪史蹟保存會	6
		(二) 上芝古墳埴輪人形武裝及平裝ノ男子	Ⅰ-182			
		(三) 上芝古墳埴輪婦人及馬首	Ⅰ-183			
		(四)				
		(五)				
		(六) 上芝古墳内部土留石土壘	Ⅰ-184			
		(七) 上芝古墳前方部土留石壘	Ⅰ-185			
		(八) 上芝古墳址實測圖	Ⅰ-186			
昭4.5	昭和四年五月 第三十四回總會記念	近江野州郡野州町小篠原發掘銅鐸(高四尺四寸八分)	Ⅱ-513	2 葉	考古學會	3
		朝鮮樂浪郡遺蹟發見漢代木棺	Ⅱ-514			
昭4.5	昭和四年 考古學會研究旅行記念 志村寫眞版印刷所寄贈	武藏慈光寺藏藏王權現	Ⅱ-515	4 葉	考古學會	3
		武藏慈光寺藏花瓶(德治三年銘)	Ⅱ-516			
		武藏慈光寺藏金剛鈴	Ⅱ-517			
		武藏鎌形八幡藏懸佛	Ⅱ-518			
昭4.5	*考古學會第三十四回總會 記念繪葉書*	*臺灣蕃族繪葉書*		不 明	杉山壽榮男	3
昭4.5	*考古學會第三十四回總會 記念繪葉書*	*北海道アイヌ繪葉書*		不 明	田村壯次郎	3
昭4.5	*考古學會第三十四回總會 記念繪葉書*	*足利考古資料繪葉書*		不 明	丸山源八	3
昭4.5	*考古學會第三十四回總會 記念繪葉書*	*(不明)*		不 明	溝口禎次郎	3
昭4.5	*考古學會第三十四回總會 記念繪葉書*	*吉田新田古文書繪葉書*		不 明	吉田勘兵衞	3
昭4.晩春	吉備古瓦繪葉書 鄕土博物館開館に際し	奈良時代 上道寺 後月寺 加夜寺 上道寺 上道郡高嶋村 後月寺 後月郡西江原町 加夜寺 吉備郡服部村	Ⅰ-512	3 葉	玉井伊三郎	3
		平安時代 朝原寺 朝原寺 上道寺 朝原寺 都窪郡菅生村 上道寺 上道郡高嶋村	Ⅰ-513			
		鎌倉時代 日差寺 淨土寺 清水寺 日差村 都窪郡庄村 淨土寺 上道郡高嶋村 清水寺 御津郡馬屋下村	Ⅰ-514			
昭4.10	鏡劍璽特別展覽會繪葉書 甲	國寶人物畫象鏡(紀伊國八幡神社藏)(徑一九. 七五糎)		10 葉	帝室博物館	5
		盤龍鏡(宮内省諸陵寮藏)上野國北甘樂郡額部村大字南後閑發掘)(徑二四. 六糎)				
		家屋文鏡(宮内省諸陵寮藏)大和國北葛城郡河合村大字佐昧田發掘)(徑二二. 八糎)				
		居攝元年有銘内行花文鏡(守屋孝藏氏藏)平安南道大同郡大同江面發掘(一三. 七糎)				

		瑞花狻猊方鏡 山城國葛野郡松尾村大字下山田發掘（徑一三.四糎）				
		甜瓜蟲雀鏡 山城國紀伊郡深草村稻荷山經塚發掘（徑一一.五糎）				
		網代地蝶鳥鏡（信濃國埴科郡城城村字背名發掘）（徑八.三糎）				
		御物伯牙彈琴鏡（徑二七・八糎）				
		飛雲鳳馬八稜鏡（東京美術學校藏）（徑二〇.九糎）				
		飛天迦陵頻伽八花鏡（守屋孝藏氏藏）（徑二九.二糎）				
昭4.10	鏡劍璽特別展覧會繪葉書 乙	黒造横刀（皇大神宮御神寶模造）雜作横刀（皇大神宮御神寶撤下品）		10 葉	帝室博物館	5
		毛抜形太刀（伊勢徴古館藏傳藤原秀鄕太刀模造）兵庫鎖太刀（嚴島神社藏牡丹造太刀模造）銀造野太刀 蝦夷拵太刀				
		飾太刀（伯爵橋本實穎出品）飾太刀（公爵九條道實出品）飾太刀（公爵九條道實出品）				
		螺鈿太刀 螺鈿太刀 蒔繪太刀（公爵九条條道實氏藏）蒔繪太刀（公爵九条條道實氏藏）				
		絲卷太刀 革巻太刀 黒漆太刀 半太刀				
		打刀（傳明智光春所用）大小（大）大小（小）				
		赤木柄腰刀 巴造腰刀 柄曲腰刀 藤丸腰刀 海老鞘腰刀 蝦夷拵腰刀				
		畠田守家作太刀身				
		二代康繼作刀身				
		粟田口吉光作短刀身				
昭4.10	鏡劍璽特別展覧會繪葉書 丙 原色版	硬玉製勾玉 發見地未詳 播磨國加東郡小野町 右ニ同ジ 帝室博物館藏	Ⅱ -390	2 葉	帝室博物館	5
		勾玉、丸玉、小玉 讃岐國仲多渡郡白方村（琺瑯製）肥後國玉名郡江田村（ガラス製）筑後國八女郡長峯村（琺瑯製）肥前國東松浦郡玉島村（ガラス製）備前國邑久郡邑久村（綠色）攝津國武庫郡本山村（水色）上野國北甘樂郡福島村（黄色）ガラス製 備前國邑久郡邑久村（ガラス製）筑前國糟屋郡須惠村（ガラス製）帝室博物館藏	Ⅱ -391			
昭4.11	—	大森貝塚記念碑 昭和四年十一月三日竣工	Ⅰ -231	不 明	—	3
昭 4 .—	史前學繪葉書 第一輯	*1*		8 葉	史前學會	2
		2				
		3 原石 Eolitn 英國出土 大山史前學研究所藏				
		4 舊石器 アシュレアン握り槌 佛國出土 大山史前學研究所藏				
		5 舊石器 ソルトレアン石器及骨器 スペイン・アルタミラ洞窟出土 大山史前學研究所藏				
		6 祖形直刄斧 佛國出土 祖形曲刄斧 デンマーク出土 大山史前學研究所藏				
		7 北歐新石器時代薄形斧 デンマーク出土 大山史前學研究所藏				
		8 各地新石器 大山史前學研究所藏				
昭 4 .—	史前學繪葉書 第二輯	9 埼玉縣南埼玉郡綾瀬村關山貝塚 1 / 3 大山史前學研究所藏		8 葉	史前學會	2
		10 神奈川縣高座郡新磯村字勝坂 1 / 3 大山史前學研究所藏				
		11 茨城縣北相馬郡文間村小文間貝塚 1 / 3 大山史前學研究所藏				
		12 埼玉縣南埼玉郡柏崎村眞福寺貝塚 1 / 2 大山史前學研究所藏				
		13 神奈川縣都築郡新田村字高田 1 / 3 大山史前學研究所藏				
		14 神奈川縣高座郡新磯村字勝坂 1 / 3 大山史前學研究所藏				
		15 石器 4 / 5 大山史前學研究所藏				
		16 石器時代裝飾品 1 / 1 大山史前學研究所藏				
昭5.3	文部省指定保存地 史蹟繪はがき 千葉縣香取郡良文村貝塚	鄉社豊玉姫神社（良文村貝塚）	Ⅰ -220	8 葉	貝塚史蹟地保存會	6
		文部省指定保存地ノ一部 ×印第二斷面層（良文村貝塚）	Ⅰ -221			
		史蹟地發掘ノ光景 中央大山公爵（良文村貝塚）	Ⅰ -222			
		文部省指定保存地 第一斷面層（良文村貝塚）	Ⅰ -223			
		香爐形顔面付土器（良文村貝塚出土）	Ⅰ -224			
		各種土器（良文村貝塚出土）	Ⅰ -225			
		各種土器及骨角器貝類（良文村貝塚出土）	Ⅰ -226			
		各種石器（良文村貝塚出土）	Ⅰ -227			
昭5.3	人類學參考品圖集 第五輯	41 下總國千葉郡貝塚村貝塚 2 / 3	Ⅱ -636	10 葉	東京人類學會	2

年.月	題　　名	添　　　書	図版番号	組 数	発　行　所	分類
昭5.3	人類學參考品圖集 第五輯	42 a. 北海道 b. 信濃國南佐久郡榮村高野町 c. 磐城國相馬郡新地村 d. 常陸國稻敷郡阿波村四箇字平　1 / 2	Ⅱ -637		東京人類學會	
		43 a. 下總國海上郡海上村余山 b. 常陸國筑波郡板橋村神生 d. 同稻敷郡阿波村 c. 遠江國濱名郡雄踏村長者平 e. 東京市本郷區向ヶ岡 f. 信濃國東筑摩郡鹽尻村 g. 武藏國荏原郡調布村下沼部 h. 陸奥國西津輕郡森田村床舞　2 / 3	Ⅱ -638			
		44　a. 上総國門前貝塚 b. 下野國鬼打平　c. 陸奥國龜ヶ岡 d. 大隅國中原　e. 越後國西蓑口　f. 陸中國鍬ヶ崎　2 / 3	Ⅱ -639			
		45 北海道北見國禮文島　2 / 3	Ⅱ -640			
		46 下總國東葛飾郡葛飾村古作貝塚　1 / 2　1 / 3	Ⅱ -641			
		47 a. 信濃國東筑摩郡鹽尻村 c. 下總國香取郡栗源村 b. 武藏國北多摩郡東村山村廻田小字中野割　1 / 3	Ⅱ -642			
		48 a.b. 武藏國西多摩郡青梅町 c. 越中國氷見郡宇波村大境洞窟　1 /15	Ⅱ -643			
		49 a. 越後國中魚沼郡田澤村桂地 b. 下野國那須郡伊王野村 c. 飛騨國益田郡小坂町長瀬古子　1 / 5	Ⅱ -644			
		50 a. 未詳 b. 陸奥國三戸郡八戸町 c. 函舘灣口　1 / 4	Ⅱ -645			
昭5.3	埼玉縣東兒玉村 沼上古代瓦窯繪はかき	埼玉縣東兒玉村沼上古代瓦窯全景	Ⅰ -215	5 葉	沼上古代瓦窯保存協贊會	6
		埼玉縣東兒玉村沼上古代瓦窯	Ⅰ -216			
		埼玉縣東兒玉村沼上古代瓦窯底部	Ⅰ -217			
		埼玉縣東兒玉村沼上古代瓦窯實測圖	Ⅰ -218			
		埼玉縣東兒玉村沼上古代瓦窯發見の遺瓦	Ⅰ -219			
昭5.3	安藝鄉土史料集　第一輯	石器		8 葉	安藝鄉土研究會	1
		土器				
		神獸鏡				
		須惠器				
		安藝國分寺本尊藥師佛				
		安藝國分寺古瓦 其一				
		安藝國分寺古瓦 其二				
		天保年間西條地方繪圖				
昭5.4	鎭礎式記念（繪ハガキ）	大倉精神文化研究所全景		5 葉	大倉精神文化研究所	3
		大倉精神文化研究所ノ位置				
		大倉精神文化研究所敷地内ヨリ發掘セル石斧（皇紀二千五百八十九年十一月發掘）				
		大倉精神文化研究所敷地内ヨリ發掘セル繩文式土器（皇紀二千五百八十九年十一月發掘）				
		大倉精神文化研究所敷地内ヨリ發掘セル彌生式土器（皇紀二千五百八十九年十一月發掘）				
昭5.5	昭和五年五月 考古學會第卅五回總會 益田男爵所藏品展觀記念 志村寫眞印刷所寄贈	銀鋺（支那西安北黄山出土）	Ⅱ -519	5 葉	考古學會	3
		過去現在因果經	Ⅱ -520			
		伊福吉部德足骨壺	Ⅱ -521			
		金銅製鉢	口絵 4 / Ⅱ -522			
		金銅製杏葉（傳上野國發掘）	Ⅱ -523			
昭5.5	*考古學會第三十五回總會 記念繪葉書*	*『佐渡國分寺古瓦繪葉書』*		10 葉	—	3
昭5.5	*考古學會第三十五回總會 記念繪葉書*	*五鈷鈴繪葉書*		不 明	廣瀬都巽	3
昭5.5	*考古學會第三十五回總會記念繪葉書*	土佐國土佐郡森村銅鐸 鐸身長一尺四寸五分 鈕高四寸五分 肩長經五寸五分 口長經九寸八分七厘	Ⅱ -526	1 葉	坪井九馬三	3
昭5.5	昭和五年五月 考古學會第三十五回總會紀念 木村貞吉	漢神獸壺（元奉天宮殿内飛龍閣藏）明治三十八年九月 大熊喜邦氏撮影 昭和五年五月印刷	Ⅱ -524	2 葉	木村貞吉	3
		唐寶相鑑（元奉天宮殿内飛龍閣藏）明治三十八年九月 大熊喜邦氏撮影 昭和五年五月印刷	Ⅱ -525			
昭5.9	橋本關雪氏藏 第二回 外邦古陶器展觀繪葉書	彩文土器 支那甘肅省出土 橋本關雪氏藏		12 葉	恩賜京都博物館	5
		耳附大坩 波斯製 橋本關雪氏藏				
		鉢 波斯製 橋本關雪氏藏				
		德利 波斯製 橋本關雪氏藏				
		獸口手附德利 波斯製 橋本關雪氏藏				
		水坩（レキトス）西紀前三－四世紀 橋本關雪氏藏				
		坩（アンフオラー）西紀前三－四世紀 橋本關雪氏藏				
		坩（アンフオラー）西紀前五－六世紀 橋本關雪氏藏				
		油坩（アラバロス）西紀前七－八世紀・油坩（アラバストルン）西紀前七－八世紀 橋本關雪氏藏				
		水注（オイノコ）西紀前九世紀 橋本關雪氏藏				
		混合噐（クラター）西紀前三－四世紀 橋本關雪氏藏				
		手付壺 スペイン製 西紀前十五－六世紀 橋本關雪氏藏				
昭5.10	青森縣是川村 石噐時代遺物繪葉書(一)	1　石器時代遺跡の全景 青森縣三戸郡是川村字中居	Ⅰ -28	12 葉	八戸鄉土會	2

		2 是川遺跡炉跡	Ⅰ-29			
		3 是川中居遺跡 遺物包含狀態	Ⅰ-30			
		4 壺形土器	Ⅰ-31			
		5 壺形土器	Ⅰ-32			
		6 各種壺形土器	Ⅰ-33			
		7 鉢形土器 1 内部 2 底部	Ⅰ-34			
		8 注口土器	Ⅰ-35			
		9 臺付土器	Ⅰ-36			
		10 1 香爐形 2.3台付土器	Ⅰ-37			
		11 土偶 1 表 2 裏	Ⅰ-38			
		12 磨製石斧各種	Ⅰ-39			
昭5.10	昭和五年十月十六日 埴輪特別展覧會繪葉書 甲（五枚一組）	堅魚木を上げた舎屋 上野國佐波郡赤堀村今井發掘（甲－1）	Ⅱ-392	5葉	帝室博物館	5
		網代をのせた舎屋 上野國佐波郡赤堀村今井發掘（甲－2）	Ⅱ-393			
		倉庫 上野國佐波郡赤堀村今井發掘（甲－3）	Ⅱ-394			
		高坏と園 上野國佐波郡赤堀村今井發掘（甲－4）	Ⅱ-395			
		机 上野國佐波郡赤堀村今井發掘（甲－5）	Ⅱ-396			
昭5.10	昭和五年十月十六日 埴輪特別展覧會繪葉書 乙（五枚一組）	農夫の二人 上野國佐波郡拓瀧村権現山發掘（乙－1）	Ⅱ-397	5葉	帝室博物館	5
		奏樂の男 上野國佐波郡剛志村發掘（乙－2）	Ⅱ-398			
		踊る男女 武藏國大里郡小原村發掘（乙－3）	Ⅱ-399			
		椅子 上野國佐波郡剛志村發掘（乙－4）	Ⅱ-400			
		犬 右常陸國筑波郡小野川村發掘 左上野國佐波郡剛志村發掘（乙－5）	Ⅱ-401			
昭5.11	昭和五年十一月十一日 三宅先生一周忌記念 三宅先生遺芳	三宅先生日記の一節（三宅晃氏所藏）		5葉	大塚史學會	4
		三宅先生手稿探古考證雜抄の一節（三宅晃氏所藏）				
		三宅先生英文抄記（三宅晃氏所藏）				
		三宅先生の書額（高橋泰郎氏所藏）				
		三宅先生書翰（高橋泰郎氏所藏）				
昭5.—	歴史繪はがき 第五十七回 上古遺物號（其卅）	須惠器坏（57-1）	Ⅱ-186	5葉	帝室博物館	2
		須惠器高坏（57-2）	Ⅱ-187			
		須惠器盌（57-3）	Ⅱ-188			
		須惠器坩（57-4）	Ⅱ-189			
		須惠器坩（57-5）	Ⅱ-190			
昭5.—	歴史繪はがき 第五十八回 上古遺物號（其卅一）	須惠器瓶（58-1）	Ⅱ-191	5葉	帝室博物館	2
		須惠器平瓶（58-2）	Ⅱ-192			
		須惠器提瓶（58-3）	Ⅱ-193			
		須惠器𤭯（58-4）	Ⅱ-194			
		須惠器横瓮（58-5）	Ⅱ-195			
昭5.—	歴史繪はがき 第五十九回 上古遺物號（其卅二）	裝飾付須惠器 播磨國揖保郡御津村發掘 備中國都窪郡山手村發掘（59-1）	Ⅱ-196	5葉	帝室博物館	2
		家形須惠器 紀伊國海草郡有切村發掘（59-2）	Ⅱ-197			
		須惠器 安藝國高田郡坂村發掘 常陸國行方郡大生原村發掘 備後國御調郡八幡村發掘（59-3）	Ⅱ-198			
		環形提瓶 安藝國高田郡坂村發掘 環形提瓶 右ニ同ジ 鴟尾 美作國勝田郡勝間田町發掘 袋形提瓶 播磨國揖保郡御津村發掘 大和國磯城郡柳本町發掘 大和國生駒郡矢田村發掘（59-4）	Ⅱ-199			
		須惠器 近江野愛知郡勝野村發掘 讃岐郡仲多度郡白方村發掘 陸前國名取郡下増田村發掘 若狹國三方郡西鄕村發掘（59-5）	Ⅱ-200			
昭5.—	歴史繪はがき 第六十回 上古遺物號（其卅三）	繩文式土器 信濃國上伊那郡伊那町發見 陸奥國三戸郡石村大字中市發見（60-1）	Ⅱ-201	5葉	帝室博物館	2
		繩文式土器 常陸國稻敷郡大須賀村福田發見 陸奥國西津輕郡館岡村龜ヶ岡發見（60-2）	Ⅱ-202			
		繩文式土器 陸奥國三戸郡倉石村發見 發見地未詳 岩城國安積郡發見 發見地未詳 渡島國發見 陸奥國西津輕郡館岡村龜ヶ岡發見 發見地未詳 發見地未詳 發見地未詳 發見地未詳 陸奥國青森市發見（60-3）	Ⅱ-203			
		繩文式土器 陸奥國中津輕郡裾野村發見 陸奥國上北郡鷹架村鷹架治發見 陸奥國中津輕郡裾野村十腰内發見 發見地未詳 發見地未詳 常陸國稻敷郡大須賀村發見 發見地未詳 發見地未詳 發見地未詳 陸奥國西津輕郡森田村發見（60-4）	Ⅱ-204			
		繩文式土器 陸奥國中津輕郡森田村發見 羽後國南秋田郡發見 陸奥國西津輕郡館岡村發見 陸中國膽澤郡佐倉川村發見 右ニ同ジ 發見地未詳 陸奥國西津輕郡館岡村發見 發見地未詳 後志國小樽區手宮町發見 常陸國稻敷郡朝日村發見 岩城國耶麻郡木幡村發見 發見地未詳 發見地未詳（60-5）	Ⅱ-205			
昭5.—	歴史繪はがき 第六十一回 上古遺物號（其卅四）	彌生式土器 豊前國田川郡原田村發見 日向國西臼杵郡岩戸村發見 發見地未詳 發見地未詳（61-1）	Ⅱ-206	5葉	帝室博物館	2
		彌生式土器 名古屋市熱田貝塚發見 名古屋市熱田貝塚發見 發見地未詳 名古屋市熱田貝塚發見（61-2）	Ⅱ-207			

年．月	題　　名	添　　書	図版番号	組 数	発　行　所	分類
昭５.—	歴史繪はがき 第六十一回 上古遺物號（其卅四）	彌生式土器 發見地未詳 大隅國肝屬郡大姶良村發見 發見地未詳（61-３）	Ⅱ-208		帝室博物館	
		彌生式土器 名古屋市熱田貝塚發見 名古屋市熱田貝塚發見 東京市外目黒發見（61-４）	Ⅱ-209			
		彌生式土器 發見地未詳 大和國高市郡新澤村發見 攝津國武庫郡本山村發見 發見地未詳（61-５）	Ⅱ-210			
昭５.—	歴史繪はがき 第六十二回 上古遺物號（其卅五）	（62-１）		５ 葉	東京帝室博物館	2
		（62-２）				
		弓 矢 胡籙 飾胡籙（62-３）				
		蝦夷拵太刀（大）（小）山刀（62-４）				
		（62-５）				
昭５.—	歴史繪はがき 第六十三回 上古遺物號（其卅六）	鬚篦（63-１）		５ 葉	東京帝室博物館	2
		煙草入（63-２）				
		頸飾（63-３）				
		厚司（63-４）				
		繡衣（63-５）				
昭５.—	大分縣臼杵 深田石佛	（豊後臼杵）深田石佛 大日山		不 明	武宮寫眞舘	9
		（豊後臼杵）深田石佛 隱地藏本尊釋迦如來				
		（豊後臼杵）深田石佛 本尊阿彌陀如來				
		（豊後臼杵）深田石佛 十三佛ノ一部				
		（豊後臼杵）深田石佛 落下セル大日如來				
		（豊後臼杵）深田石佛 堂ヶ迫集團佛上群				
		（豊後臼杵）深田石佛 堂ヶ迫集團佛下群				
		（豊後臼杵）深田石佛 二王				
		（豊後臼杵）深田石佛 眞名長者夫妻				
		（豊後臼杵）深田石佛 日吉塔				
		豊後臼杵石佛 深田遠景				
		豊後臼杵石佛 石佛創建ノ施主蓮城法師				
		豊後臼杵石佛 二王ノ一部				
		豊後臼杵石佛 朝日ガ丘頂上ニ小五郎ノ竈アリ				
		豊後臼杵石佛 炭燒竈				
昭6.3	伊藤庄兵衛氏藏 朝鮮古瓦塼展觀繪葉書	文曰「樂浪禮官」文曰「大晋元康」（樂浪郡時代）伊藤庄兵衛氏藏		15 葉	恩賜京都博物館	5
		錢文塼 仙兎搗藥文塼 動物文塼 狩獵文塼（樂浪郡時代）伊藤庄兵衛氏藏				
		四葉文 蕨手文（樂浪郡時代）伊藤庄兵衛氏藏				
		双龍文半圓瓦 蓮華忍冬文（三國・高句麗時代）伊藤庄兵衛氏藏				
		蓮華文 内行花文（三國・高句麗時代）伊藤庄兵衛氏藏				
		蓮華文（三國・百濟時代）蓮華文（三國・任那時代）伊藤庄兵衛氏藏				
		雲龍文 花鳥文（新羅統一時代）伊藤庄兵衛氏藏				
		天人文 唐草文（新羅統一時代）伊藤庄兵衛氏藏				
		鬼瓦（新羅統一時代）伊藤庄兵衛氏藏				
		瑞花文塼（新羅統一時代）伊藤庄兵衛氏藏				
		蓮華文楕圓瓦 蓮華瑞花文（新羅統一時代）伊藤庄兵衛氏藏				
		双鳥文 伽陵頻迦文（新羅統一時代）伊藤庄兵衛氏藏				
		梵字文唐草瓦 瑞花文（李朝時代）伊藤庄兵衛氏藏				
		梵字文 梵字文（高麗時代）伊藤庄兵衛氏藏				
		鬼面文 鬼面文（高麗時代）伊藤庄兵衛氏藏				
昭6.4	茨城古瓦集	常陸古瓦拓本Ⅰ（手塚氏藏）肩字は故手塚正太郎氏筆 昭和６年３月21日（常白藏版）№９ 徑約５寸５	Ⅰ-119	４ 葉	筑浦庵	2
		常陸國分寺瓦拓本Ⅱ（手塚氏藏）昭和６年４月３日（常白藏版）№10 長サ約９寸５	Ⅰ-120			
		常陸古瓦拓本Ⅲ（手塚氏藏）肩字は故手塚正太郎氏筆 昭和６年４月５日（常白藏版）長サ約６寸	Ⅰ-121			
		常陸古瓦拓本Ⅳ（手塚氏藏）肩字は故手塚正太郎氏筆 昭和６年４月11日（常白藏版）№12 徑約５寸５	Ⅰ-122			
昭6.5	昭和六年五月 考古學會第三十六回總會記念 杉山壽榮男寄贈	金冠（高サ五寸）群馬縣乗附村出土 杉山壽榮男藏	Ⅱ-527	２ 葉	杉山壽榮男	3
		石製履（長五寸六分巾三寸）﨑玉縣藪塚出土 杉山壽榮男藏	Ⅱ-528			
昭6.5	帝室博物館藏 河南省輝縣出土彩漆木棺殘片	河南省輝縣靳將屯出土木棺殘片 帝室博物館藏	Ⅱ-529	２ 葉	原田淑人	3
		彩漆木棺殘片文様 帝室博物館藏	Ⅱ-530			
昭6.5	山形縣飽海郡本楯村 史蹟名勝ヱハガキ 第一輯（五枚一組）	〔本楯史蹟名勝〕（留守氏居城新田目城阯及城濠）		５ 葉	出羽柵調査會	6
		〔本楯史蹟名勝〕上田村古川皇太神宮				
		〔本楯史蹟名勝〕（柵内外出土佛像狛犬石帶）				
		〔本楯史蹟名勝〕（上）源義家寄進御太刀 大物忌神社所藏國寶（下）太刀ノ鞘及鍔				
		〔本楯史蹟名勝〕最上義光寄進狀（大物忌神社所藏）				

昭6.5	本楯史蹟名勝繪葉書 國分寺瓦及陶器（五枚一組）第二輯	〔本楯史蹟名勝〕（蓮華瓦及文字瓦）	Ⅰ -095	5 葉	出羽柵調査會	2
		〔本楯史蹟名勝〕唐草瓦布目樋瓦ノ表裏	Ⅰ -096			
		〔本楯史蹟名勝〕（柵内出土祝部皿類）	Ⅰ -097			
		〔本楯史蹟名勝〕（祝部陶器）	Ⅰ -098			
		（不明）				
昭6.8	常陸考古資料繪葉書	常陸古瓦拓本Ⅰ（手塚氏藏）經約 5 寸 5 肩字は故手塚正太郎氏筆		4 葉	筑浦庵	2
		常陸古瓦拓本Ⅱ（手塚氏藏）長サ 9 寸 5				
		常陸古瓦拓本Ⅲ（手塚氏藏）長サ約 6 寸 肩字は故手塚正太郎氏筆				
		常陸古瓦拓本Ⅳ（手塚氏藏）經約 5 寸 5 長サ約 6 寸 肩字は故手塚正太郎氏筆				
昭6.8	常陸考古資料繪葉書 二輯	舟塚山古墳實測圖 昭和 6 年 8 月 8 日（常白№13）	Ⅰ -123	5 葉	筑浦庵	6
		常陸國分寺阯礎石配置圖 昭和 6 年 8 月 8 日（常白№14）	Ⅰ -124			
		常陸國分尼寺講堂阯礎石實測圖 昭和 6 年 8 月 8 日（常白№15）	Ⅰ -125			
		常陸國分尼寺金堂阯礎實測圖 昭和 6 年 8 月 8 日（常白№16）	Ⅰ -126			
		常陸國分尼寺門阯礎石實測図 昭和 6 年 8 月 8 日（常白№17）	Ⅰ -127			
昭 6 .—	創立十周年記念 考古資料繪葉書 第一輯	福岡高等學校玉泉館外景	Ⅰ -589	9 葉	福岡高等學校	2
		アイヌ土器 青森縣南津輕郡羽黑平發見（福岡高等學校玉泉館藏） 7 /25	Ⅰ -590			
		石器 石劍 磨製石錘 石庖丁 臺灣磨製石斧 琉球磨製兩頭石斧（福岡高等學校玉泉館藏）43/100	Ⅰ -591			
		彌生式土器 甕棺 筑後國三潴郡大善寺村早津崎發見（福岡高等學校玉泉館藏）13/100	Ⅰ -592			
		金屬器 雲珠 鐵斧 鍔 杏葉 鋤頭（福岡高等學校玉泉館藏）11/25	Ⅰ -593			
		埴輪 埴輪圓筒 角形埴輪（福岡高等學校玉泉館藏）17/100	Ⅰ -594			
		祝部土器 異形𤭯 高坩 21/100 横瓮 有蓋坩 19/100（福岡高等學校玉泉館藏）	Ⅰ -595			
		古瓦 筑紫鴻臚館發見唐草瓦 筑紫鴻臚館發見巴瓦 筑前國筑紫郡塔原發見巴瓦 筑前國早良郡城原發見唐草瓦（福岡高等學校玉泉館藏） 1 / 4	Ⅰ -596			
		和鏡 波紋双雀鏡 蓬萊双雀鏡（福岡高等學校玉泉館藏）14/25	Ⅰ -597			
昭 6 .—	創立十周年記念 考古資料繪葉書 第二輯	福岡高等學校玉泉館内部	Ⅰ -598	9 葉	福岡高等學校	2
		漢式鏡 TLV 式方格四神鏡 長宜子孫内行八花紋鏡（福岡高等學校玉泉館藏） 1 / 2	Ⅰ -599			
		朝鮮鏡 瑞花双鳥鏡 双龍鏡（福岡高等學校玉泉舘藏） 7 /50	Ⅰ -600			
		支那古代貨幣 明刀 布 錢（福岡高等學校玉泉館藏） 7 /10	Ⅰ -601			
		六朝明器 文官 女官（福岡高等學校玉泉館藏） 3 / 5	Ⅰ -602			
		傳蒙古兜 銀象眼鐵骨張品 銀象眼鐵骨革張品（福岡高等學校玉泉館藏） 1 / 4	Ⅰ -603			
		ビルマ佛 阿彌陀如來木彫銀張 釋迦如來木彫（福岡高等學校玉泉館藏） 1 / 2	Ⅰ -604			
		ランプ サラセンランプ ローマランプ（福岡高等學校玉泉館藏）16/25	Ⅰ -605			
		ギリシアローマ貨幣 ローマガリエヌス貨幣（表）同上（裏）ギリシア貨幣 プトレマイオス貨幣（福岡高等學校玉泉館藏） 1 / 1	Ⅰ -606			
昭7.4	周漢文化展覧會繪葉書	銀製人物像 侯爵細川護立氏藏		6 葉	帝室博物館	5
		秦廿五年在銘戈 平壤高等普通校藏				
		漆案熊形脚 朝鮮總督府博物館藏				
		黄金製帶鉸具 朝鮮總督府博物館藏				
		百獣壺 帝室博物館藏				
		乳虎卣 男爵住友吉左衛門氏藏				
昭7.5	昭和七年五月 考古學會第三十七回總會記念繪葉書 關原勝三郎寄贈	埴輪女子倚像（上野國發掘）	Ⅱ -531	5 葉	關原勝三郎	3
		上野國佐波郡芝根村字川合發掘環頭柄頭 相川之賀氏藏	Ⅱ -532			
		明德辛未有銘舎利藏器	Ⅱ -533			
		青磁壺及六器 京都市勸修寺境内發掘	Ⅱ -534			
		十一面觀音立像 京都市勸修寺境内發掘	Ⅱ -535			
昭7.5	*考古學會第三十七回總會 記念繪葉書*	*（不明）*		不 明	丸山源八	3
昭7.5	昭和七年五月 考古學會第三十七回總會記念繪葉書 坪井九馬三寄贈	遠江國磐田郡御厨村大字新貝松林山古墳（後室）	Ⅱ -536	4 葉	坪井九馬三	3
		遠江國磐田郡御厨村大字新貝松林山古墳（後室内部）	Ⅱ -537			
		羽前國飽海郡本楯村大字城輪柵趾（西門趾）	Ⅱ -538			
		羽前國飽海郡本楯村大字城輪柵趾（柵列）	Ⅱ -539			

年.月	題　　名	添　　書	図版番号	組 数	発 行 所	分類
昭7.5	昭和七年五月 考古學會第三十七回總會記念繪葉書 原田淑人寄贈	黄金製蟠螭文金具 支那河南省輝縣發掘	Ⅱ -540	3 葉	原田淑人	3
		轡鏡板	Ⅱ -541			
		延熹七年有銘獸首鏡	Ⅱ -542			
昭7.5	昭和七年五月 考古學會第三十七回總會記念繪葉書 後藤守一寄贈	武藏國南多摩郡川口村楢原石器時代住居阯	Ⅱ -543	3 葉	後藤守一	3
		竪穴式石室上の粘土覆 遠江國磐田郡御厨村大字新貝松林山古墳	Ⅱ -544			
		滿洲蘆家屯附近漢墓	Ⅱ -545			
昭7.5	昭和七年五月 考古學會第三十七回總會記念繪葉書 内藤政光寄贈	石器時代住居遺蹟 武藏國西多摩郡西秋留村大字牛沼發掘	Ⅱ -546	3 葉	内藤政光	3
		遠江國磐田郡御厨村大字新貝松林山古墳（前室）	Ⅱ -547			
		貝釧 遠江國磐田郡御厨村大字新貝松林山古墳發掘	Ⅱ -548			
昭7.5	*考古學會第三十七回總會 記念繪葉書*	『周漢文化展覧會繪葉書』		6 葉	—	3
昭7.5	*考古學會第三十七回總會 記念繪葉書*	*（不明）*		不 明	鈴木貞吉	3
昭7.5	第三十三回大會記念	漢瓦樓舎（細川侯爵家所藏）		5 葉	史學會	3
		紀長谷雄草子より（細川侯爵家所藏）				
		ペルシヤのミニアツール 回教暦1031（キリスト紀元1652）年レザ・アバッシ（Reza Abassi）筆（細川侯爵家所藏）				
		明智光秀自筆覺書（細川侯爵家所藏）				
		獨佛名士自署（細川侯爵家所藏文書中より）				
昭7.8	*房總郷土研究資料（一）*	國府臺古墳露出石槨 東葛飾郡市川町國府臺字西櫻陣にあり。封土を削除されて主體を露出せる上代古墳にして、發掘當時は鐵鏃・金銀鈴・甲冑・直刀・埴輪等を出せしと云ふ。石槨は粘板岩質にして古來もつとも多く下總地方に供給されたる石材なり。		1 葉	房總郷土研究社	1
昭7.9	*房總郷土研究資料（二）*	*葛飾八幡神社古鐘銘拓本*		1 葉	房總郷土研究社	1
昭7.10	昭和七年十月 横河博士寄贈 支那古陶磁展覧會繪葉書（その一）	瓦壺 戰國時代		8 葉	帝室博物館	5
		三彩龍耳瓶 唐時代				
		三彩盤 唐時代				
		磁州窯黒花瓶 宋時代				
		白瓷獅子陶枕 宋時代				
		彩花六方盤 明時代				
		粉彩大盤 儲秀宮銘 清時代				
		康熈五彩皿 清時代				
昭7.10	昭和七年十月 横河博士寄贈 支那古陶磁展覧會繪葉書（その二）	樂舞人瓦傭 漢時代		8 葉	帝室博物館	5
		三彩馬 唐時代				
		鳳首壺 唐時代				
		定窯劃花盤 宋時代				
		加彩盌 宋時代				
		均窯月白紅斑盞 宋時代				
		萬暦五彩六花盤 明時代				
		乾隆夾彩胡蘆瓶 清時代				
昭7.11	房總郷土研究資料（五）	千葉縣印旛郡根郷村熊野神社、俗稱「太田權現」の奉納物。願主この一を借りて祈り叶ふときは二本にして納むる風習なり。子授け・緣結び・花柳病除・商賣繁昌等を祈願して効驗ありとて今も猶盛大なり。けだし關東生殖器崇拜の遺存祠として随一と云ふべく、木造及び石製の大小珍型奇形のリンガ幾千堆積して山をなす。本尊には奇怪の傳說あれども石器時代の石棒謂ふところの石神ならんか？本殿土中に埋めたるを以て考證に由なし。リンガの繪馬は今出さず。		1 葉	房總郷土研究社	1
昭 7 .—	歴史繪はがき 第六十四回 上古遺物號（其卅七）	埴輪椅子 上野國佐波郡赤堀村發掘（幅六八糎）（64- 1 ）	Ⅱ -211	5 葉	帝室博物館	2
		消火器形埴輪 武藏國北足立郡川田谷村發掘（高六〇・五糎）上野國新田郡强戸村發掘（高三七・七糎）上野國佐波郡剛志村發掘（高三七糎）北武藏發掘（高三一・五糎）（64- 2 ）	Ⅱ -212			
		埴輪蓋 上野國佐波郡赤堀村發掘（高三五・八糎）埴輪翳 上野國佐波郡剛志村發掘（高五一・四糎）（64- 3 ）	Ⅱ -213			
		埴輪鞆 上野國多野郡平井村發掘（高六六糎）埴輪靫 上野國新田郡强戸村發掘（高六八糎）（64- 4 ）	Ⅱ -214			
		埴輪楯 上野國發掘（高四九糎）（64- 5 ）	Ⅱ -215			
昭 7 .—	【考古學新資料】狐山古墳繪はがき	狐山古墳北側全景 埴輪圓筒破片 後圓部南切斷面の石室（昭和七年一月三日發見）	Ⅰ -293	6 葉	狐山古墳保存會	6
		漢式鏡（直徑六寸五分）（昭和七年一月三日發見）	Ⅰ -294			
		衝角付冑（かぶと）短甲（よろひ）背高一尺四寸五分（昭和七年一月三日發見）	Ⅰ -295			
		直刀（最長三尺四寸七分）・槍・劒・刀子（昭和七年一月三日發見）	Ⅰ -296			
		鈴（徑八分）・鉸具・銀製飾金具（昭和七年一月三日發見）	Ⅰ -297			
		勾玉（最長一寸一分五厘）・管玉（昭和七年一月三日發見）	Ⅰ -298			

Ⅲ期.—	北見郷土館	北見郷土舘 本舘 産業歴史教育の三部門に別れ郷土北見の全貌を窺ひ得る		4葉	マスヤ商店	1
		北見郷土舘 廻路と教育室 近代建築の華麗を誇る…構造美と郷土の博物標本				
		北見郷土舘 講堂と應接室 講演と映畫の備へ…オホツク海岸の眺望絶景				
		北見郷土舘 歴史室の一部 石器時代の遺物數千點とアイヌ模型はよく郷土の有りし時代を想起せしめる				
Ⅲ期.—	北見乃遺物（網走石山寫眞舘納）	1 網走町出土．放射狀紋土器 2 同上薄手土器 3 無地浮模様土器 4 厚手無紋土器	Ⅰ-006	3葉	北見郷土研究會	2
		1 網走町出土．薄手繩紋土器 2 桂ヶ岡出土．厚手繩紋土器 3 海岸出土．薄手渦刻紋土器 4 土製胸飾 5 高盃臺 6 首飾	Ⅰ-007			
		1 網走川左岸出土．土劍（副葬品） 2 女滿別村出土．符號刻紋土器 3 網走町出土．注口土器 4 輪形撮手土器 5 石斧 6 石匙．石皮切．石小刀．石鎗．石鏃 7 遠輕村出土．大石鏃	Ⅰ-008			
Ⅲ期.—	根室地方石器時代遺物	根室辨天島出土 骨・角・牙器 鍬・鎌・刄・槍・銛・斧・ヒゲベラ・其他装飾品等 鯨骨・鹿角・鶴脛骨・海獸ノ牙等ヲ材料トス（根室・長尾又六藏）	Ⅰ-009	不明	長尾又六	2
		千島諸島・根室ヨリ出土ノ土器 1 根室辨天島・ 2 根室穗香・ 3 千島ヱトロフ・ 4 千島クナシリ・ 5 千島アラヱイ・ 6 根室辨天島（甕ノ手）（根室・長尾又六藏）	Ⅰ-010			
		鯨骨臼 高サ一尺 直徑一尺二寸 周リ三尺五寸 根室 長尾又六藏	Ⅰ-011			
		千島諸島並ニ根室辨天島ヨリ出土石器 中央ノ勾玉ハ千島ヱトロフ島留別出土・ソノ下―]型石器ハ占守出土ノラブレット口唇具・即チ唇ニカケテ装飾トナス・ソノ上ハ石錐・ソノ上ノ蝶型ハ用途不明・其他ハ有柄無柄ノ石鏃多赤鐵硅岩ニテ作ラル（根室・長尾又六藏）	Ⅰ-012			
Ⅲ期.—	根室地方石器時代遺物 第二輯	繩紋土器 色丹島出土 根室 佐竹溪谷藏	Ⅰ-013	不明	長尾又六	2
		硝子玉及石簇類 根室 佐竹溪谷藏	Ⅰ-014			
		骨針骨銛其他裝飾具 根室辨天島出土 根室 佐竹溪谷藏	Ⅰ-015			
		中央石製カンテラ及砥石 根室 佐竹溪谷藏	Ⅰ-016			
		打製石斧 磨製石斧類 根室 佐竹溪谷藏	Ⅰ-017			
		鯨骨製品 根室 佐竹溪谷藏	Ⅰ-018			
		繩紋土器 千島及根室地方出土 根室 佐竹溪谷藏	Ⅰ-019			
		繩紋土器 千島擇捉島出土 根室 佐竹溪谷藏	Ⅰ-020			
		石斧石垂類 根室 佐竹溪谷藏	Ⅰ-021			
		石斧石匙石錘石簇 根室 佐竹溪谷藏	Ⅰ-022			
Ⅲ期.—	—	於手宮古代文字前二十四回生（札幌遞信講習所修學旅行記念）		不明	札幌遞信講習所	7
Ⅲ期.—	手宮の古代文字	小樽手宮洞窟岩壁彫刻．古代文字（№１）大正七年二月廣島高等師範學校教授 文學士 中目覺氏讀破（我は部下を卒ひ…大海を渡り…闘ひ…此洞窟に入つた）		5葉	菊池賣店	9
		小樽手宮洞窟岩壁彫刻．古代文字（№２）				
		小樽手宮洞窟岩壁彫刻．古代文字（№３）				
		小樽手宮洞窟岩壁彫刻．古代文字（№４）				
		小樽手宮洞窟岩壁彫刻．古代文字附近（№５）				
Ⅲ期.—	小樽市繪葉書	小樽公園ノ一部 Part of Otaru Park.		5葉	小樽市役所	9
		小樽港荷役ノ狀況ト高架棧橋 Condition of Loading and Coal Pier.				
		小樽史蹟手宮洞窟 Temiya Dokutsu（A famous prehistoric site）				
		小樽市ト水道貯水池ト溢流路及鐵管橋 Reservoir of Otaru Water works, Overthrow and Blidge for Iron Tubu.				
		小樽追分節に知らるゝ高島（辨天島）Benten islet at Takashima, well known for being sung in Oiwake-bushi song.				
Ⅲ期.—	小樽沿革繪葉書 第一輯	(二) 古代文字 明治初年の模写 ツングース民族の遺物と稱らせる古代土耳其文字に類似し　現今の撮影		不明	左文字本店	9
Ⅲ期.—	—	史蹟手宮洞窟 市街北端煤田山手宮公園下高島町に通ずる道路に沿ふて洞窟がある。往時は波打際の絶壁に奥深く洞窟を形造てゐたのであるが附近が埋築により削られ且つ風雨の剝蝕するところとなり今日殘つてゐるのは其の一部に過ぎぬ。この洞窟の奥に奇怪なる彫刻がある大正十年三月史蹟として指定せらる。		不明	—	9
Ⅲ期.—	—	小樽市手宮町岩壁の古代文字 註釋「我は部下を率ゐ大海を渡り闘ひ此の洞穴に入つた」		不明	—	9
Ⅲ期.—	—	(現今ノ小樽市) 古代文字 View of Otaru at Hokkaido.		不明	—	9

年.月	題　　名	添　　書	図版番号	組 数	発 行 所	分類
Ⅲ期.—	—	北海道帝國大學 旭川階行社 小樽手宮古代文字		不 明	—	9
Ⅲ期.—	—	(釧路) 茂尻矢土人古城跡御供養 VIEW OSONAE HILL AT THE RUINS OF THE MOSHIRIYA NATIVE'S ANCIENT CASTIE, KUSHIRO.		不 明	Taisho Hato Brand	9
		(釧路) 春採湖畔土人古城跡 THE RUINS OF AN ANCIENT CASTLE AT THE SHDE OF NARUTORI LAKE , KUSHIRO.				
Ⅲ期.—	—	其ノ昔ヲ忍ビ 枝幸村幌別川畔ノ遺跡址砦 其土器		不 明	—	9
Ⅲ期.—	—	貝塚（所在地）青森縣北津輕郡相内村伊勢堂發見		不 明	青森縣史蹟名勝天然記念物調査會	1
Ⅲ期.—	*石器時代遺物繪葉書　第一輯*	1		不 明	東北帝國大學文學部奥羽史料調査部	2
		2				
		3　深鉢形土器 宮城縣牡鹿郡萩濱村田代島出土（毛利總七郎・遠藤源七氏藏）	Ⅰ-044			
		4　壺形土器 宮城縣仙臺市七鄉藤田出土（毛利總七郎・遠藤源七氏藏）	Ⅰ-045			
		5				
		6				
		7　壺形土器 宮城縣仙臺市七鄉藤田出土（毛利總七郎・遠藤源七氏藏）	Ⅰ-046			
Ⅲ期.—	伊太利の旅　（大類撮影）	ネプツン神殿廢墟（ペスト）		5 葉	大類伸	7
		アドリヤナの廢墟（ローマ近郊）				
		チボリの町（ローマ近郊）				
		シチリヤの小車（パレルモ附近）				
		皇后プラチヂヤの廟（ラベンナ）				
Ⅲ期.—	—	（松島）瑞巖寺境内岩窟		不 明	—	9
Ⅲ期.—	秋田縣六鄉町石名舘 遺蹟發堀物繪はがき	秋田縣六鄉町字石名舘發掘土偶（小西宗吉氏藏）頭部厚六、五 高一八珊 胴厚四 巾一二珊	Ⅰ-052	不 明	六鄉、鄉土會	2
		土偶五種石名舘發掘 小西宗吉氏藏	Ⅰ-053			
		秋田縣六鄉町字石名舘發掘飾玉各種 現物大（小西宗吉氏藏）	Ⅰ-054			
		秋田縣六鄉町字石名舘發掘土器各種 四分ノ一大（小西宗吉氏藏）	Ⅰ-055			
		秋田縣六鄉町字石名舘發掘香爐型土器他四種 三分ノ一大（小西宗吉氏藏）	Ⅰ-056			
		秋田縣六鄉町字石名舘發掘壺各種 四分ノ一大（小西宗吉氏藏）	Ⅰ-057			
		秋田縣六鄉町字石名舘發掘土版及小瓶 二分ノ一大（小西宗吉氏藏）	Ⅰ-058			
		土版．岩版．馬齒（川上石名舘）魚版（小出）小西宗吉氏藏	Ⅰ-059			
Ⅲ期.—	史料第一輯 拂田柵址繪ハガキ	高梨村拂田柵址南面よりの全景 其ノ一	Ⅰ-060	不 明	高梨村史蹟保存會	6
		高梨村拂田柵址南面よりの全景 其ノ二	Ⅰ-061			
		高梨村拂田柵址眞山より丸子川〔昔の荒川〕を越えて南東の展望	Ⅰ-062			
		高梨村拂田柵址東北隅より見たる眞山城址	Ⅰ-063			
		高梨村拂田柵眞山の姥杉と酒のみ石	Ⅰ-064			
		高梨村拂田柵址長森の壘石	Ⅰ-065			
		高梨村拂田柵址外柵南門柱十二本の配列	Ⅰ-066			
		高梨村拂田柵址内柵（通稱三重柵）の門柱門址前面脇間と單立柵との連絡	Ⅰ-067			
		高梨村拂田柵址内柵（通稱三重柵）の復立	Ⅰ-068			
		高梨村拂田柵址内柵（通稱三重柵）門柱の殘根	Ⅰ-069			
		高梨村拂田柵址柵列發掘實景	Ⅰ-070			
		高梨村拂田柵址西方門柱發掘實景	Ⅰ-071			
		高梨村拂田柵址發掘の門柱及び柵木	Ⅰ-072			
		高梨村拂田柵址出土品	Ⅰ-073			
Ⅲ期.—	史料第二輯 拂田柵址繪はがき	高梨村拂田柵（通稱三重柵）門柱の殘根		不 明	高梨村史蹟保存會	6
		高梨村拂田柵址内柵（通稱三重柵）附近の倒木				
		高梨村拂田柵址内柵（通稱三重柵）の門柱門址前面脇間と單立柵との連絡				
		高梨村拂田柵址内柵（通稱三重柵）の復立				
		高梨村拂田柵址外柵南門柱十二本の配列				
Ⅲ期.—	—	（はにわ人形）山形縣西田川郡鶴岡上肴町田元小路ヨリ發掘 山形縣溫海清野簡易博物館陳列品（一）土器之部	Ⅰ-074	不 明	山形縣溫海清野簡易博物館	1
		（1）石鏃（2）未詳（3）石斧（4）石笛（5）石錐（6）石鉾（7）錘石（8）（9）石ヒ（10）石槍（11）凹石 山形縣西田川郡鶴岡上肴町田元小路ヨリ發掘 山形縣溫海清野簡易博物館陳列品（二）石器之部	Ⅰ-075			
		（山形縣化石產地一覽表）山形縣溫海清野簡易博物館陳列品（三）化石之部				

		（１）うに（２）二枚介（３）（４）巻貝（５）鮫ノ齒(天狗つめ)（６）獸骨（７）かに（８）ぢいがせ（９）木葉（10）有孔虫（鮫石）（11）山形縣溫海清野簡易博物館陳列品（四）化石之部				
		（１）りんぼうがひ（２）かぶとがひ（３）あくきがひ（４）しやこかひ（５）すゐじかひ（６）くもかひ 山形縣溫海清野簡易博物館陳列品（五）介類之部				
		（１）旭日ひとで（２）ひとで（３）もみぢひとて（４）てづるもづる（５）くもひとで（６）黑龍ひとて（７）（８）（11）未詳（９）はすのはがひ（10）いとまきひとで 山形縣溫海清野簡易博物館陳列品（六）海膽海星之部				
Ⅲ期.—	出羽國分寺瓦	出羽國分寺瓦（四ノ一）巴瓦 甲 乙 羽後國飽海郡本楯村大字城輪 大正十二年六月發見 木公山舍主人	Ⅰ-099	4 葉	木公山舍	2
		出羽國分寺瓦（四ノ二）唐草瓦 羽後國飽海郡本楯村大字城輪 大正十二年六月發見 木公山舍主人	Ⅰ-100			
		出羽國分寺瓦（四ノ三）唐草瓦及文字瓦 裏 正面 羽後國飽海郡本楯村大字城輪 大正十二年六月發見 木公山舍主人	Ⅰ-101			
		出羽國分寺瓦（四ノ四）柱根 羽後國飽海郡本楯村大字城輪 大正十二年六月發見 木公山舍主人	Ⅰ-102			
Ⅲ期.—	—	考古學 參考品		不 明	西村山郡教育會	2
		考古學 參考品				
		考古學 參考品				
		考古學 參考品				
Ⅲ期.—	山形縣飽海郡本楯村 出羽柵阯ヱハガキ 山形縣郷土研究會藏版	出羽柵阯平面圖　山形縣飽海郡本楯村	Ⅰ-091	4 葉	出羽柵調査會	6
		(出羽柵）西側柵木ノ二重排列	Ⅰ-092			
		(出羽柵）柵木ノ排列 柵木根部	Ⅰ-093			
		(出羽柵）柵木根部 二重式柵列	Ⅰ-094			
Ⅲ期.—	—	(史蹟城輪柵阯）（一）		16 葉	城輪柵阯保存會	6
		(史蹟城輪柵阯）（二）千二百二十余年ヲ地下ニ經過セシ柵木及門柱ノてい部	Ⅰ-076			
		(史蹟城輪柵阯）（三）西側柵列ノ一部（最初發見ノ所）	Ⅰ-077			
		(史蹟城輪柵阯）（四）西北隅ヨリ南ヘ第一號地柵列	Ⅰ-078			
		(史蹟城輪柵阯）（五）東門ニ近キ諏訪神社地下ヲ貫通セル柵列	Ⅰ-079			
		(史蹟城輪柵阯）（六）南側柵列上ニ後世排水用材ヲ打チタル狀	Ⅰ-080			
		(史蹟城輪柵阯）（七）北側柵列ノ一部（柵列ノ喰違）	Ⅰ-081			
		(史蹟城輪柵阯）（八）西方ヨリ見タル西門阯	Ⅰ-082			
		(史蹟城輪柵阯）（九）西方ヨリ見タル東門阯	Ⅰ-083			
		(史蹟城輪柵阯）（十）南門殘柱	Ⅰ-084			
		(史蹟城輪柵阯）（十一）北方ヨリ見タル北門阯	Ⅰ-085			
		(史蹟城輪柵阯）（十二）南方ヨリ見タル柵東南隅ノ殘阯	Ⅰ-086			
		(史蹟城輪柵阯）（十三）東南隅阯ノ一部（東端ヨリ八尺余ノ所）	Ⅰ-087			
		(史蹟城輪柵阯）（十四）北方ヨリ見タル西北隅樓門阯	Ⅰ-088			
		(史蹟城輪柵阯）（十五）南方ヨリ見タル東北隅樓門阯	Ⅰ-089			
		(史蹟城輪柵阯）（十六）縣社城輪神社ト鳥海山遠望	Ⅰ-090			
Ⅲ期.—	—	(羽黑山）エゾ舘 アイヌ居住跡（山形縣史蹟）		不 明	—	6
		(羽黑山）講談で名高い圓海坊の墓				
		(羽黑山）行尊の墳（百人一首にあり）				
		(羽黑山）經塚一字一石（四百年前）				
		(羽黑山）百穴發掘				
		(羽黑山）百穴の内				
		(羽黑山）百穴の内部				
		(羽黑山）百穴の發掘品				
Ⅲ期.—	石岡 手塚氏藏 常陸古瓦	常陸古瓦拓本Ⅰ（手塚氏藏）肩字は故手塚正太郎氏筆 經約 5 寸 5		4 葉	筑浦庵	2
		常陸國分寺瓦拓本Ⅱ（手塚氏藏）長サ約 9 寸 5				
		常陸古瓦拓本Ⅲ（手塚氏藏）肩字は故手塚正太郎氏筆 長サ約 6 寸				
		常陸古瓦拓本Ⅳ（手塚氏藏）肩字は故手塚正太郎氏筆 徑約 5 寸 5				
Ⅲ期.—	—	有角石斧 茨城縣新治郡高濱町高濱出土 廣瀬氏藏（常白・四一）長サ約五寸一分		不 明	筑浦庵	2
		(常白・四二)				
		有角石斧 茨城縣新治郡田余村上高崎出土 手塚氏藏（常白・四三）長サ約四寸六分				
Ⅲ期.—	足利史料繪葉書（五枚一組）	足利義氏 足利家時 足利氏滿 足利滿兼（足利鑁阿寺文書之内） 1		5 葉	足利考古會	1

年.月	題　　名	添　　書	図版番号	組 数	発　行　所	分類
Ⅲ期.—	足利史料繪葉書（五枚一組）	足利貞氏 足利尊氏 足利直義（足利鑁阿寺文書之内） 2			足利考古會	
		足利基氏 足利成氏 足利持氏（足利鑁阿寺文書之内） 3				
		長尾景人 長尾景長 長尾政長（足利鑁阿寺文書之内） 4				
		長尾但馬守 香河元景 神保慶久（足利鑁阿寺文書之内） 5				
Ⅲ期.—	—	（史蹟）足利氏宅阯（足利市）		18 葉	栃木縣	1
		（史蹟）足利學校阯（足利市）				
		（史蹟）宇都宮行在所（宇都宮市）				
		（史蹟）愛宕塚古墳（下都賀郡壬生町）				
		（史蹟）壬生車塚古墳（下都賀郡壬生町）				
		（史蹟）琵琶塚古墳（下都賀郡桑村）				
		（史蹟）牛塚古墳（下都賀郡桑村）				
		（史蹟）小金井一里塚（下都賀郡國分寺村）				
		（史蹟）下野國分寺趾（下都賀郡）				
		（史蹟）小山行在所（下都賀郡小山町）				
		（史蹟）壬生一里塚（下都賀郡壬生町）				
		（史蹟）日光行在所（上都賀郡日光町）				
		（史蹟）日光杉並木寄進碑（上都賀郡日光町）				
		（史蹟）櫻町陣屋阯（芳賀賀物部村）				
		（史蹟）大内廢寺阯（芳賀郡大内村）				
		（史蹟）東根供養塔（河内郡吉田村）				
		（史蹟）下野藥師寺趾（河内郡）				
		（史蹟）乃木將軍別荘（那須郡狩野村）				
Ⅲ期.—	下野考古資料繪葉書	有鬚の男子 下野國芳賀郡中村大字若旅發掘（高一尺六寸九分）盤領衣着用女子 下野國芳賀郡葉鹿町字熊野發掘（高一尺五分）		3 葉	足利考古會	2
		孩兒を負う女子（高一尺二分）陰部露出の女子（高一尺四寸八分）下野國芳賀郡大内村大字京泉發掘				
		被帽の男子 下野國下都賀郡南犬飼村大字安塚發掘（高四尺二分）（高二尺三寸七分）				
Ⅲ期.—	足利土產古代瓦煎餅發賣十周年紀年發行 足利古代瓦繪葉書（二枚一組）	足利鑁阿寺 足利市字十念寺俗ニ足利學校瓦ト稱ス 鑁阿寺尊氏寄進ト稱ス 御厨村字阿彌陀堂 足利古代瓦煎餅發賣元香雲堂支店發行	Ⅰ-178	不 明	香雲堂	2
		山前村大字山下字平石旧智光寺阯（文永二年建立）八幡神宮寺 小俣町鷄足寺 大岩毘沙門堂 足利古代瓦煎餅發賣元香雲堂支店發行	Ⅰ-179			
Ⅲ期.—	日光東照宮寶物館繪葉書	日光東照宮寶物館全景 The Museum of secred treasures of the Toshogu Shrine.（Nikko, Japan）		8 葉	日光東照宮寶物館	9
		古代鏡 日光二荒山神社藏 The sacred mirrors of the ancient treasure of the Futara Shrine.（Nikko, Japan）				
		兜及櫃　日光二荒山神社藏 A helmet with its chest of a Japanese warrior of the old days, a tresure of the Futara Shrine.（Nikko, Japan）				
		東照宮假名緣起（國寶）第一章立願の内より 繪言葉後水尾天皇御宸筆 繪畫狩野探幽守信の筆「石合戰の圖」日光東照宮藏 The “Kana-engi”of the Toshogu Shrine, a national treasure.（Nikko,Japan）				
		東照公御遺訓 日光東照宮藏 THE AUTOGRAPHY PRECEPTS.				
		東照公御使用御具足及筥 日光東照宮藏 An armour with its chest used by Ieyasu Tokugawa, the first Shogun, who is the principal deity of the Toshogu Shrine.（Nikko,Japan）				
		鐵多寶塔（國寶）輪王寺藏 The pagoda of the Rinnoji Abbey, famous as a national treasure.（Nikko,Japan）				
		强飯式（日光山古式）輪王寺藏 The “Gōhanshiki” Ceremony.（Nikko,Japan）				
Ⅲ期.—	—	上州 海老瀬貝塚 其一		不 明	—	1
		上州 海老瀬貝塚 其二				
Ⅲ期.—	—	上野國佐波郡赤堀村大字五目牛發掘石器時代土器破片 相川之賀藏		不 明	—	2
		上野國佐波郡三鄉村大字波志江發掘埴輪土偶 柴田常惠氏藏				
Ⅲ期.—	—	群馬縣群馬郡惣社町豊城入彦命古墳二子塚		不 明	—	9
Ⅲ期.—	—	（埴輪製造ノ竈趾）東京帝國大學人類教室柴田氏ノ發見ニカカル上代土師氏ノ埴輪ヲ作リシ竈趾アリ		不 明	—	9
Ⅲ期.—	八幡平首塚の繪葉書 群馬縣碓氷郡原市町簗瀬 發見者 小森谷虎松	八幡平首塚發掘の現狀（群馬縣碓氷郡原市町簗瀬）		5 葉	—	9
		八幡平首塚發掘の一部（群馬縣碓氷郡原市町簗瀬）				
		八幡平首塚の一部（群馬縣碓氷郡原市町簗瀬）				
		東京無二會建立供養塔（群馬縣碓氷郡原市町簗瀬）				
		八幡城趾首塚域にて				

Ⅲ期.—	内務省指定 百穴繪葉書	(内務省指定) 埼玉縣吉見百穴全景	Ⅰ-198	9 葉	百穴事務所	9
		(内務省指定) 埼玉縣吉見百穴正門	Ⅰ-199			
		(内務省指定) 埼玉縣吉見神代文字	Ⅰ-200			
		(内務省指定) 埼玉縣吉見百穴光蘚	Ⅰ-201			
		(内務省指定) 埼玉縣吉見百穴石器土器	Ⅰ-202			
		(内務省指定) 埼玉縣吉見百穴古刀	Ⅰ-203			
		(内務省指定) 埼玉縣武州松山城趾	Ⅰ-204			
		(内務省指定) 埼玉縣吉見岩屋觀世音	Ⅰ-205			
		(内務省指定) 埼玉縣吉見巖窟ホテル	Ⅰ-206			
Ⅲ期.—	崎玉史蹟 百穴繪葉書	(内務省指定) 埼玉縣吉見百穴全景		9 葉	百穴事務所	9
		(内務省指定) 埼玉縣吉見百穴正門				
		(内務省指定) 埼玉縣吉見神代文字				
		(内務省指定) 埼玉縣吉見百穴光蘚				
		(内務省指定) 埼玉縣吉見百穴土器石器				
		(内務省指定) 埼玉縣吉見百穴古刀				
		(内務省指定) 埼玉縣武州松山城趾				
		(内務省指定) 埼玉縣吉見岩屋觀世音				
		(内務省指定) 埼玉縣吉見巖窟ホテル				
Ⅲ期.—	崎玉史蹟 百穴繪葉書	(内務省指定) 埼玉縣吉見百穴全景		9 葉	百穴事務所	9
		(内務省指定) 埼玉縣吉見百穴正門				
		(内務省指定) 埼玉縣吉見神代文字				
		(内務省指定) 埼玉縣吉見百穴光蘚				
		(内務省指定) 埼玉縣吉見百穴土器石器				
		(内務省指定) 埼玉縣吉見百穴古刀				
		(内務省指定) 埼玉縣武州松山城趾				
		(内務省指定) 埼玉縣吉見岩屋觀世音				
		(内務省指定) 埼玉縣吉見巖窟ホテル				
Ⅲ期.—	百穴繪葉書	(内務省史蹟保存) 埼玉縣吉見百穴		8 葉	百穴事務所	9
		(内務省史蹟保存) 埼玉縣吉見百穴土噐石噐				
		(内務省史蹟保存) 埼玉縣吉見百穴神代文字				
		(内務省史蹟保存) 埼玉縣吉見百穴古刀				
		(内務省史蹟保存) 埼玉縣吉見百穴巖窟ホテル				
		(内務省史蹟保存) 埼玉縣吉見百穴光蘚				
		埼玉縣吉見岩室山				
		埼玉縣武州松山城趾				
Ⅲ期.—	吉見百穴	埼玉縣吉見百穴全景		8 葉	百穴賣店	9
		埼玉縣吉見百穴全景				
		埼玉縣吉見松山城跡				
		埼玉縣吉見百穴 百穴の一部				
		埼玉縣吉見百穴 光蘚				
		埼玉縣吉見百穴 シーボルトの自署				
		埼玉縣吉見百穴 神代文字				
		埼玉縣吉見百穴 古代の武器				
Ⅲ期.—	繪はかき 武州松山名勝 百穴來觀	(武州松山名所) 百穴		4 葉	百穴亭	9
		(武州松山名所) 百穴神代文字				
		(武州松山名所) 光蘚				
		(武州松山名所) 岩室山				
Ⅲ期.—	大倉集古館繪葉書	大倉集古館正門前より資善堂を望む The Front Gate of The Okura-Shukokwan with The Shizendo at Right.		13 葉	大倉集古館	1
		大倉男爵壽像 The Bronze Statue of Baron Okura.				
		大倉男爵眞蹟自詠和歌之碑 The Stone Tablet with an Ode on, Composed and Written by Baron Okura Himself.				
		瓦當 銘曰 富貴壽樂 支那後漢時代 A Chinese Inscribed Roof-Tile. The 1 st.Century 塼 銘曰 文以建武廿五年母 支那後漢時代 One of The Chinese Inscribed Bricks. Originally formed Ceilings and Walls over Graves. 49. A.D.				
		鏡 鏡背嵌入漏空縷蟠虬文 支那 周秦時代 A Chinese Bronze Mirror with The Decorative Cast of Dragons. The 3 rd. Century. Before Christ				
		獅子 石彫 支那三國時代 Stone Figure of Lion. Chinese. 3 rd Century.				
		優婆離尊立像 乾漆 奈良時代本期(旧興福寺藏釋迦如來十大弟子像之一) Ubari-Sonja, Lacquered Statue. Japanese. The 8 th. Century.				
		平安時代本期 普賢菩薩象座像 木彫彩色 Fugen-Bosatsu, carved in Wood and painted. Japanese. The 10th. Century.				
		手箱 鎌倉時代 散地蒔繪扇面散らし幷に長生殿詩意圖 A Japanese Gold Lacqured Box, Decorated with Scattered Fans and Landscape for Keeping Toilet Requisites, The 13th. Century				

年.月	題　　名	添　　書	図版番号	組 数	発　行　所	分類
Ⅲ期.一	大倉集古館繪葉書	野々村宗達筆 扇面流圖屏風 紙本濃彩 江戸時代第一期 Six Folding Screen with Pictures of Fans Flowing on The Waves Painted by Sotatsu.			大倉集古館	
		書棚 詰め梨子地高蒔繪山水圖 江戸時代 元禄年間 傳曰五代將軍綱吉公より柳澤美濃守へ贈與せられし物也と The Gold Lacquered Book-Shelf. Decorated with Landscape, which is said to have been a Present to Yanagisawa-minonokami by The Fifth Tokugawa-Shogun. The 17th. Century				
		桂昌院殿靈廟（舊芝增上寺境内所在）The Tomb-Temple dedicated by The Fifth Tokugawa-Shogun to His Mother Keisho-in, originall stood in Shiba-park, Tokyo. The 18th. Century.				
		菜盒（食籠）堆朱 雲龍門 舊支那清朝乾龍帝時代宮廷所用 A Chinese Red Laquered Box, with the Decorative Carving of Dragons in Clouds, formerly used in The Court of Emperor Kan-Lun for putting Food in The 18th. Century				
Ⅲ期.一	大倉集古館繪葉書	大倉集古館全景		12 葉	大倉集古館	1
		大倉鶴彦翁銅像（大倉集古館庭園内）				
		（重要美術品）支那大石佛（正面）六朝時代初期（大倉集古館藏）				
		（重要美術品）支那大石佛（背面）六朝時代初期（大倉集古館藏）				
		鎌倉時代初期　木彫法蓮上人坐像（大倉集古館藏）				
		（國寶）手箱 鎌倉時代 散地蒔繪扇面散らし幷に長生殿詩意圖（大倉集古館藏）				
		（重要美術品）峯越阿彌陀如來 冷泉爲恭筆 絹本濃彩 江戸時代末期（大倉集古館藏）				
		（重要美術品）石彫獅子 支那三國時代 大正十二年大震災の際火を冠り裂碎したるものを修理したるものなれども木圖は原型に依りたるものとす（大倉集古館藏）				
		青瓷香爐 支那宋時代（大倉集古館藏）				
		（重要美術品）夾紵漆大鑑（支那秦時代）（大倉集古館藏）				
		野々村宗達筆 扇面流圖屏風 紙本濃彩 江戸時代第一期（大倉集古館藏）				
		書棚 詰め梨子地高蒔繪山水圖 江戸時代（元祿年間）傳曰五代將軍綱吉公より柳澤美濃守へ贈與せられし物也と（大倉集古館藏）				
Ⅲ期.一	—	晩年のモース先生 財團法人科學知識普及會		不 明	財團法人科學知識普及會	1
		モース先生の發見に係る大森貝塚の記念碑 財團法人科學知識普及會				
Ⅲ期.一	—	古墳大塚（東秋留村）		不 明	—	1
		鄕社阿伎留神社（五日市町）				
		五日市町金毘羅山ヨリ武藏野ノ遠望				
		秋川の清流（五日市町）				
		綱代辨天山の巖窟（增戸村）				
		東京府史蹟 新義眞言宗金色山大悲願寺全景（增戸村）				
		東京府名勝 神戸岩（檜原村）				
Ⅲ期.一	歴史繪はがき 第廿七回 上古遺物號（其八）	杏葉　遠江國榛原郡初食村大字牧ノ原（廣三寸四分）（27- 1 ）	Ⅱ -047	5 葉	帝室博物館	2
		杏葉 傳上野國（長四寸五分）上野國碓氷郡八幡村大字下大島（長三寸四分）（根岸伴七出品）（27- 2 ）	Ⅱ -048			
		杏葉 美作國眞庭郡八束村大字上長田 備中國都窪郡庄村大字日畑西組（27- 3 ）	Ⅱ -049			
		杏葉 傳大和國 大和高市郡白橿村（27- 4 ）	Ⅱ -050			
		鈴杏葉 下野國河内郡雀宮村大字雀宮（長四寸）下野國河内郡豊鄉村大字瓦谷（長三寸五分）上野國北甘樂郡新屋村大字白倉（長二寸五分）（27- 5 ）	Ⅱ -051			
Ⅲ期.一	歴史繪はがき 第三十一回 上古遺物號（其十二）	櫛（竹製黑漆塗）羽前國東村山郡出羽村大字漆山（實大）（31- 1 ）		5 葉	帝室博物館	2
		金屬環 大和國磯城郡■田村（金銅）地名不詳（金着セ）美作國眞庭郡神湯村（鍍銀）越前國今立郡中川村（金銀）近江國高島郡水尾村鴨（金）信濃國埴科郡中ノ條村（銅）大和國山邊郡丹波市村（金）周防國熊毛郡城南村（銀）上野國利根郡絲之瀬村（鐵）（31- 2 ）				
		耳飾（金製）肥後國玉名郡江田村大字江田發掘（實大）（31- 3 ）				

		耳飾（註記以外金製）筑前國糸島郡恰土村大字大門 肥前國東松浦郡玉島村大字谷口 肥後國玉名郡江田村大字江田 伊勢國鈴鹿郡國府村大字國府 近江國高島郡水尾村大字鴨 河内國中河内郡中高安村大字郡川（銀製）（二分一大）（31- 4 ）				
		銅釧及鈴釧（註記なきものは銅製）武藏國橘樹郡旭村駒岡 丹波國中郡三重村（ガラス）近江國栗太郡羽栗村（小環金銅）駿河國庵原郡高部村 筑前國筑紫郡席田村下月隈 上野國碓氷郡豊岡村上豊岡 武藏國大里郡岡部村岡 足利市助戸（三分一大）（31- 5 ）				
Ⅲ期.一	歴史繪はがき 第三十四回 上古遺物號（其十五）	槍身 上野國碓氷郡八幡村大字若田（長一尺四分）讃岐國綾歌郡羽床村大字小野（長一尺）肥後國玉名郡江田村（長九寸）讃岐國綾歌郡羽床村大字小野（長一尺）備中國都窪郡庄字日畑西組（長一尺一寸三分）（模造）攝津國武庫郡六甲村大字高羽（長一尺一寸三分）（模造）（34- 1 ）	Ⅱ -082	5 葉	帝室博物館	2
		鐵鏃（三分一大）美濃國養老郡養老村 備中國都窪郡庄村 信濃國上高井郡保科村 右ニ同ジ 信濃國諏訪郡下諏訪町 上野國（傳）上野國（傳）日向國東臼杵郡富高村 攝津國武庫郡六甲村 右ニ同ジ 上野國（傳）出雲國仁多郡布勢村 備中國都窪郡庄村（34- 2 ）	Ⅱ -083			
		鐵鏃（約二・五分一大）上野國 上野國群馬郡惣社町 日向國東臼杵郡富高村 上野國 右ニ同ジ 發掘地不詳 上野國 右ニ同ジ 日向國東臼杵郡富高村 下野國河内郡雀宮村 上野國 近江國栗太郡山田村大字南山田（34- 3 ）	Ⅱ -084			
		鐵鏃（三分一大）（註記以外日向國西臼杵郡田原村發掘）岩代國岩瀬郡六軒原 岩代國岩瀬郡六軒原 石見國美濃郡匹見村（34- 4 ）	Ⅱ -085			
		銅製弭金物 大和國北葛城郡馬見村大字大塚發掘（原寸大）（34- 5 ）	Ⅱ -086			
Ⅲ期.一	歴史繪はがき 第三十五回 上古遺物號（其十六）	石釧 伊勢國一志郡豊地村大字下之庄發掘（碧玉岩製）（徑二寸五分）上野國山田郡矢場川村大字矢場發掘（蠟石製）（徑三寸八分）（35- 1 ）		5 葉	帝室博物館	2
		車輪石（碧玉岩製）美濃國不破郡府中村大字市之尾字親ヶ谷左上ト同ジ 山城國綴喜郡八幡町大字八幡町小字大芝 美濃國可兒郡廣見村大字伊香（約四分一大）（35- 2 ）				
		鍬形石（長六寸）美濃國可兒郡廣見村大字伊香發掘（長五寸）（35- 3 ）				
		石製臺（碧玉岩製）尾張國知多郡名和村發掘（高一寸九分）石製坩（碧玉岩製）美濃國不破郡府中村大字市之尾發掘（高二寸九分）（35 - 4 ）				
		石製合子（碧玉岩製）山城國綴喜郡八幡村大字八幡發掘（高二寸七分）尾張國知多郡名和村發掘（高二寸九分）（35 - 5 ）				
Ⅲ期.一	歴史繪はがき 第三十九回 上古遺物號（其二十）	男子埴輪土偶 上野國佐波郡采女村大字淵名發掘（高五〇糎）（39- 1 ）	Ⅱ -112	5 葉	帝室博物館	2
		埴輪男子 常陸國筑波郡小野川村大字横湯發掘（高六〇・五糎）（39- 2 ）	Ⅱ -113			
		鍬を肩にする埴輪男子像 上野國佐波郡埴蓮村大字八寸發掘（高五〇糎）（39- 3 ）	Ⅱ -114			
		男子埴輪土偶 常陸國東茨城郡川根村大字駒渡發掘（高四二糎）（39- 4 ）	Ⅱ -115			
		埴輪被帽男子像（下野國下都賀郡南犬飼村大字安塚發掘）（高一三九・六糎）（39- 5 ）	Ⅱ -116			
Ⅲ期.一	歴史繪はがき 第四十回 上古遺物號（其二十一）	武裝男子埴輪土偶（上野國新田郡世良田村大字世良田發掘）（高一三九糎）（和田千吉氏出品）（40- 1 ）	Ⅱ -122	5 葉	帝室博物館	2
		武裝男子埴輪土偶（武藏國北埼玉郡上中條村發掘）（高六九糎）（根岸伴七氏出品）（40- 2 ）	Ⅱ -123			
		武裝男子埴輪土偶（常陸國行方郡秋津村大字青柳發掘）（高八三・八糎）（40- 3 ）	Ⅱ -124			
		柄に手をかけてゐる武裝男子像 群馬縣群馬郡箕輪町大字上芝發掘（高一一一・三糎）（40- 4 ）	Ⅱ -125			
		革甲着用男子像 埼玉縣兒玉郡東兒玉村字十條發掘（高一二四・四糎）（40- 5 ）	Ⅱ -126			
Ⅲ期.一	歴史繪はがき 第四十一回 上古遺物號（其廿二）	女子埴輪土偶（和泉國泉北郡舳松村仁德天皇陵發掘）（高一八・七糎）（諸陵寮出品）（41- 1 ）	Ⅱ -127	5 葉	東京帝室博物館	2
		女子埴輪土偶（常陸國東茨城郡常盤字松本坪發掘）（高七四糎）（41- 2 ）	Ⅱ -128			
		女子埴輪土偶（上野國佐波郡赤堀村大字下觸發掘）（高三三・六糎）（41- 3 ）	Ⅱ -129			

年.月	題　名	添　書	図版番号	組 数	発 行 所	分類
Ⅲ期.—	歴史繪はがき 第四十一回 上古遺物號（其廿二）	女子埴輪土偶（常陸國行方郡秋津村大字青柳發掘）（高四〇・九糎）（41- 4 ）	Ⅱ -130		東京帝室博物館	
		女子埴輪土偶（上野國新田郡世良田村大字世良田發掘）（高九二・七糎）（41- 5 ）	Ⅱ -131			
Ⅲ期.—	歴史繪はがき 第四十一回 上古遺物號（其廿二）	埴輪女子像 上野國群馬郡箕輪町大字上芝發掘（高八八・五糎）（41- 1 ）	Ⅱ -132	5 葉	帝室博物館	2
		埴輪着裳女子像 上野國佐波郡殖蓮村大字八寸發掘（高一二五・八糎）（41- 2 ）	Ⅱ -133			
		女子埴輪土偶 上野國佐波郡赤堀村大字下觸發掘（高三三・六糎）（41- 3 ）				
		埴輪孩兒を負ふ女子像 下野國芳賀郡大内村京泉發掘（高四四・八糎）（41- 4 ）	Ⅱ -134			
		埴輪腰かけてゐる女子像 上野國邑樂郡大川村大字古海發掘（高六九糎）（41- 5 ）	Ⅱ -135			
Ⅲ期.—	歴史繪はがき 第四十二回 上古遺物號（其廿三）	鞍（前輪後輪）（木部補修）筑前國糟屋郡勢門村大字若杉發掘（ 1 ）	Ⅱ -136	5 葉	東京帝室博物館	2
		鞍金具 銀象嵌裝飾 下野國足利市字足利發掘（ 2 ）	Ⅱ -137			
		埴輪馬鞍部 武藏國大里郡本畠村大字畠山發掘（側面）（正面）（平面）（ 3 ）	Ⅱ -138			
		輪鐙（鉄製）肥後國玉名郡江田村大字江田船山發掘 上野國西群馬郡倉ヶ野發掘（ 4 ）	Ⅱ -139			
		壺鐙 長門國大津郡深川村大字深川發掘（銅製）甲斐國東山梨郡岡部村大字松本發掘（ 5 ）	Ⅱ -140			
Ⅲ期.—	歴史繪はがき 第四十三回 上古遺物號（其廿四）	勾玉（原寸大）讃岐國仲多度郡白方村發掘（硬玉製）山城國綴喜郡八幡町字八幡町發掘（碧玉製）（43- 1 ）	Ⅱ -141	5 葉	東京帝室博物館	2
		勾玉（硬玉製）（地名は發掘地）加賀國石川郡二塚村大字野 播磨國加東郡小野町大字小野 上野國山田郡矢場川村大字矢場 未詳 山城國葛野郡川岡村字岡 播磨國加東郡小野町大字小野 但馬國出石郡神美村大字森尾 三河國豐橋市大字飯 下総國猿島郡弓馬田村大字馬立 4 / 5 （43- 2 ）	Ⅱ -142			
		勾玉 伊豫國温泉郡生石村（蛇紋岩）近江國東淺井郡朝日村（瑪瑙）下總國猿島郡弓馬田村（土）長門國豐浦郡川中村（瑪瑙）傳上野國多野郡美九里村（金銅）越中國西礪波郡赤丸村（瑪瑙）長門國豐浦郡川中村（水晶）右ニ同ジ 攝津國三島郡福井村（銀）攝津國武庫郡本山村（琥珀）大和國北葛城郡河合村（滑石） 7 / 8 （43- 3 ）	Ⅱ -143			
		勾玉（ガラス製）但馬國城崎郡中筋村（青色）肥前國東松浦郡玉島村（瑠璃色）大和國北葛城郡箸尾村（淺青色）肥前國東松浦郡玉島村（淺綠色）肥前國東松浦郡玉島村（瑠璃色）丹波國中郡三重村（風化シテ白色トナル）筑前國糟屋郡須惠村（琺瑯製）備前國赤磐郡西高月村（淡綠色） 6 / 7 （43- 4 ）	Ⅱ -144			
		勾玉（形の尋常ならざるもの）播磨國加東郡小野町（硬玉製）播磨國加東郡小野町（硬玉製）備前國赤磐郡布都美村（硬玉製）淡路國三原郡上八田村（硬玉製）美濃國土岐郡日吉村（硬玉製）武藏國比企郡野本村（硬玉製）播磨國加東郡小野町（硬玉製）伊豫國周桑郡吉岡村（蠟石製）豐前國京都郡祓郷村（ガラス製）出雲國能義郡安來村（水晶製）信濃國諏訪郡平野村（硬玉製）美濃國土岐郡日吉村（硬玉製） 6 / 7 （43- 5 ）	Ⅱ -145			
Ⅲ期.—	歴史繪はがき 第■回 上古遺物號（其廿五）	管玉 山城國綴喜郡八幡町大字八幡町（碧玉製）右ニ同ジ（碧玉製）信濃國諏訪郡平野村（鐵石英製）肥前國東松浦郡玉島村（ガラス製）上野國群馬郡佐野村（碧玉製）備後國蘆品郡有磨村（水晶製）肥前國東松浦郡玉島村（碧玉製）伊勢國鈴鹿郡國府村（瑪瑙製）駿河國庵原郡高部村（碧玉製） 6 / 7 44- 1		5 葉	東京帝室博物館	2
		切子玉 安藝國安藝郡溫品村（瑪瑙製）播磨國飾磨郡糸引村（水晶製）周防國吉敷郡山口町（ガラス製）右ニ同ジ 瑪瑙製丸玉 磐城國伊具郡金山町（水晶製）美濃國不破郡青墓村（蠟石製算盤玉）右ニ同ジ 伊勢國鈴鹿郡國府村（琥珀製棗玉）武藏國久良岐郡屛風浦村（ガラス製）（原寸大）44- 2				
		山梔玉棗玉及平玉 攝津國三島郡福井村（鍍銀製山梔玉）備前國邑久郡國府村（水晶製平玉）伊賀國名賀郡神戸村（金銅製山梔玉）上野國北甘樂郡小野村（碧玉製平玉）美濃國不破郡青墓村（蠟石製棗玉）近江國甲賀郡佐山村（ガラス製棗玉）越中國西礪波郡西五位村（蛇紋岩製菱形玉）上野國碓氷郡八幡村（ガラス製棗玉） 4 / 5 44- 3				

		丸玉 越中國西礪波郡西五位村（金銅製）讃岐國仲多度郡白方村（琺瑯製）山城國綴喜郡八幡町（水晶製）備前國邑久郡邑久邑（ガラス製）磐城國石代郡鮫川村（土製）遠江國濱名郡小野田村（碧玉製）上野國北甘樂郡福島村（銀製）筑後國八女郡長峯村（琺瑯製）筑後國八女郡長峯村（瑪瑙製）伯耆國西伯郡大高村（金銅製）（原寸大）44- 4				
		小玉及臼玉 備中國都窪郡庄村（土製）伊勢國鈴鹿郡國府村（ガラス製）攝津國武庫郡本山村（ガラス製）駿河國秦原郡高部村（ガラス製）和泉國泉北郡濱寺町（ガラス製）上ニ同ジ（ガラス製）上野國勢多郡赤城山（滑石製臼玉）地名不詳（臼玉）（原寸大）44- 5				
Ⅲ期.―	歴史繪はがき 第四十五回 上古遺物號（其廿六）	短甲（日向國西諸縣郡眞幸村發掘）45- 1	Ⅱ -146	5 葉	東京帝室博物館	2
		小札 上總國君津郡淸川村（金銅製）右ニ同ジ 武藏國北埼玉郡荒木村 武藏國北埼玉郡荒木村發掘（鐵製）45- 2	Ⅱ -147			
		兜（日向國西諸縣郡眞幸村發掘）45- 3	Ⅱ -148			
		兜（上總國君津郡淸川村發掘）（越前國吉田郡吉野村發掘）45- 4	Ⅱ -149			
		頸鎧及鐵製品（越前國吉田郡吉野村發掘）45- 5	Ⅱ -150			
Ⅲ期.―	歴史繪はがき 第四十六回 上古遺物號（其廿七）	鍬頭 備後國双三郡吉舎村發掘 美作國眞庭郡八東村發掘 46- 1	Ⅱ -151	5 葉	東京帝室博物館	2
		鍬頭 鹿兒島縣發掘 犂頭 石見國美濃郡匹見下村發掘 46- 2	Ⅱ -152			
		鎌身 筑前國嘉穂郡飯塚町發掘 46- 3	Ⅱ -153			
		鍬 上野國群馬郡岩鼻火藥製造所構内發掘 馬鍬身 筑後國浮羽郡福富村發掘 46- 4	Ⅱ -154			
		斧頭 信濃國更級郡共和村發掘 山城國葛野郡松尾村發掘 豊前國宇佐郡安心院村發掘 讃岐國綾歌郡岡田村發掘 信濃國更級郡共和村發掘 筑後國嘉穂郡飯塚町發掘 美濃國眞庭郡八東村發掘 筑後國嘉穂郡飯塚町發掘 1 / 3 46- 5	Ⅱ -155			
Ⅲ期.―	歴史繪はがき 第四十七回 上古遺物號（其廿八）	轡 信濃國北佐久郡五郎兵衛新田發掘 信濃國上高井郡保科村發掘 肥後國玉名郡江田村發掘 47- 1	Ⅱ -156	5 葉	東京帝室博物館	2
		轡 下野國河内郡明治村發掘 上野國碓氷郡八幡村發掘 47- 2	Ⅱ -157			
		轡（鏡板金銅製）遠江國棒原郡初倉村發掘 47- 3	Ⅱ -158			
		轡（上野國多野郡平井村發掘）（長門國豊浦郡川中村發掘）47- 4	Ⅱ -159			
		轡 上野國多野郡平井村發掘 伊勢國宇治山田市大字二俣發掘 47- 5	Ⅱ -160			
Ⅲ期.―	歴史繪はがき 第四十八回 上古遺物號（其廿九）	鈴 出雲國簸川郡鹽谷村發掘 長門國大津郡深川村發掘 丹波國天田郡中六人部村發掘 上總國君津村木更津附近發掘 武藏國秩父郡大宮町發掘 日向國宮崎郡瓜生野村發掘 朝鮮慶尙南道金海發掘 48- 1	Ⅱ -161	5 葉	東京帝室博物館	2
		馬鐸 註記以外ハ銅製 朝鮮慶尙南道金海發掘 上野國群馬郡瀧川村發掘（金銅製）傳武藏國大里郡榛澤村發掘 下總國香取郡瑞穂村發掘 下總國香取郡橘村發掘 大和國磯城郡朝倉村發掘 下總國香取郡瑞穂村發掘 播磨國揖保郡揖西村發掘 48- 2	Ⅱ -162			
		鈴 上野國群馬郡久留間村發掘 因幡国八頭郡大御門村發掘 48- 3	Ⅱ -163			
		雲珠及辻金物 攝津國東成郡住吉村（金銅）出雲國能義郡大塚村（銀被）筑後國浮羽郡福富村（金銅）右ニ同ジ 武藏國北﨑玉郡﨑玉村（金銅）上野國新田郡寶泉村（金銅）備中国都窪郡庄村（鐵）上野國多野郡藤岡村（金銅）上野國群馬郡瀧川村（金銅）48- 4	Ⅱ -164			
		環鈴 尾張國東春日井郡勝川町發掘 肥後國玉名郡江田村發掘 48- 5	Ⅱ -165			
Ⅲ期.―	歴史繪はがき 第五十二回	鳥獸葡萄鏡（經一五・四糎）（52- 1 ）	Ⅱ -166	5 葉	帝室博物館	2
		團華鏡（經一八・五糎）（52- 2 ）	Ⅱ -167			
		鍍金獸帶鏡（經二〇・五糎）美濃國揖斐郡豊木村發掘 守屋孝藏氏藏（52- 3 ）	Ⅱ -168			
		飛天迦陵頻伽八花鏡（經二九・二糎）（守屋孝藏氏藏）（52- 4 ）	Ⅱ -169			
		月宮鏡（經一三・七糎）（東京美術學校藏）（52- 5 ）	Ⅱ -170			
Ⅲ期.―	歴史繪はがき 第五十三回	瑞花鴛鴦八花鏡（徑三〇糎）（ 2 - 1 ）	Ⅱ -171	5 葉	帝室博物館	2
		飛仙八稜鏡（徑一六・八糎）（ 2 - 2 ）	Ⅱ -172			
		金銀平脫花辮蝶鳥方鏡（守屋孝藏氏藏）（長徑一七・二糎）（ 2 - 3 ）	Ⅱ -173			
		銀張鳥獸唐草八稜鏡（守屋孝藏氏藏）（長徑一五・三糎）（ 2 - 4 ）	Ⅱ -174			
		御物 伯牙彈琴鏡（徑二七・八糎）（ 2 - 5 ）	Ⅱ -175			
Ⅲ期.―	歴史繪はがき 第五十五回	櫻山吹蝶鳥方鏡（徑一一・八糎）（ 4 - 1 ）	Ⅱ -176	5 葉	帝室博物館	2

年.月	題　　名	添　　書	図版番号	組 数	発 行 所	分類
Ⅲ期.—	歴史繪はがき 第五十五回	居攝元年有銘内行花文鏡（守屋孝藏氏藏）平安南道大同郡大同江面發掘（徑一三・七糎）（４－２）	Ⅱ-177		帝室博物館	
		甜瓜蟲雀鏡 山城國深草郡紀伊村稻荷山經塚發掘（徑一一・五糎）（４－３）	Ⅱ-178			
		秋草双鳥鏡（徑一一・六糎）（４－４）	Ⅱ-179			
		網代地蝶鳥鏡（信濃國埴科郡城城村字背名發掘）（徑八・三糎）（４－５）	Ⅱ-180			
Ⅲ期.—	歴史繪はがき 第五十六回	菊水双鶴鏡（徑二六糎）鏡面に藥師佛像毛彫「永德年三五月八日沙彌光道敬白」の銘あり（５－１）	Ⅱ-181	5 葉	帝室博物館	2
		蓬萊遊仙鏡（徑一九・七糎）（東京美術學校藏）（５－２）	Ⅱ-182			
		鱗地双雀鏡（徑一一・五糎）（５－３）	Ⅱ-183			
		蓬萊柄鏡（徑八・五五糎）（５－４）	Ⅱ-184			
		瑞穂柄鏡（徑二・四糎）（５－５）	Ⅱ-185			
Ⅲ期.—	麗悳莊平尾賛平所藏 内外泉貨展覽會記念	大日本金幣（其一）楪葉金 二ッ鴈金 後奈良天皇天文年間用殘片　手本金 天保五兩判品位 仁孝天皇天保八年制定 平尾麗悳莊藏		8 葉	平尾賛平	3
		大日本銀幣（其二）萩葉銀 正親町天皇永祿年間 慶長丁銀 切遺殘片 後陽成天皇 慶長六年 銀座吹分銀 後桃園天皇 明和九年　平尾麗悳莊藏				
		大日本銀幣（其三）銀古和同 笹書 元明天皇以前之者 萬延當五十錢 孝明天皇萬延元年試鑄　太閤巾着錢 金御紋錢　天保錢形萬年通寶 仁孝天皇天保六年試鑄　明治通寶 官上五匁 明治天皇明治元年試鑄　平尾麗悳莊藏				
		明治之新貨（其四）二圓半金貨 明治二年太政官造幣局試作十圓金貨 明治三年發行　一圓銀貨 明治三年試鑄　一釐銅貨明治二年試作　貿易銀 明治七年試作 二厘銅貨 明治十八年試鑄　平尾麗悳莊藏				
		支那上代布刀幣（其五）亭 春秋時代之者 閔 戰國時代 趙地刀幣 平安 七雄時代 齋地布幣 平尾麗悳莊藏				
		支那金銀幣（其六）郢爰 春秋時代楚金幣 上郡亭侯銀幣 後漢建和二年 王匠王在銘 永年吉利 唐代金錢 明代銀錠 嘉靖元年在銘　萬曆礦銀 面文萬曆通寶 平尾麗悳莊藏				
		支那歐式幣（其七）道光帝像銀幣 道光后像銀幣 光緒帝像金幣 西太后金幣 宣統帝像銀幣　平尾麗悳莊藏				
		朝鮮漢安南三幣（其八）二十圜金貨 朝鮮開國四百九十五年試鑄 五錢銅貨 朝鮮建陽元年　鷲十圜金貨 朝鮮光武七年銅試打十圜金貨 韓隆熙三年　精銀壹兩 安南嘉隆年造　三壽銀錢 安南嗣德年造　平尾麗悳莊藏				
Ⅲ期.—	人類の創生展覽會 六月一日より十四日まで 於 三越 四階西舘	（三越主催 人類の創生展覽會）壁畫を描くクロマニヨン		不 明	瀬古大成堂	5
Ⅲ期.—	*東京美術學校特殊研究講義 高橋講師用*	(無題)	Ⅱ-646～658	不 明	東京美術學校	8
Ⅲ期.—	*東京美術學校特殊研究講義 関野講師用*	（１）陶甕 朝鮮總博藏		不 明	東京美術學校	8
		（２）				
		（３）陶壺 第四号墳出土 朝鮮總博藏	Ⅱ-659			
		（４）緑釉九枝燈架 富田晉二氏藏	Ⅱ-660			
		（５）緑釉井欄 白神壽吉氏藏				
		（６）				
		（７）				
		（８）緑釉陶竈 中西嘉市氏藏				
		（９）緑釉陶狗 中西嘉市氏藏				
		(10)				
		(11)				
		(12) 緑釉陶豚 白神壽吉氏藏				
		(13) 金銅釦雕飾飯槃 大同江面古墳出土 平壤府廳藏 銘 永始元年蜀郡西工造乘輿髹泪畫紵黄釦飯槃容一升髹工廣上工廣銅釦黄塗工政畫工聿泪工威清工東造工林造護卒史安長孝丞碧椽譚字令史通三	Ⅱ-661			
		(14)				
		(15)				
		(16)				
		(17)				
		(18) 雕飾筐蓋漆殘片 大同江面第六号墳出土 朝鮮總博藏	Ⅱ-662			
		(19)				
		(20)				
		(21)				
		(22)				

		(23) 孝文廟銅鍾 平壤船橋里出土 朝鮮總博藏 銘孝文廟銅鍾容十斤重册七斤永光三年六月造	Ⅱ -663			
		(24)				
		(25)				
		(26)				
		(27) 金銅尊 大同江面第九号墳出土 朝鮮總博藏	Ⅱ -664			
		(28)				
		(29)				
		(30)				
		(31) 轆轤鐙 多田春臣氏藏	Ⅱ -665			
		(32) 鐎斗 平壤覆審法院保管				
		(33)				
		(34)				
		(35)				
		(36)				
		(37)				
		(38)				
		(39)				
		(40)				
		(41)				
		(42)				
		(43)				
		(44)				
		(45)				
		(46)				
		(47)				
		(48)				
		(49)				
		(50)				
		(51)				
		(52)				
		(53)				
		(54)				
		(55)				
		(56)				
		(57)				
		(58)				
		(59)				
		(60)				
		(61)				
		(62) 秦戈 平壤高等普通學校藏 銘廿五年上郡守廟□造高奴工師竈丞申工□薪計 秦始皇廿五年（西暦前二二二）	Ⅱ -666			
		(63)				
		(64)				
		(65)				
		(66)				
		(67)				
		(68)				
		(69) 銅環刀（１）諸岡榮治氏藏 鉄環刀（２）平壤警察署保管	Ⅱ -667			
		(70) 劍 第九号墳出土 朝鮮總博藏	Ⅱ -668			
		(71)				
		(72)				
		(73) 奴弓機（１）第九號墳出土 朝鮮總博藏 矢二條（２）同 同	Ⅱ -669			
		(74) 銅鏃（銅莖附）六種（１）-（６）銅鏃（双翼附）五種（７）-（11）朝鮮總博藏				
		(75) 銅鏃（鉄莖附）（１）-（11）銅鏃（三翼鉄莖附）（12）-（13）朝鮮總博藏	Ⅱ -670			
		(76) 鉄鏃九種 朝鮮總博藏 イ 當初断面想像 ロ 現在断面 点線當初想像図				
		(77) 金銅轡（１）第九號墳出土 馬鐸二種（２）同 朝鮮總博藏	Ⅱ -671			
		(78) 車軸頭 第九号墳出土 朝鮮總博藏	Ⅱ -672			
		(79) 虎鎭二種 第九号墳出土 朝鮮總博藏				
		(80) 金銀錯銅箇 東京美術學校藏	Ⅱ -673			
		(81) 帳構銅（１）白神壽吉氏藏 鳩首杖頭（２）多田春臣氏藏				
		(82) 黄金帯銙 第九号墳棺内出土 朝鮮總博藏	Ⅱ -674			
		(83)				

年.月	題　　名	添　　書	図版番号	組 数	発 行 所	分類
Ⅲ期.—	*東京美術學校特殊研究講義 関野講師用*	*(84)*			東京美術學校	
		(85)				
		(86) 銅環刀（１)、(６）鐵劍（２)、(４)、(５）鉄環刀（３)（１）-（５）諸岡榮治氏藏（６）東京美術學校藏	Ⅱ -675			
		(87)				
		(88)				
		(89)				
		(90)				
		(91)				
		(92)				
		(93)				
		(94)				
		(95)				
		(96) 帶方太守張撫夷墓出土 黄海道鳳山郡（１）使君帶方太守張撫夷塼（２）天生小人供養君子千人造塼以葬父母既好且堅典齎記之	Ⅱ -676			
		(97)				
		(98) 樂浪塼五種	Ⅱ -677			
		(99) 狩獵文塼（上）虎文塼（下）	Ⅱ -678			
		(100)				
		(101) 樂浪禮官塼（１）陽文（２）陰文	Ⅱ -679			
		(102) 大晋元康塼（１）樂琅富貴塼（２）	Ⅱ -680			
		(103) 萬歳塼（１）千秋萬歳塼（２）	Ⅱ -681			
		(104) 樂浪瓦當五種	Ⅱ -682			
		(105) 樂浪瓦當五種	Ⅱ -683			
		(106)				
		(107) 樂浪瓦當五種	Ⅱ -684			
Ⅲ期.—	—	石棒・石槍・石鈷（上羽貞幸氏所藏）石皿（上羽貞幸氏所藏）石棒（越中大境洞窟出土）〔研究參考用・非賣品〕		不 明	—	8
		石器時代漁撈具（上羽貞幸氏所藏）石器時代裝身具（上羽貞幸氏所藏）〔研究參考用・非賣品〕				
		彌生式土器 肥後球磨郡出土（東京帝國大學人類學教室所藏）豐後直入郡出土（長山源雄氏所藏）〔研究參考用・非賣品〕				
		鉢形土器（上羽貞幸氏所藏）石器時代土器（信濃諏訪郡出土）（今井喜一郎氏藏）（川岸小學校藏）〔研究參考用・非賣品〕				
		陶棺正面及び側面裝飾浮彫畫（美作國英田郡平福村出土）				
		埴輪土偶（上）和田千吉氏藏（下）三鄕村小學校藏〔研究參考用・非賣品〕				
		埴輪 男子首（常陸及武藏出土）円筒（上野出土）女子首（上野出土）〔研究參考用・非賣品〕				
Ⅲ期.—	—	女子像 武裝男子像 男子像		不 明	歴史教育研究會	8
Ⅲ期.—	武藏國國分寺繪葉書	武藏 國分寺 本坊全景 國分寺本坊ニシテ山門佛殿庫裡等ノ建造物		10葉	—	9
		武藏國分寺本坊佛殿　應永五年ノ建立ニシテ間口八間三尺奥行六間阿彌陀如來ヲ安置ス				
		武藏 國分寺 仁王門 建武二年の建造ニシテ間口四間一尺五寸奥行二間三尺明治廿年三月内務省ヨリ保存資金トシテ金壹百圓ノ御下賜アリ仁王尊ハ佛師雲慶ノ作ト傳フ				
		武藏 國分寺 本堂藥師堂　寶歴五年國分寺舊址中ノ北院址ニ建立セシモノニシテ間口七間三尺奥行七間藥師如來（國寶）日光月光兩脇士及ビ十二神ヲ安置ス				
		武藏 國分寺 舊址 大塔趾ニシテ大正十一年十月内務大臣ヨリ史蹟ノ指定ヲ受ク				
		武藏國分寺舊址 金堂址ニシテ今猶ホ多クノ礎石ヲ存シ大正十一年十月内務大臣ヨリ史蹟ノ指定ヲ受ク				
		武藏國分寺 大本尊藥師如來　行基菩薩ノ御作ニシテ御丈七尺二寸大正三年四月國寶ニ列ス				
		武藏國分寺寺額 聖武天皇ノ勅額ヲ模寫セシモノニシテ藥師堂内ニ揭グ筆者深見玄岱　武藏府中國分寺碑 藥師堂前ニ在リ高サ六尺四寸巾二尺一寸寶歴丙子春三月攝津服雄撰東都河保壽書法印權大僧都賢盛立				
		武藏國分寺藥師堂領朱印狀 慶安元年十月廿四日德川三代將軍家光公ヨリ賜ハリシモノナリ　新田義貞公手植ノ松 國分寺金堂址ノ側ニアリ圍周八尺五寸				
		武藏國分寺寺寶古瓦 天平年間ノ製作ニシテ元國分寺ノ堂塔ニ使用セシモノナリ平瓦ノ如キ一枚ニシテ二貫五百目アリ				

Ⅲ期.一	武藏國分寺 繪葉書	武藏 國分寺 本坊全景 國分寺本坊ニシテ山門佛殿庫裡等ノ建造物	Ⅰ-240	10葉	國分寺	9
		武藏 國分寺本坊　本坊ハ應永五年ノ建立ニシテ内仁ニ阿彌陀如來ヲ安置ス	Ⅰ-241			
		武藏 國分寺 仁王門　建武二年の建造ニシテ間口四間一尺五寸奥行二間三尺仁王尊ハ佛師運慶ノ作ト傳フ	Ⅰ-242			
		武藏 國分寺 本堂藥師堂　寶暦五年國分寺舊址中ノ北院址ニ建立セシモノニシテ間口七間三尺奥行七間藥師如來（國寶）日光月光兩脇士及ビ十二神將ヲ安置ス	Ⅰ-243			
		武藏 國分寺舊址 大塔趾ニシテ大正十一年十月内務省大臣ヨリ史蹟ニ指定セラル	Ⅰ-244			
		武藏 國分寺舊址 金堂址ニシテ今猶ホ多クノ礎石ヲ存シ大正十一年十月内務大臣ヨリ史蹟ニ指定セラル	Ⅰ-245			
		武藏國分寺 本尊藥師如來　御丈五尺八寸大正三年四月國寶トナル	Ⅰ-246			
		武藏國分寺寺額 聖武天皇ノ勅額ヲ模寫セシモノニシテ藥師堂内ニ掲グ筆者深見玄岱　武藏府中國分寺碑 藥師堂前ニ在リ高サ六尺四寸巾二尺一寸寶暦丙子春三月攝津服雄撰東都河保壽書法印權大僧都賢盛立	Ⅰ-247			
		武藏國分寺藥師堂領朱印狀 慶安元年十月廿四日德川三代將軍家光公ヨリ賜ハリシモノナリ　傳新田義貞公手植ノ松 國分寺金堂址ノ側ニアリ圍周八尺五寸餘	Ⅰ-248			
		武藏國分寺寺寶古瓦 天平年間ノ製作ニシテ元國分寺ノ堂塔ニ使用セシモノ平瓦ノ如キ一枚ニシテ二貫五百目ノモノアリ	Ⅰ-249			
Ⅲ期.一	一	武藏國國分寺ぬの目瓦 THE KOKUBUNJI TEMPLE MUSASHI		不 明	玉榮堂	9
Ⅲ期.一	多摩の御陵を鏡る史蹟	峰開戸出土の石劍		8葉	内務省御藏版	9
		三軒在家出土の土器				
		三軒在家出土の土器				
		白山神社經塚出土の經筒				
		釋迦像（深大寺藏）奈良朝時代の傑作 國寶				
		白山神社木彫の御神像				
		藥師如來像（眞覺寺藏）				
		隆源律師遺骨（眞覺寺藏）				
Ⅲ期.一	*絵葉書 多摩御陵高尾山*	*多摩御陵*		16枚	一	9
		総門				
		参道南浅川橋				
		本社薬王院（２人）				
		ケーブルカー 高尾山駅				
		大杉並木				
		蛇瀧及渓谷				
		三光荘全景 園内芭蕉の句碑				
		小仏川の清流				
		小仏宝珠寺断食道場 宝生の瀧				
		高尾パノラマ景信山より富士山を望む（４人の男女）高尾山方面を望む				
		小仏峠及高尾パノラマの遠望 公郷沢発見の石器（石皿）				
		内務省指定史蹟小仏関趾				
		関所使用印鑑 小仏関所手形				
		浅川名勝児淵 刑場跡				
		城見坂より元八王子城址城山を望む 氏照開帳制札				
Ⅲ期.一	一	石神井村古蹟發掘石土器（豊島城趾）	Ⅰ-232	不 明	一	9
Ⅲ期.一	一	威光寺全景 同寺洞穴の畧圖 同寺洞穴入口		不 明	一	9
Ⅲ期.一	一	石器時代の遺跡 野增村東南十町餘の海岸にあり 石器時代の遺物今猶採集せらる		不 明	一	9
Ⅲ期.一	島の風景	元村 つゝじ椿は御山を照らす 殿の御舟はなだ照らす		8葉	伊豆大島元村 月出商店	9
		波浮港 波浮のこだかの瀬はかわりても ぬしと云たこたかわるまへ				
		三原山 ぬしを待ちまち月日をわすれ 鶯が鳴く春じややら				
		行者山 小角（役行者）配伊豆大島歴三年矣晝随皇命居伊豆島夜爲練行富士山身浮海上走如踏陸（扶桑略記）				
		島のとある小徑 とゝはより來るふる道ちやしげる 人は情けもうすくなる				
		石器時代の遺跡 野增村の東南十町餘の海岸にあり 石器時代の遺物今猶採集せらる				
		大島燈臺 島を朝卷けやかすかに見ゆる 遠くなるほどなつかしい				
		櫻株 わたしや野に咲く一重のさくら 八重に咲くきはさらにない				
Ⅲ期.一	一	（大島風景）泉津村海岸		不 明	千代屋	9

年.月	題　　名	添　　書	図版番号	組 数	発　行　所	分類
Ⅲ期.—	—	（大島風景）野増村海岸			千代屋	
		（大島風景）汐フキ岩				
		（大島風景）龍ノ口				
		（大島風景）櫻株				
Ⅲ期.—	—	衣褌をつけた上古男子	口絵16	4 葉	光村原色版印刷所	—
		短甲冑をつけた男子	口絵17			
		衣裳をつけた上古女子	口絵18			
		上古時代の餝馬	口絵19			
Ⅲ期.—	—	北海道 厚司 杉山壽榮男藏		3 葉	杉山壽榮男	—
		北海道 アイヌの箱枕 杉山壽榮男藏				
		北海道 アイヌの鍬先 杉山壽榮男藏				
Ⅲ期.—	—	元祿小箱 杉山藏		不 明	杉山壽榮男	—
Ⅲ期.—	—	石器時代住居址 東西十七尺 南北十五尺 中央正六角形爐 所在地 神奈川縣津久井郡内鄉村寸澤嵐 通稱トネクボ 相模川 道志川 合流地点 幾代へし石の疊を堀り出でて目出度今日を祝ひけるかな 石疊保存記念 石老山人		1 葉	石老山人	3
Ⅲ期.—	海老名村名勝舊蹟繪葉書	相摸國分寺遺蹟		不 明	海老名村役場	9
		相摸國分寺尼寺趾				
		瓢塚 七墓の中其一 認定相武國造の古墳				
		國分寺本尊藥師如來 傳行基作				
Ⅲ期.—	相州國分寺遺跡繪ハカキ	相州國分寺遺跡 尼寺講堂跡		5 葉	小野澤商店	9
		相州國分寺遺跡 尼寺七重塔跡				
		相州國分寺遺跡 尼寺槌鐘				
		相州國分寺遺跡 尼寺藥師尊像				
		相州國分寺遺跡 大欅				
Ⅲ期.—	—	三浦城趾發掘品 三浦大輔切腹ノ松及駒止石（大正八年十二月十九日東京灣要塞司令部御許可濟）		不 明	—	9
Ⅲ期.—	—	西三川村大字小泊ニ於ケル古代齋瓮式陶器及國分寺瓦燒製窯趾	Ⅰ-275	不 明	西三川村教育會	1
		西三川村大字小泊ニ於ケル傳說ノ鎌倉時代ノ古建築				
Ⅲ期.—	—	繩文土器 大なるは北蒲原郡金塚村貝屋出土高サ一尺三寸（瀧澤四郎右衞門氏所藏）小なるは岩船郡關谷村出土高サ五寸五分（關尋常高等小學校所藏）		不 明	NIIGATA AOKI PRINTING CO.	9
Ⅲ期.—	—	櫻谷古墳群中第一號（柄鏡型古墳）發掘品	Ⅰ-292	不 明	—	6
Ⅲ期.—	*加賀國勅使 法皇山*	法皇山之全景	Ⅰ-299	5 葉	—	6
		法皇山横穴外面	Ⅰ-300			
		法皇山第二號横穴玄室の對入口部	Ⅰ-301			
		法皇山第九號 B 玄室奥壁	Ⅰ-302			
		法皇山發掘物土器	Ⅰ-303			
Ⅲ期.—	—	法皇山第九號 B 玄室奥壁		不 明	明治印刷株式會社	6
		法皇山發掘物土器				
Ⅲ期.—	—	（俵原村）土中掘出の白骨（約七百年前の物）		不 明	—	6
Ⅲ期.—	—	岐阜縣海津郡城山村庭田貝塚全景		不 明	—	6
		岐阜縣海津郡城山村貝塚ヨリ發掘ノ遺留品				
Ⅲ期.—	伊豆史跡繪はがき	長岡溫泉場 南條驛より十數町途中馬人車自働車の便あり一小巒を隔てヽ相對す南端に水晶山の美觀あり		8 葉	北條 願成就院	9
		獨鈷の湯 桂川溪流中の磐石を穿ちて浴槽となり最も奇觀を呈す				
		吉奈溫泉場 天城連山積翠の間に介在し閑寂にして靜養に適す				
		蛭ヶ島 源頼朝配流の地にして歷史とに於いて名高し				
		韮山城址 北條驛に近く今縣立中學校の敷地となり疎々たる丘上の喬松獨り當年の俤を留むるを見る				
		三島神社 官幣大社三島町の東端にあり社殿壯麗境域宏濶松杉森々神さびて尊し				
		反射爐趾 南條驛の東方韮山村中區鳴瀧にあり嘉永六年江川英龍公幕府の許可を得て之を築造し安政年間盛に大砲を鑄造す明治維新後荒廢に歸せしが明治四十一年陸軍省の管轄に屬し大修築を加ふ				
		長岡石棺 南條より二十町長岡溫泉の北五町程の所にあり奈良朝以前に屬する墳墓にして豪族を葬りたる者なりと云ふ				
Ⅲ期.—	—	伊豆長岡名所 長岡洞石棺 FAMOUS PLACE OF NAGAOKA		不 明	平松	9
Ⅲ期.—	—	（伊豆古蹟）畑毛溫泉附近 柏谷百穴	Ⅰ-322	不 明	—	9

Ⅲ期.―	櫻田名勝繪葉書	櫻田名勝 櫻田 佐久良比止曾乃不禰知知女之末川太乎止末知川久禮留美天加戸利古牟也曾與也安須加戸利古牟也曾與也古留於曾安須止毛以波女於知加太爾川末佐留世那奈禮波安須毛佐禰古之也曾與也佐須毛佐禰古之也曾與也（催馬樂）萬葉集高市連黑人 櫻田部鶏鳴渡年魚市方■干二家良進鶴鳴渡　大正十四年十月大正天皇御即位大嘗祭悠紀之御屏風爾野口小頻女史揮毫眞景		7 葉	櫻田名勝保存會	1
		櫻田名勝 櫻田八幡神社境内櫻田勝景紀念碑 大正四年愛知縣建設 碑文 和歌 正二位 黑田清綱 年魚市瀉潮みち久らしうち霞 櫻田さして田鶴鳴わたる 此和歌の悠紀御屏風の色紙形にものせられしなり				
		櫻田名勝保存會 八劔の松（俗に白蛇の松）若ければわかくてよろし老ぬれば おいてうるはし千世の まつが枝 美靜 呼續町字輪の内（通稱新屋敷東の宮）八劔社の神木にして胴廻り貳拾五尺高サ十八間樹齢約一千年此松樹に賽する森多し				
		櫻田名勝保存會 比米塚（俗に神明塚）呼續町字野屋村社神明社境内地周圍五十間余高三間余圓形狀にして宛も武士笠を伏せるが如ぎ古墳なり				
		櫻田名勝 有史以前日本民族居住地面積二百六十町歩余遺物發掘場所の貝塚眞景				
		櫻田名勝 櫻田日本民族居住地貝塚發掘し得たる石器陶器累々山積をなす 其内の有良品				
		櫻田名勝 櫻田八幡神社境外にあり稀有の巨楠胴廻り四十七尺餘樹齢約二千年 冷泉爲村郷 散り殘る花もやあるとさくらむら青葉の木陰立ぞやすらふ				
Ⅲ期.―	史蹟繪葉書	尾張藩祖德川義直廟所		5 葉	愛知縣史蹟名勝天然紀念物保存會	1
		長篠城趾				
		三河國分寺及礎石（愛知縣寶飯郡八幡村）				
		名古屋東別院行在所				
		一里塚（名古屋市南區笠寺町）				
Ⅲ期.―	―	特別保護建造物 甚目寺南大門		13 葉	名古屋温故會	1
		江州西念寺鐘 甚目寺所蔵				
		八葉寶鏡（傳天智天皇御寄附）甚目寺古瓦（明治三十五年本寺樓門修理中發掘）甚目寺所蔵				
		德川義直制法 甚目寺所蔵				
		法眼憲淸書狀 甚目寺所蔵				
		駒井八右衛門書狀 甚目寺所蔵				
		伊那忠次書狀 甚目寺所蔵				
		矢部甚兵衛等書狀 甚目寺所蔵				
		松平忠吉禁制 甚目寺所蔵				
		長東正家、增田長盛、前田玄以書狀 甚目寺所蔵				
		織田信雄書狀 甚目寺所蔵				
		田中吉正書狀 甚目寺所蔵				
		福島正則書狀 甚目寺所蔵				
Ⅲ期.―	―	三河西加茂郡矢作川沿岸及猿投山附近發見石器ノ一種（實大）〔小栗鐵次郎藏〕	Ⅰ-331	不 明	―	2
		推古式銅造觀世音像（實大）〔小栗鐵次郎宅傳來〕	Ⅰ-332			
Ⅲ期.―	―	石噐時代ノ遺物 其一 寶飯郡小坂井村ニ於テ發掘（大林重兵衛氏所藏）		不 明	―	2
		石噐時代ノ遺物 其二 寶飯郡小坂井村ニ於テ發掘（大林重兵衛氏所藏）				
Ⅲ期.―	―	高木春太郎氏藏 尾張淵高廃寺古瓦（其一）一宮趣味會 HOTEL MASAKI.		不 明	―	2
Ⅲ期.―	銅鐸繪葉書	(タイトルなし 銅鐸出土狀況)	Ⅰ-341	3 葉	豐橋郷土史友會	6
		大正十三年十二月二十二日愛知縣寶飯郡小坂井村伊奈字松間發見 銅鐸（其一）（其二）（其三）一全長二尺四寸六分 重量三三〇〇匁 二仝二尺七寸二分 五八〇〇匁 三仝二尺七寸二分六五〇〇匁	Ⅰ-342			
		大正十三年十二月二十二日愛知縣寶飯郡小坂井村伊奈字松間發見銅鐸（其一）（其二）（其三）	Ⅰ-343			
Ⅲ期.―	*愛知縣幡豆郡佐久嶋村*	(三河佐久嶋) 神跡大山ノ遠景		不 明	―	6
		(三河佐久嶋) 古墳ノ一部				
		(三河佐久嶋) 出土シタル曲玉 土器 石器				
Ⅲ期.―	史蹟 三河國分寺 繪はがき	三州國分寺本堂及梵鐘（國寶）		3 葉	―	9
		(三州) 國分寺鐘（國寶）				
		三州國分寺 古瓦 三州國分寺 七重塔 礎石				
Ⅲ期.―	國幣小社砥鹿神社繪葉書	砥鹿神社寶物 銅鐸 天保二年辛卯年 三河國設樂郡作手郷田嶺村發掘 高サ一尺一寸九分 巾六寸八分 社務所發行		3 葉	砥鹿神社社務所	9

年.月	題　名	添　書	図版番号	組 数	発 行 所	分類
Ⅲ期.—	國幣小社砥鹿神社繪葉書	文政十年六月二十日宣旨縹紙卷物 國幣小社砥鹿神社寶物正一位神位記（其一）			砥鹿神社社務所	
		國幣小社砥鹿神社寶物正一位神位記（其二）				
Ⅲ期.—	—	國分寺本堂		7 葉	—	9
		國寶 釈迦如來 尾張國分寺所蔵				
		國寶 毘盧舎那佛 尾張國分寺所蔵				
		國寶 熱田太宮司夫 尾張國分寺所蔵				
		國寶 熱田太宮司婦 尾張國分寺所蔵				
		國寶 開山覺山上人 尾張國分寺所蔵				
		國分寺境内發掘品				
Ⅲ期.—	—	國幣中社大縣神社全景		5 葉	—	9
		國幣中社大縣神社 本殿				
		國幣中社大縣神社 本宮社				
		王之塚（一名茶臼山古墳大縣神ノ御墳墓ナリト云フ）				
		織田信雄文書 國幣中社大縣神社所藏				
Ⅲ期.—	—	（尾州）甚目寺 仁王門（特別保護建造物）		5 葉	—	9
		（尾州）甚目寺 本堂				
		（尾州）甚目寺 三重塔 甘露松				
		（尾州）甚目寺 鐘樓				
		（尾州）甚目寺 藤原時代古瓦 寶鏡				
Ⅲ期.—	—	“尊崇スベキ遼遠ノ祖先ノ面影”三千年前ノ太古ヨリ國土開拓サレタル祖先ノ遺物ハ随所ニ發掘セラレ其ノ点數無慮三千餘点ニシテ役場、坂上校、西勝寺ニ保管シアル此等ノ失的證憑等ヲ根據トシテ大朝紙ハ論ジテ曰ク「天孫系ノチヤキチヤキ」ナラント土器ハ概ネ損潰セルモ村内各地ノ未指定の史蹟記念物タル古噴洞窟ト共ニ貴重ノ寶物ナリ		不 明	水木寫眞館	—
Ⅲ期.—	徴古繪葉書 第三集	小坩付𤭯及裝飾付臺 筑前國早良郡金武村大字羽根戸發掘	Ⅰ-344	6 葉	徴古館農業館	1
		轡鏡板 金銅製唐草透 馬具杏葉 金銅製鳳凰透 馬具杏葉 金銅製唐草透	Ⅰ-345			
		双獸鏡 伊勢國飯南郡松尾村大字立野發掘 六鈴鏡 筑前國糸島郡周船寺村大字飯氏發掘	Ⅰ-346			
		伊勢新名所歌合繪 冷泉爲相書 藤原隆相畫	Ⅰ-347			
		藤原秀郷太刀 藤原時代武官所用ノ太刀・毛抜形マタ衛府太刀トモ稱ス	Ⅰ-348			
		經筒（陶製・國寶）世義寺威徳院出品	Ⅰ-349			
Ⅲ期.—	徴古繪葉書 第四集	壺鐙 唐草透彫 金象嵌入		6 葉	徴古館農業館	1
		墨型 鐵製 傳 弘法大師唐ヨリ將來				
		金銅器殘缺 遠江國豐田郡赤佐村字根堅發掘				
		四方輿 延寶年間内宮長官藤波氏富所用				
		雛形丸摸型 文祿征韓役軍船ヲ舊鳥羽藩ニ於テ模造				
		日本丸船首龍 日本丸ハ太閤ノ命ニヨリ九龍嘉隆ノ造リタル征韓ノ軍艦ナリ				
Ⅲ期.—	徴古繪葉書	大神宮司印（神宮寶物）鈕高サ二寸 天平十一年十二月廿三日神祇官ノ上奏ニ依リ始メテ鑄下セラレ寶龜三年五月火災ニ罹リ齋衡二年八月十日原形ニ模シテ再ヒ鑄下セラル		不 明	徴古館農業館	1
		豊受大神宮政印（神宮寶物）貞觀五年九月十三日外宮祢宜ノ解狀ニ依リテ神祇官之ヲ上奏シテ内宮政印ノ例ニ准シ鑄下セラル				
		皇大神宮政印（神宮寶物）鈕高サ一寸八分五厘 天武天皇ノ白鳳年間内宮祢宜ノ解狀ニ依リ神祇官之ヲ上奏シテ宜旨ヲ賜ヒテ鑄下セラル即皇大神宮政印ノ始ナリ承暦三年二月廿一日火災ニ罹リ同年七月廿三日原形ニ模シテ再鑄下セラル				
Ⅲ期.—	國幣大社多度神社 寶鏡繪葉書	多度神社神寶（國寶）藤山吹蝶鳥鏡 花喰鳥鏡 草花双鳳鏡		10 葉	多度神社社務所	2
		多度神社神寶（國寶）萩薄飛雀鏡 草花双鳳鏡 草花双鳥鏡				
		多度神社神寶（國寶）唐草鴛鴦五花鏡 唐草鴛鴦五花鏡 唐草鴛鴦五花鏡				
		多度神社神寶（國寶）瑞花鴛鴦鏡 唐草鴛鴦鏡 唐草双鵲鏡				
		多度神社神寶（國寶）唐草飛鳥鏡 菊山吹蝶鳥鏡 菊枝蝶鳥鏡				
		多度神社神寶（國寶）網鳥鏡 草花蝶鳥鏡 網代地双鵲鏡				
		多度神社神寶（國寶）薄蝶鳥鏡 菊枝飛雀鏡 唐草双鳥鏡				
		多度神社神寶（國寶）蝶鳥六稜鏡 瑞花鴛鴦八稜鏡 瑞花双鳳八稜鏡				
		多度神社神寶（國寶）草花双鳥鏡 草花双鳳鏡 草枝散蝶鳥鏡				
		多度神社神寶（國寶）藤花蝶鳥鏡 萩枝双雀鏡 草花双鳥鏡				
Ⅲ期.—	—	京都帝國大學文學部陳列舘		不 明	—	1
		京都帝國大學文學部陳列舘 考古學第三陳列室内部				
Ⅲ期.—	—	京都帝國大學文學部（陳列館）Department of Lileratuer (Museum) ,Kyoto Imperial University		不 明	堀寫眞館	1

Ⅲ期.—	京都帝國大學文學部 考古學教室標本繪葉書Ｂ種原色版 第一輯	支那河南省彰德府殷墟發見白色土器（右）及象牙彫刻（左） ２／３ 京都帝國大學文學部考古學教室藏	口絵８	８葉	京都帝國大學文學部	2
		支那甘肅發見彩繪土器 １／４ 京都帝國大學文學部考古學教室藏	口絵９			
		支那周漢玉器（右、璧戚）（左上、魚形）（左下、琀蟬） １／２ 京都帝國大學文學部考古學教室藏	口絵10			
		滿洲旅順營城子牧城驛古墳發見漢代漆器斷片 １／１ 京都帝國大學文學部考古學教室藏	口絵11			
		滿洲蘆家屯貝墓發見漢代彩色土器 １／１ 京都帝國大學文學部考古學教室藏	口絵12			
		支那六朝立男土偶 ２／３ 京都帝國大學文學部考古學教室藏	口絵13			
		支那六朝石製枕 １／２ 京都帝國大學文學部考古學教室藏	口絵14			
		支那唐代立女土偶 １／４ 京都帝國大學文學部考古學教室藏	口絵15			
Ⅲ期.—	京都帝國大學文學部 考古學教室標本繪葉書 第九輯	43 北海道千島擇捉郡留別發見土器 約１／３ （京都帝國大學文學部藏）		８葉	京都帝國大學文學部	2
		44 尾張東春日井郡志段味村發見五鈴鏡 約１／２ 京都帝國大學文學部藏				
		45 聖母及童形耶蘇象牙像（第十四世紀）約２／３ （京都帝國大學文學部藏）				
		46 朝鮮大同江面石巖里發見四獸鏡 約３／４ 京都帝國大學文學部藏				
		47 支那發見著釉騎馬女俑（唐代）約１／３ （京都帝國大學文學部藏）				
		48 印度ガンダラ發見石造佛頭 約１／２ （京都帝國大學文學部藏）				
		49 埃及アビドス發見碑石斷片（第十九王朝）約１／５ （京都帝國大學文學部藏）				
		50 支那發見琉璃璧（漢代）約３／４ （京都帝國大學文學部藏）				
Ⅲ期.—	京都帝國大學文學部 考古學教室標本繪葉書 第十輯	51 京都帝國大學農學部構内發見磨製石斧、石棒及び土器破片 約１／３ （京都帝國大學文學部藏）		６葉	京都帝國大學文學部	2
		52 支那漢代陶馬首 約１／３ （京都帝國大學文學部藏）				
		53 印度ガンダラ石彫 約１／３ （京都帝國大學文學部藏）				
		54 支那甘肅發見彩繪土器 約１／２ （京都帝國大學文學部藏）				
		55 山城國久世郡久津川村車塚發見石棺 約１/80（京都帝國大學文學部藏）				
		56 支那漢代戚璧 約１／２ （京都帝國大學文學部藏）				
Ⅲ期.—	京都帝國大學文學部 考古學教室標本繪葉書 第十一輯	57 騎馬女子像（支那唐代）約１／４ 京都帝國大學文學部藏		８葉	京都帝國大學文學部	2
		58 新羅燒土器（朝鮮慶州發見）約２／３ 京都帝國大學文學部藏				
		59 女子土偶（支那漢代）約１／３ 京都帝國大學文學部藏				
		60 新羅燒土器（朝鮮慶州發見）約１／４ 京都帝國大學文學部藏				
		61 女子土偶（支那六朝）約２／３ 京都帝國大學文學部藏				
		62 銅鐸（發見地不詳）約１／２ 京都帝國大學文學部藏				
		63 裝飾石器（越前國坂井郡木部村發見）約１／３ 京都帝國大學文學部藏				
		64 石枕（支那六朝）約２／３ 京都帝國大學文學部藏				
Ⅲ期.—	京都帝國大學文學部 考古學教室標本繪葉書 第十二輯	65 朝鮮慶尚南道三嘉郡太平里發見石劔（京都帝國大學文學部藏）		６葉	京都帝國大學文學部	2
		66 北米土人古代土器 １／２ （京都帝國大學文學部藏）				
		67 攝津國武庫郡精進村三條古墳發見 素燒竈形土器 １／５ （京都帝國大學文學部藏）				
		68 支那發見彩繪土器（唐代） １／３ （京都帝國大學文學部藏）				
		69 支那山西省發見石像頭部（唐代） １／３ （京都帝國大學文學部藏）				
		70 日本古墳發見陶器 １／２ （京都帝國大學文學部藏）				
Ⅲ期.—	—	鎌倉時代松竹歌繪鏡 承平四年中宮の賀に侍りける時の屛風に 齋宮内侍 色かへぬ松と竹との末の世をいつれ久しと君のみそ見む（拾遺集）都巽軒發行		不明	都巽軒	2
Ⅲ期.—	—	光巖院御院宣及古墳發掘五鈴鏡		不明	—	2
		古墳發掘土器類				
Ⅲ期.—	佛教徵古館列品片 第一輯	毱多時代金銅釋迦立像 列品番号 1 佛教徵古舘藏		12葉	佛教徵古館	2
		揵陁羅式金銅釋迦立像 列品番号 7 佛教徵古舘藏				
		龍門石彫菩薩立像 列品番号25 佛教徵古舘藏				
		六朝時代金銅佛坐像 列品番号26 佛教徵古舘藏				
		唐時代金銅五尊像 列品番号40 佛教徵古舘藏				

年.月	題名	添書	図版番号	組数	発行所	分類
Ⅲ期.—	佛教徵古館列品片 第一輯	唐時代塑像夜叉（二王）頭 列品番号50 佛教徵古舘藏			佛教徵古館	
		唐時代鉄製佛像頭部 列品番号56 佛教徵古舘藏				
		唐鉄佛頭部 列品番号57 佛教徵古舘藏				
		中尊寺金銀泥交書經巻扉繪 列品番号67附 佛教徵古舘藏				
		新羅木彫佛坐像（背光及台座後補）列品番号70 佛教徵古舘藏				
		天平時代木彫菩薩頭 列品番号72 佛教徵古舘藏				
		素描下繪經完斷片 列品番号76 佛教徵古舘藏				
Ⅲ期.—	佛教徵古館列品片影 第二輯	埃及古代木彫婦女胸像 列品番号102 佛教徵古舘藏		12葉	佛教徵古館	2
		埃及發掘羅馬人少女ミイラ面 列品番号106 佛教徵古舘藏				
		埃及古代木乃伊上被 列品番号108 佛教徵古舘藏				
		希臘土偶男像及ビ女人奏樂像 列品番号109、34 佛教徵古舘藏				
		希臘土偶男女裸像 列品番号109、２ 佛教徵古舘藏				
		秦始皇銅帝詔 列品番号112 佛教徵古舘藏				
		漢画像石筐 列品番号114 佛教徵古舘藏				
		六朝官人甎 列品番号125 佛教徵古舘藏				
		六朝樂人吹笛甎像 列品番号126 佛教徵古舘藏				
		漢代土偶 列品番号127ノ１ 佛教徵古舘藏				
		六朝土偶女俑 列品番号127ノ２ 佛教徵古舘藏				
		唐騎馬像 列品番号127ノ６ 佛教徵古舘藏				
Ⅲ期.—	橋本關雪氏所藏 外邦古陶器展觀繪葉書	狗を抱ける婦人（支那．唐時代）橋本關雪氏所藏		10葉	恩賜京都博物館	5
		馬・唐三彩（支那．唐時代）橋本關雪氏所藏				
		駱駝（支那．唐時代）橋本關雪氏所藏				
		水注〔オイノコ〕人物白模様（希臘、西紀前三・二世紀）橋本關雪氏所藏				
		混合器〔クラッター〕赤繪人物模様（希臘、西紀前五世紀）橋本關雪氏所藏				
		水注〔オイノコ〕動物模様（希臘、コリンシヤ式．西紀前八・七世紀）橋本關雪氏所藏				
		鉢．色繪人物模様（波斯、ラーゼス出ミネー．西紀十五世紀）橋本關雪氏所藏				
		鉢．水禽模様〔イルデスン〕（波斯、スルタナバット出 西紀十五・六世紀）橋本關雪氏所藏				
		花瓶 人物草花模様（伊太利、マジョリカ．西紀十六世紀）橋本關雪氏所藏				
		胸像〔彩色〕（伊太利、マジョリカ．西紀十七世紀）橋本關雪氏所藏				
Ⅲ期.—	恵比壽山 作り山古墳繪葉書	恵比壽山古墳全景（前方後圓三段築琵琶形墳）	Ⅰ-365	8葉	丹後興謝郡桑飼村史蹟勝地保存會	6
		恵比壽山古墳頂上埴輪列	Ⅰ-366			
		恵比壽山古墳石棺	Ⅰ-367			
		恵比壽山古墳出土漢式内行八花文鏡	Ⅰ-368			
		恵比壽山古墳出土直刀.斧.鎗.鏃	Ⅰ-369			
		作り山古墳出土石釧	Ⅰ-370			
		作り山古墳出土管玉及碧玉	Ⅰ-371			
		作り山古墳出土漢式四獸鏡及勾玉	Ⅰ-372			
Ⅲ期.—	歐洲遺跡行脚	伊太利シシリー島セゼスタ神殿の一部（一九二七年二月）		12葉	梅原末治	7
		伊太利シシリー島セリヌンテの神殿跡の復舊工事（一九二七年三月）				
		クリート島クノソス遺跡一部の復原狀態（一九二七年三月）				
		英領マルタ島ハル・タルシンの巨石記念物（一九二七年三月）				
		希臘エピタウロス博物舘内部（一九二七年三月）				
		希臘オリンピア博物舘の内部（一九二七年三月）				
		埃及サツカラに於ける階段ピラミツト四周の發掘（一九二七年四月）				
		埃及デンデラの遺跡（一九二七年四月）	コ04			
		パレスチナに於ける英國埃及學會のゲラー遺跡發掘作業（一九二七年四月）	コ06			
		英國ウエールス州ケレオンの羅馬劇場跡發掘（一九二七年六月）	コ05			
		愛蘭ニユー・グレンジの装飾古墳（一九二七年七月）				
		英國ストンヘンジの一部（一九二七年八月）	コ07			
Ⅲ期.—	—	山城瓶原 國分寺大塔礎石		不明	高谷寫眞舘	9
		山城瓶原村 恭仁京金銅址				
		瓶原國分寺金銅趾礎石				
		山城瓶原國分寺址發見古瓦及風鐸				
Ⅲ期.—	—	山城瓶原 國分寺金堂礎石		不明	—	9
		山城瓶原 國分寺七重塔礎石（日本最古ノ國分寺）				

Ⅲ期.—	神田孝平先生舊藏 石器、玉器、繪葉書	石棒　美濃不破郡發見（綠泥片岩）美濃不破郡發見（綠泥片岩）出所不明（文飾入粘板岩）松陰堂所藏（神田孝平先生舊藏）	Ⅰ -407	不 明	松陰堂	2
		石劍 石棒 石棒 松陰堂所藏（神田孝平先生舊藏）	Ⅰ -408			
		狐の鍬石（碧玉質）狐の鍬石（碧玉質）（神田孝平先生舊藏）	Ⅰ -409			
		琴柱形石器（碧玉質）釧形石器（滑石）石釧（碧玉質）（神田孝平先生舊藏）	Ⅰ -410			
		子持勾玉（滑石製）（滑石製）（滑石製）松陰堂所藏（神田孝平先生舊藏）	Ⅰ -411			
Ⅲ期.—	神田孝平先生舊藏 石器、玉器、土器繪葉書	楕圓形繩紋土器（陸中更木出土）松陰堂所藏（神田孝平先生舊藏）	Ⅰ -412	不 明	松陰堂	2
		石刀（磨製綠泥片岩）石刀（有孔磨製粘板岩）石刀（磨製粘板岩）松陰堂所藏（神田孝平先生舊藏）	Ⅰ -413			
		大形車輪石（碧玉質）車輪石（碧玉質）大形紡錘石（綠泥片岩）（神田孝平先生舊藏）	Ⅰ -414			
		石皿並石杵 松陰堂所藏（神田孝平先生舊藏）	Ⅰ -415			
Ⅲ期.—	—	銅鏃（大正六年）（大正七年）河内國國府字衣縫遺蹟發掘 松陰堂珍藏		不 明	松陰堂	2
		石器 陸中國西盤井郡水澤村附近發掘 松陰堂珍藏				
		朝鮮咸鏡北道鐘城郡地境洞及三峰出土 松陰堂珍藏				
Ⅲ期.—	—	石皿並石杵 松陰堂所藏（神田孝平先生舊藏）Mortar and Pestle. Motoyama Collection.（from the late Baron Kanda's Coll.）		不 明	松蔭堂	2
Ⅲ期.—	—	河内國野中寺瓦 山田藏		不 明	—	2
		攝津國豊中廢寺瓦 山田藏				
Ⅲ期.—	中華民國諸名士寄贈書畫展覽會 記念繪はがき	福壽 前淸 宣統帝御筆（龍文紅絹）松陰堂藏		5 葉	松陰堂	5
		以介眉壽 前淸 恭親王額（紙本）松陰堂藏				
		添壽鶴算圖 王一亭氏筆（紙本淡彩）松陰堂藏				
		百花上壽圖 鄭蘭生筆（紙本極彩色）松陰堂藏				
		百壽圖 陳梅湖女史筆（紙本極彩色）松陰堂藏				
Ⅲ期.—	—	河内南河内郡道明寺村國府衣縫遺跡ノ人骨		不 明	—	6
		備中淺口郡大島村名切津雲貝塚ノ人骨				
Ⅲ期.—	中之太子 繪葉書（六枚一組）	河内中ノ太子野中寺 大門前		6 葉	野中寺	9
		河内中ノ太子野中寺 おそめ久松の墓				
		河内中ノ太子野中寺 國寶彌勤菩薩				
		河内中ノ太子野中寺 國寶 地藏菩薩				
		河内中ノ太子野中寺 聖德皇太子尊影				
		河内中ノ太子野中寺 伽藍古瓦				
Ⅲ期.—	—	用明天皇河内磯長原陵（所在地大阪府南河内郡磯長村）		不 明	—	9
		推古天皇磯長山田陵（所在地大阪府南河内郡山田村）				
		蘇我馬子墓（所在地大阪府南河内郡磯長村）				
Ⅲ期.—	播磨國分寺畫葉書（五枚入）	播州國分寺全景		5 葉	—	9
		播州國分寺奥ノ院觀世音				
		播州國分寺古瓦幷ニ靈牛ノ玉				
		(不明)				
		(不明)				
Ⅲ期.—	—	（八）國分寺址（飾磨郡四郷村）Kokubunji Temple of foundation stone.（八）石寶殿（印南郡阿彌陀村）The Sekihoden Shrine.		不 明	兵庫縣教育會	9
Ⅲ期.—	—	阪神沿道名所 乙女塚　Otomezuka Mikage.		不 明	—	9
Ⅲ期.—	—	六甲苦樂園 古墳 The Olpen Tomd（Kurakuyen）		不 明	—	9
Ⅲ期.—	歴史的參考資料（第一輯）大和考古繪葉書	彌生式土器（石器時代）奈良縣高市郡新澤村大字發見 奈良女子高等師範學校所藏	Ⅰ -447	8 葉	奈良女子高等師範學校考古學會	2
		彌生式土器（石器時代）奈良縣高市郡新澤村大字發見 前川茂作氏藏	Ⅰ -448			
		砥（石器時代）奈良縣高市郡新澤村大字一發見 前川茂作氏藏	Ⅰ -449			
		土製犬 奈良縣高市郡川西村千塚五ブシ古墳發見　前川茂作氏藏	Ⅰ -450			
		大官大寺古瓦（飛鳥時代）奈良縣高市郡飛鳥村 奈良女子高等師範學校所藏	Ⅰ -451			
		青木廃寺古瓦（藤原時代）奈良縣磯城郡安倍村大字橋本字地藏ヶ谷大工和仁部貞行の銘あり 奈良女子高等師範學校所藏	Ⅰ -452			
		成身院鐘銘拓本 神戸市中山手通德照寺所藏、國寶にして長寛二年の鑄造、上下両帶に唐草紋樣あり鐘の内面に梵文竝五輪塔の陽刻を有す銘文は「池の間」にあり成身院はもと奈良市の東北一里餘添上郡中ノ川にあり平安朝末僧實範の創立、今廢す（拓本 高田十郎氏藏）	Ⅰ -453			

年.月	題　名	添　書	図版番号	組数	発行所	分類
Ⅲ期.—	歴史的參考資料（第一輯）大和考古繪葉書	吉野金峯山寺鐘 下帯模様拓本 俗に「吉野三郎」と稱す奈良太郎（東大寺大鐘）高野二郎、に對する稱呼なり永暦元年の鑄造「池の間」三面に陽刻銘一面に寛元二年の陰刻追銘あり上下両帯の四面に各一組の唐草模様を有し上下互に唐草の性質を異にするは珍らし（拓本 高田十郎氏藏）	Ⅰ-454		奈良女子高等師範學校考古學會	
Ⅲ期.—	*歴史的參考資料（第二輯）大和考古繪葉書*	*法隆寺西方院國寶鐘ノ鐘座（『大和考古繪葉書』第一輯掲載）*		8葉	奈良女子高等師範學校考古學會	2
		春日山中地獄谷の石佛（『大和考古繪葉書』第一輯掲載）				
		石舞臺（『大和考古繪葉書』第一輯掲載）				
		陶棺（奈良縣郡山中學所藏）『大和考古繪葉書』第一輯掲載）				
		當麻寺國寶鐘の紋拓（『大和考古繪葉書』第一輯掲載）				
		石棒（『大和考古繪葉書』第一輯掲載）				
		祝部土器（『大和考古繪葉書』第一輯掲載）				
		奈良縣高市郡川西村字千塚古墳群（『大和考古繪葉書』第一輯掲載）				
Ⅲ期.—	飛鳥時代 法隆寺古瓦繪葉書	大和法隆寺古瓦（飛鳥時代）大屋徳城氏藏		8葉	大和考古學會	2
		大和法隆寺古瓦（飛鳥時代）保井芳太郎氏藏				
		大和法隆寺古瓦（飛鳥時代）大屋徳城氏藏				
		大和法隆寺古瓦（飛鳥時代）山中樵氏藏				
		大和法隆寺古瓦（飛鳥時代）保井芳太郎氏藏				
		大和法隆寺古瓦（飛鳥時代）奈良女子高等師範學校藏				
		大和法隆寺古瓦（飛鳥時代）水木十五堂氏藏				
		大和法隆寺古瓦（飛鳥時代）法隆寺藏				
Ⅲ期.—	鬼瓦エハカキ	藥師寺塔 鬼瓦摸型（天平時代）		12葉	奈良市前畑製	2
		新藥師寺本堂 鬼瓦摸型（天平時代）				
		般若寺樓門 鬼瓦摸型（天平時代）				
		東大寺三月堂 鬼瓦摸型（天平時代）				
		興福寺北圓堂一ノ鬼 鬼瓦摸型（天平時代）				
		興福寺北圓堂二ノ鬼 鬼瓦摸型（天平時代）				
		興福寺三重塔 鬼瓦摸型（鎌倉時代）				
		當麻寺塔 鬼瓦摸型（天平時代）				
		榮山寺八角圓堂 鬼瓦摸型（天平時代）				
		唐招提寺 鬼瓦摸型（鎌倉時代）				
		唐招提寺皷樓 鬼瓦摸型（鎌倉時代）				
		新藥寺南門 鬼瓦摸型（鎌倉時代）				
Ⅲ期.—	考古舘繪葉書 第一輯	原始時代 坩及受盤嚴瓫 畝傍考古舘		10葉	畝傍考古舘	2
		原始時代 小坩及裝飾受盤嚴瓫 畝傍考古舘				
		原始時代 小坩及裝飾受盤嚴瓫 畝傍考古舘				
		原始時代 長頸脚付坩 畝傍考古舘				
		原始時代 小坩 長頸脚付坩 長頸脚付坩 頸付坩 脚付盌 頸付坩片耳付盌 畝傍考古舘				
		原始時代 小坩及脚付坩 畝傍考古舘				
		原始時代 四個共𤭯 脚付𤭯 畝傍考古舘				
		原始時代 受盤瓫 畝傍考古舘				
		原始時代 蓋及脚付盌 蓋付盌 畝傍考古舘				
		原始時代 脚付坏 畝傍考古舘				
Ⅲ期.—	考古舘繪葉書 第二輯	原始時代 彌生式土器 畝傍考古舘		10葉	畝傍考古舘	2
		原始時代 彌生式土器 畝傍考古舘				
		原始時代 彌生式土器 畝傍考古舘				
		原始時代 嚴甕 畝傍考古舘				
		原始時代 竈 畝傍考古舘				
		原始時代 甕 畝傍考古舘				
		原始時代 蓋及双環付四脚坩 揷付坩 畝傍考古舘				
		原始時代 平瓶四個 大蓋及五角把手付大形 畝傍考古舘				
		原始時代 坩及長頸坩 畝傍考古舘				
		原始時代 提瓶 ヒッカケ コブ耳 ヒツカケ耳 コブ耳 裝飾付袋形提瓶 双環付 畝傍考古舘				
Ⅲ期.—	考古舘繪葉書 第三輯	石器時代 石鏃 畝傍考古舘		10葉	畝傍考古舘	2
		石器時代 石棒斷片 石棒頭 ニギリ石 畝傍考古舘				
		石器時代 石庖丁 畝傍考古舘				
		石器時代 石斧 畝傍考古舘				
		石器時代中間期 磨製角形石斧 磨製二ツ穴石鍬 石鍬 石刀斷片 畝傍考古舘				
		石器時代 石鍬 鑿形石 臍石 石斧 鏡石 石刀子 角車輪石 畝傍考古舘				
		原始時代 用途不明の玉石 畝傍考古舘				
		六角管玉 木葉玉 平玉、丸玉、棗玉 畝傍考古舘				
		各種勾曲玉 畝傍考古舘				
		銀環 角金環 巣環斷片 上金環 畝傍考古舘				
Ⅲ期.—	考古舘繪葉書 第四輯	鴨公 藤原宮 畝傍考古舘		10葉	畝傍考古舘	2

		檜前 檜隈寺 大窪 國源寺 畝傍考古舘				
		膳夫寺 田中寺 岡寺 紀寺 飛鳥寺 香久山寺 畝傍考古舘				
		輕 大輕寺 畝傍考古舘				
		豊浦 向原寺 畝傍考古舘				
		田中 田中寺 小山 大官大寺 畝傍考古舘				
		山田寺 久米寺 奥之院 畝傍考古舘				
		立部 定林寺 阪田 金剛寺 畝傍考古舘				
		橘寺 川原 弘福寺 畝傍考古舘				
		輕寺 輕寺 出所不詳 畝傍考古舘				
Ⅲ期.—	考古舘繪葉書 第五輯	藥師寺 藥師寺 大安寺 大安寺 西大寺 法隆寺 唐招提寺 畝傍考古舘		10葉	畝傍考古舘	2
		東大寺大佛殿 東大寺 三輪寺 興福寺南大門 畝傍考古舘				
		平城宮 定林寺 畝傍考古舘				
		香久山寺 定林寺 畝傍考古舘				
		大安寺 藥師寺 畝傍考古舘				
		岡寺 畝傍考古舘				
		向原寺 大安寺 畝傍考古舘				
		飛鳥寺 川原寺 橘寺 大官大寺 畝傍考古舘				
		唐招提寺 藥師寺 畝傍考古舘				
		久米寺奥之院 大官大寺 畝傍考古舘				
Ⅲ期.—	考古繪葉書 壹輯	奈良朝時代前期 ○十分一		6葉	神武天皇御陵前竹中寫眞舘	2
		奈良朝時代前期 ○十分一 推古時代				
		奈良朝時代後期 平安朝時代 鎌倉時代				
		奈良朝時代後期 鎌倉時代				
		推古時代				
		土器				
Ⅲ期.—	考古繪葉書 參輯	森田家藏 齊瓮土器		6葉	—	2
		森田家藏 齊瓮土器				
		森田家藏 齊瓮土器				
		森田家藏 齊瓮土器				
		森田家藏 齊瓮土器				
		森田家藏 齊瓮土器				
Ⅲ期.—	—	齊瓮土器 大和國畝傍御陵前畝傍報告社		不明	—	2
Ⅲ期.—	大和尾曾紫蓋寺 古墳繪はがき	大和國高市郡高市村尾曾 浦野駒吉所藏 古墳石棺 紫蓋寺跡ヨリ發掘	Ⅰ-474	4葉	—	6
		大和國高市郡高市村尾曾 浦野駒吉所藏 古墳石棺 紫蓋寺跡ヨリ發掘	Ⅰ-475			
		大和國高市郡高市村尾曾 浦野駒吉所藏 出土品 鐵鈴 鐵器 齊瓮土器	Ⅰ-476			
		大和國高市郡高市村尾曾 威德院所有石塔紫蓋寺跡ニ在シモノ長保五年ノ建設今ヨリ約一千三百年	Ⅰ-477			
Ⅲ期.—	繪葉賀記	すなほなるてぶりをみせて神代より立ち榮えたるふるのすぎむら（古歌）官幣大社石上神宮 ISONOKAMI-JINGU（大和國山邊郡丹波市町大字布留鎭座）		8葉	石上神宮社務所	9
		本殿 みつるぎをいはひそめてしむかしより代をまもりますふるのみやしろ（古歌）官幣大社石上神宮 ISONOKAMI-JINGU（大和國山邊郡丹波市町大字布留鎭座）				
		攝社拜殿 特別保護建造物（約六百年以前の建築）官幣大社石上神宮 ISONOKAMI-JINGU（大和國山邊郡丹波市町大字布留鎭座）				
		皇太子殿下御手植の松 大正六年五月六日御參拜の砌御手植あらせらるる 拜殿 特別保護建造物 白河天皇の御造營なり（大正六年ヨリ八百三十六年前）官幣大社石上神宮 ISONOKAMI-JINGU（大和國山邊郡丹波市町大字布留鎭座）				
		とりゐ ちはやふる神もうれしくおぼしめす雨はふるの丶神のすぎこ丶こそ山べの名所なれ（大躍のうた）官幣大社石上神宮 ISONOKAMI-JINGU（大和國山邊郡丹波市町大字布留鎭座）				
		國寶 寶物 色々威腹卷 太刀銘云義憲作社傳には小狐丸と稱せり 官幣大社石上神宮 ISONOKAMI-JINGU（大和國山邊郡丹波市町大字布留鎭座）				
		寶物の扁額 白河天皇永保元年勅使參向臨時奉幣の樣式にして大祭（十月十五日）の起原なり貞享四年藤原英信の複寫せるもの 官幣大社石上神宮 ISONOKAMI-JINGU（大和國山邊郡丹波市町大字布留鎭座）				
		嚴瓮 高三尺二寸 直徑三尺四寸 古代境內酒殿に据え神酒を醸せしものなり 今上天皇御即位禮に際しこの形をとり萬歳旗上部の模樣として刺繍あらせられたり 官幣大社石上神宮 ISONOKAMI-JINGU（大和國山邊郡丹波市町大字布留鎭座）				

年.月	題　　名	添　　書	図版番号	組 数	発 行 所	分類
Ⅲ期.—	—	大和安倍文殊院内内務省指定史績文殊院西古墳		不 明	—	9
Ⅲ期.—	考古學より見たる 奈良の狛犬	奈良 法華罪滅寺 犬香合 光明皇后の御作より傳はれるもの		4 葉	長野商店	9
		奈良 東大寺 狛犬（國寶 石造獅子）陳和卿作				
		奈良 春日神社 狛犬				
		奈良 手向山八幡宮 狛犬				
Ⅲ期.—	道成寺寶物繪葉書 第一輯	銅鐸 寶暦年中の出土（紀州 道成寺所藏）	Ⅰ-478	8 葉	道成寺	9
		道成寺古瓦 奈良朝前期時代のものにして塔中跡地より發掘したり（紀州 道成寺所藏）	Ⅰ-479			
		道成寺古瓦 奈良朝前期時代のものにして塔中跡地より發掘したり（紀州 道成寺所藏）	Ⅰ-480			
		道成寺古瓦 奈良朝前期時代のものにして塔中跡地より發掘したり（紀州 道成寺所藏）	Ⅰ-481			
		天平佛像後脊（紀州 道成寺所藏）	Ⅰ-482			
		國寶 十一面觀世音、木像丈四尺四寸（紀州 道成寺所藏）	Ⅰ-483			
		國寶 四天王の内多聞天王、丈九尺四寸（紀州 道成寺所藏）	Ⅰ-484			
		古瓦 本堂屋上に現存（紀州 道成寺所藏）	Ⅰ-485			
Ⅲ期.—	道成寺の美術	重要美術品 袈裟襷文銅鐸 高さ 三尺八寸 口徑 一尺一寸 重量八貫 寶暦十二年境内出土		8 葉	紀州 道成寺	9
		道成寺古瓦 往昔の塔中遺跡より出土、白鳳、天平時代のもの				
		國寶 道成寺本堂屋根鬼瓦 高さ 一尺八寸 天授四年在銘（五百八十年前）				
		國寶 多聞天（木彫）弘仁時代以前の作 總高 七尺九寸				
		國寶 廣目天（木彫）弘仁時代以前の作 總高 八尺二寸				
		國寶 毘沙門天（木造丸彫）弘仁時代以前の作 總高 六尺二寸				
		國寶 十一面觀世音（木彫）弘仁時代以前の作 總高 六尺三寸				
		木彫後背 弘仁時代以前の作 直徑 二尺三寸				
Ⅲ期.—	—	山陰ニ於ケル石器時代ノ遺蹟 山陰線淀江驛ヨリ見タル大山（右）ト高麗山（左）	Ⅰ-486	6 葉	山陰徴古舘	2
		各種石斧（中央輪狀ノモノハ稀有ニ屬ス）（淀江驛山陰徴古舘藏）	Ⅰ-487			
		曲玉ト曲玉砥（右）石斧ト石斧砥（左）（淀江驛山陰徴古舘藏）	Ⅰ-488			
		古墳時代ノ石馬（所在地宇田川村）淀江驛ヲ距ル八町（淀江驛山陰徴古舘藏）	Ⅰ-489			
		古墳時代ノ轡ト各種ノ土器（淀江驛山陰徴古舘藏）				
		古墳時代鏡ト奈良時代鏡（淀江驛山陰徴古舘藏）	Ⅰ-490			
Ⅲ期.—	鳥取縣東伯郡舎人村大字宮内鎭座 伯耆一宮 倭文神社繪葉書（寶物之部四枚壹組）	伯耆一宮寶物（國寶）銅經筒 金銅觀世音菩薩（推古式）		4 葉	式内縣社倭文神社社務所	9
		伯耆一宮寶物（國寶）銅經筒ノ銘文				
		伯耆一宮寶物（國寶）檜扇殘缺（裏表ヲ示ス）				
		伯耆一宮寶物（國寶）銅千手觀音、銅板彌勒如來、古鏡（丸形、花形、殘缺）古錢（嘉祐、元豐通寶）、吹、玉、短刀				
Ⅲ期.—	—	清淨山山名禪寺全景		5 葉	清淨山 山名寺	9
		本尊阿彌陀如來（國寶申請中）				
		脇士觀音勢至兩菩薩（國寶申請中）				
		三明寺古墳（史蹟名勝天然紀念物保存法ニヨリ文部省指定）				
		山名時氏公之墓				
Ⅲ期.—	—	伯耆國三德山三佛寺（國寶）古銅鏡（三佛寺藏版）		不 明	—	9
Ⅲ期.—	—	大山町菱津の石棺	Ⅰ-491	不 明	—	—
Ⅲ期	出雲大社 寶物舘開舘紀念 六枚組	寶物舘		6 葉	出雲大社社務所	3
		筑紫鉾 鰐口 筆架				
		燧臼燧杵 嚴瓮				
		八稜鏡 谷風琵琶 赤地錦				
		足利義教甲冑 國寶糸巻太刀				
		後醍醐天皇綸旨 國寶螺鈿蒔繪櫛笥				
Ⅲ期.—	大念寺古墳	出雲今市町大念寺 本堂及庫裡	Ⅰ-492	3 葉	—	6
		出雲今市町大念寺 古墳内部	Ⅰ-493			
		古墳發掘品 出雲今市町大念寺發掘品目錄	Ⅰ-494			
Ⅲ期.—	古代文化發祥地 徴古繪葉書 出雲國玉造溫泉 山陰線湯町驛下車	出雲玉造郷玉宮舊址と大連塚（内務省史蹟保存地）玉宮附近に大連塚あり陵上一大古木一株を存す往古は陵域も廣かるべしと雖も四隣耕作のために侵蝕せられて現今に至る。元來玉作氏には宿禰と連との兩姓ありたれば此古陵も玉作連の偉人某の命を祀りしものにして里人今に大連樣と稱して御幣を奉る。	Ⅰ-498	8 葉	式内玉作湯神社	9
		出雲玉造記加羅志神社舊阯（内務省史蹟保存地）島根縣八束郡玉造は上古玉作部の住せし故阯にして其祖神玉祖命及其裔は玉作部民を率ゐて此地に於て攻玉の事に從ひ以て朝廷に奉仕せり木枯志神社は宮垣にあり此社附近は古代攻玉の中心地なりし處にして現に内務大臣より指定せられし保存地なり玉作湯神社を隔ること北方六町にあり	Ⅰ-499			

		出雲玉作湯神社全景　山陰線湯町驛の南十餘町玉造溫泉鎭座。淸和天皇の貞觀十三年從四位下を授けられ給へし式內の古社にして御祭神櫛明玉命は神代の昔此地花仙山に產する原石出雲石を以て此地に於て寶玉作製を業とし玉ふ時に素盞嗚尊は簸川上より高天原に向へ給ふ此時櫛明玉命は途に尊を奉迎して奉るに八坂瓊五百津箇御統玉を以てし給ふ。尊は大いに喜ひ之を受け還御の後天照大御神に奉りて友愛の誼を保全し玉へりと云ふ即ち三種御神寶の一なる八坂瓊曲玉は本神社御祭神の命の献じ給へるものなり（內務省史蹟保存指定地）	Ⅰ-500			
		出雲玉作湯神社藏古代玉類及古代ガラス塊 神武天皇大和橿原に奠都し給ひ御即位の賀に當り玉作湯神社御祭神櫛明玉命の孫某命は玉を作りて献じ踐祚を賀し給ふ爾後每歲玉を調物に副へて貢献し其業を世襲し玉ふ之れ即ち出雲玉作部なり、古語拾遺神武段にも「櫛明玉命ノ孫御祈玉ヲ造ル其裔今出雲ニ在リ每年調物ト共ニ其玉ヲ貢進ス」とあり。又玉作連はよくフキ玉（硝子玉）を作る現に社殿に藏する數個の古代ガラス塊は其原料なりしなり 神代より世々に出雲の美保岐玉今のをつゝに見るかむかしさ 本居宣長	Ⅰ-501			
		出雲玉作湯神社藏古代各種玉磨砥及ひルツボ片 古代玉作部の製玉に使用せたれたる曲玉砥、玉類穿孔用の鐵錐磨用砥、曲玉內磨砥等にして中にも內面磨きに使用せられたる砥は最も珍寶と賞せらる。上右端なる古代ガラス製造用大坩堝の破片には古代ガラスの附着せるものにして往昔フキ玉の製作せられしを知るに足る考古資料にして神社には硝子小粒玉數顆現存す。	Ⅰ-502			
		出雲玉作湯神社藏考古資料各種 石神像。石器土器及土製品は玉造各地方より發見せられたるものにして石神像は環石と共に最も珍品なりと推賞せられ土製品は其種類多數神社に藏せらる	Ⅰ-503			
		出雲玉作鄉築山船形石棺 築山は其名の如く築き立てたる墳丘にして二個の船形石棺あり今は其封土の大部を失ひて幽邃なる原形を見難し、上段のものは東北に下段なるは略々東西に位置し前者は長六尺後者は五尺六寸四分あり古老の言によれば玉作の祖神又は其子孫の御墳墓なりと棺內の小粒玉は神社に現存す此地亦史蹟保存指定地なり	Ⅰ-504			
		出雲玉造岩屋寺山横穴古墳 横穴古墳は南北に隆起せる砂岩面にあり南部なるは深さ一丈一尺四寸室內巾八尺六寸高さ六尺二寸あり中古此中に觀世音像を安置したれば世人之を穴觀音と稱したり北部なるは之より二丈三尺五寸を隔てゝ前者と仝じく東面せり中部には二室あり入口より奧部までは十五尺あり入口に於て巾七尺八寸高さ六尺あり何れも考古學上の參考たるに足る	Ⅰ-505			
Ⅲ期.—	玉造温泉繪葉書	出雲玉造溫泉 公園より見たる全景及宍道湖の遠望		7葉	—	9
		出雲玉造溫泉 櫻の堤				
		出雲玉造溫泉旅館 松の湯				
		出雲玉造溫泉 靈場溫泉山巖屋寺				
		出雲玉造溫泉 縣社玉作湯神社				
		出雲玉造溫泉 花仙山（國產青瑪瑙原產地）				
		出雲玉造溫泉 神代古蹟舟形石棺（保存地）				
Ⅲ期.—	—	（山陰線）出雲玉造溫泉全景		8葉	—	9
		（山陰線）玉造溫泉通り				
		（山陰線）出雲玉造溫泉湯元附近				
		（山陰線）出雲玉造温泉長樂園附近				
		（山陰線）出雲玉造温泉長樂園（日本一溫泉大プール）				
		（山陰線）出雲玉造縣社玉作湯神社				
		（山陰線）出雲玉造花仙山（國產青瑪瑙原產地）				
		（山陰線）出雲玉造築山舟形石棺（史蹟保存地）				
Ⅲ期.—	—	（山陰線）玉造溫泉の一部		不明	—	9
		（山陰線）玉造溫泉 旅館 松の湯 保性館				
		（山陰線）玉造溫泉 櫻の堤				
		（山陰線）出雲札所第三十三番靈場 玉造 温泉山 岩屋寺				
		（山陰線）玉造溫泉 神代古蹟 船形石棺				
Ⅲ期.—	—	（山陰線）玉造公園		不明	—	9
		（山陰線）玉造溫泉櫻堤（松の湯附近）				
		（山陰線）玉造溫泉 旅館 保性館				
		（山陰線）玉造溫泉 長樂園附近				
		（山陰線）玉造溫泉旅舘 米子舘 濱屋				
		（山陰線）玉造 神代古蹟舟形石棺（保存地）				

年．月	題　　名	添　　書	図版番号	組 数	発　行　所	分類
Ⅲ期．—	—	（山陰線）玉造 出雲第三十三番靈場 溫泉山岩屋寺			—	
		（山陰線）玉造記加羅志神社（保存地）				
Ⅲ期．—	—	出雲玉造溫泉全景		8 葉	—	9
		出雲玉造溫泉櫻の堤				
		出雲玉造溫泉通り				
		出雲玉造溫泉 長樂園溫泉プール				
		出雲玉造溫泉 縣社玉作湯神社				
		出雲玉造溫泉 築山 舟形石棺（史蹟保存地）				
		出雲玉造溫泉 岩屋寺山横穴古墳				
		出雲玉造溫泉 花仙山（國產青瑪瑙原產地）				
Ⅲ期．—	湯の花匂ふ天與の楽園 玉造温泉	〔出雲 玉造温泉〕全景		8 葉	絵書研究會	9
		〔出雲 玉造溫泉〕湯元附近				
		〔出雲 玉造温泉〕櫻堤				
		出雲玉造溫泉・縣社玉作湯神社				
		出雲玉造溫泉・花仙山〔國產青瑪瑠原產地〕				
		〔出雲 玉造温泉〕長樂園 溫泉大プール				
		〔出雲 玉造溫泉〕玉造公園 玉造公園				
		〔出雲 玉造溫泉〕舟形石棺 岩屋寺横穴				
Ⅲ期．—	玉造部の遺跡 玉造温泉 最新原色版	翠綠繞りて 翠綠滴るやうな美しい丘陵に圍まれて、玉造溫泉の風景は得も言へぬ。地は溫泉地としても名高いが、また上代玉作部の遺跡としても有名である。【玉造溫泉】		7 葉	—	9
		眞畫に映えて 玉造溫泉は古い溫泉で．風光美と地方色の豐かな溫泉郷である。浴舎は玉造川の清流を挾んで建ち並び．溫泉街は毎時明るく美しい。【玉造溫泉】				
		湯の花咲いて すゞ風吹いて湯の花薫る湯元附近。玉造溫泉の靈泉はこゝから不斷に滾々と湧き出る。泉質は無色透明の芒硝製苦味泉である。【玉造溫泉】				
		そよ風吹いて 玉造は海内無比の青瑪瑙の產地である。花仙山はその瑪瑙の寶庫として知られてゐる。【玉造溫泉】				
		薫風流れて 縣社玉作湯神社は玉造祖櫛明玉命を齋き祀る同社には同社境内その他の所にて發見せられたる勾玉その他玉類、または玉磨砥石等が數多納められてある。【玉造溫泉】				
		往事を語つて 岩屋寺横穴。この横穴は昔時の修行場であつた所と言ふ。その構造には實に奇巧が凝らされてある。【玉造溫泉】				
		昔を傳へて これは舟形石棺と言ふものである。往古死者をこの中に葬つたものと傳へられる。過ぎし時代の風習がこゝに偲ばれて咸慨が深い。【玉造溫泉】				
Ⅲ期．—	玉造温泉 F.F. 版	清流ながれて 山陰地方で有名な温泉と言へばこの玉造溫泉である氣候に風光に申し分のない所で、また温泉情緒も濃やかなものがあつてなにかしら懐しいところである浴舎は、玉造川の清流れを挾んで立ち竝んでゐる。		8 葉	—	9
		漫ろ歩きに 晴れわたつた大空である。清流の音が淸々しく耳に鳴る。眼をめぐらせば、泌みこむやうな自然の色だ。漫ろ歩きに、暫し足を休めると、溫泉の湯元が目の前にある。				
		我を忘れて 空は青く澄み．山は綠に涼しく萌える。梢をわたるそよ風の音も．樂しい樂の音に聞く詩の園である。玉造公園に．我を忘れてその美に浸る。				
		美の自然に 玉造溫泉は．三面緩やかな丘陵に圍まれ．宍道湖を一面に開いた美しい自然の溫泉郷で．療養によく．また四季行樂の好適地でもある。泉質は無色透明の芒硝製苦味泉だ。				
		瑪瑙に名高く 玉造溫泉は．溫泉とともに．國產青瑪瑙の原產地として世上に名高く．海内無比と稱されてゐる。寫眞は．瑪瑙の產地たる同溫泉の花仙山である。				
		鎭座ますは 鎭座ますは、縣社玉作湯神社。祭神は、玉造祖櫛明玉命を祀る。神社には、上代この地で造られたる勾玉、その他の玉類、または未製品や玉磨砥石等の發見せられたものが數多納められてゐる。				
		時代を語つて 玉造連の部族が．長い間攻玉事業を世襲して居住してゐた土地だけに．色々と珍らしい遺跡がある。こゝに見るのもまたその一つで．岩屋寺横穴と言ふ。				
		往古を偲ぶ この地は、上代玉作部の遺跡として知られるところで、附近一帶に亘つて、長く玉造連の部族が居往してゐた所である。この舟形石棺と言ふは、當時死骸を入れたところだと言わはれてゐる。				

Ⅲ期.—	佛谷寺繪葉書	後鳥羽上皇 後醍醐天皇行在所 國寶佛奉安 佛谷寺全景（出雲美保關）		8 葉	佛谷寺	9
		後鳥羽上皇 後醍醐天皇行在所 佛谷寺境内 吉三地藏尊 八百屋お七江戸で火刑の後、其戀男吉三日本回國し當寺に到り入滅せしを葬れる遺跡 寺後より出土せし原史時代の「短甲」と「はにわ」に「高月」三穗津姫の陵なりと言ひ傳ふる鎌倉時代以前の古碑				
		後鳥羽上皇 後醍醐天皇行在所 出雲佛谷寺 聖觀世音菩薩〔國寶〕				
		後鳥羽上皇 後醍醐天皇行在所 出雲佛谷寺 藥師如來〔國寶〕				
		後鳥羽上皇 後醍醐天皇行在所 出雲佛谷寺 虛空藏菩薩〔國寶〕（聖觀音）				
		後鳥羽上皇 後醍醐天皇行在所 出雲佛谷寺 日光菩薩〔國寶〕（聖觀音）				
		後鳥羽上皇 後醍醐天皇行在所 出雲佛谷寺 月光菩薩〔國寶〕（菩薩形）				
		後鳥羽上皇 後醍醐天皇行在所 出雲佛谷寺 毘沙門天 御木像				
Ⅲ期.—	隠岐名所	（隠岐名所）西鄕町飯の山古墳	Ⅰ-495	不 明	西鄕町 荒木	9
		隠岐國西鄕町飯の山古墳發見品	Ⅰ-496			
Ⅲ期.—	—	（隠岐名所）西鄕町飯の山古墳内壁畫	Ⅰ-497	不 明	荒木商店	9
Ⅲ期.—	驛鈴繪はがき 三枚（一組）	驛鈴 驛鈴は大化二年改新の詔を宣して始めて作られ官使驛馬を徵するの憑證として給せられたる者なり今隠岐支廳に現存し希世の珍寶と稱せらる夙に集古十種に載せられ又本邦最古の交通機關たる故を以て郵便切手又は郵便はがきに鏤刻せられあるは能く人の知る所なり		3 葉	大西貢商店	9
		隠岐國屯倉印 隠岐國屯倉印は從來隠岐國造の家に藏せる者にして今隠岐支廳に現存す按するに往古鄕里に倉院ありて租稅を納る風土記に所謂正倉是れなり此印蓋し正倉所用の者にして集古十種に収められ好古家の珍賞措かざる所なり史に大化年中『鑄印頒諸國』等の記事あり此印の如き亦其一乎と云ふ				
		唐櫃及懷紙 寛政二年新内裡成るを以て還幸の式あり乃ち隠岐の國造幸生に勅して其家に傳ふる所の驛鈴を奉らしめ式畢るに及ひて之を模造せしめ其原品は朱塗の唐櫃を賜ひて之に納れ以て國造に還さる今隠岐島廳に現存する所の者是れなり懷紙は驛鈴天覽の時日野前大納言資枝鄉の國造に寄せられたる所の詠なり				
Ⅲ期.—	—	岡山縣鄕土舘全景		不 明	岡山縣鄕土舘	1
		岡山縣鄕土舘陳列品 御下賜品				
		岡山縣鄕土舘陳列品 石斧 石鉋 石匙 石鏃				
		岡山縣鄕土舘陳列品 古鏡 金環 玉類				
		岡山縣鄕土舘陳列品 刀 人骨 鐙 鏃 劍身 斧 鎗				
		岡山縣鄕土舘陳列品 脚付長頸坩 高杯 平瓶 蓋付高杯				
		岡山縣鄕土舘陳列品 脚付長頸坩 蓋杯 子持高杯 杯 𤭯				
		岡山縣鄕土舘陳列品 提瓶 坩 橫瓶				
		岡山縣鄕土舘陳列品 陶棺				
		岡山縣鄕土舘陳列品				
		岡山縣鄕土舘陳列品 岡山縣養殖魚類				
Ⅲ期.—	—	一 土器殘片 備中淺口郡大島村大字名切字津雲貝塚發見		不 明	—	2
		二				
		三				
		四				
		五				
		六				
		七 陶棺 美作英田郡大野村大字野形發掘				
		八 陶棺 美作英田郡楢原村大字平福發掘				
		九 陶棺 備前邑久郡美和村大字東須惠發掘				
Ⅲ期.—	津雲貝塚	津雲貝塚ニ於ケル人骨埋沒ノ狀況（貝製ノ腕輪ヲ嵌メシモノ）	Ⅰ-506	5 葉	栁生寫真館	6
		津雲貝塚ニ於ケル人骨埋沒ノ狀況（甕中ニハ嬰兒ノ骨ヲ藏ス）	Ⅰ-507			
		石鏃（六個）鹿角製ノ縫針 腰飾 鹿角製ノ釣針 貝製ノ腕輪（大小）枝松惣十郎氏藏）	Ⅰ-508			
		急須 アイヌ模樣土器破片 磨製ノ石斧（大小）枝松惣十郎氏藏	Ⅰ-509			
		津雲貝塚（淸野博士發掘中ノ光景）	Ⅰ-510			

年.月	題　　名	添　　書	図版番号	組 数	発　行　所	分類
Ⅲ期.—	金石館陳列 和同開珍竝ニ伴出無文錢繪葉書 五枚 和同錢と同時代に於て造られし無文錢の發見は他に類例を見ず皇朝古錢界の新發見と言ふべし	和同開珍幷に伴出無文錢等を入れありし素焼壺（口徑二寸八分高サ三寸五分）發掘當時八個の容器に分納せられしものにして和同錢十二枚、無文八角形銅錢百數枚、無文四角形銅錢二百數枚、土錢十七個、金具を利用せし銅錢五十數枚外鐵鏃、直刀の如き鐵器破片等なり 周防國玖珂郡新庄村字安行小字濡田出土 周防國熊毛郡平生町 考古學研究資料陳列所 弘津金石館陳列品	Ⅰ-526	5 葉	周芳考古學會	2
		和同開珍幷に伴出無文銅錢（實大）周防國玖珂郡新庄村字安行小字濡田出土 周防國熊毛郡平生町 考古學研究資料陳列所 弘津金石館陳列品	Ⅰ-527			
		和同開珍幷に伴出無文錢の膠着せるもの（實大）周防國玖珂郡新庄村字安行小字濡田出土　周防國熊毛郡平生町 考古學研究資料陳列所 弘津金石館陳列品	Ⅰ-528			
		和同開珍幷に伴出金具破片利用の銅錢（實大）周防國玖珂郡新庄村字安行小字濡田出土　周防國熊毛郡平生町 考古學研究資料陳列所 弘津金石館陳列品	Ⅰ-529			
		和同開珍幷に伴出素焼土錢（實大）周防國玖珂郡新庄村字安行小字濡田出土 周防國熊毛郡平生町 考古學研究資料陳列所 弘津金石館陳列品	Ⅰ-530			
Ⅲ期.—	—	西ノ岡ノ塚穴【在徳島縣阿波郡林村】（不許複製）	Ⅰ-531	不 明	小山助學館	9
Ⅲ期.—	—	讃岐鬼ヶ島の千古を語る貝塚	Ⅰ-532	不 明	—	9
Ⅲ期.—	—	皷岡神社寶庫 鼓岡聖蹟記念文庫（讃岐綾歌郡府中村）	Ⅰ-533	不 明	—	9
		讃岐國廳址碑（讃岐綾歌郡府中村）	Ⅰ-534			
		讃岐國廳址碑文（讃岐綾歌郡府中村）	Ⅰ-535			
		崇德天皇行宮舊址鼓岡碑（讃岐綾歌郡府中村）	Ⅰ-536			
Ⅲ期.—	鄕土繪葉書（貝塚土器類）	伊豫乃万村阿方貝塚土器破片〔今治史談會藏。乃万史談會藏〕	Ⅰ-544	5 葉	今治史談會	2
		伊豫乃万村阿方貝塚土器並破片〔今治史談會藏。越智熊太郎氏藏〕	Ⅰ-545			
		伊豫日高村片山貝塚土器〔今治中學校藏。玉田榮二郎氏藏〕	Ⅰ-546			
		伊豫日高村片山貝塚土器並破片〔今治中學校藏。玉田榮二郎氏藏〕	Ⅰ-547			
		伊豫乃万村阿方貝塚石鏃。貝輪。骨器。角器類〔今治史談會藏。越智熊太郎氏藏。〕伊豫淸水村蒐集子持勾玉・銅劍石劍〔靑野筆一氏藏。竹林寺藏〕	Ⅰ-548			
Ⅲ期.—	鄕土繪葉書（考古土器類）	伊豫越智郡地方蒐集石斧。石庖刀〔今治中學校藏 玉田榮二郎氏藏〕	Ⅰ-549	5 葉	今治史談會	2
		伊豫越智郡地方蒐集彌生式土器並破片〔今治中學校藏〕	Ⅰ-550			
		伊豫下朝倉村樹本古墳出土鏡〔東京帝室博物館藏〕	Ⅰ-551			
		伊豫越智郡地方蒐集祝部土器 玉田榮二郎氏 大澤愛太郎氏 靑野筆一氏藏	Ⅰ-552			
		伊豫櫻井町國分寺塔礎【史蹟保存】と古瓦	Ⅰ-553			
Ⅲ期.—	伊豫大洲地方に存立せる少彦名命に關する巨石遺跡	（大洲附近）梁瀬山の全景（THE COMPLETE VIEW OF MT. YANASE, IYO）		12 葉	愛媛縣大洲商工會	2
		（大洲附近）少彦名命の御神陵（梁瀬山）（SUKUNAHIKO NA NO MIKOTO'S BURIAL MOUND, IYO）				
		（大洲附近）梁瀬山の環狀石籬（ストーンサークル）其一（STONE CIRCLE OF MT. YANASE, IYO） 1．				
		（大洲附近）梁瀬山の環狀石籬（ストーンサークル）其二（STONE CIRCLE OF MT. YANASE, IYO） 2．				
		（大洲附近）紅葉山の環狀石籬（ストーンサークル）（STONE CIRCLE OF MT. MOMIZI, IYO）				
		（大洲附近）富士山頂の祭壇石（ドルメン類似石）（DOLMEN TYPE ALTAR STONE OF MT. TOMISU, IYO）				
		（大洲附近）高山の立石（MENHIL OF MT. TAKAYAMA, IYO）				
		（大洲附近）大洲村五郎の立石（MENHIL OF OZUMURA, IYO）				
		（大洲附近）新谷の祭壇石（ドルメン類似石）（DOLMEN TYPE ALTAR STONE OF SHINTANI, IYO）				
		（大洲附近）神南山頂の石群（ストーンサークル）（STONE GROUP OF MT. KANNAN, IYO）				
		（大洲附近）神南山頂のドンビ岩（DONBIIWA OF MT KANNAN, IYO）				
		（大洲附近）神南山富士山梁瀬山の遠景（DISTANT VIEW OF MT. KANNAN TOMISU AND YANASE, IYO）				
Ⅲ期.—	—	鸞獸葡萄鏡（國寶百拾壹点ノ内）伊豫大三島國幣大社山祇神社藏		不 明	—	9

		銅製水瓶 平重盛奉納（國寶百拾壹点ノ内）伊豫大三島國幣大社山祇神社藏				
		大圓山形兜（國寶百拾壹点ノ内）伊豫大三島國幣大社山祇神社藏				
		緋威鎧 源義經奉納（國寶百拾壹点ノ内）伊豫大三島國幣大社山祇神社藏				
		緋威鎧 背面 源義經奉納（國寶百拾壹点ノ内）伊豫大三島國幣大社山祇神社藏				
		紺糸威鎧（國寶百拾壹点ノ内）伊豫大三島國幣大社山祇神社藏				
		色々威腹巻（國寶百拾壹点ノ内）伊豫大三島國幣大社山祇神社藏				
Ⅲ期.—	—	四國第五十九番靈場伊豫國准別格本山國分寺の古瓦（千三百年徑過）		不 明	—	9
Ⅲ期.—	土佐名所繪葉書	國寶高知城威臨閣		14 葉	高知縣醫師會	9
		高知縣廳 高知市役所				
		國幣中社 土佐神社 社殿國寶（土佐郡一宮村）				
		別格官幣社 山内神社（高知市柳原）				
		縣社藤並神社々頭ヨリ見タル高知城				
		室戸岬				
		水稻第一期刈取と第二期作の挿稻				
		浦戸灣口桂濱				
		浦戸灣内泊船岸と帆傘船				
		龍河洞鍾乳石の奇形（香美郡佐古村）				
		龍河洞内發見土器 鍾乳石に包まれたるものと包まれざるもの				
		龍串の大竹小竹岩（幡多郡三崎村）				
		長尾鶏（天然紀念物）				
		杉の大杉（長岡郡大杉村）				
Ⅲ期.—	—	天下の奇勝 龍河洞内 發見せし古代彌生式土器		不 明	—	9
Ⅲ期.—	千六百年前の古墳 古月百穴繪葉書（１）柴田博士の發見	史蹟 古月百穴より發掘せる遺物 第一號（福岡縣鞍手郡古月村）		6 葉	福岡縣鞍手郡古月村上木月 白石藤六	6
		史蹟 古月百穴より發掘せる遺物 第二號（福岡縣鞍手郡古月村）				
		史蹟 古月百穴より發掘せる遺物 第三號（福岡縣鞍手郡古月村）				
		史蹟 古月百穴より發掘せる遺物 第四號（福岡縣鞍手郡古月村）				
		史蹟 古月百穴より發掘せる遺物 第五號（福岡縣鞍手郡古月村）				
		史蹟 古月百穴より發掘せる遺物 第六號（福岡縣鞍手郡古月村）				
Ⅲ期.—	千六百年前の古墳 古月百穴繪葉書（２）柴田博士の發見	史蹟 古月百穴より發掘せる遺物 第七號（福岡縣鞍手郡古月村）		6 葉	福岡縣鞍手郡古月村上木月 白石藤六	6
		史蹟 古月百穴より發掘せる遺物 第八號（福岡縣鞍手郡古月村）				
		史蹟 古月百穴より發掘せる遺物 第九號（福岡縣鞍手郡古月村）				
		史蹟 古月百穴より發掘せる遺物 第十號（福岡縣鞍手郡古月村）				
		史蹟 古月百穴より發掘せる遺物 第十一號（福岡縣鞍手郡古月村）				
		史蹟 古月百穴より發掘せる遺物 第十二號（福岡縣鞍手郡古月村）				
Ⅲ期.—	千八百年前大和民族ノ古墳群 福岡縣嘉穂郡碓井村西ノ郷 西ノ郷避書百穴繪葉書 史家木ノ下讃太郎先生ノ新發見	福岡縣嘉穂郡碓井村西鄕の百穴		5 葉	西ノ鄕百穴保存會	6
		發見者 木下讃太郎先生 福岡県嘉穂郡碓井村西鄕の壁畫か刻まれた横穴				
		福岡縣嘉穂郡碓井村西鄕横穴の壁畫				
		福岡縣嘉穂郡碓井村西鄕横穴出土の人骨を祀る祭壇				
		福岡縣嘉穂郡碓井村西鄕横穴出土の遺物				
Ⅲ期.—	千八百年前の大古墳群 出雲百穴繪葉書 鳥居博士の新發見	出雲百穴の一部と 發見者 鳥居龍藏博士		5 葉	出雲百穴保存會	6
		出雲百穴の一部				
		百穴から出た千八百年前の白骨				
		百穴から出た千八百年前の土器と白骨				
		鳥居博士か發見された土器				
Ⅲ期.—	筑前都府楼繪葉書	（筑前）太宰府正廳跳全景	Ⅰ-573	10 葉	都府楼草庵	9
		（筑前）太宰府大門址ヨリ正廳址及大野城址ヲ望ム	Ⅰ-574			
		（筑前）太宰府碑（龜井南溟先生撰文並書）	Ⅰ-575			
		（筑前）太宰府址平面圖	Ⅰ-576			
		（筑前）大野城址平面圖	Ⅰ-577			
		（筑前）榎寺址（菅公舘址）（筑前）苅萱關址	Ⅰ-578			

年.月	題　名	添　書	図版番号	組数	発行所	分類
Ⅲ期.—	筑前都府楼繪葉書	（筑前）都府樓瓦窯埋沒址（正廳址ノ北約四十間）×印ハ窯口 △印ハ煙出	Ⅰ-579		都府楼草庵	
		（筑前）都府楼古代之圖 イ 正廳 ロ 後廳 ハ 東廳 ニ 西廳 ホ 中門 ヘ 大門	Ⅰ-580			
		（筑前）都府樓報時臺ニテ使用セラレシ漏刻之圖	Ⅰ-581			
		（筑前）水城址及水門礎石實景	Ⅰ-582			
Ⅲ期.—	千古遺影	般若寺古塔 榎寺址ノ東南八町餘片町新宮ノ附近ニアリ 七重ノ石塔姿ニシテ其一部ニ梵字ヲ刻メリ		5葉	古瓦參考舘	9
		贈従三位少貳資能墓 太宰府町ノ入口血ヶ持觀音ノ境内ニアリ 弘安四年元冦ノ役ニ負傷シ閏七月十三日八十四歳ヲ以テ卒去ス				
		菅公姫君紅姫之碑 榎寺址ノ東一町餘溝畔樟樹ノ下ニアリ口碑ニ紅之君ト稱スルハ紅姫ノ誤傳ナランカ 菅公幼君隈麿之墳 榎寺址ノ東南一町餘隈ノ前ノ畑中ニアリ墓石堅三尺横二尺餘天然石ニシテ文字ナク側ニ老梅アリ				
		大宰小貳武藤資頼墓 都府樓址ノ東三町餘安養寺ノ山中ニアリ 石塔姿ニシテ周リニ佛像ヲ彫メリ 資頼ハ小貳家ノ始祖ニシテ天福元年八月二十五日六十九歳ニシテ卒ス				
		玄昉僧正塋 觀世音寺ノ傍ニアリ天平十八年同寺開堂供養ノ時導師トナリ輿ニ乗リテ殿ニ入ル忽チ空中ヨリ提捉スル者アリ贈正爲ニ雲ニ沖リテ見ヘズ後日其頭ハ奈良興福寺庭院ニ落ツ今尚同寺ニ現存セルハ頸塚ニシテ此所ハ胴塚ナリ				
Ⅲ期.—	—	史蹟太宰府ノ趾		不明	太宰府神社社務所	9
Ⅲ期.—	—	（筑前）都府樓附近出土品		不明	—	9
Ⅲ期.—	—	筑前都府樓趾 The Chikuzen Dazaifu		不明	TAKATA KOSEIK-WAN	9
Ⅲ期.—	—	筑前都府樓趾 Chikuzen Dazaifu		不明	TAKATA KOSEIK-WAN	9
Ⅲ期.—	—	THE FOUNDATION STONES AT THE SITE OF THE ANCIENT GOVERNMENT OF KYUSYU, DAZAIFU.（筑前太宰府名所）礎石殘る都府樓趾		不明	大正寫眞工藝所	9
Ⅲ期.—	—	（博多及其附近）礎石殘る太宰府都府樓の趾		不明	大崎風水堂	9
Ⅲ期.—	—	都府樓址御探勝ノ秩父宮両殿下〔昭和五年八月十日〕		不明	—	9
Ⅲ期.—	—	（筑前）太宰府都府樓の趾 The Tofuro Dazaifu,Chikuzen.		不明	—	9
Ⅲ期.—	—	（筑前太宰府）都府樓の趾		不明	—	9
Ⅲ期.—	—	太宰府都府樓趾 The site of Tofuro of Dazaifu.		不明	—	9
Ⅲ期.—	—	（福岡史蹟）元寇防壘遺蹟（福岡市西新町）		不明	元寇記念會	9
		大正九年 元寇防壘發掘の景（福岡市西新町）	Ⅰ-588			
Ⅲ期.—	—	福岡東公園（元寇當時分捕品）元寇記念館所藏		不明	—	9
Ⅲ期.—	日本最初之朝鮮式山城 基肄城址繪葉書	南峰頂上附近	Ⅰ-607	6葉	基肄城址保存會	9
		大礎石	Ⅰ-608			
		水門阯	Ⅰ-609			
		天智天皇欽仰之碑「肥前史談會建設」	Ⅰ-610			
		展望台「肥前史談會建設」	Ⅰ-611			
		通天洞「避難所」「肥前史談會建設」	Ⅰ-612			
Ⅲ期.—	—	（基肄城址）頂上		不明	基山村名所舊跡勝地保存會	9
		（基肄城址）門址				
		（基肄城址）水門及ビ石壘				
		（基肄城址）イモノガンギ				
Ⅲ期.—	—	福濟寺青蓮殿の瓦の一		6葉	—	2
		福濟寺青蓮殿の瓦の二				
		崇福寺一峯門の瓦の一				
		崇福寺一峯門の瓦の二				
		豐後町鐘撞所の瓦				
		興福寺大雄寶殿の瓦				
Ⅲ期.—	—	（對馬國一宮）國幣中社海神神社 御寶物 銅鉾		不明	—	9
Ⅲ期.—	—	豐後龜川鬼の石窟 二千有余年前の遺物 其一		不明	—	2
		豐後龜川鬼の石窟 二千有余年前の遺物 其二				
		豐後龜川鬼の石窟 二千有余年前の遺物 其三				
		豐後龜川鬼の石窟 二千有余年前の遺物 其四				
		豐後龜川鬼の石窟 二千有余年前の遺物 其五				
		豐後龜川鬼の石窟 二千有余年前の遺物 其六				
Ⅲ期.—	參拜紀念 神崎八幡神社境内 築山古墳史蹟繪葉書	豐後神崎八幡神社 全景	Ⅰ-613	6葉	八幡神社社務所	6
		豐後神崎築山前方後圓式古墳 全景（千三百年以前）×印 石棺所在地	Ⅰ-614			
		豐後神崎築山古墳御假屋	Ⅰ-615			
		漢式綟形文鏡（豐後神崎築山古墳發掘古鏡）	Ⅰ-616			
		鹿角裝劍 環頭式柄頭太刀 貝釧（腕輪）管玉 丸玉（豐後神崎築山古墳發掘）	Ⅰ-617			

		刀劍 鏃 斧 刀子（豐後神崎築山古墳發掘）	Ⅰ-618			
Ⅲ期.—	繪葉書 深田石佛	豊後臼杵深田石佛 石佛所在地		不 明	宇佐美	9
		豊後臼杵深田石佛 通稱十三佛				
		豊後臼杵深田石佛 二王				
Ⅲ期.—	—	別府名所 鬼の岩窟（甲）（二千有余年前熊襲穴居ノ跡）		不 明	—	9
		別府名所 鬼ノ岩窟 乙内部（二千有余年前熊襲穴居ノ跡）				
Ⅲ期.—	—	（日田名所）水鄉日田町三隈の位置、老杉古樅蓊鬱として風色掬すべき月隈公園太古の遺跡古墳の一部 PART VIEW OF THE OLD TOMB AT TSUKIKUMA PARK, RUINS OF ANCIENT TIMES IN HIDA TOWN, HIDA.		不 明	—	9
Ⅲ期.—	—	（打製石鏃）（磨製石鏃及玉類）豐後國大野郡三重町秋葉文庫所藏品之一部		不 明	—	—
Ⅲ期.—	日向國兒湯郡 西都原附近古代遺物繪葉書（拾貮枚壹組）	（一）石斧、石槍、石庖丁 日向國兒湯郡穂北西都原附近發掘（渡邊、阿萬、両氏藏）穂北古蹟保存會發行	Ⅰ-627	12葉	穂北古蹟保存會	2
		（二）石鏃石錐及裝飾品 日向國兒湯郡穂北西都原附近發掘（渡邊、阿萬、両氏藏）穂北古蹟保存會發行	Ⅰ-628			
		（三）素焼土器 日向國兒湯郡穂北西都原附近發掘（阿萬、渡邊、両氏藏）穂北古蹟保存會發行	Ⅰ-629			
		（四）埴輪円筒及祝部土器 日向國兒湯郡穂北西都原附近發掘（渡邊、阿萬、両氏藏）穂北古蹟保存會發行	Ⅰ-630			
		（五）鏡 日向國兒湯郡穂北西都原附近發掘（阿萬、渡邊、両氏藏）穂北古蹟保存會發行	Ⅰ-631			
		（六）金鐶及銀鐶 日向國兒湯郡穂北西都原附近發掘（阿萬、渡邊、両氏藏）穂北古蹟保存會發行	Ⅰ-632			
		（七）頭椎大刀、直刀、鐵鏃 日向國兒湯郡穂北西都原附近發掘（渡邊、阿萬、両氏藏）穂北古蹟保存會發行	Ⅰ-633			
		（八）玉類（其一）日向國兒湯郡穂北西都原附近發掘（阿萬、渡邊、両氏藏）穂北古蹟保存會發行	Ⅰ-634			
		（九）玉類（其二）日向國兒湯郡穂北西都原附近發掘（渡邊雄一氏藏）穂北古蹟保存會發行	Ⅰ-635			
		（十）馬具（其一）金銅製覆輪金具 日向國兒湯郡穂北西都原附近發掘（阿萬、渡邊、両氏藏）穂北古蹟保存會發行	Ⅰ-636			
		（十一）馬具（其二）金銅製鏡板、杏葉、雲珠、鈴、及付屬金具 日向國兒湯郡穂北西都原附近發掘（渡邊、阿萬、両氏藏）穂北古蹟保存會發行	Ⅰ-637			
		（十二）瓦、煉瓦、花瓶、銅佛、石帶 日向國兒湯郡穂北西都原附近發掘（阿萬、渡邊、両氏藏）穂北古蹟保存會發行	Ⅰ-638			
Ⅲ期.—	—	宮崎縣南那珂郡福島村 古墳 はちまん塚		15葉	—	2
		宮崎縣南那珂郡北方村 古墳 おうつか				
		宮崎縣南那珂郡福島村 古墳 まんたじやう				
		宮崎縣南那珂郡福島村 古墳 ぜにがめ塚				
		宮崎縣南那珂郡大束村 古墳 どんぎやう塚				
		宮崎縣南那珂郡福島村 古墳 ちやうせいけん塚				
		宮崎縣南那珂郡福島村 古墳 桂原城				
		宮崎縣南那珂郡福島村 古墳 わかみや神社				
		宮崎縣南那珂郡福島村 古墳 きりしま塚				
		宮崎縣南那珂郡福島村 古墳 ぜんだ原				
		宮崎縣南那珂郡北方村 古墳 串間神社				
		宮崎縣南那珂郡福島村 古墳 もつたいの森				
		宮崎縣南那珂郡福島村 古墳 つるぎじやう				
		宮崎縣南那珂郡福島村 古墳 びしやもん塚				
		宮崎縣南那珂郡福島村 古墳 串野塚				
Ⅲ期.—	—	（日向穂北名勝）日向兒湯郡西都之原（御陵墓）參考地男狹穂塚 Osahozuka Hiyuga		不 明	■町まつや	9
		（日向穂北名勝）日向兒湯郡西都之原（御陵墓）參考地女狹穂塚 Mesahozuka Hiyuga				
Ⅲ期.—	—	日向高千穂 古代石器		不 明	天岩戸神社々務所	9
Ⅲ期.—	—	石器（其ノ一）		不 明	三島天眞舘	2
		古土器ト刀劍				
Ⅲ期.—	—	（出水貝塚）北方ヨリ貝塚ヲ望ム（不許複製．尾上）	Ⅰ-646	不 明	尾上	6
		（出水貝塚）南方ヨリ貝塚ヲ望ム（不許複製．尾上）	Ⅰ-647			
		（出水貝塚）貝塚ヨリ東北方ヲ望ム（不許複製．尾上）	Ⅰ-648			
		（出水貝塚）發掘シタル場所（不許複製．尾上）	Ⅰ-649			
		（出水貝塚）發掘シタル石器．土器．獸骨．貝類（不許複製．尾上）	Ⅰ-650			
Ⅲ期.—	宮内名所繪葉書	鹿兒島縣隼人町宮内（鹿兒島神宮御拜殿）		5葉	大坪書店	9
		鹿兒島縣隼人町宮内（鹿兒島神宮神橋）				
		鹿兒島縣隼人町宮内（鹿兒島神宮參道）				
		鹿兒島縣隼人町（獅子尾山ノ景）				
		鹿兒島縣隼人町（隼人塚）				

年.月	題　名	添　書	図版番号	組 数	発 行 所	分類
Ⅲ期.—	—	（鹿兒島百景）隼人塚 Haitozuka Kagoshima		不 明	—	9
Ⅲ期.—	世界無二之珍寶 坐禪木乃伊佛体 活佛眞影	坐禪木乃伊 活佛眞影		1 葉	—	9
昭8.5	昭和八年五月 考古學會第三十八回總會 記念 關原勝三郎寄贈	千葉縣龍角寺塔中心礎石	Ⅱ -549	5 葉	考古學會	3
		千葉縣圓光寺石層塔〔應永□年銘〕	Ⅱ -550			
		千葉縣圓光寺善光寺三尊〔延應二年六月銘〕	Ⅱ -551			
		千葉縣圓光寺善光寺像背銘	Ⅱ -552			
		三鈷鐃（銚子圓福寺藏）	Ⅱ -553			
昭8.5	*考古學會第三十八回總會 記念繪葉書*	*福井縣福井市足羽山舊松玄院*		不 明	尾佐竹猛	3
昭8.5	禹域將來品五種 考古學會總會繪葉書 江藤長安莊寄贈	魏太平興君年號沙岩如意佛	Ⅱ -554	5 葉	江藤長安莊	3
		魏大和年號鍍立像	Ⅱ -555			
		唐武德年銘鍍金透佛	Ⅱ -556			
		唐武德年號千體銅佛	Ⅱ -557			
		宋徽宗竹禽卷	Ⅱ -558			
昭8.5	昭和八年五月 考古學會第三十八回總會記念 安田善次郎寄贈	水精舎利塔（安田善次郎藏）	Ⅱ -559	5 葉	安田善次郎	3
		金銅五鈷鈴（安田善次郎藏）	Ⅱ -560			
		金銅五鈷杵（安田善次郎藏）	Ⅱ -561			
		寶相花文金剛盤（安田善次郎藏）	Ⅱ -562			
		胎藏界曼荼羅厨子（安田善次郎藏）	Ⅱ -563			
昭8.5	昭和八年五月廿一日 考古學會第三十八回總會記念繪葉書 原田淑人寄贈	蟠螭文鏡 帝室博物館藏	Ⅱ -564	3 葉	原田淑人	3
		戈 帝室博物館藏	Ⅱ -565			
		雲文金銅壺 帝室博物館藏	Ⅱ -566			
昭8.5	第三十八回考古學會總會記念繪葉書 上羽貞幸寄贈	古瓦 推古朝時代 下總國印旛郡安食 龍角寺 上羽貞幸藏	Ⅱ -567	2 葉	上羽貞幸	3
		古瓦 推古朝時代 下總國印旛郡安食 龍角寺 上羽貞幸藏	Ⅱ -568			
昭8.5	*考古學會第三十八回總會*	『國學院大學考古學資料室 考古學資料集』第一輯		10 葉	—	3
昭8.5	國學院大學考古學資料室 考古學資料集 第一輯	國學院大學國史研究室所屬考古學資料室 内部		10 葉	上代文化研究會	2
		籾跟ある彌生式土器（愛知縣小坂井（中及左上）及び奈良縣中曾子（右上）發見） ４／６ 國學院大學考古學資料室所藏（Ⅰ－２）				
		土製摸造品・坩・案・匙等（奈良縣磯城郡三輪町山ノ神發見） ２／５ 國學院大學考古學資料室所藏（Ⅰ－３）				
		土製摸造品・臼・杵・箕・盤（奈良縣磯城郡三輪町山ノ神發見） ２／５ 國學院大學考古學資料室所藏（Ⅰ－４）				
		石製摸造品・臼玉・曲玉・子持曲玉（奈良縣磯城郡三輪町山ノ神發見） １／２ 國學院大學考古學資料室所藏（Ⅰ－５）				
		埴輪男子（埼玉縣大里郡小原村發見） １／10 國學院大學考古學資料室所藏（Ⅰ－６）				
		埴輪家（奈良縣磯城郡三宅村（左）及び奈良縣山邊郡丹波市町（右）發見） １／６ 國學院大學考古學資料室所藏（Ⅰ－７）				
		漢式鏡（岐阜縣海津郡城山村駒野發見） ２／３ 國學院大學考古學資料室所藏（Ⅰ－８）				
		玉砥（奈良縣磯城郡三輪町發見） １／３ 國學院大學考古學資料室所藏（Ⅰ－９）				
		干漆棺片（奈良縣高市郡阪合村越發見） １／２ 國學院大學考古學資料室所藏（Ⅰ－10）				
昭8.5	【考古學新資料】指定史蹟朝日貝塚繪はがき	朝日貝塚發掘狀況（大正十三年六月）富山縣氷見町	Ⅰ -286	6 葉	朝日貝塚保存會	6
		朝日貝塚住居阯の粘土床及爐阯 富山縣氷見町	Ⅰ -287			
		朝日貝塚包含層及粘土床の爐阯 富山縣氷見町	Ⅰ -288			
		朝日貝塚下層の爐阯 富山縣氷見町	Ⅰ -289			
		朝日貝塚遺物（イヌの骨骼）富山縣氷見町	Ⅰ -290			
		朝日貝塚遺物（イルカの骨骼）富山縣氷見町	Ⅰ -291			
昭8.6	北海道原始文化展覽會記念	鄉土は語る 北海道原始文化展覽會	Ⅰ -001	5 葉	今井呉服店	5
		石器時代 聚落	Ⅰ -002			
		上古時代 墳墓築造	Ⅰ -003			
		札幌市外平岸村出土 名取武光氏藏 石狩江別出土 河野廣道氏藏	Ⅰ -004			
		室蘭出土 有坂鉊藏氏藏 後志國余市出土 篠岡亮一氏舊藏	Ⅰ -005			
昭8.7	群馬縣考古學資料集 第壹集	□始元年神獸鏡 群馬縣群馬郡大類村芝崎字蟹澤出土 東京帝室博物舘藏	Ⅰ -187	8 葉	相川龍雄	2
		四神 TLV 鏡 群馬縣佐波郡三鄉村大字波志江備足山出土 相川之賀藏	Ⅰ -188			
		内行花文鏡 群馬縣佐波郡玉村町字角淵軍配山圓墳出土 東京帝室博物舘藏	Ⅰ -189			
		狩獵文鏡 傳群馬縣群馬郡瀧川村出土 東京帝室博物舘藏	Ⅰ -190			
		狩獵文鏡細部（實大）傳群馬縣群馬郡瀧川村出土 東京帝室博物舘藏	Ⅰ -191			

		鐙瓦 群馬縣群馬郡國分村上野國分寺阯發見 住谷修氏藏	Ⅰ -192			
		鐙瓦 群馬縣群馬郡國分村上野國分寺阯發見 住谷修氏藏	Ⅰ -193			
		鐙瓦 群馬縣群馬郡國分村上野國分寺阯發見 住谷修氏藏	Ⅰ -194			
昭8.8	昭和八年八月發行 髮飾繪葉書（六枚）	金鷄 江戶時代髮飾 山口市 弘津史文蒐集品		6 葉	弘津史文	1
		龍宮 江戶時代髮飾 山口市 弘津史文蒐集品				
		稻 江戶時代髮飾 山口市 弘津史文蒐集品				
		菊 江戶時代髮飾 山口市 弘津史文蒐集品				
		牡丹 江戶時代髮飾 山口市 弘津史文蒐集品				
		柳 江戶時代髮飾 山口市 弘津史文蒐集品				
昭8.10	渤海國首都出土遺品展覧會繪葉書	渤海國上京遺蹟出土第二宮殿址（俗稱金鑾殿）		10 葉	帝室博物館	5
		渤海國上京遺蹟出土現存石燈籠				
		渤海國上京遺蹟出土綠釉陶製柱座				
		渤海國上京遺蹟出土瓦當				
		渤海國上京遺蹟出土宇瓦				
		渤海國上京遺蹟出土花文方甎				
		渤海國上京遺蹟出土花文甎				
		渤海國上京遺蹟出土石獅頭				
		渤海國上京遺蹟出土甎佛				
		渤海國上京遺蹟出土甎佛				
昭9.2	立正大學 考古學會遺品繪葉書 第一輯	Ⅰ 磨製石斧（大）靜岡縣田方郡内浦村字小海、長七寸一分 異形石鏃、青森縣（郡村不明）長、一寸九分 石鏃、北海道旭川市外神威古潭、長、一寸五分 石槍、東京府西多摩郡秋留村二宮神社附近、長、二寸九分 磨製石斧（中）北海道名寄町名寄神社附近、長、二寸八分 石錘、山梨縣北都留郡上野原、長、一寸九分 石玉、樺太大泊郡鈴谷貝塚、徑、四分五厘 玦入耳飾、東京府荏原郡池上町久ヶ原庄仙、殘部長、一寸五厘 石匙（小）東京府荏原郡池上町久ヶ原庄仙、横長、一寸五厘 石匙（大）青森縣三戶郡一王寺、縦長、一寸五分三厘 磨製石斧（小）東京府荏原郡池上町慶大グランド前、長、二寸一分 打製石斧、東京府西多摩郡秋留村二宮神社附近、長、三寸九分		5 葉	立正大學考古學會	2
		Ⅱ 東京府荏原郡駒澤町下馬、口緣部徑八寸、高八寸二分 東京府荏原郡馬込町、口緣部徑五寸五分、高二寸七分 東京府荏原郡池上町久ヶ原庄仙、口緣部、六寸二分五厘 高、五寸六分				
		Ⅲ 貝輪、東京府荏原郡調布町下沼部貝塚、長徑一寸六分、横二寸 骨銛、樺太江ノ浦貝塚、長、二寸八分 骨鏃、千葉縣東葛郡葛飾村古作、長、三寸三分 骨針、東京府荏原郡調布町下沼部貝塚、長、二寸七分 用途不明骨器、樺太江ノ浦貝塚、長、二寸一分				
		Ⅳ 直刀、埼玉縣北足立郡川田谷村字八幡原、長二尺六寸 倒卵形八所透鐵鐔、仝 長徑、二寸九分 鐵鏃、四、仝 約三寸 鐵製刀子、仝 長、四寸五分 不明、一、仝 長、七分				
		Ⅴ 瓦經（兩面）奈良縣高市郡橘寺、中央縦一寸七分、横一寸三分五厘				
昭9.5	昭和九年五月十九日 考古學會第三十九回總會記念繪葉書 後藤守一寄贈	北海道室蘭繪鞆發見土偶（北海道發見土偶として學界に紹介せられた最初のもの）	Ⅱ -569	2 葉	後藤守一	3
		上野白石稻荷山古墳發掘埴輪短甲	Ⅱ -570			
昭9.5	昭和九年五月十九日 考古學會第三十九回總會記念繪葉書 原田淑人寄贈	ルリスタン發見轡	Ⅱ -571	2 葉	原田淑人	3
		金銅「關内侯印」	Ⅱ -572			
昭9.5	昭和九年五月十九日 考古學會第三十九回總會記念繪葉書 關原勝三郎寄贈	仁淸藤色繪花模樣壺（長尾欽彌氏藏）	Ⅱ -573	6 葉	關原勝三郎	3
		仁淸藤色繪花模樣壺底刻銘（長尾欽彌氏藏）	Ⅱ -574			
		永元二年銘孔雀文磬（長尾欽彌氏藏）	Ⅱ -575			
		金剛界大日如來鏡像（長尾欽彌氏藏）	Ⅱ -576			
		石刻轉法輪釋迦（碑首）（長尾欽彌氏藏）	Ⅱ -577			
		菊蒔繪鏡臺（長尾欽彌氏藏）	Ⅱ -578			
昭9.11	大會記念繪葉書	漢永壽二年獸首鏡（徑約六寸）守屋孝藏氏藏		4 葉	史學研究會	3
		唐三彩貼華文壺 守屋孝藏氏藏				
		嵌玉黃金透彫虺龍文帶鉤 河南省洛陽金村出土 4 / 5 紐育 ウインスロップ氏藏				
		西夏文華嚴經卷六 東方文化學院京都研究所藏				
昭9.12	昭和九年十一月十一日除幕 三宅米吉先生像	三宅米吉先生像（北村西望氏作）		3 葉	故三宅米吉博士記念像建設委員會	4
		━（式場全景）━（三宅米吉先生像除幕式）				
		神官献饌（三宅米吉先生記念像除幕式）				
昭 9 .—	横河博士寄贈 支那古陶磁繪葉書 一	刻銘瓦壺 刻銘「西周攀□」高 三四・五糎 戰國時代		8 葉	帝室博物館	2
		三彩龍耳瓶 高 四七・五糎 唐時代				
		三彩三足盤 徑 二八・九糎 唐時代				
		白瓷獅枕 高 一六・四糎 宋時代				
		磁州窯系黑花瓶 高 三九糎 宋時代				

年.月	題　　名	添　　書	図版番号	組 数	発 行 所	分類
昭 9 .—	横河博士寄贈 支那古陶磁繪葉書 一	彩花六方盤 徑 二三・二糎 明時代 底裏讀「一去二三里 烟村四五家 娄台六七坐 八九十支花」 康凞五彩皿 徑 二四・七糎 清時代 粉彩大盤 銘「儲秀宮製」徑七〇糎 清時代			帝室博物館	
昭 9 .—	横河博士寄贈 支那古陶磁繪葉書 二	*（不明）*		8 葉	帝室博物館	2
昭 9 .—	横河博士寄贈 支那古陶磁繪葉書 三	銀化綠釉鍾 高 四五糎 漢時代 三彩婦俑 高 三二・四糎 唐時代 瓦硯裏面 長徑 三〇糎 北齋時代 青磁雕花盤 徑 一九糎 宋時代 玳玻盞 徑 一一・四糎 元時代 嘉靖彩花壺 高 一四糎 明時代 萬暦青花双耳瓶 高 五三糎 明時代 雍正豆彩盤 徑 二一・二糎 清時代		8 葉	帝室博物館	2
昭 9 .—	横河博士寄贈 支那古陶磁繪葉書 四	*（不明）*		8 葉	帝室博物館	2
昭 9 .—	恩賜十周年記念繪葉書	恩賜京都博物館全景 國寶 不動明王立像 一軀 恩賜京都博物館藏 柳橋水車圖 一雙之内 恩賜京都博物館藏 舞妓圖 一雙之内 恩賜京都博物館藏 石幢 一基 恩賜京都博物館藏 青磁浮模樣人形樣壺 一箇 恩賜京都博物館藏		6 葉	恩賜京都博物館	3
昭10.2	石器時代 土偶土版展覽會 記念繪葉書（第貳輯）	（1）顔面把手類 （2）關東式土偶 （3）陸奥式土偶と動物土偶 （4）筒署土偶と土版 （5）土版と岩版		5 葉	立正大學考古學會	5
昭10.2	（石器時代 土偶土版展覽會 来場者配布）	土版 埼玉縣北足立郡安行村猿貝 土偶 茨城縣北相馬郡文間村立木貝塚		1 葉	立正大學考古學會	5
昭10.3	*房總鄉土研究資料（十）*	*安房郡丸村石堂寺多寶塔全景*		1 葉	房總鄉土研究社	1
昭10.5	昭和十年五月十九日 考古學會第四十回總會記念繪葉書 闕原勝三郎寄贈	露出石室 武藏國北埼玉郡太田村所在 埴輪兜 日向國兒湯郡西都原古墳出土 埴輪家 日向國兒湯郡西都原古墳出土	Ⅱ -579 Ⅱ -580 Ⅱ -581	3 葉	闕原勝三郎	3
昭10.5	*考古學會第四十回總會 記念繪葉書*	*慶州佛國寺舍利石塔繪葉書*		不 明	齋藤忠	3
昭10.5	昭和十年五月 考古學會第四十回總會 記念 原田淑人寄贈	朝鮮出土塼 泰始七年四月 五官象（掾）作 仁義行事 楊將君帝室博物館藏 朝鮮出土塼 泰始十年杜奴村（左文）太康七年三月癸丑作 元康三年三月十六日韓氏 帝室博物館藏	Ⅱ -582 Ⅱ -583	2 葉	原田淑人	3
昭10.8	昭和拾年八月發行 江戸時代象嵌鐙繪葉書（六枚）	金象嵌鐙 加州、永國作 山口市 弘津史文蒐集品 銀象嵌鐙 加州、永次作 山口市 弘津史文蒐集品 金銀象嵌鐙 加州、重久作 山口市 弘津史文蒐集品 銀象嵌鐙 因州、義定作 山口市 弘津史文蒐集品 尾州大野庄藤原重久作 後藤正家象嵌 山口市 弘津史文蒐集品 金象嵌鐙 山城州、國重作 山口市 弘津史文蒐集品		6 葉	弘津史文	1
昭10.10	房總鄉土研究資料（十一）	安房郡丸村石堂字永野臺より出土の埴輪土偶。現地は開墾されたる畑地なるも埴輪片の散布と封土の殘存とにより古墳なりしことを窺知し得。主體遺物發掘乃至出土の傳全くなきは恐らくは木棺等の爲めに腐食湮滅せるなるべし。とまれ房州の埴輪は目下の處これ一ッ。頭部を破壊缺除せるは惜しむべきも顔面部に刺靑あるは珍中の珍たり。正面の下部に刀の一部を遺し、背面下方斜に鎌の如きものを着く。該台地よりは繩文土器片に混じて特異なる文樣の彌生式土器片を拾得することあり。亦、安房先史文化研究上看過すべからざる地と云ふべし。		1 葉	篠崎四郎	1
昭10.11	京都帝國大學文學部 創立三十周年記念	京都帝國大學文學部開設記念撮影 明治三十九年九月 松本亦三郎教授 狩野亨吉教授 桑木嚴翼教授 松本文三郎教授 谷本富教授 狩野直喜教授 京都帝國大學文學部 第一號館 京都帝國大學文學部 舊館 京都帝國大學文學部 文學科閲覽室 京都帝國大學文學部 陳列館 京都帝國大學文學部 陳列館廻廊		6 葉	京都帝國大學文學部	3
昭11.1	古燈火器具繪葉書	彌祐造燈臺 山口市 弘津史文蒐集品 釣篝 山口市 弘津史文蒐集品 南蠻鐵手燭 山口市 弘津史文蒐集品 青磁置燈籠 山口市 弘津史文蒐集品 古染付掛燈籠 山口市 弘津史文蒐集品 周平造燈臺 山口市 弘津史文蒐集品		6 葉	弘津史文	1
昭11.3	*借宿廢寺資料*	借宿廢寺資料（一）中央少し右方に密集せる杉樹中に借宿廢寺の遺蹟存す。左端に見ゆる新地（しんち）山は白河樂翁屢々足を運びし所、亦松茸の産を以て知らる。	Ⅰ -113	6 葉	内藤政恒	6

		借宿廢寺資料（二）（磐城國西白河郡五箇村大字借宿字株木）礎石（一）齋藤丈吉氏宅の裏に土壇殘存しその上に礎石二個原位置の儘に遺れり。	Ⅰ-114			
		借宿廢寺資料（三）（磐城國西白河郡五箇村大字借宿字株木）礎石（二）齋藤丈吉氏宅裏の土壇の東南隅に轉落せるもの、石質は花崗岩にして東方の石川郡に產するもの、長徑四尺三寸・短徑三尺二寸・一尺三寸乃至二尺の厚味を有す。人物は同地の石井重五郎氏	Ⅰ-115			
		借宿廢寺資料（四）（磐城國西白河郡五箇村大字借宿字株木）鐙瓦 單瓣八葉雄健なる意匠のものは（左下）多賀城のそれに似たれども彼に比して幾分劣る、奈良朝初期の作ならんか。復瓣六葉にして周緣に交叉波紋を有する樣式のものは（左上）福島縣の南部地方に限り出土す、これも奈良朝初期の作か。	Ⅰ-116			
		借宿廢寺資料（五）（磐城國西白河郡五箇村大字借宿字株木）宇瓦 宇瓦の顎の部分に模樣を施せるもの東北地方に多し、この寺址よりも斯かる樣式を帶びたる宇瓦を多く出す、奈良朝期の製作使用にかゝる。	Ⅰ-117			
		借宿廢寺資料（六）（磐城國西白河郡五箇村大字借宿字株木）磚佛 左は横一寸一分、縱一寸七分乃至一寸八分、二分七厘位の厚さを有し、その樣式は大和國山田、石光等の諸寺址發見のものと酷似す（岩越二郎氏藏）右は昭和九年六月十八日發見、本品は三尊佛中の中尊の下脚部及び台座のみを止むる小破片なれども、大和國橘、壺坂等の諸寺址出土のものと樣式を同じくす。（家藏）	Ⅰ-118			
昭11.4	奈良時代出土品展覽會繪葉書 其一	大和牽牛子塚發掘七寶金具（畝傍考古館藏）	Ⅱ-402	6 葉	帝室博物館	5
		鐃 三鈷杵 日光二荒山發掘（二荒山神社藏）	Ⅱ-403			
		諏訪神宮寺址出土八稜鏡（上諏訪神社藏）	Ⅱ-404			
		國寶 威奈眞人大村卿骨壺（四天王寺藏）	Ⅱ-405			
		國寶 東大寺大佛殿發掘銀壺（東大寺藏）	Ⅱ-406			
		飛鳥村發掘道祖神石像（帝室博物館藏）	Ⅱ-407			
昭11.4	奈良時代出土品展覽會繪葉書 其二	綠釉水波文塼（水木要太郎氏藏）平城宮址出土綠釉鐙瓦（岩井孝次氏藏）	Ⅱ-408	6 葉	帝室博物館	5
		奥山久米寺址出土鬼板（帝室博物館藏）松平樂翁公舊藏鬼瓦（山田惣兵衞氏藏）	Ⅱ-409			
		山田寺址出土棰先瓦（帝室博物館藏）粟原寺址出土棰先瓦（岩井孝次氏藏）	Ⅱ-410			
		河内鳥坂寺址發掘鴟尾（帝室博物館藏）	Ⅱ-411			
		伊豆國分寺址出土瓦硯（瀬川半右衞門氏藏）筑前般若寺址出土獸脚（青柳久氏藏）福島高平出土獸脚（内藤政恒氏藏）	Ⅱ-412			
		塑像佛首（三河　眞福寺藏）	Ⅱ-413			
昭11.5	*考古學會第四十一回總會 記念繪葉書*	*朝鮮慶州繪葉書*		不 明	朝鮮慶州古蹟保存會	3
昭11.5	*考古學會第四十一回總會 記念繪葉書*	*長野縣下伊那郡 國寶繪葉書*		不 明	伊藤兵三	3
昭11.5	家藏長柄鏡小展觀記念 乾 於修學院雲泉荘	室町時代長柄鏡	Ⅰ-378	6 葉	杉浦丘園	5
		室町時代末期長柄鏡	Ⅰ-379			
		桃山時代鄜石目長柄鏡	Ⅰ-380			
		江戸時代初期長柄鏡（有作銘）	Ⅰ-381			
		江戸時代初期長柄鏡（無作銘）	Ⅰ-382			
		江戸時代初期蘭人紋長柄鏡（右より初型二番型三番型）	Ⅰ-383			
昭11.5	家藏長柄鏡小展觀記念 坤 於修學院雲泉荘	長柄鏡展觀 於雲泉荘廣間	Ⅰ-384	6 葉	杉浦丘園	5
		長柄鏡展觀 於雲泉荘廣間	Ⅰ-385			
		柄鏡に關する圖書 於雲泉荘弓場	Ⅰ-386			
		うんすんかるた紋鏡とかるた二種	Ⅰ-387			
		つゝ井筒紋柄鏡と伊勢物語	Ⅰ-388			
		寛文板身のかゝみ	Ⅰ-389			
昭11.8	*中部考古學會創立大會記念繪葉書*	*(不明)*		不 明	高山町	3
昭11.10	横河博士寄贈 東洋古陶磁展覽會繪葉書 其一	三彩魌 高二八糎 唐時代		6 葉	帝室博物館	5
		均窯大盤 徑四二・三糎 元時代				
		彩花戧金爐 高一一糎 明時代				
		磁州窯系黑花盂 徑二〇・七糎 明時代				
		青花連辨大盂 徑三三・五糎 明時代				
		雍正粉彩天球瓶 高五一・一糎 淸時代				
昭11.10	横河博士寄贈 東洋古陶磁展覽會繪葉書 其二	青磁注 高二五・五糎 高麗時代		6 葉	帝室博物館	5
		雕花瓶 高二八・五糎 李朝時代				
		瀬戸茶入 橋姫手 高七・三糎 室町時代				
		吳州赤繪水指 傳 頴川作 高一五糎 江戸時代				
		金襴手大平鉢 於九谷永樂和全作 徑四〇糎 江戸時代				

年.月	題名	添書	図版番号	組数	発行所	分類
昭11.10	横河博士寄贈 東洋古陶磁展覽會繪葉書 其二	染錦手皿 傳 柿右衛門作 銘 延寶年製 徑二〇・八糎 江戸時代			帝室博物館	
昭11.11	東寺見學記念繪葉書	後宇多天皇御賛弘法大師像（國寶）		8 葉	史學研究會	3
		水天像（國寶 十二天像ノ中）				
		弘法大師行狀繪詞（國寶）				
		東寺百合文書函				
		後醍醐天皇宸筆舎利奉請誠文（國寶）				
		北條時宗奉鎌倉幕府御教書				
		持國天像（國寶）				
		降三世明王像（國寶）				
昭11.—	歷史繪はがき 第六十五回 上古遺物號 封泥	*（不明）*		5 葉	東京帝室博物館	2
昭11.—	*房總郷土資料集影 第壹輯 古瓦の部（一）*	*安房國分寺鐙瓦*		4 葉	房總郷土研究會	2
		上總國分寺鐙瓦				
		上總國分寺鐙瓦				
		上總國分寺宇瓦				
昭11.—	*房總郷土資料集影 第貳輯 古瓦の部（二）*	*下總國分寺鐙瓦*		4 葉	房總郷土研究會	2
		下総國分寺鐙瓦				
		下総國分寺宇瓦				
		下總國分尼寺鐙瓦				
昭12.1	天滿宮の小資料	御神鏡 杉浦丘園藏		6 葉	雲泉文庫 杉浦丘園	1
		御神鏡 杉浦丘園藏				
		御供物器 杉浦丘園藏				
		天滿宮奉納書目 杉浦丘園藏				
		古板御神影 杉浦丘園藏				
		御神影板木 杉浦丘園藏				
昭12.3	名古屋汎太平洋平和博覽會協賛 神祇館寶物繪葉書	四獸鏡 本邦上古、古墳築造時代のもの 愛知縣西春日井郡 郷社 味鋺神社出品 銅鐸 天保二辛卯年北設樂郡段嶺村田嶺發掘 本邦金石併用時代の遺物にして其の用途製作民族等明らかならざるもの 愛知縣 國幣小社 砥鹿神社出品 瓶子紋散雙鶴鏡 室町時代のもの 愛知縣 官幣大社 熱田神宮出品		10 葉	愛知縣神職會	5
		木製高麗犬 一對 愛知縣寶飯郡 縣社 御津神社出品 陶製高麗犬 銘 天保甲辰夏 行年七十一才閑陸造 愛知縣瀬戸市 郷社 深川神社出品				
		神面 伊弉諾、伊弉冉二尊の神面と傳ふ 愛知縣海部郡 郷社 富吉建速神社出品　鬼瓦（大）銘 文亀三年六月吉日落合左衛門尉（小）往昔天神社境内より發掘 愛知縣渥美郡二川町 村社 八柱神社出品				
		（上）糸巻太刀 銘 國行 東照公御佩用の品と傳ふ 名古屋市 縣社 東照宮出品（中）太刀 銘 永正八年二月三日 備前國住人祐定 愛知縣知多郡 郷社 入海神社出品（下）菊池千本槍 延壽國村の作 熊本縣 別格官幣社 菊池神社出品				
		稲喰の神馬 飛騨の匠左甚五郎の作と傳ふ、其の兩眼球の無きは稲穂を喰ひ荒したる爲里民にくり抜かれたるものなりといふ 岐阜縣 國幣小社 水無神社出品				
		境域繪圖 天福の文書に「牓示指圖別紙在之」とある古繪圖 京都府 國幣中社 出雲神社出品				
		（上）文書 元亀二年信長禁制下知狀 愛知縣中島郡 縣社 尾張大國靈神社出品（下）文書 弘治三年義元神領寄附狀 愛知縣愛知郡 郷社 成海神社出品				
		（上）楠正成の花押 奈良縣 官幣大社 吉野神宮出品（下）文書 元亀四年信重禁制下知狀 愛知縣 國幣中社 大縣神社出品				
		後陽成天皇宸筆御懷紳 名古屋市 郷社 洲崎神社出品 後水尾天皇御製御懷紙 名古屋市 官幣大社 熱田神宮出品				
		昭和四年度神宮式年遷宮祭繪巻 高取雅成畫 子爵 入江爲守 詞書 神宮出品				
昭12.5	昭和十二年五月二日 考古學會第四十二回總會記念繪葉書（五枚一組）	飾太刀 平緒	Ⅱ-584	5 葉	考古學會	3
		朝鮮鞍	Ⅱ-585			
		象四郎象嵌鐙	Ⅱ-586			
		有栖川裂（雲龍文）	Ⅱ-587			
		金剛童子法（金剛童子隨心呪）	Ⅱ-588			
昭12.8	恩賜京都博物舘夏季講習會來莊記念 京都 修學院に關する資料	修學院八景 杉浦丘園藏		6 葉	雲泉莊	3
		修學院御所御幸行列圖 杉浦丘園藏				
		林丘寺宮光子内親王御染筆 杉浦丘園藏				
		修學院御庭燒 杉浦丘園藏				
		阿佛寶篋印塔（元六波羅阿佛屋敷今雲泉莊庭内ニアリ）杉浦丘園藏				
		板碑石塔婆其他（弘安ヨリ慶長迄今雲泉莊庭内ニアリ）杉浦丘園藏				

昭12.—	蒙古多倫諾爾元上都遺蹟	元上都宮殿址		3 葉	東亞考古學會	6
		元上都外城（石築）東壁竝ニ甕城				
		元上都遺存元碑螭首（題額ニ皇元敕賜大司徒筠軒長老壽公之碑）				
昭13.3	兵庫縣史蹟名勝天然紀念物繪葉書 考古學資料之部	石器 石鏃 石錐 石鑿 石斧 石庖丁 約 2 / 5	Ⅰ -421	8 葉	兵庫縣	2
		銅鐸	Ⅰ -422			
		壇場山古墳（右上 後圓部頂上ニ於ケル石棺ノ露出）	Ⅰ -423			
		重列神獸鏡 四神四獸鏡	Ⅰ -424			
		眉庇付冑	Ⅰ -425			
		滑石製勾玉 金環・管玉 玻璃玉	Ⅰ -426			
		祝部土器 高坏 高坏 盌 蓋坏 提瓶 𤭯	Ⅰ -427			
		竈形土器	Ⅰ -428			
昭13.5	昭和十三年五月八日 考古學會 第四十三回總會 記念繪葉書（五枚一組）根津嘉一郎氏寄贈	重要美術品 鶉圖 傳李安忠筆 根津嘉一郎氏藏	Ⅱ -589	5 葉	根津嘉一郎	3
		犧首饕餮文方彝 傳河南省殷墟出土 根津嘉一郎氏藏	Ⅱ -590			
		饕餮虺龍文盉 三器之一 傳河南省殷墟出土 根津嘉一郎氏藏	Ⅱ -591			
		國寶 那智瀧圖 根津嘉一郎氏藏	Ⅱ -592			
		山水圖 藝阿彌筆 根津嘉一郎氏藏	Ⅱ -593			
昭13.5	*考古學會第四十三回總會 記念繪葉書*	*朝鮮總督府博物館繪葉書*		不 明	榧本龜次郎	3
昭13.5	*考古學會第四十三回總會 記念繪葉書*	*伊勢徵古館繪葉書*		不 明	大場磐雄	3
昭13.5	帝室博物館復興建築竣功記念	東京帝室博物館新本館正面全景（昭和十二年十一月竣功）		3 葉	財團法人 帝室博物館復興翼贊會	3
		東京帝室博物館新本館背面及後庭の一部				
		東京帝室博物館新本館内の陳列室				
昭13.9	京都帝國大學文學部 考古學教室標本繪葉書 第十五輯	87 英國ノーフオーク發見舊石器　1 / 2 （京都帝國大學文學部藏）		8 葉	京都帝國大學文學部	2
		88 滿洲國熱河省赤峰三道井子發見彩文土器　1 / 3 （京都帝國大學文學部藏）				
		89 傳支那河南省彰德府發見銅兜 約 1 / 3 （京都帝國大學文學部藏）				
		90 支那發見鎏金怪獸形水滴 約 2 / 3 （京都帝國大學文學部藏）				
		91 日向國東諸縣郡綾村發見繩紋式土器 約 1 / 5 （京都帝國大學文學部藏）				
		92 和泉國泉北郡福泉町菱木發見銅鐸 約 1 / 7 （京都帝國大學文學部藏）				
		93 近江國蒲生郡苗村雪野寺阯發見塑像佛手　2 / 3 （京都帝國大學文學部藏）				
		94 攝津國川邊郡小濱村北米谷發見金銅骨壺　1 / 4 （京都帝國大學文學部藏）				
昭13.9	濱田先生追悼會紀念 昭和十三年九月二十五日	考古學教室に於ける濱田先生（昭和五年）	コ18	6 葉	—	4
		埃及ギゼーに於ける濱田先生（昭和三年）				
		濱田先生筆蹟（通論考古學原稿）				
		濱田先生遺作				
		關東州旅順牧城驛漢墓發見家形明器（明治四十五年濱田博士發掘）	コ19			
		朝鮮星州古墳發見陶製壺及器臺（大正七年濱田博士發掘修理）				
昭13.9	文部省重要美術品繪葉書	文部省重要美術品 銅印印文（眞□寺印）豊前國分寺出土 山口市 弘津史文蒐集品		8 葉	弘津史文	5
		文部省重要美術品 髹漆四脚盤（文明十年在銘）山口市 弘津史文蒐集品				
		文部省重要美術品 髹漆四脚盤底裏朱漆銘（文明十年）山口市 弘津史文蒐集品				
		文部省重要美術品 木造三重小塔（高一尺四寸七分）應永十三年在銘 山口市 弘津史文蒐集品				
		文部省重要美術品 木造三重小塔基檀裏墨書銘文（應永十三年）山口市 弘津史文蒐集品				
		文部省重要美術品 周防國濡田廢寺出土品 無文土錢 山口市 弘津史文蒐集品				
		文部省重要美術品 周防國濡田廢寺出土品 無文銅錢 山口市 弘津史文蒐集品				
		文部省重要美術品 周防國濡田廢寺出土品 和同開珎 無文銅錢 山口市 弘津史文蒐集品				
昭13.11	東京帝室博物館復興開館記念繪葉書	帝室博物館		8 葉	帝室博物館	3
		本館背面				
		本館玄關廣間 本館一階休憩室				
		本館第一室 本館特別第五室（陳列室其一）				
		本館第十室 表慶館第六室（陳列室其二）				
		帝室博物館講演室				

年.月	題名	添書	図版番号	組数	発行所	分類
昭13.11	東京帝室博物館復興開館記念繪葉書	帝室博物館別館			帝室博物館	
		應擧館 九條公爵家記念館・六窓庵（左上）				
昭13.11	中部支那考古學調査班將來資料(一)	凄霞山梁蕭景神道碑		不明	三田史學會	6
		杭州古蕩石虎山塼室墓出土瓶				
		(不明)				
昭13.11	中部支那考古學調査班將來資料(二)	*(不明)*		不明	三田史學會	6
昭14.5	昭和十四年五月七日 考古學會 第四十四回總會 記念繪葉書（六枚一組）	水滴及瓦硯（九州出土）福岡縣筑紫郡大宰府町都府樓發掘 長谷川亀樂氏藏	Ⅱ-594	6葉	考古學會	3
		笙 銘「文明三辛卯年仲秋作之」長谷川亀樂氏藏	Ⅱ-595			
		(不明)				
		(不明)				
		(不明)				
		(不明)				
昭14.11	昭和十四年十一月 京都帝國大學文學部 考古學教室標本繪葉書 第十六輯	95 支那河南省彰德府外殷墓發見大理石製案 約 1 / 2 （京都帝國大學文學部藏）		8葉	京都帝國大學文學部	2
		96 支那發見劍柄形銅器 1 / 2 （京都帝國大學文學部藏）				
		97 滿洲國輯安縣高句麗古墳發見瓦竈 約 1 / 7 （京都帝國大學文學部藏）				
		98 信濃國岡谷市小尾口海戸發見繩紋式土器 約 1 / 5 （京都帝國大學文學部藏）				
		99 肥前國神崎郡東背振村石動發見クリス形銅戈鎔范 2 / 3 （京都帝國大學文學部藏）				
		100 横横須賀市久里濱町八幡發見埴輪馬（赤星直忠氏寄託）約 1 /10				
		101 國寶 京都市山科西野山古墳發見金銀平脱双鳳文鏡 2 / 5 （京都帝國大學文學部藏）				
		102 播磨國神崎郡八千種村發見瓦製鶏尾 約 1 /20（京都帝國大學文學部藏）				
昭14.—	武藏小金井 石器時代住居阯繪葉書	（１）石器時代住居阯 所在 東京府北多摩郡小金井町貫井 前田暎氏邸内 中央線むさしこがねゐ驛南西十丁のところ 發見 昭和十四年五月三日 發掘 十四年五月－六月	Ⅰ-233	6葉	—	6
		（２）竪穴發掘の現狀 1 第一層住居阯の爐 2 第二層住居阯の爐 3 土器發掘の地點 4 短棒をさせる穴は第二層の柱穴	Ⅰ-234			
		（３）第二層住居阯の遺物 爐邊の石・石皿・石斧・石錘・黒耀石屑等	Ⅰ-235			
		（４）上 第二層住居阯に於ける土器出土の狀態 下 第二層住居阯の柱穴の一例	Ⅰ-236			
		（５）上 第一層住居阯の爐 長徑内法二尺 短徑内法一尺七寸 下左 第一層住居阯の爐邊より出土の土器破片 下右 第一層住居阯の爐中の火壺	Ⅰ-237			
		（６）前田邸前庭出土の遺物の一部	Ⅰ-238			
昭15.5	*考古學會第四十五回總會 記念繪葉書*	『蒙古多倫諾爾元上都遺蹟』		3葉	東亞考古學會	3
昭15.5	*考古學會第四十五回總會 記念繪葉書*	*宮崎徴古館繪葉書*		不明	—	3
昭15.5	*考古學會第四十五回總會 記念繪葉書*	『武藏小金井 石器時代住居阯繪葉書』		6葉	—	3
昭15.11	京都帝國大學文學部 考古學教室標本繪葉書 第十七輯	103 下野國下都賀郡野木村野渡狐塚發見繩紋式土器 1 / 6 （京都帝國大學文學部藏）		8葉	京都帝國大學文學部	2
		104 大和國磯城郡川東村唐古發見彌生式土器 1 / 4 （京都帝國大學文學部藏）				
		105 備後國雙三郡酒川村西酒屋末元發見畫紋帶神獸鏡 1 / 3 （京都帝國大學文學部藏）				
		106 大和國高市郡畝傍町見瀬發見雙鸞八花鏡 3 / 5 （京都帝國大學文學部藏）				
		107 山城國宇治郡田原村發見子持陶瓶及和同開珎 1 / 1 1 / 3				
		108 山城國京都市左京區北白川終町廢寺址發見古瓦 1 / 4 （京都帝國大學文學部藏）				
		109 朝鮮平安道美林里附近發見石庖丁 2 / 5 （京都帝國大學文學部藏）				
		110 支那發見空塼角柱 1 / 7 （京都帝國大學文學部藏）				
昭15.—	石器時代土偶土版繪葉書集 百五拾種	顔面把手付土器（杉山壽榮男氏藏）（重美）長野縣上伊那郡宮田村中越出土（１）	Ⅱ-216	150葉	帝室博物館	2
		顔面把手付土器（杉山壽榮男氏藏）（重美）長野縣上伊那郡宮田村中越出土（２）	Ⅱ-217			

		顔面把手（宮坂英弌氏藏）長野縣諏訪郡豐平村尖石出土（３）	Ⅱ-218			
		顔面把手（本館藏）長野縣上伊那郡片桐村出土（４）	Ⅱ-219			
		土偶 長野縣諏訪郡豐平村廣見出土（東京帝國大學人類學教室藏）（５）	Ⅱ-220			
		土偶（背面）長野縣諏訪郡豐平村廣見出土（東京帝國大學人類學教室藏）（６）	Ⅱ-221			
		土偶 長野縣小縣郡丸子町腰越出土（本館藏）（７）	Ⅱ-222			
		土偶（背面）長野縣小懸郡丸子町腰越出土（本館藏）（８）	Ⅱ-223			
		土偶 長野縣小縣郡丸子町腰越出土（本館藏）（９）	Ⅱ-224			
		土偶頭部 長野縣諏訪郡豐平村尖石出土（宮坂英弌氏藏）顔面把手 仝郡北山村上ノ段出土（仝氏藏）(10)	Ⅱ-225			
		土偶（重美）茨城縣稻敷郡大須賀村福田出土（水谷乙次郎氏藏）(11)	Ⅱ-226			
		土偶（背面）（重美）茨城縣稻敷郡大須賀村福田出土（水谷乙次郎氏藏）(12)	Ⅱ-227			
		土偶 茨城縣稻敷郡阿波村貝塚出土（東京帝國大學人類學教室藏）(13)	Ⅱ-228			
		土偶（背面）茨城縣稻敷郡阿波村貝塚出土（東京帝國大學人類學教室藏）(14)	Ⅱ-229			
		土偶 茨城縣北相馬郡小文間村出土（中澤澄男氏藏）(15)	Ⅱ-230			
		土版（重美）茨城縣稻敷郡大須賀村福田出土（水谷乙次郎氏藏）(16)	Ⅱ-231			
		土版（重美）茨城縣稻敷郡大須賀村福田出土（水谷乙次郎氏藏）(17)	Ⅱ-232			
		土版（重美）茨城縣結城郡上山川村矢畑出土（中澤澄男氏藏）(18)	Ⅱ-233			
		土版 茨城縣結城郡結城町附近出土（東京帝國大學人類學教室藏）(19)	Ⅱ-234			
		土版（背面）茨城縣結城郡結城町附近出土（東京帝國大學人類學教室藏）(20)	Ⅱ-235			
		土偶 福島縣安達郡油井村金田出土（小此木忠七郎氏舊藏）(21)	Ⅱ-236			
		土偶 福島縣安達郡油井村金田出土（小此木忠七郎氏舊藏）(22)	Ⅱ-237			
		土偶（背面）福島縣安達郡油井村金田出土（小此木忠七郎氏舊藏）(23)	Ⅱ-238			
		土偶 福島縣河沼郡上野尻村出土（小此木忠七郎氏舊藏）(24)	Ⅱ-239			
		土偶 福島縣北會津郡門田村御山出土（小此木忠七郎氏舊藏）(25)	Ⅱ-240			
		土偶（背面）福島縣北會津郡門田村御山出土（小此木忠七郎氏舊藏）(26)	Ⅱ-241			
		土偶 福島縣田村郡巖江村曲木澤出土（小此木忠七郎氏舊藏）(27)	Ⅱ-242			
		土偶（背面）福島縣田村郡巖江村曲木澤出土（小此木忠七郎氏舊藏）(28)	Ⅱ-243			
		土偶 福島縣河沼郡上野尻村出土（小此木忠七郎氏舊藏）(29)	Ⅱ-244			
		土偶（背面）福島縣河沼郡上野尻村出土（小此木忠七郎氏舊藏）(30)	Ⅱ-245			
		土偶 青森縣三戸郡是川村出土（泉山岩二郎氏藏）(31)	Ⅱ-246			
		土偶 青森縣三戸郡是川村出土（泉山岩二郎氏藏）(32)	Ⅱ-247			
		土偶頭部 青森縣三戸郡是川村出土（泉山岩二郎氏藏）(33)	Ⅱ-248			
		土偶頭部 青森縣三戸郡是川村出土（泉山岩二郎氏藏）(34)	Ⅱ-249			
		土偶 青森縣三戸郡是川村出土（泉山岩二郎氏藏）(35)	Ⅱ-250			
		土偶頭部 青森縣三戸郡是川村出土（泉山岩二郎氏藏）(36)	Ⅱ-251			
		土偶頭部 青森縣三戸郡是川村出土（泉山岩二郎氏藏）(37)	Ⅱ-252			
		土偶 青森縣三戸郡是川村出土（泉山岩二郎氏藏）(38)	Ⅱ-253			
		土偶 青森縣三戸郡是川村出土（泉山岩二郎氏藏）(39)	Ⅱ-254			
		岩版 青森縣三戸郡上鄉村原出土（杉山壽榮男氏藏）(40)	Ⅱ-255			
		土偶（重美）青森縣西津輕郡森田村出土（有坂鉊藏氏藏）(41)	Ⅱ-256			
		土偶 青森縣南津輕郡碇ヶ關村出土（東京帝國大學人類學教室藏）(42)	Ⅱ-257			
		土偶（背面）青森縣南津輕郡碇ヶ關村出土（東京帝國大學人類學教室藏）(43)	Ⅱ-258			
		土偶 青森縣三戸郡上鄉村原出土（杉山壽榮男氏藏）(44)	Ⅱ-259			

年.月	題　名	添　書	図版番号	組数	発行所	分類
昭15.—	石器時代土偶土版繪葉書集 百五拾種	土偶 青森縣中津輕郡高杉村尾上山出土（高松孝治氏藏）(45)	Ⅱ-260		帝室博物館	
		土偶 青森縣西津輕郡森田村床舞出土（有坂鉊藏氏藏）(46)	Ⅱ-261			
		土偶 青森縣西津輕郡館岡村龜ヶ岡出土（有坂鉊藏氏藏）(47)	Ⅱ-262			
		土偶 青森縣西津輕郡館岡村龜ヶ岡出土（東京帝國大學人類學教室藏）(48)	Ⅱ-263			
		土面 青森縣西津輕郡館岡村龜ヶ岡出土（東京帝國大學人類學教室藏）(49)	Ⅱ-264			
		土面（重美）青森縣西津輕軽郡館岡村龜ヶ岡出土（有坂鉊藏氏藏）(50)	Ⅱ-265			
		土偶 青森縣西津輕郡館岡村龜ヶ岡出土（有坂鉊藏氏藏）(51)	Ⅱ-266			
		土偶（背面）青森縣西津輕郡館岡村龜ヶ岡出土（有坂鉊藏氏藏）(52)	Ⅱ-267			
		土偶 青森縣中津輕郡裾野村十腰内出土（有坂鉊藏氏藏）(53)	Ⅱ-268			
		土偶（背面）青森縣中津輕郡裾野村十腰内出土（有坂鉊藏氏藏）(54)	Ⅱ-269			
		土偶 青森縣中津輕郡裾野村十面澤出土（東京帝國大學人類學教室藏）(55)	Ⅱ-270			
		土偶（背面）青森縣中津輕郡裾野村十面澤出土（東京帝國大學人類學教室藏）(56)	Ⅱ-271			
		土偶 青森縣中津輕郡高杉村尾上出土（高松孝治氏藏）(57)	Ⅱ-272			
		土偶 青森縣中津輕郡裾野村十腰内出土（本館藏）(58)	Ⅱ-273			
		土偶頭部 青森縣中津輕郡森田村石神出土（有坂鉊藏氏藏）(59)	Ⅱ-274			
		岩版 青森縣西津輕郡館岡村龜ヶ岡出土（有坂鉊藏氏藏）(60)	Ⅱ-275			
		土偶 宮城縣牡鹿郡稲井村沼津出土 毛利總七郎氏遠藤源七氏共藏（61）	Ⅱ-276			
		土偶（背面）宮城縣牡鹿郡稲井村沼津出土 毛利總七郎氏遠藤源七氏共藏（62）	Ⅱ-277			
		土偶 宮城縣牡鹿郡稲井村沼津出土 毛利總七郎氏遠藤源七氏共藏（63）	Ⅱ-278			
		土偶 宮城縣牡鹿郡稲井村堺出土 毛利總七郎氏遠藤源七氏共藏（64）	Ⅱ-279			
		土偶 宮城縣牡鹿郡稲井村沼津出土 毛利總七郎氏遠藤源七氏共藏（65）	Ⅱ-280			
		土偶 宮城縣牡鹿郡稲井村堺出土 毛利總七郎氏遠藤源七氏共藏（66）	Ⅱ-281			
		土偶 宮城縣牡鹿郡稲井村沼津出土 毛利總七郎氏遠藤源七氏共藏（67）	Ⅱ-282			
		土偶頭部 宮城縣牡鹿郡稲井村沼津出土 毛利總七郎氏遠藤源七氏共藏（68）	Ⅱ-283			
		土獸（二個共）宮城縣牡鹿郡稲井村沼津出土 毛利總七郎氏遠藤源七氏共藏（69）	Ⅱ-284			
		岩版（重美）宮城縣登米郡米山村中津山出土 毛利總七郎氏遠藤源七氏共藏（70）	Ⅱ-285			
		獸形釣手付土器（重美）東京市杉並區井萩三丁目出土（宮崎茂樹氏藏）(71)	Ⅱ-286			
		顔面把手 東京府南多摩郡川口村楢原出土（安西英男氏藏）(72)	Ⅱ-287			
		土偶 東京府南多摩郡恩方村出土（安西英男氏藏）(73)	Ⅱ-288			
		土偶及土偶脚部 東京府南多摩郡川口村楢原出土（鹽野半十郎氏藏）(74)	Ⅱ-289			
		變形土偶（重美）東京市大森區田園調布町下沼部出土（久保田辰彌氏藏）(75)	Ⅱ-290			
		土偶頭部 東京市大森區田園調布町下沼部出土（高木文氏藏）(76)	Ⅱ-291			
		土偶胴部 東京市大森區田園調布町下沼部出土（本館藏）(77)	Ⅱ-292			
		土版 東京市大森區田園調布町下沼部出土（松崎芳郎氏藏）(78)	Ⅱ-293			
		土偶 東京市大森区田園調布町下沼部出土（國學院大學藏）東京市品川區大井權現町出土（杉山壽榮男氏藏）(79)	Ⅱ-294			
		顔面把手 東京市世田ヶ谷區大藏町西山野出土（石井德次氏藏）(80)	Ⅱ-295			

		土偶 茨城縣北相馬郡文間村立木發見（大野一郎氏藏）(81)	Ⅱ -296			
		土偶（背面）茨城縣北相馬郡文間村立木發見（大野一郎氏藏）(82)	Ⅱ -297			
		土偶 茨城縣行方郡津澄村鬼越出土（杉山壽榮男氏藏）(83)	Ⅱ -298			
		土偶 茨城縣北相馬郡文間村立木發見（高木文氏藏）(84)	Ⅱ -299			
		土偶（背面）茨城縣北相馬郡文間村立木發見（高木文氏藏）(85)	Ⅱ -300			
		土偶 茨城縣稲敷郡大須賀村福田貝塚出土（東京帝國大學人類學教室藏）(86)	Ⅱ -301			
		土偶 茨城縣稲敷郡高田村椎塚出土（東京帝國大學人類學教室藏）茨城県稲敷郡阿波村出土（仝氏藏）(87)	Ⅱ -302			
		土偶 茨城縣稲敷郡大須賀村福田出土（有坂鉊藏氏藏）茨城縣筑波郡板橋村神生出土（本館藏）(88)	Ⅱ -303			
		土版 茨城縣北相馬郡文間村出土（杉山壽榮男氏藏）(89)	Ⅱ -304			
		土偶 茨城縣稲敷郡太田村寺内出土（大野一郎氏藏）(90)	Ⅱ -305			
		土偶（重美）神奈川縣足柄上郡山田村出土（小宮柳太郎氏藏）(91)	Ⅱ -306			
		土偶（背面）神奈川縣足柄上郡山田村出土（小宮柳太郎氏藏）(92)	Ⅱ -307			
		土偶（重美）横濱市神奈川區三澤出土（石野瑛氏藏）(93)	Ⅱ -308			
		土偶頭部 神奈川縣津久井郡川尻村谷ヶ原出土（安西英男氏藏）(94)	Ⅱ -309			
		土偶 横濱市中區中村町稲荷山貝塚出土（池田健夫氏藏）(95)	Ⅱ -310			
		土偶（側面）横濱市中區中村稲荷山貝塚出土（池田健夫氏藏）(96)	Ⅱ -311			
		顔面把手 川崎市長尾下原出土（新井政吉氏藏）(97)	Ⅱ -312			
		顔面把手 神奈川縣中郡比々多村三ノ宮出土（永井健之輔氏藏）(98)	Ⅱ -313			
		顔面把手 横濱市磯子區根岸坂下町台貝塚（池田健夫氏藏）獸面把手 川崎市下長貝塚出土（岡榮一氏藏）(99)	Ⅱ -314			
		土偶（舊名）神奈川縣中郡旭村萬田貝殼坂出土（東京帝國大學人類學教室藏）(100)	Ⅱ -315			
		土偶 千葉縣印旛郡臼井町江原臺出土（杉山壽榮男氏藏）(101)	Ⅱ -316			
		土偶（背面）千葉縣印旛郡臼井町江原臺出土（杉山壽榮男氏藏）(102)	Ⅱ -317			
		土偶 千葉縣東葛郡新川村上新宿出土（杉山壽榮男氏藏）(103)	Ⅱ -318			
		土偶 千葉縣香取郡香取町出土（杉山壽榮男氏藏）(104)	Ⅱ -319			
		土偶頭部 千葉縣印旛郡臼井町江原臺出土（杉山壽榮男氏藏）(105)	Ⅱ -320			
		土偶頭部 千葉縣印旛郡臼井町臼井出土（明治大學藏）千葉縣印旛郡佐倉町内鄉貝塚出土（東京帝大考古學教室藏）(106)	Ⅱ -321			
		土偶頭部 茨城縣北相馬郡高井村上高井出土（杉山壽榮男氏藏）千葉縣海上郡海上村余山出土（同氏藏）(107)	Ⅱ -322			
		土偶頭部 千葉縣海上郡海上村岩坪出土（杉山壽榮男氏藏）千葉縣海上郡海上村余山出土（杉山壽榮男氏藏）茨城縣稲敷郡高田村椎塚出土（仝氏藏）(108)	Ⅱ -323			
		土偶頭部 千葉縣千葉郡譽田村出土（本館藏）茨城縣眞壁郡上妻村澁井出土（本館藏）千葉縣市川市堀内出土（杉山壽榮男氏藏）(109)	Ⅱ -324			
		顔面付土器破片 千葉縣香取郡米澤村古原出土（大野一郎氏藏）(110)	Ⅱ -325			
		土偶（重美）埼玉縣南埼玉郡柏崎村眞福寺出土（中澤澄男氏藏）(111)	Ⅱ -326			
		土偶（背面）埼玉縣南埼玉郡柏崎村眞福寺出土（中澤澄男氏藏）(112)	Ⅱ -327			
		土偶 埼玉縣北足郡馬室村出土（本館藏）(113)	Ⅱ -328			
		土偶 埼玉縣南埼玉郡柏崎村眞福寺出土（本館藏）(114)	Ⅱ -329			
		土偶頭部 埼玉縣北足立郡安行村猿貝出土（江坂輝彌氏藏）(115)	Ⅱ -330			
		土獸頭部カ 埼玉縣北足立郡神根村石神出土（江坂輝彌氏藏）(116)	Ⅱ -331			
		土版 埼玉縣南埼玉郡日勝村牛沼臺出土（稲村坦元氏藏）(117)	Ⅱ -332			
		土版 埼玉縣北足立郡安行村猿貝出土（鈴木尙氏藏）(118)	Ⅱ -333			
		土版 埼玉縣北足立郡安行村猿貝出土（鈴木尙氏藏）(119)	Ⅱ -334			

年.月	題　名	添　書	図版番号	組数	発行所	分類
昭15.—	石器時代土偶土版繪葉書集 百五拾種	岩版 茨城縣久慈郡中里村出土（東京帝國大學人類學教室藏）土版 埼玉縣北足立郡與野町大戸出土（高松孝治氏藏）(120)	Ⅱ-335		帝室博物館	
		土偶面部 岐阜縣大野郡丹生川村坊方出土（林魁一氏藏）(121)	Ⅱ-336			
		土偶 山梨縣東八代郡黑駒村出土（本館藏）(122)	Ⅱ-337			
		顏面把手 山梨縣北巨摩郡穗坂村穗坂出土（杉山壽榮男氏藏）(123)	Ⅱ-338			
		顏面把手 山梨縣北巨摩郡穗坂村穗坂出土（杉山壽榮男氏藏）(124)	Ⅱ-339			
		顏面把手 舊山梨縣東山梨郡七里村上於會出土（東京帝國大學人類學教室藏）(125)	Ⅱ-340			
		土偶 新潟縣西頸城郡糸魚川町長者ヶ原出土（林カツ子氏寄贈）(126)	Ⅱ-341			
		土偶 新潟縣下出土（本館藏）(127)	Ⅱ-342			
		土偶 新潟縣三島郡關原町下除出土（近藤勘治郎氏藏）(128)	Ⅱ-343			
		岩版 新潟縣三島郡關原町下除出土（近藤勘治郎氏藏）(129)	Ⅱ-344			
		土偶頭部 新潟縣中頸城郡菅原村クロボ出土（東京帝國大學人類學教室藏）山形縣西村山郡川土居村稻置出土（國學院大學藏）(130)	Ⅱ-345			
		土偶頭部 山形縣西田川郡大泉村岡山出土（酒井忠純氏藏）(131)	Ⅱ-346			
		土面 秋田縣北秋田郡七座村麻生出土（東京帝國大學人類學教室藏）(132)	Ⅱ-347			
		岩版 秋田縣仙北郡六鄉町石名館出土（小西宗吉氏藏）(133)	Ⅱ-348			
		土偶 秋田縣仙北郡六鄉町石名館出土（小西宗吉氏藏）(134)	Ⅱ-349			
		土偶 秋田縣北秋田郡上川沿村藤株出土（杉山壽榮男氏藏）(135)	Ⅱ-350			
		土偶 秋田縣北秋田郡上川沿村藤株出土（杉山壽榮男氏藏）(136)	Ⅱ-351			
		土偶 秋田縣北秋田郡七座村麻生出土（東京帝國大學人類學教室藏）(137)	Ⅱ-352			
		土偶（背面）秋田縣北秋田郡七座村麻生出土（東京帝國大學人類學教室藏）(138)	Ⅱ-353			
		土偶 秋田縣北秋田郡上川沿村藤株出土（杉山壽榮男氏藏）(139)	Ⅱ-354			
		土偶 秋田縣河邊郡上北手村地方出土（杉山壽榮男氏藏）(140)	Ⅱ-355			
		土偶 福島縣安達郡嶽下村原瀨出土（小此木忠七郎氏舊藏）(141)	Ⅱ-356			
		土偶 福島縣南會津郡田島町長野出土（小此木忠七郎氏舊藏）(142)	Ⅱ-357			
		土偶 岩手縣二戸郡金田一村出土（小野賢一郎氏藏）(143)	Ⅱ-358			
		土偶 岩手縣二戸郡斗米村金田一川出土（高松孝治氏藏）(144)	Ⅱ-359			
		土偶頭部 山形縣西田川郡大泉村岡山出土（酒井忠純氏藏）青森縣西津輕郡鳴澤村建石出土（高松孝治氏藏）(145)	Ⅱ-360			
		土偶頭部 青森縣西津輕郡森田村床舞出土（有坂鉊藏氏藏）福島縣耶麻郡木幡村出土（小此木忠七郎氏舊藏）(146)	Ⅱ-361			
		土偶頭部 宮城縣登米郡吉田村善王寺出土（中澤澄男氏藏）青森縣西津輕郡森田村床舞出土（東京帝國大學人類學教室藏）(147)	Ⅱ-362			
		土獸 青森縣龜岡出土　仝上地出土 岩手縣佐倉河村出土 青森縣龜岡出土 青森縣十腰内出土（有坂鉊藏氏藏）(148)	Ⅱ-363			
		土偶（重美）北海道室蘭市輪西町製鐵所構内出土（有坂鉊藏氏藏）(149)	Ⅱ-364			
		土偶 北海道室蘭市繪鞆町出土（本館藏）(150)	Ⅱ-365			
昭15.—	橿原道場 大和國史館列品繪葉書 第一輯（考古學資料）	*(不明)*		不 明	大和國史館	2
昭15.—	大阪市・大阪毎日新聞社主催 二千六百年歴史展覽會記念	銅鐸 兵庫 辰馬悦藏氏藏		不 明	便利堂	5
昭16.4	古銅印影	印文 帍 雲泉莊 杉浦丘園藏		6 葉	雲泉文庫 杉浦丘園	2
		印左文 般 三河國分寺所傳 雲泉莊 杉浦丘園藏				
		印文 長 近江坂田郡出土 雲泉莊 杉浦丘園藏				
		印文 倉 印文 財封 雲泉莊 杉浦丘園藏				
		印文 宮 印文 梅仙 雲泉莊 杉浦丘園藏				
		印文 是 印文 晏 高麗印 雲泉莊 杉浦丘園藏				
昭16.4	特別陳列繪葉書 第壹輯	毛利元就像 紙本着色 公爵 毛利元道氏藏		7 葉	帝室博物館	5
		山水圖 紙本墨書 男爵 山本達雄氏藏				

		紅白芙蓉圖（二幅ノ内）絹本着色 子爵 福岡孝紹氏藏				
		金錯狩獵文銅筒 東京美術學校藏				
		明惠上人自筆消息 紙本墨書 神護寺藏				
		類聚歌合卷第一 紙本墨書 子爵 吉川元光氏藏				
		草書法華玄義 紙本墨書 仁和寺藏				
昭16.4	特別陳列繪葉書 第貳輯	金錯鳥獸雲文銅盤 公爵 細川護立氏藏		7 葉	帝室博物館	5
		後深草天皇宸翰御消息 紙本墨書 田中忠三郎氏藏				
		風濤圖 紙本淡彩 雪村筆 野村德七氏藏				
		桃花小禽圖 絹本着色 原壽枝氏藏				
		大元帥明王像 紙本墨書 教王護國寺藏				
		大威德明王像 絹本着色 醍醐寺藏				
		宋刊本義楚六帖 東福寺藏				
昭16.～17.—	石器時代土偶土版繪葉書 第一輯	顔面把手付土器（杉山壽榮男氏藏）（重美）長野縣上伊那郡宮田村中越出土（１）	Ⅱ -216	10 葉	帝室博物館	2
		顔面把手付土器（杉山壽榮男氏藏）（重美）長野縣上伊那郡宮田村中越出土（２）	Ⅱ -217			
		顔面把手（宮坂英弌氏藏）長野縣諏訪郡豐平村尖石出土（３）	Ⅱ -218			
		顔面把手（本館藏）長野縣上伊那郡片桐村出土（４）	Ⅱ -219			
		土偶 長野縣諏訪郡豐平村廣見出土（東京帝國大學人類學教室藏）（５）	Ⅱ -220			
		土偶（背面）長野縣諏訪郡豐平村廣見出土（東京帝國大學人類學教室藏）（６）	Ⅱ -221			
		土偶 長野縣小縣郡丸子町腰越出土（本館藏）（７）	Ⅱ -222			
		土偶（背面）長野縣小懸郡丸子町腰越出土（本館藏）（８）	Ⅱ -223			
		土偶 長野縣小縣郡丸子町腰越出土（本館藏）（９）	Ⅱ -224			
		土偶頭部 長野縣諏訪郡豐平村尖石出土（宮坂英弌氏藏）顔面把手 仝郡北山村上ノ段出土（仝氏藏）(10)	Ⅱ -225			
昭16.～17.—	石器時代土偶土版繪葉書 第二輯	土偶（重美）茨城縣稻敷郡大須賀村福田出土（水谷乙次郎氏藏）(11)	Ⅱ -226	10 葉	帝室博物館	2
		土偶（背面）（重美）茨城縣稻敷郡大須賀村福田出土（水谷乙次郎氏藏）(12)	Ⅱ -227			
		土偶 茨城縣稻敷郡阿波村貝塚出土（東京帝國大學人類學教室藏）(13)	Ⅱ -228			
		土偶（背面）茨城縣稻敷郡阿波村貝塚出土（東京帝國大學人類學教室藏）(14)	Ⅱ -229			
		土偶 茨城縣北相馬郡小文間村出土（中澤澄男氏藏）(15)	Ⅱ -230			
		土版（重美）茨城縣稻敷郡大須賀村福田出土（水谷乙次郎氏藏）(16)	Ⅱ -231			
		土版（重美）茨城縣稻敷郡大須賀村福田出土（水谷乙次郎氏藏）(17)	Ⅱ -232			
		土版（重美）茨城縣結城郡上山川村矢畑出土（中澤澄男氏藏）(18)	Ⅱ -233			
		土版 茨城縣結城郡結城町附近出土（東京帝國大學人類學教室藏）(19)	Ⅱ -234			
		土版（背面）茨城縣結城郡結城町附近出土（東京帝國大學人類學教室藏）(20)	Ⅱ -235			
昭16.～17.—	石器時代土偶土版繪葉書 第三輯	土偶 福島縣安達郡油井村金田出土（小此木忠七郎氏舊藏）(21)	Ⅱ -236	10 葉	帝室博物館	2
		土偶 福島縣安達郡油井村金田出土（小此木忠七郎氏舊藏）(22)	Ⅱ -237			
		土偶（背面）福島縣安達郡油井村金田出土（小此木忠七郎氏舊藏）(23)	Ⅱ -238			
		土偶 福島縣河沼郡上野尻村出土（小此木忠七郎氏舊藏）(24)	Ⅱ -239			
		土偶 福島縣北會津郡門田村御山出土（小此木忠七郎氏舊藏）(25)	Ⅱ -240			
		土偶（背面）福島縣北會津郡門田村御山出土（小此木忠七郎氏舊藏）(26)	Ⅱ -241			
		土偶 福島縣田村郡巖江村曲木澤出土（小此木忠七郎氏舊藏）(27)	Ⅱ -242			
		土偶（背面）福島縣田村郡巖江村曲木澤出土（小此木忠七郎氏舊藏）(28)	Ⅱ -243			
		土偶 福島縣河沼郡上野尻村出土（小此木忠七郎氏舊藏）(29)	Ⅱ -244			
		土偶（背面）福島縣河沼郡上野尻村出土（小此木忠七郎氏舊藏）(30)	Ⅱ -245			
昭16.～17.—	石器時代土偶土版繪葉書 第四輯	土偶 青森縣三戸郡是川村出土（泉山岩二郎氏藏）(31)	Ⅱ -246	10 葉	帝室博物館	2

年.月	題　　名	添　　書	図版番号	組 数	発　行　所	分類
昭 16.～17.—	石器時代土偶土版繪葉書 第四輯	土偶 青森縣三戸郡是川村出土（泉山岩二郎氏藏）(32)	Ⅱ -247		帝室博物館	
		土偶頭部 青森縣三戸郡是川村出土（泉山岩二郎氏藏）(33)	Ⅱ -248			
		土偶頭部 青森縣三戸郡是川村出土（泉山岩二郎氏藏）(34)	Ⅱ -249			
		土偶 青森縣三戸郡是川村出土（泉山岩二郎氏藏）(35)	Ⅱ -250			
		土偶頭部 青森縣三戸郡是川村出土（泉山岩二郎氏藏）(36)	Ⅱ -251			
		土偶頭部 青森縣三戸郡是川村出土（泉山岩二郎氏藏）(37)	Ⅱ -252			
		土偶 青森縣三戸郡是川村出土（泉山岩二郎氏藏）(38)	Ⅱ -253			
		土偶 青森縣三戸郡是川村出土（泉山岩二郎氏藏）(39)	Ⅱ -254			
		岩版 青森縣三戸郡上鄕村原出土（杉山壽榮男氏藏）(40)	Ⅱ -255			
昭 16.～17.—	石器時代土偶土版繪葉書 第五輯	土偶（重美）青森縣西津輕郡森田村出土（有坂鉊藏氏藏）(41)	Ⅱ -256	10 葉	帝室博物館	2
		土偶 青森縣南津輕郡碇ヶ關村出土（東京帝國大學人類學教室藏）(42)	Ⅱ -257			
		土偶（背面）青森縣南津輕郡碇ヶ關村出土（東京帝國大學人類學教室藏）(43)	Ⅱ -258			
		土偶 青森縣三戸郡上鄕村原出土（杉山壽榮男氏藏）(44)	Ⅱ -259			
		土偶 青森縣中津輕郡高杉村尾上山出土（高松孝治氏藏）(45)	Ⅱ -260			
		土偶 青森縣西津輕郡森田村床舞出土（有坂鉊藏氏藏）(46)	Ⅱ -261			
		土偶 青森縣西津輕郡館岡村龜ヶ岡出土（有坂鉊藏氏藏）(47)	Ⅱ -262			
		土偶 青森縣西津輕郡館岡村龜ヶ岡出土（東京帝國大學人類學教室藏）(48)	Ⅱ -263			
		土面 青森縣西津輕郡館岡村龜ヶ岡出土（東京帝國大學人類學教室藏）(49)	Ⅱ -264			
		土面（重美）青森縣西津輕軽郡館岡村龜ヶ岡出土（有坂鉊藏氏藏）(50)	Ⅱ -265			
昭 16.～17.—	石器時代土偶土版繪葉書 第六輯	土偶 青森縣西津輕郡館岡村龜ヶ岡出土（有坂鉊藏氏藏）(51)	Ⅱ -266	10 葉	帝室博物館	2
		土偶（背面）青森縣西津輕郡館岡村龜ヶ岡出土（有坂鉊藏氏藏）(52)	Ⅱ -267			
		土偶 青森縣中津輕郡裾野村十腰内出土（有坂鉊藏氏藏）(53)	Ⅱ -268			
		土偶（背面）青森縣中津輕郡裾野村十腰内出土（有坂鉊藏氏藏）(54)	Ⅱ -269			
		土偶 青森縣中津輕郡裾野村十面澤出土（東京帝國大學人類學教室藏）(55)	Ⅱ -270			
		土偶（背面）青森縣中津輕郡裾野村十面澤出土（東京帝國大學人類學教室藏）(56)	Ⅱ -271			
		土偶 青森縣中津輕郡高杉村尾上出土（高松孝治氏藏）(57)	Ⅱ -272			
		土偶 青森縣中津輕郡裾野村十腰内出土（本館藏）(58)	Ⅱ -273			
		土偶頭部 青森縣中津輕郡森田村石神出土（有坂鉊藏氏藏）(59)	Ⅱ -274			
		岩版 青森縣西津輕郡館岡村龜ヶ岡出土（有坂鉊藏氏藏）(60)	Ⅱ -275			
昭 16.～17.—	石器時代土偶土版繪葉書 第七輯	土偶 宮城縣牡鹿郡稻井村沼津出土 毛利總七郎氏遠藤源七氏共藏（61）	Ⅱ -276	10 葉	帝室博物館	2
		土偶（背面）宮城縣牡鹿郡稻井村沼津出土 毛利總七郎氏遠藤源七氏共藏（62）	Ⅱ -277			
		土偶 宮城縣牡鹿郡稻井村沼津出土 毛利總七郎氏遠藤源七氏共藏（63）	Ⅱ -278			
		土偶 宮城縣牡鹿郡稻井村堺出土 毛利總七郎氏遠藤源七氏共藏（64）	Ⅱ -279			
		土偶 宮城縣牡鹿郡稻井村沼津出土 毛利總七郎氏遠藤源七氏共藏（65）	Ⅱ -280			
		土偶 宮城縣牡鹿郡稻井村堺出土 毛利總七郎氏遠藤源七氏共藏（66）	Ⅱ -281			
		土偶 宮城縣牡鹿郡稻井村沼津出土 毛利總七郎氏遠藤源七氏共藏（67）	Ⅱ -282			
		土偶頭部 宮城縣牡鹿郡稻井村沼津出土 毛利總七郎氏遠藤源七氏共藏（68）	Ⅱ -283			
		土獸（二個共）宮城縣牡鹿郡稻井村沼津出土 毛利總七郎氏遠藤源七氏共藏（69）	Ⅱ -284			
		岩版（重美）宮城縣登米郡米山村中津山出土 毛利總七郎氏遠藤源七氏共藏（70）	Ⅱ -285			
昭 16.～17.—	石器時代土偶土版繪葉書 第八輯	獸形釣手付土器（重美）東京市杉並區井萩三丁目出土（宮崎茂樹氏藏）(71)	Ⅱ -286	10 葉	帝室博物館	2

		顔面把手 東京府南多摩郡川口村楢原出土（安西英男氏藏）(72)	Ⅱ -287			
		土偶 東京府南多摩郡恩方村出土（安西英男氏藏）(73)	Ⅱ -288			
		土偶及土偶脚部 東京府南多摩郡川口村楢原出土（鹽野半十郎氏藏）(74)	Ⅱ -289			
		變形土偶（重美）東京市大森區田園調布町下沼部出土（久保田辰彌氏藏）(75)	Ⅱ -290			
		土偶頭部 東京市大森區田園調布町下沼部出土（高木文氏藏）(76)	Ⅱ -291			
		土偶胴部 東京市大森區田園調布町下沼部出土（本館藏）(77)	Ⅱ -292			
		土版 東京市大森區田園調布町下沼部出土（松崎芳郎氏藏）(78)	Ⅱ -293			
		土偶 東京市大森区田園調布町下沼部出土（國學院大學藏）東京市品川區大井權現町出土（杉山壽榮男氏藏）(79)	Ⅱ -294			
		顔面把手 東京市世田ヶ谷區大藏町西山野出土（石井德次氏藏）(80)	Ⅱ -295			
昭 16.～17.—	石器時代土偶土版繪葉書 第九輯	土偶 茨城縣北相馬郡文間村立木發見（大野一郎氏藏）(81)	Ⅱ -296	10 葉	帝室博物館	2
		土偶（背面）茨城縣北相馬郡文間村立木發見（大野一郎氏藏）(82)	Ⅱ -297			
		土偶 茨城縣行方郡津澄村鬼越出土（杉山壽榮男氏藏）(83)	Ⅱ -298			
		土偶 茨城縣北相馬郡文間村立木發見（高木文氏藏）(84)	Ⅱ -299			
		土偶（背面）茨城縣北相馬郡文間村立木發見（高木文氏藏）(85)	Ⅱ -300			
		土偶 茨城縣稻敷郡大須賀村福田貝塚出土（東京帝國大學人類學教室藏）(86)	Ⅱ -301			
		土偶 茨城縣稻敷郡高田村椎塚出土（東京帝國大學人類學教室藏）茨城県稻敷郡阿波村出土（仝氏藏）(87)	Ⅱ -302			
		土偶 茨城縣稻敷郡大須賀村福田出土（有坂鉊藏氏藏）茨城縣筑波郡板橋村神生出土（本館藏）(88)	Ⅱ -303			
		土版 茨城縣北相馬郡文間村出土（杉山壽榮男氏藏）(89)	Ⅱ -304			
		土偶 茨城縣稻敷郡太田村寺内出土（大野一郎氏藏）(90)	Ⅱ -305			
昭 16.～17.—	石器時代土偶土版繪葉書 第十輯	土偶（重美）神奈川縣足柄上郡山田村出土（小宮柳太郎氏藏）(91)	Ⅱ -306	10 葉	帝室博物館	2
		土偶（背面）神奈川縣足柄上郡山田村出土（小宮柳太郎氏藏）(92)	Ⅱ -307			
		土偶（重美）横濱市神奈川區三澤出土（石野瑛氏藏）(93)	Ⅱ -308			
		土偶頭部 神奈川縣津久井郡川尻村谷ヶ原出土（安西英男氏藏）(94)	Ⅱ -309			
		土偶 横濱市中區中村町稻荷山貝塚出土（池田健夫氏藏）(95)	Ⅱ -310			
		土偶（側面）横濱市中區中村稻荷山貝塚出土（池田健夫氏藏）(96)	Ⅱ -311			
		顔面把手 川崎市長尾下原出土（新井政吉氏藏）(97)	Ⅱ -312			
		顔面把手 神奈川縣中郡比々多村三ノ宮出土（永井健之輔氏藏）(98)	Ⅱ -313			
		顔面把手 横濱市磯子區根岸坂下町台貝塚（池田健夫氏藏）獸面把手 川崎市下長貝塚出土（岡榮一氏藏）(99)	Ⅱ -314			
		土偶（舊名）神奈川縣中郡旭村萬田貝殼坂出土（東京帝國大學人類學教室藏）(100)	Ⅱ -315			
昭 16.～17.—	石器時代土偶土版繪葉書 第十一輯	土偶 千葉縣印旛郡臼井町江原臺出土（杉山壽榮男氏藏）(101)	Ⅱ -316	10 葉	帝室博物館	2
		土偶（背面）千葉縣印旛郡臼井町江原臺出土（杉山壽榮男氏藏）(102)	Ⅱ -317			
		土偶 千葉縣東葛郡新川村上新宿出土（杉山壽榮男氏藏）(103)	Ⅱ -318			
		土偶 千葉縣香取郡香取町出土（杉山壽榮男氏藏）(104)	Ⅱ -319			
		土偶頭部 千葉縣印旛郡臼井町江原臺出土（杉山壽榮男氏藏）(105)	Ⅱ -320			
		土偶頭部 千葉縣印旛郡臼井町臼井出土（明治大學藏）千葉縣印旛郡佐倉町内郷貝塚出土（東京帝大考古學教室藏）(106)	Ⅱ -321			
		土偶頭部 茨城縣北相馬郡高井村上高井出土（杉山壽榮男氏藏）千葉縣海上郡海上村余山出土（同氏藏）(107)	Ⅱ -322			
		土偶頭部 千葉縣海上郡海上村岩坪出土（杉山壽榮男氏藏）千葉縣海上郡海上村余山出土（杉山壽榮男氏藏）茨城縣稻敷郡高田村椎塚出土（仝氏藏）(108)	Ⅱ -323			
		土偶頭部 千葉縣千葉郡譽田村出土（本館藏）茨城縣眞壁郡上妻村澁井出土（本館藏）千葉縣市川市堀内出土（杉山壽榮男氏藏）(109)	Ⅱ -324			

年.月	題　　名	添　　書	図版番号	組数	発　行　所	分類
昭 16.～17.―	石器時代土偶土版繪葉書 第十一輯	顔面付土器破片 千葉縣香取郡米澤村古原出土（大野一郎氏藏）（110）	Ⅱ -325		帝室博物館	
昭 16.～17.―	石器時代土偶土版繪葉書 第十二輯	土偶（重美）埼玉縣南埼玉郡柏崎村眞福寺出土（中澤澄男氏藏）（111）	Ⅱ -326	10 葉	帝室博物館	2
		土偶（背面）埼玉縣南埼玉郡柏崎村眞福寺出土（中澤澄男氏藏）（112）	Ⅱ -327			
		土偶 埼玉縣北足郡馬室村出土（本館藏）（113）	Ⅱ -328			
		土偶 埼玉縣南埼玉郡柏崎村眞福寺出土（本館藏）（114）	Ⅱ -329			
		土偶頭部 埼玉縣北足立郡安行村猿貝出土（江坂輝彌氏藏）（115）	Ⅱ -330			
		土獸頭部カ 埼玉縣北足立郡神根村石神出土（江坂輝彌氏藏）（116）	Ⅱ -331			
		土版 埼玉縣南埼玉郡日勝村牛沼臺出土（稲村坦元氏藏）（117）	Ⅱ -332			
		土版 埼玉縣北足立郡安行村猿貝出土（鈴木尙氏藏）（118）	Ⅱ -333			
		土版 埼玉縣北足立郡安行村猿貝出土（鈴木尙氏藏）（119）	Ⅱ -334			
		岩版 茨城縣久慈郡中里村出土（東京帝國大學人類學教室藏）土版 埼玉縣北足立郡與野町大戸出土（高松孝治氏藏）（120）	Ⅱ -335			
昭 16.～17.―	石器時代土偶土版繪葉書 第十三輯	土偶面部 岐阜縣大野郡丹生川村坊方出土（林魁一氏藏）（121）	Ⅱ -336	10 葉	帝室博物館	2
		土偶 山梨縣東八代郡黑駒村出土（本館藏）（122）	Ⅱ -337			
		顔面把手 山梨縣北巨摩郡穂坂村穂坂出土（杉山壽榮男氏藏）（123）	Ⅱ -338			
		顔面把手 山梨縣北巨摩郡穂坂村穂坂出土（杉山壽榮男氏藏）（124）	Ⅱ -339			
		顔面把手 舊山梨縣東山梨郡七里村上於會出土（東京帝國大學人類學教室藏）（125）	Ⅱ -340			
		土偶 新潟縣西頸城郡糸魚川町長者ヶ原出土（林カツ子氏寄贈）（126）	Ⅱ -341			
		土偶 新潟縣下出土（本館藏）（127）	Ⅱ -342			
		土偶 新潟縣三島郡關原町下除出土（近藤勘治郎氏藏）（128）	Ⅱ -343			
		岩版 新潟縣三島郡關原町下除出土（近藤勘治郎氏藏）（129）	Ⅱ -344			
		土偶頭部 新潟縣中頸城郡菅原村クロボ出土（東京帝國大學人類學教室藏）山形縣西村山郡川土居村稲置出土（國學院大學藏）（130）	Ⅱ -345			
昭 16.～17.―	石器時代土偶土版繪葉書 第十四輯	土偶頭部 山形縣西田川郡大泉村岡山出土（酒井忠純氏藏）（131）	Ⅱ -346	10 葉	帝室博物館	2
		土面 秋田縣北秋田郡七座村麻生出土（東京帝國大學人類學教室藏）（132）	Ⅱ -347			
		岩版 秋田縣仙北郡六鄕町石名館出土（小西宗吉氏藏）（133）	Ⅱ -348			
		土偶 秋田縣仙北郡六鄕町石名館出土（小西宗吉氏藏）（134）	Ⅱ -349			
		土偶 秋田縣北秋田郡上川沿村藤株出土（杉山壽榮男氏藏）（135）	Ⅱ -350			
		土偶 秋田縣北秋田郡上川沿村藤株出土（杉山壽榮男氏藏）（136）	Ⅱ -351			
		土偶 秋田縣北秋田郡七座村麻生出土（東京帝國大學人類學教室藏）（137）	Ⅱ -352			
		土偶（背面）秋田縣北秋田郡七座村麻生出土（東京帝國大學人類學教室藏）（138）	Ⅱ -353			
		土偶 秋田縣北秋田郡上川沿村藤株出土（杉山壽榮男氏藏）（139）	Ⅱ -354			
		土偶 秋田縣河邊郡上北手村地方出土（杉山壽榮男氏藏）（140）	Ⅱ -355			
昭 16.～17.―	石器時代土偶土版繪葉書 第十五輯	土偶 福島縣安達郡嶽下村原瀬出土（小此木忠七郎氏舊藏）（141）	Ⅱ -356	10 葉	帝室博物館	2
		土偶 福島縣南會津郡田島町長野出土（小此木忠七郎氏舊藏）（142）	Ⅱ -357			
		土偶 岩手縣二戸郡金田一村出土（小野賢一郎氏藏）（143）	Ⅱ -358			
		土偶 岩手縣二戸郡斗米村金田一川出土（高松孝治氏藏）（144）	Ⅱ -359			
		土偶頭部 山形縣西田川郡大泉村岡山出土（酒井忠純氏藏）青森縣西津輕郡鳴澤村建石出土（高松孝治氏藏）（145）	Ⅱ -360			
		土偶頭部 青森縣西津輕郡森田村床舞出土（有坂鉊藏氏藏）福島縣耶麻郡木幡村出土（小此木忠七郎氏舊藏）（146）	Ⅱ -361			
		土偶頭部 宮城縣登米郡吉田村善王寺出土（中澤澄男氏藏）青森縣西津輕郡森田村床舞出土（東京帝國大學人類學教室藏）（147）	Ⅱ -362			

		土獸 青森縣龜岡出土　仝上地出土 岩手縣佐倉河村出土 青森縣龜岡出土 青森縣十腰内出土（有坂鉊藏氏藏）（148）	Ⅱ -363			
		土偶（重美）北海道室蘭市輪西町製鐵所構内出土（有坂鉊藏氏藏）（149）	Ⅱ -364			
		土偶 北海道室蘭市繪鞆町出土（本館藏）（150）	Ⅱ -365			
昭 16.～17.—	石器時代土偶土版繪葉書 第十六輯	土偶 群馬縣邑樂郡伊奈良村板倉出土（所藏者未定）（151）	Ⅱ -366	10 葉	帝室博物館	2
		岩版（重美）群馬縣新田郡世良田村米岡出土（金子規矩雄氏藏）（152）	Ⅱ -367			
		土偶 群馬縣勢多郡敷島村津久田出土（岩澤正作氏藏）（153）	Ⅱ -368			
		土偶 群馬縣勢多郡敷島村津久田出土（角田惠重氏藏）（154）	Ⅱ -369			
		土偶（背面）群馬縣勢多郡敷島村津久田出土（角田惠重氏藏）（155）	Ⅱ -370			
		土偶 群馬縣北甘樂郡高瀬村内匠出土（佐藤春三氏寄贈）（156）	Ⅱ -371			
		土偶 栃木縣河内郡雀宮村内針谷出土（篠崎善之助氏藏）（157）	Ⅱ -372			
		土獸 埼玉縣南埼玉郡柏崎村眞福寺出土（本館藏）（158）	Ⅱ -373			
		土偶 東京府南多摩郡鶴川村出土（高橋重慶氏藏）（159）	Ⅱ -374			
		土偶 茨城縣北相馬郡文間村立木出土（本館藏）長野縣北筑摩郡朝日村西洗馬出土（本館藏）（160）	Ⅱ -375			
昭 16.～17.—	石器時代土偶土版繪葉書 第十七輯	土偶頭部 福島縣郡山市下釜出土（小此木忠七郎氏舊藏）仝上地出土（本館藏）（161）	Ⅱ -376	10 葉	帝室博物館	2
		土偶 福島縣田村郡大越村大越出土（高木文氏藏）（162）	Ⅱ -377			
		土偶 福島縣相馬新地村小川貝塚出土（小此木忠七郎氏舊藏）（163）	Ⅱ -378			
		岩版（重美）宮城縣牡鹿郡稻井村沼津出土 毛利總七郎氏遠藤源七氏共藏（164）	Ⅱ -379			
		土偶 宮城縣桃生郡前谷地村寶ヶ峰出土（杉山壽榮男氏藏）宮城縣牡鹿郡稻井村沼津出土 毛利總七郎氏遠藤源七氏共藏（165）	Ⅱ -380			
		虫形土製品 青森縣中津輕郡裾野村十腰内出土（杉山壽榮男氏藏）土獸（重美）仝上地出土（高松孝治氏藏）（166）	Ⅱ -381			
		人形裝飾付土器（重美）青森縣中津輕郡裾野村十腰内出土（有坂鉊藏氏藏）（167）	Ⅱ -382			
		岩偶 青森縣中津輕郡裾野村十腰内出土（東京帝國大學人類學教室藏）（168）	Ⅱ -383			
		岩偶（背面）青森縣中津輕郡裾野村十腰内出土（東京帝國大學人類學教室藏）（169）	Ⅱ -384			
		土面 秋田縣北秋田郡扇田町山館出土（高松孝治藏）宮城縣牡鹿郡稻井村沼津出土 毛利總七郎氏遠藤源七氏共藏（170）	Ⅱ -385			
昭 16.～17.—	石器時代土偶土版繪葉書 第十八輯	土偶 青森縣西津輕郡館岡村龜岡出土（東京帝大人類學教室藏）171	Ⅱ -386	4 葉	帝室博物館	2
		土偶頭部 埼玉縣南崎玉郡柏崎村眞福寺出土（東京帝大人類學教室藏）172	Ⅱ -387			
		土偶 千葉縣印旛郡臼井町臼井出土（明治大學藏）173	Ⅱ -388			
		土版 東京府南多摩郡横山村出土（篠崎四郎氏藏）174	Ⅱ -389			
昭18.6	京都帝國大學文學部 考古學教室標本繪葉書 第十八輯	111 大和國磯城郡川東村唐古發見彩文壺（京都帝國大學文學部藏）		8 葉	京都帝國大學文學部	2
		112 常陸國那珂郡勝田村勝倉發見彌生式土器 約 1 / 2 （京都帝國大學文學部藏）				
		113 山城國乙訓郡寺戸大塚發見碧玉製紡錘車及琴柱石製品 1 / 1 （京都帝國大學文學部藏）				
		114 蒙疆綏遠發見磨石器 1 / 3 （京都帝國大學文學部藏）				
		115 支那發見璜形玉器 1 / 1 （京都帝國大學文學部藏）				
		116 支那發見越州窯水瓶 1 / 3 （京都帝國大學文學部藏）				
		117 支那發見胡人傭（唐代） 3 /10（京都帝國大學文學部藏）				
		118 佛印アンコール・ワツト發見佛首 4 / 7 （京都帝國大學文學部藏）				
昭18.7	*齋藤善右衞門氏發掘 寶の峯出土石器時代遺物繪葉書*	*寶の峯命名由來書（坪井正五郎博士識）寶の峯石器時代遺跡調査の坪井正五郎博士（左ヨリ二人目 右端は齋藤善右衞門氏明治四十三年七月二十六日）*		5 葉	財團法人齋藤報恩會	6
		寶の峯發掘土器石器 宮城縣桃生郡前谷地村寶の峯出土				
		環狀注口土器 宮城縣桃生郡前谷地村寶の峯出土				
		顔面付香炉形土器 宮城縣桃生郡前谷地村寶の峯出土				
		壺形土器 臺付土器 宮城縣桃生郡前谷地村寶の峯出土				
Ⅳ期 .—	手宮の古代文字	小樽手宮洞窟岩壁彫刻．古代文字（№ 1 ）大正七年二月廣島高等師範學校教授 文學士 中目覺氏讀破（我は部下を卒ひ…大海を渡り…闘ひ…此洞窟に入つた）		5 葉	菊池賣店	9

年.月	題　名	添　書	図版番号	組数	発行所	分類
Ⅳ期.―	手宮の古代文字	小樽手宮洞窟岩壁彫刻．古代文字（№２）			菊池賣店	
		小樽手宮洞窟岩壁彫刻．古代文字（№３）				
		小樽手宮洞窟岩壁彫刻．古代文字（№４）				
		小樽手宮洞窟岩壁彫刻．古代文字附近（№５）				
Ⅳ期.―	日本史蹟｛小樽市街圖入｝ 手宮古代文字	小樽市街圖	Ⅰ-023	5葉	いろは堂	9
		(小樽市）手宮古代文字附近の風景	Ⅰ-024			
		(小樽市）手宮古代文字の近狀	Ⅰ-025			
		(小樽市）攝政宮殿下台覧の手宮古代文字	Ⅰ-026			
		(小樽市）手宮石室壁上彫刻アイヌ古代文字	Ⅰ-027			
Ⅳ期.―	日本史蹟（小樽市街圖入）小樽手宮古代文字	手宮洞窟 慶應年間此の彫刻を有する岩壁蔽はれて約八疊敷の洞窟をなせるを發見したり當時を偲び今猶手宮洞窟と稱す。其の彫刻たるや形文字に似たるを以て人古代文字と稱し世の疑問とせらる。 考古學者ジョン、ミルン氏及故理學博士坪井正五郎氏は石器時代の遺物なりといひ大正二年人類學者鳥井龍藏氏は此は突厥文字と關係を有するのにして靺鞨人の遺物ならんと公表し更に大正七年文學士中目覺氏は鳥井龍藏氏と同一意見を有し之を言語學上より「我は部下を率ゐ…大海を渡り…闘ひ…此の洞窟に入る…」の意なる事を發表したるも人類學者間に異論もありて諸說未だ一定せず。 若し果して靺鞨人の遺跡なりとせば人類學上實に貴重なる世界的遺物なり。大正十年三月史蹟名勝天然記念物保存法に依り史蹟として指定せらる　明治四十四年畏くも聖上陛下東宮の御時及大正十一年攝政宮殿下本道行啓の砌り親しく御臺覽の榮を賜へり。 大正十五年五月十二日 （手宮洞窟に掲ゲタル額面ノ寫）		5葉	いろは堂	9
		(小樽市）手宮古代文字附近の風景				
		(小樽市）手宮古代文字の近狀				
		(小樽市）今上陛下攝政宮におわせし時台覽の榮を給ふ手宮古代文字				
		(小樽市）手宮石室壁岩彫刻古代文字				
Ⅳ期.―	―	史蹟手宮洞窟 手宮公園下高島町に通ずる道路に沿ふて手宮の洞窟がある、往時は浪打際の絶壁に奥深く洞窟を形造てゐたのであるが附近の埋築により削られ且つ風雨の剝蝕するところとなり今日殘つてゐるのは其の一部に過ぎぬ、この洞窟の奥に奇怪なる彫刻がある、大正十年三月史蹟として指定せらる。 古代文字 奇怪なる彫刻は大正七年當時廣島高等師範學校教授中目文學士が研究の結果今を距る一二七〇餘年前肅愼人が此處に上陸して其の墓誌に靺鞨語を土耳古、古代文字にて刻んだもので、…我は部下を率ゐ…大海を渡り…闘ひ…此の洞窟に入りたり…と發表したがこれに對して諸說があり今日尙考古學界の謎となつてゐる。		不明	小樽市役所	9
Ⅳ期.―	陸前 多賀城阯繪葉書 第一集	多賀城阯平面圖（陸前）多賀城阯畧圖（縮尺二分一丁）		不明	―	9
		(陸前多賀城阯）内城ナル鎭守府正廳阯				
		(陸前多賀城阯）城内ナル明治天皇御小休所				
		(陸前多賀城阯）外城土塁ノ東南部				
		(陸前多賀城阯）市川橋畔ヨリ城阯西南部ヲ望ム				
		陸前多賀城碑（南部外城ノ内側ニ在リ）				
		陸前多賀城廢寺阯（右方ノ圖ハ外城ヨリノ遠望）				
Ⅳ期.―	陸前 多賀城阯繪葉書 第二集	(陸前 多賀城）正廳阯礎石圖		8葉	―	9
		(陸前 多賀城）高崎廢寺阯礎石關係圖				
		(陸前 多賀城）高崎廢寺金堂阯				
		(陸前 多賀城）高崎廢寺東塔阯				
		(陸前 多賀城）旧多賀神社礎石ノ一部（現同祠）				
		(陸前 多賀城）伏石（弘安ノ碑）				
		(陸前 多賀城）奏神宮（陸奥國總社）				
		陸奥．國府厨印（式内．鼻節神社藏）捺影 拓影 銅印 方一寸三分 印面厚サ三分 重サ三十五匁 鼻節神社堂祠				
Ⅳ期.―	多賀城史蹟名勝繪葉書	(宮城多賀城）八幡宮（宮城多賀城）奏社宮（陸奥國総社）		6葉	―	9
		(宮城多賀城）明治天皇御小休所				
		(宮城多賀城）高崎廢寺東塔阯				
		(宮城多賀城）壺碑（多賀城碑）				
		(宮城多賀城）鎭守府正廳・御座ノ間阯				
		末の松山（宮城多賀城）野田の玉川				
Ⅳ期.―	陸前 多賀城古瓦	(陸前）多賀城古瓦 其一	Ⅰ-047	5葉	―	2
		(陸前）多賀城古瓦 其二	Ⅰ-048			
		(陸前）多賀城古瓦 其三	Ⅰ-049			
		(陸前）多賀城古瓦 其四	Ⅰ-050			
		(陸前 多賀城阯發見）管玉 石帶 表面 裏面 百萬塔	Ⅰ-051			

Ⅳ期.—	陸前 多賀城古瓦	(陸前)多賀城古瓦 其一		6 葉	—	2
		(陸前)多賀城古瓦 其二				
		(陸前)多賀城古瓦 其三				
		(陸前)多賀城古瓦 其四				
		(陸前)多賀城古瓦(其ノ五)				
		(陸前. 多賀城阯發見)管玉 石帶 土塔(多賀城廢寺阯出土)				
Ⅳ期.—	—	千年前の古柵址(高梨村史蹟保存會原圖)本邦最初發見の古代柵址として世に喧傳せられた拂田(ホツタ)柵址は秋田縣仙北郡高梨村と千屋村とに跨る館舍の遺迹は高梨村字拂田に在るを以て拂田の柵と稱する凡そ尺角の木柱を密接せしめて眞山長森の兩丘陵を圍んで略楕圓形に三十三町二十間餘列植してある四方に門あり門柱は丸材にして徑二尺内外而して北方のみは二重にして内側にも亦柵と門とがある 秋田縣横手町大澤鮮進堂發行(不許複製)		不 明	大澤鮮進堂	6
Ⅳ期.—	史蹟 泉崎横穴繪はがき	泉崎横穴の遠景(×は指定横穴)	Ⅰ-103	10 葉	福島縣西白河郡 川崎村	6
		泉崎横穴は福島縣西白河郡川崎村大字泉崎にあり(泉崎驛を東に距る約二粁)昭和八年十二月の發見に係り昭和九年五月文部省指定の史蹟なり	Ⅰ-104			
		發掘當時の泉崎横穴(×は指定横穴)	Ⅰ-105			
		泉崎横穴 制札	Ⅰ-106			
		泉崎横穴 奧壁繪畫及天井渦卷紋	Ⅰ-107			
		泉崎横穴 北側壁の繪畫(人物・馬)	Ⅰ-108			
		泉崎横穴 南側壁の繪畫(人物・馬)	Ⅰ-109			
		泉崎横穴 寶形造天井の中心	Ⅰ-110			
		泉崎横穴 屍床前面の水抜穴及溝	Ⅰ-111			
		泉崎横穴 指定横穴及附近横穴郡發見遺物	Ⅰ-112			
Ⅳ期.—	—	福島縣西白河郡關平村大字關和久字明地穗積隆也氏桑畑内發掘礎石(昭和十年十二月四日)(石質白河石)上二尺六寸×二尺四寸 下三尺三寸×二尺五寸 岩越撮影藏版		不 明	岩越二郎	6
Ⅳ期.—	—	賜天覽 足利鑁阿寺 足利市字十念寺俗ニ足利學校ト稱ス 鑁阿寺尊氏寄進ト稱ス 御厨村字阿彌陀堂 足利古代瓦煎餅發賣元香雲堂支店發行		不 明	香雲堂	2
		賜天覧 山前村大字山下字平石舊智光寺阯(文永二年建立)八幡神宮寺 小俣町鶏足寺 大岩毘沙門堂 足利古代瓦煎餅發賣元香雲堂支店發行				
Ⅳ期.—	内務省指定 崎玉縣史蹟 吉見百穴繪葉書	埼玉縣吉見百穴全景 内務省指定	Ⅰ-207	8 葉	吉見百穴事務所	9
		埼玉縣吉見松山城跡	Ⅰ-208			
		内務省指定 埼玉縣吉見百穴 百穴の一部	Ⅰ-209			
		内務省指定 埼玉縣吉見百穴 光鱗	Ⅰ-210			
		内務省指定 埼玉縣吉見百穴 土器と石器	Ⅰ-211			
		内務省指定 埼玉縣吉見百穴 古代の武器	Ⅰ-212			
		内務省指定 埼玉縣吉見百穴 シーボルトの自署	Ⅰ-213			
		内務省指定 埼玉縣吉見百穴 神代文字	Ⅰ-214			
Ⅳ期.—	吉見百穴史蹟 特選風景 高級二色版 最新撮影	埼玉縣吉見百穴全景 内務省指定		7 葉	吉見百穴事務所	9
		内務省指定 埼玉縣吉見百穴 百穴の一部				
		埼玉縣吉見松山城跡				
		内務省指定 埼玉縣吉見百穴 光蘚				
		内務省指定 埼玉縣吉見百穴 シーボルトの自署				
		内務省指定 埼玉縣吉見百穴 土器と石器				
		内務省指定 埼玉縣吉見百穴 古代の武器				
Ⅳ期.—	埼玉縣史蹟 吉見百穴繪葉書	内務省指定 埼玉縣吉見百穴の一部		不 明	吉見百穴賣店	9
		内務省指定 埼玉縣吉見百穴光蘚				
		内務省指定 埼玉縣吉見百穴(シーボルト自署)				
		内務省指定 埼玉縣吉見百穴神代文字				
		内務省指定 埼玉縣吉見百穴古刀				
Ⅳ期.—	内務省指定 崎玉縣史蹟 吉見百穴繪葉書	内務省指定 埼玉縣吉見百穴 古刀		6 葉	吉見百穴賣店	9
		内務省指定 吉見百穴 土器石器				
		内務省指定 埼玉縣吉見百穴 神代文字				
		内務省指定 埼玉縣吉見百穴(シーボルト自署)				
		埼玉縣吉見百穴 光蘚				
		埼玉縣吉見巖窟ホテル				
Ⅳ期.—	内務省指定 崎玉縣史蹟 吉見百穴繪葉書	内務省指定 埼玉縣吉見百穴 古刀		6 葉	西吉見百穴賣店	9
		内務省指定 吉見百穴 土器石器				
		内務省指定 埼玉縣吉見百穴 神代文字				
		内務省指定 埼玉縣吉見百穴(シーボルト自署)				
		埼玉縣吉見百穴 光蘚				
		埼玉縣吉見巖窟ホテル				
Ⅳ期.—	—	(昭和九年東京灣要塞司令部地 乙第一二八號許可濟)史蹟古墳辨天山ノ眺望(堀商店發行)		不 明	堀商店	9
Ⅳ期.—	陳列品繪葉書(第一輯)	今上天皇御下賜品 大正天皇 明治天皇 御遺物		8 葉	遊就館	1

年.月	題　　名	添　　書	図版番号	組数	発行所	分類
Ⅳ期.—	陳列品繪葉書（第一輯）	上古武器			遊就館	
		各種太刀拵				
		足利時代主將人形				
		御大禮儀裝人形				
		山田長政軍船の繪額				
		橘中佐肖像及遺墨				
		航空器材				
Ⅳ期.—	天龍山石窟造像拓本繪葉書	（タイトルなし）		8 葉	早稲田大學東洋美術史研究室	2
		（タイトルなし）				
		（タイトルなし）				
		（タイトルなし）				
		（タイトルなし）				
		（タイトルなし）				
		（タイトルなし）				
		（タイトルなし）				
Ⅳ期.—	歴史繪はがき 第三十九回 上古遺物號（其二十）	男子埴輪土偶 上野國佐波郡釆女村大字淵名發掘（高五〇糎）（39-１）		5 葉	帝室博物館	2
		男子埴輪像 常陸國筑波郡小野川村大字横湯發掘（高六〇・五糎）（39-２）				
		鍬を肩にする埴輪男子像 上野國佐波郡埴蓮村大字八寸發掘（高五〇糎）（39-３）				
		男子埴輪土偶 常陸國東茨城郡川根村大字駒渡發掘（高四二糎）（39-４）				
		埴輪被帽男子像（下野國下都賀郡南犬飼村大字安塚發掘）（高一三九・六糎）（39-５）				
Ⅳ期.—	歴史繪はがき 第四十一回 上古遺物號（其廿二）	埴輪女子像 上野國群馬郡箕輪町大字上芝發掘（高八八・五糎）（41-１）		5 葉	帝室博物館	2
		埴輪着裳女子像 上野國佐波郡殖蓮村大字八寸發掘（高一二五・八糎）（41-２）				
		女子埴輪土偶 上野國佐波郡赤堀村大字下觸發掘（高三三・六糎）（41-３）				
		埴輪孩兒を負ふ女子像 下野國芳賀郡大内村京泉發掘（高四四・八糎）（41-４）				
		埴輪腰かけてゐる女子像 上野國邑樂郡大川村大字古海發掘（高六九糎）（41-５）				
Ⅳ期.—	東京府東村山村 國寶＝史蹟＝遺物繪ハガキ（第一輯）	德藏寺門景及ビ東京府標識（德藏寺發行）		6 葉	國寶保存協會	9
		久米川ノ古戰場 八國山談古嶺（德藏寺發行）				
		江戸名勝圖繪ノ久米川及ビ古戰場（德藏寺發行）				
		江戸名勝圖繪ノ八國山（德藏寺發行）				
		國寶元弘之碑 新田義貞鎌倉攻ノ戰死者之碑 國史ノ缺ヲ補フ資料トシテ珍重（德藏寺發行）				
		首飾ヲ掛ヶ鎌石石斧ヲ持ツテアイヌヲ氣取ツタ八國山ノ主狸庵（德藏寺發行）				
Ⅳ期.—	鳥越神社繪葉書	鳥越神社 表參道大鳥居		8 葉	鳥越神社	9
		鳥越神社 裏參道				
		鳥越神社 拜殿				
		鳥越神社 社殿側面				
		鳥越神社 神輿庫ト神樂殿				
		鳥越神社 社寶（蕨手ノ太刀 曲玉等境内ヨリ出土）				
		鳥越神社 社寶（甲冑 五ノ字ノ指物 連歌ノ卷物）				
		鳥越神社 狛犬				
Ⅳ期.—	三田史學會資料繪葉書 第一輯 白山古墳　日吉加瀬山	日吉加瀬山・白山古墳木炭槨（兩側上方ニアルハ粘土槨）	Ⅰ-250	4 葉	三田史學會	6
		日吉加瀬山・白山古墳粘土槨（南側）	Ⅰ-251			
		日吉加瀬山・白山古墳木炭槨内ノ銅鏡	Ⅰ-252			
		日吉加瀬山・白山古墳粘土槨ニ印セル網代型	Ⅰ-253			
Ⅳ期.—	三田史學會資料繪葉書 第二輯 第六天古墳　日吉加瀬山	日吉加瀬山・第六天古墳石槨全景	Ⅰ-254	3 葉	三田史學會	6
		日吉加瀬山・第六天古墳石槨前室ノ土器	Ⅰ-255			
		日吉加瀬山・第六天古墳石棺内部	Ⅰ-256			
Ⅳ期.—	—	（横濱市港北區市ヶ尾町）横穴古墳全景	Ⅰ-270	不明	—	6
		（横濱市港北區市ヶ尾町）第六號横穴古墳玄室の構造	Ⅰ-271			
		（横濱市港北區市ヶ尾町）第七號横穴古墳玄室の天井	Ⅰ-272			
		（横濱市港北區市ヶ尾町）横穴古墳群出土遺物（其一）	Ⅰ-273			
		（横濱市港北區市ヶ尾町）横穴古墳群出土遺物（其二）	Ⅰ-274			
Ⅳ期.—	中野財團 新潟郷土博物館繪葉書 第五輯	中野財團 新潟郷土博物館全景		8 葉	中野財團 新潟郷土博物館	1
		繩紋土器 三島郡關原町馬高出土（三島郡關原町 近藤勘次郎氏所藏）				
		銅製舍利筒並銅鏡 華報寺（笹岡村出湯）第三代素喆和尙靈骨筒（德治三年戊申正月十八日在銘）並共ニ出土セシ銅鏡（北蒲原郡笹岡村 川上萃治氏所藏）				

		竹内式部書（中頸城郡津有村 保坂潤治氏所藏）				
		德川家康陣中枕 佐渡ノ法師西蓮坊ガ慶長五年關ヶ原ノ戰ニ參加シテ功勞アリ依ツテ家康ヨリ此枕ヲ與フト（佐渡郡金澤村西蓮寺所藏）				
		堀直寄寄進 金銅釣燈籠 元和三年四月十七日德川家康一周忌ニ「奉寄進東照大權現」ト銘記シテ堀直寄ノ奉納セルモノ（中蒲原郡村松町正圓寺所藏）				
		金太郎燒 寛永年間ノ頃佐渡ノ人黒澤金太郎ガ羽田冨士權現ノ土ヲ以テ製作セシモノニシテ雅致深キヲ以テ賞セラル（新潟市 伊藤勉治氏所藏）				
		萬代橋圖 明治十九年創メテ架設セル萬代橋ヲ翌廿一年ニ五姓田柳翁ノ描キシモノニテ巧ニ當時ノ風俗ヲモ描寫ス（新潟市八木孝氏所藏）				
Ⅳ期.―	―	天平瓦 文部省 指定史蹟地 舊國分寺 阯ノ一部		不 明	―	9
Ⅳ期.―	飛驒國 國分寺	飛驒國分寺 全景（高山驛二町）聖武天皇勅願所國中第一ノ古刹貴賓雅客賓者絶エズ 嘗テ小松宮殿下東宮邇宮殿下秩父宮殿下ノ御台臨ヲ恭フセリ	Ⅰ-314	7	―	9
		飛驒國分寺 本堂 特別保護建造物 室町時代 桁行五間 梁間四間南面向拜附單層屋根入母屋造 堂前ノ銀杏ノ巨樹ハ樹齢千年目通三丈一尺	Ⅰ-315			
		飛驒國分寺 三重塔元和元年國主金森氏ノ建立ナリシガ寛政三年ノ大風ノ爲ニ倒壞シ文政三年ニ再建ス國中唯一ノモノナリ	Ⅰ-316			
		飛驒國分寺 史蹟 飛驒國分寺塔阯 最初ノ塔阯ニシテ其心礎ハ直徑約六尺表面ニ直徑四尺三寸八分ノ円柱座ヲ刻シ中央ニ直徑一尺九寸二分深サ九寸二分ノ枘孔ヲ穿ツ	Ⅰ-317			
		飛驒國分寺 國寶聖觀世音菩薩木立像六尺六寸元國分尼寺ノ本尊ナリシヲ中古國分僧寺ニ奉安セラレシモノナリ特ニ優秀ナル作ナリ	Ⅰ-318			
		飛驒國分寺 國寶本尊藥師如來行基菩薩ノ作 木座像四尺七寸五分享保年間ト寛政七年ノ二度江戸本所廻向院ニ出開帳セリ	Ⅰ-319			
		飛驒國分寺 國寶小烏丸太刀（黑漆ノ太刀）平家重寶無銘二尺五寸集古十種所載特徴柄ニ片手卷ニシタ篇緒ノ遺存セルハ篇緒卷ノ樣式ヲ徴スベキ唯一ノ標本トシテ特ニ珍重セラル 古瓦奈良朝時代ノモノニシテ境内ヨリ出ヅ	Ⅰ-320			
Ⅳ期.―	―	土器 昭和八年若林紡績工場建設の際發掘せしもの	Ⅰ-313	不 明	―	9
Ⅳ期.―	遠州北部出土　石器時代遺蹟遺物繪葉書	半塲遺蹟より出土せる遺物の一部 右より石斧、石棒、石劍、其ノ他（其ノ一）		6 葉	愛鄕二葉會	6
		半塲遺蹟より出土せる土器破片の樣々（其ノ二）				
		石器時代出土遺物土器破片の一部（其ノ三）				
		中部天龍驛附近先住民族住居趾敷石帶の一部（其ノ四）				
		石器時代出土遺物其五、遠州も將につきんとし三信の山河眼前にせまる天龍沿岸半塲遺蹟より初めて出土せる遺物なり、我國最古の土器類より古墳時代の土器類にして當所遺物の代表的貴重品たり、一見當時の技巧のあとも知らるべし 向つて右より繩文土器 無文 一、二、他は古墳時代のもの				
		石器時代出土遺物其六 天龍川の清流にのぞめる北遠半塲遺蹟より新らたに出土せる石器數百箇中の一部にして一見太古の面影を忍ぶに足るものなり 寫眞下段右より 四本 石劍 磨製他は磨製打製局部磨製の石斧なり 石材 全部當地產出の綠泥片岩				
Ⅳ期.―	考古學資料 遠州北部出土 石器時代遺蹟遺物繪葉書 二版	石器時代出土遺物其一 流れも清き天龍沿岸住む人の心も清き遠州半塲遺蹟の全望にして今回遺物の出土せるは四人の立てる一帶の地域なりこの地點は今三信鐵道敷設工事中なれども近き將來に於ては同鐵道主要駅たり	Ⅰ-323	8 葉	愛鄕二葉會	6
		石器時代出土遺物其二 遠州最北天龍川にのぞめる半塲遺蹟より出土せる遺物の一部なり 1 石劍 2 石棒 3 丸石劍 4 石斧 5 石棒下頭 6 乳棒 7 石錘 8 定角式磨石斧 9 石庖丁 10 石斧 11 石鏃 12 石匙 13 石錘 14 石冠 15 石槍破片 16 石匙 17 石斧 18 石斧	Ⅰ-324			
		石器時代出土遺物其三 天龍川の清流にのぞめる北遠半塲遺蹟より新たに出土せる石器數百箇所の一部にして一見太古の面影を忍ぶに足るものなり 寫眞下段右より 四本 石劍 磨製 他は磨製打製局部磨製の石斧なり 石材 全部當地產出の綠泥片岩	Ⅰ-325			
		石器時代出土遺物其四 音も高く名も高き遠州天龍川沿岸の半塲遺蹟より出土せる土器破片の樣々にして浮文のものあり沈文のものあり一見して當時の技巧のあと明確にうかがはれ研究の深み行くにつれ興味横溢せり	Ⅰ-326			

年.月	題　　名	添　　書	図版番号	組 数	発 行 所	分類
Ⅳ期.—	考古學資料 遠州北部出土 石器時代遺蹟遺物繪葉書 二版	石器時代出土遺物其五、遠州も將につきんとし三信の山河眼前にせまる天龍沿岸半塲遺蹟より初めて出土せる遺物なり、我國最古の土器類より古墳時代の土器類にして當所遺物の代表的貴重品たり、一見當時の技巧のあとも知らるべし 向つて右より繩文土器 無文 一、二、他は古墳時代のもの	Ⅰ-327		愛郷二葉會	
		石器時代出土遺物其六 遠州淺間山麓の天龍河によつてつきんとするところ半塲遺蹟あり上圖は當遺蹟より出土せる繩文土器の破片にして底部に葉文のものあり殊に上より二段目右より二番目の如く殊更に朱文の付したるものもありこれによりてこの地に於ける先住民族の大体を知るを得べし	Ⅰ-328			
		石器時代出土遺物其七 北遠最北半塲遺蹟より出土せる石器時代の遺物なり下段右大形の石臼を初め他はいづれも稀に見る珍品の數々にしてあまねく天下に公表して一般の研究の資料とせんとするのものである	Ⅰ-329			
		石器時代出土遺物其八 北遠半塲遺蹟より出土せる先住民族住居趾敷石帶の一部なり 昭和八年六月廿五日東京帝室博物館鑑査官補高橋勇先生並に靜岡縣調査委員が立會ひ調査研究の際青年團員が奉仕的に發掘したるものなり研究の結果我國稀に見る敷石帶なりといふ	Ⅰ-330			
Ⅳ期.—	—	(伊豆長岡史蹟集) 古代の石棺 溫泉から七八丁長岡字洞の山腹に奈良朝以前に埋藏したものが今は露出してゐるので史家の參考物である。		不 明	—	9
Ⅳ期.—	—	大廣間 大黑堂の松 古代石棺 伊豆長岡溫泉 さかなや旅館		不 明	さかなや旅館	9
Ⅳ期.—	—	瀨戸市深川神社西 加藤豊藏		不 明	—	1
Ⅳ期.—	—	下伊那郡國寶分布圖 數字は國寶所在地		不 明	—	6
Ⅳ期.—	三河一宮 砥鹿神社繪葉書	國幣小社砥鹿神社 社頭		8 葉	—	9
		國幣小社砥鹿神社 拜殿				
		砥鹿神社社叢ヨリ奥宮本宮山ヲ拜ス				
		砥鹿神社奥宮本宮ノ幽邃境				
		砥鹿神社奥宮 本宮山林叢				
		砥鹿神社奥宮本殿（本宮山頂）				
		砥鹿神社奥宮 社務所及參籠所				
		銅鐸（重要美術品）銅鐸 天保二辛卯年三河國設樂郡作手鄉田嶺邨發掘後當社に奉納袈裟襷紋總高一尺一寸八分小形の部に屬し昭和九年九月一日重要美術品に認定せらる				
Ⅳ期.—	京都帝國大學文學部 考古學教室標本繪葉書 第十三輯	71 京都市北白川發見磨石斧及石鏃 約 2 / 3		8 葉	京都帝國大學文學部	2
		72 京都市北白川發見繩紋式土器片				
		73 朝鮮平安南道廣梁灣貝塚發見櫛目紋土器 約 1 / 3 （京都帝國大學文學部藏）				
		74 滿洲國撫順發見銅劍及柄飾 約 1 / 2 （京都帝國大學文學部藏）				
		75 伯耆國東伯郡下北條村發見家形埴輪 約 1 / 4 （京都帝國大學文學部藏）				
		76 攝津武庫郡本山村田邊古墳發見金銅杏葉 約 2 / 3 （京都帝國大學文學部藏）				
		77 支那發見金銅銙帶金具 約 1 / 1 （京都帝國大學文學部藏）				
		78 朝鮮平安南道平原郡德山面發見土佛 約 2 / 3 （京都帝國大學文學部藏）				
Ⅳ期.—	京都帝國大學文學部 考古學教室標本繪葉書 第十四輯	79 琉球崎樋川貝塚發見骨器及貝器 約 2 / 3 （京都帝國大學文學部藏）		8 葉	京都帝國大學文學部	2
		80 大隅國囎唹郡大崎村發見彌生式土器 約 1 /12（京都帝國大學文學部藏）				
		81 河内國南河内郡應神帝陵附近發見家形埴輪 約 1 / 9 （京都帝國大學文學部藏）				
		82 傳和泉國神於寺舊藏木造狛犬 約 1 /10（京都帝國大學文學部藏）				
		83 支那河北省易州發見筒瓦 約 1 / 4 （京都帝國大學文學部藏）				
		84 支那發見金銅轡 約 1 / 2 （京都帝國大學文學部藏）				
		85 支那發見東晋建武□年神獸鏡 約 3 / 5 （京都帝國大學文學部藏）	口絵 6			
		86 ガロ羅馬式小壺及鉢 約 1 / 2 （京都帝國大學文學部藏）				
Ⅳ期.—	東方文化學院京都研究所繪葉書	東方文化學院京都研究所 全景		5 葉	東方文化學院京都研究所	2
		傳響堂山石窟飛天 東方文化學院京都研究所所藏				
		漢綠釉竈 東方文化學院京都研究所所藏				
		廣東通志 明黃佐等纂 嘉靖三十七年刊本 東方文化學院京都研究所所藏				

		十三經注疎 明嘉靖中福建刊本 山井鼎以足利學宋本校 東方文化學院京都研究所所藏				
Ⅳ期.—	近畿民俗調査寫眞第一輯 神事田樂	京都府天田郡金山村上野條八幡神社神事田樂（袖振り）		4 葉	京都帝國大學文學部國史研究室	6
		京都府天田郡金山村上野條八幡神社神事田樂（御國踊）				
		京都府北桑田郡周山村矢代日吉神社神事田樂				
		京都府北桑田郡周山村矢代日吉神社神事田樂（さゝら）				
Ⅳ期.—	履中天皇 仁徳天皇 反正天皇 百舌鳥耳原 三御陵エハガキ	百舌鳥八幡宮		不 明	耳原茶屋	9
		一乗山家原寺（文珠）				
		履中天皇百舌鳥耳原南陵（周圍十六丁十四間）				
Ⅳ期.—	白鶴美術館秋季陳列繪葉書（第六回）一組十二枚	周銅馬面		12 葉	財團法人 白鶴美術館	2
		周銅馬具				
		周銅輦器				
		周銅車器				
		周銅鳳鈴				
		周銅車器				
		周銅車器				
		周銅舞戉				
		秦銅輦器				
		唐銅鎏金帶				
		唐銅鎏金帶				
		帶鈎				
Ⅳ期.—	—	周夔鳳饕餮紋方尊		不 明	財團法人 白鶴美術館	2
Ⅳ期.—	宮瀧繪はがき 第二輯 彌生式土器	*1*		10 葉	—	2
		2				
		3				
		4				
		5				
		6				
		7 大和宮瀧發見 合蓋彌生式土器 約 1 / 7	Ⅰ -462			
		8 大和宮瀧發見 合蓋彌生式土器 約 1 / 6	Ⅰ -463			
		9 大和宮瀧發見 合蓋彌生式土器 約 1 / 5	Ⅰ -464			
		10 大和宮瀧發見 彌生式土器 約 1 / 6	Ⅰ -465			
Ⅳ期.—	藤原宮阯ゑはがき 第一輯	*(不明)*		不 明	藤原宮阯顯彰會	2
Ⅳ期.—	藤原宮阯ゑはがき 第二輯	*(不明)*		不 明	藤原宮阯顯彰會	2
Ⅳ期.—	藤原宮阯ゑはがき 第三輯 出土古瓦	藤原宮趾出土軒丸瓦（其の一）		8 葉	藤原宮阯顯彰會	2
		藤原宮趾出土軒丸瓦（其の二）				
		藤原宮趾出土軒丸瓦（其の三）				
		藤原宮趾出土軒平瓦（其の一）				
		藤原宮趾出土軒平瓦（其の二）				
		藤原宮趾出土古瓦の一部				
		藤原宮趾古瓦埋沒狀態				
		(不明)				
Ⅳ期.—	—	藤原宮趾小宮土壇發掘狀況		不 明	藤原宮阯顯彰會	2
Ⅳ期.—	指定史蹟 石舞臺古墳繪葉書	指定史蹟・大和國・島之庄・石舞臺古墳 全景	Ⅰ -466	8 葉	大和國島之庄青年團	9
		指定史蹟・大和國・島之庄・石舞臺古墳 石室（後側）遠望	Ⅰ -467			
		指定史蹟・大和國・島之庄・石舞臺古墳 石室（東側）	Ⅰ -468			
		指定史蹟・大和國・島之庄・石舞臺古墳 石室（西側）	Ⅰ -469			
		指定史蹟・大和國・島之庄・石舞臺古墳 石室正面（南側）より羨道及び玄室を望む	Ⅰ -470			
		指定史蹟・大和國・島之庄・石舞臺古墳 石室內部（玄室）	Ⅰ -471			
		指定史蹟・大和國・島之庄・石舞臺古墳 陪冢石室・石棺の一部	Ⅰ -472			
		指定史蹟・大和國・島之庄・石舞臺古墳 石室伏圖（上）・中心線縱斷面圖（下）	Ⅰ -473			
Ⅳ期.—	建國の聖地 橿原神宮畝傍御陵 參拜記念	(大和) 橿原神宮前驛（大和畝傍）深田池		5 葉	SHUEIDO	9
		(大和) 橿原神宮門				
		(大和) 官幣大社橿原神宮				
		(大和) 神武天皇御陵				
		(大和) 畝傍山				
Ⅳ期.—	飛鳥名所 岡寺と其附近	(飛鳥名所) 石舞台の奇景 ISHI-BUTAI (GREAT STONE STAGE), ASUKA.		不 明	大正寫眞工藝所	9
		(飛鳥名所) 史蹟として知らるゝ酒船石 SAKABUNE-ISHI STONE, HISTORIC RUINS, ASUKA.				
		(飛鳥名所) 森嚴なる治田神社 SOLEMN VIEW OF HARUTA SHRINE, ASUKA.				
		(飛鳥名所) 古來聞えし飛鳥神社 FRONT SIGHT OF SOL-EMN ASUKA SHRINE, ASUKA.				
Ⅳ期.—	不退寺繪はがき	參道並梵字立石（鎌倉時代）奈良 不退寺		6 葉	不退寺	9
		國寶・南大門（鎌倉時代）奈良 不退寺				

年.月	題　　名	添　　書	図版番号	組 数	発 行 所	分類
Ⅳ期.—	不退寺繪はがき	國寶・本堂（室町時代）奈良 不退寺			不退寺	
		國寶・多寶塔（鎌倉時代）奈良 不退寺				
		石棺 奈良 不退寺				
		南大門蟇股 奈良 不退寺				
Ⅳ期.—	官幣大社石上神社繪葉書	本殿 みつるぎをいはひそめてしむかしより代をまもりますふるのみやしろ（古歌）官幣大社石上神宮 ISONOKAMI-JINGU（大和國山邊郡丹波市町大字布留鎮座）		8 葉	石上神宮社務所	9
		拜殿 國寶建造物 白河天皇の御創建なり（昭和九年より八百五十三年前）官幣大社石上神宮 ISONOKAMI-JINGU（大和國山邊郡丹波市町大字布留鎮座）				
		攝社拜殿 國寶建造物 官幣大社石上神宮 ISONOKAMI-JINGU（大和國山邊郡丹波市町大字布留鎮座）				
		樓門 廻廊 國寶建造物 文保二年改築（昭和九年ヨリ六百十五年前）昭和七年改築 官幣大社石上神宮 ISONOKAMI-JINGU（大和國山邊郡丹波市町大字布留鎮座）				
		表參道 ちはやふる神もうれしくおほしめす雨はふるの丶神のすぎこ丶こそ山べの名所なれ（大躍のうた）官幣大社石上神宮 ISONOKAMI-JINGU（大和國山邊郡丹波市町大字布留鎮座）				
		國寶 寶物 色々威腹卷 太刀銘云義憲作社傳には小狐丸と稱せり 官幣大社石上神宮 ISONOKAMI-JINGU（大和國山邊郡丹波市町大字布留鎮座）				
		勾玉國寶 官幣大社石上神宮 ISONOKAMI-JINGU（大和國山邊郡丹波市町大字布留鎮座）				
		嚴瓮 高三尺二寸 直徑三尺四寸 古代境内酒殿に据え神酒を釀せしものなり 大正天皇御即位禮に際しこの形をとり萬歳旗上部の模樣として刺繍あらせられたり 官幣大社石上神宮 ISONOKAMI-JINGU（大和國山邊郡丹波市町大字布留鎮座）				
Ⅳ期.—	吉水神社 寶物繪葉書	吉水神社 吉野朝皇居玉座（國寶建造物）		16 葉	吉水神社社務所	9
		吉野朝皇居 吉水神社 源義經潛居之間（國寶建造物）				
		吉野朝皇居 吉水神社寶物 後醍醐天皇御宸翰祈文（國寶）				
		吉野朝皇居 吉水神社寶物 後醍醐天皇御宸筆 色紙				
		吉野朝皇居 吉水神社寶物 後小松天皇御宸筆				
		吉野朝皇居 吉水神社寶物 水戸光圀翁來翰				
		吉野朝皇居 吉水神社寶物 本居宣長吉野山畫賛				
		吉野朝皇居 吉水神社寶物 後醍醐天皇御物 竹文臺・竹硯箱・硯石				
		吉野朝皇居 吉水神社寶物 後醍醐天皇御所持 羊皮太鼓				
		吉野朝皇居 吉水神社 源義經所用 色々威腹卷（國寶）				
		吉野朝皇居 吉水神社寶物 村上彥四郎義光所用 五本卒塔婆形鐵鍔（國寶）				
		吉野朝皇居 吉水神社寶物 佐藤忠信所用 太刀・鏃・兜				
		吉野朝皇居 吉水神社寶物 蟬丸所持 琵琶				
		吉野朝皇居 吉水神社寶物 銅鐸 豊臣秀吉公寄附				
		吉野朝皇居 吉水神社寶物 鍍金之經筒（國寶）				
		吉野朝皇居 吉水神社寶物 青磁花瓶				
Ⅳ期.—	—	（大和畝傍）歴史館（The Hall of History. Unebi, Yamato）		不 明	—	9
Ⅳ期.—	—	史蹟元興寺塔址心礎 長サ六尺七寸 巾六尺一寸		不 明	—	9
Ⅳ期.—	—	（畝傍名所）珍重される考古館		不 明	—	9
Ⅳ期.—	—	古墳時代ノ石馬（所在地宇田川村）淀江驛ヲ距ル八町 古墳時代ノ轡ト各種ノ土器（淀江驛山陰微古館藏）		不 明	—	2
Ⅳ期.—	出雲玉造温泉繪葉書	出雲玉造温泉 全景		6 葉	—	9
		出雲玉造温泉 公園より花仙山を望む				
		出雲玉造温泉 岩屋寺山古墳				
		出雲玉造温泉 築山舟形石棺				
		出雲玉造温泉 宮垣（古代曲玉製作地）				
		出雲玉造温泉 縣社玉作湯神社				
Ⅳ期.—	—	出雲玉造温泉全景 保性舘 別舘幽泉亭		8 葉	—	9
		出雲玉造温泉 淸流 暢神亭				
		出雲玉造温泉櫻の堤 松乃湯				
		出雲玉造温泉 縣社 玉造湯神社 宮垣（古代曲玉製作地）				
		出雲玉造温泉 岩屋寺山古墳 舟形石棺（史蹟保存地）				
		出雲玉造温泉 全國十六佳泉當選碑 鶴乃湯				
		出雲玉造温泉 長樂園温泉瀧の大ループ				
		出雲玉造温泉 玉造小唄踊				
Ⅳ期.—	隱岐名所繪葉書 壹組	（隱岐名所）後鳥羽院上皇御火葬塚跡 海士郡海士村		14 葉	荒木市之助雜貨商	9
		（隱岐名所）池田國分寺後醍醐天皇行在所跡				
		（隱岐名所）西鄕町飯の山古墳				
		（隱岐名所）西鄕港全景 其ノ一				

		(隠岐名所) 西鄕港全景 其ノ二				
		(隠岐名所) 隠岐鬪牛				
		(隠岐名所) 知夫郡黑木村黑木御所				
		(隠岐名所) 縣社玉若酢尊神社及八百杉				
		(隠岐名所) 島根縣立隠岐商船水產學校				
		(隠岐八景の内) 西鄕港				
		(隠岐八景の内) 浦鄕港外國賀				
		(隠岐八景の内) 知夫渡津港				
		(中村白島海岸) 田島ヨリ小白島及大魚留並中村海岸遠景遠望				
		隠岐民謡　ドツサリ節踊				
Ⅳ期.—	—	隠岐國分寺・後醍醐天皇行在所趾		9 葉	隠岐物産陳列所	9
		後鳥羽上皇御火葬場塚				
		隠岐名所・總社玉若酢神社				
		隠岐一宮・國幣中社水若酢神社一ノ鳥居				
		隠岐名所・西鄕町飯の山古墳全景				
		隠岐名所・中村港外兜岩				
		隠岐名所・都万港海岸の景				
		隠岐名所・金峯山より西鄕港を望む				
		隠岐名所・知夫渡津港の景				
Ⅳ期.—	徵古繪葉書	國寶 隠岐國驛鈴 大化二年改新の詔を宣し給ひ始めて驛傳の制確立す驛鈴は此の制令に依りて官人が驛路の人馬を徵發するの証憑として給せらるものなり令聞書に「驛馬は善馬傳馬は次の馬なり」即ち驛鈴は驛馬徵發に用ゆ鈴音清喨心魂自ら鎭まる金銅合金製		4 葉	隠岐國磯村杉廼舍	9
		國寶 光格天皇御下賜唐櫃 寛政二年新内裏成り御還幸せらるゝに際り隠岐國造幸生に勅して其家傳來の驛鈴一口を奉らしめ朱塗りの鈴櫃に納れて御鹵簿に從ひさせられたり御式畢りて鈴を幸生に返し給ふ時其唐櫃に黄金一枚を副へて下賜せらる懐紙は天明六年驛鈴を展覽に供せし時前大納言日野資枝卿の國造幸生に寄せられし詠なり				
		國寶 隠岐國倉印 上古健兒（兵士）の糧食を收むる倉を屯倉と云ふ此の印は隠岐國屯倉所用のものなり史に大化年中「鑄印頒諸國」即ち此印の如き亦其の一ならん銅製 文「隠伎倉印」				
		帛片 天明六年隠岐國造幸生驛鈴を展覽に供し奉る天皇畏くも御手づから裂きて鈴緒に用ひ給ひし帛片なり				
Ⅳ期.—	—	重要美術品 漢獸帶盤龍鏡　岡山縣都窪郡三須村法蓮出土		不 明	吉備考古會	2
Ⅳ期.—	國幣中社 安仁神社繪葉書	國幣中社安仁神社 參詣道		不 明	安仁神社社務所	9
		國幣中社安仁神社 御社殿				
		國幣中社安仁神社 銅鐸				
Ⅳ期.—	備中高松城趾 參蹟記念繪葉書	石井山（秀吉陣地）より見たる高松城址全景		5 葉	高松城趾保興會指定休憩所	9
		(タイトルなし 史蹟高松城阯石標)				
		清水宗治公首塚 明治四十三年石井山持寶院境内より移轉したるもの				
		清水宗治公首瓶				
		高松城主清水宗治公天正十年六月四日自刄の直前誓願寺の曲を舞居る様を模型せるもの				
Ⅳ期.—	—	(讃岐鬼ヶ島) 部落全景		不 明	—	9
		(讃岐鬼ヶ島) 鬼ヶ島ヨリ屋島古戰場ヲ望ム				
		(讃岐鬼ヶ島) 洞窟山上玄武岩				
		讃岐鬼ヶ島の千古を語る貝塚				
		(讃岐鬼ヶ島) 大洞窟入口				
		(讃岐鬼ヶ島) 大洞窟内より發掘したる年代佛（尊名未詳）				
		(讃岐鬼ヶ島) 大洞窟内床の間				
		(讃岐鬼ヶ島) 大洞窟内龜の甲天井				
		(讃岐鬼ヶ島) 大洞窟内紫天井				
		(讃岐鬼ヶ島) 洞窟内寶庫				
		(讃岐鬼ヶ島) 洞窟内大廣間				
Ⅳ期.—	—	縣社城山神社（讃岐綾歌郡府中村）	Ⅰ-537	不 明	FUKUSAI TAKA-MATSU	9
		城山古城址東門ノ遺蹟（讃岐綾歌郡府中村城山）	Ⅰ-538			
		菅公城山ノ神ニ祈雨ノ舊跡（讃岐綾歌郡府中村城山頂上）	Ⅰ-539			
		國府印鑰明神遺跡（讃岐綾歌郡府中村）	Ⅰ-540			
		讃岐國分石（讃岐綾歌郡府中村）	Ⅰ-541			
		聖堂ノ遺跡（讃岐綾歌郡府中村）	Ⅰ-542			
		國分寺瓦竈跡（讃岐綾歌郡府中村）	Ⅰ-543			
Ⅳ期.—	天下奇勝 龍河洞入洞記念	三寶山全景 高知縣香美郡佐古村逆川龍河洞 龍河洞の潜在せる三寶山の全景にして全山奇岩突兀山容凡ならず洞は谿の窮まる所にあり左方の白き屋根は保勝會舘他の家屋は飲食店である	Ⅰ-554	7 葉	龍河洞保勝會	9

年.月	題　　名	添　　書	図版番号	組 数	発　行　所	分類
Ⅳ期.—	天下奇勝 龍河洞入洞記念	龍河洞入口 高知縣香美郡佐古村逆川龍河洞 洞前の全景小祠は之れ龍王宮岩壁の題字は東京帝國大學名譽教授理學博士脇水鐵五郎氏の揮毫にかゝるもの洞窟は右と左に在り	Ⅰ -555		龍河洞保勝會	
		裏見瀧 高知縣香美郡佐古村逆川龍河洞 瀧狀を爲せる鍾乳石の流態にて裏より見ることを得故に此の名あり高さ六米玲瓏たる其の色雅致なる其の形體客をして唯恍惚たらしむるものがある	Ⅰ -556			
		奧千本 高知縣香美郡佐古村逆川龍河洞 上より垂るゝもの下より積み累ぬるもの上下接續して居るもの長きもの短きもの表より見るも裏より覗くも異形珍態正に限りなし前の千本と相對して洞中絕勝の地	Ⅰ -557			
		天降石 高知縣香美郡佐古村逆川龍河洞 洞中第一の鍾乳石其の成立に四萬年以上を要したりしとは脇水博士の御鑑定である高さ十一米周圍六米右方に梢小なるものあり之亦其形態に於て群を抜くもの	Ⅰ -558			
		クラゲ石 高知縣香美郡佐古村逆川龍河洞 一群の鍾乳石垂下して宛然游行せるクラゲの如し洞中秀逸の一に數へらる	Ⅰ -559			
		捲石土器 高知縣香美郡佐古村逆川龍河洞 穴居住民の住居せし神代窟に現存せる捲石の彌生式土器にして其の使用せし年代は今より約三四千年の昔と言はれ之れ眞に世界唯一の至寶である	Ⅰ -560			
Ⅳ期.—	文部省指定天然記念物 大自然の驚異 龍河洞の奇勝 A	□高知・龍河洞の奇勝□ 龍王神社と龍河洞の入口－龍河洞は高知市より東北方六里、土佐山田驛より二里、省營バス神母木驛より一里の所にある。天工の妙を得た驚く許りの石灰洞窟、昭和九年十二月史蹟天然記念物として指定せられてゐる。		8 葉	龍河洞保勝會	9
		□高知・龍河洞の奇勝□ 瀧口－龍河洞々窟は洞前龍王神宮の左右に二洞あり、右洞は水甚だ寒く、左洞は之に反して暖かである、そして兩洞は奧で相通じてゐるが、右洞は構成が多少危險なので、觀光の目的は主として左洞を進む、即ち鼓の間踊の間を過ぎ天柱石を見て、記念瀧を昇り前千本、奧千本を經て、この瀧口に到れば、ここは左洞の水源をなし、口の奧を想像して神秘感はいよいよ增す。				
		□高知・龍河洞の奇勝□ 天降石－記念瀧の右方に當つて洞内第一の稱乳石が地面と僅かに指一本の隙きを殘して垂れ下り、高さ十一米余及び六米の大小二個あり、壯觀は言語に絕す、學者の鑑定によると、この鍾乳石の成立は少くとも四万年以上の年月を要したと謂はれてゐる。				
		□高知・龍河洞の奇勝□ 蒼空梯－保勝會員の數次の探査により、洞内天の川と稱する所の上方を開穿して新洞への路を作り、洞中最高の梯を架け蒼空梯と名付け、之れを登つてサボテン石、萬象殿、最壯殿等の奇勝へ通ず。				
		□高知・龍河洞の奇勝□ クラゲ石－寫眞は鍾乳石の珍景の一として洞中に誇るもの、恰も海月の型に似るので此の名がある。このように千差萬態を成す所に龍河洞の特異性があり、古代民の住居した事と合せて、學究的、藝術的、神秘的である事は、有名な秋芳洞、風簾洞、其他數多の石灰洞窟を一歩抜くと稱せられたる。				
		□高知・龍河洞の奇勝□ 裏見の瀧－石灰分の水が滔々幾萬年の歲月に流れ落ちて、世にも不思議な奇觀を呈し大小十一ヶ所の瀧の他に鍾乳石の瀧狀をなすもの六ヶ所あり、寫眞は其の内の裏見の瀧と稱するもの、高さは約六米あり、裏面へ廻る事が出來る。				
		□高知・龍河洞の奇勝□ 奧千本－在來は記念瀧と稱す所が止に成つて居たが、海南中學校の山内、松井兩教諭の熱情的探究の努力に依つて、愈々龍河洞の神髓が發揮され、奧地の奇勝、偉觀は眞に應接に遑が無い。記念瀧に架かる數丈の狹い梯を昇り、間も無く濶然と開けた所にこの奧千本の勝景がある。				
		□高知・龍河洞の奇勝□ 龍宮殿－幾重の綿纈緞帳を垂れ下げ、山なす寶玉をそなへて、奧に御姬様の衣ずれの音が聞こえそうな風情に、うたた恍惚となる龍宮殿。『洞の深さ數十間を極むるも底止するところを知らず』といふだけで、最近まで隱された、この神代からの秘庫の何と壯大なことよ。				

Ⅳ期.—	文部省指定天然記念物 大自然の驚異 龍河洞の奇勝 B	□高知・龍河洞の奇勝□ 玉筍峯－洞内房室の多き事も、たぐひまれな特徴の一として加へる事が出來る、大なる房室十八ヶ所、鍾乳石特有の美しい肌を燦然とかがやかせてゐる態は、實に全美を盡した自然の大殿堂、寫眞は房室内に神工鬼斧の極致を示す玉筍峯。	Ⅰ-561	8葉	龍河洞保勝會	9
		□高知・龍河洞の奇勝□ 傘石－或は右に或は左に、新古洞窟の分派線多き事總長蜒々八キロ、狭溢に路絶ゆるかと思へば忽然と前に濶け、奇岩下に逼ひ上に連なり、時に入道の破顔が頭上に覆ひかぶさつて來る、變現萬化の獵奇情景はギリシヤ神話を髣髴させる。	Ⅰ-562			
		□高知・龍河洞の奇勝□ 飛龍殿－最壯殿より右方へ下向して進めば、其途中に虹の廊下、神の棚、扉の石、などの奇石を見て、この飛龍殿なる大洞窟に出る、大空の巻雲をついて躍りかかつて來るやうな飛龍の壯觀。	Ⅰ-563			
		□高知・龍河洞の奇勝□ 万象殿－此附近には万象殿を初め連日生殿、奇極殿、最壯殿等高大な空洞が連續して眞に壯嚴の極致である、天井に群生する無數の蝙蝠は喧々たる中にも、沈默ばかりの洞窟に愛嬌を副へてゐる。	Ⅰ-564			
		□高知・龍河洞の奇勝□ サボテン石－龍河洞の特徴の一としては鍾乳石、石筍、石柱の數多き事である。鍾乳石一七二八本、石筍六二三本、石柱二九二本夫々に大小珍形をそなへてゐる、寫眞はサボテンの形に似た奇觀を有する大石柱。	Ⅰ-565			
		□高知・龍河洞の奇勝□ 鍾乳石に捲き込まれた彌生式土器－神代窟の附近に神の壺と稱する玄室がある。この邊一帶は太古穴居の民の住居せし所で、寫眞の如く彌生式土器が鍾乳石に捲き込まれて現存する態は、實に天下の逸品、恐らく世界絶無のもので、史跡研究上蓋し得べからざる資料である。	Ⅰ-566			
		□高知・龍河洞の奇勝□ 洞内にて發見せられたる彌生式土器及獸骨貝殼－最壯殿を更に進めば神代窟と稱する所に出る。穴居民族が今より三千有余年以前に使用した彌生式土器廿二個あまり發見され實に千古の秘寶となつた、しかも之等は極く最近發見されたものである。	Ⅰ-567			
		□高知・龍河洞の奇勝□ 龍河全山と保勝會事務所全景－寫眞は探勝客の行き得る本道のみにても、その行程一千米、所要時間一時間半といふ澎大な神秘窟龍河洞を藏する全山で、ここには地質學、人類學、考古學上幾多の貴重な研究題目を秘めてゐる。そして何萬年かの天斧が素晴らしく偉大な天下の奇勝を今日に殘してくれた。	Ⅰ-568			
Ⅳ期.—	筑前都府楼繪葉書	(筑前) 太宰府正廳趾全景		10葉	古瓦參考館	9
		(筑前) 太宰府大門址ヨリ正廳址及大野城址ヲ望ム				
		(筑前) 太宰府碑 (龜井南溟先生撰文並書)				
		(筑前) 太宰府址平面圖				
		(筑前) 大野城址平面圖				
		(筑前) 榎寺址 (菅公舘址) (筑前) 苅萱關址				
		(筑前) 都府樓瓦窯埋沒址 (正廳址ノ北約四十間) ×印ハ窯口 △印ハ煙出				
		(筑前) 都府楼古代之圖 イ 正廳 ロ 後廳 ハ 東廳 ニ 西廳 ホ 中門 ヘ 大門				
		(筑前) 都府樓報時臺ニテ使用セラレシ漏刻之圖				
		(筑前) 水城址及水門礎石實景				
Ⅳ期.—	—	別府百景 BEPPU HOT SPRINGS 夜景 濱脇の古墳 ゴルフ場 田の浦の風景 遊覽自動車		不明	—	9
Ⅳ期.—	第二輯・考古學資料 宮崎神宮徵古館繪葉書	石器時代遺物 日向の石器時代には繩文土器も又彌生式土器も見られるこの土器片は繩文系統のもの石器には彌生式文化のものもある 石槍 石環 石斧 石斧 石斧 石斧	Ⅰ-619	8葉	宮崎神宮社務所	2
		彌生式土器 九州に始まつて中部から東日本へと發展して行つた土器であり、この土器を使つた人々によつて皇國は創業されたのである古式のものには文様もあり、地方的特色もあるが、古墳時代に入ると全國一様となり文様もない	Ⅰ-620			
		須惠器 古墳時代に盛んに用ひられ奈良時代から平安時代にまで用ひられたもの、古史にスエノウツハとあるものはこれ 高坏 䃲 平瓶 提瓶 甕 脚付坩 高坏 横瓮 坏	Ⅰ-621			
		内行花文鏡 宮崎市廣島出土 (舶載鏡) 四神鏡 兒湯郡妻町西都原出土 (仿製) 上代人は鏡に特殊の信仰をもつてゐた支那から舶載しものもあるが、わが鏡作部で倣鑄したものもあるこの二面は千八九百年前のもの日向上代文化悠遠を物語つてゐる	Ⅰ-622			

年.月	題　名	添　書	図版番号	組数	発行所	分類
Ⅳ期.—	第二輯・考古學資料 宮崎神宮徴古館繪葉書	短甲 草摺のないのが普通であるところから短い甲とされる下部缺失（前）（背板）鍬頭　轡鏡板 杏葉 鎊馬のときに用ふる馬具	Ⅰ-623		宮崎神宮社務所	
		明治四十五年以降大正初年に掛けて西都原雜掌塚圓墳等より發掘したる出土品に付東京帝室博物館にて復原し巽一太郎氏の製作したるもの 鐵冑 家形埴輪 子持家形埴輪 船型埴輪	Ⅰ-624			
		上代人は玉を愛した。玉に勾玉、管玉、切子玉、算盤玉、丸玉、小玉等がある。遠くビルマ邊りから求めた硬玉で勾玉をつくり、ガラスで丸玉や小玉をつくつてゐる。ガラス製小玉 丸玉 管玉 勾玉 丸玉 算盤玉 切子玉 金屬鐶 管玉	Ⅰ-625			
		和鏡は我が中世の工藝作品中の白眉である藤原時代のもの最もすぐれ鎌倉時代後期から退嬰に向ふ桃山時代から柄鏡が出來る中世には信仰の對象となつたものが多く江戸時代に入つて容飾の具として一般化した 草枝双鳥鏡（藤原時代）松枝双鳥鏡（鎌倉後期）湖州鏡（中支湖州鑄造のものを模したもの）蓬莱鏡（鎌倉後期）菊枝双鳥鏡（藤原時代）蓬莱鏡（鎌倉後期）	Ⅰ-626			
Ⅳ期.—	第二輯・考古學資料 宮崎神宮徴古館繪葉書	石器時代遺物 日向の石器時代には繩文土器も又彌生式土器も見られるこの土器片は繩文系統のもの石器には彌生式文化のものもある 石槍 石環 石斧 石斧 石斧 石斧		6 葉	宮崎神宮社務所	2
		内行花文鏡 宮崎市廣島出土（舶載鏡）四神鏡 兒湯郡妻町西都原出土（仿製）上代人は鏡に特殊の信仰をもつてゐた支那から舶載しものもあるが、わが鏡作部で倣鑄したものもあるこの二面は千八九百年前のもの日向上代文化悠遠を物語つてゐる				
		短甲 草摺のないのが普通であるところから短い甲とされる下部缺失（前）（背板）鍬頭　轡鏡板 杏葉 鎊馬のときに用ふる馬具				
		明治四十五年以降大正初年に掛けて西都原雜掌塚圓墳等より發掘したる出土品に付東京帝室博物館にて復原し巽一太郎氏の製作したるもの 鐵冑 家形埴輪 子持家形埴輪 船型埴輪				
		上代人は玉を愛した。玉に勾玉、管玉、切子玉、算盤玉、丸玉、小玉等がある。遠くビルマ邊りから求めた硬玉で勾玉をつくり、ガラスで丸玉や小玉をつくつてゐる。ガラス製小玉 丸玉 管玉 勾玉 丸玉 算盤玉 切子玉 金屬鐶 管玉				
		和鏡は我が中世の工藝作品中の白眉である藤原時代のもの最もすぐれ鎌倉時代後期から退嬰に向ふ桃山時代から柄鏡が出來る中世には信仰の對象となつたものが多く江戸時代に入つて容飾の具として一般化した 草枝双鳥鏡（藤原時代）松枝双鳥鏡（鎌倉後期）湖州鏡（中支湖州鑄造のものを模したもの）蓬莱鏡（鎌倉後期）菊枝双鳥鏡（藤原時代）蓬莱鏡（鎌倉後期）				
Ⅳ期.—	考古學資料 徴古館繪葉書	石器時代遺物 日向の石器時代には繩文土器も又彌生式土器も見られるこの土器片は繩文系統のもの石器には彌生式文化のものもある 石槍 石環 石斧 石斧 石斧 石斧		6 葉	宮崎神宮徴古館	2
		彌生式土器 九州に始まつて中部から東日本へと發展して行つた土器であり、この土器を使つた人々によつて皇國は創業されたのである古式のものには文様もあり、地方的特色もあるが、古墳時代に入ると全國一様となり文様もない				
		須惠器 古墳時代に盛んに用ひられ奈良時代から平安時代にまで用ひられたもの、古史にスエノウツハとあるものはこれ 高坏 𤭯 平瓶 提瓶 甕 脚付坩 高坏 横瓮 坏				
		内行花文鏡 宮崎市廣島出土（舶載鏡）四神鏡 兒湯郡妻町西都原出土（仿製）上代人は鏡に特殊の信仰をもつてゐた支那から舶載しものもあるが、わが鏡作部で倣鑄したものもあるこの二面は千八九百年前のもの日向上代文化悠遠を物語つてゐる				
		明治四十五年以降大正初年に掛けて西都原雜掌塚圓墳等より發掘したる出土品に付東京帝室博物館にて復原し巽一太郎氏の製作したるもの 鐵冑 家形埴輪 子持家形埴輪 船型埴輪				
		上代人は玉を愛した。玉に勾玉、管玉、切子玉、算盤玉、丸玉、小玉等がある。遠くビルマ邊りから求めた硬玉で勾玉をつくり、ガラスで丸玉や小玉をつくつてゐる。ガラス製小玉 丸玉 管玉 勾玉 丸玉 算盤玉 切子玉 金屬鐶 管玉				
Ⅳ期.—	日向の史蹟 西都原 及附近の名勝	西都原古墳群ノ展望 其ノ一	Ⅰ-639	不 明	妻町 マスヤ	9
		西都原古墳群ノ展望 其ノ二	Ⅰ-640			
		西都原古墳 第二〇六號墳 鬼ヶ窟	Ⅰ-641			

		西都原御陵墓參考地	Ⅰ -642			
		西都原古墳祭ニ奉納サレル神代舞樂ノ一團 妻町互親組	Ⅰ -643			
		日向嵐山ノ稱アルーツ瀬川上流（杉安）	Ⅰ -644			
		都萬神社境内ノ大楠 目通四丈五尺余	Ⅰ -645			
Ⅳ期.—	天岩戸	天岩戸本殿		8 葉	天岩戸神社社務所	9
		天岩戸拜殿				
		天岩戸				
		仰慕窟				
		天浮橋				
		古代土器 古代石器				
		天岩戸かぐら				
		天岩戸かぐら				
Ⅳ期.—	—	(神都・高千穂風景）高千穂及岩戸附近より發掘されたる寶玉 JEWELS OF ANCIENT AGE FOUND IN THIS VICINITY, TAKACHIHO OF HYUGA.		不 明	大正寫眞工藝所	9

あとがき

今、戦前の絵葉書が注視されている。毎年、各地の博物館では絵葉書を題材にした特別展が開催され、図録や関連書籍の出版も盛んである。そして、街の古書店や骨董市でも絵葉書はきちんと居場所を確保し、その存在を誇示しているのである。

明治から大正期にかけて、日露戦争戦役紀念絵葉書に端を発する最初の流行期には、『日本全国名所絵葉書目録』（小竹忠三郎著、明治44年）が出版され、大正２年の再版では、485頁に亙り各地の名所絵葉書が採録されている。それから約30年の間に発行された多様なジャンルの絵葉書は、天文学的な枚数になるだろう。

しかし、本書で扱う考古学絵葉書となると、発行枚数は当該期に出回った絵葉書の１パーセントにも満たない、と断言できる。そして、その中から今日に伝世された考古学絵葉書となると、さらに心細い数字になるのではないかと思う。それは、専門性が高く、発行部数も少ないという考古学絵葉書自身の特性にもよるが、そもそも妖艶な美人絵葉書や、郷愁を誘う名所絵葉書のような、後代に残すだけの魅力に乏しいことが大きな要因である。加えて、関東大震災と太平洋戦争という凄惨な歴史が、この30年の間に横たわっていることも忘れてはならない。

６年前、神田の古書店で１葉の考古学絵葉書（「坪井博士諏訪湖ニ於テそね石器時代遺物調査ノ光景」、本書71頁Ⅰ-309）と出会って以来、この魅力のない絵葉書蒐集に尽力したのは、これらが日本考古学史を描出する一級資料たり得るという、直感によるものである。そして、ある古書店で言われた「（考古学絵葉書のような）売れないものは邪魔になるので、入荷しても処分しています」という衝撃の一言がある。次世代にどのような文化や価値を継承していくのか。日頃、文化財保護行政に携わる身として、どうしても看過できない一言だった。

以後、各地の博物館や図書館、時に古書店や絵葉書店で「フィールド調査」を展開するようになる。巻末約90ページに及ぶ「考古学絵葉書年表」はその成果であり、また途中経過でもある。

考古学絵葉書について最初に発表したコラムの冒頭、「本稿は考古学・人類学に関係する絵葉書を発行された時代毎に概観し、調査・研究や学界動向との関係を探るための基礎作業を目的とする。コラムという性格上、頁数は制限されるし、飽性の性格ゆえ、いつまで続くかもわからない。それでもなおこの作業が考古学史資料の一隅を照らすことになれば、望外の喜びである」という一文を掲載した（『考古学集刊』第４号所収、平成20年）。

約1500枚の考古学絵葉書を扱った本書の編集が終わった今、その思いは全く変わっていない。本書を通じ、新たな考古学絵葉書が発掘され、絵葉書が考古学史研究の史料として周知されるとともに、日本考古学に聊かでも寄与することがあれば、無上の喜びである。

最後に、「いつまで続くかもわからない」と宣言した研究を一冊の成書にまとめることができたのは、学生時代、弥生土器の研究を通じて考古遺物の見方を御教示頂いた石川日出志・佐々木憲一両先生、考古学史研究の難しさを教えて頂き、ある日、「これを君に」といって考古学会総会記念絵葉書の束を送って下さった岡本東三先生に依るところが大きい。

また、考古学史研究に常日頃から細かな御指導を賜り、拙著のために推薦文まで起こして下さった坂詰秀一先生の御恩情に支えられることが多々あった。ここに明記し、深く御礼を申し上げる。

そして、本書の構想段階から約3000枚近い絵葉書のレイアウトをしてくれた愚妹、何よりも趣味と研究の境界が曖昧な日常に深い理解を示してくれた両親に、この場を借りて感謝を伝える私情を許されたい。

平成26年11月26日

平　田　　健

編 者 略 歴

1980年　千葉県に生まれる。

2010年　明治大学大学院文学研究科史学専攻博士後期課程単位取得退学

現在　東京都教育委員会

〔主要著書・論文〕

『博物館学人物史』上（共著、雄山閣、2010年）

「日本古代文化学会の活動とその評価をめぐって―戦時下の考古学史を理解するために―」（『古代文化』第57巻第12号、2005年）

「学校教育における考古資料教材の開発とその学史的意義―ドルメン教材研究所『古代土器複製標本』の評価をめぐって―」（『学習院大学史料館紀要』第17号、2011年）

日本考古学百景

戦前の絵葉書にみる遺跡と遺物

2015年（平成27）1月10日　第1版第1刷発行

編　者　平田　健

発行者　吉川道郎

発行所　株式会社 吉川弘文館

東京都文京区本郷7丁目2番8号

郵便番号 113-0033

電話 03-3813-9151（代表）

振替 00100-5-244

http://www.yoshikawa-k.co.jp/

印刷＝株式会社 藤原印刷　　製本＝誠製本株式会社

© Takashi Hirata 2015. Printed in Japan

ISBN978-4-642-09340-8

JCOPY 〈(社)出版者著作権管理機構 委託出版物〉

本書の無断複写は著作権法上での例外を除き禁じられています．複写される場合は，そのつど事前に，(社)出版者著作権管理機構（電話 03-3513-6969，FAX 03-3513-6979，e-mail: info@jcopy.or.jp）の許諾を得てください．

日本考古学概論

斎藤　忠著　　A５判・478頁／4,300円

複雑多岐な日本考古学を、先土器時代から近世に至るまで、資料を駆使し、豊富な挿図を加えて分かりやすくまとめた。難渋な内容をきわめて平易に説いており、誰にも理解できる日本考古学の大観を知るための入門書。

日本考古学史

（日本歴史叢書）

斎藤　忠著　　四六判・394頁・口絵4頁／3,100円

複雑多彩に発達した日本考古学を、江戸時代前より説きおこし明治・大正さらに現代までを精確に展望した。著者の40年にわたる資料の蒐集・整理により考古学の各分野を、はじめて体系的にまとめた学界初の考古学史。

太平洋戦争と考古学

（歴史文化ライブラリー）

坂詰秀一著　　四六判・234頁／1,700円

アジア・太平洋地域の侵略から敗戦にいたる考古学は、「空白の時期」と捉えられてきた。本書は、「植民地・肇国の考古学」の実態を追求し、激動の時代に生きた考古学者の群像をダイナミックに描いた考古学の歴史である。

吉川弘文館　　価格は税別